QM Library
23 1379101 5

Depósito Legal: M. 5016.-1968

Impreso en España por

ALDUS, S. A. - Artes Gráficas - Castelló, 120 - Madrid

CONTENIDO

Páginas

A TODOS LOS HISPANOHABLANTES DE MÁS DE VEINTIDÓS NACIONES, *alumnos universitarios y a todos los amantes de nuestro idioma moderno, en el que escribieron páginas magistrales Unamuno, Azorín y Ortega y Gasset; Ricardo Palma, Rodó, Larreta y Jorge Luis Borges; Bécquer, Antonio Machado y García Lorca; Rubén Darío, Juana de Ibarbourou y Gabriela Mistral, cordialmente*

MARTÍN ALONSO.

PREAMBULO

SUMARIO: *1. Gramática inquietante de problemas y soluciones prácticas.—2. «El Brocense» y Bello insignes renovadores de nuestra gramática.—3. Hemos procurado huir de la «venerable rutina».—4. Antiguas y nuevas matizaciones.—5. Siempre es verde la otra orilla.—6. ¿Para qué hace falta la Gramática?.—7. Estructura de la Gramática para el hombre de hoy.*

1. Gramática inquietante de problemas y soluciones prácticas

PRETENDEMOS *ofrecer al estudioso de nuestro lenguaje de hoy una* GRAMÁTICA *conforme al mejor uso del que pretende hablar o escribir en un español correcto y moderno. Gramática normativa, que va derechamente a las cosas, inquietante de problemas y soluciones prácticas.*

Para esto es imprescindible internarse en el lenguaje viviente del habla de cada día, en el análisis y gimnasia de nuestros modos expresivos. Hay quien no se da cuenta de que estudiamos un idioma concreto —el español—, no un habla general, *pura y apriorística, informe y desconectada de la comunidad hablante.*

Desde esta posición objetiva, podemos decir, con todos los respetos a los sistemas y conquistas de la lingüística actual: Estamos hartos de diacronías *y* sincronías, significados *y* significantes, *y tememos que se nos indigesten las distinciones, a veces prácticas, a veces bizantinas, entre lengua y lenguaje «la parole» y «la langue», de ilustres lingüistas que cumplieron su misión de crítica histórica, pero no se internaron en los paramentos discutibles de cada idioma.*

Los discípulos de estos hombres ilustres han ahuecado la boca y nos han llenado inutilmente la cabeza con todos esos vocablos enigmáticos, de cosecha lenta, mejor diríamos, de cosecha no esperada por lejana, ineficaz e incapacitada para la vitalidad del manejo idiomático. En resumidas cuentas, sistematizan conceptos, pero no resuelven cuestiones inaplazables.

Puede compararse esto, de alguna manera, con una labor de «tricot» destinada a cubrir la estatua del Coloso de Rodas. Y, amigos míos, re-

sulta que se mueren las generaciones sin haber hecho más que la bocamanga, perfecta de confección, indiscutible en destreza y textura; pero el Coloso sigue padeciendo el frío de la intemperie. Ningún hambriento admite plazos. Se necesita para nuestro idioma, un alimento de urgencia, algo así como el pan nuestro de cada día para el lenguaje. Todas esas disquisiciones sincrónicas y diacrónicas son la bocamanga de nuestro idioma.

A muchos de estos discípulos teorizantes les falta la base de las lenguas clásicas y quieren encubrir su insuficiencia para el ejercicio sintáctico y la expresividad dialogada con terminologías exóticas deducidas del alemán o del inglés, muchas veces mal aplicadas, que ni aportan nuevos datos, ni revisan, con nuevos criterios, lo ya anticuado o en desuso. Nos quieren dar un sucedáneo de Sintaxis o de Métrica. Y, lo sabemos muy bien, el lenguaje vivo y fehaciente, las formas actualizadas del escritor y del hablante no admiten sucedáneos. Queremos una Gramática gramática, sin adulteraciones, como el que pide para su desayuno, café café.

2. «El Brocense» y Bello insignes renovadores de nuestra Gramática

Nebrija fue el primer innovador de los estudios humanísticos en España, en su lucha contra la barbarie. Sus Introductiones declaradas de texto en la Universidad de Salamanca, extienden su vigencia doctrinal a toda la Península y más allá de las fronteras. Como lingüista Nebrija poseía, en alto grado, clarividencia y observación; pero su Gramática de 1492, resulta, para el hombre de hoy, una venerable pieza de museo, como esos coches protohistóricos —el Daimler de 1886— al lado de un modernísimo Rolls-Royce inglés, al Mercedes alemán o a los Chrysler, Packard y Cadillac norteamericanos.

Las obras de Francisco Sánchez de las Brozas («el Brocense») del siglo XVI y la Gramática de Andrés Bello del XIX, conservan todavía su pensamiento fresco y válido, con esa vivencia y modernidad de instrumento eficiente para la consulta hodierna.

Son las dos figuras cumbres de nuestros estudios gramaticales. La Academia no ha traído a nuestro idioma aires renovadores con su Gramática. Su obra insuperable fue el gran Diccionario de Autoridades de 1726. No supo dar a las letras españolas una Gramática densa y práctica, sino un pequeño texto escolar antifilosófico e impracticable.

Acaso Juan Valdés, con el Diálogo de la Lengua, con su prosa flexible, discreta y elegante, sea el padre de la filología castellana; pero el primer gramático del renacimiento español es nuestro Brocense. Quiso imponer en el campo del lenguaje, un sistema racional. Su Minerva fue la primera gramática general que vio Europa. Frente a la opinión muy en boga en su tiempo de considerar la gramática como un conjunto de categorías morfológicas, reacciona firmemente y establece, con su criterio muy de hoy, como objeto de estudio, no las palabras aisladas, sino más bien la función de la frase. Su punto de vista coincide con los modernos tratadistas del lenguaje. He aquí un humanista que se adelanta en tres siglos a su época. En las categorías gramaticales rechaza las interjecciones, porque son únicamente signos de tristeza o alegría comunes a veces con los animales. No forman propiamente frases. Tampoco pertenecen a las llamadas «partes del discurso» los pronombres, porque no se diferencian, tanto lógica como morfológicamente de los nombres. Los participios caen dentro de la categoría nominal. Quedan pues, tres divisiones de la frase: nombres, verbos y partículas (subdivididas en preposiciones, adverbios y conjunciones). Los géneros son dos, masculino y femenino. El adjetivo se caracteriza por ser capaz de recibir la comparación, en oposición al sustantivo, que no la admite. Es original la clasificación de los modos verbales, y el participio lo considera como un adjetivo verbal.

En la parte funcional de la sintaxis rechaza el concepto de persona en los nombres y niega la existencia de los verbos impersonales, ya que siempre existe un sujeto sobreentendido. No admite más que verbos activos y pasivos. El infinitivo desempeña todos los casos del nombre y niega el valor del infinitivo histórico. Entiende por «impersonales» los infinitivos.

Nadie en su época puede compararse con él en originalidad y en la visión de los problemas del lenguaje. Sus ideas nuevas sobre las partículas no han sido mejoradas con el tiempo. Su afán logicista le hace caer en una serie de aberraciones, que los lingüistas latinos rechazan por improcedentes.

Sentía gran enojo por el latín bárbaro que se hablaba en las aulas de Filosofía. Esta fue la causa principal de sus persecuciones y desdichas. En su ambiente universitario tuvo que aguantar la «conjuración del silencio» y esa ignominiosa condición, de la que ya Quevedo se quejaba, tan inveterada e iconoclasta, llamada envidia española, que un catedrático amigo denominó gráficamente la envidia blanca, la que no te nombra, la que no te conoce. Algunos contemporáneos no le perdonaron el que supiera más y trabajara mucho. La posteridad ha venido a resucitarle de sus cenizas gloriosas.

La Gramática de Bello El siglo XIX, centuria romántica, en que se cuaja el sentimiento de la libertad para la obra de arte, registra el paso del dogmatismo al relativismo.

En la ciencia del lenguaje dos nombres ilustres iluminan los estudios gramaticales: Vicente Salvá y Andrés Bello. El primero dio a conocer su obra en 1830, sometida a los mejores filólogos y escritores de su tiempo, de donde va extrayendo los preceptos.

Pero la figura señera de este siglo, en el progreso gramatical, polígrafo y magnífico educador fue Andrés Bello, que por su fecunda cultura honra a toda Hispanoamérica y a cuantos nos expresamos en la lengua de Cervantes.

El sistema de valores de nuestra conjugación es lo que Bello estudió más a fondo y lo que le produjo mayor satisfacción por sus excelentes hallazgos. Resolvió, de un modo convincente, lo que insignes pensadores europeos no consiguieron en varias generaciones.

En 1840 la tradición era excesivamente racionalista. Bello rechaza *de plano la estructuración de la* Gramática general. *No le ofrecían crédito suficiente los sistemas universales de significación frente a los problemas de cada idioma.*

Para su trabajo consciente y renovador se impuso las mayores exigencias. Así logró la abundancia de material y la descripción empírica de los valores gramaticales. Esto suponía un estudio ininterrumpido, sistemático e histórico del lenguaje. No se propone hacer una Gramática especulativa, sino un instrumento normativo «para americanos» y de educación en la lengua materna. Al decir «teoría» no tiene ninguna conexión con las especulaciones metafísicas. Para Bello GRAMÁTICA *es la manera de hablar bien conforme al uso general de la gente educada. Las formas de hablar son correctas si las patrocina la costumbre uniforme de las personas cultas.*

Andrés Bello criticó la fenomenología de Husserl desde su base: el pensamiento lógico y el idiomático proceden por cauces distintos. El pensamiento idiomático es más bien histórico, plasmado en las formas peculiares de cada idioma.

Edmund Husserl planificó su Gramática fenomenológica conforme a las ideas de Humbolt; pero su Gramática apenas tiene de gramática *más que el título. El mismo confiesa que es «pura y apriorística». Nosotros la denominaríamos «antigramática».*

Los conceptos lógicos gramaticales los sintetiza Bello en sujeto, atributo (predicado), sustantivo, verbo, adjetivo *y* adverbio. *Partamos del supuesto de que cada lengua conoce su teoría particular y su gramática. La terminología verbal de Bello declara a la vez, ordena y circunscribe la valoración temporal.*

Los escolásticos concebían el tiempo *como un fluir del futuro (valor de potencialidad) hacia el presente (valor de actualidad). Decimos vulgarmente:* se echa encima el tiempo; se me hacen las horas siglos; eso marcha como un reloj; mañana será otro día. ¡Qué lluvioso viene Abril!

Es decir, nuestra conciencia del tiempo que pasa, no es de un punto, ni de una intersección de planos. Es más bien la conciencia de una extensión en la línea durativa de las cosas. Entre he cantado *y* canté *hay una diferencia objetiva de distancia o proximidad en el pasado.*

Bello coincide con «el Brocense» en el perfil del pronombre. Ve que la interjección no forma propiamente una frase (doctrina del Brocense), pero falla en tomarla como frase condensada. La filosofía explica las categorías por cualidades, acciones y relaciones. Bello las entiende mejor como modi significandi. *Las palabras son para él una clasificación de oficios gramaticales.*

3. Hemos procurado huir de la «venerable rutina»

El que hagamos una gramática «sin filosofías», no quiere decir, que esta ciencia normativa, eminentemente práctica, prescinda de su base filosófica. En lo lingüístico, para ser orgánicos, no debemos dejar del todo la lógica. La filosofía es una geometría que cierra siempre el triángulo. Como todo lo idiomático, la Gramática es una selva llena de encantos, de sonidos, de pájaros y de flores. Hay que abrir caminos y captar en nuestro rostro los rayos de luz y los roces de la brisa que el cielo nos envía por todas partes. Es preciso meter en los carriles de los sistemas expresivos nuestra habla y organizar en unidades móviles y modernas, los grupos de presión de nuestros pensamientos.

Todo esto, amigos míos, dejando la «venerable rutina», que ha hecho de la Gramática, una prevención odiosa y antipática por nuestro lenguaje, o peor todavía un inventario notarial, una regla sofisticada, muy resentida de confusionismo y de capítulos trasnochados.

Queremos, para nuestra Gramática, no un afán de encasillar, sino una voluntad de convivencia. Y en todas las orientaciones prácticas, comentarios y consejos, lo que Rodó sabiamente llamó «la virtud sugestiva», el don de interesar y la simpatía pedagógica».

Empezamos situándonos frente a esta rutina *de siglos en la misma estructuración de la obra. Una gramática para hispanohablantes, de América y de la Península, ha de comenzar forzosamente por la* **frase**. *Aprendemos a hablar por frases hechas o por palabras-frases, y en la necesidad de ser comprendidos de los demás, sometemos nuestro pequeño mundo elocutivo al análisis y síntesis de las primeras ideas rudimentarias.*

Damos amplio espacio a la comprobación de las técnicas normativas en los escritores españoles e hispanoamericanos de nuestra época. Concedemos una importancia a la lexicografía en todas sus fases, desde la formación de la palabra en el diálogo o en la pluma del escritor, hasta en sus modificaciones semánticas. Hacemos una raya divisoria entre la Gramática esencial *y la* Complementaria, *y sobre todo, creemos que es ya hora de que nos dediquemos, con alma y vida, a recoger nuestros modos expresivos y conversacionales, en el proceso psíquico del lenguaje.*

Hablamos a universitarios y a una mayoría inmensa que hoy muestra un interés acuciante por examinar a ojos vistas el lenguaje que habla y la frase que escribe. En este sentido la Gramática dialogal *actúa en el centro afectivo y se funda más que en los cambios de estructura literario-coloquial, en las modificaciones lingüísticas, incisos, interferencias, transposiciones, paréntesis, abandono de la concordancia, alusiones, inconexiones y otros usos inveterados que constituyen la expresividad sintáctica del coloquio.*

Recogemos, a través de nuestros capítulos, varios centenares de modismos, refranes, locuciones, ejercicios de vocabulario, temas de redacción y ortografía práctica, recitados, análisis sintácticos y morfológicos y otros métodos modernísimos de discos, magnetófonos, pequeña pantalla televisada, radio y ordenadores electrónicos. Aquí se entra en un gimnasio del lenguaje y no se sale de él sin una decisión de entrenamiento.

4. Antiguas y nuevas matizaciones

Nuestro mayor empeño consiste en partir de las estructuras trazadas por gramáticos tan geniales como Bello y avanzar hacia nuevas tentativas del lenguaje, que cada generación habla y transforma con renovados valores expresivos. Lo que hizo Tomás Navarro, en los problemas fonéticos y Amado Alonso en los estudios lingüísticos hispanoamericanos, nos alienta a revisar teorías desvirtuadas y meterlas en nuevos moldes de reactivación gramatical. Algunas de estas teorías nos tientan con sus guiños desde los más ocultos rincones: las categorías del masculino y el femenino, que no se agrupan hoy por el sexo real o el que antropológicamente se les atribuye, sino por la concordancia con el adjetivo; la revisión de los pronombres y la flexión única del personal; el concepto de independencia del sustantivo, la sufijación apreciativa y de gradación en el adjetivo; la inclusión del potencial como tiempo del subjuntivo y en ciertos casos en la afirmación indicativa; la rehabilitación del sujeto del verbo impersonal, la fusión de la estilística en los dominios de la sintaxis; los problemas acuciantes de la semántica y de la Gramática coloquial; el replanteamiento y reconsideración auténtica de los tiempos verbales, que son como el tren de aterrizaje del pensamiento.

Algunos han apuntado ya la complejidad de soluciones que ofrecen la frase imperativa, el presente histórico, las frases verbales de nuevo cuño, las matizaciones del imperfecto y del pluscuamperfecto de indicativo que rebasan los límites meramente coloquiales.

A nosotros se nos ocurre traer aquí a examen dos ejemplos típicos: el subjuntivo y el pretérito perfecto absoluto de indicativo, llamado también «aoristo».

El subjuntivo es una modalidad verbal íntima y en cierto modo enclítica. Se apoya en el indicativo que posee los grados temporales. El subjuntivo expresa muchas cosas: deseo, voluntad, matiz concesivo, esperanza, ambición, curiosidad, capricho, condición, problema, eventualidad, contingencia, duda, incertidumbre, indeterminación, inclinación, sospecha, conjetura. *Es el modo de subordinación. Es algo sutil que se escapa a nuestro raciocinio. No tiene más que la expresión lineal o durativa, de continuidad conjeturable y la acción terminativa.*

El «aoristo» o perfecto absoluto de indicativo, es un tiempo abstracto o intemporal, si vale la expresión. Su intemporalidad más bien parece de un pasado difuso. Este «aoristo» (amé) *es más pasado, más remoto que el pretérito actual* (he amado). *Los griegos usan el aoristo en las subordinadas que tienen campo abierto para inmensas posibilidades, capacidad representativa de lo más vago y sutil.*

Es un tiempo de interés histórico. El perfecto actual —he amado—, *es un quasi-presente, de acción terminada en la actualidad, con muy poca carga de pasado. Está reciente el suceso; está prendido con alfileres al pasado. Apenas dejo el abrigo en el perchero y «me he quitado el abrigo». El grado temporal lo refuerza el idioma griego sólo en los tiempos de significación pretérita.*

El orador que pretende cerrar su disertación, debe usar la fórmula he dicho *y no* dije, *porque «he dicho» es como el cierre automático de lo que se acaba de pronunciar desde el arengario. Resulta un presente-pasado, que recoge todavía en los labios del que habla la emoción del discurso.* Dije *se pierde en la vaguedad de lo que sucedió, de lo que se habló, de lo que ha huido del interés actualizante. Pertenece ya a la memoria de lo que fue:* El año pasado estuvimos en la playa de Benidorm; pero esta tarde hemos estado (no estuvimos) en el teatro.

5. Siempre es verde la otra orilla

Todo lo bello que depende de nuestra imaginación, nos parece un cuento de hadas. Así, el francés que sueña con el sol ibérico y las playas de Mallorca, o el español que acaricia la idea de unas vacaciones en un país extranjero, ponderan las bellezas extrañas con ilusionada fantasía y pueden decirnos antes de su viaje de ilusión: Siempre es verde la otra orilla.

Esta frase tan llena de sugestiones y esperanzas aplicada al lenguaje, y más en concreto a la traducción de una obra extranjera, pierde tanto, que, con una traducción acaso la «otra orilla verde» se marchita y agosta.

Se ha dicho que la traducción es «un tapiz al revés». Y es decir mucho, porque, según el refrán italiano, el que traduce traiciona.

No podemos pedir al traductor que conozca tan perfectamente lo que se llama «el genio del idioma», que haga de la obra traducida una pieza clásica en su género. Hay buenos traductores (como Juan Ramón Jiménez y su mujer en la obra del indio Tagore), pero no conozco ningún clásico en la traducción. Mucho más si las versiones se hacen del verso extraño a nuestra prosa. Porque decidme, ¿cómo podrá traducir un francés, pongo por caso, la frase del romance de García Lorca «Verde que te quiero verde»? Y es que hay en poesía —y a veces también en la prosa española— modismos y frases de valor entendido. El lector colabora con el autor en muchas ocasiones y suple palabras y giros que no constan en el texto. Esto es intransferible y personalísimo.

No es lo mismo el original de Paul Verlaine Chansons pour elle *en calidad de forma, que la traducción* Canciones para ella, *hecha en verso español, aunque su autor sea nada menos que Emilio Carrere.*

Se nos va de las manos al pasar de un idioma a otro, la esencia original del modismo, la alusión sobreentendida, la calidad y el regusto del estilo o del temperamento, todo aquello que llamamos con una frase condensada: «El genio del idioma».

Lo que sí podemos exigir al que estudia y se ejercita en esta tarea gramatical, es que llegue al final de este libro, después de haber extraído la idiosincrasia idiomática, ese «similiquitruque», que es espíritu y vivencia, instinto, reflejos, quintaesencia, intuición y genio privativo de nuestra lengua española. Algo que no se puede trasvasar a una traducción. Siempre es verde la otra orilla, *pero el lenguaje, como la Granada del poeta «es un paraíso cerrado para muchos, jardines abiertos para pocos».*

6. ¿Para qué hace falta la Gramática?

Un amigo y buen escritor ha llamado a las palabras «las asas de todas las cosas, los timbres misteriosos, las cápsulas del pensamiento y los carritos de las ideas». ¿Qué hay debajo de cada palabra? Un pequeño o gran mundo. El idioma es eso tan delicado y sutil, tan complicado y profundo que directamente nos afecta para convivir en sociedad.

Sin embargo, la vida se ha diversificado por múltiples caminos y ha echado tantas raicillas en las profesiones y disciplinas, que ya el mismo lingüista tiene que pensar si ha de abrir su tienda en la Fonética, *en la* Sintaxis *o en la* Lexicografía. *Puede una persona ser una notabilidad en la Romanística y desconocer por completo los avances de la Lexicología o de la Sintaxis modernas.*

Pero ¿para qué hace falta la Gramática? Azorín *muestra cierto recelo por la gramática y se mete, sin saberlo, en disquisiciones gramaticales. A los veinte años no se para mientes en la gramática, pero la propiedad y pureza de la frase no es cosa desdeñable. En todas las disciplinas mentales la duda mata, esteriliza, vuelve pecatos y medrosos a los que antes con la pluma en la mano eran audaces y se sentían inspirados.*

Y al fin este gran académico Azorín *nos aconseja así: «No desdeñemos en absoluto la Gramática; leámosla con cuidado, leámosla como una distracción. La Gramática es entretenida. Con ese cuidado que recomiendo a los jóvenes es como la leo yo ahora, que no soy joven.»*

¡Qué bien nos viene a todos los que cultivamos el espíritu de una manera eficiente y moderna, saber un poco de los secretos del idioma y no ser puramente intuitivos! Porque el autodidactismo en el lenguaje lleva a la desintegración de la cultura y del habla correcta. ¡Qué difícil sería distinguir en el estilo de un escritor moderno dónde acaba la forma y dónde comienza el fondo de las ideas! Todo idioma —pero el español para nosotros con mayor motivo— viene a ser como un vino solera que paladeamos y del cual no podemos prescindir. Y nos empeñamos en saborearlo despaciosamente cuando lo escribimos, en buscar todos sus escondrijos, todas sus posibilidades, todas sus puridades.

El habla avanza y se perfecciona por días. El idioma hablado tiene una formación dinámica. El lenguaje escrito nos proporciona la madurez y la consistencia. Azorín busca afanosamente al autor que más le impresiona y nos lo pinta así: «¡Cómo lo estamos viendo escoger unos vocablos, cambiar unos vocablos —repetir, sobre todo unos vocablos— en sus esfuerzos continuados, con los que se olvida, como un herrero dolorido en su yunque, de sus íntimas amarguras!»

7. Estructura de «la Gramática para el hombre de hoy»

La Gramática en su parte preceptiva ha de ser exacta y moderna, consciente y ejercitada. Con todo el respeto debido a los clásicos, nuestra Gramática mira a los modernos. Nos la han suministrado en tabletas de preguntas formuladas y rutinarias, sin afán de curiosidad o de ejercitar lo sabido. Hay que regenerarla, recuperarla para nuestra modernidad hablante, para nuestro estilo, creando un centro de interés en sus lecciones.

No perdamos la espontaneidad que da el temperamento, pero seamos correctos en nuestros modos expresivos, aun a esa edad de los veinticinco o treinta años en que se escribe con todo el empuje juvenil y renovador. No pretendamos que la nueva Gramática nos dé una especie de comprimidos mentales o una manera de opinar en píldoras. Escribir es un esfuerzo temperamental y ejercitado. Hablar bien es un arte perfeccionado por la Gramática y la experiencia.

La estructura de nuestro pequeño edificio gramatical queda delineada en este esquema:

PRIMERA PARTE

GRAMATICA ESENCIAL

I. La frase moderna. *1. Componentes articuladores de la frase.*
2. Sintagmas nominales de la frase.
3. Complementos y casos.
4. Sintagmas verbales de la frase.
5. Teoría moderna de las formas impersonales.
6. Problemática de los modos y tiempos verbales.
7. Sintaxis de la frase simple y compuesta.
8. Estilística sintáctica.

II. La palabra aislada. *9.* Lexicología y etimología *o fecundación de la palabra.*
10. Semántica *o reactivación del significado de la palabra.*
11. Morfología *o modificación funcional de la palabra.*

SEGUNDA PARTE

GRAMATICA COMPLEMENTARIA

I. Laboratorio de la palabra y la frase. *12.* Sonido *(Fonética y ortología)* y ritmo *(Sistemas modernos de versificación).*
13. Laboratorio *de la palabra hablada (Lenguaje coloquial). Del laboratorio fonético y el magnetófono al Ordenador electrónico.*

II. Experimentos y paradigmas. Esquemas y formularios.

14. Análisis *de la frase moderna en autores contemporáneos españoles e hispanoamericanos.*

15. Paradigmas *nominales y verbales. Esquemas. Formularios en la redacción de cartas.*

16. Redacción *y* color. *Observe y redacte sobre catorce fotos en negro y color.*

17. Bibliografía gramatical.

MARTÍN ALONSO

Madrid, 1968

PARTE PRIMERA
GRAMATICA ESENCIAL

I

LA FRASE MODERNA

1 | COMPONENTES ARTICULADORES DE LA FRASE

SUMARIO: *1. Empezamos la Gramática por la frase.—2. Conceptos modernos de la sintaxis y la frase. Oración y frase.—3. Sintaxis dialogal.—4. Categorías nominales y verbales.—5. Variantes sintácticas de predominio nominal y verbal.—6. Elementos articuladores de la frase.—7. Sintaxis de la concordancia.—8. Por la práctica a la regla.*

1. Empezamos la Gramática por la frase

Para estudiar un idioma es necesario partir de una unidad expresiva, que puede ser *la palabra* o *la frase.* Si se trata de una lengua desconocida, como un hispanohablante que estudia por vez primera el inglés, se procede analíticamente y se inicia este conocimiento por el alfabeto y la palabra desde el ángulo de la morfología. Si se quiere formar la estructura gramatical de un idioma de alguna manera conocido, como el español para los hispanohablantes, el sistema más directo es el de la síntesis lingüística, que tiene como punto de partida los elementos conocidos del lenguaje hablado.

En otras palabras: empezamos esta gramática para el hombre de hoy, por la construcción o *coorden de la palabra* que es la *sintaxis,* ya que aprendemos a hablar por frases hechas. En nuestros primeros pasos idiomáticos el lenguaje ya construido es un hecho natural. La gramática en cambio, es una realidad artificial, que viene a comprobar y a sistematizar nuestras primeras palabras-frases, nuestro primer coloquio aprendido auditivamente por la imitación y la convivencia con otras personas.

Lo que es hondamente vital se sobrepone a todo. El hombre sigue elaborando su sintaxis y su diálogo toda la vida por repetición y formación de asociaciones lingüísticas.

Muchas personas de escasa cultura no pasan de determinadas etapas en este desarrollo lingüístico de la frase hablada o escrita. Hablar bien es analizar o mejor seleccionar los elementos expresivos más adecuados del buen uso entre la gente culta. El empleo de estos sintagmas o elementos sintácticos clasifica socialmente a los individuos. La sintaxis forma, en este caso, nuestra unidad idiomática, la fuerza cohesiva de más de 200 millones de hispanohablantes.

2. Conceptos modernos de la sintaxis y la frase. Oración y frase

El estudio de la *frase* pertenece a la *Sintaxis*, parte principal de la gramática que estudia las palabras articuladas en función de las frases, y estas frases en sí mismas o relacionadas unas con otras.

La sintaxis etimológicamente (del griego σύνταξις y este a su vez del verbo τάσσω, át., τάττω, ordenar, señalar puesto, colocar), quiere decir *señalamiento de puesto, coorden* y fue interpretada por los gramáticos latinos como *constructio*, construcción de palabras en la frase y relación que unas frases tienen con otras.

Hablamos por medio de palabras, pero trabadas de tal manera que signifiquen algo. Si uno de nosotros lanzase en público una serie de vocablos, sacándolos a relucir sin orden ni concierto, como quien coge cerezas de un cesto, haría locuciones sin sentido para el que escucha. Porque ¿qué equivalencia o significación puede tener una cadena de palabras tomadas al azar? Veamos un ejemplo: *En una aire el negra se barco huella adelanta dejando el.* He aquí cómo se enlazan en una frase compuesta con sentido completo: *El barco se adelanta, dejando una huella negra en el aire.* Como se ve, las palabras quedan ordenadas de modo que significan algo inteligible.

El concepto nuevo de sintaxis parte del renacimiento. Es una creación relativamente moderna. Para nuestro eminente gramático Sánchez de las Brozas, llamado *el Brocense*, la Gramática sólo tiene un objeto, el estudio de la sintaxis: *sed oratio sive syntasis est finis grammaticae* (pero la oración o sintaxis es la finalidad de la gramática). (1).

Coincide el profesor renacentista con el criterio de muchos lingüistas de hoy. «La Gramática —dice Saussure— estudia la lengua como sistema de medios de expresión.»

(1) El nombre de sintaxis se fija con sentido técnico gracias a la obra de Apolonio Díscolo (siglo I-II d. de C.); pero fue *el Brocense*, como hemos apuntado más arriba, el que hizo de la sintaxis la categoría suprema de la gramática. Nebrija renovó los estudios gramaticales en España. Hoy su Gramática es pieza de museo. Los estudios y teorías gramaticales de Sánchez Brozas tienen vigencia y modernidad.

En una lingüística *descriptiva*, la sintaxis se distingue por no atender a los vocablos aislados, sino aptos o dispuestos para una expresión completa en el uso del hablante. En la lingüística *normativa*, sintaxis es el conjunto de normas que sistematizan o moderan los procesos expresivos, o, de otro modo, la recta disposición de las partes del discurso, por la conexión justa de las palabras, correlación de modos y tiempos, propiedad en el uso, orden y lugar de los vocablos y las frases. (Cfr. mi obra *Evolución sintáctica*, Madrid, 2.ª ed., 1964, págs. 3-6.)

Conceptos modernos de la Sintaxis y la frase. Tres son las relaciones de las llamadas sintaxis normativas: *a)* Relación de *conformidad* que guardan entre sí las palabras variables o susceptibles de accidentes; es la conocida **concordandancia.** *b)* Relación de *dependencia* de unas partes con otras; es el **régimen.** *c)* Relación de *lugar* o puesto que tienen en la frase las palabras; es la llamada **construcción.**

El concepto moderno de la **frase** se resume así: El que habla escoge entre los contenidos de conciencia el que quiere comunicar a los demás. El acto del lenguaje acaba cuando el que habla es comprendido por el que escucha. La unidad psíquica de la frase se funda inicialmente en las leyes de la lógica y fundamentalmente en la gramática. No nos interesa una gramática *logicista* sino *normativa,* y en algunos casos *descriptiva.* Todos los grupos fónicos ascendentes que preceden a un descendente forman con él una unidad sintáctica, es decir una *frase.* La *entonación* nos da a entender el final de una frase psíquica.

Para comprender la definición de la **frase** hay que partir del *hablar* o el *escribir,* de una manera concreta. En esos dos actos del habla y de la redacción, expresamos de un modo armónico nuestro pensamiento. Lo hablado o escrito es por ejemplo un artículo periodístico, un informe, un libro, una conversación, una conferencia o una poesía. Cada momento o división del habla o del escrito se llama *frase.* En este sentido **frase** *es la más pequeña unidad del habla.*

Las palabras son unidades de significación; las frases son unidades integrantes del discurso o de los medios expresivos.

Cuando preguntamos ¿qué significa tal palabra?, pretendemos decir ¿a qué aspecto de la realidad hace referencia? Porque los vocablos ordenados en el léxico son meras abstracciones y expresan conceptos generales. Se convierten en vivencias lingüísticas en la expresión concreta del hablante. Así por ejemplo *mariposa, oro, revolear, convulsamente, vidrios, farol, vestíbulo* comprenden una mera serie de significaciones que en la actitud de un escritor como Gabriel Miró se articulan en una unidad de pensamiento y forman una frase declarativa-afirmativa de este modo: *Una mariposa de oro revoleaba convulsamente en los vidrios del farol del vestíbulo.* (O. C., ed. 1943, p 24.) Se trata de un autor preciosista, sin mucha preocupación gramatical, que incluso se vale de un neologismo *(revoleaba).*

La unidad de sentido se muestra por la *entonación,* que forma una figura melódica unitaria. Quien impone el sentido unitario es el que habla. Por eso podemos avanzar en la definición de frase perfeccionándola de esta manera: *Frase es la menor unidad de habla que tiene sentido en sí misma.*

Concepto moderno de la frase. Desde un punto de vista gramatical, la unidad sintáctica se consigue, con el verbo en forma personal. El infinitivo, el gerundio y el participio no son personales. No forman frases por sí solos. Todo verbo en forma personal presupone un *sujeto* y un *predicado: dije, venció, decíamos.* Si queremos resaltar la participación del sujeto en la frase, echamos mano del llamado *sujeto ponderativo,* muy frecuente en latín y en nuestra sintaxis: *Tú lo sabías.* Es así mismo usual el refuerzo con *mismo* y *propio: ella misma se convencerá. El propio general acudió en su ayuda.*

La *frase* se organiza internamente en torno a un verbo con arreglo a los valores psicológicos, lógicos y gramaticales. Es frase *principal* cuando tiene sentido por sí misma, *subordinada,* cuando, al no tener sentido por sí misma, se añade a otra. La principal queda a veces incompleta, si no se le agrega otra llamada *completiva* (que es también subordinada). Así en la frase *Te ruego que vengas,* la subordinada *que vengas* es completiva.

Lo estrictamente lógico es incompleto en el lenguaje. La frase no es únicamente «expresión de un juicio». Hay en los hechos lingüísticos otro elemento, *el psicológico,* y un aspecto formal, *el constructivo.*

Frase es la *función íntegra de la palabra,* el *pensamiento y la afectividad.* De otro modo la *frase* se puede definir por la estructura del *sujeto* y el *predicado y* por su *contenido.* Las palabras sueltas del lenguaje vital son frases: *¡Cuidado!, ¡Adelante!, ¡Caracoles!, ¡Caramba!* Por el contenido es frase el grito «¡Fuego!» o la respuesta «gracias». Por medio de la frase se expresan mandatos, exhortaciones, deseos y pesares. En el lenguaje habitual los matizamos con la palabra, el gesto, la entonación, etc...

Queden bien sentadas las tres unidades que mutuamente se completan: la que atiende a los valores *lógicos* de la frase, como expresión de un juicio; la *psicológica* o *intencional* que cuenta con medios expresivos de relación interna y entonación exterior, y la *formal,* a la que los gramáticos dieron el nombre de **sintaxis.**

Frase y oración. La revisión de nuestra sintaxis ha de empezar por el mismo nombre de **oración.** Debe ser sustituido por **frase.** Es este un término universalmente aceptado y más preciso.

Frase (del griego φράζειν, hacer entender por la palabra, notar, considerar) quiere significar *dicción,* «trozo de habla» o *función íntegra de la palabra,* el *pensamiento y la afectividad.* Procede de 1604 en la *Elocuencia española* de Bartolomé Jiménez Patón. De *frase* derivan compuestos modernos, tales como *antífrasis* (en Nebrija; *Gramática),* ironía que por una palabra pone su contraria; *paráfrasis* (Covarrubias, 1611) y *parafrasear,* explicación y explicar; *perífrasis,* circunlocución. En Quevedo leemos *perifrasear,* usar perífrasis o circunloquios.

El sentido originario de *oración,* en castellano, es de *plegaria,* recogido en el siglo XII del *Poema de Mío Cid* (54, 366). Son latinismos ocasionales las equivalencias de «discurso en público» y «unidad mínima del lenguaje con sentido completo» (A. Palencia, Voc. 1490, 328d). Resumiendo: la *frase* es una unidad expresiva. Sentido romano: *oro ut venias* (te ruego que vengas); *oratio,* «discurso»: *oratione habita* (César) (*dicho su discurso*), de tipo militar o diplomático.

Fonéticamente la frase es una arquitectura cerrada. Lo que le comunica carácter unitario y la convierte en categoría superior es la estructura de los diferentes grupos melódicos que la forman. Dentro de la curva melódica con la que se modula la frase, cada momento melódico llena la expectativa del que le antecede y prepara el que sigue. Las interrupciones separan los grupos melódicos y suspenden, pero no rompen, el sentido de la entonación.

En la fórmula *la mañana que salgas de viaje..., que salgas de viaje* es una frase en cuanto a la forma, por el sujeto y predicado, pero no lo es por el contenido, ya que le falta sentido unitario y completo. Hay frases desprovistas de significación, que sirven exclusivamente de base para una modulación de sonidos onomatopéyicos: *que patatín, que patatán.*

3. Sintaxis dialogal

Se da la mano con las teorías psicológicas del lenguaje. En sus factores constructivos actúa de modo contundente el elemento afectivo; pero atiende en su forma primaria a la lengua hablada. Tarea importante de la filología actual. Se funda, más que en los cambios de estructura literario-dialogal, en las modificaciones de la mecánica del lenguaje, por medio de incisos, transposiciones, desórdenes sintácticos, interferencias y otros usos inveterados que forman parte de la sintaxis afectiva en el coloquio.

El español hablado debe atender principalmente al diálogo vivo y directo, no al teatral o novelesco. Por muy realista que lo supongamos, siempre ha pasado por el tamiz del autor. Lo *auténtico* en el coloquio es la condición *sine qua non* para llegar en debida forma a una transcripción fidedigna y a un análisis eficazmente coloquial.

Dedicaremos un capítulo especial a esta materia (P. 2ª, I, c. 13).

4. Categorías nominales y verbales

Independientemente de la construcción sintáctica o *coorden* que nosotros llamamos *frase,* nos importa distinguir, como en casi todas las lenguas occidentales, los dos centros de interés que ayudan a la conformación sintáctica: la categoría nominal por excelencia, que es el *sustantivo,* y la categoría verbal, que son las formas del *verbo,* incluso las no personales.

El *sustantivo* en la frase es el sujeto o núcleo del sujeto y sirve para formar los complementos. El *verbo* constituye el predicado o el centro al que se refieren todos los complementos del predicado. El *verbo* es la palabra más rica sintácticamente en variaciones de forma y accidentes. Representa el proceso de la acción, es decir, los hechos, los estados y todos aquellos fenómenos que suponen una realización en el tiempo: *Juan corre o correrá.*

En torno al sustantivo y al verbo como categorías principales, se agrupan las secundarias, aunque integrantes de la frase. En dos ejemplos podemos condensar los conceptos sintácticos de la categoría verbal en proceso activo *(yo* ENSEÑO *filosofía)* y de la categoría nominal en representación del ser *(mi* ENSEÑANZA *de la filosofía)*.

Veamos algunos elementos integrantes de estas dos categorías: el *adjetivo* es la palabra adjunta que completa la significación sustantiva, comunicando una cualidad *(blanco, alto)* o una determinación *(mucho, tercero)*. En la frase hacen el oficio de epíteto y predicado. El sustantivo con el adjetivo forman una unidad «nominal». Los *pronombres verbale*s ayudan a la función sintáctica del verbo y señalan sus varios accidentes de forma.

El *verbo* es el eje principal no sólo del sintagma verbal, sino de toda la estructura del lenguaje. Es el fundamento del predicado. Expresa la actitud del que habla y establece la unidad del pensamiento en la frase. Aunque hay frases sin verbos, con éstos se expresan las diferentes condiciones con mayor plenitud.

5. Variantes sintácticas de predominio nominal o verbal

El predominio de las dos estructuras sintácticas, la nominal y la verbal, varía según las épocas o géneros literarios. La frase española se inicia fundamentalmente con Alfonso X El Sabio y se perfecciona en el siglo XVI. Desde su perfeccionamiento ha predominado la frase larga hasta el siglo XIX y es manifiesta la tendencia intermedia de la época actual. Muchos escritores contemporáneos practican la sintaxis de la frase corta, en que apenas se emplean las subordinadas.

El dominio gramatical de la construcción verbal corre el riesgo de la abundancia excesiva de conjunciones y relativos, pero tiene la ventaja de evitar lo sobradamente estilizado. El predominio nominal aligera la sintaxis estilística de toda pesadez en el abuso de conjunciones y relativos.

El lenguaje periodístico de hoy busca la economía lingüística en los titulares: anuncia sobriamente las noticias, y en los comentarios va apretando, dentro de esquemas y frases sin verbo, nuestro idioma. Veamos algunos ejemplos de titulares periodísticos: *Anuncios por palabras.—Presentación de Cartas credenciales.—Conversaciones sobre desarme.—Trágicas inundaciones en Italia.—Tres nuevos cuadros de Picasso en Madrid.—Málaga, capital de la Costa del Sol* (12-XI-66).

Luego el sujeto y el predicado son los fundamentos permanentes de la frase con múltiples contenidos y significaciones.

Para determinar con claridad el espíritu de la frase moderna, es menester tener en cuenta lo que pudiéramos llamar «modas o particularidades sintácticas». Observemos las siguientes: predominio mayor o menor de las categorías nominales; más amplitud en las formas procedentes de sustantivación; usos especiales del infinitivo; preferencia por ciertos verbos auxiliares y preponderancia de las perífrasis verbales, sobre todo de la pasiva.

6. Elementos articuladores de la frase

La estructura de la frase depende del *sujeto* y *predicado: Juan escribió dos cartas*. En la frase moderna y en el lenguaje oral se dan expresiones de un solo miembro, sin forma determinada: *ven; llueve, ¡qué sorpresa! ¡Alto! ¡hermosa tarde! ¡Adelante! ¡Entre! ¡Con su permiso!*

Frases unimembres. La gramática logicista y el mismo Brocense en el siglo XVI denominó a estas frases *elípticas* (considerando que la *elipsis* es una figura que suprime elementos en la expresión). Suponen los partidarios de la *elipsis* que en la frase *¡qué sorpresa!* se suple mentalmente «tengo» o «tuve».

Se trata más bien de frases **unimembres** que son las primeras fórmulas expresivas de la sintaxis. Formas rudimentarias, usuales en la conversación de hoy. Las partes que se dicen suprimidas no han sido en realidad pensadas por el hablante. Estas modalidades *unimembres* son frases aparte que nos señalan con sus propios medios sintetizados un sentido completo.

Sujeto y predicado. Los elementos básicos de la frase son: el *sujeto* y el *predicado*. Siempre que formamos una frase hablamos de alguien o de algo. He aquí el primer elemento esencial, que llamamos **sujeto**, es decir *aquello de que o de quien se habla: Juan trabaja* y *la casa está lejos*. En estas dos frases, los sujetos *Juan* y *la casa* son elementos de quienes algo se afirma: que *trabaja* y que *está lejos*.

En las frases unimembres no existe estructura articulada. El pensamiento se manifiesta en una sola fórmula o bloque expresivo: *¡Cuidado! ¡Bravo! ¡anda! ¡la hora!* En las otras frases el pensamiento se articula en miembros: *Juan escribe* y la *casa es muy bonita*.

El segundo elemento de la frase es el *predicado*, es decir, *lo que se dice del sujeto*. En las dos frases anteriores, *escribe* y *es muy bonita* son predicados, porque son los elementos que significan la afirmación referida a *Juan* y a *casa*, o, de otra manera, es precisamente lo que se dice de cada uno.

Contenidos múltiples. El sujeto y el predicado son formas múltiples en razón de sus numerosos contenidos. Se pueden multiplicar indefinidamente. Veamos unos ejemplos en columnas paralelas:

I *(sujeto)*	II *(predicado)*
Juan	trabaja
Juan	escribe.
Juan	es pintor.
¿Juan	está en casa?

Bajo una fórmula idéntica varían los contenidos del *predicado*, porque en la segunda columna se nos dice lo que afirmamos o preguntamos de Juan.

I *(sujeto)*	II *(predicado)*
Juan	juega al tenis.
Michèle	« »
Santana	« »
tu padre	« »

Como vemos, la forma del sujeto es idéntica, ya que de diversas personas afirmamos lo mismo, que *juegan al tenis.*

Colocación y omisión del sujeto. Normalmente el sujeto va delante del predicado *(Juan trabaja);* pero a veces se pospone al predicado: *Canta el ruiseñor.*

Se suprime el sujeto cuando es un pronombre personal y se halla expresado en las formas del verbo *(No* SIENTO *nada;* VAMOS *a merendar; estuvimos en el museo),* o cuando se suceden varias frases que forman la explicación de un mismo asunto *(No bien escuchó la niña la voz de su madre y alzó los ojos y la vio y echó a correr a su casa. Michèle llegó puntualmente a clase a las seis de la tarde; averiguó si había faltado algún alumno y preguntó al primero de la lista en qué ejercicio de francés nos encontrábamos.)* En el pensamiento del hablante se tiene en cuenta el sujeto en cuestión y en cada predicado se hace referencia a él.

Omisión del verbo en el predicado. El verbo se omite en algunos refranes *(De tal palo, tal astilla),* en las frases interrogativas *(¿Quién como Dios?),* y cuando está explícito en la frase anterior y no hace falta su repetición *(Aquél es un francés y éste un italiano).*

Predicados nominales y verbales. El predicado *nominal* consta de un elemento nominal *(adjetivo o sustantivo),* con o sin complementos. Suele llevar el verbo *ser* o el verbo *estar: mi novia es bonita. Mi hermana estuvo enferma tres días. ¿Esto es un turismo o una furgoneta? El Ebro es un río español.*

Puede ser nominal o verbal el predicado, según lo que se dice del sujeto, sea una *cualidad (La tarde es agradable),* una *clasificación (Michèle es profesora),* o una *acción* (*El caballo corre*), *accidente* (*las hojas caen*) o *posición* (*El Veleta descuella sobre la vega de Granada.*

Matizaciones del sujeto y predicado. 1.ª El *sujeto* del verbo, palabra que centra la expresión, en español se construye siempre en nominativo. No sucede lo mismo en otros idiomas como en latín que admite acusativo. En la construcción de participio absoluto, de la lengua latina el sujeto va en ablativo; en griego en genitivo y en español convencionalmente lo suponemos en nominativo.

2.ª El adjetivo cuando se emplea en el predicado no expresa más que una cualidad. Hace falta una enumeración descriptiva para conocer todas las cualidades del sujeto: *La hierba es* VERDE no *predica* más que una condición de la hierba. Lo mismo sucede con algunos predicados verbales. Si digo *el león ruge,* no explico la naturaleza de este animal. Por el ejemplo aducido no sé si es mamífero, vertebrado, musculoso y rubio. Este predicado no es completivo ni descriptivo.

3.ª Por el contrario cuando el predicado es un sustantivo, taquigráficamente unimos al sujeto, mediante la cópula, todas las cualidades en bloque, a veces hasta con hipérbole: *aquella región es* UN VOLCAN. Con esta expresión indicamos todas las condiciones de temperatura, en todos sus detalles y efectos, sin necesidad de una minuciosa enumeración. Otro ejemplo: *Aquel hombre era la* MISMA SANTIDAD. En esta sencilla frase de predicado nominal decimos muchas cosas condensadas del sujeto como hombre bueno, sacrificado, caritativo, piadoso, desprendido, etcétera.

7. Sintaxis de la concordancia

Es un procedimiento sintáctico de relación interna y fundamentalmente supone la igualdad de género y número entre el sustantivo y adjetivo, o de número y persona entre el verbo y el sujeto: *La* MAÑANA *fue muy calurosa. Algo sobraba. Los* TRIGOS MADURAN. *El pasear es sano. Conviene que lo oiga.*

1.º Cuando el verbo se refiere a un solo sujeto o el adjetivo a un sustantivo. En este caso, el verbo concuerda con el sujeto en número (singular o plural) y persona (primera, segunda, tercera), y el adjetivo con el sustantivo en género y número: *El coche mencionado pasó por la carretera.—Los* NIÑOS APLICADOS *van a la escuela. Tú y Michèle os quedáis.*

Los colectivos «gente, número, multitud, infinidad, millar, caterva, montón, la mitad, una parte, el resto, etc.»... Por la idea de pluralidad pueden concertar en plural: *la multitud con todos los cabecillas gritaron: ¡Viva el rey! Perseguidos por la aviación, acudieron al refugio un millar de personas. En el refugio sólo cabían quinientas, el resto se quedó (o se quedaron* —menos correcto) *fuera.*

Se llama esta última concordancia de sentido o *ad sensum* porque un sustantivo singular equivale a un número plural de individuos. El verbo en plural indica que nuestro pensamiento se está refiriendo a una pluralidad de seres. Con un sustantivo cuantitativo lleva la preposición *de* y un plural: UNA CATERVA *de chiquillas bailaba frenéticamente el twist.*

El uso literario vacila entre la concordancia gramatical y la de sentido. No se puede decir: *el* ENJAMBRE *se dispersan.* En el ejemplo de la *multitud* con *los cabecillas* referido antes, el *con* es el que da el plural y está por un *y.* Tiene una debilitación hasta equivaler a una conjunción copulativa.

Por la misma razón de *concordancia* de sentido concuerda el verbo en plural con un conjunto de personas contenidas en los términos *tropa, regimiento, pueblo, especie, género, clase, tipo,* cuando el sujeto procede de una frase anterior o va determinado con la preposición *de* y un plural. Ejemplos: *Acudió todo el pueblo y entre vítores de entusiasmo premiaron a los artistas.—Rodean la ciudad de Avila una serie de murallas medievales.*

2.º Si el verbo se refiere a varios sujetos o el adjetivo a varios sustantivos. En este caso el verbo o el adjetivo se construyen en plural. Se prefiere por orden la primera persona a la segunda y ésta a la tercera. En el concurso de sustantivos de diferente género predomina el masculino: *Ella y* El *estaban muy* COMPENETRADOS.

Si precede el verbo a los sujetos: Puede ir en singular *Heredó (o heredaron) él y Luisa solamente.* O en plural: CAUSARON *a todos sorpresa el viaje, la compañía y la acritud de su carácter.*—Singular: *Lo pides tú y ella.*

3.º La concordancia del verbo con varios sujetos enlazados por la conjunción Ni: Se atiene a normas muy parecidas: *Ni las* DADIVAS *ni los castigos* HICIERON *mella en su corazón.* Con la disyuntiva *o* admite singular y plural: *No sabemos si le atraía* (o atraían) *su hermosura o su inteligencia.* Con el verbo delante: *No* HIZO *mella en su corazón ni la dádiva ni el castigo.*

Del sitio que ocupe el adjetivo con relación a los sustantivos depende su concordancia: Si va detrás de ellos, concierta en plural: *Precio y calidad* RAZONABLES. Construcción singular que califica al más cercano: *Orador y poeta* INSPIRADO.—Si precede a los sustantivos, concierta con el más próximo: *Me* SORPRENDIA *su amor y su constancia.*

4.º Concordancia de compuestos especiales con verbo en singular. Dos o más infinitivos pueden llevar el verbo concordado en singular: *Me gusta madrugar y patinar en la Sierra* (No se puede decir «me gustan»). De igual modo se construyen en singular las formas demostrativas neutras: *Esto y lo mucho que se quieren adelantó la boda.* Con dos frases encabezadas con *que: Celebro que viajes y vayas buscando novia.* Si las fórmulas antedichas (infinitivos, demostrativos o frases con *que)* indican una relación recíproca se construyen en plural: *esto y lo que antes me proponías no tienen sentido. La hermosura y la inteligencia se dan algunas veces en la mujer. Jugar y estudiar no se deben estorbar.*

«Tú eres la que dijo» es la fórmula tradicional en la concordancia;

«tú eres la que dijiste» presenta una modalidad y nuevo caso de concordancia *ad sensum* (2).

8. Por la práctica a la regla

a) Lectura y análisis de textos

Distinción entre sujetos y predicados en el Prólogo a los *Intereses creados* de Benavente. Explicar o buscar en el Diccionario las palabras subrayadas en el texto (3).

PROLOGO TEATRAL

Telón corto en primer término, con puerta al foro y en ésta un tapiz. Recitado por el primer personaje, CRISPIN.

He aquí el *tinglado* de la antigua *farsa*, la que alivió en posadas aldeanas el cansancio de los *trajinantes*, la que *embobó* en las plazas de humildes lugares a los simples villanos, la que juntó en ciudades *populosas* a los más variados concursos, como en París, sobre el Puente Nuevo, cuando Tabarín, desde su tablado de feria, solicitaba la atención de todo transeúnte, desde el *espetado* doctor que detiene un momento su docta cabalgadura para desarrugar por un instante la frente, siempre cargada de graves pensamientos, al escuchar algún donaire de la alegre farsa, hasta el pícaro *hampón*, que allí divierte sus ocios horas y horas, engañando al hambre con la risa, y el prelado, y la dama de *calidad*, y el gran señor desde sus carrozas, como la moza alegre, y el soldado y el *mercader*, y el estudiante. Gente de toda condición, que en ningún otro lugar se hubiera reunido, comunicábase allí su regocijo, que muchas veces,

(2) En la época clásica se da el verbo en singular con sujeto en plural, cuando los sujetos forman como un conjunto con unidad. Ejemplos: *El traje, las barbas, la gordura y pequeñez del nuevo gobernador* TENIA ADMIRADA *a toda la gente que el busilis no sabía, y aun a todos los que lo sabían, que eran muchos.*» (Cervantes.) «*Su afabilidad y hermosura* ATRAE *los corazones de los que trata, a servirla y a amarla.*» (Cervantes.) «*El buen paso, el regalo y el reposo, allá* SE INVENTO *para los blandos cortesanos.*» (Cervantes.)

(3) Para el constante uso del Diccionario en los ejercicios analíticos de esta GRAMÁTICA, ofrecemos al lector nuestro DICCIONARIO DEL ESPAÑOL MODERNO (Madrid, ed. Aguilar, 1966, 2.ª ed., 1.383 págs.). Es un Vocabulario hecho a la medida del hombre de hoy. Contiene las 75.000 palabras admitidas por la Academia, actualizadas en sus definiciones, y unas 8.000 más que utilizamos en la conversación culta, en el libro, en la «radio» y en la revista moderna. Se indica el origen y siglo en que se formó cada vocablo.

más que la farsa, reía el grave de ver reír al risueño, y el sabio al bobo; y los pobretes, de ver reír a los grandes señores, *ceñudos* de ordinario, y los grandes, de ver reír a los pobretes, tranquilizada su conciencia con pensar: ¡también los pobres ríen! Que nada prende tan pronto de unas almas en otras como esta simpatía de la risa.

Alguna vez también subió la farsa a palacios de príncipes, altísimos señores, por *humorada* de sus dueños, y no fue allí menos libre y despreocupada. Fue de todos y para todos. Del pueblo recogió las burlas y las malicias, y dichos sentenciosos, de esa filosofía del pueblo, que siempre sufre, *dulcificada* por aquella resignación de los humildes de entonces, que no lo esperaban todo de este mundo, y por eso sabían reírse del mundo sin odio y sin amargura. Ilustró después su plebeyo origen con noble *ejecutoria* Lope de Rueda, Shakespeare, Molière, como enamorados príncipes de cuentos de hadas, elevaron a Cenicienta al más alto trono de la Poesía y el Arte. No *presume* de tan gloriosa *estirpe* esta farsa, que por curiosidad de su espíritu *inquieto* os presenta un poeta de ahora. Es una farsa *guiñolesca*, de asunto *disparatado*, sin realidad alguna. Pronto veréis cómo cuanto en ella sucede no pudo suceder nunca; que sus personajes no son ni semejan hombres y mujeres, sino muñecos o *fantoches* de cartón y trapo, con groseros hilos, visibles a poca luz y al más corto de vista. Son las mismas *grotescas* máscaras de aquella Comedia de Arte italiano, no tan regocijadas como solían, porque han meditado mucho en tanto tiempo. Bien conoce el autor que tan primitivo espectáculo no es el más digno de un culto auditorio de estos tiempos; así, de vuestra cultura, tanto como de vuestra bondad, se ampara. El autor sólo pide que *aniñéis* cuanto sea posible vuestro espíritu. El mundo está ya viejo y *chochea;* el Arte no se resigna a envejecer, y por parecer niño finge *balbuceos*... Y he aquí cómo estos viejos *polichinelas* pretenden hoy divertiros con sus *niñerías*.

(JACINTO BENAVENTE: *Los intereses creados*. Acto I. Prólogo. *Obras completas*, tomo III, p. 155, ed. Aguilar, Madrid, 1940.)

b) **Recitación de estos versos cortos de seis sílabas y análisis gramatical.** (Ejercicio de Diccionario de las palabras subrayadas.

CANCIONES DE NATACHA

(Canción de cuna)

I

Por los campos verdes
de Jerusalén,
va un niñito rubio
camino a Belén
Le dan los pastores
tortas de maíz
leche de sus cabras
y pan con *anís*.
El niñito tiene
los *rizos* de luz.
¡Duérmete, Natacha!
¡Sueña con Jesús!

II

La Señora Luna
le pidió al naranjo
un vestido verde
y un *velillo* blanco.
La Señora Luna
se quiere casar
con un pajarito
de plata y *coral*.
Duérmete, Natacha,
e irás a la boda
peinada de *moño*
y en traje de cola.

JUANA DE IBARBOUROU
(poetisa uruguaya).

c) Modismos y refranes

1.º MODISMOS EXPLICADOS:

Hablar por los codos (Hablar mucho).—*Curarse en salud* (Prevenirse).—*Poner la proa* (Perjudicar).—*Dar uno en duro* (Hallar dificultad).—*Tomar partido* (Decidirse).

2.º REFRANES:

En boca cerrada no entran moscas (Recomienda la discreción y el silencio).—*Al buen callar llaman Sancho* (Prudente moderación en el hablar).—*Cada uno en su casa y Dios en la de todos* (Contra los que se entremeten en asuntos de otros).—*Donde menos se piensa salta la liebre* (Se da a entender el suceso repentino de las cosas que menos se esperaban).

d) Dictado de Ortografía

«Visité nuevamente muchos soberbios edificios, llenos de recuerdos históricos y artísticos; torné a vagar y perderme entre las mil y mil revueltas del curioso barrio; extrañé en el curso de mis paseos muchas cosas nuevas que se han levantado no sé cómo; eché de menos cosas viejas que han desaparecido no sé por qué.»

GUSTAVO ADOLFO BÉCQUER: *La venta de los gatos.*

e) Tema de Redacción

Describir la calle principal de una ciudad: Animación de las tiendas, ir y venir de las gentes; los cafés, los espectáculos, etc.

f) Discoteca de España. (Un disco después de cada capítulo aprendido).

SOROZÁBAL: *La del manojo de Rosas,* LALP 383 (La voz de su Amo). *Canciones vascas.* SOROZÁBAL: *Maite,* Hispano-Voz, 16-02, 45 r., 17 ctms;

2 | SINTAGMAS NOMINALES DE LA FRASE

SUMARIO: *9. El sintagma. Funciones sintácticas del sustantivo.—10. Funciones sintácticas del adjetivo.—11. Funciones sintácticas de los artículos y pronombres determinantes.—12. Funciones sintácticas de los pronombres verbales.—13. Función de los nexos sintácticos.—14. Por la práctica a la regla.*

9. El sintagma. – Funciones sintácticas del sustantivo

Sintagma equivale, en general a «elemento sintáctico». Proviene del griego σύνταγμα, «composición hecha con orden». Voz usada por el lingüista Saussure, fue, más tarde, término corriente en la lingüística, con la acepción de «unidad sintáctica de algún modo autónoma e independiente». Es muy discutible su carácter binario, es decir, su necesaria expresión de dos unidades consecutivas *(re-pública, la vida humana, elemento de sintaxis, casa de Pedro)* o su equivalencia a una frase entera *(Si sales de paseo, te acompaño)*.

Para los que se dedican a la fonología, *sintagma,* quiere decir «unidad sintáctica que no puede ser dividida en otras unidades más pequeñas, como una palabra en relación con la frase». Según Dámaso Alonso expresa «una relación sintáctica de carácter indefinido» y el lexicógrafo J. Casares admitió la acepción de «signo fraccionado».

En lexicología, sintagma es «el producto de una relación de interdependencia gramatical establecida entre dos signos léxicos que pertenecen a dos categorías complementarias». En nuestra Gramática entendemos por *sintagma* su primera acepción de «elemento sintáctico».

Funciones sintácticas del sustantivo. *Sustantivo* (4) es la palabra con que se designan uno o más objetos en que pensamos como conceptos independientes. Los «objetos» se refieren a seres vivos y cosas de existencia real en la naturaleza *(piedra, mesa)* o en nuestra mente *(virtud, sabor, valentía)*. A

(4) Al sustantivo y adjetivo se les designó en la antigüedad con una sola palabra: ὄνομα (*nomen*, «nombre»). La separación de las dos categorías data de la Edad Media. El término *nombre* se refiere, por antonomasia, al sustantivo. Desde el punto de vista lógico, se conoce como el vocablo que expresa una sustancia independiente, frente al *adjetivo*, que es algo aditicio o «cualidad dependiente de otro».

veces ciertos aspectos de la realidad, considerados en sí mismos no son del todo independientes, como la *blancura* o la *delgadez*, pero entran en la categoría de sustantivos, dependientes de la materia.

1.º Sujeto

El sustantivo nos interesa aquí *funcionalmente* y en este sentido se define con Bello como el «vocablo que es o puede ser sujeto en la frase». A veces la preposición *entre* puede acompañar al sujeto: ENTRE *los dos levantamos el peso.*

El sujeto de la frase es siempre un sustantivo, o bien otra palabra o construcción sustantivadas. Ejemplos: *La señorita estudia.—La cortesía es la sal de la vida.—La señorita francesa es muy estudiosa.—La novia de mi hermano ha venido.* Hay siempre un sustantivo núcleo del sujeto. En los dos últimos ejemplos «señorita» y «novia».

Muchas veces el sujeto adopta la forma de una frase: *Me importa mucho que me acompañes.* Estas frases que componen el todo elocutivo en gramática se llaman *frases sustantivas.*

Se presenta también como sujeto el adjetivo sustantivado, del que hablaremos más adelante: *lo moderno me gusta. Me encanta lo español.*

2.º Predicado nominal y complemento.

En la frase de verbo copulativo lleva un conjunto de cualidades por las que queda como adjetivado: *Juan es pintor.*

Los sustantivos significan directamente los objetos en que pensamos y además de referirles todas las palabras del sujeto, pueden figurar en cualquier complemento, siempre que signifiquemos un trozo de la realidad considerado en sí mismo como independiente. Ya veremos más tarde el valor de los complementos verbales, el complemento adjetival o el aposicional participial, y el complemento de otro sustantivo. Algunos ejemplos: *Michèle compró un* PERFUME.—*Paco adquirió un* PISO. *Estatua de* BRONCE. *Hizo la cuenta con el* LAPIZ.—Se presentó en el CONCURSO, CON MODESTIA Y GRANDES MERITOS.

3.º Frase complementaria de un sustantivo.

Como ocurre en la función del sujeto, el sustantivo complementario puede ir acompañado de una frase directa (*Juana esperaba* QUE TODO IRÍA BIEN), indirecta (*tiene una cocinera* QUE LE GUISA BIEN) o circunstancial (díselo a tu amiga PARA QUE NO ME ESPERE).

4.º Frases sustantivas equivalentes.

Se forman con los genitivos y ablativos que equivalen a adjetivos: *el azul* DEL CIELO *(celeste)*; *el caballero* DE LA MASCARA *(enmascarado)*, porque el genitivo es el complemento natural del nombre. Es casi un adjetivo.

El *sustantivo* es la palabra esencial y primaria del sujeto y se compone de un término o de varios, dominando uno al que se han de referir los demás; pero puede ejercer otras funciones sintácticas, como hemos visto.

10. Funciones sintácticas del adjetivo

1.º Su función peculiar. Consiste en dar al sustantivo una determinación o una cualidad, por atribución asindética *(amigo* FIEL) o por predicado nominal de frase de verbo copulativo *(este amigo es* FIEL.—*El actor* APARECE NERVIOSO.—*Es juzgado* LOCO *sin motivo).*

2.º Posición en la frase. Llámase **adjetivo** porque suele añadirse al sustantivo *(joven culta y hermosa).* A veces y a pesar de referirse directamente a un sustantivo no se le junta: *la joven es o me parece culta y hermosa.*

El **adjetivo** puede preceder o seguir al sustantivo, con distinto valor expresivo. Si se antepone, se hace resaltar la cualidad (BUENA *persona,* POBRE *hombre,* ALTAS *torres,* un GRAN *cuadro). Ciertas noticias* y *«noticias ciertas»; simple funcionario* y *«funcionario simple».*

Puesto delante, el adjetivo tiene valor afectivo, subjetivo o de *epíteto.* Es signo de estimación preferente. Cambia de lugar y varía su estima afectiva *(persona* BUENA, *torres* ALTAS, *hombre* POBRE). Son cualidades no realzadas mentalmente y con carácter más bien objetivo. Si son varios los adjetivos que califican, su colocación dependerá de la agrupación rítmica y del valor expresivo de cada uno.

3.º Clasificación por el lugar que ocupan en la frase. Los determinativos normalmente se anteponen: PRIMER *concurso,* CIEN *corderos,* ESTE *edificio.*

Los numerales cardinales usados como ordinales se posponen: *el siglo* XX, *Juan* XXIII.

Los ordinales vacilan en su colocación: *el* TERCER *día* y *el día* TERCERO.

El partitivo *medio* va delante: MEDIO *minuto.* Si se añade otro número se pospone: *tres horas y* MEDIA.

Los demostrativos y posesivos, de ordinario se anteponen: ESTE *discurso;* Mi *pariente.* Se posponen con algún determinativo: *el día* AQUEL. *Fíjate en la mujer* ESA *que viene,* es distinto de: *Fíjate en* ESA *mujer que viene.*—*La viejecita* AQUELLA *nos miraba.*

El indefinido *alguno* va delante de las frases afirmativas: ALGUNAS *palabras dijo...*—*Ninguno* puede anteponerse o posponerse: NINGUNA *respuesta.*—*Alguno-a,* se suele posponer en las frases negativas: *Creo que usted ha estudiado en* ALGUNA *universidad. ¿Nos hemos visto en* ALGUNA *parte?*

4.º Régimen adjetival. El adjetivo rige al sustantivo, al pronombre y a otros vocablos o frases sustantivadas: PROPIO *para el caso.*—GENEROSO *conmigo.*—RAPIDO *en responder.*—NEGRO *por dentro.*

La *Concordancia* del adjetivo consiste en acomodar sus accidentes al género y número del sustantivo: ¡DICHOSA *edad y siglos* DICHOSOS *aquellos...*! *Mujer* HERMOSA *y novia* SIMPATICA. *Jóvenes* PIADOSAS.

5.º Sustantivación. Se hace por medio del artículo o de un adjetivo determinativo: *(La enseñanza mejora a* LOS BUENOS.) Puede desempeñar en la frase los oficios del sustantivo (BUENOS y MALOS *se alegrarán,* LOS JUSTOS *ganarán el cielo.)* Por medio de frases adjetivas *(Los* AFICIONADOS *a los toros)* o de frases relativas (ESOS QUE *tanto te halagan. Estudio* MATEMATICAS por *Estudio* CIENCIAS *matemáticas).* Lo que era adjetivo pasa a ser sustantivo.

6.º Adverbialización: El adjetivo conviene con el adverbio en que son vocablos que califican y determinan; pero el adjetivo lo hace en función del sustantivo. Nada extraño, pues que se adverbialice sin necesidad de sufijos: *recio, mucho, poco, demasiado.* Por otra parte se producen también adjetivaciones de adverbios: *un hombre* ASI; *un niño* BIEN.

7.º Carácter abstracto del adjetivo. Algunas veces al sustantivarse, los adjetivos originan sustantivos abstractos: LO NOBLE *de su comportamiento* («lo noble» está por «la nobleza»). *Me gusta por* LO SINCERO, es decir *por la* SINCERIDAD.

Un pequeño grupo de adjetivos de significado abstracto o colectivo se sustantivan con el artículo masculino: *el ancho, el largo, el grueso, el interior,* por *la anchura, la longitud, el grosor,* etc... Otros ejemplos más cultos: *el infinito, el natural, el desnudo, el sobrante, el sublime y el ridículo.*

El forma con el adjetivo una sustantivación masculina de carácter absoluta: *el vacío; lo* forma una sustantivación neutra relativa: *lo bueno* (es abstracto por «la bondad»). Hay algunos adjetivos con más extensión de significado. Lo RIDICULO quiere decir todo cuanto es ridículo. Otras veces tiene sentido parcial. Ejemplo: *lo verde del limón está más agrio.* Aquí «lo verde» es un neutro de parte. *Caer en el ridículo* supone una caída tremenda, *lo ridículo* sería una caída relativa. El primer concepto es más absoluto, entra en el todo del universo; el segundo expresa una parte con una idea de relatividad.

8.º Determinaciones del adjetivo. Las cualidades se modifican por medio de adverbios: DEMASIADO *blando,* BASTANTE *fuerte,* EXTREMADAMENTE *temerario,* MUY *estudioso.* Se modifican asimismo con el sufijo superlativo *ísimo (finísimo),* con el reiterativo *re* (RE*salado,* RE*queteguapa,* RE*limpio,* RE*doliente,* etcétera). Con otros adverbios: ESTÚPIDAMENTE *soberbio,* RIDÍCULAMENTE *serio,* ENORMEMENTE *duro.*

9.º Determinación por fórmulas comparativas. Por medio de los adverbios *más, menos* y *tan* se llega a las formas adjetivas MAS *alto,* MENOS *alto,* TAN *alto.* Tienen valor relativo. Los sufijos latinos fueron sustituidos por perífrasis de superioridad *(más... que),* de inferioridad *(menos... que)* y de igualdad *(tan... como): Tu novia es* MAS GUAPA *que la de Antonio.* MENOS INTELIGENTE *que Pedro. Luisa es tan buena como su madre. Michèle es la más inteligente de todas las amigas.*

En este último ejemplo tenemos una nueva formación superlativa. Con el artículo seguido de la preposición *de* se puede expresar el adjetivo de superioridad con carácter partitivo: EL MAS AMABLE *de los amigos;* LA MAS BONITA *de su casa.*

10.º Frases adjetivas especiales: Un adjetivo acompañado de sus complementos puede formar una frase o locución que admite la sustantivación con el artículo: *para nosotros* SUMAMENTE DIFICIL; EL DESIGNADO *para sustituirle tomó ayer posesión.*

II. Funciones sintácticas de los artículos y pronombres determinantes.

1.º El artículo Funcionalmente es un adjetivo demostrativo de significación debilitada. Ni se usa con independencia del sustantivo, ni expresa localización. Cuando digo: *tráeme* EL *libro,* se trata de un libro conocido; pero *tráeme* UN *libro,* es uno cualquiera. Tiene una valoración especial cuando aísla los sustantivos. Significa una materialización de la esencia expresada por el sustantivo: *El frío era intenso.*

Nos sirve para diferenciar palabras homófonas: EL *capital,* LA *capital;* EL *joven,* LA *joven.*

El artículo predice el género y número y la función del sustantivo en la frase. Es una forma gramatical sin contenido de significación por sí mismo. Su valor determinante es secundario. Los franceses admiten el artículo partitivo («du pain») para indicar que su significado se ha de tomar en parte de su extensión. Es un morfema exclusivo del sustantivo o de las formas sustantivadas: *el jugar, la boba, un no.*

2.º Grados de determinación. El artículo rompe la indeterminación del sustantivo: *casa,* UNA *casa; libros,* LOS *libros.* Hay sustantivos por su naturaleza indeterminados: *tráeme* VINO (de materia); *quiero* MANZANAS (concreto plural cuyo número no se especifica), *tome usted* ASIENTO (concreto singular, con sentido general, pero sin carácter colectivo); *recogieron el* GRANO. *Ya pinta la* UVA. Los indefinidos *uno, una, unos, unas* indican indeterminación de segundo orden. Señalan a un individuo dentro de una clase: *Han traído* UNAS *cerezas.* Puede tomar sentido enfático para expresar características especiales: *eso es impropio de* UN *asturiano.* No es lo mismo UNA *película emocionante,* que simplemente *película* EMOCIONANTE; *Era de* UNA *ternura conmovedora.* Equivale a «de tal ternura que conmovía». *Qué* introduce un giro consecutivo.

Los indefinidos *el, la, los, las,* señalan al sustantivo como algo ya conocido. Cuando digo: *Dame* EL *sombrero,* supongo que es conocido de interlocutoı.

Los sustantivos que no llevan artículo tienen un significado más genérico: *Cumplió encargos importantes* frente a *Cumplió* UNOS *encargos importantes.*

Indefinido con valor ponderativo *(es* UN *Cervantes)* y omitido con carácter indeterminado *(en cierta ocasión).* Suprimido con los nombres propios *(Juan)* y los geográficos, salvo en los casos de elipsis (LOS [montes] *Pirineos,* EL [río de las] *Amazonas),* de lenguaje vulgar (LA Juana), para determinar el sexo (LA *Avellaneda)* o en los tribunales (EL *Doroteo declaró),* éste último con sentido peyorativo de *maleante.*

Para evitar imprecisiones expresivas en el caso de esta frase, *Viene un soldado,* en que *un* puede completar una cifra o referirse a un sentido indeterminado, suele aclararse con el apoyo de adverbios: *Viene* UN *soldado* (indeterminado). *Viene* SOLAMENTE UN *soldado* (sentido numérico).

3.º Refuerzo del artículo partitivo: Se hace por medio de la preposición *de* y el artículo ante los nombres de cosas que pueden partirse: *He comprado* TANTO *de carne.* Refuerzo por medio de un adverbio: *Comí* ALGO *de ensalada.* En las cosas abstractas: *Hay* ALGO *de heroico en esta empresa.*

4.º Omisión del artículo en la mención cuantitativa: Suele darse este caso en los nombres de sustancia susceptible de cantidad o grado y en los abstractos asimilados, cuando se designa algo indeterminado: *Dábame* MIEDO. *Le causaba* AVERSION. *Por el portón entraba* OLOR A ROSAS. CON LA DISTRACCION *de proyectos de viaje. Buscaba* PAPELES *del gran sainetero.*

5.º El artículo con frases sustantivas: Puede preceder a cualquier forma de frase sustantiva: *el cómo lo vendió, nadie lo sabe* (giro raro). Más usado es el artículo con frases sustantivas encabezadas con *que: el* QUE TENGAS QUE VIAJAR *no quita para que me escribas. El* ACERTAR *depende en parte de tu trabajo.* Con frases de infinitivo es más corriente, como vemos en el ejemplo anterior.

6.º Concurrencia del artículo y posesivo: El uso de los dativos simpatéticos va muy junto al empleo del artículo en lugar del posesivo: *Le arrancó* LAS *plumas al ave* (es genitival). Es también frecuente verlo unido a nombres de parentesco: *Entraron a ver* AL HIJO *dormir. Porque hizo una barrabasada, el maestro castigó* AL *alumno y el tío a su sobrino.* Con nombres que designan partes del cuerpo, prendas de vestir u objetos inanimados: *Pablo sintió* UNA *delicia primaveral.* Vacila entre preposiciones: *traía* ENTRE SUS *dedos* EL *escrito.* Se usa siempre con complemento directo en función. del verbo *tener: tiene pintadas* LAS *mejillas* (con sentido descriptivo)

7.º Artículo con nombre de seres individualizados: Ciertos nombres de dignidad omiten el artículo, pero a veces vacilan: *la prima es muy guapa; eso le estoy diciendo* A LA TIA. Sin artículo: PAPÁ *no tenía razón; ¿No está madre?; Toda la base de palacio es intrincada.*

8.º Artículos con días, meses, estaciones, fechas, horas y edades: Los días, meses y estaciones se asocian al artículo, por lo general, menos los meses: *Llega* ABRIL *dentro de poco. El* JUEVES *llegaron mis padres Lo pudimos conservar todo el* VERANO. *Se cortaba el maíz en otoño* (o *en el* OTOÑO). Pasaron *Navidad y Año Nuevo...* Las fechas suelen ir con artículo: EL DÍA 6 *de Mayo lo escribí.* EL 28 *de Mayo nació Michèle.* EL 2 *de Junio hizo su entrada. Hasta* EL 12 *de Julio. Hacia* EL 24 *de Diciembre. En* EL *año* 1521 *era Lisboa una de las mejores capitales de Europa.*

9.º Pronombres determinantes: La determinación del sustantivo es función primaria del pronombre demostrativo. Del latín al castellano se perdió *hic* (este) y conservamos *iste* (ese) a cambio del significado en «este».

Otro determinante, el *posesivo* tiene un uso predicativo muy frecuente en español. Hay formas apocopadas que conservaron antiguamente la vocal final: *mía fe.* Tiene una forma átona adjetiva (MI *libro)* y otra tónica pronominal: *es el* MIO (hablando de un caballo).

10.º Función sintáctica de los demostrativos: El demostrativo expresa la relación de distancia respecto de las personas gramaticales. Es un señalamiento de lugar y una indicación de la proximidad: *éste* es el que está más próximo a *mí; ése* a *ti; aquél,* el que está más lejos de *mí* y de *ti.*

Como los posesivos los demostrativos no reemplazan al nombre. En el ejemplo: *toma tu sombrero, yo me quedo con el mío, tú* es adjetivo determinativo y *mío* no sustituye a «sombrero», ya que si en la frase ponemos en vez de «el mío», *el sombrero,* cambia por completo de sentido: *toma tu sombrero, yo me quedo con el sombrero. Este* o el *mío* se refieren al sustantivo pero no le reemplazan. Son más bien pronombres adjetivos que se comportan en la frase como los demás adjetivos.

Los posesivos y demostrativos absorben el artículo, cuando preceden al sustantivo: *Mi libro* y *el libro mío; aquella joven* y la *joven aquella.*

Los pronombres se caracterizan más que por su oficio o función en la frase, por su significación esencialmente ocasional. Volveremos sobre esta nueva teoría en la parte de Semántica. No son adjetivos pronombres *esto, eso y aquello,* ya que no hay sustantivos neutros. Suelen llamarse *anafóricos,* porque resumen lo anteriormente expuesto.

Se incluyen en los pronombres demostrativos *tal* y *tanto.* La demostración de *tal* recae sobre la cualidad y de *tanto* sobre la cantidad y el número. Grupo indeciso entre demostrativos e indefinidos. *Tal* y *tanto* son además sustantivos neutros y entonces carecen de plural: *pero* TANTO *puede el deseo de mandar.* Siguen la misma trayectoria sintáctica que *esto, eso* y *aquello.*

El español distingue tres grados en la colocación relativa de un objeto: *éste* indica el objeto inmediato; *ése* el intermedio, y *aquél* el más lejano.

Existe una escala de adverbios equivalentes: *aquí, ahí* y *allí.*

También evocan objetos ausentes o inmateriales: *Uno de* ESOS *paseos solitarios. Se encontraba en uno de* ESOS *trances de la vida.*

11.º Formas neutras demostrativas: Tienen siempre valor sustantivo: *Eso no se debe hacer. Veterano tiene* ESO (slogan comercial). LO NUESTRO. Neutro pronominal: ELLO *es cierto. Algo me dijeron. Conocía bien aquello. Poco has dormido. Dices que has aprobado y no lo creo. Les conté aquella expedición y lo celebraron todos. Parecía un pintor, pero no lo era. Vale más que no lo hagas. Esto era un rey que tenía...*

Suele aludir a objetos concretos: ESTO *que llevas en el coche.* Por efecto expresivo puede referirse a personas. ESTO *no es un hombre.* Entra en fórmulas conversacionales: ESO *no me gusta; nada de* ESO. *Mira* ESO. AQUELLO *es una gentuza.*

«Este vino es bueno, si lo hay» equivale a decir, «si admitimos que existen vinos buenos, este vino es uno de ellos». Aquí el neutro tiene un valor de plural.—*¿Es bueno? —Lo es.* ¿Por qué no dice sólo *es*? ¿Por qué agrega «lo es»? El *lo* suple a «bueno». Se cumple que el vino *es bueno;* luego equivale a «es bueno».

El neutro puede resultar a veces ponderativo, sin dejar de ser pronominal. *Lo largo que es este camino* quiere dar a entender «la largura o la longitud» (neutro adjetivo).

12.º Determinación y demostración: Entre la determinación del artículo y la demostración del pronombre hay cierta semejanza. En algunos casos los artículos sustituyen a los demostrativos: *Esta casa es más cara que* LA *que compré ayer* (que *aquella* que). Con referencia anafórica: No *conviene exponernos* a UN *peligro,* por «no conviene exponernos a *ese* peligro». Con sentido evocativo: «Ya entonces *ese* andaluz era el mejor equilibrista».

13.º Los pronombres demostrativos en las formas narrativas: Se distingue la narración en presente y en pretérito: *En* ESA *simpatía acaso se halla la razón del triunfo.* AQUELLOS *modales correspondían a su educación. Al verla de* AQUELLA *forma, la consoló.* En el primer ejemplo «esa simpatía» hace sobretender el adverbio «precisamente».

14.º Actúan como sujetos y predicados en las frases de predicado nominal: En las frases nominales bimembres: *¡Qué crestas azuladas* AQUELLAS *del Guadarrama! ¡Gran arte* ESE *de sujetar y enclavijar las galgas! ¡Qué minifaldas son* ESAS, *mujer! ¡Qué cosa tan rara es* ESTA *de escribir! ¿Qué confianzas son* ESTAS, *hombre?*

15.º El posesivo: Equivale al genitivo de los pronombres personales, *Mío, tuyo, suyo* en singular, y en plural se apocopan antepuestos al sustantivo: SU *solo movimiento produce el calor;* SUS *pantalones son muy femeninos.* Establece relaciones de posesión con las personas gramaticales: MI *casa* (indica que soy yo el poseedor de ella), SU *perfume* (el de ella).

Son adjetivos y adjetivos sustantivados y pronombres: MI *pensamiento,* TU *hermosura,* SU *coche. La mía* (referido a la finca). Funcionan como sustantivos: *lo mío, lo tuyo, lo nuestro.* Se puede decir, en primera y segunda persona, *mi marido* o *tu marido,* pero no *el marido de mí* o *el marido de ti.* En cambio, en la tercera se dice: SU *marido* o *el marido* DE ELLA

16.º Artículo y adjetivo posesivo: En la lengua antigua el artículo podía preceder al posesivo: LA SU *tienda.* Hoy ha quedado exclusivamente en alguna fórmula deprecativa: *Venga a nos* EL TU *reino* (modernizado ya en «Venga a nosotros TU reino») o en algunos regionalismos y canciones populares: LA *mi morena —que no me aguarde* (asturiano); LA *mi morena— morena clara...*

17.º Ambigüedad posesiva: Por no indicar con claridad el género del poseedor: *la carta* VUESTRA (la de *vosotros* o de *vosotras);* SU coche *(de él, de ella, de ellos,* etc.) Por el riesgo que existe de confusión, el posesivo necesita un refuerzo: SU *casa de* USTED. *Cogió* SUS *libros de* SU *biblioteca.* Benavente llega a decir: SU mujer de USTED (para evitar la alusión confusa, es decir, la ambigüedad posesiva).

18.º El posesivo en aposición: Para esto se emplean los pronombres tónicos: *es un alemán amigo* MIO. *Esa joven bonita, alumna* TUYA. Del mismo modo se usa en el vocativo, el requiebro y frases nominales intermedias: *¡Ay*

pobrecito MIO! *¡Dios* MIO! *¡Oh bendita tierra y acogedora, la patria* MIA! Con pronombres átonos: *¡Ay,* MI *zapaterita, dame* TU *palabra!* ¡MI *Julia!* ¡MI *todo!*

19.º Caso especial de sustantivación: Algunas veces la sustantivación de los demostrativos no se consigue en el espacio sino indicando diversas lejanías en el tiempo: *¡Cuán lejos están* AQUELLOS *días! Yo soy* AQUEL *que ayer no más decía —el verso azul y la canción profana* (Rubén Darío).

20.º Pronombres personales complementarios con valor posesivo: Se llama también este procedimiento «dativo de interés», *dativo posesivo, ético, commodi et incommodi, etc.* Ejemplos: *El sastre arregló* MI *traje* (usando el posesivo) o *El sastre* ME *arregló el traje.* El primer ejemplo es un galicismo casi inusitado.

21.º Equivalentes de complementos objetivos introducidos por «de» o por «a»: Con diversa clase de complementos: *Lo ocurrido* A *Juan viene en mi apoyo; antes* DE *que yo le preguntara si en mi busca venía.*

22.º Colocación sintáctica del posesivo: Van ordinariamente antepuestos, si son átonos: MI *hermana.* Se posponen si llevan artículo o una palabra determinativa: *El día* AQUEL; *un pariente* MIO. En Hispanoamérica es frecuente la anteposición: *Oiga,* MI *amigo.* MI *hijita, ven acá.*

12. Funciones sintácticas de los pronombres verbales

El pronombre hace referencia a un sustantivo o a un infinitivo: ELLA *quiere jugar.* YO LO sé. Este *lo* equivale a la idea «quiere jugar».

1.º Pronombres verbales: Los pronombres verbales *(personales, neutros, indefinidos* y *adverbiales)* representan al sustantivo dentro del sistema verbal y se relacionan de tal manera con el verbo, que en ocasiones forman con él una unidad expresiva: *Oímos* UNOS *pasos. Luisa dijo:* ALGUIEN *viene.*

2.º Pronombre personal: Introduce en la frase una relación nueva, el elemento subjetivo *yo*, que representa la conciencia del que habla. Frente al «yo» primera persona (pl. «nosotros», «nosotras») se forma el *tú* (pl. «vosotros», «vosotras») que interviene en el diálogo. Entre los interlocutores Juan y Antonio. Juan es el *yo* y Antonio el *tú* o segunda persona. Todo lo que no es ni «yo», ni «tú» corresponde a la tercera persona o todo aquello de que se dialoga: TU *lo dices y* YO *lo creo.* TU *estás en una habitación climatizada* y YO, *aquí, sudando la gota gorda.*

Pronombres personales son las palabras que designan las tres personas del coloquio en el papel de personas gramaticales. Por tercera persona entendemos cualquier sustantivo o frase sustantivada, pero hay palabras especiales para ofrecer el objeto o cosa de que se habla y a la que se refiere la persona gramatical distante en el diálogo. Estas son: *usted, él, ella, ello. El* y *ella* son los únicos verdaderamente **pronombres** o «sustitutos del nombre», oficio que no tienen la primera y segunda persona.

En plural la primera persona *nos* (excepcionalmente) y de ordinario *nosotros, nosotras;* la segunda persona *vos, os, vosotros, vosotras;* tercera persona: *ustedes, ellos, ellas: Os divertís mucho. Nos* y *Vos* se usan para hablar con la Divinidad o con una persona de muchísimo respeto: NOS, *dijo el Papa, declaramos su santidad. Nosotros, dijo el Director de la empresa, seguiremos la línea trazada por nuestro antecesor.* NOS, *os mandamos partir, dijo el rey.*

3.º Uso y omisión del pronombre sujeto: El pronombre personal no va necesariamente con las personas verbales, como ocurre en el inglés y el francés. Por razones pedagógicas se emplean los paradigmas de los verbos con sus sujetos pronominales; pero convendría que desde el principio se suprimiera esta costumbre, y en vez de *yo parto* se dijera y escribiera en las gramáticas: *parto.* Esto tiene su origen en el indoeuropeo. Las desinencias verbales primitivamente fueron pronombres que acabaron soldándose al verbo para expresar sus personas.

Para evitar ambigüedades, se usa más el sujeto pronominal de tercera persona: ELLA *se presentó con vestido de fiesta.* Y es que la tercera persona es múltiple. En el coloquio pueden intervenir una cuarta, quinta, sexta, etc., personas y todas son terceras.

4.º El pronombre sujeto puede ser enfático: Este sentido ponderativo en la segunda y tercera persona significa insistencia en hacer resaltar el sujeto. Depende de la naturaleza de las frases. Así en las interrogativas se dice: ¿YO *miedo de ese mastín*? En la frase de repulsa: ¡YO *qué sé!* A pesar de su sentido ponderativo y de amenaza enérgica, se puede omitir el *yo: ¡Acuérdate de lo que te voy a decir! ¡Si vuelves a levantarme la mano..!* Este énfasis puede darse con pronombre al final: *¿Hundirme* YO? *De eso me encargo* YO. *Todos irán excepto* YO.

5.º Enfasis en pronombres complementarios: Esta redundancia no se hace para insistir particularmente en el pronombre, sino que tiene lugar en las locuciones que se repiten como frases hechas: *A mí* ME *parece. A ellos* LES *gustaría, a mí* ME *parece que sí. Se lo dije a usted y usted sin darse por enterado.*

6.º Ambigüedad de los reflexivos y recíprocos: El pronombre *se* de tercera persona ofrece cierta complejidad. Este *se* tiene cinco usos, de los cuales sólo uno, el impersonal, es exclusivo suyo. Los demás son comunes a los otros dos pronombres personales. Veamos estas formas.

1.º *Personal simple.* Es el dativo *le* de tercera persona, que puesto ante el *le* acusativo se convierte en *se: le lo dije,* igual a *se lo dije.*

2.º *Reflexivo,* cuando reproduce el nombre o pronombre que sirve de sujeto, para indicar que él mismo recibe la acción; puede ser directo o indirecto: *Rafael se lava* (directo); *Rafael se lava las manos* (indirecto).

3.º *Recíproco.* Reproduce dos o más sujetos en forma de complemento. Puede ser directo o indirecto: *Romeo y Julieta* SE *amaron siempre* (directo); *Los dos rivales* SE *dirigieron palabras ofensivas* (indirecto).

4.º *Intrínseco.* Aplica la acción del verbo, con cierta intensidad, a lo más íntimo del sujeto. Se antepone a verbos transitivos no usados como reflexivos: *Miró mucho lo que* SE *decía,* es muy distinto de «miró mucho lo que hacía». Algunas veces el *se* se construye con verbos intransitivos: SE *salió del cine. Era*SE *un hombre a una nariz pegado* (este *se* es siempre dativo). Se trata de nuestra voz media, voz expresiva de lo afectivo y emocional, o sea, de lo subjetivo.

Dativo de acción mediata o de aquella que se atribuye al sujeto por eficiencia ajena: *El niño* SE *asustó. El enfermo* SE *murió.*

Los verbos pronominales *(arrepentirse, atreverse, quejarse,* etc.) van acompañados del *dativo de acción mediata: El pecador* SE *arrepintió.* Algunos intransitivos lo usan si expresan la idea ajena a él *(caer, reír, dormir, morir,* etc.): *El muchacho* SE *cayó de la escalera.* Los transitivos usados como intransitivos *(alegrar, asustar, enfadar, convencer, herir,* etcétera): *El joven* SE *ahogó en el río; tu hermano* SE *cogió un resfriado. Carmen* SE *convenció de tu palabra. Mi madre* SE *alegró de tu boda con Luisa.*

Este dativo es propio de las frases causativas: *Juan* SE *afeita en la barbería* (no es Juan el que se afeita, sino le *afeitan). Michèle* SE *hace las mechas en la peluquería.* Todos estos matices están lindando con las expresiones pasivas.

5.º *Impersonal.* Es propio de la tercera persona. Forma las frases impersonales: SE *prohíbe fumar.* SE *lucha con valor.* SE *va vendiendo.* En el fondo es un dativo intrínseco.

7.º «Mismo», pronombre de identidad. Empleo de «propio»: El pronombre intensivo (latín *ipse)* del pronombre de identidad (latín *idem)* tiene una diferencia de colocación. *Mismo* se suele poner detrás del sustantivo: *Mi sentimiento no es el* MISMO *de entonces. La* MISMA *Blanquita no soñaba con esto. Su voz no se oía, no la oía, el* MISMO. *Hablan mal los* MISMOS *que le adulan. Cada sabio se conoce a sí* PROPIO. *Ha llegado a creer que sueña mis* PROPIOS *sueños* (intensivo expresivo).

8.º Pronombres de cortesía: Con los pronombres personales se mezclan los tratamientos. *Usted,* de «vuestra merced» tuvo un sentido que ha desaparecido. Hoy no se distingue, en el trato corriente, más que entre *tú* y *usted,* en plural *vosotros* y *ustedes* y el uso americano del *vos.*

Se trata de *tú* al interlocutor de igual o menor categoría; de *usted* a la persona de respeto o al desconocido o poco conocido. Los verbos que acompañan a *usted* y *ustedes* van en tercera persona, aunque se refieran a la segunda: *usted es;* USTEDES *son.* USTED *es un caradura.* USTED *nos miraba con insistencia.*

Nos y *vos* se usaron como plural de respeto (plural mayestático) con significación singular. Hemos tratado un poco más arriba este asunto. Como dijimos persiste aún en fórmulas restringidas: NOS *el rey.* En las Bulas pontificias y cuando una colectividad o periódico expone colectivamente su pensamiento.

9.º Distribución del «voseo» en América: *Vos* reemplaza a *tú* en el habla familiar, con gran profusión en la Argentina y Uruguay; con menos intensidad en Paraguay, Chile, Bolivia, Perú (en parte), el Ecuador, Colombia (excepto la costa norte), parte de Venezuela, en algunas regiones de Panamá, Costa Rica, Nicaragua, El Salvador, Guatemala, una pequeña zona de Cuba y en el estado mejicano de Chiapas. Emplean exclusivamente el *tú* Méjico, Cuba, Santo Domingo, Puerto Rico, gran parte de Venezuela y Panamá, en el norte de Colombia y en una zona importante de Perú en torno a Lima.

El uso del *vos* no es uniforme. En la Argentina es común en todas las clases sociales; en cambio, en la República de Colombia se reserva para el habla popular.

En Colombia y en Chile la influencia de las escuelas nacionales ha conseguido reducir el *voseo.* El Consejo Nacional de Educación ha recomendado en la Argentina a las escuelas elementales la proscripción del *vos* y el uso del *tú.*

10.º El neutro pronominal: Se usan como neutras estas formas: *ello* (tónica) y las átonas *le, lo,* con sentido de dativo y acusativo, respectivamente: *No querían creer*LO. ELLO *es cierto.*

11.º Colocación de los pronombres átonos: El pronombre es enclítico con el imperativo, el gerundio y el infinitivo: *buscándo*TE, *ayúda*ME, *intentar*LO. Con otras formas verbales los pronombres pueden ser proclíticos y enclíticos: LE *dijo y díjo*LE, *paréce*ME, *abría*SE. El verbo puede llevar dos y aun tres pronombres átonos: *rogába*MELO, *quieren arrebatár*TEME.

12.º Leísmo, laísmo y loísmo: Según la etimología, las formas para los complementos directos son *lo, la (illum, illam);* pero en Castilla se usó para el complemento indirecto *le,* con significado de directo. En Navarra y Andalucía y en casi toda América, la lengua hablada emplea casi exclusivamente *lo, la* en el directo, y *le,* para el indirecto. Por imitación a Castilla, entró el confusionismo y se usó en muchas partes el *le* como complemento directo, para designar personas del sexo masculino, y ésta es la causa de que *le* fuera preferible y *lo* forma poco correcta (5).

En Castilla, asimismo, se emplea el *la* como complemento indirecto femenino: LA *dije que comiera. No llegué a saber si* LA *dieron mis bombones o no. A Consuelo* LA *he visto por ahí de parranda.* Esta forma penetró en la literatura y fue perseguida por los gramáticos como un descuido. A fines del siglo XV había dos complementos indirectos: *le* y *ge; le* iba solo; *ge* se empleaba con *lo:* GE *lo doy.* El *ge* fonéticamente sonaba *a ye.* En la época clásica el *ge* se convirtió en *se.*

La Academia concede que se pueda emplear *le* como acusativo masculino y *lo* como acusativo de cosa: *busco a Juan y no* LE *encuentro* (LO *encuentro).* Recomienda que se atengan los escritores a la norma etimológica *(lo, la* siempre acusativo; *le* dativo, procurando evitar el uso de *le* como acusativo masculino). No se puede dar una norma general sin atender al uso de las regiones. *Le* es aceptable como comple-

(5) Quisiera recordar aquí las observaciones sobre tema tan discutido consignadas en mi CIENCIA DEL LENGUAJE Y ARTE DEL ESTILO (Madrid, 1967, 8.ª ed., núm. 70, págs. 80-84), bajo los epígrafes: *Norma etimológica, Uso clásico, Norma académica, Uso moderno, Uso correcto* y *Normas prácticas (leísmo, laísmo, y loísmo).*

En este capítulo hablamos del *voseo* hispanoamericano y en otro lugar citaremos (núm. 95-5º) el uso especial de los *diminutivos.*

Sobre las tendencias actuales del español en América anotemos estas observaciones: El *voseo* documentado con su estudiada repartición geográfica; *pérdida* de la persona *vosotros* sustituida por *Vdes.*, aunque se tiende a restablecer la forma castiza; *yeísmo* y *seseo* desigualmente arraigados; *aspiración* y pérdida de *s* en final de sílaba o de palabra y *confusión* vulgar de *r* y *l;* algunos islotes de *ceceo;* pérdida de las formas *amase, tuviese,* etc., reemplazadas por *amara, tuviera,* etc., aunque literariamente se usan las formas *-se.* Está en decadencia el futuro absoluto de indicativo *(amaré)* sustituido por las formas analíticas *(he de amar, voy a cantar).*

Dentro de las necesidades expresivas de cada región se han creado nuevos sustantivos, aumentativos y diminutivos *(tatita, allisito).*

La influencia indígena en el lenguaje hispanoamericano es cada día menor y se halla en retroceso, mientras el español penetra cada vez más en las lenguas indígenas. A medida que España se americaniza, podemos decir que América se hispaniza. El intercambio intelectual, universitario y periodístico, junto con la «radio», el «cine» y el «teatro» ayudan a este acercamiento lingüístico.

mento directo, de igual modo que *lo;* no así *les* y *las* que no han logrado imponerse en la lengua culta. No es muy correcto, por tanto, decir: *Yo* LES *vi, tú* LES *guías,* en vez de *yo* LOS *vi, tú* LOS *guías.*

Hay que evitar el *le* con valor de plural, como en *Da*LE *recuerdos a mis amigos.* Debe corregirse: *Da*LES *recuerdos...* ya que el pronombre se refiere a *amigos.*

Orden de los pronombres concurrentes: Si el complemento directo es *lo, la, los, las,* el complemento indirecto, sea o no reflexivo, va delante. Ejemplos: *Nosotros* SE *lo decimos (se* con valor de *le* o *les). Yo* ME *las como (me* reflexivo).

13.º Observaciones sobre el «lo» y el «laísmo»: 1.ª Hay que modificar la afirmación gramatical de atribuir siempre el *lo* al género neutro, ya que según los gramáticos el *lo* representa el complemento directo del género masculino. Ejemplo: LO *quiero mucho.* El *la* complemento directo del género femenino: LA *quiero con todo mi alma* y el *le* nos lo ofrecen como complemento indirecto para ambos casos: *No* LE *digas cosas ofensivas* (lo mismo puede ser para el hombre que para la mujer). El *lo* no es siempre neutro y cuando es complemento directo representa al género masculino. Hasta aquí lo que nos da la gramática.

2.ª El pueblo en sus distintas regiones tanto americanas como españolas, suele tener una idea inalterable de lo que es neutro, pero esto se presta a confusiones. Si se inclina por el LE *quiero mucho* en vez de LO *quiero micho,* es para que no haya duda de la persona aludida. El lenguaje intensivo del cariño prefiere decir LO *quiero mucho,* con un valor absoluto que roza lo imponderable. Ejemplo práctico: Supongamos que se está disuadiendo a una joven para que abandone a su novio que no le conviene por sus condiciones. Ella escucha atenta. No puede argumentar a los razonamientos que le hacen porque son evidentes y después de permanecer callada sin argumentos, rompiendo a llorar para razonar únicamente con lo afectivo, nos contesta:

—LO *quiero mucho.* Prefiriendo esto a «le quiero mucho», porque lo afectivo se sobrepone a la lógica. Con ello nos anuncia que no va a obedecer nuestros consejos, que está contra lo razonable y que pueden más en ella los dictados de la vida sentimental.

3.ª En el caso del dativo, muchas veces el pueblo, no respeta el *le* en el coloquio, si se trata de mujer y pone el *la: No* LA *des esos disgustos a tu madre,* en vez de «no le des esos disgustos»... Expresión que no es disonante ni extraña y que a pesar de todo se ve con frecuencia sustituida por el *no* LA *des.* Ese repetir el género femenino de madre con el *la,* representa una intención de resaltar la delicadeza que requiere el trato hacia una madre, el sexo delicado del género femenino que corresponde a la madre y los graves disgustos por tratarse de una mujer. Otras veces el *leísmo* distingue bien los sexos: *No* LE *digas eso a tu padre, ni* LA *cuentes nada a tu madre. En cuanto a tu padre y a tu madre ni* LE *digas eso ni* LA *des ese disgusto.*

4.ª Suprimidos los casos de pura receta académica, el LO representa la forma neutra contra todo el contenido que el neutro tiene en sí. La sustantivación se hace por el LE: *hizo* EL *ridículo*, es decir, el papel del hombre ridículo. Ya lo hemos dicho en otro lugar, el LO es más absoluto y ponderativo, el LE más concreto y relativo: EL *largo de este traje* está en función de una cifra. El sastre apunta *el largo*, no *lo largo*.

14.º La tercera persona del plural: Se ha usado mucho en español con una equivalencia parecida al *on* francés. Se encuentra todavía en algunos refranes o frases hechas: *Dicen y no acaban, al buen callar llaman Sancho*. Modernamente se ha extendido un modismo parecido al francés *on est: Cuando* SE ES *prudente*. La tercera persona del singular se adapta a las ideas abstractas: PARECE *que no me entendió*. CONVIENE *no hacerle caso*.

15.º Dependencia de algunos indefinidos de los pronombres verbales: Algunos indefinidos tienen un valor expresivo y equivalen a pronombres verbales: *Vinieron* CUANTOS *quisieron. ¿Para qué? Para nada. Me dice tantas cosas: que si* FULANO *se va a casar con Luisa, que si* MENGANITO *tiene un primo ingeniero, que si* MENGANITA *es un poco frívola*.

16.º Los pronombres adverbiales: Junto a los pronombres personales existen otros que hacen referencia al lugar, dirección o procedencia. Añaden un matiz adverbial. El uso de estos pronombres en francés e italiano es muy extenso: *il faut* y *passer. Je me contente de peu. J'eus la simplicité de confier mon honneur á un homme qui n'en avait point. Es mejor no hablar de esto. Sí, vengo de* ALLI.

13. Función de los nexos sintácticos

1.º Los nexos en la frase: Son elementos auxiliares de la frase, de tipo funcional, que entrelazan y une las categorías nominales o verbales. Estas formas unitivas y significantes tienen mayor o menor fuerza expresiva, según se trate de la lengua hablada o escrita. Las principales son: *las preposiciones, las conjunciones coordinantes, las conjunciones subordinadas y los relativos*.

2.º Las preposiciones en función de la frase: Fundamentalmente son nexos de palabras; por tanto van más unidas al grupo nominal que al verbal, ya que su término de relación es habitualmente un sustantivo o forma sustantivada.

Preposición, sintácticamente, es la partícula con que subordinamos un término a otro: *Sitio* PARA *descansar. Presume* DE *listo. Casa* DE *Antonio. Lleno* DE *agua. Iban* CON *ellas.*

3.º Términos de subordinación en las preposiciones: Puede ser un sustantivo, un infinitivo, el pronombre usado con valor de sustantivo, las frases sustantivas (*limosna para* EL POBRE; *casa con* DOS PUERTAS; *viaja* POR TURISMO; *viene* PARA APRENDER; *dejo el dinero* A QUIEN *lo administre bien; estoy seguro* DE QUE LO SABRÁ HACER), un adjetivo (*pasarse* DE LISTO, *amada* POR DISCRETA) y un adverbio de tiempo o de lugar (¿HACIA DÓNDE *vas? Se ve* DESDE LEJOS; *vete* DE AQUÍ).

4.º Subordinan al complemento diversas palabras: La preposición *a* puede subordinar el verbo al complemento directo, si es de persona o personificado: *Amo* A MI MADRE. *Veo* A LUIS. *Oigo* A MI PERRO *ladrar. Temo* A SUS IRAS (y «sus iras»).

Los nombres geográficos modernamente evitan la preposición *a:* Visito MADRID (y no «A *Madrid*»). *Conozco* ROMA (y no «A *Roma*»).

En el complemento indirecto se usan *a* y *para: Le escribo* A *mi novia. Trabajo* PARA *él.*

En el complemento circunstancial caben todas las preposiciones: *va a todo correr, voy con él, vamos hacia la plaza.* Muchas veces depende del verbo el uso de las preposiciones circunstanciales: *atormentarse por una cosa; avergonzarse de algo.*

5.º Errores preposicionales: El error más frecuente en el que comienza a escribir es el mal uso de las preposiciones: Ejemplos de formas incorrectas que deben evitarse: *Dice* DE *que viene (Dice que). Cuenta* DE *que lo vio todo (Que lo vio). Sentarse* EN *la mesa (Sentarse* A *la mesa). Ir* DEL *médico (Ir* A *casa del médico). Debe de ser* y *debe ser* tienen distinto significado. La primera frase indica probabilidad; la segunda obligación. No se dice: *afinidad* AL *dolor,* sino CON *el dolor.*

6.º Preposiciones pospuestas: Funcionan como preposiciones pospuestas, pero son de naturaleza adverbial. Aparentemente van contra la naturaleza de la preposición, que se antepone al sustantivo, al que se relaciona. Ejemplos: *La conocí años* ATRÁS. *Se marchó carretera* ARRIBA. Y *él seguía mar* ADENTRO. *Pocos días* DESPUÉS *de tu llegada.* Se pueden analizar como frases adverbiales.

7.º Frases prepositivas: Existen ciertas locuciones compuestas de preposiciones que se enlazan entre sí o de adverbios y preposiciones que realizan en la frase la misma función sintáctica que una sola. Las llamamos *frases prepositivas: respecto de, por encima de, en contra de los suyos, con rumbo a Europa, delante de nosotros, en medio de los dos. Venga usted por aquí.*

8.º La conjunción en la frase: Conjunciones son las partículas que enlazan entre sí elementos sintácticamente análogos o equivalentes, es decir, que desempeñan un mismo oficio o son frases de una misma naturaleza sintáctica. Pueden unir sustantivos *(el libro* Y *el cuaderno; a sangre* Y *fuego),* adjetivos *(blanco* Y *negro, pequeño* PERO *valiente);* verbos *(como* Y *duermo, vienes* O *te quedas);* adverbios *(pronto* Y *bien, aquí* O *allá);* complementos *(Luis habla* Y *Pedro calla);* elementos análogos: *la claridad, la fuerza* Y *la armonía del estilo.*

9.º Coordinantes y subordinantes: Los elementos sintácticos equivalentes se unen con la conjunción y forman una serie. Si un miembro no está supeditado a otro, se trata de las conjunciones *coordinantes* o coordinativas *(y, o, ni, pero).*

Las subordinantes supeditan un miembro a otro y el resultado es un grupo con su forma expresiva y su complemento. Gracias a ellas es posible la sintaxis moderna.

10.º Cinco clases de conjunciones coordinantes: a) *copulativas (y, e, ni, que):* NI *siente* NI *padece.*

b) *disyuntivas (o, u, ya, ora, bien, sea, que): Silla* O *mesa;* SEA *bueno,* SEA *malo; quieras* QUE *no quieras.*

c) *adversativas (pero, mas, empero, sino, aunque, antes, salvo, excepto): Todos* MENOS *yo. Viejo* PERO *fuerte* (correlativas). *No es malo,* SINO *muy bueno* (exclusiva).

d) *consecutivas* o *ilativas (luego, conque, pues): Pienso* LUEGO *existo.*

e) *causales* (indican motivo). El enlace causal puede ser coordinante y subordinante: *Madrugo* PORQUE *voy de caza.* (subordinante) *Madrugo* PUES *me espera un cliente* (coordinante). Es el *namque* latino (coordinante) y el *quod, quia* (subordinante). Cfr. el n.º 61 b: *Cuadro de la frase compuesta.* La zona de la *coordinante causal* es muy difusa. Casi todos los ejemplos se explican por *subordinadas.*

11.º Expresiones conjuntivas: Además de las conjunciones simples existen las llamadas expresiones conjuntivas: *ya sea* (repetida), *no obstante, sin embargo, a pesar de, con todo, bien que, por consiguiente.*

12.º Adverbios y pronombres relativos: Entre los nexos de la frase ofrecen una función sintáctica importante los adverbios y pronombres relativos. El relativo se funda en la *anáfora* o referencia de una palabra a otra o frase dicha anteriormente. Es una especie de demostrativo que señala un elemento del discurso *(que, el cual, quien,* etc.).

Los adverbios relativos considerados por algunas gramáticas como conjunciones, suelen encabezar las frases subordinadas. Citamos algunos: *cuando, donde, como,* etc. A veces toman la forma prepositiva: *para que, desde que, porque,* etc.

14. Por la práctica a la regla

a) **Lectura y análisis** del texto de Gabriela Mistral LA ORACIÓN DE LA MAESTRA. *Se ha de examinar lo siguiente:*

1.º Artículos, pronombres determinantes y personales.

2.º Estudio de formas invariables, sobre todo de conjunciones y preposiciones.

3.º Vocabulario. Significado de las palabras impresas en letra cursiva.

LA ORACION DE LA MAESTRA

¡SEÑOR!, Tú, que enseñaste, perdona que yo enseñe; que lleve el nombre de maestra, que Tú llevaste en la tierra.

Dame el amor único de mi escuela; que ni la *quemadura* de la belleza sea capaz de robarle mi ternura de todos los *instantes*.

Maestro, hazme *perdurable* el fervor y *pasajero* el desencanto. Arranca de mí este impuro deseo de justicia que aún me *turba*, la mezquina *insinuación* de protesta que sube de mí cuando me hieren. No me duela la *incomprensión* ni me entristezca el olvido de las que enseñé.

Dame el ser más madre que las madres, para poder amar y defender como ellas lo que es carne de mis carnes. Dame que *alcance* a hacer de mis niñas el verso perfecto y a dejarte en ella clavada mi más penetrante *melodía*, para cuando mis labios no canten más.

Muéstrame posible tu *Evangelio* en mi tiempo, para que no renuncie a la batalla de cada día y de cada hora por él.

Pon en mi escuela *democrática* el resplandor que se *cernía* sobre tu corro de niños descalzos.

Hazme fuerte, aun en mi *desvalimiento* de mujer, y de mujer pobre; hazme *despreciadora* de todo poder que no sea puro, de toda *presión* que no sea la de tu voluntad ardiente sobre mi vida.

¡Amigo, acompáñame! ¡Sostenme! Muchas veces no tendré sino a Ti a mi lado. Cuando mi doctrina sea más casta y más *quemante* mi verdad, me quedaré sin los mundanos; pero Tú me *oprimirás* entonces contra tu corazón, él, que supo *harto* de soledad y desamparo. Yo no buscaré sino en tu mirada la dulzura de las aprobaciones.

Dame sencillez y dame profundidad; líbrame de ser *complicada* o *banal* en mi lección cotidiana.

Dame el levantar los ojos de mi pecho con heridas al entrar cada mañana a mi escuela. Que no lleve a mi mesa de trabajo mis pequeños *afanes* materiales, mis *mezquinos* dolores de cada hora.

Aligérame la mano en el castigo y suavízamela más en la caricia. ¡Reprenda con dolor, para saber que he corregido amando!

Haz que haga de mi espíritu mi escuela de ladrillos. *Envuelva* la *llamarada* de mi entusiasmo su *atrio* pobre, su sala desnuda. Mi corazón le sea más *columna* y mi voluntad más oro que las columnas y el oro de las escuelas ricas.

Y, por fin, recuérdame, desde la palidez del lienzo de Velázquez, que enseñar y amar intensamente sobre la tierra es llegar al último día con el lanzazo de Longinos en el costado ardiente de amor.

(Gabriela Mistral: *Desolación*, p. 173. Ed. Inst. de las Españas en los Estados Unidos. Nueva York, 1922.)

b) **Recitación de estos versos modernos asimétricos y análisis gramatical de pronombres y frases sin verbo.** (Ejercicio de vocabulario de las palabras impresas en cursiva).

NO LE DESPIERTES

—No le despiertes (decía
la luz al viento).
Ternura y sueño.
Memoria, todo *memoria*
de otro Enero.
Antes
el *Nacimiento*.

Comenzar entre ríos.
El mar, lejos.
Antes, la fuente.
Niño *nuevo*.

¡Qué dolor en la esperanza!
¡Qué *esperanza* en el recuerdo!
¡Qué recuerdo de aquel día
de Dios lleno!

—No le *despiertes* (decía
la luz al viento).
Ahora todo es comenzar
de nuevo.

Y siempre, siempre lo mismo,
entre la tierra y el cielo.
Ternura
y sueño.

JOSÉ MARÍA LUELMO.
(Diciembre, 1965).

c) **Ejemplos de formas** del *leísmo* y *laísmo* según Bello (Gram. edición 1951, p. 90-91).

«Salía de su casa (nuestro amigo) cuando *le* o *lo (complementario acusativo)* asaltaron unos ladrones que se echaron sobre él *(terminal)* y *le (complemento dativo)* quitaron cuanto llevaba.»

«Se ha levantado a la orilla del mar una hermosa ciudad: *la (complemento complementario acusativo)* adornan edificios elegantes: nada falta en *ella (terminal)*, para la comodidad de la vida: *la (complementario acusativo)* visitan extranjeros de todas naciones, que *le* o *la (complementario dativo)* traen todos los productos de la industria humana; *ella (nominativo)* es en suma una maravilla para cuantos *la (complementario acusativo)* vieron veinte años ha y *la (complementario acusativo)* ven ahora».

«Se engañan a menudo los hombres, porque no observando con atención las cosas, sucede que éstas *les (complementario dativo)* presentan falsas apariencias que *los (complementario acusativo)* deslumbran: si no juzgaran *ellos (nominativo)* con tanta precipitación, ni *los (complementario acusativo)* extraviarían tan frecuentemente las pasiones, ni veríamos tanta diversidad de opiniones entre *ellos (terminal)*».

«Creen las mujeres que los hombres *las (complementario acusativo)* aprecian particularmente por su hermosura y sus gracias; pero lo que *les* o *las (complementario dativo)* asegura para siempre una estimación es la modestia, la sensatez, la virtud...»

d) **Modismos y refranes**

1.º MODISMOS CONVERSACIONALES:

Tú cobras, pero trabajar, ¡quia!, no faltaba más.—¡Ca hombre! ¿qué te van a suspender a ti? ¡Carambita con el hombre! ¡Caray! !Qué susto! ¡Creía que había perdido el sombrero! ¡Caracolas, doña Lucía! ¿y sabe usted cuanto quería darme el tío? ¡Tres realitos, na más, gachó! Pues menudo negocio sacaba yo, ¡gachó! ¿Pero qué demonios me quieres decir? Sí, ¿eh? ¡Pues mírate al espejo, tunante! ¡Caramba! ¿Qué, cómo sigue el desmemoriado? —Bastante mal—.¿Hola? —¡Hola!, amigo Carlos ¿cómo dice que le va? ¡Hola, compadre! ¿qué tal?

2.º Refranes:

No se ganó Zamora en una hora.—Dame pan y llámame tonto.—Con su pan se lo coma.—Díjolo Blas, punto redondo.—Del lobo un pelo.—A Segura lo llevan preso.—Eso será lo que tase un sastre.—A lo que estamos, tuerta.

e) **Dictado de Ortografía.** (Explicación de las palabras impresas en cursiva:

«El viento en vez de *aullar* al enredar sus cabellos en las ramas, les *susurraba* algo urgente y *sigiloso* como una consigna, y las ramas se abrían *asombradas* dejándole paso. Las ovejas *acarradas* en el *redil*, se *apretujaban* inquietas, con un temblor que por primera vez no era de miedo. Y hasta la misma nieve sentía un *entrañable escozor* que le venía de muy adentro y que *trasmanaba* de ella como un caliente *vaho* animal.»

(Alejandro Casona. *Flor de Leyendas (Villancico y pasión.)*

f) **Temas de redacción**

1.º Descripción del parque o paseo público de una ciudad.

2.º Peligros y ventajas de la civilización atómica.

g) **Discoteca regional española.** (Un disco después de cada capítulo aprendido).

(Albéniz «Suite española». AL 13125 (Philips). (Toledo): *La ronda de los enamorados,* ZM 17-8, 33 rev. 17 ctms.)

3 | COMPLEMENTOS Y CASOS

SUMARIO: *15. Complementos nominales.—16. Complementos pronominales.— 17. Complementos verbales.—18. Otros complementos. Valor de la aposición. 19. Valoración de los casos. Significado funcional y primario. Casos gramaticales y casos locales.—20. Significación del nominativo.—21. El vocativo.— 22. El acusativo o «caso denotativo».—23. Modalidades del dativo.—24. Diversas matizaciones del genitivo.—25. Relaciones indicadas por el ablativo.— 26. Por la práctica a la regla.*

15. Complementos nominales

1.º Definición y clasificación: *Complemento nominal* es la palabra que modifica o determina a otra, con preposición *(el agua* DEL *mar)* o sin ella *(ven pronto)*. Si decimos *la arena del río*, la expresión *del río* gramaticalmente es complemento de *la arena*, porque el significado general de la arena aplicable también al mar y a otros elementos, se determina y modifica con el sustantivo «río», con la ayuda de la preposición «de». Existe entre las dos palabras una mutua determinación y perfeccionamiento que forma un conjunto comprensible y complementario.

Pueden ser complementos nominales:

1.º Un adjetivo o pronombre que se une al sustantivo: ESTE *niño habla. Las* ALTAS *cumbres llegan al cielo.*

2.º Un sustantivo en aposición: *Madrid,* CAPITAL DE *España.*

3.º Un complemento determinativo de pertenencia: *los árboles* DEL *bosque.*

4.º La preposición *de* con sentido de origen, materia, cualidad, cantidad o precio: *Melocotones* DE *Aragón. Reloj* DE *oro. Hombre* DE *carácter. Viga* DE *cien kilos. Lámpara* DE *dos mil pesetas.*

5.º Una palabra o frase sustantivada: *Es una mujer* DE ARMAS TOMAR.

6.º Circunstancia o accidente: *Un piso* SIN INQUILINOS. *Un caballo* PARA EL TIRO. *Contento* CON SU SUERTE.

Téngase en cuenta que de estos complementos unos son concertados y otros regidos. No es lo mismo para su valoración gramatical, *bandeja áurea,* que bandeja *de oro.* En el primer caso hay una concordancia; en el segundo una determinación o régimen. Los dos son complementos de *bandeja.*

2.º Complemento adjetival: Los sustantivos con preposición completan o determinan a los adjetivos: *Obediente* A *sus superiores; obsequioso* CON *su* NOVIA; *amable* SIN AFECTACION; *Juan es duro* PARA *el trabajo; enamorado* HASTA LAS CACHAS.

Significado restrictivo del complemento: *Una moza asturiana* DE NARIZ ROMA. Formas más difíciles de explicar: *El bueno* DE *tu primo; el tonto del boticario; la pícara de la muchacha.*

El adjetivo amplía su significación con formas adverbiales, pero no todos los adverbios son aplicables a los adjetivos: *leña* BIEN *seca; una moza* MUY *enamorada; una chica* MUY *dócil; un asunto* DEMASIADO *fácil.* Según expresa Bello «el adverbio modifica modificaciones.»

A este mismo grupo hemos de referir el complemento participial con infinitivo *(dispuesto* PARA LUCHAR; *cansado* DE PERDER; *inclinado* A VERANEAR, y los complementos formados con preposición e infinitivo *(difícil* DE EXPLICAR; *digno* DE EXAMINAR; *loco* DE ATAR; *fácil* DE LLEVAR).

A diferencia del latín las formas participiales disminuyen su función y los complementos directos desaparecen. No se dice: *Calmante* EL *dolor,* sino «calmante DEL dolor» (en genitivo adjetival).

16. Complementos pronominales

1.º Dos tipos de formas personales complementarias: Son complementos pronominales en sus dos formas *acentuadas* e *inacentuadas.*

a) *Formas acentuadas.*—Van con preposición y son: *mi, conmigo, ti, contigo, usted, él, ella, ello, si, consigo,* para el singular; *nosotros, nosotras, vosotros, vosotras, ustedes, ellos, ellas, si, consigo,* para el plural.

b) *Formas inacentuadas* (sin preposición).—*Me, te, lo, la, le, se,* para el singular; *nos, vos* (hasta el siglo XV *vos,* que perdió la *v* inicial), *los, las, les, se,* para el plural.

Bello llamó a la forma inacentuada «complementaria» y a la acentuada «terminal», porque sirve de término a una frase: *los recuerdos te los manda* A TI.

2.º Tipo complementario de formas reflexivas: Hay muchas formas pronominales en donde el sujeto es distinto del complemento verbal *(tú me quieres; ella me miraba mucho; ellos te siguen)* o en las frases de formas acentuadas *(tú lo dijiste a él; tú me acompañaste a mí)*; pero cuando el sujeto y el complemento son idénticos en la frase, los pronombres en este caso tienen un oficio o función reflexiva: *tu te preocupas de ti misma; él se ríe de sí mismo. A mí me encontraron sin colocación; él se viste; ella se levanta.*

3.º Tipo de pronominales concurrentes: 1.º En la concurrencia de los complementos pronominales inacentuados, si el complemento directo es *lo, la, los* o *las*, el indirecto va delante, sea o no reflexivo: *ellos se las saben todas (se* reflexivo); *yo me las arreglo como puedo.*

2.º Si uno de los complementos es el reflexivo *se* suele anteponerse: *se me olvidaba lo principal (* y no *me se olvidaba); no se te ocurre nada; todo se les viene encima.*

17. Complementos verbales

1.º Complemento directo: Los complementos verbales son tres: *directo, indirecto* y *circunstancial.*

El **complemento directo** llamado también *complemento objeto* representa el objeto de la acepción verbal *Juan dio* UNA LIMOSNA. *La niña ama* A SU MAMÁ.

Con los verbos transitivos el *complemento directo* completa la acción verbal que de otro modo resultaría insuficiente: Si la frase *quiero pan* la reducimos a «quiero» queda en una expresión que nada comunica al oyente. Este complemento es un acompañante indispensable en verbos tan débiles como los transitivos y sirve para concretar los significados de la frase. Los verbos intransitivos son expresivos por sí mismo. No necesitan este complemento acompañante y directo. A veces lo llevan en su misma estructura: *veranear* igual que *pasar el verano.* Los intransitivos al adoptar un preverbio o prefijo se transforman en transitivos. *Ir* es un verbo de movimiento intransitivo y *preterir* (compuesto por prefijo de *ir)* se convierte en transitivo con la significación de «olvidar u omitir una cosa».

Otros verbos de valor expresivo relacionados con estados anímicos de enorme carga emocional pueden convertirse en transitivos, sobre todo en el estilo poético: *Llorar a una madre.*

También se hacen transitivos algunos que admiten supresiones braquilógicas. Por ejemplo: *navegar* LOS MARES *lejanos,* en vez de *navegar por los mares lejanos,* expresión en que está incluida esta otra: *recorrre navegando los mares lejanos*

Con acusativo interno de *complemento directo* se consigue hacer de verbos intransitivos, verbos transitivos. Suele llamarse esto *complemento etimológico*, porque su raíz es la misma que la del verbo: *bailar* UN BAILE REGIONAL. El verbo *bailar* es intransitivo y pasa a ser transitivo gracias a su complemento *baile* que procede de su misma raíz verbal. Ha de llevar siempre un adjetivo o atributo acompañante; en este caso, *regional*. *Vivir* UNA VIDA TRANQUILA es otro ejemplo de la misma naturaleza.

Los poetas en sus versos llegan a veces a usos inconcebibles de intransitivos en función transitiva. Apoyan en la inquietud de su inspiración estas transgresiones gramaticales, que afinan y embellecen su frase poética:

Yo voy *soñando caminos*
de la tarde. Las colinas
doradas, los verdes pinos
las polvorientas encinas...

ANTONIO MACHADO.
(Soledades)

2.º Complemento indirecto: Este complemento se refiere a la persona o cosa personificada a quien va dirigida la acción o para quien se ejecuta: *Doy una limosna* AL POBRE; *trabajo* PARA MIS PADRES. Puede hacer de complemento una palabra o frase sustantivada: *Les gritó,* A LOS QUE VENÍAN, *que se detuvieran.*

Si yo digo: *Le arranco las hojas al árbol*; *hojas* es complemento directo de cosa; *árbol* es complemento indirecto también de cosa; pero en el primer complemento, *hojas*, hay un matiz diferenciado que lo deja en objeto. En cambio, *árbol* aparece dignificado con una especie de personalización gramatical.

En las formas indeclinables el complemento indirecto lleva siempre la preposición *a* o *para (pondré silencio* A MIS LABIOS); pero en los pronominales declinables puede no llevarla: LES *comuniqué la noticia.* A MÍ *me confió sus secretos.*

Complemento único. El complemento indirecto puede acompañar lo mismo a los verbos transitivos que a los intransitivos. A los transitivos hemos hecho ya referencia. En los intransitivos tiene una función de *complemento único,* que no debiéramos llamar indirecto, porque estos verbos no admiten tal denominación, como no podríamos decir suboficial, si en la escala de mandos no hubiera oficial o vicesecretario, si no hubiera secretario. La palabra acompañante y colaboradora del verbo transitivo es el *complemento único* equivalente teóricamente a un dativo, cuya situación depende de verbos de favor o perjuicio. Esta palabra acompañante representa el punto a que llega la capacidad del servicio o del daño de la acción verbal. Ejemplo:

Luis está sirviendo al rey.

En esta frase *Luis* es sujeto; *está sirviendo,* frase verbal compuesta del verbo *está* y el gerundio *sirviendo; al rey* complemento único, que recoge el provecho del servicio de *Luis* al rey (dat. «al rey»). Si *al rey* fuera complemento directo, significaba que *Luis* «sirve al rey» en una bandeja, como la cocinera sirve un pollo. Por lo tanto este servicio al rey no indica la pasividad de ser servido en una bandeja, sino la actividad de recoger más o menos indirectamente el fruto de los servicios que se le dedican como a representante de la nación.

3.º Complemento circunstancial: El *complemento circunstancial* se aplica a circunstancias relacionadas con el significado del verbo. Estas circunstancias son: de lugar *(estudio* EN EL JARDÍN), de tiempo *(llegaré* POR LA MAÑANA), de modo *(dibuja* CON MUCHO ESMERO), de medio o instrumento *(escribo siempre* A MÁQUINA), de cantidad *(lo adquirí* POR MIL PESETAS), de procedencia *(vengo* DEL TEATRO), de lugar *(me retrato* EN LA PLAZA), de compañía *(Paseo* CON MI MUJER).

Se puede también expresar por una frase sustantivada: *Leeré tu comedia* SIN QUE NADIE SE ENTERE. *Cuánto me alegro* DE QUE VAYAS A LA COSTA DEL SOL. *Se contentaba* CON QUE LE DEJARAN TOMAR BAÑOS DE SOL.

Complemento circunstancial que incluye una frase: *Se alegraba de los aplausos* QUE HABÍA RECIBIDO. La frase de relativo «que había recibido» es parte del complemento, porque completa al sustantivo «aplausos».

4.º Acusativo en función de complemento circunstancial: Como complemento circunstancial, algunas veces el acusativo señala el «lugar a dónde», acompañado de preposición. Completa la función del ablativo y se coordina con él para una expresión totalmente completa y detallada: *Fue desde Roma* HASTA MILÁN. El ablativo *desde Roma* indica el punto de partida, el acusativo *hasta Milán* completa la expresión manifestando el punto de llegada.

Puede indicar además las dimensiones de tiempo y espacio: *Mi padre vivió* SETENTA AÑOS. Algunos gramáticos lo consideran como un acusativo interno, pues si bien *vivió* y *años* no tienen la misma raíz, no es menos verdad la relación interna en el concepto de tiempo entre los dos términos, como en «cantar una romanza alegre», *cantar* y *romanza* admiten cierta interdependencia por la semejanza de conceptos. Y es tanto como decir «cantar un cantar regional» o «cantar un cantar árabe».

18. Otros complementos. — Valor de «la aposición»

1.º *Complementos preposicionales.*—Las preposiciones encabezan ciertos complementos y sirven para subordinar unos términos a otros: *casa* DE *reposo; sitio* PARA *trabajar; llena* DE *gracia; presume* DE *listo.*

El término que las preposiciones subordinan puede ser sustantivo o forma sustantivada *(casa* CON DOS PUERTAS) un adverbio de tipo temporal o de lugar *(se ve* DESDE LEJOS); un adjetivo *(alabada por* DISCRETA).

Todas las relaciones que expresamos con preposición, en latín se hacían por medio del genitivo y el ablativo: *domus Petri* (casa de Pedro), *ab urbe condita* (desde la fundación de Roma), *sua pecunia* («con su dinero», ablativo de instrumento o medio).

2.º *Complementos predicativos.*—Se refieren lo mismo al sujeto que al predicado en la frase: *Juanita juzgó* PELIGROSO *su noviazgo.* El adjetivo «peligroso» forma una parte complementaria del predicado y se refiere concretamente a *noviazgo. Michèle vive* FELIZ. El adjetivo *feliz* se refiere tanto al sujeto *Michèle* como al predicado, porque afirma del sujeto no sólo que vive sino que «vive con felicidad». Los adjetivos de que hablamos en los dos ejemplos son *predicativos.* También puede darse el caso de un *complemento predicativo* no adjetivo: *La Universidad de Salamanca eligió* RECTOR *a don Alfonso Barcells.* En este ejemplo *rector* es un sustantivo.

3.º *Complemento de otro sustantivo:* APOSICIÓN.—Aclara o precisa la significación de otro sustantivo juntándose a él, como parte complementaria, en **aposición** *(el rey* PROFETA; *Madrid,* CAPITAL *de España),* relacionando ambos sustantivos por medio de una preposición y en este caso se trata de un complemento determinativo con preposición: *Puente* DEL TORMES; *sala* SIN LUZ.

El sustantivo complementario y «en aposición» no hace más que resaltar una nota de interés. En este caso, la *aposición* es «explicativa»: *Salamanca,* CIUDAD DEL TORMES. Pero si distingue al sustantivo de los demás, se llama aposición «especificativa»: *el Pastor* POETA. La aposición explicativa lleva coma o separación de pausa.

El valor que tiene la *aposición* estriba en ser la síntesis de muchas cualidades agrupadas: *Nace el arroyo,* CULEBRA *que entre flores se desata* (no hace falta decir que es «flexible, semoviente, rastrero, ondulante, estrecho, etc.»). Los objetos que se designan por dos nombres se ponen en aposición: *los montes Pirineos.* El nombre específico va en genitivo: *calle* DE *Toledo,* en el lenguaje vulgar *calle Toledo.*

19. Valoración de los casos. — Significado funcional y primario. — Casos gramaticales y casos locales

1.º Valoración de los casos: Ya Nebrija en el siglo XV afirmaba que «declinación no tiene la lengua castellana salvo del número de uno al número de muchos, pero la significación de los casos distingue por preposiciones» *(Gram,* III, 6).

La palabra que tiene verdadera declinación es el pronombre que varía de forma para expresar la persona que habla (1.ª), a quien se habla (2.ª) y aquella de quien se habla (3.ª) en sus variantes *yo, tú* y *él*. Las formas nominales (sustantivo y adjetivo) no cambian de forma más que del singular al plural: *reloj-relojes; ley-leyes; silla-sillas.*

No existe pues declinación *orgánica* en español, porque los nombres conservan en la frase la misma estructura. Sólo podemos hablar de una declinación *sintáctica* impuesta por la función gramatical de las palabras y determinada por medio de preposiciones. Es una declinación impropia.

Las preposiciones que utilizamos para declinar son casi *adverbios acompañantes*, sin proyección rectora sobre la palabra que acompañan. Enfocadas desde otro ángulo, son el caso mismo por sí solas. No necesitan del sustantivo acompañante.

Valor de los casos.—El *caso* tiene por finalidad establecer la relación en que se halla el concepto expresado por el tema nominal con otras palabras o con la totalidad de la frase. Depende de un verbo, un nombre o una preposición, sobre todo en las lenguas clásicas: *amo patrem* (uso adverbial), *amor patris* (uso adnominal), *ad patrem* (uso preposicional), *urbe capta* «tomada la ciudad», en participio absoluto (uso libre).

En español tenemos un caso que no está regido por ninguna palabra. Ejemplos: *¡café!* (tráeme café), *¡la bolsa o la vida!* (entrégame la bolsa...).

2.º Origen y significado fundamental: Desde el indoeuropeo el *caso* tiene como elemento característico un sufijo con significación abstracta que se añade a la raíz o tema y determina la función de la palabra en la frase. Con el tiempo estos sufijos se convirtieron en las desinencias casuales. La del ablativo originariamente envolvía una idea de camino, de *locativo* e «interior de una cosa». Lo cierto es que los casos son el resultado de la fusión de una raíz o tema con una palabra primitivamente independiente. Su número es prácticamente ilimitado (6).

Según todos los indicios, en el indoeuropeo, en vez de preposiciones había posposiciones. Iban colocadas después de la palabra a que se referían. Especie de adverbios acompañantes más que regentes. Muchos giros se resolvían por composición. Así *navi-bus* es producto de la composición *navis* (la nave) y *-bus*, (cerca, junto a). Las formas neutras expresaban lo inanimado y no desempeñaban la función propia del sujeto agente.

---

(6) En griego, como en latín, hay vestigios de otros dos casos: el *locativo* y el *instrumental*. El sánscrito tiene los *seis* casos latinos y los dos antes mencionados. El ruso admite los *cinco* casos del griego, más el *instrumental* y el *preposicional*. En la misma situación se encuentran el ruteno, el checo, el polaco, el servio y el búlgaro antiguo. El húngaro, por su carencia de preposiciones, cuenta *veintiún* casos. El indoeuropeo distinguía los *ocho* casos del sánscrito, de los cuales quedan vestigios en las lenguas derivadas.

3.º Significado funcional y primario de los casos: Primitivamente el acusativo se fusionó con el llamado *locativo* y el dativo con otro de carácter local. En las lenguas occidentales muchos casos fueron sustituidos por preposiciones.

En la época de transición de la lengua latina aparece el *sincretismo* o tendencia a simplificar la declinación y a utilizar las preposiciones en el habla vulgar. Encontramos las primeras manifestaciones populares en Plauto con el uso de la preposición *ad* con acusativo en sustitución del dativo. En el siglo primero de nuestra era, desaparece en el lenguaje hablado el ablativo y se sustituye por el genitivo con las preposiciones *de* o *ex*. El paradigma casual del bajo latín se reduce a dos casos: el *nominativo* y el *acusativo* y al final queda sólo uno en la mayoría de las lenguas romances.

4.º Casos gramaticales y casos locales: Según sus funciones, los casos se dividen en dos grupos: a) *casos gramaticales* y b) *casos locales.*

Los primeros expresan una relación gramatical o abstracta; los segundos una relación local o concreta. Los primeros son cuatro: *nominativo, genitivo, dativo* y *acusativo.* El número de los casos locales es ilimitado, por su carácter temporal y modal. La línea divisoria entre ambos grupos no es absoluta. Así el *acusativo* puede ser complemento directo y expresar una relación de lugar, como antes hemos explicado. El bajo latín al admitir las preposiciones eliminó en primer término los casos de carácter local.

En una misma circunstancia pueden usarse dos casos con determinados giros: *alegrarse* CON *Antonio* y *alegrarse* DE *una noticia.*

Las funciones sintácticas que un sustantivo puede desempeñar en la frase se determinan por estos seis casos: *nominativo, vocativo, acusativo, dativo, genitivo y ablativo.*

20. Significación del nominativo

El *nominativo* es el caso que nombra, o de quien se dice algo. Por eso suele ser sujeto o predicado nominal en la frase. Se ha llamado *caso recto.* La etimología del *nominativo* se justifica porque designa la persona o cosa.

Bien es verdad que también el *vocativo* nombra, pero lo realiza de distinta manera. El *nominativo* lo hace asignando a la persona una cifra o signo, para que al ser nombrado el sujeto, tenga siempre una relación de referencia entre él mismo y la palabra le que nombra. Por lo tanto la manera de *nombrar* del nominativo no es vital, sino de pura y fría clasificación. Pudiéramos decir que es una función estática, de etiqueta, de simple y quieta función distintiva: JUAN *tiene una finca.*

El vocativo nombra, como luego veremos, de un modo más transcendente y vital, con una consecuencia más funcional.

El nominativo es caso integrante del verbo y de alguna manera va expresado en la desinencia. En su función sintáctica representa al sujeto agente de una frase activa. Y es también en la lógica el sujeto del juicio: JUAN *es pintor*. Es asímismo complemento predicativo en los predicados nominales. En el ejemplo anterior, JUAN como sujeto es nominativo; *pintor* como complemento predicativo está también en nominativo y la cópula que los nivela, en esta función casual, es el verbo *ser*.

Al llamarle *caso recto* (no inclinado ni caído) hay una aparente contradicción, porque si es *caso*, ya está *caído*. Y es que realmente no es caso propio, sino parte integrante de lo más esencial de la frase, el verbo en sus desinencias; por ejemplo en la primera conjugación: *o-as-a-mos-ais-n*.

21. El vocativo

Vocativo es el caso que *llama* o *nombra:* JUAN, *déjame tu coche*. Representa la persona o cosa personificada a quien dirigimos la palabra o en otros términos más explícitos, a quien se llama, se interpela, se invoca, se suplica o se manda.

Es un caso *apelativo* o que nombra. ¿Cómo nombra el *vocativo?* Ya hemos indicado antes que el nominativo nombra de una manera fría y clasificativa, sin expansión a otras ideas y relaciones. El vocativo nombra de un modo más completo y funcional. Lo censado no es vital sino inerte. Tal sucede con el nominativo: PEDRO *García Estévez ha sido elegido miembro del consejo de administración*. Este PEDRO no hace más que concretar y cifrar la personalidad jurídica, ciudadana y fisiológica o de censo, de un sujeto que no ha respondido por el nombre de PEDRO. Nos referimos a él, como a otro más de la lista.

La llamada directa o *vocativo* tiene un valor de reclamación personal, de provocación de diálogo, de toque de atención: *Oye*, PEDRO, *ven*. Este llamamiento es para que vuelvas la cabeza, te dispongas a escuchar, te detengas en un acto que estás cometiendo, te aprestes a coger un objeto que te ofrecen y otras muchas situaciones llenas de vida y actividad.

El *vocativo* es el caso del género dramático *(drama, -atos,* «acción») o de la acción. El *nominativo* es el caso del género épico o de la narración.

Las palabras que desempeñan la función de vocativo no suelen llevar artículo ni preposición. No forma parte de la frase ni como sujeto, atributo o complemento. Suele ir entre comas en medio de la frase, seguido de una coma, al principio o con el signo admirativo. Ejemplos: *Yo*, SEÑORES, *hablo por primera vez en este congreso* (separado por comas); *Usted*, SEÑOR MINISTRO, *sabrá lo que hace* (acompañado de sustantivo); ¡CIELOS, *socorredme!* (con una coma al principio de la frase y entre admiraciones)

22. El acusativo o «caso denotativo»

Etimológicamente *acusativo* proviene de *ad* y *causare*. Es el caso de la *denotación* con el que se denota o destaca algo que va junto al verbo y conviene hacer resaltar, porque concreta una expresión. De otro modo el *acusativo* tiene como misión radical introducir el complemento directo de los verbos, es decir, el concepto más directamente afectado por la acción transitivo-verbal.

Cuando expresa el término u objeto del verbo transitivo, si se refiere a las cosas no lleva preposición *(dame* TU PARAGUAS); cuando se refiere a personas o cosas personificadas suele ir precedido de la preposición *a: Michèle quiere* A SUS SOBRINITAS. Si el nombre de persona expresado se asimila a un nombre de cosa, prescinde de la preposición: *Un ángulo me basta entre mis lares, un libro y* UN AMIGO. Los griegos lo llamaron ἡ αἰτιατικὴ πτῶσις o «caso causal».

1.º Acusativo doble: Lo que fue *doble acusativo* en la lengua latina está considerado por la gramática académica como dativo. Ejemplos: *Enseñar la lección* A LOS NIÑOS. *Ocultar el disgusto* A LA MADRE. En la sintaxis latina *a los niños* es un acusativo de persona y *la lección,* un acusativo de cosa u objeto. En el segundo ejemplo «disgusto» es el complemento del verbo y *a la madre,* un acusativo doble de persona (considerado académicamente como «dativo»). En la lingüística general el acusativo-objeto representa el complemento directo y el dativo indirecto se reserva para la persona.

Con los verbos de ruego, petición y pregunta, en el mismo latín ya se inicia la tendencia a sustituir el acusativo doble por dativo. El doble acusativo con estos verbos es una construcción vacilante. Ejemplo: *rogare veniam* PRINCIPEM («pedir permiso al príncipe»), suele vacilar entre *rogare veniam* PRINCIPI (dativo) o *rogare veniam* EX PRINCIPE (ablativo con la preposición *ex,* «solicitar permiso del príncipe»).

Sólo hay un caso en que se puede defender en español el «acusativo doble», con los verbos de *nombrar* y *juzgar*. Al ser tratados en la voz pasiva, forzosamente hay que referirlos a la construcción latina: Ejemplo: Y*o* TE *juzgo sabio* es construcción de doble acusativo. Si cambiamos esta fórmula por *yo* TE *tengo por sabio,* no hay más que un acusativo y el *te* no ha cambiado, luego tiene que ser acusativo-complemento y no dativo. Lo que era doble acusativo con la preposición *por* se ha destacado y segregado, como si dijera: *yo* TE *cuento entre los sabios* o *yo* TE *juzgo entre los sabios*. La fórmula latina da: *iudico* TE *sapientem* y en pasiva: TU *iudicaris a me sapiens* (dos nominativos).

2.º Acusativo de relación: Se llama también acusativo *griego* y fue imitado por algunos poetas clásicos. Modernamente se usa menos. Llega a tener funciones complejas en el siglo XVII y vibración expresiva, aunque latinizante, como el ejemplo de Góngora (*desnuda el pecho anda ella*, es decir, «desnuda en la parte del pecho»). Se llama también *acusativo de parte*.

En frases modernas como ésta: *si me estimas* ALGO, *no hagas lo que te propones*, la condicional *si me estimas* tiene un complemento *me* y una palabra ALGO, que indudablemente es el *acusativo de relación*. Este acusativo ALGO en latín se presenta en el género neutro *aliquid* y en acusativo. Colabora en la frase con una aportación expresiva de cierta vaguedad «si me estimas por algo»; «si me estimas en cuanto a algo». Estas formas del latín pasaron al romance (7).

3.º Otros acusativos: Hemos hablado ya en el epígrafe del *complemento directo* (núm. 17-1.º) del *acusativo interno* denominado también intrínseco o etimológico, cuyo término directo procede de la misma o parecida raíz del verbo (VIVE *una* VIDA *de preocupaciones)* y del acusativo en función de *complemento circunstancial*, que acompañado de preposición marca la dirección de lugar *a dónde* (núm. 17-4.º).

23. Modalidades del dativo

El *dativo*, de un modo general, representa un complemento en la frase en que proyecta el verbo su acción de una manera subsidiaria, es decir, que se da o viene en incremento de la acción verbal complementada ya en gran parte por el acusativo: *Michèle regaló bombones* A SU MADRE. *Su madre* es un complemento no de *regalar* sino del conjunto *regaló bombones*.

1.º Aspecto psicológico del dativo: Al hablar de *complemento indirecto* hemos interpretado ya su valor humano y su jerarquía entre todos los casos. Aquellas observaciones caen de lleno sobre el dativo. Expliquemos su aspecto psicológico con dos ejemplos: LES *dedicó la atención que merecían*. En esta frase el complemento directo es «atención» y el indirecto el pronombre LES, representado por un dativo. Cuando queremos valorar estas relaciones parece que la corriente del verbo tiene una proyección primero sobre *atención*, más intensa por inmediata y luego termina proyectándose en el pronombre LES.

Si consideramos la auténtica valoración y el contenido psicológico de cada una de las palabras del ejemplo citado, la que tiene superioridad en la jerarquía lingüística es LES, pues representa a la persona (en plural), mientras que el vocablo *atención*, como entidad objetiva no pasa de representar un concepto de cosas.

---

(7) Dice Lope de Vega en su famoso soneto: «*Si estás para esperar los pies* CLAVADOS» (acus. de relación). Hay un cruce de expresión. Debiera decir: «Si estás o tienes clavados los pies para esperar» o «estás clavado en los pies para esperar».

El valor del *dativo* es tal y tan entregada está a él la representación de la entidad personal, que aun en ejemplos como el siguiente: LE *arrancó las hojas al árbol,* el dativo *árbol* tiene con respecto a *hojas* una categoría convencionalmente concedida de persona. Aquí es un concepto personificado, es decir, se le atribuyen y reconocen propiedades inherentes a las personas. Lo hacemos partícipe de un interés en consecuencia de la acción.

El *dativo* plantea problemas gramaticales verdaderamente confusos, cuyo estudio exige una finísima calibración de los distintos matices y participa en la función total de la frase, según se relacione con el verbo, las formas nominales o ambas cosas a la vez. Por ejemplo al tratar del problema del *se dativo* salen a relucir muchas variedades y significaciones en la función de este caso.

El ablativo por ejemplo, no se sale de sus tres aspectos fundamentales de separación, instrumento o lugar; pero el *dativo* admite una lista de hechos inmanentes que proporcionan una variada y sutilísima escala de expresiones de tipo subjetivo.

2.º Dativo dependiente de verbos y de nombres: Podríamos dividir el estudio del caso *dativo* como dependiente de verbos y de nombres. Al depender de verbos el dativo se aplica a transitivos o a intransitivos. Hemos visto ya la función de ambos con respecto a este caso y especialmente por lo que se refiere a los intransitivos, ya sabemos que tienen una función de *complemento único.*

Los gramáticos en su afán de uniformar y reducir los grupos verbales dan por dativos acusativos y viceversa. Hemos analizado ya el problema del doble acusativo latino, que para la teoría gramatical, uno de ellos, el de persona, resulta un complemento de dativo: *Inquirió informes a los prisioneros.* En esta frase (del latín *quaesivit nuntia captivos o captivis)* hay un acusativo de persona («a los prisioneros») que es sustituible por un dativo. Hagamos un cambio de forma: *Inquirió informaciones* DE LOS *prisioneros.* En este caso el complemento de persona es un ablativo de procedencia, que equivale originariamente a un dativo complemento indirecto.

El dativo puede también depender de «nombres» o formas declinables, como complemento adnominal, sobre todo con adjetivos de aptitud, propensión, inclinación e idoneidad. Ejemplo: *Ese espectáculo no es* APTO PARA MENORES. (Analicemos: Sujeto = *espectáculo;* cópula, = *es;* complemento predicativo = *apto;* complemento adnominal de *apto* = *para menores.)* Si esta frase la reducimos a la expresión: *ese espectáculo no es* PARA *menores,* el dativo queda también relacionado mediante la preposición *para* con el verbo *es.* El *apto* suprimido está vibrando en el concepto, como si lo hubiéramos escrito. *Espectáculo* PARA *menores.* Aquí suplimos o se adivina cualquiera de los adjetivos «conveniente» o «apto». Ocurre lo mismo con la cópula *es* que queda vibrando aunque se suprima. Todo esto ocurre por la fuerza expresiva del *dativo.*

3.º Dativo complemento independiente: Estudiados los dos dativos, el que se ajusta a la expresión verbal y el que completa la expresión nominal, vamos a analizar un *dativo* que se nos presenta en la frase, como independiente de todo ajuste definido. Existe un *dativo* que significa la persona en provecho o perjuicio de la cual se cumple el fenómeno verbal. Pero veamos este ejemplo: *El invasor destruyó la ciudad y los medios de vida* A LOS SITIADOS ¿Se puede llamar complemento indirecto a la fórmula «A LOS SITIADOS»? Si la encasillamos en las rutinas gramaticales, tendremos que responder que *sí;* pero si hacemos una reflexión estudiosa de la frase, veremos la independencia con que va inserto este dativo en la fórmula elocutiva. Equivale a lo siguiente:

el invasor, al destruir la ciudad, destruyó también los medios de vida de los sitiados.

Observamos que se destaca en primer lugar, la idea de perjuicio y la de posesión. Esta última es más propia del genitivo. Hay pues un intercambio y equivalencia de ambos casos o una independencia del dativo. Lo mismo pasaría en una frase con sentido de provecho. Bastaría cambiar la forma «destruyó» por «aumentó».

4.º Dativo ético: El dativo en su riqueza de matices se muestra más servidor de estos matices en su uso pronominal. Llamémosle *dativo ético, pronominal o expletivo.*

Estos tres adjetivos lo definen, porque expresan estados afectivos, como manifestación de su condición inmanente, en su forma pronominal.

El uso del pronombre en este caso pone en relación estrecha la acción verbal con la persona representada por el dativo como prestándole un tono más apremiante, sin cambio fundamental en la frase. Le da un matiz más afectuoso, más íntimo: *No cojas frío* y «no ME cojas frío». En la comparación de estas dos frases se advierte que en la 1.ª hay en el sujeto un interés menos intenso que en la 2.ª. El interés de la 2.ª es más afectivo, más apremiante y más íntimo. (Análisis de la 2.ª frase: Sujeto = *tú;* verbo = *cojas;* complemento directo = *frío.)* ME es dativo ético, equivale a *mío,* es decir: *no cojas frío, tú que eres algo mío* «y me produces una perturbación tan dañosa como a ti mismo».

Estos conceptos afectivos están rozando la frontera de la *voz media,* en cuanto se pueden considerar como particularidades de esta voz.

En la frase: *Juan, que* ME *estudies,* Juan es un vocativo. El ME de «estudies» no es ni complemento directo ni indirecto, sino el *dativo ético,* que podemos trasladar a esta construcción: *Juan mío, estudia.*

Los franceses dicen: *lloran mis ojos (ils pleurent mes yeux).* Nosotros decimos con dativo ético: ME *lloran los ojos.* Aquí el ME tiene un valor de adjetivo pronominal posesivo. Como si dijera. «Lloran mis ojos, los que yo estimo tanto, por ser míos». Todo esto se condensa en la fórmula de interés y afectiva: ME *lloran los ojos.*

Muchas veces las formas pronominales aceptan un refuerzo, sobre todo en los verbos de movimiento. El pronombre prefiere el aspecto enclítico con el infinitivo *(irse, marcharse)*. No es lo mismo decir, *Mañana voy a Sevilla*, en una frase de este tipo: *Señorita ¿quiere usted algo?, mañana voy a Sevilla*, que *mañana* ME *voy a Sevilla*, en esta típica frase: *Hoy no vamos a tener ocasión de hablar con calma, porque mañana* ME *voy a Sevilla*. Está preocupado con el viaje; no puede tener serenidad.

5.º Dativo simpatético: Fenómeno común a todas las lenguas indoeuropeas es este dativo que se pone en vez de un genitivo o un adjetivo pronominal posesivo. Se llama también *dativo genitival*. Ejemplos: Y*o* LE *lavo la cabeza a mi madre*.—Yo LE *cortaré al boj las hojas sobrantes*. (Análisis: Sujeto = *yo;* verbo = *cortaré;* complemento directo = *las hojas;* dativo simpatético = *al boj*, que está por un genitivo «del boj»; *le*, otro dativo simpatético, como un desdoblamiento de *boj* o forma pleonástica).

Lo característico de este *dativo* es que está con el verbo y con el nombre. Está con el verbo *cortar*, como complemento indirecto, pero está a su vez con el nombre equivalente a un régimen de complemento directo, *hojas (las hojas del boj)*. Sería un complemento adnominal en genitivo regido del acusativo *hojas*.

6.º Dativo de opinión o iudicantis «del que juzga». Con este dativo se señala la persona que emite un juicio, sobre alguien o algo, es decir, la persona con relación a la cual, alguien opina de tal sujeto y enjuicia una cualidad en cualquiera de sus grados: *Tú eres para mí el mejor clínico*. (Análisis: Sujeto = *tú;* cópula = *eres;* complemento predicativo = *el mejor clínico)*. El dativo *iudicantis* de relación o de opinión, *para mí* representa una limitación simultáneamente expresada con un juicio: «Para mí tú eres el mejor clínico; para los demás puedes ser menos estimable o ni siquiera ser un clínico meritorio o con merecimientos.»

7.º Dativo de finalidad. Es la expresión de la finalidad del verbo que centra la frase. Ejemplo: *Le dio un consejo* PARA SU VIDA. El dativo «para su vida» expresa la finalidad de la transmisión del consejo que consiste en orientar o mejorar la vida del aconsejado. Este *dativo* es sustituible por frases de infinitivo finales como éstas: *le dio un consejo* PARA *encauzar su vida* O PARA *encauzarle en la vida*.

8.º Dativo complemento con verbos de «atribuir». Este dativo es el resultado de dar algo a alguien (complemento indirecto) cruzado con el «atribuir algo a alguien o a algo». Ejemplo: LE ATRIBUYO *a Luis a flaqueza su falta de puntualidad, en el trabajo*.

En esta frase se ven distinguidos perfectamente los dos dativos: el complemento indirecto «a Luis», el dativo de atribución «a flaqueza».

Suele ir acompañado también del verbo *achacar:* «Su falta de puntualidad es un achaque de su flaqueza, o *se achaca* a su flaqueza».

24. Diversas matizaciones del genitivo

El caso *genitivo* es de naturaleza heterogénea. Los gramáticos antiguos, atendiendo a su etimología (del griego ἡ γενικὴ πτῶσις, «caso genérico» o del latín *-genus, -eneris,* el género o linaje) lo explicaron como el caso genérico o engendrador. Dionisio de Tracia (s. II a. de C.) afirmó que el genitivo es por una parte «posesivo» y por otra «indicador de origen». Caso de valores muy complejos.

Es menester acudir al griego y al latín para entender mejor su primitiva complejidad.

En latín el genitivo se usó primero dependiendo de verbos, hasta el punto de que cuando es regido por un sustantivo, se trata de un giro secundario en una construcción adverbial aplicada al verbo. Precede, siempre que no lo exijan razones estilísticas, al nombre que le rige. El ejemplo *un vaso* DE *vino,* desde el punto de vista del indoeuropeo, pudiera proceder no del sustantivo «vaso», sino de un verbo, como si dijera: «bebo de vino, un vaso». Deriva de un régimen de verbo que pedía genitivo.

En el lenguaje indoeuropeo debió de alternar con el ablativo. Esto se evidencia porque el griego clásico carece de ablativo y muchas de sus funciones las encomienda al genitivo y dativo. En latín no pocas de las construcciones sintácticas se solucionan por el genitivo o por el ablativo indistintamente.

Aclaremos con algunos ejemplos estas teorías clásicas: Los adjetivos latinos de abundancia y escasez *(magni, permagni, plurimi, tanti, minimi, parvi)* pueden ir en ablativo, *magno, permagno, tanto, minimo, parvo,* etc.: *Emi equum* MAGNO PRETIO y MAGNI PRETII, «compré un caballo en mucho precio o de mucho precio». Lo mismo ocurre con el genitivo de cualidad: *Homo* MAXIMI CORPORIS (hombre de gran corpulencia) y *Homo* «promisso capillo» (hombre de pelo largo).

Al pasar a las lenguas romances el latín, desaparecieron los casos flexivos, menos el acusativo, que es el caso etimológico o del que derivan las palabras.

1.º Genitivo partitivo: Indica idea de parte, en composición con la palabra que le rige. Realmente expresa el todo de quien toma la parte la expresión de la palabra regente: *¿Quién* DE VOSOTROS *vendrá a la excursión?* El todo es el genitivo DE VOSOTROS.

Depende en general de pronombres indefinidos: UNO DE LOS CINCO *se quedará en la oficina.—Una parte* DE LOS ALUMNOS *hizo dos cursos en una convocatoria.* DE LOS ALUMNOS es el genitivo partitivo.

También se puede apreciar una especie de *genitivo de cantidad,* dentro del concepto *partitivo,* que expresa cantidades más o menos concretas. *Una multitud* DE CIUDADANOS *no está conforme con las medidas gubernativas.* DE CIUDADANOS es el genitivo de cantidad menos concreta.

El genitivo de cantidad tiene cierta relación con otras construcciones sintácticas no españolas, por ejemplo con la gramática francesa: *pourriez vous me donner du pain?* A la letra «¿Podría usted darme *de pan?*» Es decir: de todo el pan que hay, deme usted una cantidad o una porción. En español la construcción es más concreta: *Sácame* ALGO DE VINO. Tráenos ALGO DE PAN. Los genitivos de cantidad son «de pan» y «de vino». El de cantidad se diferencia del *partitivo puro* en lo siguiente: El partitivo puro no se puede concertar, si pretendemos hacer una equivalencia. En «danos algo de pan», podemos también decir:

«Danos algún pan», es decir, «algún trozo de pan».

«Tengo algún pan y algún vino. Meriende aquí; no se vaya sin comer».—*Puedo servirle algo de huevos, de manzanas, de peras.* Es decir: puedo servirle algunos huevos, algunas manzanas, algunas peras. En el francés «du pain», no hay palabra regente; está puesta directamente la regida.

Como siempre este *genitivo partitivo* se puede sustituir por ablativo con preposición (En latín: *da mihi aliquid* CASEI O EX CASEO, «dame algo de queso»). En el partitivo puro se puede decir: *quis vestrum* y también *quis ex vobis (quien de vosotros* o *quien de entre vosotros).* El DE suple a la desinencia de genitivo. Ejemplo: *Vino* DE *Jerez (genitivo* y *ablativo).*

2.º Genitivo explicativo, determinativo o definitivo: Este genitivo por los tres adjetivos que lo explican declara su función consistente en determinar la circunstancia cualitativa del nombre que le rige: *Un vaso* DE AGUA, es decir: «un vaso que contiene agua». A veces se confunde o puede confundirse con el genitivo posesivo: *El campamento* DE MANLIO, nos dice por su genitivo que tal campamento pertenece a la responsabilidad directiva de Manlio. Pero también *define* y explica que Manlio tiene el mando de tal campamento y no del campamento enemigo.

3.º Genitivo posesivo: Los lingüistas han considerado la función posesiva, como la fundamental de este caso, origen de las demás acepciones. El *genitivo posesivo* da ocasión a varios matices en la idea de poseer.

1.º Idea simple de posesión: *la finca* DE ANSELMO.

2.º Posesión por origen como la paterna: *Hijo* DE ANTONIO. Además del matiz de posesión, en este genitivo está expresada una idea de origen.

Hay también un genitivo posesivo *de autor: Discurso* DE CICERÓN *en defensa de Milón. Discurso* DE MAURA *en defensa de un proyecto de ley. Informe* DE UN PROCURADOR DE LAS CORTES *en defensa de la ley orgánica del Estado.* El discurso es *de Cicerón* o «de Maura», porque ha salido de sus argumentos y de sus creaciones mentales. Son autores de esos discursos. Nadie negaría su propiedad intelectual.

El genitivo de esta construcción puede ser sustituido por un adjetivo: «Casa materna» o «casa de la madre», «Bandeja de plata» o «plateada», «estilo de Velázquez» o «velazqueño».

4.º Genitivo subjetivo y objetivo: Cuando hay una palabra regida en genitivo complemento de otra que tiene valor verbal, el genitivo puede equivaler al sujeto o al complemento que tendría la palabra regente si fuera verbo. *El llanto* DE LA HERMANA. «La hermana» sería sujeto en la frase: *la hermana llora*. DE LA HERMANA es genitivo subjetivo.

Guardador de ovejas. DE OVEJAS es genitivo objetivo. Si «guardador» fuera verbo, «ovejas» se convertiría en complemento directo: «guardar ovejas».

Estos genitivos son sustituibles por el sujeto o el complemento verbal: *la entrada* DE *Antonio* = «Antonio entra»; *el temor o miedo* DEL *enemigo* puede ser «que se tiene al enemigo» (genitivo objetivo) o que experimenta el enemigo (genitivo subjetivo).

5.º Genitivo de cualidad: Al hablar del *ablativo de cualidad*, notaremos que alterna con el genitivo también de cualidad. Eran construcciones coexistentes en latín.

Salvo algunos casos o estilos indistintos, podemos afirmar que existe un *genitivo evaluativo* que tiene la virtud de expresar ideas con cifras numéricas: *Una escuadra* DE TREINTA BARCOS ACORAZADOS, es como decir «una gran escuadra». *Un niño* DE DOCE AÑOS, es como decir «un niño ya criado».

El *genitivo de cualidad predicativo*, como predicativo puede ser equivalente a un nominativo, sujeto de la frase:

Nuestro primo es un hombre «de exagerada estatura». En cambio, *vuestra hija es «de poca talla»*.

Aquí el genitivo es complemento predicativo de la cópula *es*, porque puedo decir simplemente: *Nuestro primo es* DE EXAGERADA ESTATURA. Otros ejemplos:

Eso no es DE HOMBRES VALIENTES.

Ese propósito es DE MUCHA ENVERGADURA.

Recordamos que tanto en el ablativo como en el *genitivo de cualidad*, han de acompañar al sustantivo un atributo o un adjetivo («valientes» y «mucha»). Si convertimos la primera frase en *Eso no es de hombres*, implícitamente va un adjetivo que suple las cualidades innatas de nobleza, valentía, etc.

6.º Genitivo de finalidad y causa. Hay un genitivo que lleva implícita la idea de finalidad: *El cuerpo de extinción de incendios* o «para la extinción de incendios».—*El teatro* DE LA ÓPERA o «para la ópera»; *Plaza de toros* o «para la lidia de los toros».

Existe otro genitivo de *causa implícita.* Ejemplo: *La criptomanía es un caso de enfermedad mental,* o sea: la enfermedad es la causa del hábito de robar en algunas ocasiones. En el fondo es un corrimiento del ablativo. Ejemplos: *Es un mal hábito contraído* POR *la lesión* o «desde que contrajo *la enfermedad de la cabeza.—Ciego* DE *nacimiento* O DESDE *su nacimiento.*

En este grupo caben los genitivos de infinitivo sustantivados: *Un modo* DE *vivir; el arte* DE *amar.* Ejemplos de otros casos: POR *correr te has caído* (causa); SIN *estudiar no se consigue nada;* TRAS *el llover viene la calma y el sol.* (Matices de transformación en ablativo.)

7.º Genitivo de precio. Es también intercambiable con el ablativo: *un abrigo* DE *veinte mil pesetas* (comprado *en*...). En latín se llama «de estimación»: *Quanti tibi hoc est?* ¿Qué te cuesta esto?

8.º Genitivo encomiástico. Tiene lugar cuando un genitivo depende de un sustantivo de igual forma y significado. Nos suscita la idea de un equivalente al adjetivo en grado superlativo: *Rey* DE REYES; *Señor* DE LOS SEÑORES, que es tanto como decir: Rey *supremo* y Señor *supremo.* Especie de superlativo relativo, como cuando ponderamos «al más estudioso de los estudiosos».

De aquí pasamos a considerar que también los sustantivos admiten ciertos grados, como los adjetivos, pero por medio de perífrasis sustantivas: *profeta* DE *profetas*; *pintor* DE *pintores.* Es una superposición sustantiva. El ejemplo *Alma* DE *mi alma* tiene otros matices: «Tu alma es la forjadora de mi alma.»

Sangre DE *mi sangre.—Sueño* DE *mis sueños.* Dos ejemplos que como el anterior no suponen sólo un genitivo superlativo, sino más bien un *genitivo encomiástico, intensivo,* es decir: la quieres porque es como tuya, como una prolongación de tu vida, de tu sentir y pensar. *Sueño de mis sueños* resulta además una reduplicación hebrea *(con gran deseo he deseado)* equivalente a un acusativo interno. Del mismo modo se dice: *Santo* DE LOS SANTOS y *Siervo* DE LOS SIERVOS.

25. Relaciones indicadas por ablativo

El *ablativo,* como su misma denominación indica es el caso de la «separación, el origen y la procedencia». Su composición de prefijo *(ab-lativus,* de *ab-aufero)* señala más la idea de quitar o «separar». Es el caso sexto latino y exclusivo del Lacio, ya que no coincidía con ninguno de los cinco casos de la gramática griega.

En el latín primitivo asumió las funciones del *instrumental* y el *locativo* indoeuropeos. Al gastarse en la lengua del Lacio el *instrumental* y el *locativo,* (del que quedaron sólo ligeras huellas: *ruri,* «en el campo», *domi,* «en casa» y *Romae,* «en Roma»), el ablativo adoptó la función de los casos desaparecidos. Cualquier ablativo está comprendido en esta clasificación tripartita:

ablativo — separativo
ablativo — instrumental
ablativo — locativo.

1.º Ablativo separativo: Es el propiamente ablativo: *Vienen* DE ROMA *hasta Santiago muchos peregrinos.* El llamado ablativo de partida pertenece al ablativo propiamente dicho. Ejemplos: *Se alejaron* DE LA ALDEA *al anochecer.—Salieron* DEL PUERTO *con menos barcos de los que traían.—El Ebro* DESDE LAS MONTAÑAS DE REINOSA, *recorre una extensión de muchos kilómetros hasta Tortosa.*

Estos ablativos DE LA ALDEA, DEL PUERTO y DESDE LAS MONTAÑAS DE REINOSA pertenecen al ablativo *separativo* o de *partida.*

2.º Ablativo instrumental: Indica el medio o las circunstancias con que se realiza algo. Como veremos puede, además, expresar otras relaciones asociativas o de precio y diferencia o causa: *Quien anda* CON *los poetas, se aficiona a la poesía* (de compañía, pero instrumental). POR TU PERTINACIA *te haces antipático* (ablativo de causa e instrumental).

En el ablativo instrumental caben además estas otras formas:

a) *Ablativo de precio: Lo compro* EN VEINTE DUROS. Es decir: se valió de ese precio para adquirirlo.

b) *Ablativo de limitación: Felipe aventaja a todos* EN CONDUCTA. Este ablativo de instrumento se explica porque «gracias a la conducta aventaja Felipe a todos».

c) *Ablativo de diferencia:* Se aclara con este ejemplo: *Te aventaja «en quince centímetros de talla»;* pero *tú le ganas* EN UNA CONSTANCIA INIGUALABLE. Estos ablativos instrumentales necesitan a veces la ampliación de una frase completiva. Ejemplo: *Está por debajo de nosotros* EN ESTE ASPECTO (éste es el ablativo de diferencia), *que tú no inspiras por tu presencia ninguna confianza* (ésta es la frase completiva del ablativo «en este aspecto».

3.º Ablativo locativo: Ablativo de lugar «en donde»: EN MALLORCA *se disfruta de un clima excepcional.* Hay que advertir que es fácil de reconocer en los estudios de análisis sintáctico. Aunque se llama *caso locativo* puede trasladarse a la idea de tiempo: EN LA GUERRA *ganó su fama de experto general.* Este ablativo EN LA GUERRA, tiene la significación de «durante la guerra». Es, pues, un ablativo locativo de tiempo.

El ablativo que etimológicamente responde a su denominación de *locativo,* expresando un lugar, es diáfanamente claro en el reconocimiento de su función sintáctica: Por ejemplo: EN SEVILLA *está el amor.—Poco dura la felicidad* EN LA CASA DEL POBRE.

4.º Ablativo de cualidad: Este ablativo alterna en el indoeuropeo con el genitivo también de cualidad. En latín es indistinta esta construcción con ablativo o genitivo: *Homo magni córporis*, «hombre de gran cuerpo» o «corpulento».

En castellano al hablar de este ablativo, tenemos que quedarnos en la duda de si lo es o representa un genitivo:

> Era un aire suave *de pausados giros;*
> el Hada Harmonía rimaba sus vuelos,
> e iban frases vagas y tenues suspiros
> entre los sollozos de los violonchelos.
>
> RUBÉN DARÍO.

Este ablativo-genitivo DE PAUSADOS GIROS, no puede ir representado por el sustantivo, tiene que llevar además un atributo, *pausados* y ambos, el sustantivo con el atributo equivalen a un adjetivo. El poeta por la *variatio* ha empleado de predicativo primero un adjetivo «suave»; después ha usado un ablativo de cualidad, «de pausados giros».

Otros ejemplos: *Es hombre* DE *mucho talento* = «es hombre inteligentísimo». Este ablativo puede ponerse con la cópula como un predicado: *Esa acción no es* DE *seres humanos* = «esa acción no es humana».

Cuando expresa tiempo se suple el adverbio «durante»: *Vivió setenta años. Estuvo en Africa dieciséis años.* Es instrumental: *Mediante* o *durante setenta años no pudo inspeccionar lo que pasó en su época.*

5.º Ablativo absoluto: Debe llamarse «participio absoluto» y hemos tratado de este asunto en otro lugar. En griego esta construcción se realiza con el genitivo. No falta en ella la presencia de un participio acompañado de su sustantivo.

Este participio se llama *absoluto*, porque está suelto, libre. No concierta con el sujeto de la frase, ni con el complemento directo o el indirecto, ni siquiera con los complementos circunstanciales. Su función es autónoma y equivale a una frase subordinada: MUERTO EL PERRO, *se acabó la rabia.* El participio absoluto, «muerto el perro«, cumple con las condiciones señaladas y equivale a una frase temporal: *después de muerto el perro, se acabó...*, o causal: *porque se murió el perro, se acabó la rabia.* Es una fórmula de síntesis taquigráfica. Su uso brillante comunica al estilo y a la gramática la belleza de lo parco y condensado, muy propio del estilo narrativo. En latín sirve también como transición narrativa: *His dictis...*; «dicho esto...»; *oratione habita*, «terminado el discurso».

> *Pasadas las zarzamoras,*
> *los juncos y los espinos,*
> bajo su mata de pelo
> hice un hoyo sobre el limo.
>
> GARCÍA LORCA.

La frase principal es «hice un hoyo sobre el limo». Y el ablativo absoluto, «pasadas las zarzamoras, pasados los juncos y pasados los espinos».
Este ablativo puede llevar unidas o incluidas varias frases subordinadas: «*Muerto el perro*, que venía aterrando la comarca en la entrada de la aldea, se acabó la rabia.»

6.º Ablativo de carácter adverbial: En el lugar correspondiente al complemento circunstancial, se examinaron ampliamente las preposiciones y circunstancias que acompañan a este ablativo. Algunos ejemplos:

Mi hermana paseó *con* Michèle	(compañía)
Era muy estimada *de* todos	(agente)
Hablaremos *de* su belleza	(asunto)
Michèle se quedó *por* su novio	(causa)
Paco no sale *sin* Michèle	(separación)
Michèle reside *en* su patria	(lugar)
Escribió su carta *a* máquina	(instrumento)
Se encontraba *con* fiebre	(modo)
Desde hace dos años	(tiempo)

26. Por la práctica a la regla

a) **Lectura y análisis** del texto de Miguel Delibes EL TEIDE, LA CATEDRAL DE TENERIFE. Se ha de examinar lo siguiente: 1.º los complementos nominales, pronominales y verbales; 2.º la función sintáctica de los casos subrayados en cursiva, y 3.º Ejercicio de vocabulario de las palabras señaladas con cursiva.

C. II. EL TEIDE, LA CATEDRAL DE TENERIFE

1) «EN rigor, la isla de Tenerife es el Teide, y lo demás no es sino mera *comparsería*. El *tinerfeño* se siente orgulloso *de su volcán*.
—Es el pico más alto *de España*, niño.
—Sí, ya lo sé.
Y alzan *hacia él* los ojos, *con cierta admiración* supersticiosa no exenta *de ternura*. Porque el Teide, cuando se ve, se ve desde cualquier rincón de la isla. Digo cuando se ve, porque, de ordinario, el Teide, no se ve; *cela* su majestuosa belleza *tras un anillo* de nubes blancas, *algodonosas*.

2) Para tratar de tú *al Teide* hay que hacer un esfuerzo: *trepar* y pasar frío. Particularmente *en estos días* en que el invierno se inicia y la cresta *del volcán* empieza a *espolvorearse* de nieve. Pero el Teide no sólo preside, sino que *informa* la vida de toda la isla. Las

rocas, la tierra, los *verticales* y gigantescos diques de *basalto*, los lagos de *escoria*, los ríos de *lava petrificada*, las playas *de las arenas negras*, los inmensos depósitos de piedra *pómez*, todo ha salido *de su vientre*. El Teide es, pues, un volcán parido. La criatura está *a sus pies* acicalada de *plataneras*, laureles, *dragos*, palmeras y flores de Pascua. Y en torno a él, empinándose, los *forúnculos* oscuros de los volcanes secundarios, como una tierra *a punto de ebullición*. De aquí que, para el tinerfeño, el Teide sea una *referencia* constante.

3) Las excursiones *por la isla* —al norte, al sur, al este y al oeste— están inevitablemente *flanqueadas*, de un lado por el Teide, *del otro por el mar*. La vecindad de uno y otro se presta naturalmente, *a mil combinaciones*, a cual más caprichosa y pintoresca. *En cualquier caso*, nuestro acompañante isleño nos hará *agachar* la cabeza *por la ventanilla* del automóvil *a cada curva* del camino:

—No, hoy no se ve.

O bien.

—¿No es cierto que parece más bajo *de lo que es?*

O bien.

—Aquello blanco, casi *en la cresta* lo llamamos el Pilón de Azúcar; ¿qué *le parece*, niño?

Es el Teide siempre. El Teide atrae *al isleño* con una *fascinación* inexorable. Es un padre cruel, pero no deja de ser un padre. El tinerfeño muestra el Teide *con el mismo orgullo* que el burgalés su Catedral. A fin de cuentas, el Teide es la Catedral de Tenerife.

4) Esto explica que cuando, finalmente, el turista decide la excursión al Teide, experimente *dentro de sí* un desasosiego nervioso. El *acceso* al volcán por *La Esperanza* fue refugio de un *puñado* de conquistadores españoles, después de la gran *carnicería* de La Matanza, *monte abajo, junto al mar*. Al parecer el nombre de La Esperanza es debido a que los españoles *divisaron* desde lo alto sus naves aproximándose de nuevo *a la isla*. De ordinario la nomenclatura de Tenerife responde a la época de la conquista, siquiera *pervivan* aún nombres —Sauzal, Igueste, Tacoronte— de la más pura raíz *guanche*.

5) La carretera de La Esperanza *empinada* y dura, es de una belleza misteriosa. El bosque de *pinoteas, denso* y silencioso *proyecta* una melancolía extraña. Es como si el polvo *de los siglos*, la historia toda de esta isla afortunada, permaneciesen prendidos *de sus copas y sus raíces*. El bosque de pinos de La Esperanza, con el bosque de laureles de Las Mercedes, son los únicos bosques de la isla y ambos brotan a una altura *intermedia* y constituyen la transición entre la vegetación *exuberante* y la *agónica* desnudez del Teide y sus *aledaños*. De estos bosques extraen los isleños sus maderas incorruptibles. Puertas, ventanas, mesas del tiempo de la conquista permanecen inalterables *al paso de los siglos*. Su resistencia solamente es comparable *a la de la plata* de los *retablos* de sus iglesias; con la particularidad de que la vejez de estas maderas es una vejez *lustrosa* y *desafiante*, una vejez extraordinariamente rica y *decorativa*.

Pero volvamos al Teide. El Teide aparece al fin después de ascender más de dos mil metros, *tras una curva* del camino. De lejos el volcán es algo familiar, nada *amedrantador* ni violento. *Emerge* de las nubes como un islote *cónico*, componiendo un fondo espectacular, más bien sosegado. A distancia, el Teide no tiene nada *de monstruo dormido*. Es preciso aproximarse para que la angustia *cósmica* se presente. Afortunadamente el proceso es *paulatino*.

6) La vegetación empieza a *ralear* salvado el bosque de La Esperanza. Las retamas se esparcen *a los costados* de la carretera, trepan *por las laderas*, nos acompañan unos kilómetros. También las aves se han ido *rezagando*. No hay muchos pájaros en Tenerife, pero a estas alturas apenas si algún cernícalo anima la *implacable* soledad *del paisaje*. Más arriba las retamas languidecen; aparece —como último *superviviente* vegetal— el *escodeso*, una insignificante planta rastrera coronada *por unas deleznables escobillas*. Las nubes, debajo, nos hacen flotar. Al fin, el desierto. Un desierto *peculiar*, personalísimo, de una dureza *pétrea*, implacable. Las Cañadas, el auténtico *cráter* del Teide, constituirá seguramente uno de los espectáculos *minerales* más grandiosos del Universo. El panorama es verdaderamente *desolador*, angustioso; un *caos* mineral de una desnudez salvaje, *primigenia*. Los montes desgarrados, las bocas *de los cráteres* yertas, *petrificadas*, se combinan con los torrentes *inmovilizados* de la lava y con las esculturas *graníticas*, formas supervivientes del último *cataclismo*.»

MIGUEL DELIBES.

(Por esos mundos. Barcelona, 1961, c. II. *El Teide la Catedral de Tenerife*, p. 131-133.)

b) **Breve análisis del texto** (Examen de conjunto)

1) Una causal de causa moral. Lleva subordinada una temporal: «Digo cuando se ve, porque de ordinario...» Estilo directo y corto con una principal y una causal.

2) Ablativos de abundancia. Uso del verbo estar como expresión de situación accidental. «Acicalada de plataneras, laureles...» Ablativos de abundancia.

3) Ablativos agentes *(de un lado por el Teide...)* y dicotomía adversativa. En *cualquier caso... nos hará agachar...* Futuro en estilo histórico o narrativo. Equivale a «nos va haciendo agachar...» Este contrasentido se explica por el matiz de repetición que tiene la frase *hacer agachar*. Uno de los muchos usos del futuro fuera de su valor futural.

4) Completiva «que» complemento directo de «explica». Tiene subordinada una temporal: «cuando, finalmente el turista decide...» «siquiera pervivan aun nombres...» frase concesiva equivalente a «por mucho que» o «por muy».

5) *Es de una belleza misteriosa*. Ablativo-genitivo de cualidad. *Es como si el polvo...* Comparativa condicional, con expresión de irreal del presente. Ablativo de separación: «De esos bosques extraen los isleños sus maderas...» Una consecutiva: «No hay polilla, termites, humedad que se atreva con ellas.» Subjuntivo exhortativo: *Pero volvamos al Teide*. Equivale a un gerundio adverbial: «Volviendo al Teide.»

Genitivo partitivo de cantidad: *no tiene nada de monstruo dormido... Es preciso aproximarse* (frase impersonal)..., con un infinitivo que hace de sujeto. Como verbo tiene una final subordinada: «para que la angustia cósmica se presente».

6) Una frase verbal: *empieza a ralear*. Otra segunda verbal: *se han ido rezagando*. Una principal: *No hay muchos pájaros*... Una adversativa con *pero: Pero a estas alturas apenas si un cernícalo anima*... Sujeto: *cernícalo*. La expresión apuntada lleva una frase adverbial: *apenas si algún cernícalo*. Condicional y principal.

c) **Recitación** de estos versos cortos de MANUEL MACHADO: *Esos ojos* y análisis gramatical de los casos subrayados en cursiva. Segunda recitación y análisis de complementos y casos sintácticos de la poesía de AMADO NERVO titulada *Cobardía*. En las dos composiciones ejercicios de vocabulario:

1.ª ESOS OJOS

Esos ojos anegados
—como flores *en su dolor*—
en amor,
y adormilados...
Esos ojos anegados...

Esa crencha *de tu pelo*
—como caricia *en tu sien*—
y también
como un velo...
Esa crencha de tu pelo...

Esa grana *de tu boca*
que es *de la vida* el color
y el sabor
—Oh, ansia loca—
esa grana de tu boca...

Ese junco *de ribera*
de tu talle, en su esbeltez.
Y la tez
hechicera...
Ese junco de ribera...

Ese lirio y esas rosas
—dulces flores *a besar*—
y *a aspirar*
deliciosas...
Ese lirio y esas rosas...
¡Morir y resucitar!

MANUEL MACHADO.

2.ª COBARDÍA

PASÓ *con su madre*. ¡Qué rara belleza!
¡Qué rubios cabellos *de trigo garzul!*
¡Qué ritmo *en el paso!* ¡Qué innata realeza
de porte! ¡Qué formas *bajo el fino tul!...*
Pasó con su madre. Volvió la cabeza:
¡me clavó muy hondo *su mirar azul!*

Quedé como *en éxtasis... Con febril premura*,
«¡Síguela!», gritaron cuerpo y alma al par:
... Pero tuve miedo *de amar con locura*,
de abrir mis heridas, que suelen sangrar,
¡y no obstante toda mi sed de ternura,
cerrando los ojos la dejé pasar!

AMADO NERVO (mejicano).

d) **Modismos y refranes**

1.º MODISMOS CONVERSACIONALES:

¡Oh! Me mimas, me acaricias, me adulas; pero no me cuentas tus cosas.—¿Te ha gustado mucho la conferencia? ¡Pchs! Regular, nada más.— Se asustó mi caballo y ¡paf! di con mis huesos en el suelo.—Junto al sonido de la campanilla ¡tilín! ¡tilín!, el ronquido del arma de fuego ¡pum! ¡pum! —Oye Juan, ¿qué pasa con nuestro asunto?— ¿Pues qué va a pasar? ¡Que no se resuelve!—Bueno, Andrés, y hablando de otra cosa ?qué te parece el novio para mi hija?

2.º REFRANES:

Haz bien y no mires a quien.—Dime de lo que presumes y te diré de lo que careces (contra la vanidad).—*Cava, cava y encontrarás algo* (El trabajo todo lo logra).—*Quien de paja tiene la casa tema al fuego.*

e) **Dictado de Ortografía** (Explicación de las palabras señaladas en cursiva).

Las doce sonaron en el reloj del Postigo. Beatriz oyó entre sueños las *vibraciones* de la campana, sordas, tristísimas y *entreabrió* los ojos. Creía haber oído, a par de ellas, pronunciar su nombre; pero lejos, muy lejos, y por una voz apagada y *doliente*. El viento gemía en los *vidrios* de la ventana.

—Será el viento —dijo; y poniéndose la mano sobre el corazón, procuró tranquilizarse. Pero su corazón *latía* cada vez con más violencia. Las puertas de *alerce* del oratorio habían *crujido* sobre sus *goznes* con un *chirrido* agudo.

GUSTAVO ADOLFO BÉCQUER.

f) **Temas de Redacción**

1) Interpretar este aforismo: «El artista no expone nunca sus obras a la crítica, sino a la admiración».

2) *Los computadores electrónicos. El robot pregunta y reprende.*

g) **Discoteca regional española.** (Un disco después de cada capítulo aprendido).

Himno a Valencia (Thous y Serrano; Banda, director Mariano Romero) 7EP-13, 130. EP 45, RM.
Valencia (cantada por Alfredo Kraus) de Padilla, FM-111 A. 33 y medio rpm. *Otra versión*: Z-E, 348, 45r., 17 cms.

4 | SINTAGMAS VERBALES DE LA FRASE

27. El verbo eje de la frase

El *verbo* es por excelencia el eje de la frase, núcleo del predicado y centro de todos sus complementos. Es la parte de la frase más rica en variaciones de formas y accidentes gramaticales.

Expresa la actitud del que habla en forma enunciativa, desiderativa o exhortativa y establece la unidad de la frase. Con las desinencias repite la persona gramatical del sujeto y enlaza a éste con el predicado. Con los tiempos sitúa el significado de la frase en el presente, el pasado o el futuro.

El conjunto de accidentes verbales forman la *conjugación* y son la *persona*, el *número*, el *tiempo*, el *modo* y la *voz*. Ejemplo de las tres formas temporales: *yo* COMPRO *manzanas: yo* TUVE *ocasión de comprarlas buenas; yo las* COMPRARÉ *mañana.*

Existen frases sin verbo (o con mera cópula), pero el verbo expresa las condiciones de la frase con mayor plenitud. Frases sin verbo:

¡Qué dulce esta inmensa trama!
Tu cuerpo con mi alma, amor,
y mi cuerpo con tu alma.

JUAN RAMÓN JIMÉNEZ.

28. Limitaciones de la voz pasiva

La voz indica si la significación verbal es producida por la persona gramatical. Nebrija en el siglo XV admitía tres voces para el latín *(activa, impersonal* y *pasiva)* y una para el castellano: «nuestro castellano tiene solamente la activa, y aun en aquélla no todos los tiempos, que tiene el latín, porque todo aquello en que la vence dice por rodeo de estos verbos: *so* (soy), *eres, fue; e, as, ove,* en la forma que abajo diremos»...

La conjugación pasiva, fundamentalmente es algo tan ficticio como la declinación nominal. Al definirla como una inversión del sujeto y el acusativo de la construcción activa *(La abuela ama a sus nietos —; los nietos son amados por la abuela)*, el verbo lleva la misma acción, aunque trastocada o recibida y las formas verbales aceptan el participio y el verbo auxiliar *ser*. Si se analiza la frase «el traje *está* acabado» como una expresión de predicado nominal, lo mismo se puede decir de esta otra: *la madre es querida de sus hijos.* (Análisis posible: Sujeto: *la madre;* verbo, *es* y predicado nominal *querida,* con un genitivo-ablativo de cualidad «de sus hijos».)

La pasiva no aporta ningún elemento conceptual nuevo a la frase. En realidad, como antes decimos, es una simple «inversión de la activa». Parece como si se quisiera eludir la necesidad de precisar el autor de la acción verbal.

Aun admitida, por razones funcionales de la frase; en cuanto a su limitación, Bello observa muy bien que la pasiva no se usa en presente o en imperfecto, si la acción es momentánea y de verbo perfectivo. No decimos: *la puerta es abierta por la criada,* sino *la criada abre la puerta.* Si escribo, de una manera análoga: *la hija era besada por la madre,* expreso una idea de costumbre o reiteración («le dio muchos besos, o tenía costumbre de besarla»).

Hay ciertos verbos que no se prestan a la inversión pasiva, porque carecen de participio-adjetivo. Por ejemplo el verbo *poder* que suele ir acompañado de acusativos-infinitivos, en estos casos no admite la pasiva. Ejemplos: *los malos estudiantes no pueden jugar.* No podemos invertir así los términos: *jugar no es cosa podida por los malos estudiantes. Poder* con acusativos de tipo general: *No todos los jefes pueden todo.* No es lícito decir: *No todo es podido por todos los jefes.*

Existen algunos verbos que rechazan la construcción del acusativo y sin embargo se prestan a la inversión pasiva. No puede decirse que *el cliente apela la sentencia, sino de la sentencia* (Bello) y no obstante se llama *sentencia apelada* aquella contra la que se interpuso la apelación.

Con verbos imperfectivos cabe decir: *Juan era muy conocido de su pueblo.*

El resultado de una acción acabada se indica con *estar* + participio: *Los cañones estaban emplazados junto al río,* se dice desde el momento en que terminan de emplazarlos. En cambio *eran emplazados* alude al momento de su emplazamiento.

Voces y frases verbales: Se pueden llamar *voces* todas las frases verbales formadas con verbos auxiliares. Junto a la *pasiva* tenemos las voces *obligativa, progresiva* y *durativa.* Se conserva el nombre de *voz pasiva* para las perífrasis que se construyen con *ser* + participio: *soy amado.* La preferencia de la activa o pasiva depende del interés dominante. Si el agente de la acción no es objeto de interés por parte del que habla, usamos la frase llamada en latín segunda de pasiva: *la feria fue* INAUGURADA; *la guerra* FUE DECLARADA *El alumno* FUE EXAMINADO.

Hemos de observar, si procedemos con lógica, que tanto en la activa como en la pasiva, la relación entre sujeto y complemento sigue siendo la misma: *Pierre ama a Michèle* o en esta ficticiamente llamada pasiva *Michèle es amada por Pierre,* el agente y el receptor de la acción de amar no varía. En ambas frases y por igual manera *Michèle* es el verdadero objeto del amor. Lo único que varía es el ángulo de visión o punto de vista. Es un valor de relatividad gramatical y de postura variable. Si el que está de pie a la derecha del sillón del monarca se cambia a la izquierda, el rey sustancialmente no varía, pero ha efectuado un cambio relativo con respecto a su servidor; que se ha puesto a su izquierda.

Lenz resume en un ejemplo estas teorías diciendo que la frase «César venció a Pompeyo» pertenece a la biografía de César y *Pompeyo fue vencido por César,* a la de Pompeyo por el orden o preferencia de encabezar la misma acción.

29. Pasiva refleja y pasiva impersonal

Las formas átonas pronominales *me, te, se, nos, os, se,* pueden expresar acción reflexiva. El sujeto es conjuntamente agente y paciente. En español se forma también la pasiva con la voz activa del verbo y el reflexivo *se.* En vez de *La noticia* FUE ENVIADA *a su tiempo,* se usa mejor: *La noticia* SE ENVIÓ *a su tiempo.* Es mucho más frecuente la pasiva de *se.*

Las pasivas reflejas pueden ser primeras o segundas, según tengan o no ablativo agente. Ejemplos: *Hoy* SE HAN CERRADO *las Cortes. Por este establecimiento* SE HAN DADO *las oportunas órdenes.* Esta última no se puede hacer impersonal, porque está expresado el sujeto agente.

Cuando digo: *La casa* SE HUNDIO *por un terremoto,* el sujeto *casa* es pasivo; no produce la acción, sino la recibe (8).

---

(8) Para el estudio más amplio de las pasivas reflejas e impersonales y de todas las construcciones impersonales le invitamos a consultar nuestra obra CIENCIA DEL LENGUAJE Y ARTE DEL ESTILO (8.ª edición, Madrid, 1967), págs. 106-122, cap. III: *La frase desde el punto de vista potencial.*

Analicemos dos ejemplos típicamente impersonales:

1) Hemos oído, por televisión, la voz dulce de una señorita que se expresaba en forma poco gramatical (23-XII-57): *Se les entregó los correspondientes diplomas.*

Si quitamos el complemento «les», notaremos en seguida la incorrección del verbo en singular: *Se entregó los correspondientes diplomas,* frente a la forma correcta de sujeto pluralizado («se entregaron los correspondientes diplomas»). En pasiva diremos *fueron entregados los diplomas* y no, *fue entregado los diplomas*

Hay un fenómeno de atracción, o mejor de cruce y contaminación, que induce a error, por aquella otra fórmula similar y correcta de sujeto singularizado, «*se les hizo entrega de los diplomas* («la entrega fue hecha»).

2) El crítico taurino R. Capdevila usaba conscientemente la frase *andarle a los toros,* por la usual y correcta *andarles a los toros* («torear sin fijar bien la pos-

1.º Pasiva impersonal: Cuando en la pasiva refleja se calla el sujeto agente, la frase es a la vez pasiva e impersonal. Si decimos: *Se cantaron hermosos himnos*, indicamos únicamente que los *himnos* (sujeto) *fueron cantados;* nada decimos acerca de los autores o cantores, que quedan ocultos en una tercera persona de significación indeterminada. Aquí el *se* resulta un signo de pasiva y de impersonalidad. El sujeto concierta con el verbo *(cantaron)*. Esta concordancia con el verbo asegura su carácter pasivo.

En el caso en que se pudiera defender la frase *Se desea informes* (en vez *se desean)*, se puede sostener que *informes* es complemento directo. *Se* queda convertido en expresión de sujeto impersonal. Nosotros rechazamos esta fórmula singular *se desea* por *se desean.*

En las frases recíprocas la forma de impersonalidad puede originar la duda de interpretación pasiva: *se pegaban los contrincantes.* No se sabe si se pegaban entre sí o recibían la paliza de otros. De aquí que deba emplearse, para evitar ambigüedades la preposición *a* ante persona, para expresar quien es el objeto de la acción. Se cambia la forma del sujeto: *se pegaba a los contrincantes.*

La llamada segunda reflejo-impersonal puede usarse con verbo transitivo o intransitivo: *se jugó toda la tarde. Se habla de un nuevo campeón Se vive bien en Ottawa.* El *se* tiene la equivalencia de *uno, alguien* o *la gente.*

2.º Las frases que Bello llama cuasi-reflejas: El complemento acusativo es *reflejo* cuando el sujeto del verbo y el término del complemento se identifican: Y*o me visto.* En este ejemplo la persona que viste y la vestida son idénticas.

El complemento acusativo es recíproco, cuando la acción verbal tiene por sujeto dos o más personas o cosas, cada una de las cuales influye sobre la otra o las demás: *Pedro y Juan se aborrecen.*

En sentido reflejo se suele poner el adjetivo *mismo* en nominativo: *se educó él mismo.* También el dativo puede tener sentido reflejo: *me bebí medio litro de vino.* Se *dieron de bofetadas unos a otros.*

En la frase refleja una misma persona resulta agente y paciente, pero hay algunas construcciones en que **la** reflexibidad no pasa de lo material de la forma. Estas construcciones se pueden llamar, según Bello, *cuasi-reflejas,* sirven para expresar emociones o estados de alma; el verbo suele ser activo y admite acusativos oblicuos. El sujeto representa seres animados en singular o plural: «el viento embraveció las olas». Aquí consideramos el viento como ser activo que afectó al objeto de la frase «las olas». Otros ejemplos: Y*o me alegro; ellos se regocijan unas veces y otras se amedrentan o se asombran.*

---

tura y situación del torero en su terreno»). Es un movimiento de rodeo o incertidumbre, mientras se torea.

Aquí el error no es de verbo, como en la frase anterior, sino de complemento-dativo. Le parece al crítico más abstracto el singular «le» que «les», y sin embargo es antigramatical. Se trata de un complemento o dativo de interés que expresa pluralidad.

Algunos verbos sólo admiten acusativos reflejos: *Te avergüenzas; se atreven; os dignáis; nos arrepentimos.*

Muchos verbos intransitivos reciben del mismo modo la construcción cuasi-refleja. Ejemplos: *reírse, quedarse, estarse; se estaba en el campo. Estarse* es permanecer voluntariamente en un sitio. *Entrarse,* en cambio nos apunta la idea de entrar con cierto conato o fuerza, como si se venciera algún estorbo.

30. Estudio especial de la voz media

La voz media se conjuga, como los verbos pronominales con dos pronombres personales, el uno como sujeto y el otro como complemento, o también con un nombre y su correspondiente pronombre: YO ME *alegro. La* NIÑA SE *arrepiente.*

Los griegos conservaron con más fidelidad que los latinos esta voz del indoeuropeo. La forma medio-pasiva les sugería las modalidades significativas: *Desato para mí y Soy desatado.* La nota distintiva de la voz media es el interés por el sujeto. De otro modo algunos gramáticos explican este fenómeno por el llamado *dativo de interés* o *dativo ético*

Los latinos en sus formas deponentes, dijeron *nascor* (nacerse), *morior* (morirse) y *orior* (originarse), formas medias por el interés o participación que muestran por el sujeto. ¿Cómo aparece *nascor* en español para que pueda llegar a *nacerse?* (9).

Esta voz pudiera llamarse también *afectiva,* y es que hay algo afectivo en esta evolución verbal. *Nascor* (nacerse) es medio o deponente, porque en español es presentarse a la vida (voz media). Desde el período de la fecundación o gestación o vida intrauterina, el embrión o feto, en el código y en la moral cristiana, es sujeto de derechos. Se defiende esa vida desde el punto de vista jurídico y cristiano. Dos ejemplos claros: *Por el techo de esa gruta sale agua* (sin interés). *Por el caño de mi casa se sale el agua* (con interés personal o de voz media; porque tengo que comprar otro o arreglarlo o estar sin servirme de él; es reflexivo no impersonal: el sujeto eres *tú,* el dueño).

---

(9) Significados de la voz media en griego y en latín, de donde procede la nuestra:

a) EN GRIEGO: 1) *Reflexivo directo:* λύομαι sugería dos cosas; una correspondía a la voz media y otra a la pasiva: *desato para mí* y *soy desatado.* La forma reflexiva se expresaba mejor con la voz activa y el pronombre reflexivo en acusativo: επαινέω ἐμαυτόν, *me alabo a mí mismo.* 2) *Reflexivo indirecto.* Equivale a un dativo del interés del mismo agente. A veces el interés consiste en alejar de sí alguna cosa: de αἱρέιν, *tomar,* αἱρέομαι, *tomo para mí, elijo.* 3) *Reflexivo acusativo.* Como de ποιεῖν, *fabricar,* ποιοῦμαι ὅπλα, *me fabrico armas.* 4) *Dinámico.* Es igual a la expresión «por sus propios medios», «por sus propias fuerzas» (físicas o psíquicas), o también *actuar,* de λύω, *redimir;* λύομαι, *redimir con dinero propio.*

b) EN LATÍN: Los latinos conservaron la *voz media* con menos atención que los griegos. Los significados fundamentales eran *participación* e *interés;* pero las formas *amo* y *amor* sólo sugerían las acepciones de «amo» y «soy amado», De aquí nacieron los *deponentes comunes: criminor,* «acuso y soy acusado». En realidad estos deponentes no son más que la continuación de los primitivos *media-tantum.*

La explicación por el *dativo ético* es sencilla. Con él se expresa que el sujeto, más que recibir indirectamente la acción, es partícipe de su actividad, la cual se produce dentro de él o en relación con él: SE *queda en casa todo el día. Siempre* NOS *viene con disculpas.* Cuando decimos: SE ME *murió mi madre,* no añadimos un informe nuevo al asunto; expresamos sencillamente nuestra intervención afectiva en el hecho.

Los verbos pronominales que forman la voz pasiva son reflexivos de forma, pero no de sentido. No hay acción en ellos que recaiga sobre el mismo sujeto: *Me voy; se murió.* Cae la acción de un modo afectivo y por eso son *medios.*

A estos verbos pronominales pertenecen, sobre todo, los que significan vida interior y los de movimiento. Indican afecto *(avergonzarse, serenarse, enojarse, burlarse, alegrarse,* etc.); voluntad *(empeñarse en, decidirse por, resolverse a,* etc.); memoria y olvido *(acordarse, olvidarse)*; saber incierto *(imaginarse, suponerse, barruntarse, figurarse)*. Se incluyen en los de vida interior los que llevan complemento de interés: ME *temo que sea ya tarde.* Ese ME *temo* es como decir: *Temo para mí que...*

En los pronominales entran también los verbos de movimiento de forma transitiva *(enderezar* algo, *precipitar* a alguien) o intransitiva *(subir, salir)*), pero siempre con el pronombre reflexivo: *irse, marcharse, venirse, salirse, subirse, bajarse, encogerse, moverse, ponerse, precipitarse, escaparse, morirse,* etc.

Algunos admiten el complemento de interés: ME *subí la cuesta;* ME *torcí un pie.*

31. Manera y aspecto del hecho verbal

Manera del hecho verbal es la que procede del contenido semántico del verbo.

Aspecto de la acción es el que procede del empleo de un medio gramatical.

Por la *manera* de la acción del verbo tiene significado *incoativo, perfectivo, iterativo,* etc., y por el *aspecto,* ciertos signos le dan una apariencia *incoativa, perfectiva, iterativa,* etc.

Algunos actos aparecen como momentáneos *(saltar, llamar a una persona)*, otros como reiterados o repetidos de manera uniforme *(golpear, picotear,* etc.), otros son continuos en su evolución y resultan imperfectivos o durativos *(saber, vivir, querer)*; los hay de tipo incoativo *(alborear, amanecer, enrojecer)* y otros, por fin, se consideran perfectivos cuando la acción se completa o llega a ser perfecta *(nacer, morir, comenzar, afirmar, negar)*.

Es muy importante el interés del que habla para fijar esta modalidad verbal según las circunstancias. Ejemplos: *Escribí la novela* nos ofrece su aspecto perfectivo; en cambio, *escribí la novela del día 3 de febrero al 4 de octubre* tiene un sentido reiterativo; por lo menos en los días y meses, cada día repite el hecho de escribir.

No se define bien por ciertos escritores el sentido auténtico del incoativo. Estos verbos no sólo indican comienzo, sino la progresiva duración del hecho. En latín y en griego tienen morfológicamente un signo sufijado. Y este sufijo deja de figurar en los tiempos del perfecto de acción terminada (εὑρίσκω y εὕρηκα= «busco y he encontrado»). Cambian un poco las acepciones, como se ve por el ejemplo, pero la una es consecuencia de la otra. *Adolescere,* «crecer» en su participio, *(adultus)* adulto es *crecido,* desarrollado. La acción ha llegado a su fin. Y en español *amanece* de *amanesce,* termina en *ha amanecido,* que podemos sustituir por *ya es de día* o *ya es el día.*

32. Voces «progresiva, terminativa, causativa y concesiva»

Se incluyen en las conjugaciones perifrásticas y expresan la acción que verificará en un futuro inmediato. Se forman mediante verbos de movimiento *(ir, venir, pasar)* y los que expresan el progreso ininterrumpido de una acción hacia un momento futuro. Se construyen con infinitivo final sin preposición o gerundio.

Forman la llamada voz *progresiva:* ANDO *escribiendo una novela.* Tienen una estructura muy semejante a las siguientes construcciones: *veo, comprendo, comienzo a saber* y los giros *voy viendo y vengo viendo. Ir y venir* suelen expresar una matización de significados muy parecida a *andar.* Lenz encuentra la diferencia en que *ir* se refiere al camino por recorrer; *venir,* al ya recorrido, y *andar* no tiene rumbo fijo. Otras fórmulas: *comencé a estar, comencé a tener.*

Voz *terminativa* es la que indica el término hasta donde llega una acción: Y*o se lo* LLEGUE *a probar.*

La voz *causativa* expresa la ejecución de la acción por medio de otro: HICE *entregar el dinero a tu amigo.* Una modalidad de esta voz es la *concesiva,* que admite o deja hacer la acción por medio de otra persona: *Esta siembra no la* DEJARÉ *perder.*

En cuanto a la duración de las acciones, unas expresan un estado menos duradero *(el caballo* CORRE), con palabras que significan una variación más o menos rápida *(el joven cayó al suelo)* y otras dependen de la naturaleza del verbo: *levantar un rascacielos* puede durar varios años. Bello divide los verbos en *desinentes* (aquellos cuya acción llega necesariamente a un término, *nacer* y *morir)*y *permanentes* (aquellos cuya acción puede ser reiterativa y continuar sin limitación, como *ver* y *oír).*

Otros admiten la llamada *voz estática* formada por el verbo *estar* como auxiliar, más el adjetivo participio. Esta voz no afecta al verbo sino al adjetivo.

33. Por la práctica a la regla

a) Formas perifrásticas más frecuentes (o *frases verbales*).

SIGNIFICACION

- PROGRESIVA..
  - *Principiativa.*
    - Comenzar...
    - Empezar....
    - Principiar..
    - Ir..........
    - Pasar.......
    - Echar......
    - *A* + infinitivo. Ejemplos: COMENZAR *a jugar.* VOY *a escribir. El tren* VA *a llegar.* PASO *a contestar su carta.* ECHARSE *a reír.*
  - *Terminativa..* — *Venir a* + infinitivo. Ejemplos: VENGO A COINCIDIR *con usted. Ojalá* VENGA A PEDIR *la mano.*
  - *Aproximativa.* — *Venir a* + infinitivo. Ejemplos: *El orador* VINO A DECIR *lo mismo.* VIENE A COSTAR *unas mil pesetas.*
  - *Reiterativa....* — *Volver a* +infinitivo. Ejemplo: VUELVO A SOSPECHAR. *No lo volverá* A HACER.
- PROGRESIVA.
  - *Obligativa....*
    - *Haber de* + infinitivo. Ejemplo: HE DE AGRADECER *tu compañía.*
    - *Haber que* + infinitivo. Ejemplo: HAY QUE MIRAR *lo que se hace.*
    - *Tener que* + infinitivo. Ejemplo: TENGO QUE HACER *la maleta.*
  - *Hipotética....* — *Deber de* + infinitivo. Ejemplo: DEBÍAN DE SER *las diez* (significa conjetura, suposición o creencia).
  - *Ponderativa...* — *Llegar a* + infinitivo. Ejemplo: LLEGÓ A DECIRME *que la había ofendido.*
  - *Social cualitativa........* — *Acabar de* + infinitivo. Ejemplo: ACABABA DE EMPEZAR (referido a una función de teatro: *Apenas había empezado).* Abunda la forma reflexiva: SE ACABA *de marchar.*
- DURATIVA................
  - *Estar* + gerundio. Ejemplo: ESTOY LEYENDO.
  - *Ir* + gerundio. Ejemplo: IBAN ENTRANDO.
  - *Venir* + gerundio. Ejemplo: VENGO OBSERVANDO *tu conducta.*
  - *Seguir* + gerundio. Ejemplo: SIGO DICIENDO *lo mismo.*
  - *Andar* + gerundio. Ejemplos: ANDABA *escribiendo su discurso.* ANDUVO SALTANDO *una hora.*

SIGNIFICACION — PERFECTIVA..............

- *Venir a* + infinitivo. Ejemplo: VIENE A JUGAR *un partido.*
- *Llegar a* + infinitivo. Ejemplo: NO ACABABA DE *serme fiel.*
- *Alcanzar a* + infinitivo. Ejemplo: ALCANZAR A VER *la verdad.*
- *Llevar* + participio. Ejemplo: LLEVA *bien* ESTUDIADO *el asunto.*
- *Tener* + participio. Ejemplo: TENÍA SEMBRADA *la tierra de trigo.*
- *Traer* + participio. Ejemplo: TRAÍAN CANSADOS *los cuerpos por el trabajo.*
- *Quedarse* + participio. Ejemplo: DEJÓ ABANDONADA *la tarea de clase.*
- *Estar* + participio. Ejemplo: ESTUVO INTERESADO (copulativa).
- *Ser* + participio. Ejemplo: FUE MUY OBSEQUIADO *en la oficina* (copulativa y pasiva).

b) Prácticas de frases verbales

1.ª «Fulguró la danza... / y *fue* línea a línea, / momento a momento, / *rimando* un poema / de heridas y besos.—«M. MACHADO, *Phoenix,* 1936, 58 (Frase verbal con gerundio).

2.ª «En realidad pueden *llegar a ser* vituperables todas las pretensiones de singularidad.» UNAMUNO, *Ensayos,* 1942, I, 340. Frase principal con un verbo servil que es «poder», que se completa con la frase verbal «llegar a ser». Análisis: S. = *pretensiones;* complemento predicativo = *vituperable.* Regido de «pretensiones» el genitivo-objetivo, *de singularidad.*

3.ª «Hoy *empezamos a sentir* inexperada afinidad con ese temperamento al verlo retoñar en forma nada arcaica, bajo la especie de deporte». ORTEGA Y GASSET, *El Espectador,* 1933, II, P. 197. (Frase verbal con que sustituimos el uso de verbos incoativos que había en el latín. El griego usaba el aoristo.)

4.ª «*Acaba de convencerse* de la vacuidad de sus primeras doctrinas». UNAMUNO, *Ensayos,* 1942, I, p. 833. (Frase verbal.)

5.ª «Don Herminio *sigue voceando* en la playa». AZORÍN, *Obras,* 1947, IV, p. 823. (Frase verbal con gerundio.)

6.ª «En la pequeña ciudad, la luz de la mañana *va esclareciendo* las callejas.» AZORÍN, *Obras,* 1947, IV, p. 230. (Frase verbal).

7.ª «*Se va entenebreciendo* la campiña.» AZORÍN, *Obras,* 1947, IV p. 509. (Gerundio en frase verbal reflexiva.)

c) **Lectura y análisis** del texto del CONDE DE FOXÁ, *Pueblos que hablan poco.* Se ha de examinar lo siguiente: 1.º las formas reflexivas, 2.º las frases verbales señaladas en cursiva, y 3.º ejercicio de vocabulario de las palabras que van en cursiva.

PUEBLOS QUE HABLAN POCO

1) «Los pueblos del Norte apenas hablan. El frío y la nieve les *tapa* la boca. En Inglaterra las conversaciones más interesantes *están prohibidas.* Es de mal gusto hablar de muertos, de amor, de religión. Es decir, de los tres *temas* más importantes del Hombre. El diálogo *queda reducido* al deporte y a los perros.

Cuando el gran Livingstone perdido en África, es hallado, después de inmensas dificultades, por el *explorador* americano Stanley, éste, sin abrir los brazos, ni dar un grito, ni *palmotearle* en el hombro, estrecha su mano *correctamente,* como si *acabara de encontrarlo* en el Club y le dice al ver que es el único blanco entre los cientos de negros que le rodean:

—¿El señor Livingstone?; supongo.

La costumbre anglosajona de tener que *estar presentado,* para *poder hablarle,* hace imposible los infinitos diálogos que *florecen* en los vagones de nuestros trenes, en las *antesalas* de nuestros médicos y dentistas, en el *tendido* de los toros o en los *entreactos* del teatro.

2) Los norteamericanos, aunque herederos en muchos aspectos de los ingleses, son mucho más *lacónicos.* Pero tampoco dialogan mucho. Cada mañana reciben, con el periódico, la *consigna* de lo que *deben opinar.* «Un año de los malos serán los nazis. Otro los rusos».

Esta ausencia de espíritu *crítico* hace posible, en esos países, el *funcionamiento* de la *democracia.*

En nuestros pueblos latinos, en donde en el Ateneo *se pone a votación* la existencia de Dios (quien gana por un pequeño margen) y donde nuestros *estrategas* de café toman el terrón de azúcar que representa a Stalingrado con una cucharilla que es el ejército de Vorochiloff y un palillo de dientes que representa a Von Paulus, la democracia, pura y simple, es casi imposible.

3) Actualmente en Miami, en Palm Beach, en toda la costa de la Florida, *se ha generalizado la costumbre* de ir a la playa con un pequeño aparato de «radio». Los nadadores, las hermosas bañistas *se contemplan,* sin casi *dirigirse la palabra.* Un movimiento en el *dial* cambia el tema de una conversación *pronunciada por una invisible garganta.*

El hombre *común,* el moderno, el hombre del futuro lleva una vida que hace imposible el diálogo. Vive a las *afueras* de la gran *metrópoli; tiene que levantarse* a las cinco de la mañana, *desayunar a toda prisa, tomar su automóvil* y rápidamente *llegar a la estación,* para *poder coger* el tren que le lleva a la ciudad. Allí un «taxi» le conduce a la oficina. Le es preciso almorzar de pie unos bocadillos, mal sentado en el *taburete* de un bar sin *tertulia* y con servilletas de papel.

Cuando realizando la complicada operación del «taxi», el tren y el coche propio, vuelve a su casa, *está rendido.* Entonces *prende* la «radio». La «radio» es la tertulia familiar, la *sobremesa;* las noticias del día; las buenas noches.

La «radio» dice las palabras que no tuvo con su esposa. La «radio» sustituye a los amigos. Ella, algunas noches *congrega* a los hijos. Es la nueva abuela mecánica no *en torno a* la chimenea, sino junto a la *nevera*.

4) La «radio» *está acabando* con el diálogo de los hombres; habla por ellos. Llega a la cabaña solitaria del pastor de los Andes y le canta unas *sevillanas* o una canción *habanera; zumba* en el motor de nuestro automóvil y como el *tábano* de las antiguas *cabalgaduras no se despega de él,* a pesar de la velocidad. Nos dicta *implacable,* sus anuncios las noches de luna.

La muerte del diálogo trae consigo la del amor, la del matrimonio, la de la amistad. Esa maravilla de *ir descubriendo* un alma, como un continente desconocido, es un placer que nos *está ya vedado*.

En el mundo moderno anglosajón, por falta de diálogo, ya *se ha perdido* el almuerzo, y la misma cena *está muy amenazada*.

Sin chistes, sin charla, sin *risotadas,* sin conversación, ¿para qué los platos delicados, las venerables *recetas* de cocina? ¿Para qué los alegres vinos y las azules *angulas* matadas con tabaco cubano, o los burgaleses corderos de dos madres o los pavos *cebados* con nueces, que *brindan* con una copa de *champán* antes del sacrificio para dar sabor a su carne?

Para las gentes que no aman conversar *basta con entrar* a una Farmacia (que es donde *se expenden*) y pedir alguna de esas variedades de «sandwich» que para no perder el tiempo, *están ya previamente numerados*.

Deme el número dos. O el cinco.

El almuerzo dura unos minutos. Tal vez por eso *se ha inventado* el «chicle», para suplir ese *déficit* de *masticación* de sus mandíbulas.

5) Los *slogans* políticos, las consignas, los anuncios han fabricado una especie de *comprimidos* mentales, un criterio en píldoras, que evita toda reflexión: «Vacaciones sin kodak», *Telón de acero, La quinta columna,*«Las fuerzas del mal», «Por la libertad y la democracia, etc., etc.»

El escaso diálogo que aún *sobrevive* carece de saltos imaginativos, de sorpresas, de *emboscadas* de agresión. Ya no es una alegre *esgrima* del espíritu. Los *floretes están cubiertos* de *herrumbre*.

Cuando nos invitan a una reunión, ya sabemos de antemano, lo que nos *van a preguntar*. Y lo que es más grave lo que *tenemos que responder. Podríamos llevar* un disco de gramófono que hablase por nosotros, mientras nos *dedicábamos a pensar* en otras cosas.

Una cultura es *espiritualista* o *materialista*. El «ver» para «creer» de Santo Tomás es mucho más peligroso que la negación de Pedro. El oído es espiritual. Escucha; es decir, tiene vida interior. Porque no ve, imagina, sueña.

El ciego es dulce y está lleno de espíritu. El sordo, generalmente, es *malhumorado,* egoísta. A las mujeres idealistas *se las gana* por el oído. Una mujer sin espíritu nunca *se enamorará* de Cyrano porque *está viendo* la largura de su nariz y no escucha su *madrigal*.

Nuestra civilización es *óptica*. El ojo es nuestro *protagonista, se le ha agrandado* hacia arriba con el *telescopio* y hacia abajo con el *microscopio*.

El teatro de nuestras muchedumbres, es decir, el cinematógrafo, es *visual,* no *auditivo*. El diálogo es lo de menos; lo que importa es la acción, el argumento. Una conversación en el *celuloide* no resiste más de tres minutos...»

AGUSTÍN DE FOXÁ
(ABC.—Madrid)

d) **Breve análisis del texto** (Examen de conjuntos gramaticales).

1) Primer párrafo, desde «Los pueblos... hasta «y a los perros», ejemplos de frases yuxtapuestas. Presente de acción acabada, histórico «es hallado» en vez de «fue hallado», en una subordinada temporal. Infinitivos declinados con la preposición «sin»: *sin abrir los brazos.*

Comparativa condicional irreal del presente: *como si acabara de encontrarlo,* con valor de pasado porque está cumpliendo la concordancia de tiempo con el presente histórico «estrecha la mano». *Al ver que es el único blanco.* Infinitivo declinado con *al* y frase completiva con «que».

2) Concesiva: *aunque herederos* (aunque son herederos), se suple el verbo *ser.—Esta ausencia hace posible.* El verbo *hacer* con acusativo tiene un doble complemento predicativo «posible» y «funcionamiento». Frase de relativo introducida por *en donde* = *en los cuales pueblos* o «en los pueblos que». *Se pone* (impersonal); *existencia de Dios* = genitivo subjetivo.

3) *Que hace imposible el diálogo.* Frase de relativo consecutiva. Mal uso de la preposición: *vive a las afueras.* Debiera decir «vive en las afueras». *Tiene que levantarse a las cinco...* = Frase de obligación. *Cuando realizando la complicada operación.* Temporal subordinada a la principal «está rendido».

4) Frase verbal: *está acabando.* Comparativa: *y como el tábano.* Infinitivo con preposición *de* en genitivo: *de ir...* explicativo de la palabra «maravilla». Frase verbal: *ir descubriendo.* Complemento directo = «un alma». Interrogativas retóricas: «¿Para qué los platos delicados..?» «¿Para qué los alegres vinos... a su carne?» Una final de infinitivo: «para no perder el tiempo».

5) «Cuando nos invitan...» Temporal de repetición. Potencial en frase principal = «podríamos». Comparativa: «Según predomina en ella...» Comparativa correlativa: «es más peligroso que la negación...» A *las mujeres idealistas* = complemento directo de «se *las* gana». *Las* = complemento directo. Causal «porque está viendo la largura de su nariz...» (hipálage).

e) **Recitación** de los versos de dos poetas argentinos ARTURO CAPDEVILA *(¿Oyes?)* y LÉOPOLDO LUGONES *(Oceánida),* con el correspondiente análisis gramatical y ejercicio de vocabulario de las palabras y las frases señaladas con cursiva, en las dos composiciones:

1.º ¿OYES?

¿Oyes?... ¿Oyes?... ¡Un canto en la noche!
Ya no... ya no...
Se apagó, se apagó por la sombra...
Pasó... Pasó...

No, no ha sido el arroyo, ni ha sido
voz de árbol la voz,
ni de viento en las *cañas*... Ha sido
canción... canción...

¿Oyes?... ¿Oyes?... ¡El canto en la noche!
No es de agua ese son,
ni de *flautas*, ni de *arpas*... es una...
dulce voz... ¡dulce voz!...

¿Oyes?... ¿Oyes?... ¡La noche es un canto!
¡Un viejo *fervor!*
¡Oh la noche, la noche que canta
su amor... su amor!

ARTURO CAPDEVILA
(argentino)

2.º OCEÁNIDA

EL MAR, lleno de *turgencias* masculinas,
bramaba en derredor de tu cintura,
y, como un abrazo *colosal*, la oscura
ribera te *amparaba*. En tus *retinas*
y en tus cabellos y en tu *astral* blancura
rieló con *cadencias opalinas*
esa luz de las tardes *mortecinas*
que en el agua pacífica *perdura*.

Palpitando a los *ritmos* de tu seno
hinchóse en una ola el mar sereno;
para hundirte en sus *vértigos felinos*
su voz te dijo una caricia vaga,
y al penetrar entre tus muslos finos,
la onda *se aguzó*, como una *daga*.

LEOPOLDO LUGONES
(argentino)

f) Modismos y refranes

1.º MODISMOS Y GIROS DE LA CALLE:

Se ríe de su propia sombra.—Es más chulo que un ocho.—Comimos a base de bien.—Se va a armar la gorda.—Troncharse de risa.—Mono, mono porque sí.—De verdad, además, de verdad de la buena.—Nos dio la lata padre.—Es un latoso.—¡Vaya patarra que tiene este tío! Es más pesado que el plomo.—Presume y es un petardo.—Vámonos que entra el cenizo.—Es más aburrido que una ostra.—Ni caso. ¡Sólo faltaba eso! ! Bueno, esto es la monda! ¡Anda que la niña produjo un impacto!

2.º REFRANES:

El maestro ciruela, que no sabía leer y puso escuela (La ignorancia es atrevida).—*Quien hace un cesto hace ciento* (Quien es capaz de una mala acción puede repetirla).—*Quién habló que la casa honró* (Contra el que reprende sin autoridad para ello).—*Más vale ser cabeza de ratón que cola de león* (Vale más tener personalidad entre gentes modestas que no perderla entre los poderosos).

g) **Dictado de Ortografía** (Explicación de las palabras señaladas en cursiva):

«*Salaba* los jamones con singular *habilidad.* El *adobo* en que preparaba los *lomos* antes de freírlos en *manteca* era sabroso y *delicadísimo,* y tenía la manteca de un rojo dorado que *hechizaba* la vista, daba delicado perfume y *despertaba* el apetito de la persona más *desganada,* cuando entraba por las narices y por los ojos. Así es que los labradores ricos y otras personas *desahogadas* y de buen gusto se disputaban a Juanita la Larga para que fuese a la casa de ellos a hacer la *matanza.*»

JUAN VALERA, en *Juanita la Larga.*

h) **Temas de Redacción**

1) La bandera española. Su significación. Batallas históricas que ha presenciado.

2) Describa la feria del libro español, en cualquiera de las capitales españolas, por ejemplo en Madrid, en Barcelona, en Valencia, en Bilbao o en Sevilla, o hispanoamericanas: en Buenos Aires, Puerto Rico, México, Bogotá, Santiago de Chile, Montevideo, Caracas, Lima, etc...

i) **Discoteca regional española:** (Un disco después de cada capítulo aprendido. Haga funcionar su tocadiscos):

1) *Desde Santurce a Bilbao* (de Los Iruña KO) ZM, 17-4,33 r., 17 ctms.

2) *Romería montañesa* (Rosa Garcilaso. Adaptación: J. del Río) SDEL, 19147. 45 r.

3) Manuel de Falla. *Noches en los jardines de España.* LALP, 118. *La voz de su amo.*

5 | TEORÍA MODERNA DE LAS FORMAS IMPERSONALES

SUMARIO: *34. Construcción impersonal.—35. Metabolismo lingüístico. Presencia expletiva de las palabras en la frase.—36. Etimología de* habere *y* haber. *Su equivalencia con* existir.—*37. Sujeto interno y sujeto fantasma. La fórmula* hubo fiestas.—*38. En la discutida fórmula* hay frutos, *la palabra* frutos *es sujeto.—39. Sujeto neutro y valor interjeccional.—40. Otras formas impersonales.—41. Por la práctica a la regla.*

34. Construcción impersonal

Se llama *frase impersonal* aquella cuyo verbo no tiene sujeto declinable, o sea, no tiene un nombre, un adjetivo, pronombre, participio o adjetivo sustantivado. Procedamos del latín al español. En latín *dicitur, creditur, nuntiatur* (se dice, se cree, se anuncia).

En estos ejemplos de construcción latina no hay sujeto declinable, pero sí puede figurar como sujeto una frase subordinada, sin que por ello deje de existir el tono impersonal: *Dicitur nuntios venturos esse cras* (Se dice que los mensajeros llegarán mañana).

Esta construcción suele trasladarse en el uso latino a personal, es decir, que las formas *dicitur, creditur, nuntiatur,* toman sujeto declinable *nuntii venturi esse dicuntur* (Los mensajeros son dichos que vendrán mañana).

Este sintagma, por sí, sería claro y expresivo si no se relacionara mentalmente, con valor convenido, con la verdadera construcción impersonal. Nótese que las formas declinables *pasan a nominativo* y que el verbo que está en singular, se construye en plural, por adoptar *nuntii* (plural) para el oficio de sujeto, que antes desempeñaba el infinitivo de futuro del verbo *venire.*

1.º Verbos intransitivos impersonales: Los verbos de *facilidad, necesidad y oportunidad,* que son intransitivos, también se construyen impersonalmente con frases sustantivas o completivas como sujetos: *Licet ut homines pro patria pugnent* (Es conveniente que los hombres luchen por la patria). *Decet* *ut pro patria pugnent homines* (Es decoroso que los hombres luchen por la patria). *Necesse est ut nemo inermis sit* (Es necesario que ninguno esté desarmado). La frase de *ut* es sujeto de *necesse est*. Forzosamente estas frases tienen que hacer oficio de sujeto, porque el verbo impersonal es intransitivo, pero nótese que no es sujeto declinable, sino una frase completa.

2.º Sujeto declinable en formas secundarias: Existen formas impersonales, tanto en castellano como en latín, con sujeto declinable, si éste se expresa por una palabra vaga, incorpórea, sutilmente generalizadora o en fórmulas secundarias, de escaso uso en el español moderno y muchas veces incrustadas en adagios y refranes. Estos sujetos son: *hombre, uno* y *una*. *Hombre*, deriva del latín *homo* (usado en francés con la forma *on*): *No hay* HOMBRE *sin hombre*. *Uno* tiene un uso más frecuente y se emplea cuando la persona que habla se refiere a sí misma de un modo indirecto. Fórmula de modestia que evita el nombrar el *yo* enfáticamente: *Aunque* UNO *no es rico*, se *permite ciertos lujos*.

El *uno* se presta a ciertos juegos de palabras, cuando se repite de una manera abundante y abusiva, como en *Rosas de Otoño*, de Benavente. Nuestro dramaturgo, en el ejemplo que vamos a citar, se propone construir un diálogo cómico, no exento de sana filosofía. He aquí sus palabras, mal interpretadas si no profundizamos en su intención. Lo *importante no es que a* UNO *le quieran, sino que le quieran a* UNO (quiasmo intencionado), *cuando* UNO *quiere a quien le quiere* (paralelismo estilístico); *pero si* UNO *quiere y no le quieren, ¿quiere usted decirme de qué le sirve que le quieran?*

En este trozo de diálogo se puede notar el uso de la tercera persona del plural con valor equivalente al *on* francés, muy frecuente en español: *Cuentan de un sabio que un día, - tan pobre y mísero estaba, - que sólo se sustentaba - de unas hierbas que cogía.* (Calderón. *La vida es sueño*), *Cuentan* no tiene sujeto. *Que un día... tan pobre y mísero, etc.*, es una frase subordinada completiva, complemento directo del verbo *cuentan*.

Veamos en latín una forma impersonal con sujeto: *Si quis in proelio captus sit* (Si alguno es cogido en la batalla, *(moriatur)* sea muerto).

3.º La construcción impersonal «se vende» y otras semejantes: La construcción impersonal *se vende*, mientras se mantiene en singular, tiene por sujeto indefinido el *se* y por complemento directo el nombre. Por tanto, no es auténticamente pasiva. *Se ve crecer el trigo* es la misma construcción que tiene por complemento directo el infinitivo. Lleva por sujeto el *se* y presenta una forma no pasiva, sino impersonal.

Cuando el verbo va en plural, *se venden estampas*, además de la expresión impersonal, admite la forma pasiva *(las estampas* SON VENDIDAS). En este caso, *estampas* es sujeto paciente que concierta con el verbo, cosa que no ocurre con el complemento directo del verbo, porque no están unidos por ninguna clase de concordancias.

Se venden, forma utilizada como pasiva pronominal *(se venden cuadros). Se vende,* forma utilizada como expresión impersonal: *se* VENDE *cuadros.*

Del cruce de estas dos formas impersonales se tiende a decir *Se* VENDEN *los cuadros* y *Se* ALQUILAN *habitaciones,* y no *Se* VENDE *cuadros* y *Se* ALQUILA *habitaciones.* Porque la construcción pasiva arrastra a esta forma plural y la hace de más uso y más familiar en nuestro lenguaje.

Otras formas impersonales aprovechan el *se* para expresar simultáneamente un matiz reflexivo: *Los hombres* SE VENDEN *por una miseria.* También se cruza a veces lo impersonal con lo recíproco: *Los hombres* SE AYUDAN *unos a otros.* Esta aproximación de frases de distinto matiz es la causa de su peligrosa confusión.

4.º Sujeto de la frase impersonal en infinitivo: Cuando el sujeto de la frase impersonal es un infinitivo, si el predicado es nominal, el complemento predicativo concuerda con el género del sujeto. Simultáneamente con este género neutro, consigue dar a la expresión un carácter abstracto e indefinido. Ejemplo: *Dulce et decorum est pro patria mori* (Es dulce y honroso morir por la patria). *Turpe est cives nocere civibus* (Es vergonzoso que los ciudadanos perjudiquen a los propios ciudadanos).

El adjetivo complemento predicativo es neutro, porque el infinitivo tiene género neutro y porque el neutro es en los adjetivos castellanos *lo* equivalente a los sustantivos abstractos. Para su mejor inteligencia variemos el ejemplo anterior: LO DESHONROSO, *es que unos ciudadanos perjudiquen a otros.*

35. Metabolismo lingüístico. Presencia expletiva de las palabras en la frase

Hay en las intemporales una matización que podríamos denominar de *metabolismo* o presencia separada. Cualquier ingenuo puede creer que el fruto de la banasta no está relacionado con el árbol, y tanto lo está que guarda el germen de otro árbol igual para el futuro. Hay palabras en el grupo sintáctico que aparentemente se presentan inclasificables, sin relación ni nexos con las restantes. Si nos fijamos, con un poco de detenimiento, encontraremos una colaboración con el resto de perfecta coordinación expresiva.

Como sabemos ya, fue Góngora en el siglo *XVII* el que resucitó el *acusativo griego* de la parte o de la relación en un ejemplo ya clásico (DESNUDA EL PECHO *anda ella. Sol.* I, 227). Analizando esta frase nos da lo siguiente: Sujeto = *ella;* el verbo es una cópula de verbo intransitivo, «anda», que une a *ella* —sujeto— con «desnuda», complemento predicativo. *El pecho* es una presencia separada, desconcertante a primera vista, que nos hace suponer, sin error, un «en cuanto a» («en cuanto al pecho»). Para llegar a esta vivencia de palabras sin conexión, ha habido una licencia y un *metabolismo* o transformación en el escritor, que ha borrado las huellas de los nexos que ensamblaban el conjunto y que el gramático tiene que suplir o suponer.

En latín estas construcciones fueron imitadas de los griegos, pero en los pronombres indefinidos llegaron a incorporarse al lenguaje familiar. Ejemplo: *Si quid me diligis* («si algo me quieres»). En esta frase el sujeto es *tu;* el verbo *diligis;* el complemento directo = *me.* Queda expletivo o inexplicable sintácticamente el *si quid,* que no se ajusta bien a las normas sintácticas. Este *si quid* es un acusativo griego equivalente a «en cuanto a algo», que acaba teniendo un sentido causal («si por algo me quieres») y hasta valorativo, «si me quieres algo».

1.º Anomalías y alteraciones parásitas: Esto nos hace pensar que se mantuvo la yuxtaposición del primitivo indoeuropeo o que ha habido un desgaste de formas unitivas, que han dejado una huella de relaciones en el sentido de la frase, sobre todo en el pronombre presentado con cierta separación y ausencia.

Cuando ocurren estas anomalías se da entrada a ciertas *alteraciones parásitas,* que pueden ser consecuencia de una relajación primaria.

En el soneto de Lope de Vega, citado en una de las primeras notas, en el último verso, del segundo terceto, final por lo tanto del poema, termina así el poeta: *Si estás para esperar los pies «clavado»* (no *clavados).* La licencia poética se extiende al participio, en una frase desligada y al mismo tiempo en la expresión, no por razón de métrica, sino como una incorporación del *acusativo griego* que depende de *estás.* Porque pudo decir «si están para esperar tus pies clavados».

Es un caso de cruce, como en la morfología latina se entrelazan dos tipos de declinación que dan un tercero mixto: De *iecur, -oris* (el hígado) y *iecen, -inis* sale el genitivo *iecinoris,* como de *femur, -oris* (la pierna o el muslo por defuera) y *femen, -inis* deriva el genitivo *feminoris.*

Y ya que se trata de formas impersonales, ¿cómo puede explicarse la presencia de los pronombres *mea, tua, nostra* y *vestra* junto a los verbos latinos *refert* e *interest*? Cualquiera que sean las explicaciones, queda siempre una asociación lejana del verbo y del pronombre y el campo abierto a las interpretaciones de la desconexión entre la palabra verbo y la palabra pronombre. En la frase *hay personas agradecidas* queda entre el verbo «hay» y el sustantivo «personas» con sus atributos «agradecidas» una laguna que permite teorizar sobre la función nominal en la frase que citamos.

2.º Integración y ajuste: Pudiéramos multiplicar los ejemplos latinos y españoles. Valga entre muchos el verso de la *Eneida I,* de Virgilio: *Gens inimica mihi, navigat tirrenum aequor.* Aquí el complemento directo que aparece como acusativo («tirrenum aequor») es realmente un complemento circunstancial de lugar *por donde.* Existe una especie de yuxtaposición. El mar tirreno es un segundo término de decorado de la flota que navega, que es la de Eneas.

Estas valoraciones alteradas, lo mismo las hacen los poetas que el pueblo. Los poetas por ofrecer expresiones felices y originales; el pueblo por su genio expresivo cuando usa, de modo inconsciente, frases equivalentes. Un ejemplo de olvido aparente en esta valoración sintáctica, lo tenemos en esta estrofa de Zorrilla:

> Mármol en que doña Inés
> en cuerpo, sin alma existe
> deja que el alma de un triste
> llore un momento a tus pies.
> De azares mil a través
> conservé tu imagen pura
> y pues la mala ventura
> te asesinó de don Juan
> contempla con cuanto afán
> vendrá hoy a tu sepultura.

Invoca primero al mármol y termina hablando con doña Inés, sin una conexión que explique la confusa valoración de las palabras. Hay en ello un fenómeno de dislocación, en que se transparentan para el lector, unos empleos y normas alterados, y que aparte del hipérbaton y anacoluto, de los que ahora no hablamos, es preciso suplir ajustes y transferencias que la estrofa no posee.

Otro breve ejemplo: «No hay dificultad en que ustedes ocupen estos escaños». En esta frase, *dificultad* es complemento directo; «en que ustedes» sería sujeto sin la preposición *en*, o sea, «que ustedes ocupen»; es decir, «el que ustedes»; pero con *en* la fórmula queda así: *No existe dificultad en que ustedes ocupen estos escaños. En que ustedes...* es complemento circunstancial; *dificultad* es el sujeto. *Hay = existe.*

Veamos en latín: *Non est difficultas id quod iuniores estis.* Análisis: Sujeto = *id;* cópula, *est;* predicado = *difficultas*, aposición del sujeto *id*, con una completiva de *quod. Difficultas* en ningún caso puede ser complemento acusativo. Variemos un poco el giro de la frase: *Non est difficultas in eo quod iuniores estis.* Aquí *difficultas* es claramente sujeto de *est* y la formada por *quod* es de ablativo, porque es aposición de *eo*, que está en ablativo con preposición.

De lo dicho podemos suponer que el verbo «haber» ha tomado en la frase española el valor de «sum», en expresión existencial, porque aquí no hay cópula. *Est = existe.*

36. Etimología de «habere» y «haber». Su equivalencia con «existir»

Habere en latín es personal y significa «tener», *poseer*. Sin embargo, en las lenguas romances se cambia en impersonal para indicar la *existencia* de una cosa. Los orígenes de la construcción de «habere» como *existir* se remontan al bajo latín. Así FLAVIO VOSPICI, en su *Vida de Tácito*, 8, I, dice: *habet in bibliotheca Ulpia... librum elephantinum,* «hay en la biblioteca»... Ejemplo de análogo significado en *Peregrinatio Aetheriae*, 1, 2: *habebat autem de eo loco ad montem Dei forsitan quattuor millia*, «había cerca de cuatro millas desde aquel lugar».

BASSOLS (*Sintaxis histórica*, II, 1, p. 82, Madrid, 1948) explica el cambio de significación de este verbo de esta manera: un giro como *dominus habet multum vinum*, quiere decir «el dueño tiene mucho vino». En este ejemplo se transparenta la idea de posesión. Si sustituimos la palabra «dominus» (dueño) por «domus« (casa) obtendremos un giro idéntico en esta forma: *domus habet multum vinum*. En este caso como el sujeto «domus» es inanimado no resulta apto para expresar una idea de posesión, que supone una personalidad jurídica. El verbo «habet» nos suscita más bien una idea de *existencia*. Nos dice no que se tiene sino que «existe», que *hay algo*. La segunda frase *domus habet multum vinum* viene a ser sinónima de esta otra: *domi est multum vinum*, «en casa *hay* mucho vino». La analogía conceptual de ambos giros determinó que el primero *(domus habet)* se ajustara a la construcción existencial del segundo *(domi est)* y en este caso el sujeto pasó a locativo *(domi)*, como sucede en la construcción del verbo *sum*, «ser».

Una evolución muy parecida tiene lugar en el francés antiguo. En el siglo *XII*, como los impersonales tenían expreso un sujeto gramatical (el pronombre *il*, por ejemplo, *il plut* —pleut—), surgió el giro *il i a*, que hoy prevalece en la fórmula muy usada *il y a*.

También en francés existe en ciertas formas *a* sin adverbio. Así *naguère* que deriva de *n'a guère* y significa: *no ha mucho*.

Al asumir el verbo *habere* la acepción de *ser*, *existir*, el acusativo por él regido se convirtió automáticamente en sujeto lógico de la frase. La frecuencia con que el verbo *habere*, usado en la acepción de HAY se unía a los adverbios de lugar, para expresar la idea de *existencia*, determinó en las lenguas romances el uso de giros que procedían de la locución *hic habet* (aquí existe) que da el *il y a* francés o nuestro HAY español.

1.º Observaciones sobre el verbo «haber» en español: Hoy *haber* con el sentido primigenio de «tener» casi no se usa, como no sea en fórmulas desgastadas («los que han hambre y sed de justicia», «que santa gloria haya»). Radicalmente *haber* lo empleamos como verbo auxiliar. Ayuda a la conjugación de todos los demás verbos; forma los tiempos compuestos («haber venido», «he llegado», «has comido», etc.) e interviene en las frases impersonales (HABÍA *dinero suficiente*, HABÍA *un gentío inmenso)*.

Haber con la preposición *de* forma una conjugación perifrástica con el infinitivo (simple o compuesto) de otros verbos. Se refiere a un tiempo futuro y es la que se ha llamado *voz obligativa* con una idea de obligatoriedad en la acción: *yo he de cantar* y *yo había de haber cantado*.

Bello nos recuerda que «haber« pierde a veces la futuridad para plegarse mejor a la acepción de *necesidad* o *deber: el buen ciudadano* HA DE *obedecer a las leyes*. Para indicar claramente idea de futuro empleamos frases análogas: *mañana ha de comenzar el curso.* Ejemplo de Bello: «La sociedad sería un nombre vano si los infractores de las leyes no HUBIESEN DE SER castigados». *(Gram.,* 704-706). Notemos el sentido hipotético de esta última frase.

Se puede asimismo considerar *haber* como transitivo aplicable a las formas reflexivas, en donde cabe la frase familiar HABÉRSELAS *con uno,* que tiene un precedente clásico en Santa Teresa: «tenga aviso de *haberse* con ellas, como después diré». A veces adopta la acepción de *hacer,* como en la frase *veinte años ha* (unipersonal); pero la fórmula impersonal más vigente y moderna es *hay,* que procede de la agregación a la tercera persona *ha* del adverbio anticuado *y* o *hi,* con el mismo valor del francés *y* o *hi (il y a,* como si dijera *ha ahí)* (10).

Consultemos el *Diccionario Académico* de 1726, llamado vulgarmente de Autoridades: «HABER = existir, estar realmente una cosa en una parte.» *Adonde* HAY *muchas buenas raíces para comer.* HERR., *Hist. Ind.,* Dec. I, lib. 2, c. 18.

37. Sujeto interno y sujeto fantasma

Las construcciones de verbo impersonal se presentan de dos maneras fundamentales, o con sujeto explícito, aunque no sea palabra declinable, o sin sujeto ni manera lógica de poderlo suplir. Un ejemplo de cada cosa:

Conviene que nos preparemos

Esta construcción impersonal no tiene sujeto declinable, pero existe un sujeto *Que nos preparemos,* representado por una frase completiva.

Segundo ejemplo (de la naturaleza): *Llueve, hace frío.*

En los verbos que expresan fenómenos meteorológicos y en algunos otros, la construcción impersonal carece totalmente de sujeto. Y quererlo suplir tiene el peligro de caer en una invención fantasma.

(10) Podemos citar los primeros documentos de nuestra Literatura, en donde aparece ya la forma impersonal de «haber» con el significado de *existencia.* En Mío CID: «de parte de los moros dos señas HA cabdales», 698 («hay»); «de las otras ganancias NO AVÍA recabdo», 1.738; «ca en esta cort afartos HA pora vos», 3.459. En el mismo poema del siglo XII, con el adverbio de lugar o pronominal *y: dubda non y aurá,* 1.131; *non y auia art;* con el adverbio *allí: quantos allí ha,* 1.215.

En DON JUAN MANUEL, *haber* por «ser necesario», «tener que hacer algo»: *Est.* 59 c, 9; *Luc.* 11-10, 71-8. Con idea de *existir,* darse, mediar: Cab. 456-6, 449-14 y 460-9.

Renacimiento: GÓNGORA (s. XVII): HABER, por *existir: Su Reverencia / es fiero poeta / si le* HAY *en la Libia* (Obr. I, 101). *La prueba de la triaca / se haga donde* HAY *ponzoña* (Obr. I, 373). En L. FERNÁNDEZ MORATÍN (s. XVIII): *De Colonia a Cobluezt* HABRÁ *diez y ocho leguas* (Obr. Post. I, 284).

En otras lenguas se usa también el verbo *habere* con la significación de «existir». En el griego moderno, ἔχειν es sinónimo de *habere* así: ἔχει κακένα ἰατρὸν ἐδῶ: HAY AQUÍ *un médico.* La lengua alemana utiliza el verbo *geben,* «dar», en la tercera persona del presente de indicativo, *gibt,* con el pronombre neutro *es,* equivalente al francés *il (es gibt = hay),* de donde sale la frase: *es gibt ein Mann* (HAY *un hombre).*

Un proceso análogo al verbo *haber* se observa en la construcción impersonal de *hacer: hace frío, calor,* etc.; it., *fa caldo,* etc.; fr., *il fait chaud,* etc.

Las soluciones que dan algunos gramáticos son dos: *o atribuir a un dios (Júpiter,* por ejemplo) el sujeto de la acción de llover, que por desgastado queda sólo en un eco, *o suponer un sujeto* interno: *la lluvia llueve, el trueno truena.*

La primera solución nos parece muy discutible, porque se le exige al verbo una expresión factitiva (o se le supone). No es Júpiter el que llueve, en su absurda hipótesis, sino el que hace llover. Es causativo o factitivo. Estas suposiciones no tienen fundamento ni apoyatura gramatical.

La segunda solución la *lluvia llueve* lleva implícita la condición observada en los sujetos internos; pero tanto el sujeto interno como el acusativo interno no tienen uso si no van acompañados de un atributo, que los haga específicos y notoriamente destacados por una cualidad. Por ejemplo:

perfuma la mañana un olor a romero

Si decimos *perfuma la mañana un olor* es una redundancia estúpida. Hace falta, para admitir tal construcción, que le apliquemos a olor una cualidad o una frase equivalente: *Perfuma la mañana* UN OLOR A ROMERO. Esto ya autoriza el uso del acusativo interno. De otro modo la frase sobra. *Bailar un baile* es una redundancia inadmisible. Hay que especificar: *bailar un baile regional* o *a la francesa.* Es más admisible que no lleve atributo, si el acusativo interno no es precisamente etimológico sino relacionado con el concepto-verbal: *Cantar una romanza* o *bailar un vals.* Los acusativos internos convierten al verbo de intransitivo en transitivo: *dormir un sueño apacible.* (Ofrecemos un objeto donde se termina la acción verbal.)

1.º Sujeto ficticio de «Hubo fiestas»: En la frase impersonal *Hubo fiestas,* los gramáticos inventan a su antojo un sujeto que puede ser verdad o no serlo. De una manera ficticia y gratuita convierten la frase *hubo fiestas* por esta otra: *el pueblo tuvo fiestas.*

Analicemos un poco. Aumentemos la frase diciendo: *Hubo fiestas en Pamplona.* Procedamos a su desarrollo, según la mentalidad de los gramáticos aludidos; sería así: *El pueblo de Pamplona tuvo fiestas en Pamplona.* Resulta que en la circunstancia del verbo hay suficiente expresión para conocer que es Pamplona la ciudad que celebra las fiestas. Luego no hay necesidad de traer un sujeto que aquí resulta innecesario y una especie de fantasma para una acción que conocemos.

2.º Redundancias inútiles: Estos sujetos tan peligrosamente supuestos y tan gratuitamente aceptados nos hacen reflexionar sobre las redundancias innecesarias. Por ejemplo:

Han robado en la fábrica

Se supone que son los ladrones. El que pretenda añadir o quiere que añadamos que el sujeto son «los ladrones», para que el verbo no carezca de sujeto, nos deja en la misma situación redundante. Aunque la persona o personas desconocidas autores del robo no hayan robado nunca, por el mero hecho de robar ya se llaman ladrones. Luego no hace falta poner como cosa explícita «los ladrones». Pero esta frase tiene, en cambio un plural de interés («han robado...») que nos está diciendo: *han robado y no se sabe quién ha sido.* Resumiendo, el sujeto de esta frase tendría que ser un pronombre indefinido: «alguien ha robado en la fábrica», que por otra parte resulta asimismo ocioso. Luego terminamos afirmando que la frase *han robado en la fábrica* es lo suficientemente expresiva y no tiene sujeto. Si usted lo pone tendrá que ser en plural y a lo mejor resulta que el que ha robado es uno solo. En el ejemplo: *llaman a la puerta,* es uno el causante de la llamada, porque aunque vengan varios, no llaman todos a la vez sino uno sólo.

38. En la discutida fórmula «hay frutos», la palabra «frutos» es sujeto

El verbo *haber* es el más usado con carácter impersonal y se aplica a significar indirectamente la existencia de una cosa. En HAY la *y* paradógica no es exclusiva de este verbo, ya que se encuentra además en *voy, soy, estoy* y *doy,* cuyo origen lo hemos reconocido ya en el adverbio ant. de lugar *y.* Al combinarse con la tercera persona de singular del presente de *haber* ha desgastado funcionalmente su forma verbal y deja su relación de forma concertada, pasando a un grado débil de elemento acompañante, como sucede con «age» y otras palabras.

Cuando decimos *hubo fiesta* o *hace calor,* dice la Academia: parece a primera vista que los vocablos *fiesta* y *calor* son sujetos de sus respectivas frases; pero es porque nos desentendemos de la primitiva significación de dichos verbos y les atribuimos otra que no es la real y verdadera. Para la Academia, de una manera poco probada, todas las acepciones del verbo *haber,* como unipersonal, se reducen a la acepción primitiva de «tener». Luego para esta noble Institución y su gramática *fiesta* y *calor* son meros complementos. Lo mismo podemos afirmar de la discutida fórmula HAY FRUTOS. Por eso (sigue hablando la Academia) construimos el verbo en singular cuando decimos *hubo toros, hubo sustos* y *no hubieron toros.* Y por eso también cuando se nos pregunta: *¿hubo heladas?,* contestamos: *las hubo (Gram.,* 284 c).

Pongamos con claridad nuestro ejemplo:

HAY *frutos que se secan en seguida*

Vuelve a decirnos la Academia: «Aquí *frutos* es complemento, porque en singular y en plural *hay* permanece invariable» *(Gram.,* 113).

1.º Comentarios a la posición académica: Vayamos por partes: Resulta, frente a la posición académica:

1.º Que *hay* no tiene plural. Si lo resuelve por un equivalente, *existe fruto* o *existen frutos*, el verbo existir es intransitivo; por tanto, *frutos*, en ambos casos, tiene que ser sujeto.

2.º La explicación que da la Gramática académica en *hubo fiestas* y *hubo toros* es especiosa y fundamentalmente falsa», porque si nos es fácil suponer que «el pueblo o la gente *tuvo fiestas*, ¿qué sujeto concebiremos para la frase, *hay días aciagos?* ¿Es que podremos volver estas frases por pasiva y decir: *fiestas fueron habidas?*

3.º El pueblo, nos dice Cuervo, percibe el verdadero sujeto psicológico, y lo que resalta del concepto que expresa es la palabra que acompaña al verbo unipersonal. Bello da como muy frecuente en Chile el uso de *haber* con la preposición *a* y en muchas comarcas hay una tendencia a convertir los impersonales en personales de sujeto: HACEN DÍAS *que está en nuestro poder.*

4.º En época moderna Juan Eugenio Hartzenbusch en carta dirigida al filólogo Cuervo y publicada en sus *Apuntaciones críticas.* Dice: «HABÍAMOS MUCHOS por *éramos* o *estábamos muchos* lo tengo oído en lo mejor de Castilla la Vieja».

5.º Por la misma razón podríamos decir que es *acusativo* todo predicado nominal construido con el verbo *ser* (que admitimos como nominativo), pues a la pregunta: *¿es prudente fulano?*, contestamos: «lo es».

6.º ¿Cómo podría la Academia aplicar el verbo tener en la fórmula HAY *personas agradecidas?* ¿Por qué tenemos que rehusar su equivalencia «existen personas agradecidas», sin acudir a otros conceptos raros?

7.º La palabra que acompaña al impersonal *hay* no puede ser acusativo, por no poder llevar preposición, aunque sea un nombre propio de persona o un pronombre. No se puede emplear la preposición *a* en estas frases: «No hay amigo para amigo». «No hay quien le aguante. No hay nadie» (11).

---

(11) El Brocense admite la existencia de un sujeto psicológico en los impersonales. Correas hace estas formas impersonales comunes a singular y plural. *(Aquí hay un maestro que enseña bien* y *Hay muchos estudiantes.)* Bello, aunque admite el acusativo académico, añade: «Si el impersonal *haber* significa de suyo *existir*, sería la mayor de todas las anomalías poner las *cosas existentes* en acusativo.»

Para BENOT no hay duda ninguna del *haber* (existir) en tercera persona, HAY, con nominativo en singular y plural. *(Este año* HAY *un eclipse* y HAY *varios eclipses.)* Emilio Martínez Amador razona admirablemente esta misma teoría moderna del HAY con nominativo en su DICCIONARIO GRAMATICAL, palabra *haber*, y ROBLES DEGANO, en su *Filosofía del verbo* (pág. 133): «Hoy es sujeto. No debe extrañarnos su concordancia. Mayor es la de «año mil ochocientos ocho.»

2.º Sin sujeto hay pocas frases: Realmente sin sujeto existen pocas construcciones sintácticas. Y las que existen no admiten otro elemento reemplazable, y el tratar de suponerle implica poco escrúpulo y poca seriedad.

Cuando decimos de una frase impersonal que no tiene sujeto, añadimos *declinable,* porque la verdad es que toda frase impersonal tiene de sujeto otra frase, bien sea completiva, bien de infinitivo sustantivado o de una estructura sintáctica parecida.

Puntualicemos esto con un ejemplo:

No es lícito que penséis así

Esta frase *no es lícito,* que es impersonal, tiene de sujeto otra frase, la introducida por la conjunción «que». Veamos un ejemplo de infinitivo:

ES LAMENTABLE *abandonar los deberes por satisfacer los caprichos*

En esta frase *es lamentable,* que tiene proyección impersonal, el sujeto es el infinitivo *abandonar los deberes,* que equivale al sustantivo «el abandono de los deberes».

En la lengua latina hay una tendencia muy marcada a poner las construcciones impersonales con sujeto declinable: *Dicitur me adventurum esse mane* (Se dice que yo he de llegar mañana). Pues bien, la mentalidad latina hace un corrimiento del sujeto del infinitivo pasándolo a sujeto del verbo principal así: *Dicor venturus esse mane.* A la letra: «soy dicho que llegaré mañana». Esta construcción llamada personal entre los gramáticos hace imposible un análisis lógico. Analicemos más detalladamente: Sujeto = «yo»; verbo = «dicor», soy dicho. Predicado de verbo pasivo (no hay). Queda por consiguiente sin encaje sintáctico el infinitivo «venturus esse», que puede tomarse como sujeto, pero no lo es, puesto que el sujeto auténtico es *ego* como se señala en la desinencia de *dico-r.*

En castellano tenemos frases como esta: *leche vista ordeñar,* construcción personal que no podemos analizar sin una regresión a la construcción impersonal, así: *se ha visto que esta leche era ordeñada:* Sujeto «que esta leche era ordeñada»; Verbo = «se ha visto». Sujeto de la frase completiva con «que» = *esta leche;* verbo pasivo de la completiva = *era ordeñada.* Reduciéndola al participio en activa sería: *leche vista ordeñada.* Si no se despieza no se analiza. El participio pasivo *vista (leche vista ser ordeñada)* no puede llevar el infinitivo *ordeñar* como complemento directo, porque es pasivo.

39. Sujeto neutro y valor interjeccional en la fórmula «hay frutos»

A los que afirman que en la fórmula «hay frutos» el HAY no tiene plural concertado con el sujeto *frutos,* contestamos:

a) La tercera persona HAY no es ni singular ni plural, sino una forma adverbializada. Es el caso de *ecce homines* («he aquí a los hombres»). Es decir, es una palabra acompañante, no concertada. Colabora sin relaciones de flexión ni de accidentes. Tiene una vibración adverbial y casi interjeccional. Como el imperativo «age» (¡ea!) del verbo *ago* pasó a ser interjección, un *age, sequamur* ¡ea!, sigamos. Simple elemento acompañante.

b) Recordemos los versos de la fábula:

> *Por entre unas matas, seguido de perros,*
> NO DIRÉ CORRÍA, *volaba un conejo.*

Encontramos en estas frases una dicotomía de dos miembros adversativos. En las dos el participio «seguido» no es atributivo sino predicativo. Los dos verbos intransitivos hacen de elemento copulativo.

Nexo de la dicotomía: «no diré corría» = *No sólo sino también.* O sea el *no diré* ha pasado a ser un nexo adversativo. Ha perdido su valoración verbal y por un hecho funcional se ha convertido en un *quasi-adverbio,* que practicamente equivale a *non tantum sed* (no sólo sino también).

c) En la lengua latina hay un pronombre compuesto *nescioquis, nescioqua, nescioquod,* como *aliquis aliqua, aliquod,* que ha perdido casi totalmente su valor verbal para convertirse en un adjetivo acompañante o en un pronombre referido a un sustantivo nombrado antes.

Cicerón usa mucho el *nescioquod* en sus discursos, que es una forma verbal desvirtuada, como nuestro *no diré,* convertido en figura retórica, equivalente a una especie de corrección de que aparentemente no *se dice,* pero en realidad *se dice.*

d) El HAY como fórmula cuajada equivale a singular y plural o por lo menos puede acompañar a cualquiera de las dos.

e) El verbo griego tiene los sujetos en plural y la persona verbal está en singular πάντα ρεῖ *todo corre.* El neutro latino plural se traduce en español por singular: *omnia* (todo) (a la letra, «todas las cosas»).

f) HAY, como fórmula cuajada, es un hecho deponencial o funcional. El pueblo decía: *¡Viva los autobuses!* ¿Por qué? Porque había convertido la frase en una especie de interjección. Luego el HAY en *hay frutos* es casi una interjección en virtud de un hecho funcional, una especie de vocablo acompañante.

Lo que está funcionando con una dirección reconocida, puede pasar a significar, por el uso, matices de otro valor muy distinto, a veces hasta contradictorio: *Pelón,* con sufijo aumentativo no significa «de mucho pelo», sino todo lo contrario. En el léxico taurino *un toro rabón,* es un toro sin rabo. «Pesetillas» no quiere decir «pesetas pequeñas», sino *barato; lo compré en veinte pesetillas.* Es que le parecen pocas las que ha pagado. *Pesetazas* se dice cuando nos parece cara una cosa: *Me ha costado diez mil pesetazas.*

g) Al descreído se le dice: HAY *un Dios que rige el mundo.* El pecador arrepentido exclama: *Hay un Dios misericordioso.* (Con el único sentido de «existe».)

Zorrilla en su *Don Juan Tenorio* confirma los ejemplos de este modo:

Si *hay* un Dios tras esa anchura
por donde los astros van:
dile que mire a Don Juan
llorando en tu sepultura.

JOSÉ ZORRILLA.

h) Hay gramáticos que ponen dificultad en admitir un sujeto plural «frutos» para un verbo singular, y, sin embargo, no sienten escrúpulo en aceptar un sujeto singular con un verbo en plural: *Llaman a la puerta.* Aunque vayan dos o más, el que llama es uno, ya lo hemos advertido más arriba.

40. Otras formas impersonales. Resumen de observaciones

a) Con el verbo *haber,* significando la aparición o presencia de una cosa o el verbo hacer, expresando contingencias de tiempo: Son transitivas por llevar complemento directo: *habrá soldados; hará calor o frío; hace treinta años.*

b) Con el verbo en tercera persona de plural. Expresa colectividad indeterminada: *cuentan cosas graves* (transitiva), *gritan en la calle* (intransitiva).

¡Cuán gritan esos malditos!
¡Pero mal rayo me parta
si en concluyendo la carta
no pagan caro sus gritos!

El *plural* da la impersonalidad por ignorancia o falta de interés.

c) Con el pronombre *se* y el verbo en tercera persona de singular: SE *baila con alegría* (intransitiva); SE *baila una jota* (transitiva).

SE *dice* o SE *cree* equivale a una forma latina *dicitur* o a refleja y voz media. En griego sería: «te desatas el caballo, es desatado o SE desata para ti».

Ya hemos hablado de las fórmulas «se vende» y «se venden cuadros». En el ejemplo: *se vende pan duro,* este *se* es más bien pasivo: *Es vendido por ti el pan duro.*

d) Algunas impersonales tienen cierta apariencia de pasiva, con plurales de sentido indeterminado: En el ejemplo que pusimos en *b) cuentan cosas graves,* «graves» parece equivaler a: *son contadas cosas graves.*

e) Con frases subordinadas de sujeto. La fórmula «parece que» es impersonal con frase completiva. El *que* hace de sujeto: *parece que le ha disgustado. Parece que le ha gustado.* Son más concretas que las anteriores, pero el soporte es impersonal.

f) Con verbos de *facilidad, necesidad* y *oportunidad* ya citados: *Gusta pasear al atardecer* (En latín: *libet, decet, oportet*). *Conviene terminar este asunto. Importa acelerar este negocio.* En las frases: *es necesario continuar sin desmayo. Es necesario que vengas,* el soporte es así mismo *impersonal.*

Todas estas frases tienen algo gnómico, de ley general que roza el aforismo o el apotegma.

g) Impersonal de segunda persona: En San Sebastián vives bien. Vas y compras una tela de terciopelo y te haces un vestido de noche y quedas como las propias rosas.

Estas frases guardan un sentido de instrucción y consejo, de experiencia comunicativa, de información de un experto a otro que no lo es: *Por quinientas pesetas diarias vives bien en Zaragoza.*

h) Impersonal pronominal (Antes hicimos referencia a esta forma): *Uno no se atreve a tanto.* Es decir: «yo no me atrevo, porque cualquier persona que estuviera en mi caso no lo haría».

i) Impersonal hipocorístico expresado por una tercera persona indeterminada: *¿Cómo está el hombre?* Quiere decir *¿cómo estás? No se le escapa nada.* El complemento directo es *nada.*

j) Impersonal de interrogativa retórica: ¡Quién lo dijera! ¡Quién suponía que iba a suceder! Equivale a: «Nadie sería capaz de suponerlo».

k) El NOS mayestático es un modo de impersonalidad. Cuando el Sumo Pontífice dice NOS, habla por boca de la Iglesia. En el prólogo de los libros afirma el autor: *nos hemos propuesto.* Con esta fórmula quiere atenuar lo concreto y llevarlo, por modestia, a cierta impersonalidad.

l) Plural impersonal: Vayamos a defender la patria. Aquí se pretende atenuar el mandato y suavizar lo que pudiera parecer despótico y difícil. Empieza por mandarse a sí mismo, por asumir la responsabilidad de un modo colectivo. Es exhortativo, que quiere hacer resaltar una obligación.

41. Por la práctica a la regla

a) Prácticas de formas impersonales con sujeto y significación de HAY *por* EXISTE:

1.ª «Tampoco falta QUIENES, viceversando lo consuetudinario, corroboran su apellido con el de su mujer.» UNAMUNO, *Ensayos,* 1942, I, 477. (Forma impersonal en singular con sujeto en plural, contra lo que defiende la Academia.)

2.ª «Hay que haber entrado en un cotarro literario para ver todo lo que en él rebosa de vanidad...» UNAMUNO, *Ensayos*, ed. 1942, II, p. 1.161. (Frase impersonal. Análisis: Sujeto = *haber entrado;* ablativo circunstancial *en donde* figurado = *en un cotarro literario;* final y de relativo = *para ver todo lo que en él rebosa...;* genitivo de cualidad = *de vanidad;* todo lo que = *cuanto;* en él = ablativo de lugar figurado.)

3.ª «Hay mohedales y macizos de árboles frondosos junto a las casitas de labor» AZORÍN *(Obr.*, 1947, IV, p. 394). Plural con verbo en singular impersonal.

4.ª «Y hay otra cosa que me repugna en ese conglomerado de hombres, en ese vasto avispero, y es el vaho de afroditismo que exhala.» UNAMUNO, *Ensayos*, ed. 1942, I, p. 355. Uso de HAY impersonal.

5.ª «Dicen que la tolerancia es virtud.» M. MENÉNDEZ PELAYO. *Historia de los Heterodoxos españoles*, 1880, II, p. 689. (La principal es impersonal resuelta por plural con una completiva que hace de complemento directo de «dicen».)

6.ª «Ante todo conviene redimirle a usted de esta horrible abominación pública indigna de la cultura moderna.» GALDÓS, *Gloria*, 1948, II, p. 106. (Completiva de sujeto del impersonal «conviene».)

b) **Lectura y análisis** del texto de CAMILO JOSÉ CELA: *El viajero y el niño pelirrojo*. Se han de examinar: 1.º las formas impersonales, y 2.º, las palabras que van en cursiva como ejercicio de vocabulario.

EL VIAJERO Y EL NIÑO PELIRROJO

1) «EL VIAJERO, de Guadalajara sale a pie por la carretera general de Zaragoza, al lado del río. Es el mediodía, y un sol de justicia cae, *a plomo*, sobre el camino. El viajero anda por la *cuneta*, sobre la tierra; el *asfalto* es duro y caliente, y *estropea* los pies. A la salida de la ciudad el viajero *pasa por un merendero* que tiene un nombre sugeridor, lleno de *resonancias;* por un merendero que se llama «Los misterios de Tánger». Antes ha entrado en una verdulería *a comprar unos tomates*.

—¿Me da tres *cuartos* de tomates?

—¿Eh?

La verdulera es sorda *como una tapia*.

—¡Qué si me da tres cuartos de tomates!

La verdulera ni se mueve; parece una verdulera *sumida* en profundas *cavilaciones*.

—Están verdes.

—*No importa;* son para ensalada.
—¿Eh?
—¡Que me es igual!
La verdulera piensa, probablemente, que su deber es no *despachar* tomates verdes.
—¿Va usted a Zaragoza, por una promesa?
—No, señora.
—¿Eh?
—¡Que no!

2) —Pues antes iban muchos a Zaragoza; llevaban también el *equipaje* colgando.
—Antes sí, señora. ¿Me da tres cuartos de tomates?
El viajero no puede gritar más fuerte de lo que lo hace. Tiene la garganta seca; pero por un tomate hubiera dado un duro. La puerta de la verdulería está llena de niños que miran para el viajero; de niños *de todos los pelos,* de todos los tamaños; de niños que no hablan, que no se mueven, que miran fijamente, como los gatos sin *pestañear.*
Un niño *pelirrojo,* con la cara llena de *pecas,* advierte al viajero:
—Es sorda.
—Ya lo veo, hijo.
El niño sonríe.
—¿Va usted a Zaragoza de *promesa?*
—No, *querubín;* no voy a Zaragoza. ¿Tú sabes dónde puedo comprar unos *cuartos* de tomates?
—Sí, señor; venga conmigo.

3) El viajero con veinte o veinticuatro niños detrás, sale en busca de los tomates. Algunos niños corren unos pasitos para ver bien al viajero, para ir siempre a su lado. Otros se van aburriendo y se van quedando por el camino. Una mujer, desde la puerta de una casa, pregunta *en bajo* a los niños: «¿Qué quiere?» Y el niño de la *pelambrera* roja contesta, *complacido:* «Nada; vamos buscando tomates». La mujer no se conforma, vuelve a la carga: «¿Va a Zaragoza?» Y el niño se vuelve y contesta seco, casi con *indignación:* «No. ¿Es que por aquí no se va más que a Zaragoza?»
Al pasar por delante del *merendero,* el hombre que —también es casualidad— no va a Zaragoza, siente como si acabaran de sacarlo de un estanque donde se estuviera ahogando. El viajero va con su *ayudante,* con el niño *de pelo de azafrán* al lado. El niño le había dicho:
—¿Me permite usted, que le acompañe unos kilómetros?
Y el viajero que siente una admiración *sin límites* por los niños *redichos,* le ha respondido:
—Bien; te permito que me acompañes unos kilómetros.

4) Ya en la carretera, el viajero se para en un *regato,* a lavarse un poco. El agua está fresca, muy limpia.
—Es un agua muy *cristalina* ¿verdad?
—Sí, hijo; la mar de cristalina.
El viajero descuelga la *mochila* y se desnuda de medio cuerpo. El niño se sienta *en cuclillas* y empieza por refrescarse las manos.
—¿Va usted muy lejos?
—Psche...; regular.. Dame el jabón.
El niño *destapa* la *jabonera* y se la acerca. Es un niño muy *obsequioso.*
—¡Pues, anda, que, como vaya usted muy lejos, con este calor!...
—A veces hace más. Dame la toalla.
—¿Es usted de Madrid?

El viajero, mientras se seca, decide *pasar a la ofensiva.*
—No, no soy de Madrid. ¿Cómo te llamas?
—Armando, para servirle. Armando Mondéjar López.
—¿Cuántos años tienes?
—Trece.
—¿Qué estudias?
—*Perito.*
—¿Perito... qué?
—Pues perito... perito.
—¿Qué es tu padre?
—Está en la Diputación.
—¿Cómo se llama?
—Pío.
—¿Cuántos hermanos tienes?
—Somos cinco; cuatro niños y una niña. Yo soy el mayor.
—¿Sois todos rubios?
—Sí, señor. Todos tenemos el pelo rojo; mi papá también lo tiene...»

CAMILO JOSÉ CELA.
(Viaje a la Alcarria)

c) **Breve análisis del texto** (Exámen de conjuntos gramaticales):

1) Presentes históricos en la frase principal: SALE *a pie por la carretera;* ES *el mediodía,* y un sol... CAE a plomo; ANDA *por la cuneta...* Un perfecto de acción presente: HA ENTRADO *en una verdulería a comprar.* (Se nota la influencia de Azorín en la forma narrativa,) Frase interrogativa directa retórica: *¿Me da tres cuartos...;* Atenúa el mandato con una interrogación de cortesía. Tiene un complemento directo: «tres cuartos»; un indirecto = *me* y un genitivo partitivo de cantidad: «de tomates». En la pregunta reiterada: ¡Que si me da tres cuartos...» se suple *digo* y es una interrogativa indirecta. Depende de un verbo de saber o no saber. No admite punto de interrogación. Completiva = piensa... *que su deber es no despachar.* Interrogativa retórica: *¿Va usted a Zaragoza?*

2) Interrogativas de diálogo. Estilo directo: *Un niño pelirrubio... advierte al viajero...* Usos de vocativo: «hijo», «querubín». Otra interrogativa real: *¿Tú sabes dónde puedo comprar...?* Omisión del verbo sobreentendido = Si, señor (vocativo). Imperativo-subjuntivo y ablativo de compañía: «venga conmigo».

3) Frase verbal: «sale en busca de los tomates...» Complemento circunstancial de compañía = *con veinte o venticinco muchachos. Detrás* = adverbio que hace de adjetivo y no se refiere a ningún verbo. *Unos pasitos* (no es acusativo interno de *correr,* sino acusativo que indica la extensión en el espacio). Frases verbales: *se van aburriendo, se van quedando.* Interrogativa directa en estilo directo = *¿Qué quiere?* Frase verbal = *Nada vamos buscando.* Interrogativa retórica de reproche = *¿Es que por aquí no se va más que a Zaragoza?*

4) Final de infinitivo con *a* en vez de *para: se sienta en una piedra* A *mirarle.* Coordinativa: *El viajero descuelga... y se desnuda...* Frase ver-

bal: *empieza por refrescarse.* Interrogativa real: *¿Va usted muy lejos?* Otra interrogativa: *¿Es usted de Madrid?* Nexo ilativo causal con una interjección: *Pues, anda...*, *—Como vaya usted muy lejos con este calor* = = Causal y condicional.

d) **Recitación** de los versos de dos poetas, el argentino FERNÁNDEZ MORENO *(Setenta balcones y ninguna flor)* y el español ANGEL LÁZARO *(¿Cómo fue?)*, con el correspondiente análisis gramatical y ejer cicio de vocabulario:

1.º SETENTA BALCONES Y NINGUNA FLOR

SETENTA balcones *hay en esta casa,*
setenta balcones y ninguna flor...
A sus habitaciones, Señor, ¿qué les pasa?
¿*Odian* el perfume, odian el color?

La piedra desnuda de tristeza *agobia:*
¡dan una tristeza los negros balcones!
¿No HAY *en esta casa* una niña novia?
¿No hay ningún poeta bobo *de ilusiones?*

¿Ninguno desea ver tras los cristales
una *diminuta* copia de jardín?
¿En la piedra blanca *brotar* los rosales,
en los *hierros* negros abrirse un jazmín?

Si no aman las plantas, no amarán el ave,
no sabrán de música, de *rimas*, de amor;
nunca se oirá un beso, jamás se oirá un *clave...*
¡Setenta balcones y ninguna flor!

FERNÁNDEZ MORENO
(argentino).

2.º ¿CÓMO FUE?

—VERÁS. *Fue una tarde* de invierno. *Llovía*
sobre la *cubierta* del negro vapor.
Estaba en silencio la vasta *bahía*
tenían las aguas *grisáceo* color.

Como era muy niño yo entonces, mi padre
a bordo del barco me fue a acompañar.
Allá, *tierra adentro*, quedaba mi madre,
mis buenas hermanas, mi infancia, mi hogar...

Rasgando los aires, su acento *bravío*
lanzó la potente *sirena*. Temblé.
Mi padre besándome: «¡Adiós, hijo mío!»
me dijo *muy quedo*. Lloraba y *se fue.*

Después, agua y nubes; la *chusma* grosera
de a bordo que grita: miradas de extraños;
gaviotas que gimen con voz *agorera...*,
y yo, ni una lágrima. *¡Tenía trece años!*

ÁNGEL LÁZARO.

e) Modismos y refranes

1.º MODISMOS FORMADOS CON EL IMPERSONAL «HAY»:

HAY *donde cortar* (negocio amplio); HAY *faldas por medio* (intervienen mujeres); HAY *gentes para todo* (censura por algo raro y deshonroso); HAY *más burros que pesebres* (son más los individuos que los puestos); HAY *moros en la costa* (hay personas interesadas en un negocio oculto).

Hay novedades. Hay para rato (va para largo). *Hay que andar con pies de plomo. Hay que atarle corto. Hay que medir las palabras. Hay que mirarlo. Hay que tener riñones. Hay que untar el carro para que ande. Hay que tentarse la ropa* (Hay que obrar con prudencia).

2.º REFRANES FORMADOS CON EL IMPERSONAL «HAY»:

Hay días aciagos y por donaires hay días zurriagos.—Hay hijos de muchas madres.—Hay hombres bestias como ansares pardas (por los que no se diferencian de las bestias).—*¿Hay más pan que rebane este fraile?—Hay mil leyes que lo dicen.—Hay muchas mañas en castañas.—Hay muchos Perogarcías en el mundo.—Hay preñeces que se les antojan nueces.*

f) Dictado de Ortografía (Explicación de las palabras señaladas en cursiva):

EL BALDE. Los dos estamos atados a una cadena, los dos somos *centinelas;* pero el perro posee casa; yo duermo *a la intemperie,* aún en las noches de invierno, cuando mi agua *se hiela.*

El perro *avisa* si llega gente *extraña;* yo *chirrío* con mi *roldana* para anunciar mi subida.

Mientras el perro entra y sale a voluntad de la *covacha,* a mi me *zambullen* en el pozo cuando menos lo espero, y bajo y subo, arrastrando la cadena. Sin mí esta gente moriría de sed, pues nadie más que un *valiente* como yo se atreve a bajar al pozo oscuro y frío.

Mi mayor alegría es quedar lleno *hasta el borde* el *brocal* en la siesta *veraniega.* Entonces mis amigos vienen a visitarme *confiadamente,* porque soy *incapaz* de hacerles daño...

CONSTANCIO VIGIL (*Marta y Jorge).*

g) Temas de Redacción

1) *Torres de fama universal: La Torre Eiffel* (siete mil toneladas de hierro, novia de París y en parte de toda Europa). *La Giralda* (minarete islámico, hoy campanario cristiano, con su gracia serena y sus 25 campanas). *El Campanile de Pisa* (con su airoso desequilibrio que ha dado

renombre a su ciudad). Estas tres grandes torres comparadas con el colosalismo faraónico de las Pirámides egipcias.

2) *El almendro y el rosal.* Cómo son y cuándo florecen.

h) **Discoteca regional española y argentina.** (Un disco después de cada capítulo aprendido. Haga funcionar su tocadiscos).

1) De León: *No se va la paloma, no.* De Salamanca: *Apañando aceitunas se hacen las bodas.*

2) Enrique Granados: *Goyescas.* (Los requiebros. Coloquio en la reja. El fandango del candil.) LA. 20002. Hispanovox, 33 r.

3) Tango: *La comparsita.* Orquesta Montilla. High fidelity. FM-97, 33 revoluciones.

6 PROBLEMÁTICA DE LOS MODOS Y TIEMPOS VERBALES

SUMARIO: *42. Aspectos verbales.—43. Uso de los modos verbales en la frase.—44.* Modus realis *y* modus irrealis.—*45. El potencial no es un modo especial. Pertenece al subjuntivo y en algún caso al indicativo.—46. Uso de los tiempos en la frase.—47. Matización de los tiempos del indicativo.—49. Relación temporal en el subjuntivo. El imperativo.—50. Las formas nominales del verbo no son personales. Naturaleza del infinitivo, gerundio y participio.—51. Por la práctica a la regla.*

42. Aspectos verbales

Infecto o no acabado (Acción durativa):
Presente: *amo*
Pasado: *amaba.*
Futuro: *amaré.*

Perfecto (Acción terminada o cumplida):
Presente: *he amado.*
Pasado: *había amado.*
Futuro: *habré amado.*

Lo que hace el verbo *haber* en el paradigma son «acciones terminadas», y las formas que no lo llevan son «acciones no acabadas». En latín la *i*, la *x* y la *s*, así como la reduplicación, acompañan acciones acabadas: *vinco* < *vici.*

El *imperativo* tiene un tiempo de acción terminada en el pasado: *haberle dicho que no.* El *aoristo* o pasado *absoluto* no entra en el esquema de los aspectos verbales, por su carácter intemporal y su acción indeterminada *(amé).*

El *potencial* tiene en griego la *i* de deseo: λύοιμι (optativo). En latín aparece la *i* en la época arcaica: dare < *duin; facere* < *faxis.* Los presentes *sum* (soy), *volo* (quiero), *nolo* (no quiero) y *malo* (prefiero o quiero más) fueron primitivamente potenciales en latín.

En la lengua del Lacio las formas en *i* alargada pasaron a formar el subjuntivo: *velim, nolim* y *malim, sim* (de *sum)* y *edim* (de *edo).*

El español, como luego veremos incluye el *potencial* (o condicional) en las formas del subjuntivo y en algún que otro caso en las de indicativo.

Hay verbos, cuyos tiempos fundamentales *(presente, pasado* y *futuro)* son futurales. Por ejemplo el verbo *esperar*: *Había esperado* tiene una idea de futuro aparte de la del pasado. Lo lleva en su raíz.

Existen otros verbos en que todos sus tiempos muestran un matiz de pasado, por ejemplo: *recordar (Recordaremos los hechos acaecidos en aquel entonces)*. Aquí está implicado un pasado, además de la idea de futuro. Lo lleva en la raíz.

Por último, otros verbos están impregnados de potencialidad, como «puedo» y «debo» PUEDO *decir más datos sobre este tema, pero no quiero cansaros*). Equivale a «podría decir»; «Yo DEBÍA ausentarme de aquí», quiere decir: *yo* DEBERÍA *ausentarme de aquí.*

Los verbos «futurizados», como *cupere* (desear) no pueden llevar, en latín, complemento directo representado por un infinitivo de futuro. Por excepción lo lleva *sperare* (esperar): *Spero te mansurum esse domi.* («Espero que tú permanecerás en casa».) Pero no se puede decir «cupio te mansurum esse», como es incorrecta en español la frase: *deseo que usted* VENDRÁ *mañana.* En cambio es viable la fórmula: *Espero que usted* VENDRÁ *mañana.*

43. Uso de los modos verbales en la frase

Los MODOS son las maneras de considerar el fenómeno verbal, desde el punto de vista del que habla: *Juan* CANTARÁ *para nosotros. Espero que Juan* CANTE *para nosotros. Juan* CANTA *para nosotros.*

La significación del verbo se expresa con *indicativo,* como una cosa real (indica la existencia de un hecho); con *subjuntivo,* como deseo, duda o posibilidad (manifiesta la esencia de un hecho; con *imperativo* como mandato, ruego o petición. El indicativo tiene un sentido de *afirmación* frente al subjuntivo, que expresa *la suspensión de la afirmación* y se aplica a hechos reales cuando no se quieren afirmar. Ejemplos: *Pinto < un cuadro. Señor que se salve; tal vez esté aquí.*

Al decir *su dificultad tiene solución,* el sujeto que habla ve la solución como un hecho real. Pero si afirma: *su dificultad tendría solución,* en la mente del que habla no hay más que una posibilidad. Por fin si, es terminante en su afirmación, se expresa así: *resuelve tu dificultad; ten cuidado con lo que haces.* Se trata de una orden o consejo que da el sujeto hablante al que le escucha.

1.º Matices de los modos: Los *matices* de los modos pueden expresarse con carácter afirmativo, negativo o dubitativo. El imperativo emplea sus formas sólo con sentido afirmativo *(escucha, vete, llamadle, salid)*. Para la negación se vale del subjuntivo: *no salgas, no te detengas, no huyáis.* Se usan además unas terceras personas ficticias del subjuntivo: SALGA *usted,* HABLEN *ustedes.*

El subjuntivo es el modo por excelencia de las frases subordinadas: *Cuando* LLEGUE, *hablaremos. Le advertí que* VINIERA.

2.º Existencia real puramente pensada: Los modos son distintos puntos de vista de una misma significación verbal. *Juan* puede llegar hoy a mi casa de tres maneras: realmente como un hecho factible: *Juan llegará hoy a mi casa;* como un hecho posible o no posible: *No creo que Juan llegue hoy,* y como un hecho impuesto o mandado: *Juan, ven hoy a mi casa.*

La primera afirmación es objetiva. El que habla no interviene en el hecho sino en la expresión de la frase. En el segundo enunciado la afirmación es subjetiva; es una mera opinión del que habla; en el tercer caso el sujeto hablante manifiesta su voluntad decidida, pero la ejecución del acto pertenece a Juan, es decir, al sujeto actuante.

De lo dicho se deduce que el acto de la afirmación verbal no tiene existencia real para el *yo* hablante. Sólo se mueve en lo puramente pensado. Knud Togeby nos dice (12) que así como el indicativo tiene un sentido de «afirmación», así el subjuntivo se aplica únicamente a los hechos reales, cuya afirmación no es necesaria.

44. «Modus realis» y «modus irrealis»

Dan calidad a todo tiempo de subjuntivo del matiz que sea, con valor potencial, optativo o de posibilidad o en otros de tipo aseverativo: *¡Quién* PUDIERA, *doña Inés, volver a darte la vida!* En la frase desiderativa, si el deseo es irrealizable, no se usa el modo potencial. En cambio con un deseo realizable se introduce el potencial: *¡Si* PUDIERAS *sacarle el secreto!* Esta acción es posible. Acaso se realice, acaso no. Por el presente expresamos la duda; el futuro nos da la respuesta.

En español el *modus realis* y el *modus potencialis* no se distinguen en la forma. Hay que analizar el contexto: *Si* TUVIERA, *daría,* puede ser un *potencial* y puede interpretarse por un *irreal* del presente.

1.º Como potencial: *Si tuviera salud, este verano* DEJARIA *con gusto el tratamiento.*

2.º Como irreal: Dice el padre al chico: *Carlos, no me pidas para el cine. Si tuviera dinero, te lo* DARÍA. Es irreal de presente. La prueba gramatical es esta: *Carlos, no tengo dinero* (esa es la realidad); *si* OCURRIERA *lo contrario* (que es lo irreal, *puesto que no lo tengo), te lo daría* (no te lo daré, porque la realidad es que no lo tengo).

---

(12) Knud Togeby: *Mode, aspect et temps en espagnol* (Copenhague, 1953), página 117.

45. El potencial no es un modo especial. Pertenece al subjuntivo y en algún caso al indicativo

El español incluye el potencial al lado de las formas del subjuntivo, seguramente inspirado en el potencial latino (13), subjuntivo por los períodos condicionales de expresión potencial. Se hallan muy mezcladas las formas potenciales y subjuntivas: *Si recobrara la salud,* IRÍAMOS *a Alicante.*

1.º Origen del potencial: Al decir **potencial** e identificarlo con el subjuntivo, nos atenemos a una clasificación nuestra, que hemos de explicar detenidamente, porque los gramáticos vacilan entre considerarlo una modalidad del subjuntivo, un modo aparte denominado *potencial* (simple y compuesto), una modalidad del llamado por los franceses *modo condicional* e incluso hay quienes pretenden incluirlo en el modo indicativo.

La Academia nos dice *(Gram.* 100b) que el potencial fue en su origen tiempo compuesto *(Comería* de *comer-ía,* de *comer-había,* de *había de comer).* Según el texto académico empezó siendo una forma perifrástica de obligación *(había de comer);* pero como toda obligación tiene un sentido futural («he de marcharme mañana» o «tengo que marcharme mañana»), pasó fácilmente a la expresión potencial, que como veremos, es un *presente-futuro.*

He de marcharme mañana está entre el «hoy» en que hago esta afirmación y el «mañana» en que se cumplirá la obligación que hoy reconozco.

En latín esta perífrasis futural de obligación se expresó sólo en pasiva, pues las formas en *-urus* futurales no representaban esta obligación. Para los latinos, la pasiva, resultó forma obligativa, ya que en la obligación resaltaba más la *acción* que el *sujeto* ejecutante. Ejemplo: *Delenda est Carthago.* En esta frase lo que impera sobre los sujetos, circunstancias y matices determinantes, es *la necesidad* de destruir, sobre la misma Cartago y sobre los agentes de destrucción. El Monasterio de El Escorial es más que Herrera en muchos grados de diferencia.

De esto se deduce que *había de comer* («Comería») se trasformó fácilmente de una obligación en futuro de *posibilidad,* que es siempre futural, es decir, en *presente-futuro.* Añadamos alguna observación más: El idioma español tiene futuros expresados por presentes («si vienes ma-

(13) En las lenguas clásicas el *potencial* se resuelve de maneras muy diversas, bien usando el modo indicativo o bien acudiendo a los tiempos del subjuntivo. El griego incluso acompaña las formas temporales con partículas que marcan la expresión potencial.

En latín se valían del *modo subjuntivo* y en algunos verbos impregnados de potencialidad empleaban el indicativo. Ejemplo de este último modo: *Possum persequi permulta oblectamenta rerum rusticarum.* «Podría seguir contando otros muchos deleites de la vida campestre.» *(Possum,* «puedo», pres. de indicat.) Se traduce el presente por potencial simple *(podría).* Lo normal es el uso del subjuntivo.

ñana, saldremos a pasear», que está por «si vendrás mañana, saldremos a pasear» o como dirían los latinos: *si cras venies, ambulabimus)*. Y aún más, llegaron a escribir, respetando la relación de tiempos: *si habrás venido mañana, saldremos a pasear.* (En latín: «si cras veneris, deambulabimus».)

Por consiguiente: el *potencial* es un presente-futuro, pues el futuro español puede expresarse por *presente.* Por eso es explicable que el presente esté contenido en la idea de potencial. Y es *futuro,* porque se ha derivado de una idea de obligación, que precisamente, por ser de obligación es futura.

Ya hemos sugerido antes, que en la frase desiderativa, si el deseo es irrealizable, no se usa el potencial, porque este presente-futuro de subjuntivo representa en sus dos formas una *posibilidad realizable.* Hay pues una contraposición entre lo potencial y lo irreal. Lo imposible no entra en lo potencial.

2.º Presente futuro del potencial y futuridad desgastada: Según algunos autores en el subjuntivo latino, las dos formas de presente y pretérito perfecto *(legam* y *legerim)* representan, funcionalmente, el subjuntivo propiamente dicho, porque conservan una futurización y por este motivo se denominan *presente-futuro.* Son un puente entre el presente y el futuro. Ambos ofrecen una vocal larga característica y en la lengua latina representan de algún modo el tiempo potencial, es decir, una manera de expresar la posibilidad de la acción, que entendemos como una síntesis del presente y del porvenir (14).

Ejemplo en español: *Si ocurriera lo que dices, nos arruinaríamos.*

Se habla en el momento presente de un temor que pudiera cumplirse en el futuro. Un potencial del pasado, pero sólo con enunciarle señalamos la antítesis, porque si es *potencial* tiene una proyección futura y es incompatible con el pasado. Sin embargo la riqueza del idioma puede plantear una cuestión de modalidad pasada: *Hubieras creído que estaba enfermo.* Es un potencial del pasado.

El *hubieras creído* está indicando en aquel entonces la posibilidad de creer que estaba enfermo, pero en los momentos en que se habla, los hechos han demostrado que no lo estaba. Es decir, el que estuviera enfermo era posible en la etapa pasada; después se impone el reconocimiento de que no era así.

---

(14) Bello incluye el potencial en el indicativo con el nombre de *pos-pretérito,* y significa que el atributo es posterior a la cosa pretérita: *Los profetas anunciaron que el Salvador nacería de una Virgen.* El nacer es posterior al anuncio, que es cosa pasada. *(Gram.,* núm. 634). Amado Alonso (en su *Gram. Cast.,* II, pág. 155) dice: «En el modo potencial no hay propiamente expresión de tiempo. El potencial simple expresa una *posibilidad* que cabe en cualquier época: *Tendría entonces treinta años.* El potencial compuesto, igualmente, pero dando el hecho como terminado: *Yo no* HABRÍA *dicho tal cosa. Supuse que en aquel momento ya* HABRÍA *leído la carta.*

Según Rafael Seco *(Gram.,* 3.ª ed., pág. 69): «De esta significación de futuro pasado nace la probabilidad o posibilidad vista desde un pasado, paralela a la del futuro de probabilidad que hemos visto: *Serían las tres de la tarde cuando acabó de llover.* Esta probabilidad puede estar referida al futuro: *Sentiría que llegases tarde.*»

Futuridad desgastada. Este modo que ya hemos dicho se llama *presente futuro,* a veces se aísla del tiempo y queda expresando una frase de suposición posible o realizable. Por ejemplo:

Podría terminar esta tarea hoy, pero me encuentro fatigado

Aquí la *idea de futuro* es tan corta, tan desgastada, tan metida en la expresión presente que casi ha desaparecido. Otras veces alude a lo imaginado, que no es del todo imposible, aunque casi está en su límite. Ejemplo:

Si alguno te entregara una espada, estando cuerdo y te la reclamara, en estado de locura, SERÍA *una imprudencia entregársela*

Comentario: Aquí ha desaparecido totalmente la idea de futuro. Queda únicamente una suposición tan apurada en su refinamiento, por la intención que tiene de ejemplaridad, que casi es imposible su realización. No se rechaza del todo la posibilidad. Sería una posibilidad casi metafísica, ya que en la realidad no suele ocurrir.

3.º Cuándo es «potencial indicativo» y tiempos que usamos para el potencial: Quizá algunos gramáticos han tenido en cuenta que la forma «amara» viene de *amaveram* y la especial en *-ría* deriva de *amar-ía* o *amar-había* para incluir el potencial en indicativo. Desde luego las dos formas *-ra* y *-ría* pertenecen al potencial y son de origen indicativo.

Realmente puede darse el *potencial de indicativo* (pocas veces), cuando se corresponde un presente con la forma *-ría: Si vuelvo de París, seguramente* CONSTRUIRÍA *un hotel.* Ese *-ría* se corresponde con el *si* condicional.

Hubo gramáticos antiguos que incluyeron el potencial en el indicativo, antes de separarlo la Academia como modo especial, postura que respetamos, aunque no compartimos, porque sencillamente creemos que es subjuntivo. Y no subjuntivo por origen, sino por adopción, porque en las lenguas clásicas el subjuntivo es un presente-futuro y el potencial lo es mucho más. Y si tenemos que reconocer que el subjuntivo es un puente entre el presente y el futuro, adoptamos este modo para agrupar en él las formas de la *posibilidad.*

El matiz temporal de la posibilidad no es exclusivo del futuro, por ejemplo del de indicativo; tiene una relación más inmediata con el *presente-futuro,* que nos proporciona la idea del arranque y de la proyección de donde parte y hacia donde va. Es el trampolín y el salto. El futuro de indicativo posee arranque y proyección, pero sin enriquecer el momento del arranque con ese estado de duda, de condición, de angustia, de deseo, de esperanza e inquietud, que para todo esto está capacitado el *potencial: Dijeron que vendrían; sería interesante explicar lo ocurrido; si me llamaras acudiría a tu cita.*

4.º ¿Con qué tiempos de subjuntivo se expresa el potencial?

a) Potencial en frase principal expresado en la forma en *-ra* (15). Se usó en el Renacimiento en tiempo de Cervantes.

b) De esta forma en *-ra* en la frase principal se ha pasado a la expresión moderna en *-ría*. Ha quedado construida la disposición del potencial en la siguiente manera o fórmula: *Si tuviera, daría*. Cervantes escribía en su época: *Si tuviera, diera*, que es la forma potencial del siglo XVII.

c) Potencial en -ría sin condicional. Presente-futuro del estilo de hoy. Anotemos este ejemplo:

¿Haría usted el favor de decirme la hora?

Esto no es más que tratar del potencial en fórmulas de cortesía. En síntesis el *potencial* es un futuro estilizado, quintaesenciado, con todos los respetos al señor a quien se pide el favor y uno se dirige, que puede no tener la voluntad de hacerlo, expresando incluso el agradecimiento, con que se responderá si lo hace.

Siempre es un futuro enriquecido de matices, más que el futuro de indicativo, que es pobre, concreto y enjuto de expresión: *avisaré*.

d) ¿Potencial especial del pasado? Estudio de la fórmula cifrada en estas frases:

Sería por el año 1929; correría el año 1936...

Podemos añadir otro tercer tipo de expresión: *tendría entonces unos veinte años*.

La Academia con esta frase en que está incluido el adverbio *entonces*, pretende demostrar que el *potencial* en esta ocasión está empleado con valor de pasado. Nuestra teoría es que el potencial es un *presente-futuro*. Esto impide toda referencia a lo pretérito, si bien es verdad que hemos hecho constar que alguna vez podemos hallar potenciales del pasado.

Esta frase tendría *entonces unos veinte años* se desarrolla así: «Yo no afirmo en estos momentos ni afirmaría nunca que tuviera *entonces* 20 años, mientras no se me ofrezca una demostración exacta de esta cifra».

Creemos que el potencial del pasado únicamente se muestra como tal tiempo en el potencial compuesto. Señala una acción en potencia en el pretérito, y ese pasado tiene en su fecha un porvenir que de hecho se considera presente, es decir, cuando se aclara lo que en aquellos ins-

(15) En el escrutinio de Don Quijote, al llegarle su turno al libro *Las lágrimas de Angélica*, de Barahona de Soto, el hidalgo lo salva del fuego, indulta la obra y se dice, teniéndola en la mano y haciendo a la vez una crítica favorable, que su autor ofrece al mundo literario: «Lloráralas yo —dijo el cura en oyendo tal nombre— si tal libro hubiera mandado quemar.» Ejemplo de acción cumplida en el futuro. «Si tal libro hubiese quemado, que no lo quemó, *las lloraría* yo el día de mañana.» *(Quij.*, I-6, ed. 1926, pág. 70.)

tantes tenía una apariencia de posibilidad. Por ejemplo: «En aquel *entonces* LE HUBIERA JUZGADO apto, pero a lo largo de su gestión, he comprobado su ignorancia.»

Lo que ha ocurrido en la frase que comentamos *(tendría entonces 20 años)* es que en virtud de las construcciones braquilógicas, el potencial *tendría* se ha corrido de un potencial *diría*, que está omitido; es decir, se ha hecho la expresión con lo que pudiéramos llamar «estilo indirecto», en el sentido amplio de la palabra.

Pero añade la Academia (p. 271, pár. 298 a): es que hay también un potencial que no pertenece ni al presente ni al pasado como cuando decimos «yo nada *sacaría* de engañar a usted» y valora esta frase diciendo que tanto puede referirse al presente como al futuro.

Si desarrollamos la frase tendríamos que hacerlo más o menos de este modo: «yo no pretendo (en este momento) prepararle a usted en el futuro ningún fraude; es decir, en su día, andando el tiempo, en el porvenir».

e) ¿El potencial como expresión de hecho necesario? Sigue opinando la Academia sobre el potencial y afirma que a veces denota *el hecho como necesario* y equivale al imperfecto de indicativo de la conjugación perifrástica. En una nota (p. 271) coincide con Bello en el ejemplo que más arriba hemos citado nosotros: *los profetas anunciaron que el Salvador del mundo* NACERÍA *de una virgen*, donde *nacería* equivale a *había de nacer*.

He aquí nuestra opinión:

Un potencial nunca puede plantear un hecho como necesario, ya que su naturaleza está basada en lo contingente, en lo posible, en lo probable, en lo condicionado a una causa previa. Por lo tanto excluye todo sentido de afirmación sobre algo que deba cumplirse *necesariamente*.

El *nacería* de esta frase no creemos que sea potencial, sino un futuro en *-ría*, en una frase subordinada, que en virtud de la concordancia de tiempos no emplea el futuro en *-re* («los profetas anuncian que el Salvador del mundo NACERÁ de una virgen»).

Este transporte de la frase principal a presente exige que el verbo vaya en futuro («nacerá»), quedando la expresión sin el matiz obligativo, ni de *hecho necesario*, sino simplemente como un anuncio para el futuro. Lo que ocurre es que en toda expresión verbal, a efectos de tiempos (presente, pasado y futuro) y de matización estilística, busca la calidad y no la circunstancia. En el estudio de la frase académica debe valorarse en su justa medida la palabra *profeta*, que designa un ser dotado de la infalibilidad en el pronóstico. Por esta condición, el sujeto que enuncia la profecía da a su frase un carácter de necesidad y cumplimiento.

f) ¿Potencial compuesto o perfecto? He aquí otro título que somete a discusión la Academia (p. 271-72).

La forma acabada, no durativa, no puede presentarse en frase independiente. No se puede confundir lo que es frase principal y lo que es subordinada. En toda frase de acción inmediata hay una pequeña dosis de pasado. Y el pasado es la negación del *potencial.* El ejemplo académico no es de autor contemporáneo. No nos detendremos, por lo tanto, en su comentario (16). El potencial compuesto no es frecuente en ejemplos como el que cita la Academia. Puede usarse con subordinadas condicionales, es decir, en apódosis de los períodos hipotéticos. Ejemplo: «Si esto se cumpliera, dentro de poco tiempo, habría triunfado en mis actividades profesionales, que es a lo que aspiro en este momento».

46. Uso de los tiempos en la frase

La idea fundamental de los *tiempos del verbo* se expresa por el momento de la palabra *(presente),* el momento que le antecede *(pretérito* o *pasado)* y el momento que le sigue *(futuro).* En el empleo de sus correspondientes formas se ofrecen muchos matices modernos.

La idea del tiempo para Minkowski «es el problema central de la cultura contemporánea». Explicación de los fenómenos que tienen lugar en el espíritu, como el deseo, el recuerdo, el hábito, etc. Ayuda a comprender el valor semántico de muchas palabras y giros. Frente al tiempo matemático, Bergson opone una duración cualitativa interna (17).

La teoría de los tiempos *relativos* deriva del *infectum* y *perfectum.* Una acción ya cumplida en el pasado (pretérito actual) se analiza como pretérito anterior (en Bello, ante-pretérito); una acción que estará cumplida en un momento futuro (futuro compuesto, *cuando vengas,* ya lo habré terminado), se analiza como futuro compuesto (en Bello, antefuturo).

Andrés Bello construyó su sistema ciñéndose al principio de Port-Royal, bajo estas tres formas: significación exclusivamente fechadora de los tiempos; existencia objetiva del tiempo como duración lineal y punto instante del *ahora* que divide el tiempo en pasado y futuro.

1.º Tiempos absolutos y relativos: Hay tiempos absolutos o directamente medidos (presente, *canto;* pretérito perfecto absoluto, *canté;* pretérito perfecto actual, *he cantado,* y el futuro absoluto, *cantaré);* y tiempos *relativos* o indirectamente medidos, ya que su situación en nuestros conceptos

---

(16) El ejemplo propuesto por la Academia es el siguiente: *Y dijo entre sí que tales dos locos, como amo y mozo, no se* HABRÍAN VISTO *en el mundo. (Quij.* II, 7.)

Esta frase empieza por ser subordinada, no independiente, ni siquiera principal. Es verdad que puede equivaler a «no podrán nunca ser vistos en el mundo»; pero esto plantea escrúpulos inmediatos: las frases potenciales negativas son muy específicas, porque la negación es casi incompatible con lo posible, a no ser que el enclave del adverbio tenga una proyección muy concreta. Ejemplos: *¿No le molestaría si ocupara esta silla? No podré dejar los estudios; viviría inquieto, lleno de angustias y tedio, no sería feliz.* También se puede usar entre potenciales afirmativos, con atenuante simulado: *No podré dejar los estudios. Viviría inquieto,* HABRÍA *frustrado el logro de mis propósitos.* (En este *habría* está el potencial.)

temporales necesita concretarse por medio de otro verbo o un adverbio. Si digo: *Cantaba*, nuestro interlocutor nos dirá: *¿Cuando?*, porque el tiempo de las formas relativas necesita determinarse. Si añado: *Ayer cantaba*, este imperfecto adquiere un sentido temporal que por sí solo no tenía.

Los tiempos propiamente no son valores fijos, sino transformaciones relativas del concepto verbal. Aun los absolutos pueden derivar hacia el futuro o hacia el pasado dentro de las conexiones temporales de la frase.

2.º Innovación temporal llamada en Bello «ante-co-pretérito» y «ante-pos-pretérito»: La terminología en Bello ordena y limita los valores de los tiempos. Por su doctrina los tiempos verbales fechan la acción verbal en la línea sin fin del tiempo en función de tres puntos de referencia. Es el primero el instante mismo en que se habla *(presente)*. Lo que precede a esa actualidad presente es *pretérito* y lo posterior, *futuro: canto, canté, cantaré*. El segundo punto de referencia es uno de estos tres tiempos así constituidos con el significado vario de anterioridad, coexistencia o posterioridad.

El co-pretérito, *cantaba* significa la coexistencia del atributo con una cosa pasada (me dijo que *estaba* enfermo, núm. 287). El pos-pretérito, *cantaría* quiere decir que el atributo es posterior a una cosa pasada (me dijo que VENDRÍA). El ante-presente es el pretérito o pasado actual *(he cantado)*. El ante-pretérito indica que el atributo es inmediatamente anterior a otra cosa que tiene relación de anterioridad con respecto al momento de la palabra *(hube cantado): cuando hubo amanecido, salí*. El antefuturo *(habré cantado)* nos dice que el atributo es anterior a una cosa, que respecto del momento en que se habla es futura: *cuando vengas ya habré terminado*.

El tercer punto de referencia es un tiempo relativo, que Bello llama *co-* y *pospretérito*, respecto al cual un nuevo tiempo conjugable expresa anterioridad. Y llegamos a la mayor innovación de Bello: el *ante-co-pretérito* (había cantado). Quiere decir que el atributo es anterior a otra cosa relacionada con anterioridad, respecto del momento en que se habla. Entre los dos objetos media un intervalo indefinido: «Los israelitas desobedecieron al Señor que los HABÍA SACADO de Egipto.» (El «sacar» es anterior al «obedecer»).

Por último el *ante-pos-pretérito (habría cantado)* expresa la anterioridad del atributo a un objeto, que es futuro respecto de otro, anterior al momento en que se habla: «Díjome que procurara visitarle, que quizás me *habría encontrado* sustituto».

---

(17) Según el racionalismo francés, los tiempos significan fechaciones en la línea del tiempo, realidad objetiva que consiste en un punto instante, incesantemente transitorio, cuya carrera forma la línea del tiempo. Merced a nuestra imaginación, la idea de presente se extiende desde ese punto-instante hacia adelante y hacia atrás y pensamos, en vez de en un punto, en una época. Se puede fechar un suceso con relación al presente o con relación a otro suceso ya fechado. Son los tiempos *absolutos* y *relativos*.

47. Matización de los tiempos de indicativo

Presente.
Pretérito absoluto o perfecto intemporal.
Pretérito actual.
Pretérito imperfecto.
Pretérito anterior.
Futuro absoluto.
Futuro compuesto.

Sigo la clasificación un poco modificada de las sintaxis modernas:

a) El *presente (amo)* es el *ahora* o *nunc* filosófico, punto de unión entre el pasado y el futuro. Su momentaneidad es fugaz e indeterminada. Expresa que la significación del verbo ocurre en el momento mismo de la palabra *(salgo de paseo; no quiero)*. Puede referirse a una acción no terminada: *Enrique trabaja en el «Metro»*. No quiere decir que en el momento de la palabra «Enrique trabaje», sino que este trabajo lo viene realizando en un período de tiempo indeterminado.

b) El *presente actual* implica una acción continua, ya que dentro de su duración se incluye el momento en que hablamos: *yo* ESCRIBO. JUAN *duerme.*

c) El *presente habitual* se refiere a actos discontinuos que se producen antes y después del momento del diálogo. La significación del verbo ocurre habitualmente o por repetición de actos: YO *leo de noche. Mis hijos* VAN *mucho al cine. Me* LEVANTO *a las siete.*

d) El *presente histórico* o «de la narración» se usa en sustitución del pretérito. Da al relato especial vivacidad y es propio del lenguaje literario y del familiar. Trata de aproximarse a los hechos pasados para actualizarlos y darle al interlocutor una impresión más directa: *Decidido a atacar la fortaleza del rey,* REÚNE *un ejército,* PASA *los montes,* VADEA *el río y* CAE *con la fuerza de sus armas sobre su enemigo.*

Es una especie de presente teatralizado, con miras a su expresividad. Imaginativa y estilísticamente representamos vivir nosotros el presente de aquellos hechos ocurridos en el pasado: SALGO *de mi casa y me* DIRIJO *a la oficina.* ESPERABA *su llegada por la noche;* me ADELANTO *y* SALGO *a su encuentro. Entonces* VA *su padre, se acerca y me* DICE...

e) El *presente por futuro*. Es característico de la conversación. Nos anticipamos a los hechos futuros, dándolos por seguros e incluyéndolos en la realidad del presente: *Mañana mismo me* PONGO *a escribirle.* La forma del presente añade a la acción de futuridad una resolución y seguridad de que el hecho que todavía es eventual ha de ser una realidad: *esta tarde te* LLEVO *a los toros.*

En este *presente por futuro* hay una modalidad que se llama *presente de obligación* que a veces se convierte en mandato: *cuando acabes, me lo* DICES. *Mañana* VAS *al profesor y le* PIDES *el programa.*

En las condicionales, el presente puede también representar un futuro *(Si* VIENES *mañana, saldremos)*. Si no fuera por la tradición o la psicología idiomática, habría que decir: *Si* VENDRÁS *mañana, saldremos.*

Este fenómeno de futuridad es más raro en el indicativo y más propio del subjuntivo, porque todo este modo es un presente-futuro o todo él tiene un fondo de futurización. Cuando usamos tiempos del pasado en el subjuntivo, realmente usamos un subjuntivo impropio o desnaturalizado de su función.

f) El presente gnómico o «de la ley». Expresa las leyes inmutables o eternas y es un «presente intemporal». Se puede también llamar *paremiológico,* porque se encuentra mucho en los refranes: *El hombre* ES *mortal. Todo cuerpo* ES *atraído por la gravedad hacia el centro de la Tierra.* CREE *el ladrón que todos son de su condición* (refrán).

g) El presente de tipo impersonal. Se usa por una forma impersonal de *se:* Ejemplo: *En Zaragoza* VIVES *bien, porque la vida es barata* («vives» está por *se vive).*

h) El presente por imperativo. Describimos una acción que otro ha de llevar a cabo. Es el «presente de mandato», de instrucción y consejo que se da a otro menos experto: VAS *a las Bárdenas, te* PRESENTAS *al capitán y le* DICES *lo que ocurre. Te* GASTAS *quinientas pesetas y le* HACES *un bonito regalo.* Presente medido desde el futuro: *Cuando* VEAS *que pasa la bandera,* QUÍTATE *el sombrero.*

1.º Los tres tiempos tradicionalmente históricos del indicativo: El historiador siempre emplea en la frase independiente los llamados *tiempos históricos* del indicativo, siendo el tiempo-base que sostiene la narración el *pretérito absoluto,* llamado también *aoristo* o *perfecto intemporal: La condesa* ENTRÓ *en la habitación,* SE APROXIMÓ *al mirador,* LEVANTÓ *el visillo y* MIRÓ *a lo lejos.*

Estas frases sostienen el hilo narrativo y van respondiendo a la pregunta mental del lector *¿y qué pasó después?*

La narración desde su nacimiento en el párrafo o en el capítulo va como un río por el cauce de los *aoristos* a desembocar en el final de lo narrado. Y como sucede en el mismo río, cuando el desnivel del cauce se hace llano y el río se detiene y se remansa, también la narración, se embalsa y atersa en lo descriptivo y copia el paisaje o el ambiente por medio del *pretérito imperfecto* de indicativo, otro tiempo tradicionalmente histórico:

La tarde ESTABA *encalmada y silenciosa; el crepúsculo* COMENZABA *a dar sus granas en el horizonte.*

Con este ejemplo que hemos construido intencionalmente en un estilo folletinesco, se aprecia cómo entra el uso del pretérito imperfecto de indicativo, cuando lo narrativo se detiene en las descripciones circunstanciales.

Otro tiempo tradicionalmente histórico es el *pluscuamperfecto* de indicativo *(había amado),* que los autores de obras narrativas emplean en la frase principal, para señalar, de un modo inconfundible, que la narración es perfecta y ha cumplido bien su cometido:

Llegué con el tiempo contado; creí que HABÍA COMENZADO *el espectáculo. Sin embargo los músicos ni siquiera* HABÍAN EMPEZADO *a templar sus instrumentos, aunque ya* HABÍA PASADO *en cinco minutos la hora.*

Con este ejemplo hacemos ver cómo el escritor marca con los *pretéritos pluscuamperfectos* la acción terminada.

En cambio el *pretérito imperfecto,* de que hemos hablado, se tiene en cuenta para «las descripciones» y para señalar lo contrario de una acción terminada o mejor para indicar una acción «durativa e imperfecta»: *en aquel tiempo* FLORECÍAN *los mejores poetas.*

Con este ejemplo queremos aclarar cómo en el pasado los poetas tenían un florecimiento interrumpido, no acabado.

Estos tres tiempos *(pretérito absoluto, pretérito imperfecto* y *pluscuamperfecto de indicativo)* son los propiamente históricos (18).

Podrá alguno aducir que también los historiadores emplean el *presente de indicativo* (ya hemos hablado de ello) y el infinitivo de presente, pero es posponiéndoles en cada caso el apellido de presente o infinitivo *históricos.* Ejemplos en español: *Empieza el juego, saltan al campo los equipos, se echan las suertes, se intercambian los banderines,* etc.

Como hemos indicado en otro lugar estos presentes teatralizan con una especie de presencia lo que ha ocurrido, animando el poder de la descripción. Puede el lector hacer la prueba de sustituir estos *presentes* por *pretéritos absolutos* y comprobará su total equivalencia.

Ejemplos de infinitivo histórico en español: Hablan dos señoras de sus chicas sirvientas y dice la una a la otra: —*La mía es muy tranquila, no tiene en cuenta sus obligaciones; se levanta cuando quiere; procura hacer lo menos posible. Entretanto yo* PONER *la mesa,* FREGAR *los cacharros,* LLEVAR *los niños de paseo e incluso algunos días* HACER *las camas.*

2.º Otros matices de significación del pretérito absoluto, el imperfecto y el pluscuamperfecto de indicativo:

a) El *pretérito absoluto* o *perfecto intemporal.* Es un tiempo sin tiempo. Hasta que no viene la cronología no se hace temporal. Por ejemplo: *el día dos de mayo se alzaron los patriotas contra el invasor.* Solamente sugiere lo pasado. Por eso es intemporal. Lo hace de una manera confusa. La vaguedad es la condición de este pasado, como la inquietud es propia del futuro.

El *pretérito absoluto* (amé) expresa que lo que enuncia es anterior al momento del diálogo, sin decirnos si el hecho quedó acabado. Indica simplemente la significación verbal como hecho ocurrido en el pasado: *Vine, vi, vencí. Nací en 1913. Jamás vi tanta prudencia. Cayó la fortaleza.*

Cuando se acerca a la estación puede decir el viajero: *¡Ya* LLEGUÉ! Contraposición del pasado con el presente: *¡Aquí* FUE *Troya!*

---

(18) Estos mismos tiempos en griego se llaman «históricos», por servir al estilo narrativo. Llevan un prefijo llamado «aumento» en el indicativo (ἔλυον, ἔλυσα, ἐ-λέ-λύ-κειν) para que no haya duda de que se emplean en la narración exclusivamente. En cuanto pasan a otro modo no llevan aumento.

b) El *pretérito imperfecto* (*amaba*) nos interesa por su duración y no por su comienzo ni por su término. La acción está completa. Expresa una acción pasada respecto de otra pasada: *Cuando saliste del teatro,* LLOVÍA.

Es como un presente en el pasado: TRABAJABA *mucho. Cuando tú* IBAS *yo* VENÍA.

A veces el imperfecto se presenta con apariencias de un tiempo absoluto: *los romanos* CULTIVABAN *el derecho.* DECÍA *Carlos V.* Y*o* TENÍA *una novia...*

Existe una fórmula para indicar las acciones intentadas o solamente iniciadas; es el *imperfecto conativo: precisamente ahora* SALÍA *de casa* (= *estaba a punto de salir).*

El llamado *imperfecto de cortesía* o deseo: *venía a cobrar esta factura* (en este caso «deseo», «vengo a cobrar» o «deseo cobrar»); VENÍA *a ver al director* (en este caso es de «cortesía»: *vengo a ver).* Al no mencionar la realidad histórica, se escuda contra una posible negativa.

c) El *pretérito pluscuamperfecto (había amado).* Expresa un hecho anterior a otro hecho del pasado. La acción se considera completa: Y*o* HABÍA SALIDO *cuando tú entraste.* Como el imperfecto, puede representar un *valor irreal: Si hubiese estado en casa, te* HABÍA DADO *de merendar. Señor, si hubieras estado aquí, no* HABÍA (por «hubiera») *muerto mi hermano* (Jn. XI-32).

El pluscuamperfecto latino *amaveram* ha pasado al imperfecto de subjuntivo *(amara).* El español optó por la forma perifrástica: *había amado.*

3.º El pretérito actual y pretérito anterior de indicativo:

1) El *pretérito actual (he amado).* Significó primeramente el resultado presente de una acción pasada: HE GUARDADO *unas joyas,* quería decir: *tengo guardadas unas joyas.*

Modernamente significa la acción pasada vista desde el presente y en relación con él: HA SUCEDIDO lo que se *esperaba.* La relación puede ser de un pasado *inmediato (he dicho = acabo de decir)* o de un lapso de tiempo que no ha terminado todavía. *Durante este siglo* SE HAN HECHO *grandes obras de ingeniería.*

Se usa también para acciones alejadas del presente:

José María ESTUVO *en Roma* (no tiene conexión con el presente), se diferencia de *José María* HA ESTADO *en Roma.* En este ejemplo enunciamos un tiempo pasado con interés actual o *pretérito perfecto actual.*

En la fórmula: *he visitado hoy al presidente,* el hecho de la visita se ultima dentro del momento presente.

2) *Pretérito anterior (hube amado).* Expresa una acción pasada anterior a otra pasada: *Apenas* HUBO AMANECIDO, *me puse a escribir.* Este acto de *escribir* sucedió en un tiempo pasado, pero el *amanecer* fue inmediatamente antes.

Este tiempo no se emplea apenas en la lengua hablada, y poco en la literaria. Se sustituye por el *pretérito absoluto* y el *pluscuamperfecto* de este modo: *Apenas* AMANECIÓ, *me puse a escribir.*

4.º Distinción psicológica entre las fórmulas «amé» y «he amado»: La fórmula «amé» del pretérito absoluto o perfecto intemporal y la otra «he amado» del pretérito actual coinciden en significar hechos anteriores al momento del que habla, en cuanto que han transcurrido, no durante el acontecer.

Amé y *he amado* no se refiere el uno a algún hecho más antiguo que el otro. La diferencia radica en la extensión que quiera darle el hablante en el momento de su diálogo. Se trata de matices estilísticos, que no todos pueden captar en su culta expresividad.

Si para el hablante la acción de *amar* tiene relación temporal con el presente, en su psicología amorosa empleará el pretérito actual *(he amado);* si por el contrario su vínculo amoroso no cae dentro de ese presente *psicológico* se valdrá del perfecto intemporal o pretérito absoluto *(amé).*

El presente psicológico tiene una extensión subjetiva muy variable, puede comprender un momento o muchos años. Ejemplos: *esta mañana* HIZO *sol* se refiere únicamente a medio día escaso; *esta tarde* HA NEVADO tiene como presente psicológico el día de «hoy».

En la estimación del pasado remoto o próximo intervienen la distancia temporal (objetivamente) y el interés por la acción (subjetivamente).

También existe regionalmente alguna preferencia por uno y otro tiempo, aunque la tendencia es a fundir los usos de los dos pretéritos: mientras en Madrid se prefiere el pretérito actual *(me he comprado un coche,* en vez de *me compré...),* en gran parte de Andalucía se habla con la forma contraria: «me compré». En casi toda América se dice mejor *salí ayer* que *he salido ayer.* En Galicia y Asturias muestran cierta predilección por el perfecto absoluto *(amé)* en vez del actual *(he amado).*

5.º Los futuros de indicativo: *a)* El *futuro absoluto (amaré)* expresa acción que ha de realizarse y no se da por acabada. Por la idea de inseguridad que ofrece, frente a la objetividad exacta del presente y del pasado, parece quedar equidistante entre la seguridad objetiva del indicativo y la modalidad afectiva del subjuntivo. Su afirmación es terminante: SALDREMOS. *Mañana* COMEREMOS *en el jardín.*

Se formó por la fusión de un infinitivo y el auxiliar *haber: amar he = amaré; amar has = amarás.* Estas formas nos llevan por la mano a las perífrasis del futuro de muchas lenguas romances. El español se vale de *haber de, tener que* o *ir a: he de amar.* El francés usa el verbo *querer: je veux vous dire,* «yo quiero deciros» o «decirte».

Es lástima que en algunas naciones hispanoamericanas se sustituya el futuro absoluto por un tiempo de obligación o con *de haber: El camino* HA DE LLEGAR («llegará») *con el tiempo hasta tu finca.* Además de empobrecer el idioma, el futuro absoluto pierde matices diferenciales (19).

b) El *futuro de obligación* indica seguridad en el cumplimiento futuro de una orden: SE PRESENTARÁ *en la oficina de la empresa. Me* TRAERÁS *la maquinilla de afeitar.*

El mandato puede manifestarse con unos modales suaves y corteses en forma de pregunta: *¿Me acompañarás a cenar? ¿Me dirás si te agrada el regalo? ¿Acudirás a mi cita esta tarde?* La primera modalidad tiene carácter imperativo.

c) El *futuro de posibilidad,* en sentido figurado, expresa probabilidad o duda: SERÁN las diez. *Ahora* ESTARÁ *tu padre en la oficina. ¿Qué hora* SERÁ?

Se llama también *futuro hipotético (¿estará enfermo?)* En los períodos condicionales se da el *futuro potencial: Si* VINIERA *con malos modos, le* RESPONDERÉ *con acritud.* Está en una atmósfera de posibilidad de que ocurra o de que no ocurra.

d) Futuro empírico. Se funda en la experiencia. Predice los hechos con precisión y seguridad. Ejemplo: *Cuando el toro está en la piara tírale una piedra: no te* ACOMETERÁ.

6.º Modalidad especial del futuro inmediato: El *futuro inmediato* o de la víspera (el *mediato* es el corriente) es una proyección de los deseos que van a realizarse: *Me* VOY *a* HACER *un traje.* Equivale al futuro en *-urus* latino. Esencialmente consiste en *estar a punto de,* en *ir a.* Ejemplo latino: *Caesar, morituri te salutant (César, los que van a morir te saludan).*

Se ha ido gastando el futuro normal y sustituyendo por el inmediato (ME HARÉ *un traje = Me voy a hacer un traje).*

Dice Pemán que el mes de marzo es el mes de vísperas; presiente la primavera, tiene el pálpito de lo que va a nacer, alma en yema e ilusión en capullo. Es una proyección en deseos que van a realizarse, siempre mejor que la misma realidad.

---

(19) Cuatro tipos de *futuros ciceronianos:*

a) Si cras venis, proficiscemur. Si vienes mañana, SALDREMOS. Se dan aquí dos futuros: el uno, con el presente *(si vienes);* el otro, con el futuro absoluto *(saldremos).* Es muy nuestro este giro.

b) Si cras venies, proficiscemur. Si vendrás mañana, SALDREMOS. Es más latino que el anterior. No se usa en español.

c) Si cras veneris, proficiscemur. Si habrás venido mañana, SALDREMOS. Muy latino y marca la relación del tiempo, como si dijera: *Si llegas a venir mañana,* etc.

d) Si cras veneris, profecti érimus. Si vendrás mañana (o *llegas a venir mañana),* HABREMOS SALIDO. No es disparatado, sino expresivo y un poco enigmático. Quiere decir: *Tú ven mañana, que, como vengas, por mí no queda. Lo que hace falta es que tú cumplas.* Por eso usa el perfecto, para reforzar la idea de seguridad.

La equivalencia castellana resulta pobre. En todas, menos en la última fórmula, se traducen por el presente-futuro y por el futuro de la principal: SALDREMOS.

La descripción de marzo es esta:

.«*Venturoso galán afortunado,*
que muere en flor
cuando la amada llega.»

He aquí una comparación poética de lo que es el futuro *inmediato*, el *estar a punto de...*, presentimiento de vísperas.

7.º El futuro compuesto «habré amado»: Este futuro indica acción venidera anterior a otra que ha de realizarse: *Cuando llegue de la calle tu hermano,* HABRÁS PREPARADO *la cena. Mañana a las once me* HABRÉ EXAMINADO *ya.*

Hay un futuro compuesto *de sorpresa* por el que manifestamos asombrarnos ante un hecho pasado: ¿HABRASE VISTO *cosa igual?*, y otro *de probabilidad* que indica la acción dudosa o supuesta en el pasado: HABRÁN DADO *las doce* (supongo que han dado). *No* HABRÁ SABIDO *explicarse* (supongo que no habrá sabido...). *Ya* HABRA *empezado la comedia.*

48. Relación temporal en el subjuntivo

Presente.
Pretérito imperfecto.
Pretérito perfecto.
Pluscuamperfecto.
Potencial simple.
Potencial compuesto.
Futuro hipotético.
Futuro hipotético compuesto.

Los tiempos del subjuntivo expresan una relación más indeterminada que los de indicativo. En las frases subordinadas, el subjuntivo se rige por el tiempo de la principal, según la llamada correlación de tiempos. La significación temporal también está en cada caso, regida por la del tiempo de la principal. Por su irrealidad las formas son muy claras.

Los tiempos del subjuntivo son relativos y dependen de la subjetividad del que dirige el diálogo (20).

1.º El presente *(ame)* participa de la naturaleza del presente y del futuro: *No creo que tu padre* PIENSE *eso,* se refiere a la actualidad; pero si digo: *Quiero que vengas pronto a mi finca,* es un hecho pensado en futuro: *No creo que* HABLEN; lo mismo podemos referirnos a una acción presente que futura.

Esta identificación de futuro y presente hace que en las frases tem-

---

(20) Ocho clases de subjuntivo en ejemplos: 1.ª Irreal de presente: *El periódico no dice que acuda mucha gente.* 2.ª Irreal de pasado: *Si Cervantes hubiera sido hombre adinerado, se hubieran frustrado muchas de sus obras.* 3.ª Optativo o desiderativo: *¡Que haya perecido Troya!* 4.ª Concesivo de frase principal: *Poco importa que no hayan vencido.* 5.ª Dubitativo: *Si fuere necesario, se concederá la beca.* (Se emplea mejor el presente de indicativo: «si es necesario»). 6.ª Potencial: *Tendría entonces cuarenta años.* 7.ª Exhortativo: *¡Vayan todos, y yo el primero, por la senda constitucional!* 8.ª Imperativo: *Lleve cada viajero su billete.*

porales el presente de subjuntivo sustituya al futuro absoluto de indicativo: *Cuando* VENGA *tu hija será ya tarde* (en vez de *cuando vendrá).*

Suele depender de un verbo en presente, en pretérito actual o en futuro. Puede ser independiente con el significado de deseo o duda. *Quizá* VAYA *al teatro.* ¡VIVA *España!* Este *viva* por un hecho funcional, está pasando de forma verbal a un hecho interjeccional. Es el imperativo latino *age*, que da la interjección *¡ea!*, usada para estimular o excitar.

Observación: En los códigos, el subjuntivo es esencialmente un futuro o más precisamente un *presente-futuro*, ateniéndonos sólo al presente y al imperfecto, que es lo que los gramáticos llaman *subjuntivo propio* (se refieren al presente), mientras que el perfecto y pluscuamperfecto se llaman *subjuntivo impropio.*

Cuando digo: *¡Qué* APROVECHE!, expreso en el presente el deseo de que se asimile bien la comida en el futuro (el latín *prossit)* o beneficiosamente. Tan futuro es que, como hemos dicho antes, en griego no se usa el futuro en modo subjuntivo, porque este modo está saturado de futurización y, por tanto, no necesita de futuro.

El subjuntivo es una mirada de deseo con una cabeza de puente en el presente: *¡Que* APROVECHF!

2.º El *pretérito imperfecto* tiene dos formas no siempre equivalentes: *amara* y *amase; temiera* y *temiese (-ara, -era).*

Expresa una acción pasada, presente o futura, con límites imprecisos: *Te dije que* VINIESES, puede tratarse de ayer, de hoy o de mañana. Tiene un sentido de acción no acabada.

Las formas en *-ara, -era* pueden identificarse con el potencial simple. Ejemplos: *¡Nadie lo imaginara! ¡Quién lo dijera!*, pueden convertirse en *¡Nadie lo imaginaría! ¡Quién lo diría!*, pero nunca *¡Nadie lo* IMAGINASE! *¡Quién lo* DIJESE!

El pretérito imperfecto de subjuntivo depende de otro verbo en pretérito perfecto absoluto, imperfecto, pluscuamperfecto o potencial: *Te dije (decía, había dicho, diría, habría dicho) que* CALLASES. Como independiente expresa un deseo poco realizable: *Ojalá* VOLVIERAN *otra vez;* o duda con mirada al pasado: *Quizá* VOLVIESEN *esta tarde,* o hacia el futuro: *Quizá mañana* FUESE *pronto.*

Se ha extendido el uso indebido de la forma *-ra* por el pluscuamperfecto: *Aquel orador sagrado que tantos sermones* PRONUNCIARA *(pronunció).* Es una forma abusivamente empleada por autores contemporáneos de mediana calidad, con detrimento de la hermosa precisión de nuestro idioma. *(El adiós que le diera,* «le había dado».)

La forma en *-ra* equivale a *-se* en la prótasis de las frases condicionales. *-ra* equivale a *-ría* en la apódosis. Se usó mucho en la época clásica:

> *Aunque no* HUBIERA *cielo yo te* AMARA,
> *y aunque no* HUBIERA *.nfierno te* TEMIERA.

Es de notar el valor indicativo de *-ra,* que equivale a *-ría* con significación potencial de modestia.

La forma *-se* viene del latín *amavissem* (pluscuamperfecto de subjuntivo). De aquí que existan todavía formas como *Si* ESTUVIESE *presente*, no lo consentiría, en vez de: *Si* HUBIESE *estado presente*...

Depende de cada región la preferencia de *-ra* o *-se*, cuando son formas equivalentes. *Si Napoleón* VIVIERA *hoy* = *Si Napoleón* VIVIESE *hoy*.

En el norte de España y en América se emplean las formas del potencial por el imperfecto de subjuntivo: *si yo marcharía a Burgos*, por «yo marchara»; *si yo diría* por «yo dijera».

1.º Los dos pretéritos, el perfecto y el pluscuamperfecto del llamado «subjuntivo impropio»: Estos dos tiempos (el *pretérito perfecto* y el *pluscuamperfecto*) pertenecen al *subjuntivo impropio* (en latín «legerim» y «legissem»), porque no ofrecen proyección hacia el futuro, que es condición indispensable del modo subjuntivo, esencialmente futurizado. Unicamente estas formas pueden tener valor futural en un conjunto sintáctico y en virtud de la correspondencia de tiempos: *Sabía que* HARÍAS *lo que* HUBIERAS PENSADO *en ese momento.* El verbo de la frase principal es pasado. La completiva es un futuro expresado en un pasado. El pluscuamperfecto que figura en la frase se contamina de la misma futurización.

a) El *pretérito perfecto (haya amado)*. Su significación es de pasado y expresa además acción acabada: *Espero que* HAYA TERMINADO *la función de teatro cuando vuelva.*

Equivale a un futuro de acción terminada en relación con *volver*. Otro ejemplo: *No creo que Juan se* HAYA ESCANDALIZADO *por tan poca cosa. Escandalizarse* aparece aquí como acción pasada y no terminada.

El pretérito de subjuntivo se subordina con frecuencia al presente y futuro de indicativo: *me alegro (o me alegraré) de que Michèle te* HAYA LLAMADO. Se halla en frases temporales, condicionales y de relativo.

b) El *pretérito pluscuamperfecto (hubiera o hubiese amado)*. Corresponde en subjuntivo a los tiempos pluscuamperfecto de indicativo y potencial compuesto de subjuntivo. Expresa una acción pasada respecto de otra también pasada: *No sabíamos los de casa que tu hermano* HUBIERA GANADO (o *hubiese ganado) el campeonato. Hubiera ganado* supone un hecho ya sucedido en relación con otro también pasado. También tiene sentido de posibilidad en el pasado: *Nadie lo* HUBIERA *creído* (o *hubiese)*.

2.º Potenciales y futuros hipotéticos de subjuntivo: Hemos dedicado un epígrafe especial (número 45) al potencial con sus tiempos dependientes del subjuntivo y en algún caso del indicativo. No es un modo especial y tiene un sentido futural y de posibilidad que se explica por un *presente-futuro*. Repasemos algunas matizaciones de los dos potenciales, del simple y del compuesto.

a) El *potencial simple (amaría)* indica un hecho futuro, relacionado con un hecho del pasado. Es un tiempo relativo:

Dijeron que SALDRÍAN *de paseo*

El potencial es un futuro afinado, respetuoso, lleno de dudas, tímido, condicionado:

Si me tocara la lotería (en presente) INSTALARÍA *una granja avícola.*

Potencial de miedos, de cortesía, de respeto a Dios. Se sobrentiende siempre una de estas fórmulas: *Si Dios lo* PERMITE. *Si* CONSERVO *la salud. Si no me* FALTA *la voluntad. Si* ES *negocio para entonces.*

En Alava, Burgos y Santander, usan la forma *-ría* en la protasis (Lo hemos hecho notar antes): *Si* VENDRÍAS *a casa, iríamos* de excursión; o en las subordinadas de carácter objetivo: *El me dijo que le* ENSEÑARÍA.

El potencial es un puente entre el presente y el futuro. Siempre está compuesto de presente y futuro: *Si vinieras pronto mañana,* MARCHARÍAMOS *al campo.*

Potencial es la expresión de una hipótesis que tiene que aceptar el interlocutor como posible: *Si un hombre estando cuerdo te dejara una espada y te la pidiera estando loco,* SERÍA *una imprudencia devolvérsela.*

b) El *potencial compuesto (habría amado)* expresa una posibilidad que cabe en cualquier momento, pero dando el hecho por terminado: *Supuse que en aquel momento ya* HABRÍA TERMINADO *la carta.* Puede indicar posibilidad y probabilidad, como el potencial simple: *Me* HABRÍA GUSTADO *hablarle.*

Potencial compuesto específicamente en el pasado. Indica una posibilidad mientras está representada por el pasado y ha terminado en el momento en que se comenta. Ejemplo: *Se* HUBIERA *creído muerto* y «se le hubiera creído muerto; pero ahora está mejor que nunca».

c) Los *futuros hipotéticos (amare* y *hubiere amado)* expresan acción futura, imperfecta en la forma simple y antefutura en la compuesta: *Si alguien* INFRIGIERE *esta ley, será castigado. Si alguien* DUDARE *de mi palabra, yo le sacaré de dudas.*

El verbo *dudar* se refiere al momento actual o al futuro: *Si para el 5 no* HUBIERE TERMINADO, *que deje el trabajo.*

Los dos futuros hipotéticos se emplearon bastante en el siglo XVIII, pero limitados a las frases de sentido condicional. Hoy han desaparecido de la lengua hablada y casi de la escrita. Quedan en algunos modismos, como FUERE *lo que* FUERE; *si* FUERE *necesario.* Permanece además en el uso pedante o en la cultura débil de algunas personas que desarticulan el lenguaje, de manera afectada, con intención de mostrar equivocadamente un refinamiento de superioridad.

49. El imperativo

El *imperativo (ama tú)* se emplea en la frase imperativa o exhortativa (como un mandato, ruego o petición) o en las formas del subjuntivo indicadas para esto: ABRE *la puerta* y SAL *pronto;* PEGA, *pero* ESCUCHA; VUELVA *usted mañana. No* QUIERAS *ser tan listo.*

Según Bello el imperativo «es una forma particular del modo optativo, que jamás tiene cabida sino en proposiciones independientes». Ni se subordina ni puede subordinarse a expresión alguna. Por esto muchos gramáticos no lo consideran modo independiente.

Las fórmulas abreviadas de mandato, *di, ven, hablad, escribid* y otras semejantes las considera Bello *(Gram.,* núm. 467a) como expresiones abreviadas de «quiero que digas», «deseo que vengas», etc., y para reproducir en tiempo pasado esos imperativos decimos: *Me mandó que hablase; nos rogó que escribiéramos,* etc.

Escribimos con la forma imperativa: SE *hombre honrado* y con la optativa: «no murmures», «nunca faltes a la verdad». Deseo lejano propio de pretérito imperfecto de subjuntivo: *¡Ojalá lloviera mañana!* El pretérito perfecto manifiesta un deseo y se refiere a un hecho pasado, cuya realización ignoramos todavía: *¡Ojalá* HAYA LLEGADO *el tren a su hora!* Otras veces se construye el imperativo con pluscuamperfecto, si el deseo se refiere a una acción que no se realizó: *¡Ojalá hubiese llegado el tren a su hora!*

El matiz de la lengua al servicio de la idea se da también en el imperativo, condicionado al presente o al futuro: COGE *ese papel.* Si se refiere al futuro, con frase compuesta: *Es necesario que cojas número para el especialista.* Con empleo del futuro: IRÁS *a tal sitio,* TE DARÁN *la respuesta y* LA DEJARÁS (o la dejas) *en la oficina.*

Existe un imperativo del pasado. Ejemplo: *haberle llevado al médico,* que equivale a: «has debido llevarle al médico». «Yo te hubiera mandado que en esa circunstancia le hubieras llevado al médico.»

Algunos gramáticos, incluyendo a SALVÁ *(Gram.,* p. 60) no admiten en el imperativo más tiempo que el futuro o llaman *futuro* al «presente» *(ama tú; concede tú, combate tú).*

Es menester hacer análisis de algunas fórmulas equivalentes al imperativo: *Tenga usted la bondad. Haga usted el favor,* y las que pueden confundirse con otras formas verbales: *No* FUMAR. EXAMINAD *las palabras y* VERÉIS *las intenciones.*

50. Las formas nominales del verbo no son personales. Naturaleza del infinitivo, gerundio y participio

Estas *formas nominales del verbo no son personales:*

Los tres derivados verbales —el *infinitivo* (sustantivo verbal), el *participio* (adjetivo verbal) y el *gerundio* (adverbio verbal)— no son formas personales, porque no expresan ninguna de las seis personas del verbo, aunque le imitan en la manera de construirse con otras palabras. LENZ las llama *verboides*.

Nosotros preferimos la designación académica, a pesar de que el término nominal no convenga perfectamente al *gerundio*.

No expresan por sí mismas el tiempo en que ocurre la acción, que se deduce de la frase en que se encuentran o de los adverbios acompañantes. Las tres formas son aptas para la pasiva y muestran su carácter perfecto o imperfecto para la acción. Pueden formar frases conjuntas o adquirir cierta independencia.

El *infinitivo (amar)* es una realización en un tiempo indefinido; el *gerundio (amando)* considera la acción en su tiempo durativo, y el *participio (amado)* es perfectivo en su acción. El *infinitivo* tiende a las perífrasis relacionadas con el futuro *(he de amar)*, que han dado el futuro *amaré*, la forma potencial y los futuros subordinados: *amaría*, de *amar habría;* el *gerundio* cuida de las frases verbales durativas *(estar comiendo)*, y el *participio* lleva su valor perfectivo a la voz activa *(he amado, había temido)*. Asimismo, en algunas formas activas *participiales: Ese joven está* BEBIDO. *La recién* PARIDA. *Es hombre muy* LEÍDO.

1.º El «infinitivo» como sustantivo, como verbo y con preposición: Funciona como sustantivo y como verbo. Es una forma «híbrida« o un «verboide», es decir, unas veces se identifica con el sustantivo; otras se aproxima más a la acción verbal.

Es el nombre del verbo expresado por un sustantivo verbal masculino y en latín neutro: *Dulce et decorum est pro patria* MORI («Es agradable y honroso MORIR por la patria»). En español: «*el* dulce *lamentar* de los pastores».

Algunos se han sustantivado de una manera fija: *haber* y *deber*. Puede llevar artículos y pronombres: *el* PASEAR, *un* SUPONER, *mi* PARECER, *el mismo* CANTAR (21).

El infinitivo, nombre abstracto de acción, denota la significación del verbo, sin concretar el tiempo, el número ni la persona. La acción se puede referir a cualquier persona y en cualquier tiempo.

---

(21) El infinitivo, como verbo, se usa mucho en francés, a veces con la preposición *de: Il est impossible de partir*. Entre otros muchos valores, admite: El infinitivo narrativo: *Il se plaignait de n'avoir personne pour prendre sa succession*. Infinitivo deliberativo: *Mais comment croire à notre paix?* Infinitivo exclamativo, acaso como variante impersonal del subjuntivo: *Ah!, refaire à mes yeux une vision neuve*. Infinitivo imperativo: *Faire revenir à feu doux*. Otro ejemplo de preposición, equivalente a nuestro subjuntivo: *Je lui demande de venir, Le ruego que venga*.

En latín, el infinitivo se declina con las desinencias de los distintos casos de un adjetivo verbal en género neutro: *Scribere*, «escribir» *(scribendi*, «de escribir»; *scribendo*, «para escribir», etc.). La declinación del infinitivo en latín es el llamado «gerundio», y no es otra cosa que nuestro infinitivo con preposición: *ars amandi, arte* DE AMAR. Es decir, el latín acude a las desinencias del género neutro del adjetivo verbal en *-ndus*. En griego se declina el infinitivo con el artículo prefijado en cierto modo. En latín, el adjetivo verbal en *-ndus*, que reemplaza al gerundio, se llama *gerundivo*. Originariamente tenía sentido activo o causativo.

Cuando se sustantiva se construye con preposición y puede expresar sus relaciones con los otros elementos sintácticos: *Vienen* A CANTAR, *Fácil* DE DECIR *y difícil* DE HACER. *Los cacharros* SIN FREGAR. *Se esfuerza* POR SALIR.

Esto es lo que en latín se llama «construcción gerundial» y también «de supino»: *Eo cubitum* (Voy a acostarme); *Facile dictu* (Fácil de decir). *Nititur exeundo* (Se esfuerza por salir).

En la frase, lo mismo que un sustantivo, el infinitivo puede ir como sujeto, predicado o complemento directo.

La declinación del infinitivo en español se soluciona con las preposiciones: *modus vivendi* (un modo de vivir). Como forma nominal puede llevar artículos y adjetivos que lo determinen: «*con un ciego correr que al rayo excede*» (Campoamor). Con adjetivo: *Al buen callar llaman Sancho.*

Como *verbo* el infinitivo admite pronombres enclíticos y puede ser pasivo: *El* DECIRLO *es tan bonito. He venido a* HABLARTE. *Muchos quieren* SER *aplaudidos. Digno de* SER *estudiado.*

Aun sustantivados admiten la construcción verbal con adverbios: *Ese* INSISTIR CONSTANTEMENTE *en lo mismo.* El sujeto de infinitivo es el mismo que el de la frase principal. Única forma de infinitivo en construcción concertada que ha quedado en español respecto del latín. Puedo decir: *Quiero triunfar,* pero tengo que decir: *Quiero que triunfes.*

Hace de predicado con el verbo *ser* y otros *(parecer* y *semejar): Todo ha de* SER PREOCUPARTE *de tu novia. Dos cosas importantes: la una* ES CREER en Dios la otra AYUDAR *al prójimo. El techo parecía* HUNDIRSE.

Ejemplo de infinitivo sujeto: *Saber lo que es un nido es cosa grave* (Campoamor), Infinitivo complemento:

> «Te pintaré en un cantar
> la rueda de la existencia:
> pecar, hacer penitencia
> y luego vuelta a empezar.»
>
> CAMPOAMOR.

Pueden llevar sujeto indeterminado o con la preposición *de:* VENGO *a* LIQUIDAR *mi cuenta. Querían visitar España.* AMAR *es soñar y* VIVIR *es olvidar. El dulce* LAMENTAR *de los pastores. El* TITILAR *de las estrellas.*

Infinitivo como complemento directo, indirecto y circunstancial: *Quiero* TOCAR *el piano* (directo sin preposición). *Voy a* PASEAR *un poco. Están aquí* PARA VER *los toros* (indirecto con preposición). *Se alegrará* DE RECIBIR *mis noticias. Le saludé* AL SALIR *del teatro. Con* VIAJAR *tanto, no es feliz* (circunstancial con preposición).

El infinitivo *con preposición* equivale a veces a gerundio: *La encontré* AL SALIR (saliendo).

Tiene más vigencia el infinitivo condicional con la preposición *se;* en cambio con *a* tiene menos uso, salvo la práctica conversacional de algunos modismos: A NO SER *por tu brújula, nos hubiéramos despistado;*

A JUZGAR *por su simpatía era española:* A DECIR VERDAD, *no me interesa.*

Existe una moda galicista que se ha de desterrar: consiste en el uso de a + infinitivo. Puede corregirse con *por* o *para* e infinitivo. Ejemplos: *trabajo a realizar; casa a construir.* Quedan reemplazadas estas formas así: *trabajo* PARA *realizar* y «casa PARA construir» o «trabajo *que se ha de* realizar».

Infinitivo *preposicional* de tipo latino: *Inter optime valere et gravissime aegrotare nihil prorsus dicebant interesse.* «Afirmaban que no había ninguna diferencia entre estar sano y estar enfermo *(Cic.* Fin., 2, 43).

El *infinitivo-aposición* también de tipo latino: *Me hoc ipsum, nihil agere... delectat.* «A mi esto mismo, el no hacer nada, me agrada.»

Infinitivo *adumbrativo* o *de bosquejo.* Especie de infinitivo histórico (del que ya hemos hablado, núm. 47-1) o manera de describir con leves sombras, en una vaguedad expresiva y llena de suposiciones. Por eso mismo lleva más carga de intención y sentido, sin acudir a lo concreto, al contorno, o la línea, ni a la dimensión. Ejemplo: *Te lo tengo que hacer todo: yo* ESCRIBIR *tus cartas,* BUSCAR *tu abrigo* y COGER *tu paraguas. Ella no hace nada. Y entretanto, yo* PONER *la mesa,* FREGAR *los platos* y LLEVAR *los niños a paseo... en fin,* yo LLEVAR *toda la casa.* (Aquí el *yo* tiene valor enfático y un poco antitético o de contraposición de acciones.)

En los historiadores latinos, como Salustio (final de la *Guerra de* Y*ugurta)*, es muy frecuente. Recordemos, entre los narradores españoles la descripción de la feria en las *Escenas andaluzas* de ESTÉBANEZ CALDERÓN. Algunas formas corrientes: *Aquello era* PREGONAR, VENDER, etcétera.

2.º Los dos participios: El de *presente* se usa poco, pero tuvo un empleo muy frecuente en la Edad Media. Hoy se reduce a un adjetivo formado mediante el sufijo *-ante* o *-iente,* que tiene común con el participio activo su significación verbal: *amante* (el que ama), *oyente* (el que oye), *hiriente* (el que hiere), *participante* (el que participa), *plasmante* (el que plasma).

La Gramática de Bello no comprende entre los participios los *activos* (en *-ante* o *-ente),* porque no son propiamente *derivados verbales,* esto es que participen de la naturaleza del verbo y admitan sus construcciones. No tienen como las verdaderas formas nominales o verbales afijos ni enclíticos *(le amo, amándole,* le *habré amado, leyéndole,* etc.) ¿Podría jamás decirse *amántele, leyéntele la carta?* «No tenemos en castellano participio alguno *activo,* fuera del que se construye con *haber* y al que he preferido llamar sustantivado.» *(Gram.,* p. 1.114, nota.)

En latín, lo mismo el participio adjetivado que el sustantivado se resolvían o equivalían a una frase de relativo: *appetens = is qui appetit* («el que apetece o desea»); *dicentes = ii qui dicunt* («los que dicen»).

Las funciones del participio de presente se ejecutan por medio del gerundio español. Hay maneras censurables que atribuyen a la forma activa un valor de participio de presente francés cuando funciona como un adjetivo: *Une femme si vivante* (No se puede traducir: «una mujer *tan viviente*, sino una mujer *tan llena de vida.* Ejemplo de Duhamel: *Je le revois* ACTIVANT *d'un air pensif le soufflet.*

Conserva en algunos casos el recuerdo del participio de presente latino: *Es* MUY AMANTE *de su patria.* Funciona normalmente como adjetivo: *Se refiere al caballero* ANDANTE.

Una vez convertidos en adjetivos los participios de presente, muchos se sustantivan de una manera fija: *asistente, escribiente, presidente, dependiente; asistenta, presidenta.*

El participio pasivo: El participio *pasivo* proviene de la forma *amatus*, participio de perfecto de *amari* (ser amado), y mantiene en español los dos conceptos de pretérito y de pasivo (22).

La forma de pasado se usa con *haber* en los tiempos compuestos: HABÍA *temido.* El pasivo se emplea con *ser* en la llamada voz pasiva: FUI *amado.* En las perífrasis se usa con ambas nociones: *Tengo* PENSADA *una solución; Dejó* ENCENDIDA *la luz. Llevo* RECORRIDOS *cinco kilómetros.*

Los participios derivados de transitivos son pasivos. Si tienen uso reflexivo les corresponde un participio activo: *Problema* RESUELTO (participio pasivo); *hombre* RESUELTO (participio activo). *El asunto quedó bien* MIRADO (participio pasivo). *Hombre* MUY MIRADO (participio activo). *Error* DISIMULADO (participio pasivo). *Joven* DISIMULADO (participio activo).

El participio de los verbos intransitivos y reflexivos, por tanto, tiene significación activa: *acostumbrado* (que acostumbra), *arrepentido* (que se arrepiente), *atrevido* (que se atreve), *comedido, osado, parecido, porfiado, preciado, presumido, recatado, sentido, valido.*

Participios en función verbal y adjetiva: *atendido, atento; despertado, despierto; prendido, preso; elegido, electo.* Son formas fuertes: *absorto, atento* y *culto,* y débiles, *absorbido, atendido* y *cultivado.*

Los cuatro valores del participio en *-to (-tus)* de origen latino, según E. Herzog *(Das «to» Partizip im Atromanischen,* 1910) conforme a la voz y el tiempo dan esta escala:

a) Pasivo y pretérito: *Caro cocta* (carne cocida), *opus perfectum* (obra acabada). (De verbos perfectivos.)

---

(22) El participio español procede del indoeuropeo en *-to.* En una época muy antigua se combinó con el verbo *esse* (ser) y luego con *habere.* Al principio expresaba una mera característica verbal. En las lenguas itálicas adoptó una forma de pasado y pasivo. Más tarde formó la pasiva de los tiempos de perfecto latinos. Como *adjetivo verbal,* tiene como oficio unirse a un sustantivo y entonces equivale a una frase completiva, o bien a una temporal, causal, concesiva, comparativa, condicional o modal. Cuando el sustantivo no entra en la frase principal se ponen él y el participio en ablativo y da lugar a la formación del llamado *ablativo absoluto: Perditis omnibus rebus, tamen ipsa virtus se sustentare posse videatur.* Aunque *se hayan perdido todas las cosas* (o *perdidas todas las cosas), sin embargo parece que puede sustentarse a sí misma la virtud.* (Cic., *Fam.*, I, 9-19.)

b) Activo y pretérito: *Cenatus* (que ha cenado); *mulier nupta* (mujer casada). (En verbos perfectivos, reflexivos o intransitivos, capaces de producir un estado de sujeto.)

c) Pasivo y presente: *amatus* (amado); *regio habitata* (región habitada). (En verbos imperfectivos.)

d) Activo y presente: *cautus* (p. p. de caveo, «circumspecto, seguro), *tacitus* (callado). (En verbos de carácter adjetivo.)

Apliquemos esta clasificación al español, siguiendo las líneas propuestas por el romanista alemán W. Mattihes, en otros cuatro valores:

1.º Pasivo y pretérito: *matado, acabado, atropellado, despertado, prolongado,* etc.

2.º Activo y pretérito: *Desaparecido,* etc., y los que pertenecen a verbos reflexivos: *salvado, casado, cansado,* etc.

3.º Pasivo y presente: *honrado, querido, despreciado,* etc.

4.º Activo y presente: *agradecido, callado, osado, sabido, presumido, sufrido.*

El participio en las *frases absolutas* corresponde al llamado en latín *ablativo absoluto* (núm. 25-50) ya explicado: *his dictis* («dichas estas cosas» o, mejor, «dicho esto»). Se debe llamar de «participio absoluto» - según ya explicamos, porque en griego no se usa el ablativo, sino el, genitivo (23).

También se emplean adjetivos por participios: FIRME *el pulso* y RECIA *la voz.* LIMPIA *la mesa.* DUDOSA *la empresa.* Aquí falta un *siendo firme.* Esto es herencia de la construcción latina: Rege Carolo III (tertio) (SIENDO rey Carlos III). Se suple *siendo,* porque en latín no hay participio de presente en el verbo *sum* (ser). Falta el verbo copulativo. Esto es muy frecuente en los refranes y sentencias breves: *A lo* HECHO *pecho* (con participio). *Perro* LADRADOR, *poco mordedor* (con adjetivo).

El sentido temporal o condicional de los participios se refuerza con adverbios y preposiciones: *Después de terminada la clase se presentó a su maestro,* INCLINADA *la cabeza y* CON *palabras humildes* (con la cabeza

---

(23) En griego, el participio, unido a un nombre o pronombre y construido en *genitivo* o *acusativo,* indica las relaciones temporal, causal, final, concesiva e hipotética. Con genitivo: Περίκλέους ἡγουμένου πολλα καί καλά ἔργα ἀπεδείξαντο οι Αθηναιοι. *Mientras Pericles gobernó* (PERICLE DUCE), *los atenienses produjeron obras excelentes.* Con acusativo absoluto, en expresiones impersonales: δέον = *puesto que es preciso;* ἐξόν, παρόν = *puesto que es posible;* πρέπον = *ya que es conveniente;* δόξαν = *puesto que se ha decidido.* Ejemplo: οὐδεὶς ἐξὸν ἰρήνην ἄγειν πόλεμον αἱρήσεται. *Nadie, cuando puede hacerse la paz, desea la guerra.*

Al participio construido apositivamente, o en caso absoluto, se le añaden ciertas partícı las para darle más precisión, tales como: ἅμα *(juntamente),* μεταζύ *(en el intervalo),* τότε, εἶτα, ἔπειτα *(entonces),* καιπερ, καί *(aunque),* ὡς, ὥσπερ *(como, como si,* etc.).

inclinada). Ejemplo de matiz condicional: QUITADOS *los muebles, el edificio no vale gran cosa.* Podemos añadir un tercer ejemplo de valor concesivo, precedido de *aun.* AUN CONCEDIDO *el crédito, el agua no llegó al pueblo.*

De la forma absoluta del participio han salido participios pasivos, como *excepto* e *incluso;* participios de presente, como *durante* y *mediante* y un adjetivo, como *salvo: Ninguna defensa resistió,* INCLUSO *la del puerto. Dios mediante, todos,* SALVO *uno, se fugaron.*

Los adverbios en *mente* son la soldadura de un ablativo absoluto: *tristemente* o *siendo la mente* TRISTE. *Calladamente* o *con mente* CALLADA.

3.º El gerundio español: Nuestro *gerundio* es un traslado al español del gerundio de ablativo latino. Es adver. bial de *modo, instrumento y causa. Lo dijo* TEMBLANDO (modo); AHORRANDO *consiguió un capital* («por medio del ahorro», instrumento); ABANDONANDO *tus intereses has llegado a arruinarte* (causa).

La dificultad en el uso del gerundio nace de los abusos a que se ha sometido con el tiempo. En Hispanoamérica, bien sea por el influjo francés o por el roce con las lenguas indígenas, han sacado fuera de quicio sus formas: *Ir* YENDO, *Estar* SIENDO, etc. (no son frases correctas).

El valor más próximo al uso latino es el adverbial. Tanto su forma simple *(amando),* como su forma perfecta o compuesta *(habiendo amado),* indican la significación del verbo con un matiz adverbial de modo: *Se acercó* CALLANDO, expresa la manera de acercarse. Con su valor continuativo forma frases adverbiales de significación durativa o progresiva: ESTÁ *trabajando.* VA *corriendo.* VIENE *estorbando.* SIGUIÓ *luchando.* ANDA *proyectando un viaje.*

El hecho expresado por el gerundio simple debe ser anterior o simultáneo al de la frase principal y de la misma duración, nunca posterior: ENTRANDO *en la plaza, el toro* EMBISTIÓ *con fiereza* (la acción de entrar es anterior a la de embestir); *el toro* ENTRÓ *en la plaza,* EMBISTIÓ *con fiereza* (la acción de entrar y la de embestir son simultáneas); *El toro* ENTRÓ *en la plaza* EMBISTIENDO *al fin de la lidia.*

Si las acciones son independientes y simultáneas, es indiferente poner en gerundio uno u otro verbo: *La joven,* CANTANDO *alegremente,* MIRABA *al campo. La joven,* MIRANDO *al campo,* CANTABA *alegremente.*

Los gerundios tienen el mismo origen que los verbos a que pertenecen. Ejemplos: SALIENDO *de paseo.* LEYENDO *tu libro.* APLAUDIENDO *en el teatro,* etc.

La Academia *(Gram.,* núm. 453, p. 410) nos dice que el gerundio denota «la significación del verbo con carácter adverbial»: *andaba* GALOPANDO; *no le hables* GRITANDO, que equivale a: *andaba a* GALOPE; *no le hables a* GRITOS. Y añade que además de esta significación tiene la del participio de presente activo. Ejemplo: *En esta disputa,* LLEGANDO *los perros, pillan descuidados a mis dos conejos* (IRIARTE, *Fáb.,* II), donde el gerundio «llegando» es igual a «que llegaban» o si la lengua lo tuviera en uso, equivaldría al participio «llegantes».

4.º Vacilaciones en el gerundio: El primer peligro en estas vacilaciones es el uso de los galicismos en las traducciones. Puede darse el galicismo al traducir un adjetivo verbal o en la misma versión del gerundio: *Envió una caja* CONTENIENDO *bombones* (= que contenía). En el caso del Boletín Oficial: *Orden* DISPONIENDO (= que dispone). *Habiendo recorrido toda la plaza, tanto* YENDO *como* VINIENDO (traducción incorrecta del gerundio) (24).

Las vacilaciones pueden también proceder de los anglicismos. El uso incorrecto del gerundio es vicio español, francés y anglicano. Como en el francés existe en el inglés un peligro de gerundios anglicados, mal usados por contaminación en español (25).

Construcción de influencia es la combinación del verbo *estar* con el gerundio *siendo* y un participio de verbo de acción: *El coche* ESTÁ *siendo reparado*. La segunda modalidad inglesa es el empleo del gerundio con valor de participio. Coincide con el galicismo antes estudiado: *Una caja* CONTENIENDO *bombones (que contiene).*

Otros usos censurables del gerundio. Ejemplos prácticos: *Los enemigos se hicieron fuertes,* TENIENDO *pronto que rendirse. Un albañil se cayó del andamio,* MATÁNDOSE. *El senador pronunció unas palabras* RETIRÁNDOSE *a su puesto. Santiago agredió a Juan,* QUEDANDO *herido.* Sustituyen correctamente a sus correspondientes coordinadas copulativas: *un albañil* SE CAYÓ *del andamio y* SE MATÓ, etc.

5.º Gerundios completivos: Si se refiere al nombre, han de expresar una acción continuada y dinámica, nunca terminada e inerte. Ejemplos: *Un alumno* LEYENDO *un libro. Un labrador* ARANDO. Son incorrectos estos ejemplos: *Un libro* TRATANDO *de física* (que trata). *Un globo* CAYENDO (que cae).

Los completivos de los decretos oficiales son muy discutibles e inadmisibles: *Ley* DECLARANDO *sin efecto... Decreto* NOMBRANDO *tribunales de oposiciones* (que *declara;* que *nombra* o *por la que se nombra).*

---

(24) La forma en *-ant* francesa tiene una aplicación más extensa que el gerundio español, causa de muchos galicismos. Posee un valor participial y en ocasiones se traduce por gerundio. Se emplea además como *adjetivo verbal.* El llamado *gerondif* francés, con la preposición *en,* puede traducirse muchas veces por gerundio. Ejemplos: *Etant encore à l'école, je lesais déja Proust; Il vient en chantant,* o *C'est en forgeant qu'on devient forgeron.* (Cfr. M. Criado, págs. 88-90.)

(25) El gerundio inglés se forma por agregación a la raíz del verbo de la terminación *ing.* Se puede confundir con el participio activo: *The girl was dancing* («La chica estaba bailando»). A veces el español exige una traducción del gerundio por una frase de relativo con *que: Map showing the location of the stations* («Mapa *que muestra* la ubicación de las estaciones»). Otras veces equivale a un infinitivo: *Singing is his pleasure* («*Cantar* es un placer»). Gerundio inglés en funciones de sustantivo: *The wining of the West* («La conquista *del Oeste*»). Gerundio inglés precedido de la preposición *by* se traduce con infinitivo precedido de *con: By saying the truth you lo se nothing* («*Con decir* la verdad usted no pierde nada»). (Cfr Ricardo J Alfaro, *Diccionario de anglicismos:* «Gerundio»; 1964, s. v.)

Ejemplo de incorrecciones en la traducción: *The building was being completed* («El edificio *estaba siendo* terminado») (incorrecto). *The car is being repaired* «El automóvil *está siendo* reparado») (incorrecto). (Cfr. Criado: *Sint. de Morf.,* pág. 110.)

Los verbos de acción mediata con el complemento *se* y de matiz continuado admiten esta forma: *El sol* OCULTÁNDOSE. Algunos completivos se usan como adjetivos: *Un horno* ARDIENDO. En frase independiente, si depende de una situación determinada, por ejemplo en el título de un cuadro: *Las Majas y Manolos* MERENDANDO *en la pradera.*

Gerundio con referencia al sujeto del verbo con quien se junta: *La chiquilla salió de la tómbola* GRITANDO *de alegría.* Como complemento: *La vi* CANTANDO. *Le hallé* BLASONANDO *de su hidalguía* (de modo); ESTANDO *yo en tu casa, saludé a tu novia* (con sentido temporal); ESTANDO *tú conforme, todo va bien* (de tipo condicional). Antes hemos aludido a estos conceptos.

Unido a los verbos *estar, ir* y otros toma el significado del tiempo correspondiente: *Estás cantando* (cantas). *Iba corriendo* (corría) (26).

6.º Gerundio en frase absoluta: En la frase o construcción absoluta, el gerundio no se refiere ni al sujeto ni al complemento del verbo principal, sino que tiene por sujeto una forma independiente: *mañana,* PERMITIÉNDOLO *el Cielo, reanudaremos la marcha.* Sustituye a un participio de presente: *Deo volente* (queriéndolo Dios), o en forma de condición: *Si Dios quiere.*

En frase absoluta el gerundio ofrece un significado *causal,* y *condicional.* Ejemplos: *No me preocupa mi pequeño,* ESTANDO *con vosotros* (Sentido condicional-causal). QUERIÉNDOLO *tu madre, la llevaré a Madrid* (matiz condicional). SIENDO *tan difícil la subida, él tardó sólo una hora* (causal).

---

(26) *Fórmulas de valor equivalente en la época clásica.*—Muchos escritores rehuyen el uso del gerundio. Ya en tiempo de *El lazarillo de Tormes* expresa un hecho anterior al de la frase principal: «*Alzando con las dos manos el dulce y amargo jarro, lo dejó caer sobre mi boca.*» Fray Antonio de Guevara sustituía el gerundio así: Con subjuntivo *(como* SEA *de pechos honrados);* en infinitivo *(en* QUERER AYUDAR *al prójimo).* El Padre Mariana lo reemplazaba por participios: *Don Pedro, entendido el peligro en que estaba* (entendiendo). Corrección cervantina de gerundios: *y sabiendo* (y supo), *llegándose* (llegóse), *y llamándole* (donde le llamó).

No admiten el gerundio posterior a la acción principal Baltasar Gracián: «*Y aun ellos no cesan entre sí de armarse zancadillas,* CAYENDO *todos también con más daño que escarmiento.*» Un clásico moderno, don Juan Valera: «*Entornó las ventanas para dejar el cuarto a media luz, y se salió de puntillas,* CERRANDO *la puerta sin hacer el menor ruido.*» *(Armar* y *salir* son hechos anteriores a los gerundios CAYENDO y CERRANDO.)

El *gerundio* es un recurso del lenguaje español nada despreciable, forma ágil, tradicional y bella, detenida en la burocracia, estampillada en las instancias, de gran solera medieval, desde Berceo *(parando* mientes, S. M., 437), siguiendo por el Arcipreste de Hita, s. XIV, el marqués de Santillana, s. XV *(faciendo* la vía / del Calatraveño) y Jorge Manrique *(Contemplando* / cómo se pasa la vida, / cómo se viene la muerte / tan *callando).*

El escritor tiene que usarlo con garbo, ha de comunicarle agilidad y vida expresiva.

51. Por la práctica a la regla

a) Matices temporales según los modos

	MODO INDICATIVO		MODO SUBJUNTIVO		MODO IMPERATIVO
	Tiempos imperfectos	*Tiempos perfectos*	*Tiempos imperfectos*	*Tiempos perfectos*	*Unico tiempo*
TIEMPOS ABSOLUTOS.....	Presente Futuro absoluto.	Pretérito actual. Pretérito absoluto.			Presente. o presente-futuro,
TIEMPOS RELATIVOS	Pretérito imperfecto.	Pretérito pluscuamperfecto. Pretérito anterior. Futuro compuesto.	Presente. Pretérito imperfecto Futuro hipotético. Potencial simple.	Pretérito perfecto Pretérito pluscuamperfecto. Futuro hipotético compuesto to. Potencial compuesto.	

b) **Esquema** *en ejemplos comparados del indicativo y el subjuntivo.*

Presente indicativo... } *Creo que alguien* LEE *en alta voz.*
Presente subjuntivo.. } *No creo que alguien* LEA *en alta voz.*

Pretérito absoluto... } *Muchos afirman que Rómulo* FUNDÓ *Roma.*
Pretérito imperf.; sub- } *Hoy no se admite que Rómulo* FUNDARA O FUNDASE *Roma.*

Pretérito imperfecto.. } *Me pareció que* CANTABAN *en el salón.*
Imperfecto subjunt... } *No sentí que* CANTARAN O CANTASEN *en el salón.*

Pretérito actual..... } *Se conoce que* HA PASADO *por aquí la tropa.*
Pretérito perf. subj... } *No se conoce que* HAYA PASADO *por aquí la tropa.*

Pretérito pluscuam... } *Se echaba de menos que* HABÍA PASADO *por allí.*
Pluscuamperfecto sub. } *No se echaba de menos que* HUBIERA O HUBIESE *pasado.*

Potencial simp. subj.. } *Se decía que mañana* PASARÍA *por allí la tropa.*
Pretérito imperfecto.. } *No creíamos que* PASARA *por allí la tropa.*

Potencial compuesto.	*Te dijeron que a mi vuelta se* HABRÍA *cumplido tu encargo.*
Pluscuamperfecto sub.	*No sabíamos que Juan* HUBIESE *ganado el premio.*

c) **Esquema** *con verbos de mandato, ruego, consejo y prohibición.*

No	quiero deseo ruego te encargo te aconsejo te prohíbo OJALÁ	que juegues al tenis	quise deseé te rogé te encargué te aconsejé te prohibí OJALÁ	que jugases al tenis.

d) **Lectura y análisis** del texto de ORTEGA Y GASSET *(Meditación del marco)*. Se han de examinar: 1.º los diversos tiempos de indicativo y subjuntivo señalados en cursiva; 2.º, las formas nominales o no personales de los infinitivos, participios y gerundios señalados asimismo en el texto, y 3.º, ejercicio de vocabulario.

MEDITACIÓN DEL MARCO

(Marco, traje y adorno)

VIVEN los cuadros *alojados* en «sus marcos. Esa asociación de marco y cuadro no es *accidental*. El uno *necesita* del otro. Un cuadro sin marco tiene el *aire* de un hombre *expoliado* y desnudo. Su *contenido parece derramarse* por los cuatro lados del lienzo y *deshacerse* en la atmósfera. *Viceversa*, el marco *postula* constantemente un cuadro para su interior, hasta el punto de que, cuando le *falta*, *tiende* a *convertir* en cuadro cuanto *se ve* a su través.

La relación entre uno y otro es pues, esencial y no *fortuita; tiene* el carácter de una exigencia *fisiológica*, como el sistema nervioso *exige* el sanguíneo; como el tronco *aspira* a *culminar* en una cabeza, y la cabeza a *asentarse* en un *tronco*.

La convivencia de marco y cuadro no *es*, sin embargo, *pareja* a la que primero *ocurriría compararsele:* la del traje y el cuerpo. No *es* el marco el traje del cuadro, porque el traje *tapa* el cuerpo, y el marco, por el contrario, *ostenta* el cuadro. Es cierto que a menudo *deja* el traje *al descubierto;* pero esto *nos parece* siempre una pequeña locura que el vestido *comete*, una negación de su *deber*, un pecado. Siempre la cantidad de superficie corporal que el traje *descubre guarda* proporción con la que *oculta*, de suerte que al *hacerse* aquélla mayor que ésta, *deja* el traje *de ser* traje y *se convierte* en adorno. Así, el cinturón del salvaje desnudo *tiene* carácter *ornamental* y no *indumentario*.

Pero tampoco es el marco un adorno. La primera acción artística que el hombre *ejecutó* fue *adornar*, y, ante todo, adornar su propio cuerpo. En el adorno, arte *primigenio*, *hallamos* el germen de todas las demás. Y la primera obra de arte *consistió* en la unión de dos obras de la naturaleza, que la naturaleza no *había unido*. Sobre su cabeza *puso* el hombre una pluma de ave o sobre su pecho *ensartó* los dientes de una fiera, o en torno a la muñeca *se ciñó* un brazalete de piedras *vistosas*. He aquí el primer *balbuceo* de este tan *complejo* y divino discurso del arte.

¿Qué misterioso instinto *indujo* al indio a *poner* sobre su cabeza una *lucida* pluma de ave? Sin duda, el instinto de *llamar* la atención, de marcar su diferencia y superioridad sobre los demás. La biología *va mostrando* cómo es aún más profundo que el instinto de conservación el instinto de *superación* y *predominio*.

Aquel indio *genial sentía* en su pecho una *confusa* idea de que valía más que los otros, de que era más hombre que los otros; su flecha *silbante* era en el *tupido* bosque la más *certera* e *iba rauda* a *buscar* bajo el ala la vida del ave con plumas preciosas. Al *poner* sobre su cabeza la pluma, *creó* el indio la expresión de esa íntima idea que de sí mismo *tenía*. La pluma sobre él, *¿era* tan sólo para que los demás la *mirasen?* No; la pluma vistosa era más bien un *pararrayos* con que *atraer* las miradas de los otros y *verterlas* luego sobre su persona. La pluma *fue* un acento, y el acento no *se acentúa* a sí mismo, sino a la letra bajo él. La pluma *acentúa*, *destaca* la cabeza y el cuerpo del indio, *va* sobre él como un grito de color *lanzado* a los cuatro vientos.

Todo adorno *conserva* ese sentido, que se *hace patente* en el trazo oblicuo e *indicativo* de la pluma sobre la frente del salvaje; *atrae* sobre sí la mirada, pero es con ánimo de *hincarla* sobre *lo adornado*. Ahora bien: el marco no *atrae* sobre sí la mirada. La prueba es sencilla. *Repase* cada cual sus recuerdos de los cuadros que mejor *conoce*, y *advertirá* que no *se acuerda* de los marcos donde *viven alojados*. No *solemos ver* un marco más que cuando lo *vemos* sin cuadro en casa del ebanista; esto es, cuando el marco no *ejerce* su función, cuando es un marco *cesante*.»

(JOSÉ ORTEGA Y GASSET: *Obras Completas*, t. II, págs. 310-311. Madrid, 1950.)

e) **Recitación** de los versos de dos poetas, el español ANTONIO MACHADO *(Parábolas-IV. Consejos)*, y la poetisa chilena (Premio Nóbel) GABRIELA MISTRAL *(Hombrecito)*, con el correspondiente análisis gramatical de formas verbales y ejercicio de vocabulario:

1.º IV. CONSEJOS

SABE *esperar*, *aguarda* que la marea *fluya*
—así en la costa un barco—, sin que el *partir te inquiete*
Todo el que aguarda sabe que la victoria *es* suya,
porque la vida es larga y el arte es un juguete.
Y si la vida es corta
y *no llega* la mar a tu galera
aguarda *sin partir* y siempre *espera*
que el arte es largo y, además, *no importa*.

ANTONIO MACHADO
(«Campos de Castilla», *Parábolas*. IV. *Consejos*)
Poesías escogidas. Madrid, «Crisol, 221», pág. 270).

2.º HOMBRECITO

MADRE, cuando *sea* grande,
¡ay, qué mozo el que *tendrás!*
Te *levantaré* en mis brazos,
como el viento *alza* el trigal.

Yo no sé si *haré* tu casa
cual *me hiciste* tú el pañal
o si *fundiré* los bronces,
los que *son* eternidad.

¡Qué hermosa casa *ha de hacerte*
tu niñito, tu titán,
y qué sombra tan *amante*
el alero *te va a dar!*

Yo *te regaré* una huerta
y tu falda *ha de colmar*
con las frutas *perfumadas:*
pura miel y suavidad.

O mejor *te haré* tapices
y la juncia *he de trenzar;*
o mejor *tendré* un molino
el que *canta* y *hace* pan.

¡Ay!, qué alegre tu hombrecito
en la fragua *va a cantar,*
o en la rueda del molino
o en las *jarcias* en el mar

Cuenta, cuenta las ventanas
que estas manos *abrirán;*
cuenta, cuenta las *gavillas*
si las *puedes* tú *contar*...

(Con la greda *purpurina*
me *enseñaste* tú *a crear,*
y *me diste* en tus canciones
todo el valle y todo el mar...)

¡Ay, qué hermoso niño tuyo
que *jugando* te *pondrá*
en lo alto de las *parvas*
y en las olas del trigal...!

GABRIELA MISTRAL

(chilena).

f) Modismos y refranes

1.º MODISMOS Y GIROS DE LA CALLE:

Hace números por las paredes.—Está como una cabra o como una regadera.—Corta un pelo en el aire.—Darse al raje.—Habla más que una cotorra.—Se ríe con ganas, a mandíbula batiente.—Es una plañidera.—Come más que una lima o como un sabañón.—Se sale por el cuello de la camisa.—Se puso rojo como un pimiento o más rojo que un tomate.—Más escamado que un besugo.—Está como un cencerro.—Vive su propia vida.—Alegre como unas castañuelas.—Está más solo que la una.—No hay na que hacer.

Ya no hay naíta que hasé
porque un barquito que había
tendió la vela y se fue. (Esto se acabó.)

2.º REFRANES:

El que compra lo que quiere, venderá lo que le duele (el que malgasta llega a desprenderse de lo necesario).—*A lo hecho pecho.—El corcovado no ve su corcova y ve las ajenas* (contra el que no ve sus faltas).—*A buen hambre, no hay pan duro* (En caso de necesidad, se contenta uno con lo que tiene).

g) Dictado de Ortografía (Explicación de las palabras señaladas en cursiva):

«Muchos relatos, allá en la torre *solariega,* le habían hecho saber lo que era el peligro de la rabia y el *pavor* que esparcía por los pueblos y *campiñas* aquel hocico *agazapado* que iba sembrando el furor y la muerte. Se echaban todos los *cerrojos,* se recogían los gatos, los perros los asnos y mientras las mujeres encendían una vela a Santa Catalina y otra a Santa Quiteria, *abogadas* contra la rabia, los mozos salían al campo *bravamente,* armados de *herramientas filosas* que iban hallando. Ramiro avanzaba con rapidez saltando las peñas y los *hatos* de *podas* antiguas.

Las *carrascas* y los espinos no evitaban que el sol *caldease* con sus rayos la tierra pálida y *enjuta,* y un *retostado* perfume de *cantueso,* de *estepa* y de tomillo *sahumaba* el ambiente.»

(ENRIQUE LARRETA. *La gloria de don Ramiro,* c. VII.)

h) Temas de redacción:

1) Describir un oficio cualquiera, por ejemplo, de *tallista, alfarero, carpintero, jardinero, pulidor, orfebre, hortelano* y *labrador.* El lector o el alumno escoja el que más le guste.

2) Exponer más ampliamente en estilo moderno, estos tres pensamientos del teatro de Benavente:

1.º «Sí, interesante. Ya no se dice de nada que sea bueno o malo; todo es interesante.» *(Ha llegado don Juan.* Episodio IV, escena 4.ª.)

2.º «Los que sois demasiado buenos, cuando os veis defraudados en vuestra bondad, sois terribles en vuestras reacciones. Ni sabéis hallar término medio.» *(El alfiler en la boca,* acto III, escena 3.ª.)

3.º «Y el matrimonio es un «cocktail»; para estar bien debe llevar muchas cosas y saber a una sola: a matrimonio.» *(La moral del divorcio,* Acto III, escena 3.ª.)

i) **Discoteca regional española** (Un disco después de cada capítulo aprendido):

1) SANTANDER: *La canción del molinero* (E. Otero Val) ECG 70-456, 45 r., 17 ctms.

2) GALICIA: *Alborada* (Pascual Veiga) EMGE, 70189, 45r., 17 centímetros.

j) **Colección de discos literarios:**

Seis dramaturgos leen algunas de sus obras (Miguel Mihura, J. López Rubio, A. Bueno Vallejo, A. Sastre, Lauro Olmo y C. Muñiz) G. PE., 12-100.—*Canciones de García Lorca* (Interpretadas por Mariemma, acompañada al piano por Odón Alonso). 30 ctms. y 33 r.

7 | SINTASIS DE LA FRASE SIMPLE Y COMPUESTA

SUMARIO: *52. Concepto de la frase simple y compuesta.—53. Nociones del sujeto y predicado. Complementos.—54. Clasificación de la frase simple subjetiva y objetivamente.—55. Estudio especial de la frase psicológica.—56. La frase nominal.—57. Frase compuesta por yuxtaposición, coordinación y subordinación.—58. Observaciones prácticas a las subordinadas, sustantivas y adverbiales.—59. Formas causales.—60. Interrogativa indirecta y frase de relativo.—61. Por la práctica a la regla.*

52. Concepto de la frase simple y compuesta

Frase simple es la que consta de un sujeto y un predicado. Si se compone de más de un sujeto y más de un predicado, es *compuesta* (27). *Juan estudia* es una frase simple; *Juan estudia y Pedro duerme* es una frase compuesta.

Ya veremos al hablar de la frase psíquica, la importancia que tiene la *entonación* en la frase, como unidad independiente de expresión, por-

(27) Hemos hablado suficientemente (I-2) del concepto moderno de la «oración», que nosotros denominamos «frase». Ha sido una preocupación constante de los gramáticos de todos los tiempos el definir y darnos el concepto exacto de lo que es *oración* o frase. Unos parten de su misma estructura o carácter formal, otros buscan su aspecto significante dentro de la *semántica*. Unos y otros nos dan una definición genética o descriptiva, según la tendencia particular de sus teorías gramaticales.

Recordemos algunas definiciones: Dionisio de Tracia: «Unión de palabras que representan un sentido completo.» Prisciano: «*Ordinatio diccionum congrua sententiam perfectam demonstrans.*» («Ordenación coherente de palabras que expresan un pensamiento completo.») SIGLO XIX: El neogramático H. Paul: «Unión de representaciones en la conciencia del que habla y construye un instrumento para que este proceso se realice en la persona que escucha.» Wundt: «Expresión lingüística de la descomposición analítica de un conjunto dado de representaciones en orden a la determinación de sus mutuas relaciones lógicas.» E. Lerch: «Manifestación lingüística con plenitud de sentido, en un todo clauso con melodía propia.»

que el que manifiesta su estado de conciencia, como una misma ordenación de palabras conjuntadas en la frase, puede afirmar, interrogar, mostrar su incredulidad, su burla, desdén, duda, o su alegría, su entusiasmo, etc.

En el momento de hablar debe darse un doble proceso de análisis y síntesis. Una idea, un estado afectivo, la simple representación de un objeto están en síntesis y como en potencia en la conciencia del hablante. Para formar una frase con sentido en sí misma, tiene el sujeto hablante que *analizar* y *escoger* las piezas más adecuadas para su intención expresiva. Lo que le da sentido unitario es la *entonación.*

Atendiendo a su estructura la frase puede ser *unimembre* y *plurimembre,* de un solo miembro *(existo, ven, habla)* o de varios miembros, como sucede en la compuesta *(si quieres, vamos al teatro)* (Cfr. I-6).

Como los elementos «sujeto y predicado» de una frase son términos correlativos, podemos decir que la frase compuesta es el conjunto elocutivo formado por frases simples.

53. Nociones de sujeto y predicado. Complemento

La sintaxis del *sujeto* y *predicado* quedó ya ampliamente expuesta (I-6). Sólo nos interesa volver a reflexionar sobre algunas nociones más radicales.

El sujeto y el predicado son como las bisagras o herrajes articulados que abren y cierran la frase. Sujeto es *aquello de que se dice* o *de quien se dice;* predicado lo que se expresa o *pre-dica* en la frase: *Juan es escritor; Michèle fuma demasiado; La nieve cubre las montañas.* Sujetos de estas frases son: *Juan, Michèle* y *nieve.* De Juan se dice: que *es escritor* (predicado);de Michéle se dice: que *fuma* (predicado); de la nieve se dice: que *cubre las montañas* (predicado).

1.º Palabras que pueden ser sujetos: Pueden hacer oficio de *sujeto:*

a) Un sustantivo con o sin artículo: *el* CUADRO *es interesante.*

b) Dos sustantivos unidos por conjunción: *la* CIENCIA Y *el* ARTE *perfeccionan al hombre.*

c) Un pronombre de cualquier persona: AQUÉL *viene y* TÚ *sales.*

d) Cualquier palabra o frase empleada con valor de sustantivo: EL CAZAR *es un deporte caro. Le interesa* VIAJAR. *No me importa* QUE SE LO DIGAS.

e) Una locución sustantiva: EL DE LA CAPA PARDA *estaba en todas partes.*

f) Sustantivo con adjetivo: UN SOL ESPLENDOROSO *calienta la ciudad.*

g) Sustantivos en aposición: *Michèle,* NOVIA DE PIERRE, *es muy guapa.* MADRID, CAPITAL DE ESPAÑA, *es muy moderna.*

h) Es muy frecuente emplear como sujeto, una frase de infinitivo: *Me gusta* JUGAR AL TENIS (Aquí «jugar al tenis» es el sujeto de *me gusta).*

2.º Perfiles de la dualidad «sujeto-predicado» Puede darse una frase entera en el sujeto o en el predicado: LA MAJA DE CÁDIZ *baila para usted: Me gusta* UN NO SÉ QUÉ *de su cara.*

Por todo lo dicho se deduce que *sujeto* es aquello de que se habla en la frase y *predicado,* lo que se habla: *la* LUNA [*riela* en el mar]. De la luna (sujeto) se dice que *riela.*

A veces esta dualidad *sujeto-predicado* se presenta sólo de una manera formal. En general responde a una necesidad completa de entenderse en el diálogo. En estas dos frases *Pedro estudia filosofía* y *Creo que Pedro estudia filosofía* (de una misma afirmación), la primera nos propone una comunicación esencial y primaria; la segunda no añade nada nuevo; es una frase de valor meramente formal.

Ya hemos dicho (I-6) que los predicados de la frase pueden ser *nominales* y *verbales,* según que lo que se dice del sujeto sea una *cualidad (la tarde es* AGRADABLE) o una *acción (el caballo* CORRE); pero existen modalidades intermedias, en donde se construye un verbo predicativo con un adjetivo referido por igual al verbo y al sujeto. Ejemplo: LAS NOVIAS *con sus ramos de boda respondían* ALEGRES. El adjetivo *alegres* hace referencia al sujeto *novias* y al verbo *responder.*

El predicado nominal *radicalmente* está formado por un *adjetivo* (la tarde es AGRADABLE), pero hacen también este oficio, un sustantivo o un *pronombre: tu* JEFE *es él* o *Enrique es* EL JEFE (28).

3.º Complementos: Palabras que acompañan a la dualidad sujeto-predicado. En el capítulo 3.º hemos dedicado varios epígrafes al estudio de los complementos (núm. 15, *Complementos nominales.*—16. *Complementos pronominales.*—17. *Complementos verbales.*—18. *Otros complementos. Valor de la aposición).*

Unicamente nos interesa traer a este espacio los siguientes supuestos referidos al complemento

1.º El *predicado verbal* puede emplear un verbo que por sí sea suficientemente expresivo: *el faro* ALUMBRA *desde el malecón del puerto.*

---

(28) Construcciones de sujeto indeterminado en latín:

a) Por medio de *pronombres* indefinidos, como en español: *Facile quis credat* («Podría creerse (o *creer uno)* fácilmente»). (Cic.) *b)* Por primera persona del plural: QUAE *volumus, ea credimus libenter.* («Se cree con facilidad *lo que* se desea.»*)* (Cic.) *c)* Por la pasiva personal, en vez de la activa con complemento directo: EGO SERVUS *existimor.* («Me creen (o *se me cree)* esclavo.»*) Ne rideamur.* («Que no se nos rían.» (Cic.) *d)* Por la pasiva impersonal: *Vivitur bene.* («Se vive bien.») (Hor.) *e)* Por la tercera persona del plural de ciertos verbos, como *dicunt* («se dice»). *Vulgo loquebatur.* («Se decía por todas partes.» *f)* Por la tercera persona de *inquit* en sentido indefinido: *Nihil est, inquit, malum.* («Nada es, *se dirá,* malo.») (Cic.)

Esta frase concentrada en la palabra ALUMBRA, no necesita de otros elementos que coadyuven inmediatamente con el verbo para su contenido significante, porque el verbo se basta por sí solo para hacerlo. En este caso el predicado verbal es *de verbo intransitivo.*

Cuando el verbo necesita de la colaboración inmediata de un complemento, que se llama *directo,* el verbo es *transitivo: me dices* PALABRAS OFENSIVAS. No podíamos dejar la frase en *me dices.* Necesitamos poner el término complementario *palabras ofensivas* (complemento directo), para que la frase cumpla con su función de comunicar a otros nuestra idea.

Es una especie de *creación* que Dios concedió al hombre: *el de «nombrar» las cosas.* Si nombra un ser de acción emplea un *transitivo* o *intransitivo;* si una cualidad o un agente, se vale de un *adjetivo* o un *sustantivo;* para que en el diálogo con los otros hombres, pueda, en ausencia de los hechos, hablar con conocimiento. El nervio de la expresión está en unir los seres-sustantivos y los seres-cualidades o los seres-sustantivos y los fenómenos o acciones («el león es rubio; el río corre»), Todos los demás elementos de la frase se suman a esta *vertebración fundamental,* coadyuvando a lo expresivo, concretando, especificando, hasta llegar a la comunicación de nuestras ideas, sensaciones, afectos, imaginaciones, etcétera. Estos elementos coadyuvantes son entre otros los *complementos.*

2.º *Frases-complementos:*

a) La frase en el predicado con todos los oficios del sustantivo: Ejemplo como complemento directo: ¿Sabías (*que estaba casado?*)

b) Una frase en el complemento directo: *Tengo «la convicción»* DE QUE LO HARÁS MUY BIEN.

c) Una frase como complemento indirecto: Les *dijo* (a los que entraban), *que no gritaran.*

d) Una frase en el complemento indirecto: A LOS INQUIETOS (por ganar el premio) *les aconsejó mucha calma.*

e) Una frase como complemento circunstancial: *Discutieron* (sobre la conveniencia de viajar mucho).

f) Una frase en el complemento circunstancial: *Se quejaba* «de la injusticia» (de bajarle el sueldo).

3.º No sólo se han de considerar objetivos los complementos directo e indirecto, sino otros como el de genitivo determinativo con preposición *de.* En los ejemplos *admiro* TU FORTALEZA y *me admiro* DE TU FORTALEZA, una misma cosa es objeto de admiración, TU FORTALEZA.

Para conocer el complemento directo se pone el artículo neutro *lo* junto al participio de verbo así: *Michèle explica* FRANCES. *Francés* es el complemento directo porque es *lo explicado.* El hacer la pregunta

¿qué explica?, no es procedimiento seguro y sí muy propenso a equivocaciones, por confundirse con el sujeto. El volver la frase por pasiva igualmente puede ser ineficaz. Si se trata de complemento de persona o cosa personificada, se suele conocer por la preposición *a: Conocí* A CARMEN *en la voz.* No podemos decir *conocí* CARMEN. Por lo tanto *a* CARMEN es complemento directo de persona. Los complementos de cosa no llevan preposición: *Michèle me escribió* UNA CARTA. Abstractos personificados: *Amar* A LOS AMIGOS; *conozco* A TUS PARIENTES. Vacilan a veces: *Amo* A LA SUERTE y *amo* LA SUERTE.

54. Clasificación de la frase simple, subjetiva y objetivamente

Para clasificar la *frase simple* hay que partir desde el sujeto que manifiesta un estado de conciencia, al objeto mismo que entra en juego en este entramado de palabras e ideas que es *la sintaxis*

Emparejamiento de palabras, de que se vale el sujeto para manifestar a otro su mundo interior y agrupación de vocablos en una fórmula simple, por afinidades de función que se observan en el sujeto y en el predicado.

De otro modo: la frase que llamamos *simple* puede tener un punto de partida personal o *de naturaleza psicológica* y otro punto de partida y línea paralela por la objetividad del sujeto o el predicado.

Pueden ser psicológica o *subjetivamente: aseverativo-afirmativas; aseverativo-negativas, de pregunta* y *exclamación* (respecto de lo que se afirma); *indicativas, de posibilidad, de duda, dubitativo-interrogativas, dubitativo-exclamativas, exhortativas de tipo personal, exhortativas de suposición* y *optativas.*

Ejemplos del primer grupo subjetivo: *Sal a la plaza; No quiso el regalo; ¿Has echado el cierre? ¡Mira cómo vienes!* Del segundo grupo: *Mi viaje comienza ahora;* Yo *ayudaría a Pedro; ¿Qué hora es? ¡Que no me haya escrito en un mes! ¡Amaos los unos a los otros! Tráigame usted una cerveza; ¡Quién supiera escribir!*

Objetivamente o independientemente de la actitud que adopta el que habla, y como un producto del engarce sintáctico entre el sujeto y el predicado *la frase* se puede dividir en *atributiva* o *cualitativa* (expresa cualidades del sujeto o le atribuye conceptos adjetivos): *Michèle es* GUAPA; *Julio es* ESCULTOR; *el ambiente es* MUY AGRADABLE, y *predicativa* cuando manifiesta un fenómeno o acción en que el sujeto toma parte de algún modo. La palabra esencial en estas frases es el *verbo.*

Frases predicativas: *guardaremos las flores de Blanquita* (transitiva); *Angelita pasea por el parque* (intransitiva); *Ella vive una vida feliz* (de valor expresivo por el complemento interno); *Juan es respetado por sus alumnos. La noticia fue divulgada gráficamente por la televisión* (pasivas). *Michèle se puso el abrigo de piel. Amalia y Pedro se tutean* (reflexiva y recíproca respectivamente).

55. Estudio especial de la frase psicológica

En la intención expresiva y en la curva melódica del lenguaje habrá que buscar las unidades psíquicas de la sintaxis. El complejo de la afectividad elocutiva abarca todos los matices del llamado lenguaje *axiológico, estimativo, dinámico, de emociones, de valores y tendencias, de la sensibilidad* y *del sentimiento.*

Llamémosle con Wenzel, «lenguaje impresionista», como manifestación emocional, que se enfrenta, en todos sus grados a la actividad intelectual. Es un defecto de cálculo el estudiar la Gramática y el Diccionario, funcionalmente como una vertebración intelectual, cuando la mitad de nuestras frases y modos expresivos llevan tal carga afectiva, que hasta el *imperativo* y la *interrogación* muestran constantemente sus matices de *deseo, mandato* o *duda.*

Todas las frases estudiadas aquí desde un ángulo personal y *subjetivamente* son piezas integrantes de la frase psicológica. Se pronuncian intencionalmente conforme al espíritu del que habla. Un simple signo de admiración (¡!) cambia totalmente los supuestos expresivos y hace virar radicalmente todas las fórmulas sintácticas.

La afectividad del lenguaje es un hecho comprobado y que está en la conciencia de todo el que dialoga. Todos la aprecian y la perciben; pero aún no se ha analizado ni sistematizado suficientemente. Faltan recursos expresivos a estos estados de afectividad. Todo lo íntimo es inefable. El hablante en muchos momentos siente afectos indefinibles, para los que no halla una expresión justa.

Le hace falta a la *frase psíquica* su sistema y su clave de interpretación. Los signos ortográficos son insuficientes y escasos (signos de admiración, interrogación —¡!-¿?—, los puntos suspensivos —...—, el paréntesis (), el acento '', las comillas «»). No bastan para expresar los modos de la entonación y la intensidad emocional y matizada de un mundo interior desbordado. Un lector que no conozca previamente un texto cruzado de intenciones psíquicas, vacila con frecuencia en la lectura y en las inflexiones.

Unas veces mostramos estas unidades psíquicas con una negación: *No es tonto el joven.* Otras veces nos valemos de una pregunta intencionada: *¿Qué hace usted ahí?,* en donde lo de menos es el signo interrogativo, que se puede intensificar o reduplicar con una admiración (?!). Lo demás es la evocación intencionada de algo que está en la conciencia de los dos interlocutores.

Una misma frase, según los adjuntos de carga afectiva es muy diferente de significado. Veamos este ejemplo:

1) *Ha venido Pedro.* 2) *¿Ha venido Pedro?* 3) *¡Ha venido Pedro!* 4) *¡Con que ha venido Pedro!* 5) *Sí, ha venido Pedro.*

Y así podríamos multiplicar los supuestos afectivos y las intenciones de esta frase que llega a ser sucesivamente una mera afirmación de recuerdo o de llegada (núm. 1); extrañeza o pregunta interesada y de urgencia (núm. 2); ponderación de alegría o de contrariedad (núm. 3); fastidio, indignación, tristeza, preocupación, etc. (número 4), y de afirmación rotunda y pensada que lo mismo indica idea de atrevimiento y audacia, final de una situación difícil, que temor de lo que pueda hacer o vergüenza e indignación, por lo que no hizo.

Hoy día el análisis de conceptos afectivos y frases psíquicas complicadas, nos parece un ejercicio adivinatorio; porque en cada grupo fónico, va un complejo sensual y un complejo afectivo, de interés, de énfasis, de adhesión o de repulsión, de admiración o de humor.

El sentimiento desborda el lenguaje y hay valores afectivos en nuestro espíritu que no acertamos a expresar bien y a manifestar gráficamente, por falta de notación o de signos adnotativos. Freud acaso tenga razón al afirmar que la mayor parte de las perturbaciones mentales provienen de la contención de complejos emotivos.

Hay una contaminación lingüística y una invasión de la afectividad en el campo de lo intelectual y artístico. Lo psíquico busca otros medios de comunicación, como dice Delacroix *(La langage et la pensée,* 1930, página 392) «por la magia del arte, por la música, la pintura y todas las demás artes».

El tema de la afectividad no se ha planteado, por los gramáticos, como experiencia idiomática, ni como fenómeno de intercomunicación dialogal. El lenguaje no sólo pregunta y se admira, sino además está cargado de muchas emotividades que suponen muchas preguntas matizadas y muchas admiraciones.

Por la introspección psicológica hemos descubierto situaciones complicadas del mundo interior. Granet estudió *El lenguaje del dolor en China* y Hjlmslev analiza los gestos vocales y faciales que acompañan la palabra en el ronga de Mozambique. La filosofía bergsoniana ha traído al primer plano del interés humano, la afectividad del lenguaje, sobre el tablero filosófico de los valores, sobre la expresión conceptual y la emotiva, sobre las palabras-ideas como *circunferencia* y las palabras-valores como «*¡horror!*»

1.º Algunos postulados en el lenguaje afectivo:

1.º En el terreno psicológico y en el idiomático es preciso sistematizar todos los actos de la afectividad. Todos sabemos que hay una zona energética en el lenguaje. La afectividad interviene en la elección de las palabras y la estructuración de la frase. La agrupación que propone Ginneken *(Principes de linguistique psychologique,* 1907, p. 131) se reduce a fórmulas de inexpresiva vaguedad. Los sentimientos básicos, como el *amor* y la *estimación,* el *miedo* y el *pudor* enriquecen el lenguaje en un incesante fluir de términos nuevos.

2.º Puede decirse que las desinencias diminutivas y despectivas, que forman un nuevo accidente gramatical, el de la *sufijación apreciativa,* son asimismo morfemas propios de afectividad. *Poetastro,* por sí solo es un vocablo que nos incita al desprecio o al olvido; *monín* es ya en el mismo vocabulario un término de cariño y de aprecio o graciosa estimación. Son muy pocos los elementos lingüísticos propios de lo afectivo; los demás suelen ser extraorales o mímicos.

El complemento de la afectividad expresiva es el gesto, la actitud del cuerpo, la acción de las manos, la expresión de los ojos y la mímica en general.

2.º Entonación y modulación de la frase: No es nuestra intención escribir, con espacio holgado, la Gramática dialogal, en sus alteraciones y elementos constituidos por la *entonación*, las pausas y la mímica. Esto se estudia y practica en los Conservatorios de Declamación. Es una obra que está por hacer y es de suma urgencia para todos, especialmente para el actor teatral y se echa de menos en los diálogos cinematográficos.

Más adelante volveremos sobre el tema de la entonación, al tratar de la fonética y ortología en lo que llamamos «laboratorio de la palabra».

Para el conocimiento más completo de la frase psíquica nos interesa *subrayar la entonación,* como medio oral de la expresión afectiva.

Toda frase psíquica tiene su expresión fonética, comprensible al interlocutor, en la curva melódica del lenguaje. Todos los idiomas poseen un juego variado de melodías, fijadas por el uso, para la combinación sintáctica de los sentimientos, como son: el acoplamiento de vocales y consonantes, el acento de insistencia, el contraste de timbre, la duración cuantitativa de las sílabas, el tono, las pausas y los procedimientos rítmicos.

El *tono* depende de las frecuencias de las vibraciones sonoras. La curva melódica de los varios tonos de las sílabas es la *entonación.* Se llama UNIDAD ENTONATIVA al *grupo fónico,* o sea, el conjunto silábico comprendido entre dos pausas de la articulación. La pausa nos indica el término del grupo, aunque a veces va marcado por otros recursos fonéticos, como el cambio repentino en la altura musical o la depresión de la intensidad.

La inflexión del grupo fónico puede ser *ascendente* y *descendente.* Ejemplo: Y*a se marchó* (ascendente); *mejor para nosotros* (descendente). Por este motivo una palabra cualquiera adquiere valores buenos o adversos que el oyente percibe con toda claridad.

Hay un estudio sobre la *modulación* de Landry *(La teoría del ritmo y el ritmo del francés declamado)* más propio de la declamación teatral. Lo importante es llegar a fijar un ritmo típico para cada caso, que el idioma pudiera considerar como modelo. Se debe formar el catálogo de frases típicas de la afectividad. Se precisa hacer la grabación en discos o en cintas magnetofónicas. Este caudal recogido puede convertirse en laboratorio de investigación. Se pueden aprovechar los recursos de la notación musical. Pero la normal línea ondulatoria y los sostenidos de la frase, dan remotamente una idea del ritmo. Se precisa una notación perfecta que reconstruya la duración y la intensidad, los tonos y los timbres. Un sistema de transcripción modulatorio-afectiva. El alfabeto fonético ha conseguido un sistema seguro de correspondencia entre los diversos idiomas (29).

3.º Otros medios de expresividad afectiva: Además de la expresividad tonal, la frase psicológica se consigue por otros medios: el de la *reduplicación* de las palabras, *inculcación* y *elisión*.

El primero consiste en una exuberancia conceptual. Es un resto de la expresividad hebrea: *con gran deseo he deseado.* En latín se repetían algunos verbos: *peto quaesoque* (pido y ruego). Hay también pretéritos reduplicados en la lengua latina como estos ejemplos de infijo nasal: *tetigi* (de «tangere», tocar); *pepigi* (de «pangere», sujetar, fijar); *tutudi* (de «tundere», golpear).

En el romancero antiguo español era muy frecuente la reiteración de vocablos: *presos, presos, caballeros.* En las órdenes o decretos de gobierno se dice hoy: *Ordeno y mando.* Es una repetición pleonástica.

Modernamente se usa como lenguaje expresivo y propagandístico una repetición de palabras: *¿Quiere usted tomar conmigo* CAFÉ, CAFÉ? *Esta marca de cigarrillos con filtro es ante todo* TABACO, TABACO.

Por repetición se forman nuevos términos: *tiquismiquis. Lenguas sin gramática... forjadas al buen tun-tun* (UNAMUNO, *Ensayos,* III, 217). *Yo naturalmente, no les dije ni fu ni fa. Con ese toletole de la estrella de rabo.* S. J. ALVAREZ QUINTERO, *Mundo, mundillo,* I, 53.

Existen unas formas afectivas de afirmación y negación: *Sí, hombre sí. —Que sí mujer, ya te he dicho que sí. ¿Pero qué dice usted? —Que no, que no y que no.*

En el lenguaje expresivo y dialogal hay una repetición de palabras que salen así de la subconsciencia del interlocutor: *¿Es posible? —¡Y tan posible! ¿Pero hay peligro de enfermedad? Y tanto* (se suple: *hay peligro y tan grande) que...* Interrogación ficticia. *¿Que si lo es? No lo sabe usted bien. —¡Es admirable! —¿Que si es admirable? ¿Pero usted sabe lo que dice? ¡No lo he de saber!* (*¡pues claro que lo sé!)*

Negación con fórmulas cargadas de afectividad:
¿Vienes conmigo? —¡Ni hablar! ¡Quite usted, hombre, quite usted!

---

(29) La interrogación de lenguaje afectivo en las lenguas modernas se consigue por varios procedimientos: Por la entonación: *Vous jouez?* («¿Usted juega?») Por adjetivos, adverbios y locuciones: *Pourquoi dis-tu ça?* («¿Por qué dices eso?») Por cambio en el orden de las palabras: *Avez-vous soif? Qui,* interrogativo, se refiere a las personas. *Quoi* es neutro e indeterminado: *Qui est ce que voit Pierre? Ils réclament quoi? Voilà à quoi nous sommes exposés.* Otras interrogaciones expresivas en francés: *Qui est-ce qui? Quelle heure est-il? Voulez-vous du vin? Pourquoi mon cœur bat-il si vite?* (Musset.) *Tu ne vas être jalouse de moi?*
Lenguaje expresivo en francés por exclamación: *Est-elle jolie! Puisses-tu rêver un peu! Incapable que je suis! Et Pierre qui n'est pas là!*

Cruce de modismos equivalentes: *Al pan pan y al vino vino.* En fr.: *Appeler un chat un chat.—Tener gancho o atractivo.* En fr.: *Avoir du chien.—Entre dos luces.* En fr.: *Entre chien et loup.—Estar hasta la coronilla.* En fr.: *En avoir pardessus la tête.—A ojo de buen cubero.* En fr.: *Á vue de nez.—Comer con los ojos.* En fr.: *Manger des yeux.—A los postres.* En fr.: *Entre la poire et le fromage.*

¿Qué le respetan? —!Narices!, ¡pamplinas!, ¡Naranjas de la China! No, papaíto, tú no vas, no vas y no vas¡ ¡Qué le vamos a hacer! ¡Qué remedio, señora! ¡Qué casino ni qué niño muerto! ¡Qué beneficio ni qué tontería! ¡Qué fiesta ni que calabaza! !Qué convite ni qué ocho cuartos!

56. La frase nominal. Frases sustantivas. Elementos unitivos entre el sujeto y la cualidad

Hay una tendencia muy acentuada de la literatura moderna y sobre todo del periodismo, a la construcción nominal. La literatura escrita, por la concisión de los giros nominales, está en consonancia con la técnica sintáctica, que proclama la sencillez, precisión y sobriedad. El escritor moderno no mutila la frase, la hace concisa.

Por lo que respecta al periodismo, la impersonalidad es una razón coadyuvante a estructura de los titulares modernos que suprimen sistemáticamente las formas verbales: «No más calles con nombres desconocidos, ni estatuas mal dedicadas o mal colocadas.»

1.º Concepto de la frase nominal: *Frase nominal* es la que tiene predicado nominal sin verbo copulativo. También se entiende por frase nominal cualquier expresión sin verbo, de tipo paremiológico.

No todas las lenguas exigen el verbo copulativo. Algunas se sirven de la entonación para unir los dos elementos del sujeto y predicado.

La mayor parte de las frases nominales que se escriben o dicen en español pertenecen a la paremiología, a los títulos de las obras y a los titulares de los periódicos rotativos y a los radiodifundidos. Títulos de obras: *El mejor alcalde, el rey.—A buen juez mejor testigo.—O locura o santidad.—Las Cerezas del cementerio.—Cantos de vida y esperanza.—La Amada inmóvil.—Platero y yo.—Lenguas de diamante.—Por tierras de España y Portugal.—Memorias de un hombre de acción.—Cuando las Cortes de Cádiz.—La rebelión de las masas.—España vista por los españoles y La ciudad alegre y confiada.*

Frases nominales en los modismos y refranes:

En menos que canta un gallo.—Sin ton ni son; en un santiamén; al amor de la lumbre; sin qué ni para qué.

REFRANES:

A caballo viejo, poco verde; La mujer honrada, la pierna quebrada; Año de nieves, año de bienes.

Locuciones latinas: *Vox populi, vox Dei* (La voz del pueblo, voz de Dios). *Non nova, sed novo* (No cosas nuevas, sino en forma nueva). *Ne quis nimis* (Nada en demasía). *Dura lex, sed lex* (Dura es la ley, pero es ley).

Frases nominales francesas: *Après moi le déluge.* Luis XV (Después de mí, el diluvio). *A la bonne franquette* (A la pata la llana).

Titulares periodísticos: «Importante exposición de joyas y gemas en Madrid.» «Líneas generales para una posible ordenación de la libertad religiosa.»—«Colaboración hispano-turca y ayuda técnica en turismo» (*Ya*-8-XII-66).

Todas estas frases tienen independencia sintáctica. En algunas se suple otro verbo no copulativo: *A mal tiempo buena cara.* Hay que subrayar en casi todas su modalidad proverbial. Algún filósofo las ha llamado *frases correlativas.* La frase nominal puede empobrecer el idioma. El español se defiende por su fuerza expansiva y conservadora.

Las ventajas de la construcción nominal, desde el ángulo estilístico consisten en la supresión de nexos menos útiles, de conjunciones, relativos y cláusulas subordinadas que hacen perder ligereza y movilidad a la frase moderna.

2.º Frases sustantivas. Elementos unitivos entre el sujeto y la cualidad: En la frase sustantiva el elemento unitivo ideal es el verbo *ser* (*esse* en latín, εἰμί en griego, *être* en francés). Este verbo que hace solo afirmación de existencia es casi innecesario en sus funciones sintácticas. Pongamos un ejemplo latino: *Mori, lucrum,* «El morir, ganancia». Parte de la frase de San Pablo: *Mihi vivere Christus est, mori, lucrum.* En el segundo miembro evita la repetición de la forma verbal sustantiva. Incluso en un solo miembro se puede llegar a suprimir el verbo ser: *homo homini, lupus.* «El hombre, un lobo para el otro hombre».

Esta ausencia de verbo unitivo, frecuente en la lengua latina, sobre todo en los aforismos, es digna de tenerse en cuenta, porque presenta el idioma clásico en toda su belleza expresiva, como un medio de expresión de guerreros y legisladores. En sus modos elocutivos no figuran más que los elementos imprescindibles.

A pesar de estas razones, que hemos visto antes pertenecen a la *frase nominal,* se usa clásicamente el verbo *ser* como elemento unitivo, porque refuerza el tono y el vigor de la frase e incluye en ella determinaciones de tiempo (presente, pasado y futuro) o de *modo* (real o irreal). Ejemplos: *Yo* FUI *soldado en 1934; Tú* SERÁS *un buen representante de nuestra nobleza familiar,* SOMOS *unos ciudadanos conscientes y disciplinados.—Yo* HUBIERA SIDO *soldado en 1934. En este caso, tú* SERÍAS *el mejor representante de nuestra nobleza.—Si* FUÉRAMOS *ciudadanos conscientes y disciplinados, cumpliríamos sin escrúpulos las leyes.*

Puede hacer oficio de cópula todo verbo transitivo, con tal de que el elemento predicativo se valore en un sentido adverbial: *Nuestro hermano* VIVE *triste por su poca salud.* «Vive» es cópula que une «hermano» con «triste». *Triste* tiene un valor de adverbio de modo = *tristemente* o de un complemento modal = *con tristeza.*

Aun en el caso de que el verbo transitivo lleve complemento directo puede hacer las veces de copulativo: *El perro* GUARDA *la casa echado.* Análisis: Sujeto = *el perro;* verbo = *guarda;* complemento directo = *la casa;* complemento predicativo = *echado.* Esta palabra *echado* no es atributo de *perro,* porque entonces la frase tendría que interpretarse del siguiente modo: *El perro echado guarda la casa* (los demás perros no la guardan). Y no es eso lo que queremos decir, sino que «aun estando echado» es capaz de guardar la casa. Ejemplo latino: *iuvenes convenerunt matrem recepturi,* «Los jóvenes se juntaron para recibir a la madre». El verbo intransitivo copulativo es aquí «convenerunt».

Otro tipo de cópula se forma con los verbos de *juzgar, reconocer, tener por, considerar: El pueblo* TE CONSIDERA *digno de que le representes.* Tiene un sentido pasivo: *Eres considerado por el pueblo digno de que le representes.* Aquí la cópula es «eres considerado» y el complemento predicativo = «digno». *De que lo representes* es frase completiva.

Se da así mismo la cópula en el participio absoluto en los verbos que significan *nombrar,* sobre todo en las construcciones de participio concertado. Ejemplo: *Aquel comerciante nombrado presidente del Ayuntamiento, abandonó sus negocios.* La cópula está en *nombrado;* complemento predicativo = *presidente del Ayuntamiento.*

Ejemplo de participio absoluto: *Mañana, nombrados concejales los candidatos, dará cuenta de ello la prensa.* Análisis: Sujeto = *los candidatos;* cópula = *nombrados;* complemento predicativo = *concejales* (se suplen «serán nombrados», que es la cópula). Otra manera de desarrollar el sintagma: Sujeto = *los candidatos;* cópula = *serán nombrados;* complemento predicativo = *concejales,* y reflexiva pasiva = *se dará cuenta.*

57. Frase compuesta por yuxtaposición, coordinación y subordinación

a) *Concepto de la yuxtaposición.* La frase psíquica, estudiada en otro lugar, forma una unidad intencional, cuyo signo lingüístico está en la curva de la entonación. La fonética de la frase con sus ascensos y descensos, no hace a este lugar, pero es un dato digno de estudio en la sintaxis. Las frases que constituyen un período se hallan mentalmente subordinadas a la unidad de intención y significado.

La coordinación y subordinación son fases posteriores a la evolución del lenguaje. Llegaremos a la conclusión de que las formas coordinadas y subordinadas existen, sin necesidad de conjunciones ni relativos.

La *yuxtaposición* es una unidad psíquica que se determina por el intervalo descendente de la entonación final de la pausa.

Hay frases asindéticas que llegan a formar un conjunto o agrupación compuesta: *Deseaba saludarte. No pude dar con tu paradero.* Se suple fácilmente un término copulativo o adversativo, y el conjunto forma una frase compuesta.

Pero no sólo la relación de esta frase es psíquica, sino objetiva y gramatical, como en los ejemplos que siguen: *Fui ayer al colegio. Volveré hoy mismo* (copulativa). *Quería sacar dinero; no pude ir al Banco* (adversativa). *Salió mal de la competición; no estaba preparado* (causal). *Tomamos buen café; sabía a gloria* (relativa). *Salga de excursión o no, no interesa* (sustantiva subjetiva). *Escríbeme; te hablaré de un asunto de interés* (condicional). *Salí de casa; me encontré con tu hermana* (temporal).

Sintácticamente la **yuxtaposición** o *asíndeton* consiste en la ausencia de conjunciones. La relación mental que existe en estas frases es comúnmente copulativa; pero, como hemos visto antes, se prestan a cualquier forma de coordinación o subordinación.

Una forma especial de yuxtaposición es la de las frases *coordinadas distributivas: Todo era alegría en la casa: uno bailaba, el otro tocaba la guitarra; aquél regalaba bombones, el otro tocaba al piano un pasodoble.*

b) *Breves nociones de frases coordinadas.* Podemos decir que frases *coordinadas* son las simples que forman serie por estar relacionadas por conjunciones. Tiene sentido completo e independiente una de otra. Según los nexos o conjunciones de enlace así se denominan *copulativas (y, e, ni, que.* Ejemplo: *Era caritativo y amable y lo dio todo a los pobres), disyuntivas (o —u—, ya... ya, bien... bien, ora... ora.* Ejemplo: *Escúchame o haz lo que quieras* [por diferencia o contradicción]; *Nueva España o Méjico* [por aclaración]; *ora bailes, ora descanses* [por idea de alternancia]); *distributivas (aquí... allí, éste... aquél, unos... otros, tan pronto... tan pronto, cuando... cuando, bien... bien,* etc. Ejemplo: *Estos cantan, aquéllos gritan; unos me dicen que sí, otros que estoy equivocado); adversativas (pero, más, aunque, no obstante, con todo, fuera de, excepto, salvo, menos, sino* —con sentido restrictivo.) La coordinación *exclusiva* se obtiene fundamentalmente con *sino.* Ejemplos: *Amaba a Henriette, pero no lo manifestaba. Tuvo dificultades, pero supo vencerlas* (restrictivas); *Ese no es mi criterio, sino el tuyo; no se ensoberbeció con la prosperidad, antes se mostró más humilde* (exclusivas).

La causal se incluye casi del todo en el *período hipotáctico* o dentro de las subordinadas. La línea que separa la subordinación de la coordinación causal es poco clara.

c) *Síntesis de frases subordinadas.* Entre la coordinación o *parataxis* y la subordinación o *hipotaxis* las diferencias son puramente formales. Son modos de expresión diferentes con un mismo proceso biológico.

Las coordinadas como las yuxtapuestas dependen de la unidad psíquica intencional del conjunto. En este sentido tienen cierta subordinación al período. Se trata de una dependencia común e intencional, no precisamente objetiva.

La diferencia principal entre coordinación y subordinación consiste en que la subordinación existe dentro del período con respecto a otra más expresiva, llamada principal. En la *parataxis* las frases son independientes en cuanto a su estructura gramatical. En la *hipotaxis* la frase principal convierte en elementos sintácticos a las subordinadas, que funcionan dentro de sus respectivos elementos. Son coadyuvantes al conjunto. Concretan la forma expresiva, pero no son imprescindibles en muchos casos.

La frase compuesta subordinada por la división tradicional puede ser: *sustantiva, adjetiva* y *adverbial*, según que en la principal desempeñen el oficio de un sustantivo, de un adjetivo o un adverbio respectivamente.

En resumen: la subordinada se caracteriza por su independencia sintáctica, pero no existe una divisoria radical. El lingüista danés V. Bröndal, adversario de la morfosintaxis, nos dice que la comparación debe proponerse no con los sustantivos, adjetivos y adverbios, sino con los elementos primariamente unitivos que son el sujeto y el predicado.

1.º Tres criterios de Bröndal: La clasificación establecida más arriba de las subordinadas se ha de tomar con ciertas reservas. El ya citado danés Bröndal nos propone tres criterios (*Le problème de l'hipotaxe.* «Essais de linguistique générale». Copenhague, 1943, p. 72-80) que sometemos al buen juicio de nuestros lectores:

1.º *Criterio morfológico.* Parte de la intervención de los pronombres relativos o conjunciones, del modo del verbo y otras formas gramaticales.

2.º *Criterio semántico.* Se funda en la significación insuficiente por sí misma de la subordinada. No existen las proposiciones completamente autosemánticas. Las frases principales pueden tener un carácter de dependencia del conjunto, como la subordinada respecto de la principal.

3.º *Criterio lógico.* Puede haber una dependencia de ideas y una dependencia de forma. La subordinada tiene carácter de determinante y la principal de determinada.

Ninguno de estos tres criterios explican suficientemente la índole de las subordinadas. Tenemos que buscar otra fórmula más sintáctica, porque lo que diferencia a las subordinadas es la condición de miembros de la frase compuesta.

2.º Criterio más objetivo de A. Alonso y P. H. Ureña: Nos gusta más el criterio que proponen A. Alonso y P. Henríquez Ureña, cuyas ideas resumimos. Las frases subordinadas no forman una serie de miembros equivalentes, sino un grupo con su *núcleo* y su *complemento: Toma estos pesos para que te diviertas.* Núcleo es la frase llamada principal o subordinante = *toma estos pesos;* complemento es la *subordinada* o *accesoria*

= *para que te diviertas.* Equivale a la nomenclatura del sujeto y predicado.

3.º Las subordinadas adverbiales: Con esa forma dúplice de subordinada y subordinante podemos analizar las frases compuestas que dependen de un adverbio *de lugar* (relaciones locales: *donde, adonde, por donde, hacia donde, y hasta donde* [para la dirección y el límite]. Ejemplo: *Allí es donde tú y yo paseábamos), de tiempo* (elementos correlativos: *apenas... cuando, aún no... cuando; no bien... cuando; ya que, luego que, antes que, después que, como, mientras que, en tanto, mientras* [anterioridad, posterioridad y simultaneidad]. Ejemplos: *antes de que amaneciera, salimos de viaje; después de tu visita, quedamos persuadidos de la verdad. Al entrar en la biblioteca, anochecía); de modo (según, según que* y a veces *como.* Ejemplos: *Según vayas caminando, conocerás cinco pueblos.* El valor modal de *según que* se va poco a poco olvidando. *Se portó como un caballero).*

Otras subordinadas son las *comparativas* (de *igualdad*: *así... como; tal...cual; tanto... cuanto; tan... como.* Ejemplo: *Así es Julia como tu madre;* de *inferioridad*: *menos...que (de); así... como; tal... cual.* Ejemplo: *Juan es el menos aplicado de mis alumnos;* de *superioridad*: *más... que (de);* adjetivos comparativos... que (de). Ejemplo: *Michèle es más bonita que Luisa); consecutivas*: *Era tal su nerviosismo que hubo de tomar tila; estaba tan llena la plaza que no cabía un alfiler); condicionales* (dos partes: *hipótesis, condición o prótasis* y *apódosis.* Ejemplos: *si mañana hace buen tiempo, me voy a la sierra* (de indicativo); *si mañana hiciese buen tiempo, iríamos a la sierra* (de subjuntivo o de condición irreal); *concesiva (aunque, así, si bien, ya que, siquiera, a pesar de que, bien que, mal que.* Ejemplo: *Aunque te parezca mal, te traemos un regalo; aun teniendo tú razón, se negarán a pagarte).*

Apunta A. Alonso dos consideraciones dignas de tenerse en cuenta. La subordinada propiamente dicha es un complemento de la subordinante entera y por consiguiente queda *fuera de ella (Gram.,* II, p. 35).

Las frases que están dentro de la principal y forman parte de ella se llaman *inordinadas.* Si se prefiere seguir llamando a todas *subordinadas;* será conveniente especificar entre las subordinadas a una frase (las subordinadas propiamente dichas) y las subordinadas a un elemento de frase o que son elementos de frase (II, 35).

58. Observaciones prácticas a las subordinadas adverbiales y sustantivas

1.ª Las frases de período hipotético adverbial son *correlativas*, ya que unen elementos de la principal y la subordinada. *Esta era la playa donde tú veraneabas* se convierte en: *Esta era la playa en que tú veraneabas* (adjetiva o de relativo). Esto quiere decir que las adverbiales introducidas por adverbios relativos se equiparan a las adjetivas que luego estudiaremos. A veces se oculta el antecedente: *Lo haré como usted dijo* (Cfr. Gili Gaya, *Sint.*, 2.ª ed., p. 283).

2.ª En las temporales se emplea el subjuntivo, si se trata de un tiempo futuro, por el carácter incierto del tiempo. Las frases con *mientras* admiten alguna vez el indicativo, pero es menos correcto. Comparemos: *mientras haya una mujer hermosa / habrá poesía* (Bécquer) y esta otra: *mientras os durará la fiesta, habrá baile* (lo correcto es «os dure»).

3.ª En las comparativas se introduce la fórmula *como si: Pasó como si no nos hubiésemos visto.* Muchas veces no se distinguen bien las consecutivas de las relativas con valor consecutivo. Supresión de antecedente: *truena que es un tormento.*

4.ª La condición se expresa también por las formas no personales del verbo (gerundio, infinitivo precedido por *de* o *a (a no ser que)* y participio *(supuesto que, dado que).*

5.ª La subordinada concesiva admite además: aun + gerundio; aun + participio y futuro con *pero* y presente: *será un portento, pero es muy antipático* (aunque sea un portento, es muy antipático).

6.ª *Las frases subordinadas sustantivas.* Desempeñan todos los oficios que corresponden a un sustantivo (sujeto, complementos directo, indirecto y circunstancial y complemento de un sustantivo o adjetivo y con preposición). Las frases de sujeto se introducen con *que: Es cierto que nos vamos. No quiero que vayas a la piscina.* Las objetivas o de complementos tienen un valor de complemento directo *(Me preguntó qué hora era)* o un valor indirecto y se introducen por frases conjuntivas y se las conoce con el nombre de *finales* (conjunciones: *a que, para que, a fin de que.* Ejemplo: *Te aconsejo así, para que tomes posiciones).* Pueden ser de complemento circunstancial, introducidas por preposiciones *(pasó sin ser visto; se alegró de que hubieras vuelto)*y complementarias de un sustantivo o adjetivo y establecen su relación con preposiciones: *este es el motivo por qué te mandé llamar; satisfecho de lo que hizo.*

59. Formas causales

La *subordinada causal* expresa relación causativa. Vacila entre el grupo sustantivo y adverbial. En latín se distinguen las causales coordinadas *(nam, enim)* de las subordinadas *(quia, quoniam).* En español la única conjunción causal primitiva es *que: No contestó, que no hubiera podido hacerlo.*

Conjunciones causales modernas: *porque, pues, puesto que, ya que (puesto que* y *supuesto que* proceden de frases absolutas con participio, con sentido condicional y causal). Existen ciertas conjunciones y modos conjuntivos que proceden de un uso temporal o modal, con relación de efecto a causa. Tales son: *como, como quiera que, por razón de que, en vista de que,* etc.

Hay cierta reversibilidad entre las frases consecutivas y causales. La frase causal *no me levanté a las siete, porque hacía frío* se convierte en esta consecutiva: *hacía mucho frío a las siete, por lo tanto no me levanté.*

De todas maneras, podemos afirmar, que la zona causal es más propicia a la independencia subordinativa, mientras que la frase consecutiva se halla también en la divisoria de lo coordinado y subordinado. La pausa obligada de la consecutiva y el ir a veces acompañada de una copulativa coordinante *(y por consiguiente, y por lo tanto)* le hace participar de la coordinación y la subordinación.

Ejemplos de causales en sus diversas construcciones: *No me voy al campo, porque llueve. Es así, puesto que tú lo dices. Te creo porque tú me lo dices. Todos le admiraban, pues era un santo.*

Hay algunas adverbiales de modalidad causativa *(las condicionales y concesivas),* como hay otras de carácter cuantitativo *(las comparativas y consecutivas)* y un tercer grupo de matiz circunstancial *(las de lugar, temporales y las modales condicionales).* La condición es siempre un antecedente para cierto efecto: *Si tú me lo pides, Enrique vendrá.* La llegada de Enrique es una consecuencia-motivo de tu petición. Subordinadas sustantivas de causa: *Como hubo votación, se disolvió la asamblea.*

60. Interrogativa indirecta y frase de relativo

a) *Valores interrogativos.* El primero se refiere a la frase interrogativa directa. Pertenece *gramaticalmente* a la frase simple, vista subjetivamente desde la naturaleza psicológica del enunciado. *Fóneticamente* se caracteriza por la inflexión final ascendente de su curva de entonación: *¿Ha llegado tu novia?—Llegó ayer de San Sebastián.* Como vemos la persona que habla se informa de su interlocutor y espera un *sí* o un *no*. En este caso *sí ha llegado tu novia.* El interés recae sobre el verbo «ha llegado» (Directa de tipo general).

El segundo valor o matiz interrogativo, dentro de la frase simple es dubitativo. Suele a veces ir acompañado de una negación: *¿Cómo ha llegado tu novia?* Cuando se espera la respuesta afirmativa es indispensable la negación: *¿No ganaste tú el campeonato?* Equivale a: *Tú ganaste el campeonato.* (Eso es cosa sabida.) (De carácter determinativo.)

El tercer matiz en la forma simple se cumple en el predicado, cuando recae sobre él la interrogación: *Tu hermana ¿no trajo los bombones?*

Pero el valor más interesante en las interrogativas se refiere a la subordinada sustantiva, que forma en el lenguaje familiar el *estilo indirecto.*

b) *Naturaleza y forma de la interrogativa indirecta.* En la subordinación sustantiva existe un grupo de formas objetivas que llevan estilo directo e indirecto. Las primeras reproducen a la letra las palabras de otro: *El presidente dijo: se levanta la sesión hasta después de la comida.* En la *interrogativa indirecta* el sujeto en cuestión nos ofrece simplemente una referencia personal de lo que otro ha afirmado. Da fe de un testimonio ajeno: *El presidente dijo que se levantaba la sesión hasta después de la comida.*

En la construcción directa:

1.º No hay conjunción intermedia. Las palabras dichas por otro aparecen como en frase yuxtapuesta: *La jugadora de tenis manifestó a la prensa: Me encuentro en forma.*

2.º Puede llevar los signos interrogantes: *El actor preguntó: ¿No empezaba a las siete la comedia?*

3.º Puede formar el llamado «estilo indirecto libre». En él la forma sintáctica es de yuxtaposición, pero se atiene a los modos y tiempos de la pregunta indirecta: *la comida, dijo tu suegro, ha sido extraordinaria. Se respetó la opinión del jurado: el premio quedaría vacante.*

En la construcción indirecta:

1.º Normalmente se usa el *que* subordinante: *nos avisó que el avión salía a las cinco de la tarde. Me preguntó que quién era el Director de promoción de Turismo.*

A veces se suprime el *que* en el lenguaje familiar: *me preguntó quién era el Director de Turismo.* Otras veces el *que* resulta afectado, sobre todo en el estilo literario: *pregúntale que cuanto vale una entrada de cine* (pregúntale cuánto vale...).

2.º En el *estilo indirecto* la pregunta depende de los verbos de entendimiento o lengua *(saber, decir, entender, preguntar, avisar, juzgar, recordar, informarse,* etc.): *yo me informaré, si hay mañana avión para Málaga. Dime si estás contento con tu nuevo piso. Pregúntale cómo no ha venido en su coche.*

3.º La interrogativa indirecta admite indicativo o subjuntivo, pero no indistintamente: *No se sabe qué partido se tome,* quiere decir que él va a tomar, no ha elegido aún y no sabe a qué atenerse (30).

---

(30) Es conocida la tendencia de la lengua francesa a las frases interrogativas, sobre todo en expresiones figuradas, en las que el español emplea la negación: *La liberté, consiste-t-elle dans l'indépendance? Il y a peu d'hommes véritablement libres.* «La libertad, ¿consiste en la independencia? Entonces hay pocos hombres que sean verdaderamente libres.» Se resuelve por una condicional: «Si la libertad consiste en la independencia...» En el estilo indirecto francés el imperfecto reemplaza al presente; el condicional, al futuro, y el pluscuamperfecto al pasado anterior: *On découvrirait facilement qu'il avait vendu son passeport.*

1.º ¿Se pueden convertir las interrogativas subordinadas en frases de relativo?: Las interrogativas subordinadas se pueden convertir en frases de relativo, sustituyendo el interrogativo por el artículo y el relativo *que*. Esto tiene lugar cuando el interrogativo acompaña a un sustantivo como adjetivo: *dime cuántos coches han salido* equivale a: «dime los coches que han salido».

Asimismo es posible la sustitución por el relativo si el interrogativo es el adverbio *cuanto* (se sustituye por «lo que» o «lo mucho que»): *Le dije cuanto la quería* (lo mucho que), *Quiero que me digas cuánto me va a costar (lo que* o *lo mucho que).*

2.º Las frases de relativo llamadas también adjetivas: Suelen desempeñar en la frase compuesta el oficio de un adjetivo o participio. Modifican a un nombre o pronombre de la principal. La unión entre la principal y la subordinada se realiza por intervención del pronombre relativo.

Se convierten fácilmente en frases adjetivas o participiales: *Es un perfume narcotizante* (que narcotiza). *No molestes a ese amante* (a ese que ama).

El sustantivo, en la frase adjetiva queda determinado por otra expresión introducida por un pronombre relativo. Este sirve de nexo conjuntivo entre la principal y la subordinada.

En la frase: *la chica que conociste ayer, estudia la carrera de Letras,* el antecedente *la chica* está calificado por la subordinada *que conociste ayer,* que funciona en el conjunto con valor adjetivo: *la chica conocida ayer.*

El antecedente suele ser o sustantivo o una expresión equivalente y la subordinada es complementaria del sujeto, del atributo o del complemento, en cualquiera de sus modalidades: LA NOVIA, *que tú escogiste.*

Es evidente que el pronombre relativo puede tener dentro del conjunto expresivo diferentes oficios o funciones. En la frase, *la chica* QUE *conociste ayer, estudia la carrera de Letras,* el *que* introduce un complemento del sujeto y es a la vez complemento directo de *conociste.*

Las frases de relativo pueden sustantivarse, del mismo modo que los adjetivos. Como sustantivamos el adjetivo *educado* en «los educados» se puede sustantivar toda la frase equivalente: «los que tienen educación».

Con las expresiones relativas se enuncia un hecho real, una acción posible o dudosa y un deseo. Por consiguiente el relativo se atiene, en estos casos, a las normas establecidas para los tiempos y modos de las frases objetivas. Lo real y lo posible va bien en indicativo y para el subjuntivo reservamos las formas de lo contingente, lo dudoso, lo condicional y lo optativo: *Pedro es el que viaja mucho, ha viajado y viajará; viajaría o habría viajado; el que acaso viaje o haya viajado.*

El artículo con el pronombre relativo recobra su sentido originario de demostrativo *(el que, la que, lo que, los que)*: *éstos son* LOS QUE *vadearon a nado el río (aquellos que).* En español el uso de *aquellos que* es enfático; en otras lenguas como el francés tiene un valor corriente *(ceux qui)*. Se ha discutido mucho tiempo sobre el matiz sustantivo o adjetivo del artículo en el grupo *el que*. Se puede anteponer la preposición al artículo así: *¡Con el empeño que tú trabajabas! No sé de lo que tú serías capaz.*

Las formas *que* y *quien* se construyen sin antecedente expreso, por falta de interés en el que habla o por desconocimiento del sujeto. Entonces se suplen las palabras *persona, causa, cosa, asunto,* etc. *Dirijámonos a quien nos atienda debidamente; me dieron que pensar mucho.*

3.º Las especificativas y las explicativas en las formas de relativo: Las frases relativas ofrecen las mismas modalidades de los adjetivos *especificativos* y *explicativos*. Las construcciones especificativas restringen el concepto del antecedente; las *explicativas* lo aclaran y añaden una cualidad. Ejemplos:

Especificativas: Las chicas de la escuela que salieron al campo volvieron de noche a su casa (Indica que *volvieron de noche* sólo las chicas que salieron al campo).

Explicativas (En estas frases es importante el juego de pausas y comas): *Las chicas de la escuela, que salieron al campo, volvieron de noche a su casa.* En esta frase explicativa va separada por una pausa o en el escrito con una coma, para expresar que todas las chicas de la escuela volvieron de noche a su casa.

61. Por la práctica a la regla

a) **Clasificación de las frases simples** (Esquema).

Atributivas o cualitativas. Ejemplos: *La tarde era apacible. Sé bueno, Juanito.*

OBJETIVAMENTE o por la naturaleza del predicado...... Predicativas:

- Transitivas. Ejemplos: *El alumno trajo sus libros. Guardaremos el regalo. Amo a Dios.*
- Intransitivas. Ejemplo: *La niña bailó demasiado.*
- *De verbo de estado.* Ejemplos: *Vivimos en Madrid. El nace indefenso.*
- Pasiva (sujeto paciente). Ejemplos: *La guerra fue declarada por ambas partes* (primera de pasiva). *La carta fue echada en el buzón de correos.*
- Reflexiva. Ejemplo: *Luis se lava la cara.*
- Recíproca. Ejemplos: *Pedro y Juan se cartean. Los chicos se quieren.*
- Impersonales. Ejemplos: *Llueve a cántaros. Es tarde. Hay noticias* (sujeto). *Llaman a la puerta.*

SUBJETIVAMENTE o por la naturaleza psicológica del juicio.......

Respecto del predicado...

- Indicativas. Ejemplo: *Andrés llega mañana.*
- De posibilidad. Ejemplo: *Eso lo supondrías.*
- Dubitativas. Ejemplo: *Acaso no llegue mi amigo mañana.*
- Dubitativo-interrogativas (con indicativo y subjuntivo). Ejemplos: *¿Qué hago? ¿Qué haría?*
- Dubitativo-exclamativas. Ejemplo: *¡Que haya pasado sin mirarme!*
- Exhortativas. Ejemplo: *Compadeceos de nosotros* (miserere nobis).
- Exhortativa de tipo personal. Ejemplo: *Vayamos todos en su ayuda.*
- Exhortativa de suposición. Ejemplo: *Dicen que el perro es muy noble; pégale, acabará mordiéndote* (supongamos que le pegas).
- Optativas. Ejemplos: *¡Ojalá llueva! ¡Dios me perdone!*

Respecto del juicio-....

- Asevero-afirmativas. Ejemplo: *Creced y multiplicaos.*
- Asevero-negativas. Ejemplo: *Yo no lo haría.*
- Interrogativas. Ejemplo: *¿Ha llegado Juan?*
- Exclamativas. Ejemplos: *¡Cómo grita! ¡Qué solos nos dejan los muertos!*

b) Cuadro sinóptico de la frase compuesta

Período por COORDINACIÓN..

- Copulativa. Ejemplo: *Es brutal y zafio y no hay modo de poner freno a su lengua.*
- Distributiva. Ejemplos: *Unos entraban, otros salían; ya en paz, ya en guerra, su vida fue un trabajo continuado.* (Las palabras correlativas son: *aquí... allí; unos... otros; cuando... cuando; bien... bien; ya... ya; ora... ora).*
- Disyuntiva. Se usa propiamente con la conjunción *o* que puede cambiarse por *u: Vienes o me marcho. Tenía sólo diez u once pesetas.*
- Adversativa. Ejemplos: *Aunque es un sabio, no sabe arreglarse. No soy su padre; pero le escucho y defiendo* (restrictiva) (Las conjunciones son: *pero, más, aunque, no obstante, con todo, fuera de, excepto, salvo, menos). Ese no es mi parecer, sino el tuyo* (exclusiva).
- *Causal.* Se excluye del grupo coordinativo. La línea entre la subordinación y la coordinación *causal* es poco clara. Suelen ponerse, como *coordinadas causales* estos ejemplos: *no te rías,* QUE *no tengo gana de bromas.* Nosotros entendemos que son *subordinadas* («porque»). *No lo hizo* PORQUE *no quiso* (Acad. 346).

Cláusula por SUBORDINACION....

- *Sustantiva*..
  - De sujeto. Ejemplo: *No es probable que acierte.*
  - De complemento directo. Ejemplo: *Me preguntó quién era aquel hombre.*
  - De complemento indirecto. Ejemplo: *Vengo a que me paguen.*
  - De complemento circunstancial. Ejemplo: *Entró sin ser notado. Me quejo de que no me hayas escrito antes. Michèle se fue a París, por su madre. Michèle salió con Amalia.*
  - Final: *Le darán permiso para que vaya esta tarde a palacio. Le animó a que cantara en público. Ven que te cuente un cuento* (introducida por la conjunción *que).*
- *Adjetiva*....
  - De antecedente callado. Ejemplo: *Sé a quién debo agradecérselo.*
  - *Especificativa.* Ejemplo: *Trajimos los melocotones que había en el huerto* (Restringe el significado: solo los melocotones que había en el huerto).
  - *Explicativa.* Ejemplo: *Comimos los melocotones, que estaban maduros* (generalizan y explican una cualidad del objeto: comimos *todos los melocotones* y añade la cualidad de que *todos estaban maduros).*
  - Sustantivada. Ejemplo: *No creo al que ha entregado su carta* (al dador de su carta).
- *Adverbial*...
  - De lugar. Ejemplos: *Allí es donde yo trabajo. Iba a donde tú sabes. El salón donde nos veíamos ya no existe.*
  - De tiempo. Ejemplos: *Entonces fue cuando tú llegaste. Cuando salía de casa, cerraba la puerta. Mientras estuvo en el internado, se portó bien. Antes que te cases mira lo que haces.*
  - De modo. Ejemplo: *Hacedlo como se ha mandado.*
  - Comparativa: *Michèle era tal cual (como) yo había pensado* (de igualdad-calidad). *Tendrás tanta fama como tú mereces* (de igualdad - cantidad). *Este vino es mucho peor que el de Cebreros* (inferioridad). *Los jugadores eran más de once* (superioridad).
  - Consecutiva. Ejemplos: *Eramos tantos que no cabíamos. Fue tan exquisita su conversación que a todos nos gustó mucho.*
  - Condicional. Ejemplos: *Si hace buena mañana, saldremos al campo* (expresada por indicativo). *Si el día 12 saliera el sol, iríamos al campo* (expresada por subjuntivo).
  - Concesiva. Ejemplo: *Así me lo juren, no lo creeré.*
  - Causal. Ejemplos: *Es así puesto que tú lo dices* (porque). *No salgo al parque porque llueve* (Conjunciones modernas causales: *porque, puesto que).* La frase causal vacila entre las formas coordinadas y subordinadas, entre el grupo sustantivo y adverbial. Explican algo que lógicamente puede ser causa: *No voy al campo* PORQUE VAYA *(o va) Pedro,*

c) Modalidades sintácticas en la frase de relativo

Oficio que desempeña	*Subordinada relativa*
Sujeto	Estos son los isótopos *que curan.*
Complemento directo	Compré el libro *que vi.*
Complemento indirecto con *(a)*	Aquí está el cheque *a que me refería.*
» » *(para)*	Julio *para quien te pedí la recomendación,* te da las gracias.
Complemento circunstancial *(de)*	No conozco la novia *de que presumes* tanto.
» » *(en)*	Habrá un momento *en que reconozcas* mis favores.
» » *(por)*	El alumno *por quien te interesas,* aprobó matemáticas.
» » *(sin)*	Consulto mucho tu libro, *sin el cual no doy un paso.*
Adjetivo de sujeto	Aquí tienes la plaza, *cuyo dueño es el Banco de Urquijo.*
Adjetivo de complemento directo	La casa, *cuya fachada es barroca,* tú la conoces.
« » con preposición *de*	El toro, *de cuya estampa, me hiciste un elogio.*

d) **Lectura y analisis** del texto de JOSÉ MARÍA PEMÁN *(Yo fui reloj de torre).* Se han de examinar: 1.º, las frases simples y compuestas señaladas en cursiva, y 2.º, la significación de las palabras subrayadas, como ejercicio de vocabulario:

YO FUI RELOJ DE TORRE

«LA CIVILIZACIÓN *consiste siempre en «ponerse» algo sobre lo elemental* y primario. «Ponerse» la corbata, la ley Hipotecaria, el reglamento de la Circulación.

Claro que *ésta no es una afirmación absoluta.* Por ley de acción y *reacción, la civilización juega también, a veces, a volver hacia atrás:* a «quitarse» cosas: la corbata, la chaqueta, el prejuicio, la ley. Pero esto mismo es un reconocimiento de que es la civilización lo que se quita: *porque al hacerlo, se tiene perfecta conciencia de que lo que hace es tomar vacaciones.* De aquí la tendencia constante del hombre al «progreso». El «*menosprecio* de Corte y alabanza de aldea» está en esa línea de refinado *primitivismo buscado que termina en el «menosprecio de chaqueta y alabanza de guayabera».* En esa línea están todos los *«retornos» que sucesivamente han embobado al hombre:* el pastor, la Arcadia, el salvaje americano, Pablo y Virginia, la nueva Eloísa... Pero todos estos son gustos de vacaciones. Robinson es un ser *idílico* y *primitivo, cuya tarea gloriosa consiste en dejar de ser primitivo e idílico y volver a inventar todo lo que ya estaba inventado:* el fuego, la carne asada, el vestido y el Gobierno constitucional. Esta emoción de suspensión temporal de *civilización, que fue característica del Renacimiento* y del Romanticismo, *la mantiene el hombre moderno en forma acelerada* y comprimida.

Es la playa. En un par de horas *el hombre retorna al primitivismo absoluto* y, en seguida, pasando por la caseta, *recobra toda la civilización.* De once a dos *el Delegado de Hacienda se queda nada más que con un taparrabos; exhibe la pelambrera gris* de su esternón burocrático; *juega a saltar a «pídola»* sobre un coronel de ingenieros; *se sumerge en el Atlántico; regresa; se viste, y recobra su señora,* sus hijos y la ley Tributaria. *No cabe ciclo cultural vivido,* en redondo, *más aceleradamente.*

2) *Todo esto lo tengo experimentado yo* de un modo personalísimo y casi con metodología de laboratorio. *Yo voy a la playa* casi todas las mañanas. Mi playa del Sur, *los días en que sopla poniente* o norte, es una extensión inmensa y pacífica en la que *es agradabilísimo hacer de todo,* menos bañarse. *Yo voy con cuello,* corbata y chaleco. Desde hace muchos años, *no sé por qué, me llevo a la playa, para leerlos en una hamaca, los clásicos* griegos y latinos. *A mí no me produce la playa esa necesidad irresistible* de «quitarme cosas». *Yo me «pongo» evocación retórica,* tradición, clasicismo. *La playa que es donde esa criatura* informe que es el mar, *adquiere forma* y límites precisos, se me vuelve a mí una criatura horaciana. *Leer a Horacio me parece una función de playa más congruente que bailar el «twist»* u oír a Xavier Cugat. Gracias a todo eso, *en la playa de Cádiz,* aparte de la multitud adámica, *hay un bar, una lancha salvavidas,* varios vendedores de avellanas... y un señor vestido. *Muchos bañistas de mar y de sol se aproximan a cierta distancia de mi hamaca y* contemplan al señor vestido que lee un libro. *Yo he llegado a preocuparme por razones de moralidad.* Temo ser un escándalo. *Se iba ya consiguiendo esa nivelación anestésica* de la desnudez, que se ha logrado en muchos sitios de África. *Yo no sé si yo les restituyo la intranquilidad* de conciencia. Porque en realidad, *ellos comenzaban a no saber que estaban desnudos,* como Adán en el paraíso. Ahora es cuando empiezan de verdad a estar desnudos, por el hecho de estar yo vestido.

Pero sobre todo, esta situación me ha dado conciencia de la fuerza que concentra el que se mantiene en la civilización, *en medio de un mundo que desciende al primitivismo. Se me acercó un niño: «¿Me quiere decir la hora?»* Luego una señorita; luego un caballero. Yo era el único reloj en la playa. *Todos los relojes estaban en las casetas.* En el mar y en la arena el tiempo se había esfumado. Yo era el tiempo de la playa. *Yo era la conciencia de su fugacidad* y su ritmo, en medio de la absoluta ingenuidad de la desnudez sin reloj. Los desorientados y perdidos en la relajación solar, intemporal y desnuda, *se comunicaban unos a otros la tácita noticia.* Este señor tiene hora». Yo tenía cuello, pantalones y la hora de todos.»

José María Pemán.
(*ABC,* 14-VIII-1963).

c) **Breve análisis del texto** (Examen de los conjuntos gramaticales):

1) Infinitivo con preposición «en ponerse», con dativo complemento indirecto enclítico. Construcción reflexiva impersonal. Complemento directo = *algo.* Frase principal omitido el verbo = *claro* (es o está). Completiva que hace de sujeto = *esta no es una afirmación absoluta.*

Completiva por infinitivo = *es un reconocimiento de que es la civilización lo que se quita.* Tiene subordinada una de relativo = *lo que se quita.*

Una causal = *porque al hacerlo se tiene perfecta conciencia.* De infinitivo. Frase principal = *se tiene perfecta conciencia.* Un título de obra: *Menosprecio de la Corte y alabanza de la aldea.* Frase de relativo subordinada = *que termina en...* De *alabanza* depende el genitivo objetivo «de guayabera». Frase de relativo que empieza por *cuya* (de expresión posesiva). Frase verbal = *dejar de ser;* otra frase verbal = *volver a inventar todo lo que estaba inventado.* Gerundio equivalente a participio de presente concertando con el sujeto del verbo = *pasando por la caseta.* Frase verbal = juega a saltar a «pídola». Frases coordinadas con copulativa al final.

2) Frase verbal resultativa = *lo tengo experimentado yo de un modo personalísimo.* Empleo pleonástico del «yo» para aumentar lo expresivo de la frase. Frase de relativo = *en que sopla poniente.* Ablativo circunstancial concomitante o acompañante = *voy con cuello, corbata y chaleco.* Completiva interrogativa indirecta = *no sé por qué, me llevó a la playa...* Frase de infinitivo; hace de sujeto = *leer a Horacio.* Sujeto del verbo = *parece.* Uso del verbo «hay» en sus sujetos: *un bar, una lancha salvavidas...* Interrogativa indirecta = *No sé...* Interrogativa real y directa = *¿Me quiere decir la hora?* Estilo directo. Pretérito imperfecto de indicativo. Acción durativa en tiempo pasado = *... estaban en las casetas...; El tiempo se había esfumado.* Pretérito pluscuamperfecto de indicativo. Expresión de tiempo pasado, acción cumplida: *Este señor tiene hora.* Estilo directo, aposición de la *tácita noticia.*

f) **Recitación** de los versos de dos autores modernos, el gran poeta y padre del modernismo RUBÉN DARÍO *(Margarita)* y el autor de esta obra MARTÍN ALONSO *(Díptico navideño: Belén-Nazaret)*, con el correspondiente análisis gramatical de las frases simples y compuestas y el ejercicio de vocabulario.

1.º MARGARITA

In memoriam...

¿RECUERDAS *que querías ser una Margarita*
Gautier? Fijo en mi mente tu extraño rostro está,
cuando cenamos juntos, en la primera cita,
en una *noche alegre que nunca volverá.*

Tus labios escarlatas de púrpura maldita
sorbían el champaña de fino bacarat;
tus dedos deshojaban la blanca margarita,
«Sí... no..., sí... no...», *¡y sabías que te adoraba ya!*

Después, ¡Oh flor de Histeria!, *llorabas y reías;*
tus besos y *tus lágrimas tuve en mi boca yo;*
tus risas, tus fragancias, *tus quejas eran mías,*

Y en una tarde triste de los más dulces días,
la muerte, la celosa, *por ver si me querías,*
como a una margarita de amor, te deshojó.

RUBÉN DARÍO
(San Martín, [Buenos Aires];
Prosas Profanas, 1906).

2º DIPTICO NAVIDEÑO

BELEN *(nana)*

A la nana del Verbo
a la nana de Dios,
porque El se ha dormido
una estrella bajó.

A la nana nanita
a la nana de Dios
cuando El se despierte
reiremos los dos.

NAZARETH

SAN JOSÉ *sierra el madero*
del arado a un labrador,
y al Niño-Dios que lo mira,
le gusta ser sembrador.

La Virgen hila que hila
cose que cose un zurrón
y al Niño-Dios que lo mira
le gusta ser Buen Pastor.

MARTÍN ALONSO.

g) **Modismos y refranes**

1.º MODISMOS DE EXPRESIVIDAD AFECTIVA:

Hace un siglo que he pedido al camarero mi desayuno.—Que si quieres, morena. Que si quieres arroz, Catalina.—¡Pero por éstas que son cruces. Por estas que no vuelve! Pero a ese sirvengüenza le echo yo a la calle, como me llamo Laura. Porque aquí donde usted me ve, soy una persona honrada. La música le distraerá.—¡Pa canciones estoy yo! Se pasan las horas muertas hablando a la ventana. ¡Y to para na! ¡De buen humor estaba yo para...! ¡Bonito susto me ha dado! La que se case con él está apañá. Zurrarle a uno la badana de lo lindo. ¡Menuda bicoca! ¡Menuda plancha se tiró!

2.º REFRANES:

Antes de mil años todos seremos calvos (Pasado mucho tiempo, todo pierde importancia).—*Mucho sabe la anguila, pero más sabe el que la pilla* (Para un pícaro, hay siempre otro más pícaro).—*No hay atajo sin trabajo* (Toda ventaja, supone un esfuerzo).

h) **Dictado de Ortografía** (Explicación de las palabras señaladas en cursiva):

«La verdadera juventud eterna depende de esta *rítmica* y *tenaz* renova ción,que ni anticipa vanamente lo aún no maduro, ni consiente *adherirse* a los modos de vida, propios de circunstancias ya pasadas, *provocando* el *despecho,* la *decepción* y la amargura que trae consigo el fracaso del esfuerzo *estéril;* sino que acierta a encontrar, dentro de las nuevas *posi-*

bilidades y condiciones de existencia, nuevos motivos de interés y nuevas formas de acción; lo que procura en realidad al alma es cierto sentimiento de juventud *inextinguible*, que nace de la conciencia de la vida perpetuamente *renovada* y de la constante *adaptación* de los medios al fin en que se emplea.»

JOSÉ ENRIQUE RODÓ
(*Motivos de Proteo*, IV)

i) **Temas de Redacción**

1) Las lecciones que dan al hombre el perro, la abeja, la hormiga y la cigarra.

2) *Temas modernos.—Moda discutible:* El pantalón femenino, vestido cómodo y estéticamente aceptable en la mujer joven. Razones en pro y en contra.
Los *platillos volantes*

j) **Discoteca regional española** (Un disco después de cada capítulo aprendido. Haga funcionar su tocadiscos):

ARAGÓN: *Jotas de ronda* TFK 13014, 45 r., 17 ctms.

NAVARRA: *Soñé que el fuego se helaba.* RCA, Víctor, 3-20590, 45 revoluciones, 17 ctms.

ZARZUELA: Chueca, *La gran vía.* MC 25002 —Alhambra.

TANGOS: *Adiós, muchachos. A media voz.* Orquesta Montilla. Hispanovox FM-97, 33 r., H8-OP, 4547.

8 | ESTILÍSTICA SINTÁCTICA

SUMARIO: *62. La Academia y la sintaxis figurada.—63. Lenguaje coordinado. Orden de las palabras en la frase.—64. Lenguaje ontológico y axiológico. Material extraño. Ósmosis y transfusiones lingüísticas.—65. Estructuras menos modernas.—66. Otras coordinaciones sintácticas.—67. Lenguaje expresivo.—68. Regulación del estilo y formación mental.—69. Interpretación estilística de los textos literarios.—70. Estilística informativa o periodística.—71. Por la práctica a la regla.*

62. La Academia y la sintaxis figurada

Lo que la Academia llama *sintaxis figurada* no es meramente una exposición de ornatos y vicios del lenguaje y, en concreto, de la frase. Tiene una finalidad más trabada, más expresiva, más compendiada y en cierto modo taquigráfica. Se trata del menor esfuerzo o economía del lenguaje. Cuando digo: *Fulano es duro de carácter,* me ahorro muchas palabras y aun construcciones descriptivas. Esa frase, dicha así, de modo expresivo, lleva dentro todo este contenido. «No duda ante lo que se propone, no perdona a quien castiga, exige el cumplimiento riguroso de la ley.» Es un estilo o *quasi-estilo* de tipo general.

El estilo no es la morfología; no se detiene en la palabra, sino en la frase, ya que muchas veces la envuelve y le da contorno. La estilística y la sintaxis se trenzan y se encuentran en el mismo camino. Ambas nos proporcionan el hecho funcional o la función de la frase. Y al fin de cuentas el estilo literario es la particular *ordenación* de las palabras.

Mucho de lo que la Academia llama sintaxis figurada iría hoy a la *semántica,* por tratarse de cambios de formas significantes.

Todos los fenómenos sintácticos aislados van a parar a la colocación de las palabras en la frase; es un coorden o conjunto sintagmático. Y la estilística es una ordenación figurada, personal, nacional, regional o dialectal, genérica o cronológica, porque según las épocas y los géneros literarios, se flexionan la sintaxis y el estilo. En el estilo oratorio aparecen los pronombres personales, que en otros géneros serían excesivamente enfáticos *(Ciudadanos: me dirijo a vosotros...).* En cambio los infinitivos vagos y adumbrativos, esos infinitivos con preposición, son poéticos y no caben en la oratoria: *Rozar el mar sin salpicar tu nave, / pisar sobre la tela de esmeraldas, / arar espumas con caricias suaves.* El poeta ha sembrado su lenguaje de infinitivos. Estos son sugerencias: lo otro, lo del ejemplo anterior, es persuasión.

Vamos a dar en fórmulas condensadas, las principales inquietudes y novedades estilístico-sintácticas, en los análisis de textos y en el conocimiento de la prosa moderna, bajo estas ideas generales: Lenguaje coordinado y lenguaje expresivo; lenguaje ontológico y axiológico, formas menos modernas y otras coordinaciones; Regulación del estilo y elección de temas; Interpretación estilística; Lírica, teatro y periodismo.

63. Lenguaje coordinado. Orden de las palabras en la frase

Es tan varia la matización del orden de las palabras en la frase en los múltiples idiomas, que los lingüistas han renunciado a concretarlo en fórmulas precisas (31).

Existen, sin embargo, dos tendencias lingüísticas: la de los idiomas que prefieren el orden fijo y la de los que gozan de cierta libertad constructiva. No hay un idioma en que el orden de las palabras sea absolutamente libre, pero esta coordinación sintáctico-expresiva ha sido siempre un recurso aclarativo de la función gramatical de las palabras. En español son raros los casos en que es preciso atender al orden para determinar la función gramatical de los vocablos. Sin embargo en algunos idiomas este orden es signo y razón de valor gramatical. En chino, por ejemplo, el sujeto inicia siempre la frase, en el primer puesto coordinativo. En algunas lenguas romances la creación de las flexiones se produjo como consecuencia de un orden pospositivo de las preposiciones y los pronombres.

Orden de las palabras en la frase: Por el sistema de ordenación verbal se distinguen algunas lenguas de otras. Las lenguas *pospositivas*, como el vasco, precisamente por la posposición de determinativos y partículas se hacen sintéticas, mientras las *prepositivas*, como el latín, son más analíticas. Si el idioma del Lacio hubiera generalizado el tipo de *semper* (siempre) y *mecum* (conmigo) como algún idioma itálico, nos hubiera dado una flexión parecida al vasco.

Sobre la ordenación de las palabras en la frase existe un principio general defendido por Brugmann *(Grund.*, 922) así expresado: «Las palabras se ofrecen en la frase como se manifiestan en la representación

(31) Este tema del «orden sintáctico de las palabras en la frase» quedó tratado con mucho detenimiento en nuestra obra CIENCIA DEL LENGUAJE Y ARTE DEL ESTILO (8.ª edición [Madrid, 1967], pág. 1638). *Libro teórico*, parte 1.ª, tít. II, págs. 122-144.

mental, y en ésta es la idea la que se muestra con más fuerza a la atención y la que se presenta al espíritu antes que otras.»

En el idioma español cualquier elemento expresivo se suele anteponer, por un interés radical, que altera el orden lógico o normal. He aquí cómo se coloca en francés la idea más saliente: «*terrible* est son aspect». La primera palabra gramaticalmente debiera ocupar el último lugar.

Algunas observaciones prácticas: 1.ª La diferencia principal entre el lenguaje ideoafectivo y el lógico reside en la construcción de la frase. Hay mucha diferencia en el puesto que ocupan las palabras de la conversación y las de la redacción literaria. En el diálogo cotidiano, la preparación reflexiva de la frase es imperceptible; el proceso cinemático de las ideas se sucede por yuxtaposición más que por subordinación. Los nexos de la frase hablada son sencillos y ágiles.

2.ª La colocación del adjetivo y del sustantivo responde a la doble consideración ideológica y estimativa.

El adjetivo es de gran movilidad posicional, que a veces actúa como verdadero predicado: «todos se quedaron con la boca *abierta*». Se antepone con sentido ponderativo: *el buen vino, el mal carácter.* Los datos más característicos obligan a situar al determinante detrás del determinado. La anteposición del adjetivo es normal, pero en algunas formas exclamativas ocurre lo contrario. Ejemplo: *¡Lo único que nos faltaba! ¡Valiente horario nos ha tocado hoy! ¡Qué noche tan desagradable!*

3.ª En la interrogativa directa tiene el primer lugar el verbo, que inicia la pregunta: *¿Vendrás mañana? ¿Te portarás bien en tu casa?* Encabeza las frases, sobre todo las optativas e imperativas: *Llegar pronto, es lo que todos deseamos. Ven tú esta tarde.*

En el indicativo valorativo se adelanta de igual modo, principalmente en la frase narrativa: *Vino el médico a su casa.*

4.ª En las lenguas indoeuropeas, no sólo el sujeto (sobrentendido o expreso), sino también el predicado se anteponía al verbo. Este tipo de colocación sintáctica se conservó en latín. Ejemplo: *Lacedaemonii Lysandrum... expulerunt* (Los lacedemonios *a Lisandro* expulsaron) (complemento directo); *Ephorus in culpa est* (Eforo *en culpa* está) (sujeto). Solían juntar los pronombres que se referían a la misma persona: *Tu te ipse* in custodiam dedisti *(tu a ti mismo* te encarcelaste).

5.ª Las preposiciones en el primitivo indoeuropeo se posponían, como en el sánscrito y el vasco. Sólo se anteponían para presentar con vigor una idea. Muchos de estos preceptos quedan asimismo en las lenguas clásicas como el latín. Menos *versus* y *tenus* las demás suelen preceder al sustantivo: *Cum Socrate et cum Platone,* «Con Sócrates y con Platón».

6.ª Recordemos algunas posiciones particulares. Existe una tendencia manifiesta a colocar el pronombre de identidad *mismo* después del sustantivo al que acompaña: «*Tenía el mismo timbre de voz. Siempre procedía con la misma calma.* Con *mismo* alterna *propio* como pronombre reflexivo e intensivo: *la satisfacción de su propia conciencia.* El demostrativo al final, con intención evocativa: *¿Y la novia esa, Raquel?* Expresivos y exclamativos: «El novio de la tontaina esa.» *Ultimo* va generalmente antepuesto. Lo mismo ocurre con *anterior* con sentido anafórico: *Ocupó el último escaño del Congreso. Ninguno* y *alguno* se agrupan y anteponen a *más* y *otro*: *Dio señales de estar enterado mejor que ningún otro.* Caso inverso: *No sintió más alegría por otra ninguna cosa* o *por ninguna otra cosa. Todo* se asocia por yuxtaposición a otros pronombres y al artículo: *No hay ningún árbol en toda ella.*

7.ª Los dos procedimientos de expresividad, *la anteposición* de la palabra de más relieve y la *impregnación tonal* permiten a algunos idiomas sustituir el orden ideológico por la tonalidad.

64. Lenguaje ontológico y axiológico. Material extraño. Osmosis y transfusiones lingüísticas

La concepción filosófica del *verum* y *bonum* es el fundamento de la Axiología o Filosofía de los *valores,* frente a la Ontología o filosofía del «ser». Hay diferencia entre lo que se ama y se desea. Los juicios de valor están fuera de la elíptica de la lógica. La filosofía de los valores busca un mundo nuevo de la estimación diferente al mundo del puro conocimiento. Un mundo cognoscitivo distinto al de la ciencia normativa. Las matemáticas frente al Derecho y la Estética. Los valores determinan los aspectos y funciones de la conciencia estimativa y afectiva que interviene en el proceso mental del lenguaje.

La estimación de las expresiones interviene decisivamente en las transformaciones de los idiomas y en la *coordinación de los medios expresivos o sintácticos.*

Toda expresión lingüística es conceptual y el lenguaje es una noticia; pero como a la verdad ontológica y entitativa acompaña siempre el bien, a la inteligencia acompaña la voluntad y la afectividad. El conocimiento y la estimación son dos funciones distintas.

En toda ciencia especulativa o abstracta, podemos considerar el conocimiento en sí y prescindir de su valor, como en cualquier ciencia moral o axiológica podemos considerar únicamente su aspecto estimativo. Ese *concepto estimativo* aislado del conocimiento o la abstracción es el *puro valor.* Los seres se valoran no por la entidad absoluta, sino por el juicio de las distintas personas y circunstancias.

Si decimos de algo que es *cierto, ciertísimo, seguro, inconcuso y evidente,* en la ponderación de sus grados cognoscitivos está su verdadera estimación. Nuestra estimación desecha vocablos por rústicos, como *largarse* por *irse,* por razones estimativas, de valor social. Todo juicio abstracto puede ser actualizado si logra suscitar un grado de afectividad. La frase *Dios es bueno* despierta nuestra afectividad, porque no se construye sin cierto interés práctico o especulativo. No puede darse la pura valoración sin conocimiento. El amor, el odio, el daño, el orgullo, la humildad, la altura o la pequeñez son valores de estimación o desestimación y seres de cocimiento.

1.º Material extraño: Nos referimos a la *importación extranjera*. En cada innovación, hipótesis científica o invento, pasan juntamente con lo nuevo sus denominaciones, su nomenclatura.

En las lenguas generalizadas o absorbidas por una anterior, como pasó con el latín en España asimilado por las hablas prelatinas, o en el español por las hablas primigenias americanas, los medios de aprendizaje son muy varios. Interviene incluso el comercio y después el estudio sistematizado y el ejercicio dialogado.

Hay palabras y frases que no proceden en línea recta de la fuente originaria. Los militares romanos se admiraron de la abundancia de *carros* galos y admitieron esta voz en su lenguaje hablado.

El predominio cultural y ciertos determinantes de psicología social ayudan en cada época a esta invasión lingüística. Hay palabras importadas que pueden ser gemelas de otras nacionales, como *túnel*, pronunciación inglesa *tonel*. Y con *túnel* llegaron de Inglaterra *raíl, vagón* y *tranvía*. Y poco después vinieron a nuestro léxico: *hall, stock, sandwich, match, lunch* y *cheque*.

2.º Préstamos de algunos idiomas: a) *Helenismos*. Elementos que tomó el español del idioma helénico. Se llaman también *grecismos*. El latín venía ya, en muchos aspectos como en los términos de Botánica repleto de helenismos. El griego es el gran arsenal léxico de la ciencia moderna, sobre todo de la Medicina. Es una lengua muy filosófica para el apotegma y la sentencia y muy apta para la formación de toda clase de compuestos. Ejemplos de cultismos más comunes:

Monarquía, categoría, drama, crisis, mecánica; Academia, acróbata, acólito, almanaque, anatomía, áncora, anómalo, antipático, apostasía, apoyar, arcilla, aritmética, arpa, artesa, arzobispo, asilo, atrofiar, azúcar; bailar, baño, barato, barca, basílica, bastar, bautizar, bigamia, blasfemia, bola, bolsa, bombo, borrasca, boticario, bronquitis, bulbo, buscar; calma, cambiar, canalón, canonjía, caña, cara, carácter, cartulina, catecismo, cédula, cetro, cisma, clero, cólera, cono, cordón, cornisa, cráneo, criterio, crónica, cuchara, cuerda; chisme, chusma; decálogo, desairar, descartar, desembolsar, despótico, diablo, diarrea, dinámico, dogma; eco, elegía, empatar, empedrar, enano, encima, energía, enganche, entonar, entusiasta, época, escenario, escombro, esmero, espada, espalda, esquema, estilo, estofado, estopa, éxtasis.

Falange, fantasía, farol, fenomenal, filósofo, física, fisonomía, fósforo, fotografía, frasco, frase, fréjol, frenesí; gala, galán, galantear, galeno, galería, gangrena, gañote, gas, gazapo, gigante, ginete, glicerina, glosar, gobernar, golpear, gramática, greda, gruta, guitarra; hegemonía, hemorragia, hereje, héroe, hiena, higiene, himno, hipoteca, historia, honda, hongo; idea, idilio, idiota, idolatría, ídolo, iglesia, iris, ironía; jazmín, jerarca, jerga, jeringa; kilo; laberinto, laico, lámpara, lego, león, lepra, limpiar, litro, liturgia, losa; llaga, lluvia; madeja, magia, manía, maña, margarita, mártir, matizar, melancolía, melodía, menta, metáfora, método, mímica, mitra, monje, monolito, morera, morfología, música; nardo, néctar, neuralgia, nicho, nostalgia; oasis, obispo, óleo, olivo, óptico, orear, órgano, ósmosis; pabilo, page, panegírico, papa, papel, papeleta, paraíso, paralítico, parangón, paraninfo, parnaso, parodiar, pascua, patán, patio, patriarca, pausa, pedrea, pelmazo, perejil, periódico, piedra, pira, piropo, plagio, plática, poema, policía, polo, pompa, profeta, prólogo, propina, púrpura; quilate, química; rábano, raja, regalar, reloj, reposo, reúma, rima, ritmo, romo, roncar, rumbo; sábana, saco, sátira, sicología, sílaba, símbolo, síncope, síntesis, sirena, sistema; táctica, tapete, teatro, técnico, teología, teoría, tesis, teta, tiara, tipo, tirano, titán, toldo, torno, trágico, trenza, trilla, triunfal, trocar, trompeta, trucha, tufo; varón, visagra; yeso, yodo; zapato, cizaña, zona, zumo.

Grecismos aceptados en diversos tiempos y por diversos caminos, que llegaron al español a través del latín. Ejemplos: Canasto, bote, cara, garojo, carta, cuévano, palabra, cadera, gruta, cedra, golpe, greda, piedra, torno, tomillo, plato, huérfano, púrpura, yeso, órgano, tío, limosna, lego, escuela, bodega, cuerda, pasmo, gobernar, bautizar, cima, y quima.

Tecnicismos helenizantes. Ejemplos modernos: *Aciniforme,* acrobio, acroma, actinología, adelópodo, alerga, antibiótico, arterioesclerosis, autarquía, autoplastia. Bacteria. Cefalea, cenestesia, cianosis, ciática, cirrosis, cistitis, claustrofobia, clorofila, colemia, colastitis, conjuntivitis, craneotomía. Deontología, dermatitis, dermatosis, desmoide, dextrocardia, diagrama, diatermia, dioptría, disartría, dispepsia, distonía, distrofia.

Ectomía, ectopia, edema, electroencefalograma, electrónica, elefantitis, embriocardia, endocarditis, enema, endoscopia, endotérmico, enfisema, epilepsia, ergio, estroncio, espectroscopio, estomatitis, estreptomicina, etano, etiología, eupraxia, excéntrica. Fagocitosis, fleborragia, focómetro, fotograma. Galvanocromía, gastritis, giróscopo, Glíptica, guatosis. Helicóptero, hemoglobina, hemotórax, hipotónico, homeopatía, hormona. Ictericia, idiosincrasia, iridio, isopatía, isotermo, isotónico, isótopo. Malacodermo, megáfono, metabolismo, metacentro, metamorfosis, metaplasma, microcéfalo. Oscilógrafo, ósmosis, otitis. Panorámica, pantógrafo, penicilina, pepsina, periplo, plasma, psicoanálisis. Simbiosis. Teleobjetivo, televisión, televisar. Urea. Vitamina.

b) *Latinismos, galicismos y anglicismos.* Nos hemos detenido en la enumeración de los grecismos, porque son en las ciencias modernas el almacén básico de su nomenclatura. Como términos nuevos pertenecen más a la lexicografía.

Acerca de los *latinismos, galicismos* y *anglicismos* reservamos el estudio detallado para el apartado de la palabra aislada y más concretamente para la lexicología. Aquí sólo caben estas observaciones:

1.ª **Latinismos.** El español es en su fondo el latín impuesto por la conquista y la colonización romana, hechos transcendentes que eliminaron las lenguas peninsulares. Durante muchos siglos las lenguas románicas han renovado su vocabulario con la reserva del latín. Este idioma clásico ofrecía dos ventajas: ser el mejor archivo para la formación de los tecnicismos científicos y dar un tono elevado a las obras literarias. Para los eclesiásticos tenía el prestigio de ser el idioma oficial de la religión católica. Los médicos usaban el tecnicismo latino, casi hablaban en latín. Los filósofos estructuraban sus silogismos en latín y hasta la física y cosmología en las universidades se explicaba en el latín medieval.

Los términos vulgares se desplazan muchas veces por sus correspondientes latinismos. Así el antiguo español *degredo* fue suplantado por *decreto* y *obispal* por *episcopal.*

Durante algún tiempo los latinismos invadieron el campo de los letrados, de la religión y de la ciencia *(involucro, cápsula, húmedo,* etc.); hoy se han generalizado *(artículo, película,* etc.).

2.ª **Galicismos.** El francés es la lengua viva que más préstamos lingüísticos ha concedido al español. Desde la Edad Media no ha cesado su importación. Muchos cultismos griegos y latinos nos vienen a través del francés, tales como, *fotografía, galvanoplastia, neuralgia, filatelia, autosugestión,* etc. Otros galicismos, provinen de la traducción y de la prensa diaria: *caminos de hierro, piedra de toque, papel moneda,* etc.

La misma sintaxis española ha sufrido transformaciones importantes, por la acción directa de las versiones de obras francesas.

3.ª **Anglicismos.** La mayor parte de la influencia inglesa en nuestra lengua, consiste en el préstamo de vocablos no de giros, tal vez por la desigualdad sintáctica de ambos idiomas.

El inglés que había permanecido ignorado en el continente en los siglos XVI y XVII, comenzó su influjo idiomático, primero en la literatura y con sus pensadores y después por su prestigio social. La primera importación de vocablos pertenece a los deportes *(gol, penalty, chutar, knock, out, tenis, bridge, poker, whist, cocktail* [cótel] y luego siguió con los espectáculos, periodismo y asuntos políticos y sociales *(sketch, escena, boys, clowns, cow-boys, girls, films, filmar, dial, pick-up, reportero, interview, boycot, trusts* y *tradeunionismo).*

Como dice un crítico, en la época romántica, los jóvenes ingleses querían deslumbrar con elegancias de *dandy,* paseaban en *tílbury* y conspiraban en el *club* (32).

(32) El Padre Isla, en 1758, daba ya como «avecindados» en España muchos galicismos que hoy son vulgarismos, tanto en vocablos como en frases y modismos. Palabras: *libertino,* por «disoluto»; *satisfacciones,* por «gustos»; *coqueta, inspección, departamento, irreprochable* y *asamblea.* Frases o modismos: *bellas letras,* por «letras humanas»; *pobre diablo,* por «bonachón», y otras locuciones tan de uso corriente que nadie se percata hoy día de su origen francés, como: *no merece la pena, tengo el honor, acuso recibo de su carta, tiene mucho de honrada, es la mejor de mis amigas,* etc.

3.º **Osmosis y transfusiones lingüísticas:** El idioma español ha sido, a través de las épocas una membrana permeable a través de la cual han pasado los vocablos de distinta densidad de otras lenguas, y dentro de la misma lengua de distintos estamentos sociales.

Es muy corriente que el pueblo asimile formas cultas y que los escritores y hombres de elevada cultura acepten para su lenguaje formas rústicas o populares. Los oficios y profesiones y hasta las lenguas jergales introducen sus modismos en la lengua común. El latín clásico y la literatura han traspasado sus elementos lingüísticos al léxico y a la sintaxis del pueblo. Conocido es el ejemplo de *pelagus* incrustado como término popular *(pelgo, pielgo)* en gran parte de Portugal y Galicia, mientras en el español quedó reservado *(piélago)* para el lenguaje poético.

El vulgo se va adueñando de muchos términos de Medicina y Jurisprudencia *(ab intestato, con conocimiento de causa,* etc.) y algunos modismos de otras procedencias: *viento en popa; contra viento y marea* (de mar); *apretarse los machos* (disponerse cuidadosamente a la acción); *echar un capote* (intervenir para subsanar un error); *escurrir el bulto* (inhibirse con disimulo); *parar los pies* (llamar al orden), etc. (de tauromaquia).

Frases de expresión afectiva y popular tomadas de cultismos: *A mí no hay quien me eche de aquí. ¿Que no? Bueno pollo, o la calle o la «peritonitis»* (le apunta con una pistola).—*Me inhibo de mi casa.—Está diluviando.— Eres un archifresco y un archisabido. Un sinvergüenza más largo que el Mississipí. Estoy contentidísimo hasta la médula. Niño gótico y señorito bien. A la bartola* calcado de «a la inglesa». *Le daba ciento y raya a las otras mozuelas.*

65. Estructuras menos modernas

1.ª **Hiperbaton.** Alteración del orden natural de las palabras en la frase simple o de las frases en el período. Ejemplo de don Juan Tenorio de Zorrilla:

y pues la mala ventura
te asesinó de don Juan } hipérbaton
contempla con cuanto afán
vendrá hoy a tu sepultura.

Lo que en castellano es normalmente un desorden estilístico, en la prosa latina resultaba una elegancia de buen decir. El romanticismo resucitó algunas de estas elegancias trasnochadas, que sólo en la época de Góngora se escucharon con curiosidad. Ejemplo de hipérbaton romántico: *las de Mayo serenas alboradas.*

Los gramáticos latinos distinguían tres tipos principales de hipérbaton: *anástrofe,* que consiste en posponer la preposición al sustantivo, cuyo caso rige: *rebus in arduis* (en las cosas difíciles); *tmesis*, figura que corta una palabra compuesta, introduciendo algún término entre sus dos elementos: *quod iudicium cumque subierat* (Cicerón) (por *quodcumque iudicium subierat)* y *paréntesis*, especie de hipérbaton que introduce una interjección o locución en el seno de una frase, con entonación independiente: *Tu —eso me ha dicho— vendrás conmigo*. Frase incidental, sin enlace necesario con los demás miembros del período.

Otra clase de hipérbaton clásico es el llamado *hysteron proton* y también *histerología*. Consiste en anticipar lo que lógicamente debiera posponerse: *De la Morena Sierra*, en vez de *Sierra Morena* (Lope).

El *hipérbaton* clásico afecta más a la colocación del verbo respecto del sujeto, los complementos y demás elementos de la frase. El verbo situado más allá del segundo lugar de la frase da a todo el conjunto un aspecto afectado y enteramente desusado. Y, sin embargo, el puesto del verbo en el hipérbaton ciceroniano estaba mejor al final de la frase. Pero nuestra prosa moderna no es ni mucho menos reflejo del período ciceroniano.

Desde el punto de vista sintáctico-estilístico, el hipérbaton no consiste en alterar el orden lógico establecido por los gramáticos, sino en colocar los elementos de la frase en una sucesión comprensible, pero considerada como no habitual en cada época del idioma. Hipérbaton de verbo: *Dulce sosiego se respira en el ambiente plácido* Azorín. Obr., 1947, I, 810). Hipérbaton de complemento inicial AMPLIOS CUADROS DE VIÑAS *vense entre dilatadas piezas de sembradura* (Idem, 891) (33)

2.ª **Acusativo griego.** Se llama también de relación o de parte (Cfr. núm. 22-2). Consta de un participio de pasado, cuyo complemento en acusativo, muestra la limitación en que ha de tomarse la significación: *Desnudo el pecho anda ella* (Góngora) (en cuanto al pecho). Definición de Bassols: «Indica la parte de una persona o cosa afectada por la acción verbal, el punto de vista a que se circunscribe una afirmación.» Ejemplo: *los alemanes / el fiero cuello atados* (Garcilaso); *Lasciva el movimiento / mas los ojos honesta* (Góngora).

---

(33) Nos interesa dejar aquí constancia de estas formas un poco arcaicas para hoy, a fin de que el escritor moderno pueda entender bien las expresiones latinizantes de Villena, Fray Luis de León, Herrera, Garcilaso y Góngora, y aun imitarlas en ocasiones, si el caso lo merece. Veamos algunos ejemplos de hipérbaton en estos autores citados: *Por si cochos fueren al través se corten* (verbo al final). (VILLENA, *Arte*, 10.º, pág. 82). *Non podiendo la cruda dirigir vianda* (VILLENA, *Arte*, pág. 15). *E si por esforçar, menester fuere, como es dicho, de aquella se corte guisa* (VILLENA, *Arte*, págs. 59-60). *Ni de la puesta al bebedero / sabrosa miel cebado* (FRAY LUIS DE LEÓN). *De la prisión huir no pienso mía* (HERRERA). *Tu afrentas y gimes bárbaros despojos* (HERRERA). HIPÉRBATON GONGORINO: *Copos nieva en la otra mil de lana* (exagerado y expresivo). *Los crujidos ignoran resonantes; luminosas de pólvora saetas* (sustantivo y adjetivo atributivo); *mientras casero lino Ceres tanta ofrece* (verbo al final, a la manera ciceroniana); *de rayos más que de flores frente digna* (preposición *de*, término dependiente y adjetivo); *tantas al Betis lágrimas le fío* (separación del sustantivo y del determinativo); *al mayor ministerio proclamado / de los fogosos hijos fue del viento* (participio separado del verbo auxiliar). Ejemplo de hipérbaton latino: *Ad mortem te, Catilina, duci iussu consulis, iampridem oportebat* (verbo al final) (CICERÓN).

En la traducción se han de usar perífrasis tales como *en cuanto a, por lo que se refiere a, por lo que atañe a.* Ejemplo de Virgilio (Aen., I, 658): *faciem mutatus* (cambiado en cuanto al rostro).

3.ª *Servir de* por *causar* con el verbo *ser*. Es un latinismo usado en la época clásica. Es propio de Herrera, y este poeta refleja una fuerte preocupación latinizante.

El valor de *ser* (servir de) con un objeto, un sustantivo, un predicado y un dativo: *Hoc est mihi laudi* (esto me sirve de alabanza). Lo usa Ovidio (Metamorf., lib. XIII, 814): *sunt auro similes longis in vitibus uvae, -sunt et purpurae.* Pero no hay paridad entre este uso y el de Góngora. Es el estilo español el que da al préstamo su verdadero sentido:

... allí una alta roca
mordaza es a una gruta, de su boca.
(*Polif.*, estr. 4).

66. Otras coordinaciones sintácticas

1.ª *Hipálage* (gr. ὑπαλλαγή, mutación). En la sintaxis latina consistía en invertir los casos dependientes de un verbo. En preceptiva se llama a sí a la figura que invierte el orden de expresión de los pensamientos o el sentido de las palabras sin oscurecer el concepto. Aplica a un sustantivo un adjetivo que corresponde a otro sustantivo: *Ibant obscuri sola sub nocte per umbram* (Virgilio, Ened. VI, 269), en vez de *ibant soli sub obscura nocte.* «Caminaban oscuros bajo la sola noche», es decir: «Caminaban solos bajo la oscura noche».

Ejemplo moderno: *Ese desenvolvimiento del espíritu de especulación trae consigo desventajas visibles* (Rodó: *Ariel,* ed. 1911, 30) («ese» señala la persona de que tú o vosotros me habláis o me hablas: «ese espíritu desenvuelto»).

2.ª *Braquilogía* o empleo de una expresión corta equivalente a otra más larga o complicada: *Me creo honrado* (creo que soy honrado).

3.ª *Encabalgamiento.* Desacuerdo frecuente en el verso entre la unidad sintáctica y la unidad métrica, que se produce cuando la unidad sintáctica rebasa los límites del verso y continúa en el siguiente:

Yo en él he mostrar *las amarillas*
ramas del chopo y alas del jilguero.
(FRANCISCO PINO).

P. Henríquez Ureña usa el término de compensación. Los franceses dicen *enjambement* y *rejet.* «Hay *rejet* cuando una de la parte de la frase gramatical es «arrojada» al verso siguiente, y se puede decir que en el verso existe *enjambement* porque la frase gramatical «cabalga» sobre el verso siguiente.»

4.ª *Enálage*. Se explica por el cambio de las partes de la frase, como los usos de los tiempos verbales o el adjetivo por el adverbio y en general fuera de su significación normal: *Habla lento* (por *lentamente*). En latín, se usa por ejemplo *vivere* por *vita* o *nullus* por *non: Philotimus... nullus venit* (i. e. *non venit*), «Filótimo no llegó».

5.ª *Pluralidades paralelísticas o correlaciones*. Estos términos designan la ordenación de varios conjuntos semejantes, sobre todo en poesía. *Paralelístico* se llama al poema, que contiene dos o más conjuntos cuyos elementos son entre sí hipotéticamente semejantes. Rima XIII de Bécquer:

> *Tu* pupila es azul y *cuando ríes,*
> *su claridad* süave *me recuerda*
> *el trémulo fulgor de la mañana*
> *que en el mar se refleja.*
>
> Tu pupila es azul, *y cuando lloras*
> *las* transparentes *lágrimas en ella*
> *se me figuran gotas de rocío*
> *sobre una violeta.*

67. Lenguaje expresivo

La estilística-sintáctica, como ciencia de los estilos interpreta el acento personal en la expresión literaria de un autor. Se trata de la interpretación personal que adquirimos en el conocimiento de las cosas en el momento espiritual de la palabra. El lenguaje no es sólo un instrumento de pensar y de entenderse, es sobre todo el medio con que nosotros nos manifestamos ante nosotros mismos y ante los demás con el que cobran forma, como materia de conciencia, nuestras representaciones, nuestras apetencias, nuestras voliciones y nuestras sensaciones de placer o desplacer. Lenguaje de nuestra vida anímica acoplado a la intuición y que tiene la suficiente eficacia para sugerir al oyente la energía representativa y para excitar en él su vacilación y su sentir.
Estilística sintáctica como medio expresivo, es también la manera de acercarse directamente, mediante la conciencia moderna del lenguaje y la sensibilidad actual a la frase moderna y a la obra antigua; de llevarnos a lo perfecto, a lo clásico y renovador, a todo producto lingüístico que abra camino en nuestra inteligencia y eduque nuestro propio sentimiento.

1.º Estilística de la lengua y estilística del habla; Valoración expresiva: Dice Leo Spitzer: «Ha de haber, pues, en el escritor, una como armonía preestablecida entre la expresión verbal y el todo de la obra, una misteriosa correspondencia entre ambas.» Se pueden distinguir dos estilísticas, una previa de la otra. Aprovechando la distinción de Saussure entre *langue et parole (Lengua y habla)*, diremos que hay una *estilística de la lengua* y otra *estilística del habla*. Se basa esta concepción en el estudio de los elementos afectivos del lenguaje convencional de la comunidad (A. Alonso, *Materia y forma en poesía*, Madrid, 1960, páginas 75-77). Dos aspectos en la palabra hablada: *significación* y *expresión*. Significación es la referencia intencional a un objeto. La palabra *sol* se refiere al objeto *sol;* la significación de la frase *ya sale el sol* es la referencia intencional al hecho. Además de *significar* una realidad, da a entender o *sugiere cosas*. De esta realidad psíquica la frase es *indicio* no signo, la *expresa*, no la significa. Y*a sale el sol* puede sugerir la satisfacción de una impaciencia o la manifestación de un gozo. Dos frases con diferente *valor expresivo: Mira lo que me ha dicho ese bobo* y esta otra: *mira lo que me ha dicho el bobo ese*. Con sólo cambiar el orden de las palabras ha cambiado el momento afectivo. Con *el bobo ese* hay más irritación y hasta agresión elocutiva. Reproduce más intensamente nuestro asombro, nuestra admiración.

Demos un paso más en la valoración expresiva de una frase. La experiencia psíquica propia que tiene por base la conducta ajena, se puede *expresar* de modos muy diferentes. Por ejemplo: *Aquí ¿sabe usted?, el primer día chillan y reniegan*. De otro modo menos expresivo: *El primer día todos chillan. Mira: el primer día, claro está, todos chillan y reniegan*. Cuarta fórmula: *¿Usted no ve que el primer día todos chillan y reniegan?* Esos toques de atención ¿sabe usted? Mira... ¿Usted no ve...? provocan una espectativa y como una anticipación de asombro.

Resumiendo, además de la *significación* (referencia intencional a la realidad), las palabras y las frases tienen un contenido psíquico *indicado* y no *significado*, en el que se advierte claramente lo afectivo, lo activo, lo fantástico y lo valorativo. La estilística de la lengua se ocupa de estos contenidos psíquicos. Descubre la irritación en la frase («el imbécil ese»), («el mentecato de tu primo...»). Hay que investigar en el estilo «la forma» como un hacer del espíritu creador, más que los valores tradicionales históricos, ideológicos o sociales. Interesa el *sistema expresivo* de una obra o un autor, entendiendo por «sistema expresivo» desde la estructura de la obra (calidades de los materiales empleados) hasta el poder sugestivo de las palabras. Ve al poeta como una energía creadora.

Atenta siempre a la obra literaria, *la estilística* reconoce asimismo los sentimientos, emociones, amores y aversiones, simpatías y diferencias que en ella existen. Añadamos las experiencias biográficas, la trasmutación poética y «los cinco filtros de los sentidos, por donde entra la materia del mundo».

2.º Matización expresiva: a) *Enfasis*. Consiste en dar a entender más de lo que se expresa con las palabras:

por quererla quien la quiere
la llaman *la Malquerida*.

(BENAVENTE).

Veamos algunas expresiones enfáticas del lenguaje dialogal: *!Precisamente a este punto quería yo que llegásemos! Pero ¡hombre! ¿con que seguirás diciéndolo a todo el mundo?*

b) *Pleonasmo* (gr. πλεονασμός-οῦ, sobreabundancia). En el lenguaje vulgar, quiere decir «sobra» o «redundancia». Puede degenerar en vicio de dicción, cuando sin necesidad se usan palabras que ni hacen falta en la locución ni añaden belleza literaria. Puede usarse en ocasiones para dar más fuerza y colorido a la expresión: *Lo escribí de* MI PROPIA MANO. YO MISMO *intervine. Lo vi con mis* PROPIOS OJOS.

No es admisible la teoría de Bally *(El leng.*, 145) de que la expresividad sea siempre sintetismo. El pleonasmo es un signo importante de expresividad, por sus varias modalidades de reduplicación, repetición y acumulación, siempre en un clima de exaltación afectiva.

3.º Estudio especial del anacoluto: Muy usado en lo clásico e incrustado en el lenguaje familiar, el **anacoluto** etimológicamente procede del griego αν-ακόλουθος, «no acompañante, que no sigue el mismo camino» —de αν priv. = = no. Es la inconsecuencia en el régimen y en la construcción de un período. Una especie de *solecismo* (mal uso de una forma existente) que deja una palabra como aislada y sin régimen. De otra manera consiste en la falta de ilación en la construcción de la frase.

Aparentemente se presenta como un vicio de dicción y en manos de un inexperto lo es, y muy grande. Pero en algunos escritores clásicos como Jorge Manrique, San Juan de la Cruz y Santa Teresa, resulta un recurso muy expresivo del estilo y la sintaxis. Se abandona la construcción sintáctica para derivar hacia otra distinta y más concorde con lo que el hablante quiere expresar. Así Santa Teresa dice: «El alma que por su culpa se aparta desta fuente y se planta en otra de muy mal olor, *todo lo que corre della* es la misma desventura.»

Rectifiquemos un poco alguna de las definiciones anteriores del *anacoluto.* Partamos de una forma de anacoluto que con ciertas variantes, usa mucho la gente en la conversación. Ejemplo: Y*o, no me pongas tanto,* dice el hijo a su madre que reparte la comida en la mesa. Ese *yo* está sin compañía. No se liga a *no me pongas tanto,* desde el punto de vista gramatical y sintáctico. Volveremos sobre este ejemplo y sobre el anacoluto familiar al tratar del *lenguaje dialogal.* Ahora me es grato comentar alguna de las estrofas manriqueñas, el gran poeta de los más expresivos anacolutos renacentistas.

Veamos un ejemplo clásico de Jorge Manrique en las Coplas a la muerte del maestre don Rodrigo:

> Aquel de buenos abrigo,
> amado por virtuoso
> de la gente
> el maestre don Rodrigo
> Manrique, tan famoso
> y tan valiente,
> sus grandes hechos y claros
> no cumple que los alabe...

En esta estrofa manriqueña, si cambiamos el caso del primer miembro del anacoluto y suprimimos las palabras que consecuentemente han de caer con el cambio, queda la expresión absolutamente ortodoxa en cuanto a toda exigencia sintáctica: «No cumple que alabe los hechos grandes y claros de aquel abrigo de buenos, amado de la gente por virtuoso, el maestre don Rodrigo Manrique, tan valiente y tan famoso.»

Otro ejemplo tomado del *Quijote* (parte II, c. 6). Dice así: «El Cuatralbo que estaba avisado de su buena venida por ver a los dos tan famosos Quijote y Sancho, apenas llegaron a la marina, cuando todas las galeras abatieron tienda y sonaron las chirimías.» Se puede cambiar así: «Apenas llegaron a la marina del cuatralbo (cabo de cuatro galeras), que estaba avisado de su buena venida por ver a los dos famosos (para ver) Quijote y Sancho cuando todas...»

Los dos miembros quedan aparentemente sin compañía, pero se hallan unidos ideológicamente. Cada uno en una ribera del río. Se ha caído el puente. En cuanto este se vuelve a levantar, se unen.

En sus discursos contra Verres, Cicerón utilizó este recurso literario del anacoluto.

4.º Otras matizaciones del lenguaje expresivo: El lenguaje expresivo depende a veces de la cosa más insignificante, por ejemplo de una coma *(Sus balcones son de hierro forjado, con bolas de luciente cobre en los ángulos.* AZORÍN, *Obr.* 1957, IV, 253), de un tríptico de adjetivos *(Vibró una campana gozosa, precipitada, limpia* (G. MIRÓ, *Ob. compl.*, 1943, p. 16), de un quiasmo en una coordinativa causal *(Pues tal es la condición de la fe viva: crece vertiéndose y repartiéndose se aumenta.* UNAMUNO, *Ensayos*, 1942, II, 35), de un plural poético o literario *(Yo también he cultivado la historia modestamente,* en *Mis mocedades.* AZORÍN, *Obr.*, 1947, IV, 827), de un modismo popular *(Cada cual echa el mochuelo al prójimo,* UNAMUNO, *Ensayos,* I, 829), de la supresión de prefijos por ritmo interno *(España es una vasta ruina tendida de mar entre Maladetta y Calpe.* ORTEGA Y GASSET, *El Espectador*, 1933, I, 293).

68. Regulación del estilo y formación mental

El estilo ha de ser vital y tener fuerza expresiva. Nada que no sea vivo perdura. La fuerza expresiva y la formación mental ya lo hemos dicho en otro libro, suponen las siguientes condiciones: *sinceridad, claridad, precisión* y *originalidad.* Lo insincero es inartístico, el escritor ha de ir derechamente a las cosas sabiendo lo que quiere y conociendo con claridad mental sus medios de expresión. Debe encontrar siempre la fórmula adecuada a su pensamiento y por último, desechando toda imitación, su voz ha de ser la suya y no la de otro. Ante todo redactar bien es «pensar bien». Hay un pensar lógico y otro matemático, teleológico, psicológico, histórico, filológico y estético.

1.º Elección de temas: Todos los temas o asuntos tienen para el escritor, que busca su estilo, un interés vital, más o menos relativo cuando se trabaja con amor. Hay un método experimental directo, que supone la observación de la naturaleza. Todo lo que nos rodea entra en esta selección: la ciudad, las calles, los edificios y los parques, las fuentes, las avenidas y jardines, los monumentos, las iglesias, las ruinas históricas, los fenómenos regulares de la naturaleza; los días, las noches y las estaciones; las maravillas del mundo animal; el hombre en su profesión y en el ajetreo de sus negocios; la observación de un hormiguero, de una colmena, las aves de corral, los pájaros libres, el paisaje en el cielo, mar y aire; los valles, montes y ríos; el arte y los museos; las preocupaciones del mundo interior; la vida de sociedad, los juegos y deportes; las distintas edades; las fiestas religiosas y profanas; los cines y teatros; la pequeña estación con el estrépito de los trenes; el aeropuerto, con el subir y bajar de los reactores; los cosmonautas; los ordenadores electrónicos, los avances de la Medicina y la Física nuclear, etc.

El mundo de las emociones con el análisis de los sentimientos y el estudio de sí mismo. Todo cabe en los temas.

2.º La lectura: Para formar el estilo, para adquirir esa gran cualidad de la «asimilación literaria», un procedimiento eficiente es *la lectura*. Dice Balmes: «Se ha de leer mucho, pero no muchos libros; ésta es una regla excelente. La lectura es como el alimento: el provecho no está en proporción de lo que se come, sino en lo que se digiere.»

La lectura forma nuestras facultades, despierta sentimientos dormidos, descubre nuevos horizontes de ideación.

Si estudias esta Gramática con criterio modernísimo y te orientas, para tu formación en nuestro idioma, en el análisis y ejercicio de la redacción; tienes que leer diariamente y sin prisa, como quien se pone a saborear la vida del espíritu.

Las fórmulas de vida cambian con los tiempos y el *hombre de hoy* busca módulos valorativos de una manera moderna y positiva.

Para el hombre de negocios «el tiempo es dinero»: *Time is money*. El reloj no cuenta para lo demás. Se mueve con el alza y baja de los valores de Bolsa. En el estudioso los ideales se relativizan, se transforman, y entonces «el tiempo es libro». El intelectual mide su tiempo por el libro.

La etimología latina «legere» (leer), nos da el secreto de la lectura. Este verbo activo quiere decir *escoger, clasificar*. La etimología de la lectura está en la misma linea de la madera que se trocea. Se recoge y por último se selecciona. *Leer es recoger*, gracias al libro que trocea los pensamientos de los maestros y las máximas de los sabios.

Con el filo de sus hojas el libro metodiza nuestra vida, la selecciona la endereza, pone una defensa en la sustancia que analizamos. Se convierte en laboratorio de nuestras ideas. El libro es una economía dirigida, que eleva nuestro nivel social. Fue la incubadora que sustituyó a la gallina del *scriptorium* medieval.

La lectura, por ser de condición femenina, tiene seducción y complacencia. Nos miramos en el libro que nos gusta, lo abrimos con amor, lo guardamos como un secreto amable, hablamos de él con regocijo. Nos ha admitido a su diálogo, a una conversación de enseñanzas; cuando nos aconseja y cuando nos reprende, porque su tono es siempre de colaborador, de *a látere* inseparable.

Hoy lee el monje, como en la Edad Media, el encariñado con el tema literario, como el hombre del Renacimiento, el estudioso en sus materias cultivadas diariamente, como el profesional moderno. Hoy lee, sobre todo, la persona de vida deshogada o de espíritu refinado, y más rara vez, lee por la noche el que toma la lectura como el «bellergal» de su sueño. Leer es lo que mi esfuerzo me enseña, cuando tengo en mis manos un libro.

3.º Relaciones estéticas de materia y forma: Hay ciertas nociones aplicables al arte y a la frase literaria, sobre los principios de la forma plástica y la materia estética. La forma transparenta algo interior que llamamos *contenido.* «La forma, escribe Sánchez de Muniaín, es un vaso lleno de vino, pero de vino que está oculto a las miradas de muchos ignorantes, que sólo verán el vidrio exterior, la *forma.* Esta suele ser *objeto material* del arte y el contenido (curiosa paradoja del lenguaje), *el objeto formal.* Para expresar la injusticia social en el rostro de un hambriento iracundo que lleva en brazos a su hijo pálido o para expresar el despecho en el rostro de una muchacha, ¿qué importa al pintor o al poeta, que el hambriento o la muchacha sean rubios o morenos, chatos o narigudos?

Este contenido es independiente del concepto filosófico de forma *sustancial,* porque el *contenido estético* puede referirse a una forma accidental, como la alegría. Y en virtud de ese contenido tienen valor estético positivo realidades que en sí mismas son inestéticas u objtivamente feas. El concepto de *forma* dice relación de una parte al de *materia,* y de otra al de *idea.*

69. Interpretación estilística de los textos literarios

Wolf considera la obra literaria bajo el signo del estudio tradicional y se fija en lo que es necesario conocer para la recta interpretación de un texto literario: las costumbres de su tiempo, las ideas, la mitología, la geografía aludida, los sistemas filosóficos implicados, las particularidades gramaticales, la vida social y política, las condiciones personales del autor, etc.

Pero la crítica tradicional, en el programa de Wolf, deja fuera de comentario, los valores específicos. En toda producción poético-literaria, en su más amplio sentido, lo único esencial es su realización artística, el texto como *obra de arte*. La estilística, obra sintáctica y de filología ha de interesarse por buscar, aquilatar y rectificar los medios convenientes hasta llegar a un estudio metódico.

La estilística puede estudiar un texto literario en estos dos aspectos radicales: *cómo está construido* (tanto en su conjunto como en sus elementos) y *qué delicia o gusto estético provoca*. Ya sea un poema, ya una novela o una obra de teatro, el estudioso del estilo busca las fuerzas psíquicas con que formar la entidad compositiva y ahonda en el placer estético que procede de su estructura.

Este modo de estilística estudia, el *sistema expresivo* de la obra. Y «sistema expresivo» quiere decir constitución interna, poder sugestivo de las palabras y sugerencias y eficacia estética en los juegos rítmicos. En la vida práctica cada uno tenemos nuestro modo de ver el mundo y nuestro juego peculiar de sentimientos, apetitos y temores. La relación que existe entre la concepción del mundo vivida como ciudadano y la que nos ofrece como autor y poeta de la obra es la proporción entre lo que antes llamábamos *materia* y *forma*. La mirada del poeta no es de mero espectador, sino que interviene en sus elementos de creación y cualitativos y en el sentido del conjunto. La actitud sentimental que se encarna en un libro de poemas, puede nacer de sucesos particulares de la vida del autor. Cuando su espíritu adquiere esa tensión de privilegio que se llama *inspiración*, entonces en su sentimiento que cobra una nueva fisonomía, van apareciendo, luces, fuerzas, direcciones que lo transforman cualitativamente y le dan un valor universal de modelo y de ejemplo. Estamos ante una obra clásico-moderna, dechado y arquetipo en su género. Hemos de interpretar lo que hay allí, en el poema mismo, de goce estético.

70. Estilística informativa o periodística

En la estilística del periódico había que tener en cuenta ciertos postulados que van derechamente a la expresión jugosa de la noticia o de lo informativo: la descripción estática y dinámica de los objetos; la técnica del resumen, la explanación de una idea, el ejercicio de la concisión en los titulares, que forman sus frases sin verbos o con participios pasivos (*un rayo de luz que lee los números escritos a mano —el ordenador electrónico; afluencia masiva y ordenada de votantes; Un millón de litros de gasolina incendiados en Tam Ky*, etc.), la técnica y práctica de la crítica, del reportaje y del comentario periodístico.

Acaso lo más literario, dentro del periódico, es lo que se llama la *crónica* del corresponsal o del colaborador. El *artículo*, nombre genérico que comprende los llamados «editoriales» (que interpretan el pensamiento de la empresa) y la *crónica literaria*, es la piedra de toque del periodista. Si es moderno y ágil nos habla con la media voz de un comentario de cátedra o con la ponderación precisa de un filósofo de la Historia.

Tal vez quintaesenciada en el numen cotidiano, la *crónica* se pudiera llamar la *aristocracia del periodismo*. Antes de lograr una perfecta, se quiebran muchas en la pluma del hábil escritor.

71. Por la práctica a la regla

a) **Lectura y análisis** del texto de CÉSAR GONZÁLEZ RUANO *(Las ventanillas de los trenes)*. Se han de examinar: 1.º el orden de las palabras en las frases, conforme a las normas dadas en el texto, dos figuras de *hipálage* y demás medios expresivos, 2.º, la significación de las palabras subrayadas, como ejercicio de vocabulario:

LAS VENTANILLAS DE LOS TRENES

1) «LAS veo, en la estación, bajo el rubio y terrible sol, por fin quietas; *tremendos*, sucios, *enormes ojos turbios. Ojos que sirven para mirar* por ellos y que son ciegos, mudos, tontos, con pedazos de noche, llorando en sus pupilas, entre la vida, muertas.

2) Las veo en la estación que tiene algo de *trágico*, de aventura *siniestra*, con sus trenes cansados, dormidos, apretados como si en medio de tanto calor tuvieran mucho frío.

3) Todas iguales, a la altura de un corazón de pie que se marcha o que llega.
Han podido ver muchas cosas y nunca vieron nada. Igual que les ocurre a tantos ojos humanos que los cierra la muerte sin que vieran la vida.

4) Sirven estas ventanas como sirven los ojos que ni siquiera miran que les están mirando. Los ojos de esos seres hermosos y *vacíos* que nos dan nuestros ojos, que nuestro *afán devuelven*. ¿No os habéis visto nunca, *diminutos* y enteros, en unos ojos fríos y bellos que al cerrarse *estrangulaban* vuestra imagen, mataban en cualquier noche triste, la mañana ofrecida con voluntad de *culto?*

5) ¿Cuántos miles, millones de ojos jóvenes, viejos, azules, negros, verdes, llenos de risa o llanto, de *víspera* o pasado, miraron por vosotras, ventanillas estúpidas, *generosas* ventanas de los trenes que pasan uniendo geografías, o patrias *seccionando*, demasiado veloces o demasiado lentos, cargados de esperanza o de infinita *angustia?* ¿Cuántas miles, millones de manos *restregaron* vuestras frías pupilas *nubladas* por calientes respiraciones

rubias o negros *respirares* desde la virgen loca o *cuerda* virgen , virgen pura, hasta el *hombrón* dormido que despierta de pronto soñando con su infancia?

6) Bajo el sol *descarado* que rasga el *argumento convencional* y lírico de vosotras, ventanas humanas, hermanas, yo paso ante vosotras en la mañana *impúber* sin magia ni misterio. Yo pienso en la frente del asesino que refrescó la fiebre en el cristal *errante* de su fuga en la vuestra. Yo pienso en ese niño que iba pintando caras sin saber que la muerte estaba ya acechando dispuesta, preparada a que no fuera hombre sobre la dura tierra. Yo pienso en la muchacha que viajaba en la noche primera de sus *nupcias* y veía en el campo, en las aguas del río, en las dormidas casas o en las nubes dormidas, tan sólo, y ya es bastante, su felicidad construida sobre el *paisaje* ancho del amor, esa patria donde cabemos todos y casi nadie cabe, esa patria que *adopta* y que destierra.

7) Pasaron unos hombres como *desdibujados* lavando —¡Oh el agua limpia en la *costra* del sueño!— los cristales. Pensé en la vida misma, en la piedad del tiempo, en la crueldad del tiempo que limpia la huella de tantas cosas sucias. Y os llamé hermanas, *ventanillas* del tren, sabias y tontas ventanas, casi humanas y espejos, tantas veces, cuando miramos fuera, del *fantasma* sin nombre que llevamos dentro, que se *asoma* a nosotros en un vidrio *empañado*.

CÉSAR GONZÁLEZ RUANO (*ABC*-1963).

b) **Breve análisis del texto** (Frases y modos expresivos).

1) Una aposición = *ojos turbios*. Frase de relativo consecutiva = = *que sirven para mirar* y otra más = *y que son ciegos*.

2) Comparativa condicional, irreal de presente.

3) Comparativa = *igual que*. Subordinada de relativo = *que los cierra la muerte*. Completiva con la preposición *que*. *Vieran* por «hayan visto». El *hayan visto* por «hayan podido ver».

4) Comparativa de modo = *como sirven los ojos*. Frase de relativo subordinada, una completiva dependiente de la de relativo. Interrogativa retórica que pide afirmación o respuesta afirmativa: *¿No os habéis visto nunca diminutos y enteros...?*

5) Dos interrogativas admirativas o ponderativas.

6) Vocativo plural con una principal, con pronombre enfático = = *vosotras, ventanas humanas, hermanas...;* Otro pronombre enfático y estilo expresivo con repetición tres veces del pronombre de primera persona al comienzo de la frase= Y*o pienso...* Completiva con *saber* = *sin saber que la muerte estaba...* Final dependiente de un participio = *preparada a que no fuera hombre*. Frase de relativo. Figura de repetición de *esa: esa patria... esa patria que adopta y que destierra.*

7) Aoristo en frase principal: *En la piedad del tiempo* (pensé). *Hipálage* (en vez de «en el tiempo piadoso». Segunda hipálage = *En la*

crueldad del tiempo (en el tiempo cruel). Vocativo «ventanillas del tren». Temporal iterativa o de repetición = *cuando miramos fuera...*

c) **Recitación** de los versos de tres poetas: un español, JUAN RAMÓN JIMÉNEZ, y dos hispanoamericanos, CONRADO NALE ROXLO y RICARDO E. MOLINARI (en sus correspondientes composiciones *Octubre; Epitafio para un poeta* y *Canción de amigo)*, con el debido análisis gramatical de formas expresivas y observaciones estilísticas y el ejercicio de vocabulario:

1.º OCTUBRE

(Soneto)

ESTABA echado yo en la tierra *enfrente*
del infinito campo de Castilla,
que el otoño envolvía en la *amarilla* (encabalgamiento)
dulzura de su claro sol poniente.

Lento el arado paralelamente
abría el haza oscura, y la *sencilla* (encabalgamiento)
mano abierta dejaba la semilla
en su entraña partida honradamente.

Pensé *arrancarme el corazón* y echarlo,
pleno de su sentir alto y profundo
al ancho surco del terruño tierno,

a ver si *con partirlo y con sembrarlo*
la primavera le mostraba al mundo
el árbol puro del amor eterno.

JUAN RAMÓN JIMÉNEZ.

2.º EPITAFIO PARA UN POETA

No le faltaron *excusas*
para ser pobre y valiente.
Supo vivir claramente.
Amó a su Dios y a las Musas.

Yace aquí como ha vivido,
en *soledad decorosa.*
Su gloria cabe en la rosa
que ninguno le ha traído.

CONRADO NALÉ ROXLO.

3.º CANCIÓN ANTIGUA DE AMIGO

Ay, amigo mío qué barcas del rey
subken por el río.
—Por el río Tajo bajan anchas
coronas de pino.
—Ay amigo mío, *dime si las barcas*
duermen en el río.
—Las barcas del rey *andan por el frío,*
como hombre sin amigo.

RICARDO E. MOLINARI
(Cinco Canciones antiguas de Amigo.)

d) Modismos y refranes

1.º MODISMOS DE EXPRESIVIDAD AFECTIVA PARA EL LENGUAJE DIALOGAL:

¡Anda!... ¡Pues poco gustazo que me voy a dar! ¡Anda! ¡Pues se ha puesto usted poco serio! —¡Cualquiera le lleva a ese tío la contraria! ¡Lo que nos faltaba para el duro! ¡Esto es la caraba! ¡Con lo que a mí me gustaba esa mujer! ¡Hoy he escrito una enormidad! Estaba todo abarrotado. Había una atrocidad de gente. Sabe una burrada de francés. Desternillarse o destriparse de risa. Me he divertido la mar. Vimos la mar de telas. Esto vale un imperio. Sabe más que Lepe y escribe más que el Tostado. Tiene más conchas que un galápago. Vale más que un Potosí.

2.º REFRANES:

Costumbre es de villano, tirar la piedra y esconder la mano (es de miserables hacer daño con anónimos e hipocresía); *Están en la mano los dedos, pero no todos parejos* (Cada cual tiene su aptitud). *Antes que te cases, mira lo que haces.*

e) Dictado de Ortografía (Explicación de las palabras señaladas en cursiva):

ELOGIO DE LA POBREZA... ¿Hay algo más *embarazoso*, fastidioso, peligroso que lo *superfluo?* Donde la necesidad y la comodidad *se dan la mano*, allí está la felicidad, y de esa combinación no nacen ni el *hastío* ni el orgullo; otra ventaja. Soberbia, malestar, *desabrimiento*, de la riqueza provienen, cuando no es bien empleada; que cuando sirve de *báculo* de la *senectud*, vestido de la desnudez, pan de la *indigencia*, la riqueza es fuente de gratas sensaciones...

JUAN MONTALVO (Ecuatoriano).

f) Temas de Redacción:

1) El espectáculo deportivo del patinaje artístico de una o varias parejas sobre hielo.

2) El ahorro no es una tacañería ridícula, ni una prodigalidad excesiva. Está en medio como la virtud. Ahorra y vivirás mejor.

3) *Tema moderno.* Los dos astronautas hicieron su camino orbital en tres días alrededor de la tierra.

g) Discoteca regional española (Un disco después de cada capítulo. Haga funcionar su tocadiscos):

ASTURIAS: *La mariñana.* Columbia. ECGE 70530, 45 r., 17 ctms.; *La payariega.* Columbia ECGE 60353, 45 r.; *La candarina.* Columbia. ECGE 70147, 45 r.; *Pinchéme con una espina.* Columbia 70530, 45 r.

DISCO DE ESPAÑA: Falla. Danza de *La viuda alegre.* Zafiro Z-L-78, 33 r.Disco de HISPANOAMÉRICA: Méjico. *Las manitas*, cantada por Antonio Aguilar. Odeón -OSOE, 16-301, 45 r.

II

LA PALABRA AISLADA

9 | LEXICOLOGÍA Y ETIMOLOGÍA O FECUNDACIÓN DE LA PALABRA

72. La palabra aislada. Estructura y clasificación

Definición. La **palabra** es una unidad fónica de expresión intercambiable, que comprende una idea correspondiente a un ser.

La palabra aislada es un «despiece» de la frase; es forma material e idea. Pero a su vez esta forma e idea se ofrecen a nuestro pensar como un complejo de relaciones que irradian en toda dirección, evocaciones y señales ideológicas.

La palabra *casa*, «edificio para habitar», puede darnos una cadena de relaciones basadas en la forma *(casal, casalicio, casamata, casaquinta, casar, casería, casero, caseta, casilla, casillero, casino,* etc.) (derivados y compuestos) y otro haz de relaciones semánticas o funcionales que parten de su ámbito significativo *(cubil, garito, hogar, techo, posada, lares)*, su idea etimológica (del l. *casa*, «choza, cabaña»), con todas sus categorías gramaticales (nombre femenino), etc.

Bally nos dice *(El leng.*, 140) que existe una categoría de asociaciones idiomáticas o «evocación de ambiente». Efectivamente y con ciertas restricciones, un vocablo cualquiera puede darnos una *evocación am-*

biental o diferencial de una manera acumulativa. Por ejemplo la palabra «teatro» puede referirse a muchas cosas de nuestra vida y ofrecernos acumulativamente un escaparate de impresiones vividas que la ambientan para cada uno de modos diversos. Y este cuadro de recuerdos suele comprender no sólo un determinado edificio destinado a las representaciones escénicas, sino también a «otros ambientes», como una obra o conjunto de obras teatrales o el recuerdo de algún autor dramático.

La palabra como elemento oral o escrito fecunda acepciones y experiencias y corresponde a un complejo que llamamos «ser». El contenido significante de una «voz» es una abstracción con multitud de cualidades y circunstancias en una línea constante o de transición. Así en el vocablo «flor» encuentro un eje central significante (órgano de reproducción de las plantas fanerógamas), pero asocio a este nombre un complejo de experiencias, muchas de las cuales acaso no se den siempre en la *flor (néctar, perfume, fruto, cáliz, capullo, lozanía, ramillete,* etc.).

Podemos afirmar que *la palabra* comprende en sí un valor general que se concreta en la frase. Definimos la palabra diciendo que es *cada una de las partes que integran la frase,* que *resultan ser a la vez categorías con un sentido y una función gramatical especiales.*

1.º Palabra y frase: Un buen crítico moderno se figuraba al filólogo, como un atento relojero del idioma, examinando palabras y frases, con lente de especialista, es decir, de científico, desmontando las numerosas piececitas de ese misterioso reloj que es el estilo; clasificando mariposas de palabras, de frases, de giros.

En la definición de la palabra hemos de notar que no expresa una idea, sino algo más interior que es la representación de la *idea.* Es en cierto modo un antecedente o mejor *modelo* de la idea. El oyente al oír *caballo* relaciona la voz con el animal, pero no establece posición de referencia entre la palabra y la idea. Dice García de Diego: «Así, pues, la palabra no expresa una idea, sino se corresponde con ella como un antecedente. La palabra, no es, un complejo fónico-ideal, sino una relación de complejo fónico-ideal-objetivo» *(Lingüística,* p. 407).

La unidad expresiva no es la palabra sino la «frase». Aquélla no es más que un elemento de esta unidad. Vossler lo explica afirmando que «la palabra es un miembro separado por un destrozo anatómico». Otros la definen así: unidad mínima de la frase con sentido independiente.

La unidad de la palabra se determina con un criterio convencional cuando es compuesta. Dos vocablos forman un compuesto cuando los dos determinan una sola idea *(indigno, sobreprecio).* No es palabra el grupo hasta que no se escriben junta; las voces (separadas: *a propósito, de frente, de prisa, de pronto, en derredor, por qué* [preposición + interrogación]), *so pretexto;* juntas forman palabra: *abecé, alrededor, anteanoche, apenas, avemaría, contraorden, encima, enfrente, entrevista, malcriado. ricahembra, salvavidas, sinfin* (m.), *sobremesa y sobrenombre).*

La palabra aislada es una consecuencia de una disección de la frase, que resulta ser el conjunto elocutivo. La frase es un complejo arquitectónico en orden a la expresión: *Un complejo dicotómico,* esto es la frase.

2.º Estructura y clasificación: La palabra, resumiendo definiciones anteriores, es la unidad estructural de la frase. No está bien afirmar que la palabra es una unidad fonética sólo como punto de partida para llegar a otras unidades fonéticas hasta la frase.

La palabra, elemento léxico y la frase, elemento sintáctico, significan dos experiencias correlativas, pero semánticamente distintas. La primera experiencia crea relaciones abstractas y conceptuales; la segunda expresiones sintácticas y nexos. La palabra tiene autonomía de concepto y determinación suficiente para entrar en una ordenación significativa y conjuntada.

La estructura de la palabra puede mirarse en su formación y en su evolución, y depende mucho el distinguirla en una de las diversas lenguas, según éstas sean monosilábicas, aglutinantes o flexivas. En las aglutinantes domina la incorporación de vocablos y en las flexivas la sufijación es el sistema normal frente al de la composición.

La clasificación de la palabra, radicalmente ha de partir de la lexicología (del gr. λέξις, palabra, modo de hablar y λόγος disertación, tratado, razón que se da), ciencia teórica o *razón* que se da de la palabra.

Esta lexicología o *razón de la palabra* empieza por explicar su origen o raíz = **etimología.** Luego expone los cambios de significación o su **semántica,** y por último las variantes de forma o su **morfología.**

Puesta en esquema, la clasificación queda así:

Lexicología... { *etimología.* / *semántica.* / *morfología.* }

73. Lexicología. Material lexicográfico y diccionario

La **lexicología** puede considerarse como ciencia teórica del lenguaje en un sentido general o como estudio descriptivo de la significación de la palabra. En este sentido particular estudia el léxico de un idioma en su aspecto *sincrónico* o *estático.*

La **lexicología,** entendida en este segundo aspecto de «tratado particular» determina el significado que una palabra *(fácil* [adjetivo] = *que se puede hacer sin gran trabajo)* ha tenido en un momento cualquiera de la historia de nuestra lengua o el que tiene en la actualidad y establece sus relaciones dentro del sistema léxico.

La lexicología se considera como ciencia normativa. La *lexicografía* como ciencia práctica, es el arte de la catalogación e interpretación de los vocablos.

El material lexicográfico, como archivo del idioma se ha de tomar en un sentido restrictivo. Mejor diríamos que un *Diccionario,* al codificar el lenguaje, es un índice de nuestro archivo idiomático.

El Diccionario no registra más que una forma de la flexión. Sobre todo, en las formas verbales los diccionarios clásicos, como el latino, enuncian los temas: *posco, poscis, poscere, poposci, poscum; do, das, dare, dedi, datum.*

Al menos, los diccionarios románicos debieran enunciar las formas de los pretéritos heterogéneos (*hacer-hice-hecho; ver, vi, visto; decir, dije, dicho; romper, rompí, roto; traducir, traduje.*)

Léxico o *diccionario* es el sistema de palabras codificadas que componen una lengua.

El material lexicográfico se reduce en los llamados *Diccionarios comunes* a un catálogo de voces, representantes abstractos de realidades y términos concretos que se emplean en el lenguaje, matizados, según las circunstancias. Este material de voces no nos ofrece más que ideas genéricas de significación. De una manera muy somera, recoge las diversas acepciones, las frases y refranes, en los que el contexto forma unidad de significación.

En cierto modo estos catálogos alfabetizados, tienen un mal de origen y un sentido artificial, porque por ejemplo el verbo *amar* aparece únicamente en infinitivo aislado, cuando no puede existir nunca aislado sino en la frase: *amamos lo que nos gusta; amamos al que nos hace bien. Ama al prójimo como a ti mismo.*

El *Diccionario histórico del lenguaje*, llamado también *de autoridades* reúne en sus columnas las voces y acepciones, las frases y modismos autorizados por literatos y técnicos, a través de los siglos y expuestos en orden cronológico dentro de cada palabra.

Un buen diccionario lingüístico es el mejor tesoro del idioma; un buen diccionario moderno escrito para el hombre de hoy, es un instrumento indispensable de trabajo diario. En rigor ningún diccionario representa con perfección y sentido exhaustivo el idioma hablado ya por exceso, ya por defecto. Existen otros muchos diccionarios técnicos y de especialidades. No hay diccionario que recoja las múltiples acepciones y los matices de los términos semánticamente complicados.

Es importante que las acepciones que registran los léxicos comunes y técnicos, vayan separadas intencionalmente y sistemáticamente, las de uso recto y las de uso figurado. Muchas veces los vocablos que se toman como términos generales no se usan en toda la extensión y los regionales suelen tener una extensión mayor que la indicada.

74. Criterios de codificación. Sentido total y selectivo de la lexicografía: Definir, seleccionar y dudar

Los diccionarios en uso —incluyendo el académico— se rigen por un criterio *selectivo*. El lexicógrafo tradicional entiende por *tesoro de la lengua* la selección de términos de valor general y permanente, en su pureza normativa.

Pero con un criterio *total* buscamos el léxico acaso de menos pureza normativa, pero que extienda su eficaz dominio a la lengua conversacional y al sentido evolutivo e histórico de nuestro idioma. Este vocabulario debe examinar el pasado, acudir al presente y proveer las dificultades del lector de mañana.

No es fácil enfrentarse con el inmenso rebaño de las palabras, llamarlas a capítulo, meterlas en vereda, clasificarlas, clarificarlas, sacarlas todo su zumo de luz, de distancia, de tiempo, de alusiones. Decía Martín Abril: «¡Ah las palabras! ¡Las asas de todas las cosas, los timbres misteriosos!»

Según los cálculos del señor Menéndez Pidal, el Diccionario de la Academi llega a compilar unas 67.000 voces, mientras el *New English Dictionary*, de Oxford, publicado entre 1868-1928, contiene unas 400.000. En nuestra ENCICLOPEDIA DEL IDIOMA (Madrid, 1958, tres vols. de 1.500 págs. cada uno), diccionario histórico y moderno de la lengua española que registra y explica las palabras por siglos y autoridades de más de 1.500 autores, hemos seleccionado, con criterio *total* unos 300.000 términos. Es un diccionario tecnológico, etimológico, medieval, renacentista, regional, moderno e hispanoamericano.

1.º Vocablos bonitos y feos. Fecundación de las palabras: Azorín distingue los vocablos bonitos y los feos, los mansuetos y los plásticos. Vocablos que así nos lo parecen cuando leemos o escribimos. ¿Es bonito *mañanar?* «Siempre mañana y nunca mañanamos», dice Lope de Vega. Puede haber vocablos más o menos placientes o dulcísimos: *joyante, sedancia, serondo;* vocablos recios y sonoros: *antagónico, mordicante, geomántico, martilleteo, rodera;* vocablos difíciles y antísonos, como *constatar.*

Intrínsecamente las palabras son indiferentes en el uso o abuso, piezas sueltas, dispuestas para la combinación y reajuste sintáctico. Oí decir una vez: «—«Ese vocablo es cursi.» Las palabras alineadas en el orden alfabético del Diccionario, mientras no rompen filas para formar la frase, son cuerpos inertes, incapaces de salir del estado de reposo, sin la intervención de alguna fuerza.

En un Diccionario histórico del lenguaje debe presidir el criterio de *totalidad.* Es sacar a luz las reservas oro de la lengua. Propugnamos el sistema realista y *total* del Diccionario exhaustivo, como instrumento primario del idioma.

En la fecundación de los nuevos vocablos interviene, de un modo especial, el hombre de ciencia, el escritor del libro, el conferenciante, el dramaturgo, el periodista sensato y, a veces, el hombre de la calle. Se puede afirmar que nuestros neologismos son más de importación que de formación autóctona. Pero del tema neologista hablaremos más abajo en este mismo capítulo.

2.º Definir, seleccionar y dudar: En estas tres palabras se pueden sintetizar, la tarea y la formación del asceta del lenguaje. Definir es la principal misión del lexicógrafo, que ha de tomar, como el médico general del analista, los resultados del etimólogo y aceptar el conjunto de antecedentes de cada palabra. Hemos de evitar el falso análisis y el camino peligroso de la etimología popular.

La definición requiere una estilística *escueta, objetiva, imparcial e impersonal.* Se define sin figuras retóricas ni ambientales, sin ponderación, ni estimaciones críticas y en una forma exenta de todo sabor humorístico.

La forma expresiva no puede ser ni demasiado antigua ni ultramoderna. La Academia necesita remozar su lenguaje y modernizarlo. No consiste la claridad expresiva en hablar mucho o descriptivamente, sino en dar la noción simple de la cosa. No se debe decir, pongo por caso, que *autoclave* es «el aparato en forma de vasija cilíndrica, de paredes resistentes y con cubierta cerrada y atornillada herméticamente, que por medio del vapor a presión y temperatura elevada, sirve para destruir los gérmenes patógenos, esterilizando todos los objetos y sustancias que se emplean en las operaciones y curas quirúrgicas». Demasiado perfecta, demasiado prolija. Yo escogería una de dos fórmulas: o la de su finalidad: «Aparato para la destilación por vapor y altas temperaturas», o la genético-descriptiva, pero simple: «Vasija metálica con cierre hermético para resistir la presión interior del vapor.»

Vamos a hablar del aviador: «Dícese de la persona provista de licencia *(esto se supone)* para gobernar un aparato de aviación.» Mejor será ir derechamente a la cosa: «Que dirige o tripula un avión.» He procurado sacar ejemplos sencillos, pero en este tema tan difícil y actual habría tela cortada para una sola ponencia. Ya no se habla de *nieve,* sino de «hielo»; ni de *sorbetes,* sino de «helados». La Física, Química y Matemáticas han renovado su terminología y avanzado a paso de gigante en sus fórmulas. Sigamos su ritmo de tren articulado y su vuelo de propulsión por reacción.

El que define usa vocablos admitidos oficialmente y neologismos moderados. Unas veces la palabra busca su correspondiente *sinónimo;* otras, se usan *perífrasis.* Se define por el *contrario (impar* lo que no es *par),* por una *negación* (falta de, ausencia de), por la *acción y el efecto,* por la *calidad,* por la circunstancia histórica o descriptiva, por su aplicación usual, etc. De aquí nacen tres maneras definitorias: primera, *genética* o por la esencia; segunda, *descriptiva* o por sus cualidades; tercera, *teleológica* o por su finalidad.

Cuando menos pensamos, el lenguaje picaresco, o simplemente las voces de doble sentido, nos arman una trapatiesta. El don de seleccionar es característico del vocabulista, desde el término jergal, renacentista o moderno de difícil interpretación, hasta la algarabía asainetada de pandilla o los caprichos de un traductor irresponsable. En materia lexicográfica, tan proclive a especies falsas, *dudar* es saber.

75. Estudio particular del neologismo

Según su origen griego *neologismo* (de νέος, nuevo y λόγος, palabra, frase, «nueva palabra»), quizás a través del francés (1735) quiere decir «término nuevo». El vocablo griego νέος es hermano del latino *novus*. *Neologismo* entró en la lengua académica por primera vez en 1843. Algunos derivados muy usuales, como *neologista* han tardado el conseguir el *placet* del Diccionario académico: *Logismos* significa «razonamiento». Luego etimológicamente tendríamos «razonamiento nuevo», es decir, palabra, giro o modismo nuevo introducido en un idioma.

La creación de la palabra puede ser una forma nueva, *neologismo formal* o una nueva acepción, *neologismo de sentido*. El neologismo más frecuente es el de sentido, ya que el idioma se transforma constantemente con nuevos matices de expresión. El cálculo del Diccionario académico, aproximadamente, es de un número cuatro veces mayor de acepciones. Es decir que si consta de unos 70.000 vocablos se pueden calcular 280.000 acepciones.

Todavía más importante es el *neologismo desinencial* o derivado, es decir, una palabra usual o varias con nuevo sufijo, lo que llamamos en tono vulgar, «familia de palabras.» Así del primer elemento fundamental *neo* hemos formado *neófito* (de νέο-φυτός, recién plantado) recién admitido, *neomenia*, primer día de la luna, *neogamia*, matrimonio recién celebrado; *neoplasia*, formación de un nuevo tejido. Del mismo modo, por transformación desinencial de *neologismo* hemos llegado a *neología*, *neológicamente*, *neologista*, *neológico*, *neólogo*. El método más antiguo en la fecundación de un idioma es la *onomatopeya* o imitación del sonido (asunto del que después trataremos) pero el proceso lógico es la *derivación*. Cuando la libertad derivativa se cohíbe, se produce entonces otro fenómeno, el extranjerismo, del latín, del griego o de otra lengua. Ejemplos: *Autarquía*, *hipercrítica*, *televisión*, *barman*, *cameraman*.

En el *barbarismo*, hay una categoría muy distinguida y perfilada, la que procede de los grecolatinismos, que para una lengua romance, como la nuestra, casi no es barbarismo. Tiene una solera autorizada y muy escasos peligros. La de los extranjeros modernos, en cambio, está llena de peligros y sólo la autorizamos por la indigencia léxica que nos obliga a ello. Dos ejemplos: la palabra *autarquía* es de origen puro grecolatino y de más solera que la palabra *barman*.

En el español actual existe una fuerte *descompensación* entre la formación derivativa y los préstamos o adquisiciones extrañas. Cada hueco que deja la derivación, es la mejor oportunidad para el ensamblaje de una forma en nuestro idioma. Lo explicaré mejor:

Se perdió el proceso derivativo de la palabra *obispo*, por evolución normal de los vocablos *obispado* (del siglo XII), *obispal* (del s. XIII) y *obispar* (del s. XVII) y las formas neologistas modernas dieron directamente del latín *episcopus*, los cultismos *episcopal* y *episcopologio* (siglo XIX) y *episcopalismo* (s. XX). Otro ejemplo: *guerra* de origen germánico, tiene una lista de derivados comunes en *guerrear* (del s. XII), *guerrero* (del s. XII), *guerreador* (del s. XV), *guerrilla* (del s. XVI) y *guerrillero* (del s. XIX); pero suspendió su producción derivativa, para formar del latín *bellum*: *belicoso*, *bélico*, *belífero* y *belísono* en el siglo XVII, *belígero* y *beligerar* en el siglo XVI, *beligerante* en el siglo XVIII, *beligerancia* en el siglo XIX y *bélicamente, belicismo y belicista* en el siglo XX.

Es importante observar para el estudio de los neologismos clásicos y barrocos, que los latinismos invaden la lengua española por el vacío de la derivación o de la composición.

Una vez admitido en nuestro acervo lingüístico un neologismo simple, como consecuencia lógica, hemos de aceptar sus derivados. Si se da entrada al portuguesismo *barullo*, no podremos rechazar los términos derivados *barullero y barullón* y los compuestos *embarullar y embarullado.*

Neologismo sintáctico-estilístico: Hemos tratado sintéticamente del neologismo lexicográfico. Existen otras dos especies de silogismos dignos de estudio: el *sintáctico estilístico* o literario y el *neologismo semántico.*

El neologismo literario por ser complemento del primero lo explicaremos dentro de la lexicografía; el tercero o semántico es más propio del capítulo siguiente que dedicamos íntegramente a la Semántica.

Quisiera distinguir tres clases de neologismos literarios o sintáctico-estilísticos: El primero es el neologismo que yo llamaría *de valor entendido*, que comprende todo el vocabulario germanesco de los siglos XVI y XVII. No es un lenguaje metafórico, sino de sentido, como el doblaje cinematográfico, como el que selecciona Juan Hidalgo en 1609 de su *Antología de romances*. Dicen una voz y es otra y muy distinto el significado. Hablan de *afanar* y es hurtar, *cantil* y es criado de rufián; *cambas*, piernas; *habas*, uñas; *guisado*, mancebía; *padrastro*, fiscal; *ovil*, cama, etc.

El segundo es el *silogismo cifrado*, es decir, de alusiones convencionales y recónditas, que envuelven metáforas profanas o místicas y únicamente se descifran conociendo la clave. Es una especie de cultismo técnico, un saber transcendente de giros, comparaciones y símbolos fuertemente expresivos y arcanos.

Dice San Juan de la Cruz, el mejor poeta de España:

> *«¡Que bien sé yo la fonte que mana y corre,*
> *aunque es de noche!»*

Y otras veces razona poéticamente de la espiritual *altanería:*

> «Subí tan alto, tan alto,
> que le di a la caza alcance.»

Califica a los valles de *solitarios* y *numerosos*. Habla del soto y su *donaire* y del canto de la *dulce filomena*. Es un lenguaje místico, emotivo y cifrado, para tratar de las cosas divinas.

El tercero es el neologismo *enigma*. Es algo difícil de penetrar por sus razones mitológicas, gramaticales o léxicas. Dos palabras para distinguir dos escuelas neologistas: *enigma* y *arcano*. La primera resume la oscuridad gongorina, hábil manera de rehuir la expresión directa, un huir de aquello que se quiere presentar, velándolo con toda clase de significados traslaticios y complicaciones verbales. En el conceptismo está la *arcanidad* de Quevedo y Gracián.

76. Etimología. Noción. Origen e historia de la palabra. Instinto etimológico

La etimología (ἐτυμολογία, sentido verdadero) es el tratado del origen, formación y sentido primitivo de las palabras y los elementos que las constituyen. De otro modo: es la explicación verdadera de la palabra. También se llama lexicogenesia «o engendramiento del lenguaje». En este aspecto estudia la razón de existencia de las palabras por medio de la derivación y composición.

La coordinación etimológica no prescinde de las agrupaciones por *raíces*, explicando los derivados como idea de grupo.

Se ha confundido a veces la **etimología** con la lexicología. La primera estudia la *raíz*, los *prefijos* y *sufijos* en orden a la significación del vocablo, como la morfología los analiza y desenvuelve en orden a la forma. En los compuestos hay tantos significados como sean las radicales que entran en su formación. Así en *circunlocución* existe la idea de hablar *(locutio,* de *loquor)* por rodeos *(circum,* alrededor) (34).

Por los datos que nos suministra esta ciencia nos interesa a los amantes del lenguaje ver como éste se ha enriquecido y sigue en progresión de enriquecimiento.

La etimología no es la historia de la palabra, pero es su razón de ser y su mejor fundamento. Dar la etimología de la palabra es aclarar los elementos de que ha forjado, explicar el proceso de formación y el significado que modernamente se le asigna. El diccionarista sigue la pista de los vocablos desde sus mismas fuentes y se precia de mostrar las fases de su evolución. Incorpora a su obra los hallazgos de la filología románica y debe tener presente los libros ya clásicos y modernos de Meyer-Lübke, Wartburg, Bloch, Ernout-Meillet, Corominas y García de Diego.

1.º Pasos intermedios y evolución de escuelas: Uno de los problemas más delicados de la etimología son los pasos intermedios de la palabra. *Albaricoque* procede del árabe hispánico *birquq,* pero observamos unos peldaños intermedios del griego πραικόκιον y del latín *pérsica praecocia* (melocotones precoces). Algo semejante ocurre con *albéitar* del árabe

(34) Para estudiar con más amplitud, impropia de esta Gramática, el prejuicio etimológico, cómo se realiza la investigación etimológica, los elementos etimológicos de la derivación y de la composición, los compuestos por yuxtaposición, la equivalencia de sonidos de los helenismos, las equivalencias de forma, los diferentes grupos de formación nominal y de formación verbal, y otros temas complementarios, puede consultarse nuestra obra, muy manejada en España, Europa y América, CIENCIA DEL LENGUAJE Y ARTE DEL ESTILO (8.ª edición, Aguilar, Madrid, 1967, 1.638 págs.), págs. 211-270.

baitar, con su puente de paso al griego en el vocablo ἱππϊατρός de ἵππος, caballo, e ἰατρός, médico.

El gran descubrimiento para la etimología románica fue el de las leyes fonéticas por F. DíEZ en su *Gramatik der romanischen Sprachen* (Boon, 1882, 5.ª ed.) y perfeccionadas por sus continuadores.

La etimología fonética nació en Alemania en 1822, con las experiencias gramaticales de Grimm. Con estos artilugios la etimología parecía un juego de prestidigitación. Del desengaño de la fonética regular salió la etimología fonético-idealista de Leskien. En la evolución de las escuelas siguen Vossler, Husserl y Bertoni, con sus ideas idealizantes. Luego la teoría *vitalista* rechaza el atribuir los elementos románicos al latín vulgar. La etimología hay que seguirla en el entretejido de los dialectos.

Añadamos la teoría *analógica* y sobre todo la *etimológico-sinonímica*, de contaminación o de cruces de voces sinónimas y por último el aspecto interesante de la *etimología geográfico-histórica*, que se rige por la suma de datos y formas de regiones próximas.

2.º **Instinto etimológico:** Además de ciencia es preciso un instinto etimológico, algo así como el ojo clínico en la Medicina, para dar con el rastro originario de la palabra. La etimología es un arte y una predisposición individual. Sin embargo no es pura sagacidad nativa, porque el instinto venatorio de que habla Tongiorgi sirve de poco, si no se dispone de un copioso instrumental de investigación.

Fatigados de su ciencia, fallan algunos etimologistas por carecer de ese sentido clínico. No digamos nada del aficionado, que sin la debida preparación cultural, falla siempre.

La etimología anterior a la escuela fonética, era la que se apoyaba en la forma, esto es la *homología popular*, de mera semejanza externa. Se llama *etimología popular* al cruce de palabras que proceden de un error de interpretación de una de ellas. Así se formó *vagabundo* alterado por el pueblo en *vagamundo* (cfr. núm. 85-1).

77. Elementos etimológicos

Los elementos etimológicos de la palabra son: la *raíz, el prefijo, sufijo* e *infijo,* en función del significado.

Raíz es el elemento irreductible y común a toda una familia de palabras, o de otro modo el núcleo de una familia de vocablos, indicador del sentido fundamental. Por ejemplo en griego: φέρω, φερετρον y φόρμιγξ la raíz es φερ = idea de llevar. En español, la raíz o base radical de *verídico, verdad y veraz,* es *ver.*

Los prefijos, sufijos e infijos (de los que hablaremos en la morfología), son los elementos inseparables, que unidos a la raíz concretan y pormenorizan con diversos matices la idea fundamental. Por ejemplo en griego φορεύς = «llevador». Son *prefijos*, si preceden, *infijos* si se intercalan y *sufijos*, si siguen a la raíz.

Radical es la parte que resulta suprimida la terminación. *Tema* es lo que nace de suprimir la desinencia: Ejemplos: De ama-r, suprimida la *r* nos da *ama* (tema); de donde proviene *ama-ba, ama-ré*. Del griego λογος queda λογ- (el radical). Si se separan los morfemas temáticos queda la *base radical*.

78. Sistemas onomatopéyicos de formación primitiva

Originariamente la voz griega ονοματο-ποιΐα, «creación o invención de nombres», pero muy pronto se aplicó a la creación imitativa, es decir a la formación de denominaciones por imitación de los sonidos o de la naturaleza de las cosas.

1.º Objetividad onomatopéyica: En realidad la *onomatopeya* no es pura imitación de ruidos, sino más bien la transformación en palabras de ciertos ruidos imitativos de los objetos de la naturaleza. Y esto se consigue bien sea por palabras que integran una frase *(con ese toletole, subir en zigzag)* o bien por medio de palabras que contienen valor de frase: *tejemaneje, perendengues*.

La onomatopeya es un recurso primitivo de derivación, pero un recurso etimológico-artificial, porque primariamente no atiende a la significación sino a la creación imitativa.

Puede representar acústicamente el objeto o la acción del mismo: *borbotón, tic-tac*. Estas palabras en que se verifica el fenómeno imitativo, se denominan palabras *onomatopéyicas* o *fonosimbólicas*.

La teoría moderna de la *creación imitativa* consiste en que la onomatopeya más que una imitación vaga de sonidos, es una semejanza entre el esquema articulatorio de la palabra onomatopéyica y el esquema del movimiento que se produce en el objeto. Al pronunciar *borbotón* el oyente asocia los golpes de los labios y los golpes sucesivos del líquido *que sale a borbotones* (Cfr. *Ciencia del lenguaje*, ed. 8.ª, pgs. 185-193).

Esencialmente los sonidos no desempeñan una función significativa. Entre los elementos imitativos y los de nuestra representación hay una relación de hábito o de valor entendido. Sin embargo, como todo proceso de sonido articulado aparece ante nuestra conciencia estimativa con un significado de interdependencia comunicativa, estos valores de imitación no pueden desentenderse del todo de los valores de significado.

Para muchos en el caso onomatopéyico, las palabras tienen un poder mágico de evocación y de conjuro, que actúa en nuestra comunidad hablante. La poesía sobre todo, que es un juego mágico entre el sonido y el sentido, se vale, como recurso rítmico, de estos valores expresivos.

Entendemos por *valor onomatopéyico* una relación intrínseca y esencial entre las combinaciones de los sonidos articulados y los datos objetivos a que estos fenómenos se refieren. Entra mucho en este proceso imitativo la entonación del hablante. La estructura onomatopéyica *miau* para imitar al gato tiene muchos variantes y matices de representación.

2.º Lenguaje de imitación: Hay una disposición en el hablante y una actividad lingüística imitativa casi consubstancial. Las distintas interpretaciones de cada lengua prueban una libertad de creación. El nombre del gallo por su canto adquiere múltiples interpretaciones en los diversos idiomas.

El lenguaje imitativo se extiende asimismo a lo que no es sonoro, como el movimiento. A esto suele llamarse *onomatopeya visual. Pizpireta* es una voz que imita a la mujer que se mueve mucho. Los juegos infantiles de rueda abundan en onomatopeyas de este tipo dinámico-auditivo. *Al álimon, al álimon / que se ha roto la fuente; ¡A serrín! ¡A serrán! Los maderos de San Juan.*

En la época renacentista se llamaba al farsante callejero *bululú*, hoy algunos le conocen por *tripitripi.*

La espontaneidad imitativa se halla contrarrestada por la tradición; pero las mismas formas heredadas admiten un amplio margen de variabilidad fonemática, conforme a los usos locales. Hay ciertas fórmulas estables y la investigación etimológica debe someterlas al proceso evolutivo del lenguaje.

Muchos lingüistas ven en la onomatopeya el origen del lenguaje. Para éstos el lenguaje adámico no fue otra cosa que el eco de la naturaleza recogido en la conciencia humana. Los mismos gritos de los animales ofrecían la mejor oportunidad para la formación de los nombres. Hay un procedimiento vivo de formación idiomática en algunos idiomas como el vasco, el manchú, lituano y chino.

Algunos supuestos onomatopéyicos, como vocablos amorfos, los reiterativos y los rimados de tipo paremiológico, piden lugar más apropiado en la morfología y a veces en la semántica.

79. Por la práctica a la regla

a) Esquemas etimológicos y onomatopéyicos (35)

1.º Muestrario de diez etimologías de discutible interpretación:

Alrededor.. — Ni *redor* ni *alrededor* salieron bien de manos de los etimologistas. Se formó de *al redor*, «en rueda» o «en círculo» y *redor*, como el cat. *rodol* de *rodolur* y este de *rotulare. Rodol, redol* y *redor*, «ruedo, círculo» constituyen tres fases de una misma palabra. Según Corominas del anticuado *al derredor*, de *al* y el adverbio *derredor*.

(35) En la interpretación de algunas etimologías y voces de animales hemos consultado los trabajos, muy autorizados, de V. García de Diego, que recomiendo

Atisbar.... De origen oscuro. Según unos del leonés *achisbar* «guiñar el ojo». Según García de Diego de *avistar*, que modificó a *achisbar*.

Barbiquejo d. de un derivado de *barba* (d. en *-ejo*). Según García de Diego de *barba* y *capsum*. Al mismo origen hay que atribuir «*barboquejo, barbuquejo, barbaquejo* y *barbicacho*. Acaso hay que partir de un *barbuco* parecido a *barbijo*.

Columpiar. Acaso del gr. *colymbáo*, «me zambullo». «Columbiar» aparece en los primitivos dialectos leoneses. Pudiera provenir de la onomatopeya *columb*, con sentido de «balancear».

Chuleta.... De chulla, «lonja de carne», conservada en el aragonés. La primitiva forma *chulleta* está en Martínez Motiño (*Arte de cocina*, 1617). Corominas lo deriva, no con mucho fundamento del l. *axungia*, «sebo de carro» y luego «grasa».

Empalagar Con sentido de «hartar». Acaso provenga de *empelagarse* (de *piélago*, «mar»), «internarse demasiado en el mar.

Enchufar.. De origen incierto. Corominas lo deduce del onomatopéyico *chuf*, ruido de ciertas conexiones de los tubos con vapor. Pudiera venir del latín *infundiare* y *fundiare*, cuyo origen agrupa a otros términos regionales: gall. *afuñar;* el cat. *enfonyar* y el and. *funchar*.

Escamotear Tanto *escamotear* como *escamotar* tienen una etimología muy oscura. ¿Están emparentados con el castellano del siglo XV *camodar*, «hacer juegos de manos» o con el francés *escamoter?* Algunos preguntan si vendrá del latín *commutare* o del germano *scamara* o del español *escamar*, «pelar». Tal vez la trayectoria sea: *Escamoteo* de *escamotar* que se convirtió en *escamotear*.

Miriñaque. Del filip. *medriñaque*, «tela rígida conocida por los naturales de las islas Filipinas» en sus formas: *medreñaque, mendreñaque, mendriñaque, medriñaque* o *medrinaque*.

Retozar.... De *rezotar*, del latín *resultare*, «saltar». Para otros etimologistas proviene del castellano ant. *tozo*, «burla», de origen incierto, acaso relacionado con el prerromano *taucia*, «mata, tronco de árbol». Se puede también proponer un tipo latino *retu*(n)*sare* o *retu*(n)*siare*, «dar sacudidas o embites». Retozar en las personas, desde el siglo XV es «dar golpes o toques lujuriosos a la mujer». Y *retozar* los animales quiere decir «dar respingos». Se aplica además a los seres inanimados: *El céfiro retoza*.

---

al lector: *Etimologías españolas* (Madrid, Aguilar, 1964, 768 págs.). *Etimologías naturales* (separata del *B. R. A. E.*, tomo XLIII, sept.-dic., 1963). *Voces a los animales*, en *Dialectología y Trad. populares* (tomo XVIII, 1962, cuadernos 3.º y 4.º).

2.º Raíces onomatopéyicas:

CHAP.......	En principio designó ruido de lo que tropieza o de lo que choca o estalla. Significó también *bofetada* de un *cappare*, «capar». De *chap* se recoge bien *chapear*, «hacer ruido la herradura por estar floja; *chapada* o *chapaza* (golpe dado con la mano abierta); *chapatal*, «lodazal», *chapotear*, «sonar el agua batida por los pies o las manos»; *chapotada* y *chapotazo; chapulear* y *chapurcar*. NAV., «pisar el agua», etc. *Chap* da también ruido de agua que cae y se derrama: *chapoteo, chaparrada, chaparrear* (regar con regadera), *chaparrón* y *chaparrada*. *Chap* = ruido de pisar: *chapin, chapel;* ruido de castañuelas: *chapadanza*. *Chap* = ruido de rajar: *chápale* (para azuzar al perro); *achapar*. NAV., «azuzar al perro». *Chap* = ruido de encajar: *chapa* y *chapar* (poner chapas); *chapa*, lámina de metal; *chapa*, «dinero»; *chapar* = intercalar.
CHIP.......	*Chip* = ruido del líquido: *chipiar*, «mojar»; *chipitón*, «chorro de leche» *chipichipi* = llovizna; *chipichipe*, Murcia = llovizna; *chipil*, «niño llorón»; *chipilín* = grillo; *chipín* = chapín de mujer»; *chipa* = pescado menudo.
CHOP.......	*Chop* da derivados interesantes: *chopear*, «dar de puñetazos»; *chopi* = golpecito entre niños.
CHUP.......	*Chup*. De esta onomatopeya deriva *chupar*, «atraer con los labios el jugo o la humedad»; *chupón* y *chupete*.
VOCES PARA LLAMAR A LOS ANIMALES....	*Huchear*, «vocear en los ojeos»; *abuchear*, «reprobar con voces»; *ahuchar*, «llamar al halcón»; *huchear*, «vocear al azor»; *huchohú* y *huchoho*, «voces del halconero»; *Che* y *mua*, «voces para llamar a las caballerías». *Ruche* y *rucho* (para llamar a los pollinos); *chiva, chivita* (para llamar a las cabras. *Beb be, chuca, chuna, chivirina* (para las cabras). *Karr, kier, kirr* (para llamar al cerdo). *Guiro, gorringo, guriguri* (para el cerdo). *Coch, gucho, guto* (para el cerdo). *Pit, pita, titi, tita* (para las gallinas). *Mis, misino, micho, michito, chuca* (para el gato).
VOCES PARA ARREAR Y DETENER A LOS ANIMALES....	*¡Ala! ¡Ala! Aida* VASC.; *Arre, rita, rite, brrrr, brrrria; zuzo* (para azuzar al perro). *So, Ichó*, VAS., *Bo, Agó; Orbeti, orbeti* (para que se detengan las ovejas). Para detener al ganado vacuno: *Xo, xo; jo, jua, ou, uh*.

b) **Lectura y análisis** del texto de VICTOR DE LA SERNA *(León, imperial y pregresista)*. Se han de examinar la etimología y significado de las palabras subrayadas.

LEÓN, IMPERIAL Y PROGRESISTA

1) «SALUD, lector: Desde León te escribo, camino de mi *escondrijo*, desde el que te iré dando cuenta de la *estupenda* aventura de mi *excursión* de 1.500 kilómetros.

A León se le *nota* eso que se le nota a los *señores* mayores que han sido *coroneles* o *diplomáticos:* ejercicio de *oficio* importante. Las cosas buenas —entre otras, la hermosura de las mujeres— se notan con la edad cuando son *auténticas*, porque van a mejor. Cuando son *falsas* van a *peor*. También ocurre esto con el arte, sobre todo con la pintura. A los *pintores* malos no hay quien los *aguante* de viejos. Los buenos, como Goya, pintan a los ochenta años («La lechera de Burdeos»). A León se le nota el ejercicio de varios siglos de *Corte*, el ejercicio de *metrópoli* de un mundo (el Occidental en su momento más importante) y de *capital* de un Imperio. Se le nota eso en un *imperceptible matiz* señorial que tiene la gente, hasta en la manera de *vestir*. León está lleno de señores, *incluso* entre los *limpiabotas*.

2) León tiene una *escala* propia y no se le puede *aplicar* la de cualquier capital de provincia: acaso porque es una cosa *distinta* (yo no digo si mejor o peor) que una capital de provincia. Hace treinta años, cuando no habían *proliferado* esos pequeños «hiltons» provinciales en donde le cobran a uno sin razón más que en el Waldorf Astoria, por dormir en las habitaciones más *cursis* del *universo*, León tenía uno de los primeros hoteles del país, un hotel *funcional*, limpio como un *sanatorio* de *lujo*, exacto, automático, *mecanizado*, *salvo* en una cosa: en el *hostelero*. El hostelero, que hoy conserva su joyita como el primer día, sólo que un poco mejor, es el tipo más *estrafalario* en materia de hosteleros que yo he visto en mi vida. En primer lugar, sus *empleados* no le llaman ni jefe ni don Fulano; le llaman, con esa *entrañable apelación* burguesa española tan *adorable* y ya casi en desuso: «El señorito». Yo un día *sorprendí* esta conversación suya con el *botones:*

—Señorito: que el 108 se ha puesto malo.

—¡*Desalmado!* Cuando una persona se pone enferma, ya no es el 108. ¡*Averigua* ahora mismo cómo se llama!

Y cuando el botones hubo cumplido su encargo se *agarró* al teléfono: ¿Querido don Andrés, ¿qué le ocurre? ¡Ah! ¿unas anginas? ¡Eso no es nada; ahora mismo subo yo con don Paco!

3) Y subió con don Paco, que es uno de los primeros *otorrinos* de España. Y don Andrés, a quien no conocía de nada, se puso bueno en un *santiamén*. Yo creo que de aquel *torrente* de *humanidad* y de buen *estilo* que *se vino encima* le hizo hasta sudar.

León todo él es un poco así. Pedro, además, lo es con *naturalidad*, sin el menor *histrionismo*, con una sencillez que le embarca a uno en una especie de conocimiento *mágico* de las cosas, igual que si se le *revelaran* unos mundos buenos y amables que uno desconocía.»

VÍCTOR DE LA SERNA
(Nuevo viaje por España, 1955, XVI, págs. 107-108.)

c) **Breve análisis del texto** (Frases y modos expresivos):

1) Interjección con vocativo. Hipérbaton = *Desde León te escribo. Camino de...* equivale a: *Caminando hacia...* Una de relativo = *desde el que te iré dando cuenta.* Frase verbal = *dando cuenta.* Frase impersonal = *se le nota eso...* Pasiva con el sujeto *eso; A León* complemento indirecto.

Una de relativo = *eso que se le nota.* Otra de relativo = *que han sido coroneles;* Temporal = *las cosas buenas cuando son auténticas.* Una causal = *porque van a mejor.* Otra temporal = *cuando son falsas.* Frase principal = *van a peor.* De relativo consecutiva = *no hay quien los aguante.*

2) Temporal = *cuando no habían proliferado.* De relativo = *en donde le cobran a uno sin razón.* Aposición de cosa y hostelero. De relativo consecutiva = *El hostelero que hoy conserva su joyita.* De relativo = *que yo he visto.* Acusativo doble = *ni jefe, ni don Fulano.* Otro doble: *el señorito.* De imperativo: *averigua ahora mismo.* Presente de indicativo: *ahora mismo subo* por frase verbal (voy a subir).

3) Una de relativo = *que es uno de los primeros «otorrinos».* Otra relativa: *a quien no conocían de nada.* Completiva = *creo que de aquel torrente de humanidad.* Completiva = *que de aquel...* Una de relativo de la completiva = *que se le vino encima.* Completiva de relativo = *que le hizo hasta sudar.* De complemento predicativo: *León es un poco así.*

d) **Recitación** de los versos de dos poetas: el peruano JOSÉ SANTOS CHOCANO *(Blasón)*, y MIGUEL DE UNAMUNO *(Redención)*, con el correspondiente análisis gramatical de etimología y significado de vocablos subrayados;

1.º BLASÓN

SOY el cantor de América *autóctono* y *salvaje;*
mi lira tiene un alma, mi canto un ideal.
Mi verso no se mece colgado de un *ramaje*
con un *vaivén* pausado de *hamaca tropical.*

Cuando me siento Inca, le *rindo vasallaje*
al sol que me da el *cetro* de su poder *real;*
cuando me siento *hispano* y *evoco* el *Coloniaje,*
parecen mis *estrofas trompetas* de cristal.

Mi fantasía viene de un *abolengo* moro:
los Andes son de plata, pero el León de oro;
y las doce *castas* fundó con *épico fragor*.

La sangre es española e *incaico* es el *latido;*
y de no ser poeta, quizás yo hubiera sido
un blanco *aventurero* o un indio Emperador.

José Santos Chocano
(peruano).

2.º REDENCIÓN

Dios te *conserve* fría la cabeza,
caliente el corazón, la mano larga,
corta la lengua, el oído con *adarga*
y los pies sin *premura* y sin pereza.

Cuando en la senda del vivir *tropieza*
el hombre del dolor bajo la *carga*,
su propio peso es el que más le *embarga*
para alzarse del suelo. La tristeza

sacude, empero, que ella es el *estrago*
más *corruptor* de nuestras pobres vidas,
pues no es vivir vivir bajo su *amago*.

No por tus obras tus *tesoros* midas,
sino que el alma, de fe pura en *pago*,
se levanta *merced* a sus caídas.

Miguel de Unamuno
(*Rosario de sonetos líricos*, 1911).

e) **Modismos y refranes**

1.º Modismos dialogales:

Sin comerlo ni beberlo. Con su pan se lo coma. Come menos que un gorrión. Se come a su novia con los ojos.—Matar el gusanillo.—Darse una buena panzada. Bebe los vientos por quererla.—No bautice el vino.—Me quedé hecho un sorbete.—Empinar el codo. Estar como una cuba o como un tonel. Estar achispado, alumbrado, chispo, hecho una trompa.—Tener unas copas de más.—Llamar al pan, pan y al vino, vino.—Eso es pan comido en la mano.—Eso es harina de otro costal.—Hacemos buenas migas.—No me gusta perder el bollo por el coscorrón.—Este te da a ti sopas con honda.—Se parece como un huevo a una castaña.—¡Qué experiencia ni qué niño muerto, ni ha salido aún del cascarón!—Tú ahí partes el bacalao. Tienes que poner toda la carne en el asador, para conseguirlo. ¡Qué te crees tú eso, jamones con chorreras! Atar los perros con longaniza. Parece gallina de corral ajeno. Tener riñones para hacer algo. En todas partes cuecen habas y a mí me importa un pimiento.

2.º REFRANES:

Amanecerá Dios y medraremos.—A quien Dios se la dio, San Pedro se la bendiga.—La diligencia es madre de la buena ventura.

f) **Dictado de Ortografía** (Explicación de las palabras señaladas en cursiva:

«El campo se *vestía* de agua. Por las sendas de los ganados, corría a *borbollones* y *remolineaba* airada en las zanjas. De tiempo en tiempo, un estampido *rajador,* precedido de un *latigazo* de fuego, y quedaba una vaca, blanca generalmente, con las cuatro patas al aire. De cuando en cuando una pausa, cada vez más larga *amainaba* la lluvia; aplacábase el viento. Al cabo de cierto *rato* la tronada oíase sólo como un *rezongar* de perros detrás de las nubes.

De *súbito* una llamita azulada y bailadora surgió en las tinieblas como un milagro. Los *troperos* del Tala Grande habían logrado hacer un *fueguito.* Esta tarea tan simple les costó arduo trabajo. Llegaron casi anochecido a aquel *pastoreo,* forzosa etapa de sus frecuentes viajes *arreando* hacienda gorda desde la estancia ahora a la Tablada.»

CARLOS REYLES (uruguayo).

g) **Temas de Redacción**

1) Homenaje al WALT DISNEY. El corazón del gran dibujante y el mundo de la infancia alegre y soñadora. Creador de *Bambi, Mickey* y *Pinocho. Blanca Nieves y los siete enanitos* ha sido una de las películas más comerciales del séptimo arte. Una creación universal de dibujos animados. Otros personajes. *Donald, Pluto, Peter Pan, José Carioca.* Universo de maravillas para chicos y grandes.

2) La reina de Inglaterra condecora a la creadora de la minifalda. Le concedió el ingreso en la orden del Imperio Británico. (Comentario a esta noticia de prensa.)

3) Los encantos de la televisión en color.

h) **Discoteca española e hispanoamericana** (Un disco después de cada capítulo aprendido. Haga funcionar su tocadiscos):

1) DISCOS REGIONALES: CATALUÑA: *Ball de Rams* Z-M 17-2, 33/3 rpm. *Les amics d'Horta* RCA, Víctor, 3-20595, 45 r., 17 ctms. *Qué bonita es Barcelona.* Paseo de Gracia. Z-E, 277.

2) DE ESPAÑA: NIKOLAUS ANDREIEVICH RIMSKY-KORSAKOV: *Capricho español.* Telefunken, LCSL 8155, 33 r.

3) DE HISPANOAMÉRICA: Méjico: JORGE NEGRETE: *Juan charrasqueando.* RCA Víctor, 3-20669; *Parranda larga.* RCA Víctor, 45 r.

10 SEMÁNTICA O REACTIVACIÓN DEL SIGNIFICADO EN LA PALABRA

SUMARIO: *80. Semántica y semantema. La palabra unidad de significación.—81. Perfiles del significado.—82. Convencionalismo y matizaciones.—83. Intervención de las tonalidades emotivas y de los conceptos.—84. Sinonimia, polisemia y neologismo semántico.—85. Cambios de significado por semejanza y contigüidad. Metáfora y metonimia. Movimiento de vocablos.—86. Por la práctica a la regla.*

80. Semántica y semantema. La palabra unidad de significación

Semántica, viene del verbo griego σημαίνω, significar, señalar. De σημασία, «significación de una palabra», procede *Semasiología,* término etimológicamente más propio que *semántica,* para expresar el estudio o punto de vista de los *significados.* La Semántica estudia la significación de las palabras. El nombre de *Semántica* impuesto por Breal, ha sido adoptado por todos los lingüistas y gramáticos. Comienza a tener una orientación más técnica con los estudios de Whitney *(Vie du langage,* 1875).

Los continuadores de Whitney, sobre todo Darmesteter, H. Sperber y Carnoy perfilan incorrectamente el concepto gramatical-semántico, atendiendo a procesos que se mueven fuera de la órbita del significado, como es la creación de palabra por derivación y composición, la adquisición de vocablos extranjeros y el uso de las formas anticuadas.

Semántica es ante todo y sobre todo, «cambio de significados».

Hasta ahora se ha seguido un método empírico para la Semántica, es decir, el de la clasificación de resultados, como el de la *extensión* y *restricción* de significados. Ullmann estudia en su obra *Semantics. An Introduction to the Science of Meaning,* 1962, tradución española de 1965, cómo se construye la lengua; la naturaleza de las palabras; el significado; las palabras transparentes y opacas; los factores lógicos y emotivos del significado; sinonimia, ambigüedad y cambio de significado y la estructura del vocabulario.

El cambio más conocido e importante es el del sentido de las palabras. La ciencia semántica regirá, andando el tiempo, los destinos de la Gramática. Por los abundantes ejemplos de modismos de afectividad expresiva aducidos en las prácticas de los capítulos de esta obra; podrá deducir el lector el dinamismo del idioma, en la escala semántica. El ejemplo clásico de palabras que con el tiempo cobran movimiento de altura (como *conde,* que fue primitivamente «compañero», del latín *comes-itis),* y otras que se contaminan y descienden como *villano,* en su origen «habitante de la villa» y ahora degradada para significar *ruin, vil, descortés, indecoroso;* es uno de los muchos casos en la constante reactivación y metamorfosis del idioma.

Es importante tener en cuenta, en la evolución de las palabras, el sentido gramatical y el intencional del hablante.

Semantema. Es el elemento que lleva radicalmente la significación de la palabra. El doble aspecto físico y mental o intencional de la palabra, permite estudiarla en su forma y en su significación. La palabra llega a ser *palabra* cuando toda su contextura física se puede considerar *símbolo de una idea.* Esta idea se entiende unas veces como porción léxica o semántica, y otras como parte funcional, esto es como idea morfológica: *amores* además de la idea léxica, comprende la inversión morfológica del plural, y *ama-ba,* además del elemento conceptual de «amar», expresa la idea morfológica del tiempo verbal.

1.º Semántica y lexicología: *Diferencia entre Semántica y lexicología.* Estas dos ciencias se relacionan y se pertenecen como la parte y el todo. La semántica, en muchos aspectos es una parte de la lexicología. Algunos han dudado si partir del significado para estudiar las formas que el significado absorbe o si el punto de partida han de ser las formas para comprender la evolución del significado. Este último camino es el más expedito, ya que las bases mentales son más oscuras en esta metodología.

La lexicología, ya lo hemos estudiado, concreta el significado que una palabra, por ejemplo *alba* ha tenido o tiene en un momento dado; y establece sus relaciones lexicográficas. La *semántica* determina el proceso que siguió ese vocablo desde su significado originario de adjetivo f. «blanca» hasta su significado «primera luz del día»; o *verde,* adjetivo aplicado en su origen al color, hasta llegar a la acepción de «obsceno», «libre» o también «imperfecto».

El método de agrupar los hechos del idioma por series ideológicas y no por las formas, a pesar de su gran sentido psicológico, se enfrenta con muchas dificultades. La semántica mira más a la significación que a la forma.

2.º La palabra unidad de significación: Desde el ángulo semántico, la *palabra* es una unidad de significación. La palabra adquiere un sentido especial al entrar en la construcción de la frase. Como elemento aislado donde es más idea-símbolo y tiene más actividad evolutiva es en la semántica.

En el Diccionario las palabras son neutrales, enunciadas en una sola estructura inerte y en potencia para muchas acepciones y formas. La morfología nos da las variantes funcionales para el lenguaje expresivo de la frase. Sólo la semántica trabaja a través del tiempo, en una evolución reactivada y creadora de significados.

Aristóteles definió las palabras, anticipándose a la semántica, como las más pequeñas unidades significativas del habla. Hizo una distinción entre dos clases de palabras: las que tienen significado aisladamente y las que son meros instrumentos gramaticales.

Las ideas grecorromanas sobre las palabras y sus transmutaciones ejercieron un influjo benéfico en la semántica moderna, pero el ímpetu creador de la ciencia vino de Francia en 1826 y once años más tarde de Inglaterra.

La convivencia y enlace entre la semántica y la etimología se ha hecho de un modo íntimo y fructífero en los últimos años. La escuela etimologista fue dejando los sistemas fonéticos y la semántica comenzó a considerarse como una parte complementaria de la etimología. Hoy día la ciencia etimológica se encuentra rebasada y profundamente afectada por los estudios semánticos.

Leemos en *Alicia en el país de las maravillas:* «Cuando yo uso una palabra, ésta significa justamente lo que yo quiero que signifique, ni más ni menos». Hay en cada palabra un sólido núcleo de significación estable y que sólo puede cambiar por el *contexto,* dentro de ciertos límites. Nos referimos al contexto *verbal* y al contexto de *situación.* Es además importante la fijación del significado de las palabras que son demasiado ambigüas para tener sentido por sí mismas.

A signo distinto corresponde representación distinta. No importa que los dos signos tengan el mismo origen. En la correlación recíproca de la forma y el sentido, si se bifurca una palabra en dos direcciones, admite una doble significación. En latín *mucus* contaba con la variante *muccus.* De la primera forma procede en español *muga* y *mugar* «fecundar el pez los huevos»; de la segunda proviene *moco* y *mocar.* En francés *poitrine* se aplica a personas y *poitrail* a los animales.

81. Perfiles del significado

Las palabras codificadas en los Diccionarios y en la lengua social tienen diversos significados; pero concretándolas en tal frase y en tal persona no tiene más que un sentido.

Estudiamos en este capítulo la ciencia de las significaciones, pero el *significado* es un término ambigüo y una de las cuestiones más discutidas en la teoría del lenguaje.

Resulta que algunos elementos lingüísticos, que no son palabras, en su sentido estricto, tienen de alguna manera un *significado.* Además los morfemas son significativos e igualmente lo son las combinaciones en que intervienen, y todas estas modalidades significantes influyen en el significado total de un término.

Conforme a estos principios podemos admitir un «significado léxico» y otro «gramatical». El pensamiento actual resuelve este problema de dos modos: uno *analítico* y otro *referencial;* el uno soluciona la esencia del significado en sus componentes principales; el otro estudia las palabras en su actividad creadora y se interesa más por la manera o proceso del significado que por lo que es en sí.

La escolástica medieval entre sus postulados afirmaba que «la palabra es significativa por medio de los conceptos» *(vox significat mediantibus conceptibus).* La palabra «simboliza» un pensamiento o «referencia» al acto sobre que se habla. El triángulo básico de Ogden y Richards, que aduce Ullmann no explica suficientemente la cuestión, por que un objeto, nos lo dice el mismo Ullmann, puede permanecer inalterado y, sin embargo, el significado de su nombre cambia para nosotros, si hay alguna alteración de nuestra percepción en él. Ejemplo moderno: el *átomo* es lo mismo hoy que hace cincuenta años, pero, como ha sido desintegrado, ya nos consta que no es el último resultante de la materia. Además se ha fecundado con nuevas matizaciones de sentido.

Entran en juego en estos perfiles significantes: el *nombre* o configuración fonética, el *sentido* o la información que nos da el nombre y el objeto que puede caer fuera de la órbita lingüística. Unicamente nos interesa la relación entre «nombre» y «sentido».

Existe una relación recíproca y reversible entre «nombre» y «sentido». Si oigo la palabra *balcón* imagino lo que es, y si pienso en *balcón* como objeto, diré su nombre o su *palabra.* Ullmann propone como definición concreta y eficiente de *significado:* «la relación recíproca y reversible entre el sonido y el sentido».

Una teoría de signo lingüístico muy parecido se desarrolla en la doctrina que Suassure dio a conocer en la conferencia sobre semántica celebrada en Niza en 1951.

La exacta naturaleza psicológica del significado no interesa tanto al lingüista como la información que proporciona la palabra en sí misma y en los contextos.

Saussure para explicar gráficamente la relación entre el *sonido* y el *sentido,* compara una palabra a una hoja de papel, cuyas dos caras son facetas de un todo indisolublemente conjuntado, de modo que no es posible cortar una cara, sin hacer lo mismo con la otra. Las palabras tienen una estructura dual, por el hecho de presentarse como signos representativos de ideas. En semántica es contraproducente considerarla como una unidad aislada y cerrada en sí misma.

Como entendemos que el *significado es una relación* recíproca y reversible entre el *nombrar* y el *significar,* se puede estudiar desde dos puntos de referencia: empezando por el nombre para encontrar los *sentidos* o partiendo del *sentido* hasta dar con los diversos *nombres.* En todo estudio del lenguaje es más seguro, lo hemos indicado antes, arrancar de las formas y no de los significados.

El verdadero significado de una palabra se obtiene, si observamos lo que el hablante hace con ella, no lo que dice acerca de ella; en otros términos, que podemos establecer el *significado de una palabra,* observando su uso.

En la definición que antes apuntábamos para concretar lo que es o representa el *significado,* hay que tener en cuenta la expresión múltiple y las relaciones asociativas de las palabras.

Al referirnos al significado o semántica de la palabra no olvidamos nuestra fórmula que encabeza el capítulo: se trata de una *reactivación de la palabra,* o sea, de una restauración de su actividad significante.

82. Convencionalismo y matizaciones

Saussure distingue entre las lenguas «lexicográficas», que se inclinan por las palabras convencionales, y las lenguas «gramaticales», que prefieren los conceptos motivados o de más conexión entre el sonido y el sentido. Las primeras por arbitrarias son más convencionales; las segundas, al menos en ciertos aspectos más transparentes. Las convencionales varían, dentro de un idioma particular, en el transcurso de tiempo o en su radio de acción.

Ni los mismos sonidos significan siempre lo mismo (cabo de *vela* y cabo de la *milicia),* ni los dos elementos (nombre y sonido) permanecen inalterados y las diversas lenguas tienen diversas palabras para un mismo objeto. Ejemplo: **amar** (en port. y esp.); in., *To love;* fr., *aimer,* y al., *Lieben;* lat. e ital. **amare.**

1.º Matización fonética: Se refiere esta matización semántica a la *onomatopeya* o motivación por el sonido. Nos hemos ocupado de este resorte primigenio del lenguaje en la etimología, reacción y espejismo del lenguaje que interviene además en la morfología.

En semántica se considera también la onomatopeya como un artificio estilístico, modulación de los valores sonoros reforzados por la alteración, el ritmo, la asonancia y la rima. Semánticamente se distingue entre onomatopeya *primaria* y *secundaria.* La primera es como un eco del sentido. En la onomatopeya secundaria los sonidos no recuerdan una tonalidad sino un movimiento. Ejemplo de la primera: *berrido* «grito», *befo* «labio grueso». De la segunda: *pimpim,* «aguzanieves» (representa la rapidez de los movimientos de la avecilla).

La onomatopeya supone la semejanza de una forma con un sonido. En Castilla *rutar,* «hacer ruido las tripas» es posible que sea onomatopéyico y que derive del latín *rotar* «eruptare» por *eructar. Abubilla* no evoca el remedo acústico de su origen.

Es condición indispensable en la matización fonética que haya armonía entre el nombre y el sentido. Los sonidos no dicen nada por sí mismos; solamente se convierten en matizaciones onomatopéyicas cuando se ajustan al significado.

Un fenómeno curioso es la afinidad de sonidos onomatopéyicos en un grupo de idiomas. Por ejemplo el sonido del tiro: esp., *pum* o *paf;* en inglés, *bang* o *crack;* el canto del gallo se transcribe en español por *kikirikí;* en francés por *cocoricó;* en alemán, *kikeriki;* en inglés, *cok-a-doodle-do,* y en vasco, *kukuruku.*

Pueden considerarse como onomatopeyas generales: *az* (respiración); vasco, *ars* (aliento); gallego, *azo* (aliento); español, *acezar* (alentar). Comparemos formas regionales y de otros idiomas: Vasco, *buha,* «soplo»; catalán, *bufa,* «fuelle»; aragonés, *bufete,* «ano». El germánico *huhar,* «soplar», comparado con el italiano *buffone* y el latín *bombus.*

2.º Matización semántica: Se establece esta matización por los valores semánticos por semejanzas entre el sonido y el objeto: De *clocca* provienen las formas románicas de la gallina *llueca*: español, *llueca;* gallego, *choca;* vasco, *koroka;* catalán, *cloca;* aragonés, *clocarse,* «ponerse en cuclillas».

La matización *fonética, morfológica* o de forma *(spek-er,* «hablador») y la *semántica* comprenden todo el acervo léxico de términos onomatopéyicos, derivados, compuestos y expresiones figuradas.

Las matizaciones lingüísticas se repiten en muchos idiomas por semejanza. Las piedras se designan con formas que significan romper, como si fueran trozos desprendidos de un gran peñasco. En latín dijeron *rupes* (de *rumpo)* y en español *cascajo.*

83. Intervención de las tonalidades emotivas y de los conceptos

1.º *Tonalidades emotivas.* La palabra es reflejo de la idea y del sentimiento. Además de vehículo de comunicación humana es un medio apto para despertar emociones o sentirlas. Todo medio elocutivo tiende a comunicar algo o tiene algún valor emotivo.

Muchos lingüistas distinguen en el lenguaje el uso simbólico y el emotivo. Pero esta función dual es más aparente que efectiva, porque aun la misma emotividad, expresa sentimientos propios y manifiesta actitudes.

La misma estructura fonética puede dar origen a efectos emotivos. Otras concausas: el contexto, las consignas políticas o guerreras, los vocablos de expresividad que despiertan asociaciones.

Intervienen las tonalidades emotivas en la invención de palabras nuevas o en el cambio de sentido de las ya existentes. La emoción no se contenta con los términos corrientes. Intensifica su lenguaje por exageración o por acumulación de términos análogos. Ejemplos: *Vengo muerto de cansancio. A cada paso me riñe. Lo sabe todo el mundo.*

Ponderación por asociación acumulativa: *pícaro, granuja, gandul, bribón, pillo, tunante.*

El desdén, la indignación, el rencor, la ira comprimida, suelen manifestarse en ironías ya suaves y sonrientes, ya mordaces o sarcásticas.

También ejerce sobre las palabras gran influencia la virtud y el pudor y se manifiesta en recatadas expresiones.

2.º *Factores conceptuales:* Pueden variar los conceptos cambiando las cosas sobre que versan: por la aclaración exacta de una cosa antes confusa *(la desintegración de la materia);* por distinción, ya que con un nombre significamos a veces un sinnúmero de objetos. En latín *ruber* quiso significar del mismo modo *rojo, escarlata, rubio, rosado,* etc. Con *verde* en español expresamos una gama amplia de matices claros y oscuros; por análisis, como sucede en el desarrollo intelectual, según las edades y períodos.

Uno de los motivos de la vaguedad del lenguaje es el carácter genérico de las palabras. Con algunas excepciones como los nombres propios, los vocablos denotan no entidades singulares, sino clases o cosas trabadas por algo común.

Existen lenguas que se inclinan por el tipo abstracto y otras que favorecen los términos particulares.

84. Sinonimia, polisemia y neologismo semántico

a) Sinonimia y antonimia:

Es muy difícil que dos palabras sean exactamente sinónimas. La completa sinonimia no existe. La fecundación del grupo sinonímico depende en gran parte de la cultura individual y abunda más en el hablante erudito.

Son sinónimas las palabras que tienen el mismo significado aunque con distintos matices: *beatitud, bienaventuranza, felicidad, satisfacción, dicha.*

Fomentamos el crecimiento semántico de los vocablos, sin darnos cuenta que en cada uno promovemos un conflicto de jurisdicción, por invadir el campo de la voz vecina.

Comúnmente se afirma que la relación entre los términos sinónimos es de identidad en su contenido semántico.

Se enfrentan dos conceptos en el campo de la significación: la *polisemia* y la *homonimia;* la primera —la *polisemia*— es la pluralidad de significados de una palabra *(operación:* matemática, militar, quirúrgica, etc.); la segunda —la *homonimia*—, junta palabras diferentes y de forma única *(banco:* «asiento», «banca» y «conjunto de peces»).

Todos jugamos un poco a los sinónimos en el momento de la elocución, al descubrir a cada paso contaminaciones formales entre ellos: *caricia, halago, cariño, fiesta, mimo.*

A veces la contaminación llega a fundir dos palabras en una: *Tarreña* y *castañuela,* voces independientes, pero de parentesco semántico, crean una nueva forma y se produce *tarrañuela.* La intensidad agrupadora está en razón directa de la cultura del hablante. Para un escritor o un técnico la agrupación sinonímica es tentadora en su parte material y formal. Es preciso conocer los matices de significación. Ejemplo: Grupo en torno a *beneficio* (favor, gracia, merced, servicio). Precisemos los matices significantes: El *beneficio* socorre una necesidad; el *favor* hace un servicio; la *gracia* concede un don gratuito; la *merced* comprende estas tres significaciones y en algunos casos envuelve la idea de remuneración, como la voz latina *merces-edis*. Sigamos matizando: el *beneficio* supone poder en el que lo otorga; la *gracia* autoridad y elevada categoría; el *favor* puede hacerse entre iguales. El poderoso que funda una Institución benéfica hace un *beneficio*. El Jefe de Estado que concede una condecoración, dispensa una *gracia*. El amigo que presta dinero a otro, hace un *favor*. *Merced* en sentido de *favor* o *gracia*, es voz literaria, propia del lenguaje más selecto. Con la equivalencia latina de remuneración es un término que ha caído en desuso.

No se pueden aplicar todos los términos sinónimos a todos los usos. Muchos se rechazarán por impropios. *Compañero* se llama a otra persona de la misma profesión u oficina; *colega*, término sinónimo, se emplea únicamente en las profesiones liberales. Existe una diferencia objetiva en las cosas y es la causa de que se diferencien también los nombres. *Tiesto* y *maceta*, nombran un mismo objeto, pero el primero es preferido en Castilla y el segundo en Andalucía, por influjo de área social y geográfica. Otras veces los separa el uso del tiempo. En la época clásica *divertir* significaba «apartar», «desviar» *(el agua del jardín se divertía por varios canales)*; hoy indica solamente cualquiera de estas significaciones del mismo grupo sinonímico: *recrear, distraer, entretener, solazar*.

La pluralidad de las palabras hace la riqueza del léxico pero la calidad del número proviene de la diversidad de matices. Se han de distinguir no sólo por los sonidos diferentes, sino por su energía, extensión, precisión complejidad y sencillez: *chispa* (chiribita, relámpago, rayo, exhalación, centella) y en el sentido figurado *chispa* = penetración, viveza, ingenio, agudeza, gracia.

La *antonimia* sirve para enfrentar conceptos y marcar la oposición radical de las ideas. Está en la acera contraria a la *sinonimia*. Muchos conceptos se aclaran por sus contrarios y algunos no tendrían pleno sentido sin sus opuestos. Se llaman por algunos lingüistas *palabras polares*.

Esta oposición es importante y comprende un juego de reacciones en los seres físicos y en las cualidades anímicas: *montes, valles, mar, tierra* (seres físicos); *alto, bajo, joven, viejo* (contraposiciones de cualidades y estados); *pobre rico, tarde, temprano*.

Se da la *antonimia* entre vocablos temáticamente diferentes (derecho, torcido, claro, oscuro). En español se puede establecer con prefijos negativos *a*(no), *in (sin* o *no)*: *apolítico* frente a político, *ingrato* o *injusto* («no grato», «sin justicia») frente a *grato* y *justo*.

b) **Polisemia:**

Una palabra puede tener múltiples acepciones. Es una lucha interna o desproporción entre el pensamiento que nos desborda y el lenguaje que nos estrecha el círculo expresivo. Las formas elocutivas son líneas muy apretadas o reducidas y las posibilidades mentales del hablante infinitas. El número de nociones, según Carnoy, sobrepasa siempre las disponibilidades verbales. Tengamos en cuenta que las palabras son sensoriales y el pensamiento intelectual.

La *polisemia*, como fenómeno aplicable a todos los idiomas busca con escasos recursos y fáciles relaciones lexicográficas, la representación de multitud de ideas.

El literato crea sentidos nuevos y con una palabra conocida damos un apellido a cualquier invento con un poco de imaginación: *minifalda, microtécnica, vibro* (máquina-apisonadora), *minitrén, ordenador electrónico, sietecallero* (que vive en una de las famosas siete calles), *chiquitero* (que bebe chiquitos de vino). Estas palabras no interesan aquí como formación neologista, sino más bien, como ejemplo de multiplicidad de significaciones hecha sobre palabras ya conocidas.

Las acepciones de un término por muy distantes que aparezcan en el léxico, se funden en la conciencia del hablante y se acercan a su elocución para formar una unidad. En el uso de la lengua, aunque empleemos una palabra en distinto sentido siempre acusa su unidad lingüística. La voz *gato* se aplica a un animal, a un instrumento para levantar pesos o para sujetar piezas encoladas, bolso para el dinero y «un ratero». El hablante sobre la unidad morfológica, extiende la red conexiva de otras acepciones.

Ullmann distingue cinco fuentes en la ambigüedad de la polisemia, como rasgo fundamental del habla humana:

1ª *cambios de aplicación*, Las palabras tienen aspectos diferentes según el contexto; algunos son efímeros, otros pueden desarrollarse en matices permanentes de significado o considerarse como sentidos diferentes del mismo término, sobre todo en los adjetivos *(apto, diestro, adecuado, propio, experto* —para personas; *fácil de manejar, bello, ajustado* —para objetos; *hábil, idóneo* —para la acción o el habla; *decoroso, magnánimo, generoso* —para la conducta; *mediano, grande, amplio*— para el tamaño.

2ª *Especialización de un medio social.* Según Breal la polisemia resulta a veces una especie de taquigrafía verbal. Cada profesional o persona de oficio encaja la misma palabra en su casillero habitual: Para un abogado *acción* es «un derecho a pedir en juicio»; para un gramático *acción verbal* supone «la realización del fenómeno verbal»; para un economista *acción* es «parte del capital de la sociedad anónima», y para un militar «un hecho de armas».

De todos estos sentidos uno solo es aplicable en un momento dado. El caso extremo de especialización se alcanza cuando un nombre común se convierte virtualmente en un nombre propio, que denota un solo objeto. Cita Ullmann como ejemplo la denominación de algunos distritos londinenses: la *City* (ciudad), la *House* (casa), la *Tower* (torre). El término francés *Provence* es una continuación del latino *provincia* como si se tratara de «la provincia por antonomasia».

3ª *Lenguaje figurado*, sobre todo la *metáfora*, de la que hablaremos al tratar del cambio de significado.

4ª *Homónimos reinterpretados*. Polisemia muy rara y de ejemplos dudosos y discutibles. Se funda en una forma especial de etimología popular, en el caso en que dos palabras tienen identidad de sonido y la diferencia significativa no es muy grande. Se consideran como una palabra con dos sentidos.

5ª El llamado «préstamo semántico» o influencia extranjera. Es frecuente donde hay un contacto íntimo de dos lenguas, como sucede con el español y el francés. Esto sucedió en la primitiva iglesia cristiana en que el hebreo ejerció su acción idiomática sobre el griego neotestamentario y éste sobre el latín del imperio. Hoy ocurre en la terminología deportiva saturada de anglicismos.

La *polisemia*, en una mirada panorámica y de una manera moderna puede abarcar tres zonas distintas:

a) *la interior de matización sentimental*. La misma palabra con los mismos elementos articulatorios refleja diferentes estados afectivos. Una misma frase lleva en potencia intenciones de pregunta, negación, ironía, réplica o enfado. La palabra madre en su sentido figurado indica: *causa, origen, principio, raíz, álveo, cauce, lecho, sedimento;* en un sentido intencional y polisémico representa una escala afectiva que va desde la aspereza a la afectuosidad, hasta los tonos más sublimes del amor y del dolor. Un actor da matices específicos que en una lectura corriente pasan desapercibidos.

b) *Zona predominante*. El mayor o menor interés por una cosa determina el uso gradual de los vocablos, que pueden ser conocidos de la comunidad hablante o de escogidos individuos. Todos entienden lo que es *negocio industrial;* muy pocos lo que significa *negocio del alma*, como asunto del espíritu. Cita García de Diego el ejemplo del vocablo *cuerda*. Es muy conocida la primera acepción: «conjunto de hilos, de una materia textil, que torcidos forman un cuerpo». Tienen un conocimiento más restringido: *cuerda del reloj; cuerda* = medida superficial de una fanega; *cuerda de montaña* (cumbre aparente). En la palabra *copia* «abundancia» y «reproducción de un escrito», el vulgo acepta el segundo significado y se olvida del primero.

c) *Zona intencional*. Lo esencial en la significación de un término es su semasía intencional o referencia intencional al objeto. Lo que queremos significar con la palabra es su misma esencia al margen de los significados actuales.

En una frase concreta el vocablo queda desprovisto de sus restantes acepciones y cobra con la acepción de intencionalidad una verdadera personalidad.

Es interesante señalar el caso de la semasía intencional ponderativa. Muchos sustantivos y adjetivos ofrecen grados de significación meliorativa sin añadirles las palabras indicadoras de *suerte* o *buena suerte.* Si decimos que es una persona *de capacidad,* entendemos de *gran capacidad; de precio* = «de mucho precio»; *alhajas de valor* = «de gran valor». *Tener temperatura* es tenerla más de lo normal. Si Juan tiene *tensión* es porque es *hipertenso.* Antonio *tiene piernas,* quiere decir que es «ligero en el nadar».

Podemos añadir una última zona, *la temporal.* El tiempo que es la duración es también un atributo de los nombres de acción y de estado. En los cargos, el léxico unas veces distingue la duración y otras sólo la dignidad: *reinado* y *triunvirato*: *imperio* y *rectorado.*

En las acciones anota los dos sentidos en *vendimia, siembra, siega,* etcétera.

c) **Neologismo semántico:**

Nos hemos referido en páginas anteriores (núm. 75) al neologismo de forma y al de sentido. Hemos analizado asimismo las características del neologismo sintáctico estilístico (núm. 75).

El llamado neologismo *semántico* afecta únicamente al cambio de significación. Así el término *combinado,* que es participio pasivo de *combinar,* como neologismo y sustantivo, quiere decir «una mezcla de bebidas».

La palabra *adusto,* que en tiempo de Góngora significó «tostado» o «quemado», corre hoy con el valor de «seco en el trato». ¿Cómo lo explicaremos? —Porque está quemado, queda a veces en él una materia punzante como el cardo, queda el tallo hiriente quemado por los soles estivales.

Conculcar unos pámpanos es una frase que usó Góngora en el sentido latino de *pisarlos,* pero nosotros empleamos hoy la voz conculcar con una significación figurada, como por ejemplo: *conculcar las leyes,* es decir, «infringirlas».

El semántico es un neologismo de trascendencia y difícil captación, sobre todo para el que se inicia en las cuestiones lingüísticas. Por otra parte resulta desconcertante, porque se ha cambiado en valor expresivo lo que es inmutable, el *semantema* o raíz. Es como si cambiáramos las condiciones de los cuerpos simples en química, con una pretensión de alquimista.

Es el caso de *valetudo,* vocablo latino que significa «salud», da *valetudinario,* el enfermo, es decir, el que no posee la salud. Hay en esta transformación semántica un proceso paralelo a la palabra «adusto». *Valetudinario* «el que anda a vueltas con la salud, el que ha hecho de la salud un problema o algo que no es normal.» Esta forma procede más bien de la alteración que produce la adición del sufijo, y que a la vez afecta a la raíz, de modo que la transforma en sentido antitético o contrario.

Es también el caso de *salsa,* procedente de *salsus,* salado y en última instancia de *sal.* A lo mejor una salsa no tiene sal, pero define más directamente su condición líquida y fluida, constituida por elementos formados en el guiso, y se puede llegar a la paradoja de decir: *salsa sosa.*

A través de los siglos el neologismo cambia de forma. En el siglo XVII la Academia registra en su léxico «temblequear» y «tembletear», pero autores modernos de gran prestigio dicen como Galdós «tembliquear», o como Unamuno «tembloreo», por un cruce onomatopéyico, como *chisporrotear,* formado por el ruido y el efecto visual.

Por último existe un sistema neologista de formación *analógica.* Si decimos *espiritual,* de idéntico modo tenemos que escribir *visual, acentual* y *actual.* «Una escritora, nos dice Unamuno, que maneja el castellano como cosa propia, escribió cierta vez *docilitar,* sacando este verbo de *dócil,* como de *fácil* se saca *facilitar* y hubo quien se lo reprendió. De *evidencia* hacemos «evidenciar» y *agenciarse* de *agencia,* y suena mal a algunos, no sé por qué, que de *influencia* hagamos *influenciar.*

85. Cambios de significado por semejanza y contigüidad. Movimiento de vocablos

Naturaleza del cambio semántico. Por muchas razones se produce el cambio semántico; unas son excepcionales o fuera de serie, porque la conexión del cambio no se distingue a primera vista. El vocablo latino *moneta,* «moneda» dio en inglés *mint,* «casa de moneda» y *money,* «dinero» y en un corrimiento semántico llegó al francés con *monnaie,* «moneda» *(avez-vous de la monnaie?,* «¿Tiene usted suelto?»).

Moneta procede del verbo latino *moneo,* «advertir, avisar, amonestar». La conexión, por lo visto fue fortuita, según lo explica Ullmann. *Moneta* era un sobrenombre de la diosa Juno, en cuyo templo de Roma se acuñaba la moneda. El bollo de pastelería *croissant* se debe a su forma de media luna y a la victoria decisiva sobre los turcos. Los primeros se hicieron en Viena.

Entre las causas menos excepcionales de los cambios, se apuntan unas de *orden lingüístico* (por las asociaciones que las palabras contraen en el habla); otras son de *motivos históricos* (cambian las instituciones y el nombre que no cambia contribuye a asegurar la tradición): las terceras causas que se asignan son *tendencia social* (la terminología de un grupo especializado profesionalmente tiende a adquirir un sentido más restringido: *cubare* l., «echarse» da en francés *couver* = «empollar»; *trahere* l. «tirar, extraer» influye en el francés *traire,* «ordeñar.»)

Por último existen causas psicológicas y de influencia extranjera o de préstamo semántico de otras lenguas. Del latín *ursa* (en griego ἡ αρκτος, «osa») salen derivaciones semejantes para otros idiomas: en español *osa* (Osa Mayor y Menor), en francés, *Ourse;* en italiano, *Orsa.*

1.º Cambios de significado por semejanza: a) *Etimología popular:* El sistema de asociación es uno de los principios que rigen nuestra actividad anímica y uno de los componentes en la institución de las lenguas.

Existe una analogía confusionista por semejanza de sonido: *Nubes vagarosas* (ha querido decir algo derivado de «vagar») proceden propiamente del latín «vacare», *estar ocioso.*

Otro peligro consiste en la llamada *etimología popular* cuya base es asimismo la semejanza. Se llama popular por oposición a *etimología técnica.* Saussure considera la etimología popular como un fenómeno patológico, y Wartburg como el medio perfecto para encontrar la coincidencia de la forma con el sentido.

La etimología popular es una relación errónea, que se confunde algunas veces con la sinonimia. No es preciso que dos vocablos tengan afinidad de sentido, si tienen semejanza en su fisonomía fonética. Dice García de Diego: ¿Qué parentesco puede haber entre el adjetivo *court* y *coute-pointe,* que se ha cambiado en *courte-pointe?* En español se han citado las expresiones *desternillarse de risa* > *destornillarse de risa.* Los vocablos asemánticos de la etimología popular corren el riesgo de relacionarse con otros semánticos. El antiguo español *cantillo,* «esquina» fue mal comprendido. El célebre *sastre del cantillo,* se convirtió en *sastre del Campillo* y la *taberna del cantillo* se entendió la *taberna del Castillo.* Siguen los ejemplos García de Diego: De *serotinu* se formó *serendilla,* «un hongo tardío» y de aquí *senderilla* por evocación de *sendero.*

Cuando una persona del pueblo pronuncia una palabra no tan corriente, sobre todo si tiene apariencia de rara, ya sea por agrupación de sonidos o por su extensión, le produce una impresión de extrañeza, y se afana por asociar la voz rara a otra más conocida, con la cual nota alguna semejanza fonética; descentra y exagera esa semejanza. En el fondo, la etimología popular es un error de interpretación por una apariencia mal entendida. *Melancolía* se hizo *malenconía* por un análisis erróneo de *mal* y *encono.* Algunas veces el artículo imaginado se cambió, como en *lagartana* que dio *sagartana.*

b) *La metáfora:* Se suele definir por una traslación del sentido recto al figurado. Presenta como idénticos dos términos distintos. Consiste, según Werner en «sustituir la expresión de una represen ación por otra más o menos gráfica. Según Aristóteles, «la cosa más grande es poseer el dominio de la metáfora». No puede ser compartida por otro. Es la marca del genio. El inglés Chesterton afirmó que «toda metáfora es poesía». Proust declaraba en su artículo sobre el estilo de Flaubert: *Je crois que la métaphore seule peut donner une sorte d'éternité au style,* «Yo creo que la metáfora puede dar una especie de eternidad al estilo.»

Como premisa previa se admite que el estado preliminar de la metáfora es la comparación: *este hombre es como un roble.* Se suprime la fórmula comparativa y queda la afirmación metafórica: *este hombre es un roble* o *está hecho un roble.*

En vez de formar un nombre nuevo, se aplica a nuevos objetos el nombre de otro conocido con el que guarda alguna relación o semejanza, que es la que autoriza el sentido traslaticio.

Es innato en la mente humana el proceso de comparación, y aun sin preexistir una expresión comparativa, hacemos mentalmente el cambio. Del concepto pasó al sentido trópico y traslaticio de una palabra por otra en razón de la semejanza significativa.

Los gramáticos antiguos no pudieron sospechar que la *metáfora* fuera uno de los grandes recursos del espíritu humano, para dominar, de una manera estilizada y con pocos nombres muchas realidades y para aclarar con ideas conocidas las ideas más abstrusas.

Está tan enraizada en la entraña del habla humana, que la encontramos por doquiera, como el gran resorte expresivo, como una fuente de sinonimias y polisemias, como una válvula de escape en las emociones intensas, medio de llenar lagunas en el léxico del escritor, y en el español, el sistema más vivencial para el rico lenguaje de la expresividad afectiva del diálogo.

Nos ayuda poderosamente en el ejercicio de la intelección cuando falta la intuición lógica; pero es el gran peligro, porque habituados a pensar por metáforas, la mente obsesionada, toma por razonamientos seguros lo que es puro símil o semejanza apasionada.

Resumamos algunas de sus características:

1.ª No se puede afirmar categóricamente que los grandes sistemas de la filosofía metafísica sean procedimientos metafóricos, pero gran parte de la filosofía se funda en la *metáfora.*

2.ª La estructura metafórica se basa en dos términos implicitamente contrapuestos: la cosa de la que hablamos y aquella con quien hablamos. Veamos un ejemplo. Los latinos dieron el nombre de *sapere* y *sapientia* a las operaciones más perfectas del espíritu emparentadas con la sabiduría. Estas dos palabras latinas proceden de *sapor* = «sabor». Esta metáfora *sapientia* es el vehículo y la semejanza entre las operaciones del gusto físico o mejor entre las impresiones que producen los manjares en el gusto y el conocimiento profundo de las cosas o de otro modo la impresión que las cosas producen en nuestro espíritu.

3.ª Esta semejanza entre los dos términos que se comparan puede ser *objetiva* y *emotiva.* Es objetiva cuando la traslación de sentido se realiza por semejanza estricta: la *cima* de la montaña se llama *cresta,* porque parece a la cresta de la cabeza de un animal. Es *emotiva* cuando los términos de relación implican algo más anímico o afectivo. Por ejemplo: *contratiempo amargo.* La contrariedad o disgusto se compara al amargor que se experimenta al probar un manjar que causa desagrado. Si el contratiempo es demasiado *amargo* viene entonces la *decepción,* cuando no se cumple algo que esperábamos. Esta amargura, en el sentido metafórico, es más intensa que la contrariedad o *contratiempo.*

4.ª Hay una reversibilidad metafórica en la prosa moderna y mucho más en poesía. Lo mismo podemos decir *el cristal frío de la tersura del agua, que la tersura fría del cristal. La luna vino a la fragua / con su polisón de nardos* (García Lorca, *Romancero gitano,* Obr. 351). Reversibilidad: *la luna de nardo* y el *nardo vestido de luna.*

5.ª *Metáfora antropomórfica.* Se trata de objetos inanimados tomados traslaticiamente del cuerpo humano y de sus partes· *paladar* por gusto; *flema* por paciencia; *melancolía* o *negra bilis* por tristeza; *humor* o *buen humor* por alegría desenvuelta.

6.ª *Metáfora de términos técnicos: raíz, exponente, extracción de raíces.*

7.ª *Metáfora de la naturaleza física: boca* de mina; la *araña de salón* (por lámpara).

8.ª *Metáfora llevada de lo concreto a lo abstracto:* Traduce experiencias abstractas a términos concretos. A veces la trasferencia necesita el auxilio de la etimología. Por ejemplo: Para descubrir los vocablos latinos en las palabras *definir* (de *finis*, «límite»), *eliminar* (de *limen*, «umbral»), *revelar* (de *velum*, «velo») y *desear* o *desiderar* (echar de menos) (de *sidus*, «estrella»).

9.ª *Metáfora sinestética.* Tiene su origen en la transposición de un sentido a otro: del oído a la vista, del tacto al oído, etc. Hablamos de colores *chillones*, de voces y olores *dulces*, de *negra* conciencia.

La *sinestesia* originariamente equivale a «simpatía, sentimiento común a varios objetos». Psicológicamente se define como la «percepción de una sensación en una parte por la aplicación del estímulo en otro punto».

10.ª *Metáfora de la vida espiritual.* La terminología de la literatura religiosa ha salido, como la flor de la tierra de los seres físicos: el alma es el *aliento*, Dios es *la luz;* comprender es *coger con la mano;* la virtud es la *robustez*. En un sentido espiritualmente más genérico dijo el latino Plauto: el amor es la *ballesta lanzada* y Ovidio: el *amor es el fuego.*

11. *Metáfora humorística: tragarse* el camino; *echarse al cuerpo* diez kilómetros. Con sentido popular decimos: *pesar las dificultades; tener callos en las manos; salirse de surco* (delirar). *Lujo* del latín «luxuries» es profusión de ramaje; *egregio* (de grex-egis), de buenos rebaños; *precoz* (del latín, precox, -ocis), *no bien cocido.*

12. *Metáfora para elogiar o vituperar.* Es común en varios idiomas. Lo que es símbolo de perversidad frente a una conducta recta: *travieso, atravesado* (pravus); apodos tomados de animales y cosas: *Lope*, «lobo». De otro idioma: *Wolf*, «zorro».

Una persona según sus defectos puede ser: *asno, zorro, zángano, majadero, adoquín, cebollino, alcornoque, melón, calabaza* y *cardo.*

Verbos metafóricos: cazar empleos, pescar novio, enredar las familias, Frases metafóricas: *tirar piedras a su tejado, quedarse de una pieza, cantar las cuarenta.*

13. *Metáfora implícita* o «cuasi imagen». Entra en la esfera de la *metáfora espiritual* y se refiere a palabras concretas como *corazón*, en sentido figurado de los sentimientos. Propiamente no se resuelve por *semejanza*, sino como término de *localización* y *referencia*. El «corazón» es el lugar o el *factotum* de la afectividad.

14. *Metáfora* de la «soleá». Tipo popular de semejanza figurada usada por el pueblo que habla y filosofa por medio de coplas. Expresión honda, a veces de experiencia amarga, resuelta por un símbolo, comparación, figura y síntesis taquigráfica de un sentimiento:

Una ramita de azahar:
mira qué poquita cosa
y cuántas naranjas da.
(Anónimo.)

Arena tienen los mares,
el que sueña con sus perlas,
encuentra sus arenales.
(Anónimo.)

2.º Cambios de significado por contigüidad de sentidos: El fenómeno semántico por contigüidad de sentidos que merece nuestro estudio, es la *metonimia*. Esta modalidad, llamada antiguamente «figura retórica», es menos interesante que la «metáfora», porque no nos descubre relaciones nuevas. Se manifiesta en algunos términos ya relacionados entre sí. No abre camino como la intuición metafórica, pero acorta distancias, para facilitar la rápida comprensión de nuestros conocimientos.

Principales relaciones metonímicas:

a) *Lugar de origen, o relaciones espaciales.* Objetos que llevan el nombre del lugar de donde proceden. Ejemplo de nombres de telas: *gasa, cachemira, holanda, vichy, damasco, tafilete;* nombres de vinos: *jerez, málaga, oporto, madera;* otros productos: *bujía, landógreda* (de la isla de Creta), *cobre* (de la isla de Chipre), *acelga* (siciliana), *pergamino* (piel de Pérgamo).

La mutación de significado del vocablo latino *coxa* «cadera» al francés *cuisse,* «muslo», se explica por tratarse de partes contiguas.

b) *De tiempo o relaciones temporales.* El nombre de un acontecimiento puede transferirse a algo que le antecede o le sigue. Del latín *missa* (de la fórmula antigua: Ite, *missa* est contio, «Idos la asamblea se disuelve») que terminó por significar el mismo culto del altar, hay un desarrollo semántico en el inglés *mass* y en la voz francesa *messe.* La palabra *missa* es un participio pasado femenino de *mittere,* «enviar, despachar, despedir, disolver».

Siguiendo la terminología eclesiástica *vesperae* > vísperas = rezo de la tarde y *matutinum* > maitines = rezo de la mañana, son vocablos tomados del tiempo en que suelen rezarse estas partes del «oficio divino».

Conforme al tiempo que duran, llamamos *cuarentena* a la espera de cuarenta días (por analogía con «novena») y *cuaresma* al ayuno de cuarenta días.

c) *Metonimia partitiva* que relaciona la parte con el todo. Ejemplo en las prendas de vestir denominadas por la parte: *gola, peto, cuja* o «cadera» y «armadura» en latín era *armadura* y el mismo soldado. En frase vulgar: *tocamos a tres por barba.* Cañón (máquina de guerra) sólo quiere decir «cilindro hueco»; pero como aumentativo de caña, *cañón* pasó a significar «toda la máquina de guerra».

d) *Metonimia instrumental.* Nombres de agente que significan un instrumento. Instrumentos que toman parte activa en la acción: *manipulador, conmutador, apagador* y *asador.* Personas por el instrumento: Es un buen *violín* (músico), un *corneta*, un *espada.* Una *pluma bien cortada* (un buen escritor), *Santana es la mejor raqueta del mundo,* «el mejor tenista». *Tener buen estilo* o ser buen escritor es tomar el instrumento (*stilus,* instrumento para grabar o escribir) por la persona o agente.

e) *Metonimia del efecto con olvido de la causa.* Se atiende sólo al efecto y se deja a un lado la acción misma: *Inflare* en latín significa «soplar», pero el efecto del soplo puede ser «distenderse algo», como la vela de la nave.

Rasgo diferencial metonímico: Consiste en que a diferencia de la metáfora, tiende a dar a las palabras abstractas un significado concreto. Breal llama a este fenómeno, «condensación o engrosamiento del significado» *(epaississement de sens) (Essai de sémantique,* c. 13). El término francés *addition* no sólo significa el acto de sumar y su resultado, sino «nota» o cuenta de un restaurante, *élite,* participio pasado del verbo *élire,* «elegir, seleccionar», significaba en el siglo XVI elección o «selección» y hoy se reserva para expresar «la parte escogida o selecta de una sociedad».

3.º Movimiento de vocablos: En el proceso semántico quedan todavía por investigar ciertos fenómenos que reactivan o multiplican los significados y las acepciones de la palabra, tales como la personificación de los seres de la naturaleza o *prosopopeya* («la vid se corona de pámpanos», «se lamenta el viento quejumbroso»); la expansión de una voz o *generalización* de su sentido primigenio (la llamada «catacresis») en latín: *aedificare navem,* «edificar o construir un navío»; «cuaderno de veinte hojas, cabalgan en un burro, etc.»; la *paradoja semántica,* que sólo se puede tener en cuenta como una curiosidad de antífrasis verbal (la madre llama amorosamente a su hijo *ladrón* y *canalla,* junto a *sol* y *lucero);* los cambios de categoría gramatical: en español se usa en plural *un saco de lentejas* y en singular *una casa de piedra.*

En este movimiento semántico multiforme nos interesa examinar separadamente el fenómeno de la llamada *expresividad afectiva.*

Las palabras nacen en el vulgo con una viva e intensa expresividad. En latín el verbo *despícere* significó primeramente «mirar a uno desde arriba»; se olvidó la acción física y altanera. Al pasar al español se renovó la expresividad de la acción física de desprecio. *Sagaz* en latín era «el perro de buen olfato.» Se olvidó la idea del olor al aplicarlo a *claridad mental,* pero el pueblo renovó este recurso metafórico en la idea de «oler».

La *expresividad afectiva* refleja en el diálogo el afán del hablante por influir de un modo persuasivo sobre el interlecutor, procurando interesarle y caldearle el ánimo por un asunto concreto, es decir, imponer su personalidad, no sólo en ideas sino en sentimientos y en impulsos emotivos.

El carácter apasionado del español hace que esta gama semántica sea en esta lengua una de las características más acusadas y particularmente ricas y abundantes. Agréguese a esto la fuerza imaginativa unida a una capacidad para la improvisación igualmente única. Hipérboles, imágenes, metáforas, comparaciones, formas interjectivas y otras muchas manifestaciones de esta fantástica modalidad afectiva del español.

Acaso nos convenceremos mejor de la riqueza de esta expresividad, tomando como modelo un solo filón en una escala de palabras sinónimas: *cortesía, amistad, afecto, cariño, amor.* Si desentrañamos un poco el contenido semántico de estos elementos sinonímicos obtendremos este resultado:

La *cortesía* supone: *educación, afabilidad, finura, cumplimiento* y a veces *regalo* y *obsequio.* La *amistad* y el mismo *afecto* indican una disposición benévola en favor de un objeto o persona; la *amistad* cuando es íntima y de mucha confianza, se convierte en *intimidad.* El *cariño* tiene más intensidad que el afecto. El *amor* se distingue por una acción más general en toda la gama sentimental, por una energía que llega a convertirse en *pasión.* El afecto y el cariño se asocian en un ánimo tranquilo; el amor se enreda muchas veces con la turbulencia de los sentidos y la ansiedad de los celos. El *afecto* y el *cariño* tienden hacia el bienestar del objeto; el *amor* aspira a la satisfacción de un deseo, a la posesión exclusiva del objeto amado. El *cariño* y el *afecto* se valen de halagos y servicios; el *amor* llega hasta la abnegación y el sacrificio.

Ejemplos de locuciones expresivas en esta escala afectiva. *Cortesía: ¿Se llama usted Juanito, verdad? —Juanito García para servir a Dios y a usted. ¿De quién es esta estilográfica? —De un servidor y de usted.—Antes permítame que le presente a mi buena amiga Michèle.— Si no me respeta usted como a padrino tendrá que respetarme como a jefe.—Tenga usted la bondad de esperar.—No, señor, dispense usted. Yo no he dicho tal cosa. ¡Sabe Dios lo que se dirá de nosotras por esos mundos! ¡Preciosa! ¡Bendita sea la madre que te parió! ¡Tié usted unos piececitos tan chiquitos como pa bailá en la coronilla de un cura! Santas y buenas tardes. ¿Querrán ustedes creer que no me salen las palabras? Un Juan Palomo. Un don Nadie. Un Juan Zoquete. ¡Toma! A lo que estamos.*

Expresividad emotiva (epítetos y adjetivos):

Una paliza morrocotuda; estuvo imponente, estupendo, bestial, maravilloso, fenomenal. Hemos visto una película chanchi. Pagó una suma fabulosa. Una camisa impecable. Ha tenido usted una suerte loca. Un éxito ruidoso, espectacular, monumental, bárbaro, fenomenal, fabuloso, sensacional. Cometió una falta garrafal. Un solemne disparate. Una lluvia torrencial. Un pánico tremendo, un miedo cerval. Hace un tiempo perro e infame. Esta calle está imposible. Architonto y archifresco. Venga lueguito, lueguito. En cuantito (apenas) *lleguen. ¡Vaya gentecita o mejor dicho gentuza! Me levanté pero muy callandito.*

En este movimiento de vocablos cerramos el ciclo semántico con dos conceptos expresivos: 1) *ennoblecimiento;* 2) *envilecimiento.* El primero nos habla de voces de condición ordinaria que se encumbran a más altas significaciones: *Verbum* («palabra») pasó a significar el **Verbo eterno.** *Pedagogo* de origen humilde (criado, ayo) subió a la altura de maestro. *Ministro* no significó en su origen sino «criado«, «servidor». *Conde* expresó «camarada» y *barón,* «portero».

Fenómeno contrario es el envilecimiento: *Pedante* fue sinónimo de pedagogo; *behetría* fue una clase de señorío y vino a significar «trastorno», «revuelta».

86. Por la práctica a la regla

a) **Lectura y análisis** del texto de MARTÍN ALONSO *(amar y querer).* Se ha de examinar el proceso semántico de estas dos palabras, al margen de lo que diga el autor en este trabajo que se cita. Se deben explicar, como ejercicio de vocabulario las palabras señaladas con cursiva:

AMAR Y QUERER

«ME PREGUNTAN, por carta femenina la naturaleza semántica de estos dos verbos: *amar* y *querer*. En otras palabras más llanas: ¿cuál es el matiz diferencial y el suyo propio de estas dos palabras, que mueven misteriosamente nuestra vida afectiva?

Amar es más *abstracto*. Adquiere un hábito de valor espiritual y un uso de superior *categoría*. Se ama la libertad, la *soledad* del campo. Se aman los libros, que son *noticia* y sabiduría. Se ama a Cristo en el crucifijo y en el sagrario, causa *eficiente* de los bienes del espíritu.

Querer es más concreto. Se quiere a un amigo. Tú quieres a tus padres y yo a los míos. Se quiere a la novia, y en el enlace *matrimonial* se pregunta: «¿*Quiere* a Fulano por esposo?» «Sí, quiero.» El verbo *querer* es un término que en nuestro *léxico* se matiza mucho. *Querer la justicia* implica todo un *procedimiento* de actos y resoluciones. «Hasta que no se haga justicia, no estoy tranquilo.» Es un *proceso* concreto.

En cambio, *amo la justicia*, porque en todos los casos deseo su *cumplimiento*. Estoy siempre a su lado. *Amar* es un verbo teórico, medio *platónico* y *trascendental*. *Querer* es un verbo eficaz, activo, de *concreciones* y realidades diarias.

Los latinos distinguieron entre *volo* y *amo*, *desidero* y *quaero*. *Volo* es la voluntad, es la *apetencia* mental, la adhesión de nuestro juicio, la decisión o *determinación* de la voluntad para un acto: «*¿Quieres ser bautizado?*» «*Sí, quiero.*» *Desiderare* es echar de menos una cosa, la que más deseamos. *Quaerere* es buscar. Un perro sediento busca el agua. Es puro instinto. Con esta palabra se ha procurado presentar lo *mental*, lo puramente *fisiológico*. Al desaparecer el verbo *volo*, se alza el *quaerere*, de donde proviene «querer».

En su *procedencia* latina, *amare*, amar supone la necesidad de tener a tu lado aquello que el trato continuo te ha impuesto. «¡Hemos comido juntos tantas veces!» «Y por eso te amo; porque el tiempo me ha ido estrechando lazos y *afinidades*.» De la misma raíz *se origina amigo (amicus)*, un ser a quien amas en virtud del tiempo, de las acciones, de la admiración, de sus cualidades, de la *comprobación* de su lealtad. Y ese verbo «amar» es el que ha pasado al español para expresar las grandes apetencias *abstractas*.

Unamuno hablaba de la *noluntad*, porque el origen de los vocablos «amar» y «querer» tiene, aun negativamente, un *resultado* de proceso reflexivo, de postura decidida e *inconmovible*. Son verbos radicalmente fuertes.

«*Quiero* que estés a las siete en punto.» Estamos a cada paso acariciando el verbo «querer» y se nos pasan los días y semanas sin *recurrir* al verbo «amar». Entre los novios no se dice «te amo», sino «te quiero». Los une el cariño, que es un *querer* verdadero.

El *amo* es frío, *estatuario*, de solemnidad de lápida. El *quiero* es caliente, *pasional*. Tiene pulso, latido, llama y *vibración*. Está humanizado por tantos cariños a través del tiempo: el maternal, el *filial*, el de los novios y esposos: «¡Yo la quiero de veras! Es la pura verdad. — No le digo yo a otro: Anda y llévatela.»

La gama de pasión *vibra* en todos los versos. Y el pueblo es el que menos *disfraza* la pasión.»

(MARTÍN ALONSO: Publicado en *Mundo Hispánico*, núm. 163. Madrid.)

b) **Recitación** de los versos de un poeta español, JOSÉ MARÍA PEMÁN («Soledad»), y de una poetisa argentina, MARÍA ALICIA DOMÍNGUEZ («Canción»), con el correspondiente análisis semántico y de significación de vocablos subrayados:

1.º SOLEDAD

SOLEDAD sabe una copla
que tiene su mismo nombre:
Soledad.

Tres renglones nada más;
tres *arroyos* de agua amarga,
que van cantando a la mar.

Copla *tronchada*, tu verso
primero, ¿dónde estará?

¿Qué jardinerito loco,
con sus *tijeras* de plata,
le cortó al *ciprés* la punta,
Soledad?

¿O es que por llegar más pronto,
te viniste sin sombrero,
Soledad?

Y *total:*
¿qué más da?
Tres versos: ¿para qué más?

Si con tres sílabas basta
para decir el *vacío*
del alma que está sin alma:
¡Soledad!

JOSÉ MARÍA PEMÁN.

2.º CANCIÓN

LA MADERA se olvida de los bosques,
el viento olvida al campo en la ciudad,
la tierra no *se acuerda* de los muertos;

(pero yo nunca te podré olvidar).

El hombre pierde al hombre en el camino;
el niño pierde el cielo al *despertar;*
el Tiempo pierde nombres *memorables...*

(Yo no te pierdo; donde estoy, estás.)

Fluyen los continentes y las islas,
el mar crea en sus olas otro mar;
todo es *impermanencia*, todo es cambio.
Pero yo *adoro* en ti la eternidad.

Y porque lo *invisible* es lo *absoluto*,
por eso, nunca te podré olvidar.

MARÍA ALICIA DOMÍNGUEZ
(Versos publicados en *La Nación* de Buenos Aires.
Extraordinario dominical, 3.ª sección, 23-I, 1966).

c) Modismos y refranes

1.º MODISMOS DE AFECTIVIDAD EXPRESIVA:

Poner como un pingajo.—Haber tela cortada para rato.—Desnudar a un santo para vestir a otro.—El mundo es un pañuelo.—Este tiene la manga muy ancha.—Hacer mangas y capirotes.—Para muestra basta un botón.—No te metas en camisa de once varas.—Este calza muchos puntos y sabe muy bien donde le aprieta el zapato.—Tu amigo se está labrando un buen porvenir.—Pedro no tiene más que el día y la noche.—Y después de todo terminaron como el rosario de la aurora.—Y tu amigo te puso por las nubes.—Por salir al campo, se puso como una sopa.—A tu amiga le gusta echa por la calle de en medio.—Parecen cortados por el mismo patrón.—Me puso la cabeza como un bombo.

2.º REFRANES:

Dios da el frío conforme a la ropa. Donde no hay vergüenza no hay virtud buena.—El bobo si es callado, por sesudo es reputado (Recomienda la prudencia de saber callar la falta de capacidad).

d) **Dictado de ortografía** (Explicación de las palabras señaladas en cursiva).

UN DRAMA EN EL CAMPO: En el interior de una casa de la calle Ahumada, un joven se hallaba en una *pieza* pequeña, sentado delante de un *escritorio*. Después de arrojar el *resto* de un cigarro que humeaba entre sus dedos, tomó la pluma y se puso a escribir lo siguiente:

«Querido Pablo: Al fin vamos a vernos, después de tan larga *separación*. Con esta idea vienen *en tropel* a mi memoria los alegres juegos de nuestra niñez y los amores *fugaces* del colegio: vuelvo a estar contigo, en una palabra, y recorro una a una las horas felices de nuestra *fraternal* amistad.

A todo esto se me olvidaba decirte el *objeto* de mi viaje, que te comunicaré en dos palabras: voy *encargado* por mi padre, a entregar la *hacienda* al nuevo *arrendatario*, y como no me acomodaría vivir solo en ese viejo *caserón*, donde he pasado mi niñez, voy a pedirles a ustedes *hospitalidad* por algunos días.»

ALBERTO BLEST GANA (chileno).

e) **Temas de redacción**

1) Los campos de petróleo de Burgos en la economía española. Barcenillas de Ribero y los pozos de la Lora.

2) La ONU o Sociedad de las Naciones en su misión de paz. La UNESCO en su misión de cultura, por un lector que no se mezcla en política.

3) El mundo mágico de la lotería.

f) **Discoteca española e hispanoamericana**

1) DISCOS REGIONALES: CANARIAS: *El canario del campo*. Z-M, 17-15, 45 r. *Adiós mi tierra querida*. Hermoso paraíso. Philips, 433-833, 45 r.

2) DE ESPAÑA: Listz: *Rapsodia española*. LBLP 1036. Voz de su Amo.

3) DE HISPANOAMÉRICA: Méjico: *Soy puro mejicano*. AF. 145231, 45 r. FBE. *El mariachi de mi tierra*. AF, 145231, 45 r. FBE.

11 | MORFOLOGÍA O MODIFICACIÓN FUNCIONAL DE LA PALABRA

87. Morfología. Semantemas y morfemas. La palabra unidad de estructura

Morfología, en general, es el estudio de las **formas.** Del griego μορφή forma y λόγος, tratado o «razón de ser», en la *biología,* el estudio de las formas supone el conocimiento de los órganos del cuerpo humano y de los organismos vivientes y en *geología,* el análisis de las formas externas de la superficie terrestre.

Morfología *gramatical* es el estudio de la forma de la palabra. Investiga las transformaciones de los vocablos en cuanto han de articularse unos con otros, para formar la cadena sintáctica y los elementos de relación entre las partes de la frase.

Analiza los elementos constitutivos de la frase, con sus variantes gramaticales y la formación de las palabras. Según otros *morfología* es el estudio de las formas del lenguaje y de las normas que regulan sus transformaciones.

La morfología se ocupa de las palabras en cuanto forman parte del plan asociativo y de los elementos de relación gramatical o *morfemas.*

Su material de trabajo son: la *flexión pronominal y verbal*, la *composición y derivación* y la *determinación de las categorías gramaticales.*

El quehacer morfológico consiste radicalmente en la clasificación normativa de sus elementos o de las llamadas, en la gramática escolar, «partes de la oración». *Tradicionalmente* fueron diez, *académicamente* se relacionan nueve y *modernamente* han quedado reducidas a seis *(sustantivo, adjetivo, verbo, adverbio, preposición* y *conjunción)* ya que el artículo no es más que un pronombre y como veremos, los pronombres son elementos acompañantes que cumplen una función sintáctica, pero *morfológicamente* se caracterizan por su significado esencialmente ocasional. Se ha de excluir del número de las *categorías formales* la interjección, pues cumple una función de llamada de atención propia del imperativo o del vocativo.

La morfología considera las palabras aisladamente, sin atender mas que a su estructura material y su posible estructura funcional en la frase.

Guarda una relación estrecha y complementaria con la lexicología, la etimología y la semántica. Nos enseña por ejemplo que *cualquiera* hace el plural *cualesquiera,* pero *ferrocarril* hace «ferrocarriles» y no ferroscarriles, como dice el vulgo.

La morfosintaxis. Sobre las relaciones de la sintaxis con la morfología se han suscitado muchos problemas. En latín, por ejemplo, se estudia en la morfología la flexión de las cinco declinaciones y se reserva para la sintaxis la función de los casos. Lo mismo pudiéramos decir de los complementos y los sintagmas verbales.

A partir de la obra de J. Ries *Was ist Syntax?*, 1894, prevaleció la opinión de disociación en lo relativo a la sintaxis y morfología, dejando las funciones de la frase para la sintaxis y las formas gramaticales para la morfología.

En dos congresos importantes (París, 1947 y Londres, 1952) predominó el criterio de la separación, quizás por razones de metodología.

Salvo opinión de mayor calidad, y aun a reserva de conceder la natural interdependencia entre la forma y la función gramatical, hemos de señalar una clara división entre las piezas aisladas que componen el material lexicográfico y sus respectivas ensambladuras o aspectos funcionales. La fusión, que en determinados momentos sería provechosa, se presta ciertamente a un sinfín de confusiones (Cfr. nuestra obra *Evolución sintáctica*, 2.ª ed. 1964, p. 9).

1.º Características de nuestra Morfología: 1.ª No se ha modificado la estructura de las palabras españolas, en la proporción del francés y el inglés. Se utilizan muchos matices latinizantes, en la conjugación que ha conservado muchas formas simples y algunas desinencias del número y persona. Hay una tendencia moderna a la construcción nominal.

Las formas españolas resisten el desgaste morfológico del tiempo. La conservación de las desinencias nos permite el lujo de no acudir al artículo y a los pronombres como auxiliares necesarios de las formas nominales y verbales; cosa que ocurre en el francés y en el inglés.

2.ª Las contraciones prepositivas y del artículo son tan escasas *(al, del)* y la «liaison» tan característica del francés no actúa en nuestro idioma. Las elisiones en la terminación de las palabras determinantes son prácticamente nulas, a diferencia del francés y el italiano *(l'homme, l'uomo)*. El fenómeno del apócope en el conjunto elocutivo es insignificante *(un, primer, san, cien)*.

3.ª El juego sistemático de las preposiciones, conjunciones y pronombres o adverbios relativos tiene poca importancia en español, que es muy preciso en la expresión de relaciones.

4.ª Otra característica del español es el poco empleo de las formas determinativas (artículos, demostrativos y posesivos) en comparación con otras lenguas, sobre todo con el francés, inglés y alemán.

5.ª La última condición que apuntamos en el programa morfológico español es la decadencia de la declinación nominal y las escasas formas flexivas de la pronominal.

La tendencia conservadora del español en su idioma ha consolidado su estructuración morfológica.

2.º Semantemas y morfemas: El *semantema* pertenece a la Semántica como portador de significaciones y entra de lleno en la Morfología como representante y garantía de la *raíz* de la palabra. Tiene la idea abstracta, la idea sin concretar. Es una abstracción expresiva. Los semantemas se suelen considerar como los elementos formales de la frase y de las palabras que representan seres o conceptos. Es el elemento conceptual del vocablo. Es lo que se ha llamado metafóricamente *raíz* como si este elemento se desarrollara creando otras palabras.

El *semantema* nunca pierde la significación general, pero la concreta, la reduce; le va dando cada vez más signos y formas. He aquí un ejemplo aclarativo. Si digo: *vivo en Madrid* este locativo que puede representar simbólicamente en el ejemplo al semantema, se va concretando y como cerrando con nuevas concreciones; en la *calle Serrano, núm. 34, piso 3.º, letra D.* En todo el ejemplo no deja de figurar *Madrid,* pero cada vez más cercado, más concreto: De *correr,* semantema = *corr.*

Pocas raíces existen funcionando desnudas de toda afijación, que sean raíz y palabra al mismo tiempo. El semantema o raíz se obtiene mediante la descomposición de la palabra, descargándola de prefijos que la *matizan* y de sufijos que la *concretan.* Hay que desposeerla incluso de los infijos reconstruyendo, si hace falta, ciertos sonidos vocálicos que se han alterado por la función que llamamos *alternancias* o por las reacciones fonéticas. En una palabra el *semantema* o **raíz** es como un cuerpo en Química.

Los *morfemas* en la frase y sobre todo en la palabra, representan una mera relación de los seres o conceptos. Sirven para designar los accidentes o categorías de las palabras, como el género y número, y también la comparación y la derivación verbal.

En la frase *compr-o bombon-es*, son morfemas la *o* de compro que representa la terminación de primera persona de presente y *es* de bombones que indica la relación de plural.

El morfema puede ser:

a) Un sufijo o desinencia: *redac-tor; tor* = sufijo con la idea de agente; *t* = desinencia o morfema de tercera persona del singular *(legi-t* o *veni-t)*. Los morfemas verbales representan el sujeto y por eso prescinden del pronombre.

b) Un prefijo: *in* indica negación y *ex* procedencia o lugar de donde; *in-directo* = que no va directamente a un fin; *in-discreto*, «falto de discreción»; *ex-portar* = enviar mercancías del país a otro; *ex-cedere*, «salir de la ciudad», «irse» y *ex-ceder*, «ser una cosa más grande que otra, propasarse».

c) Un infijo: en los verbos iterativos *ete* sirve para formar palabras como *corr-ete-ar*, de correr.

d) Una *alternativa vocálica* del radical, llamada flexión interna, que puede expresar una relación. Suele darse en los verbos como en el alemán *wir geben*, «nosotros damos» y *wir gaben*, «nosotros dábamos». Alternativa vocálica de tipo fonético: *sirviente* frente a *servicio; e)* reduplicación de la primera sílaba de la raíz, como los pretéritos latinos: *poposci, tetigi*, etc., «he pedido», «he tocado». Suelen expresar una intensidad de acción; *f)* acentuación expresiva y diferenciada: *amo* y *amó;* palabras expresivas de mera relación como las preposiciones que equivalen a la flexión nominal: *con* peligro *de* fracaso *(con* y *de* son morfemas lo mismo que la desinencia *-um* en el nombre *pericul-um* de la flexión latina. *g)* Son morfemas los adverbios expresivos de una relación, la negación que da una relación inversa a la frase, el pronombre *él* (él llegaba, lo mismo que la *t* de *venieba-t)* (Cfr. V. GARCÍA DE DIEGO, *obra cit.* p. 217).

Se llama *morfema cero* el que debiera estar en una palabra expresiva de una relación: en *lupe* la falta de morfema indica que es vocativo, como sucede en *ama*, cuya falta de morfema supone que es imperativo.

3.º La palabra unidad de estructura: La palabra aislada es un despiece o disección de la *frase* (*Cfr.* núm. 72). Lo hemos indicado antes, la palabra, como unidad estructural no expresa, propiamente una idea, sino se corresponde con ella como un antecedente.

Nuestro lenguaje es *de dos dimensiones:* por un lado la palabra, porción elocutiva o elemento léxico, y por el otro la frase, complejo arquitectónico en orden a la expresión. El elemento sintáctico *-frase* y el elemento morfológico *-palabra* representan dos momentos correlativos, de diversa condición semántica. El lenguaje es una *dicotomía* o complejo dicotómico, de agrupación coherente, no de bifurcación descentrada.

Dicotomía en botánica es bifurcación de un tallo o de una rama. En lingüística, término usual, es la coordinación de dos miembros *la palabra y la frase,* como formas correlativas para el momento definitivo de la expresión. En la naturaleza son dicotómicos, los oídos, los labios y, sobre todo, los ojos, que reparados necesitan una unidad de colaboración para percibir el relieve.

En la palabra existe también una pequeña dicotomía de coordinación: el *semantema* y los *afijos* colaboran en una unidad de estructura. No es precisamente la unidad fonética, lo que aquí se reclama, sino una integración de estructura. El lenguaje organiza la materia mediante relaciones internas. En el primer momento crea palabras, unas piezas movibles, que admiten variaciones desinenciales y modificaciones de *tema (podemos, podéis, pueden; amamos, amáis).*

88. La Afijación recurso de forma para enriquecer el idioma. Derivación y composición

Afijación es la adición de un afijo, para crear nuevas formas. Afijo = elemento lingüístico intercambiable, que se añade a la raíz, antepuesto o pospuesto para modificar su significado o su función: *desdecir (afijo* que precede a la raíz y se llama *prefijo), amor-ío, amor-oso* (afijos que siguen a la raíz y se llama *sufijo* y *desinencia).* Si se añade en medio de la palabra es *infijo: corr-ete-ar.* (El elemento *-ete-* es un infijo de un verbo iterativo.)

1.º La afijación recurso del idioma: La función sintáctica de la frase está contenida potencialmente en la construcción de la forma. La idea que representa cada palabra se hace concreta y fija sus perfiles por la adopción de los afijos que limitan su expresión, la hacen más nítida, la especifican al unirse, de varios modos, a la raíz o *semantema.*

Para obtener la raíz se descompone la palabra en sus elementos simples. De un modo general, y sin referirnos a un idioma concreto, lo más alterable de la raíz es la parte vocálica, así como lo más permanente son los fonemas consonánticos. La raíz vocal tiene de un modo abstracto la idea de estrechez en *angustia y angina.* Esta *raíz,* mediante la adición de afijos se va concretando y matizando en ideas fijas, sin una vibración de vaguedad o de poca nitidez. Los *prefijos* matizan la palabra; los *sufijos* la concretan: Vocal + n + g = *angosto, angustia, angina, anguila, ángulo.* Todas estas palabras, que expresan algo concreto, mantienen la idea general de estrechez, que puede comprobarse reflexionando sobre la matización significativa de cada uno.

La *raíz* no es tema hasta que no tiene sufijos. El sufijo de un modo general, al añadirse a la raíz empieza a diferenciar una palabra de otra, por ejemplo, un sustantivo de un adjetivo o de un verbo *(labrador* y *labrar)* o de un participio *(avisar* y *avisado, leer* y *leído)*. Otros ejemplos: *dueño, doméstico, domicilio* y *domar*. Por sus distintos sufijos se presentan como sustantivo, adjetivo y verbo; con más o menos transformaciones conservan este substrato morfológico: d + vocal + m = *dom.* de *domus,* «casa».

Las raíces suelen ser de un número corto de fonemas. Al recibir los afijos pueden tener alteraciones fonéticas por el choque o fricción de los fonemas acumulados. Esto transforma la raíz, la oculta, la hace de difícil percepción y tenemos que valernos de un análisis, para reconocerla absoluta y limpia, en una situación abstracta, que no es la del uso, porque, lo repetimos, hay muy pocas raíces, tan identificadas con la palabra, que sean la misma palabra.

El *tema* es una raíz modificada y está en disposición de recibir un último sufijo que llamamos desinencia y que expresa las variedades de flexión, en cada uno de los sectores, con que el sufijo ha hecho distinción de la raíz al concretar sustantivos, adjetivos, verbos, participios, etc. Un ejemplo: La raíz vocal + m representa el concepto del *amor,* de tendencia a querer y proteger a alguien o algo: *amor, amigo, amable, amistad, enemigo.*

Otro ejemplo parecido: AMANTE. En esta palabra tenemos: a + m y nos da *ama.* Con la adición de la última *a* hacemos un tema verbal. Si agregamos *nt,* conseguimos un tema de participio y con una *e* por desinencia hacemos un tema de valor nominal, al que pueden poner las desinencias de flexión que indiquen género y número.

Los prefijos. La raíz también se concreta y se matiza por la aplicación de afijos colocados delante y que específicamente se llaman *prefijos.* En la palabra *enemigo,* vocal + m, además del sufijo *-ico* que da *higo,* tiene un prefijo *in-* que dio *en* en castellano. Y observando la evolución de esta palabra desde el latín a nuestro romance tenemos *inamicu-m;* éste da *inimicu-m,* lo que nos permite ver el cambio de la vocal radical de *a* en *i.* Cambio que ya hemos advertido al tratar la cuestión vocálica de las raíces. La vocal *a* de *a-micum,* al quedar medial por la aplicación de prefijo *in-* y en sílaba abierta delante de la consonante nasal *m,* por tratarse de una vocal breve, fonéticamente cambia en *i.* Como en latín *inaptus* da *ineptus,* porque al tomar el prefijo la palabra *aptus,* la *a* en sílaba medial cerrada, por ser vocal breve latina, cambia en *e.* Continuando con la evolución de *in-amicu-m,* llega a través de transformaciones románicas, después de sus cambios latinos lo siguiente: *in-amicu-m* < *in-imicu-m* < *en-emicu-m* < *en-emico-n* < *en-emig-o.*

El prefijo: El *prefijo* en español es un elemento que respecto a la raíz no acaba de fundirse totalmente con ella. Queda en una cierta autonomía. Se incorpora mucho menos que los sufijos y que las desinencias, en una especie de separación, sino material en la escritura, ideal en el concepto. Es algo así como una preposición o un adverbio. Y aun en este caso unos más que otros. Ejemplo: *vos-otros* (se separa así porque es prefijo. No se separa *tes-oro,* sino se escribe *tesoro,* porque en esta palabra no hay prefijo; es una sola palabra.

El *prefijo* tiene algo y no poco de complemento circunstancial del verbo de que forma parte. Por ejemplo: *in-sistir.* Ese *in,* «estar en y persistir» equivale al latino *sistere* o «estar mucho en un sitio». *Consistir,* a parte de su acepción corriente *(estribar, apoyar una cosa en otra)* es apoyarse en varias cosas. Tiene una idea de pluralidad.

Esto hace que un buen traductor del latín cambie muchas veces el prefijo latino por otro castellano o el verbo que era simple en latín sea traducido por un verbo compuesto de prefijo español. Insistimos en que el prefijo no se consolida en la palabra; mantiene cierta independencia. Acaso pudiera entrar en la teoría de los elementos acompañantes. Usando un ejemplo modernísimo, «nosotros en América nos hemos *sufijado* y los sajones se han *prefijado.* Nosotros somos «civilizadores», nos fundimos con los nativos. Ellos son colonizadores; se juntaron, pero no se fundieron.

Modalidades prácticas: 1.ª Cambios de prefijo al traducir del latín al español: *im-partire,* «re-partir»; *com-parare,* «pre-parar». 2.ª No tiene prefijo en latín y lo tiene en español: *Vertere,* «con-vertir». 3.ª Tiene prefijo en latín y se lo quitamos: con*figurare,* «figurar», con*cedere,* «ceder». 4.ª Ejemplo en que se respeta el mismo prefijo: *contemplor* = «contemplar», *intueor,* «intuir».

El prefijo, por lo tanto, se funde menos. Es intercambiable, sustituible, flexible y suprimible.

Roto el habilidoso sistema latino de la afijación, el castellano, por insuficiencia de material léxico, aplica frases a la traducción de las formas prefijales: *decurrere,* «bajar corriendo»; *abesse,* «estar ausente». Otras veces la palabra prefijada en latín no responde en castellano al sentido originario: *exceder* no tiene el sentido puro de salir (l. ex- cedere, «salir de la ciudad), ni *suceder* el de «ir debajo» (l. *suc-cedere,* «ponerse debajo»), ni *acceder* el de «acercarse» (l. *ac-cedere,* «acercarse, entrar»).

En los verbos *meter, acometer, someter* y *arremeter,* puede haber comunidad de tema o de semantema, pero les falta el substrato significante o la relación de significado.

Los sufijos. Llamamos sufijo al morfema que, unido a una base en su final, forma un derivado. Ejemplos: *-encia,* «permanencia»; *-mento,* «juramento» (sufijos nominales de acción); *-eño,* «marfileño»; *-ivo,* «expresivo» (sufijos adjetivos de cualidad y semejanza); *-osso,* «estudioso» (sufijo adjetivo de idoneidad). Hay un sufijo flexional o «desinencial». La sufijación flexiva se compone de determinantes añadidos al final del tema o de la raíz.

Algunas palabras en su lengua originaria expresaban una idea diminutiva al pasar al español, la han perdido: *mure caeculu* < murciégalo < mur-ciélago; otras con apariencia de diminutivas, no lo son: *tomillo, martillo.*

Impregnación análogica y sufijal. Es este un origen sufijal por pura propagación analógica de terminaciones, que se matizan por impregnación de las palabras a las que se juntan. Es un sistema fecundo de derivación al que nos referiremos después. En español *áspero* ha formado *asperidad* (l. *asperitas* < *asper*-a-, um, escabroso) y bajo la acción de formas afines y opuestas salieron *asperura, asperez, aspererumbre* y *aspereza.*

Repasemos algunas series de sufijos de formación nominal.

a) Nombres terminados en *-o, -a* que corresponden a verbos acabados en *-are, -ire, -ere: cenar* de *cena;* pero por contraposición analógica salen *compra* de *comprar* y *canto* de *cantar.* Son nombres posverbales (l. *pugna* de *pugnare).* Estos posverbales son nombres de acción y abstractos.

b) -eus, -ea, -eum pueden variar en *-ius, -ia, -ium.* La forma *-eo* se presenta en adjetivos cultos: *férreo, ígneo.* Ejemplos en *-io: rubio, agrio.* El sufijo -u se da en la cuarta declinación latina: *arcum* < arco; *lacum* < lago.

c) La *v* de *-vus* se transforma en *u:* viduam < *viuda; continuo, cuervo, yegua, malva.*

d) Sufijos con una sola consonante (r, *-l): ver* (sufijo en *-ro: toro, muro, escoplo, caro, hebra, entero, magro).* En *sol* se halla *-l; -lus, -la, -lum* forman sustantivos y adjetivos: *silla, pila, ancho.* A veces se intercala una *u: speculum* < espejo; *regulam* < reja; y las formas cultas: *crédulo* y *trémulo.*

e) Desinencias con los elementos *-d, -cus, -cius, -ceus* y *-s.* El primero de poco uso: *mercedem* < merced. En *-cus* unas veces la terminación se agrega a la raíz: *seco, mosca;* otras forma la combinación *-icus: ábrego, domingo, galgo, ronco. Unciam* da *onza.* Por semejanza con el latín *-ceus: hormazo, cedazo, gallinaza.* Grupo abstracto en *-or: amor, sabor, temor.* Neutros en *-us*: *cuerpo, tiempo* (corpus, tempus). Los comparativos encierran la consonante *s* en algunos adverbios: *más, menos* (plus ant.); se convierte en *r* en los adjetivos: *mayor, menor, mejor, peor.*

f) Sufijos con dos consonantes en *-men* (certamen, volumen); *-mnus* (hembra, daño, otoño, alumno); en *-do, -edo, -ido:* en latín cupido, nigredo; vocablos doctos: *libídine, pingüedo;* en *-bo* (carbón); en *-igo* (vértigo); en *-tinus* (vespertino, prístino); en *-eño* con sentido de procedencia (madrileño); *-ernus, -urnus* (invierno, alterno, bochorno y el adjetivo docto *diuturno,* moderno, taberna, caserna; *-enus* y *-tor*: *sereno, cadena, veneno; defensor, pasador, mirador, comedor; -tra, -trum; torius; -bra, -brum; -bilis; -tilis, -ter, -turus, -tura; -ellus* y *-cullus:* arado, rastro; pretor, meritorio, dormitorio; criba, párpado, cerebro; noble, soluble, agradable, semejable, sufrible, convenible; versátil, volátil; prefectura, armadura, pintura, costura; anillo, martillo; artículo, artejo, macho, conejo, oreja, abeja, casquillo, lagartija, manojo, añojo, Maruja.

g) Participio de presente y adjetivos derivados: *-antia, -entia; -aticus, -ticius; -ustus, -estus; -andus, -endus, -tas:* diente, pariente, hirviente, ayudante; confianza, andanza, venganza; selvático; hechizo, postizo, advenedizo; angosto, langosta, honesto; hacienda, merienda, redondo, educando; bondad, ciudad, verdad, amistad, vecindad.

h) De tres consonantes: *-trix, -cellus, -mentum; -lentus, -osus:* costumbre, actriz, mujercilla, sarmiento, turbulento, *acuoso,* caballeroso, venturoso, gozoso, humildoso, vanidoso.

i) Sufijos nominales de *origen griego: -ía, -ismus, -ista, -issa, -ita, -cus, -idesus:* alegría, cercanía, cortesía, nombradía, caballería (relacionados con *-ero:* hornero; en *-duría:* sabiduría, habladuría); caballeresco, parentesco, blancuzco; helenismo, publicista, cajista; condesa, princesa, poetisa; eremita, margarita; artístico, político, patriótico; judaico, algebraico, florídeo.

j) De procedencia *germánica: -aldo, -engo:* heraldo, abadengo, realengo, mojiganga, bullanga (con desinencia en *-ardo:* Bernardo, bastardo, gallardo).

k) De procedencia *ibérica* y *árabe: -arro, -orro, -urro; -iego, -z -amio, -anco, -ancho,* en *i* que antiguamente formó adjetivos: cigarra; piporro, ventorro, andariego, labriego, palaciego; Garci-Sánchez, Díaz, andamio; potranco, barranca, podenco, mostrenco; zafarrancho; marroquí, alfonsí.

EJEMPLOS DE SUFIJOS VERBALES:

a) *-are, -iare, -eare, -iacere, -ficare, -igare;* con consonante (hablar, temblar): apoderar, señalar, enderezar, aguzar, ordeñar, majar; juzgar, doblegar; apaciguar, verificar, lidiar, rumiar, humear, navegar, castigar. b) Confederar, graznar, lloviznar; ladrar; nadar, pintar, olvidar, ayudar, amonestar, empujar; cuidar, asestar, facilitar, habilitar; quebrantar, levantar, aposentar; sortear, atemorizar, pulverizar; pellizcar, chamuscar; encabritar, marchitar; enamoricar; despachurrar; chapuzar; refunfuñar. Este segundo grupo responde a los siguientes sufijos verbales: *-erare, -cinari, -trare, -tare, -sare, -itare, -antare, -izare, -iscar, -uscar, -itar, -otar, -icar, -ucar, -arrar, -urrar, -uzar, -usar, -uñar* (Cfr. *Ciencia del Lenguaje y Arte del estilo,* ed. 8.ª, 1967, págs. 221-231).

2.º Alternancias: Desde el indoeuropeo la raíz puede tener modalidades diferentes en las distintas palabras en que figura, por un fenómeno que llamamos **alternancia.**

La *alternancia,* en general, afecta más a las vocales que a las consonantes, pero su origen no es por un fenómeno fonético. Muchas veces procede de una intención o expresividad sintáctica. En griego, cuando declinamos la palabra ἄνθρωπος (ánthropos, «hombre»), que es un sistema nominal en *o,* constituido por las letras siguientes: *a-n-t-r-o-p-o-,* nos apoyamos sobre un tema de siete letras. En el acusativo de singular de su flexión notamos que hay una más la *n* (ni) y separamos perfectamente *anthropo* de *anthropon,* reconociendo en la *n* (ni) sobrante una desinencia de acusativo de singular. El tema sigue constando de siete letras. Si consideramos el vocativo *anthrope* y contamos sus letras, son siete. Luego es el tema puro sin adición de desinencia alguna ¿cómo ha cambiado la *o* en *e*? Eso es lo que se llama una *alternancia.* Es una alternancia de timbre en *e,* en el tema *o,* para expresar la función sintáctica del vocativo. Algunas veces depende de un acento y entonces se denomina *alternancia acentual,* como en τόμος («tómos», corte) y τομός (adjetivo, «cortante», agudo), distinción por un cambio de acento en sustantivo y adjetivo.

Estas alternancias eran, entre idiomas distintos, dialectos del indoeuropeo. El tema *odont-* se presenta en latín con alternancia *e* y de aquí la palabra española *odontólogo;* pero *dental, dentista* y *odontólogo* provienen de la alternancia en *o* griega y *dentífrico* de la alternancia *e* latina.

En el indoeuropeo la alternancia *o/e* fue muy frecuente. En temas en nasal tenemos *virgon* < virgen; *multitudon* < multitud; pero en cambio, en *nomen* y *flumen* la alternancia en *e* latina recae precisamente en neutros.

Los verbos y las formas participiales tenían la alternancia en *o* delante de nasal y alternancia en *e* cuando a la vocal no le seguía nasal. Este mismo fenómeno se da en latín. Ejemplo: *lego* (n) era *legon, legis; legunt* (de legont). En el verbo *sum,* en la primera persona del plural *sumus* < *somus,* porque hay nasal, hay *o.*

Esta teoría está expuesta y comprobada con ejemplos de lenguas grecolatinas, para redondear la explicación de nuestra alternancia. El romance tendió a hacer una unificación analógica, como en el español, para caracterizar las distintas formas flexivas del verbo *(leo, lees, lee, leéis, leen).* Han concurrido las diversas vocales y fonemas para unificar las distintas modalidades de la conjugación, pero originariamente proceden de las alternancias vocálicas grecolatinas. Ejemplos: *nombre* y *multitud.*

3.º Composición y derivación: La composición de la palabra ofrece tres fases principales: a) *la propiamente denominada composición;* b) *la prefijal,* y c) *la composición parasintética.*

a) Composición en sentido propio. Principio fundamental: *Dos o más palabras se juntan para formar una nueva.*

1) Composición de tipo latino: *Todopoderoso,* traducción docta de *omnipotens;* de tipo griego: vocal *o* en lugar de la *i* latina: *litografía.*

2) Compuesto por unidades semánticas, de determinante a determinado y por su función: *a sabiendas, barbilampiño.*

3) Componentes de independencia en la frase: *ojo de buey.*

4) Composición coordinativa: *coliflor.*

5) Composición subordinativa: *bienmesabe, apagavelas.*

6) Componentes adjetivos: *agridulce.*

7) Dos sustantivos: *carricoche.*
8) Adjetivo y sustantivo: *minifalda, minitrén, alicorto.*
9) Verbo y sustantivo: *quitasol, tornaboda.*
10) Adverbio y verbo: *bendecir, malcasar.*
11) Adverbio y sustantivo: *malandanza.*
12) Adverbio y conjunción: *aunque.*
13) Conjunción y verbo: *siquiera, vaivén.*
14) Frase hecha: *bienmesabe, correveidile.*
15) Dos nombres propios: *Mari Blanca, Mari Carmen.*

b) Frase prefijal:

1) Por preposiciones o prefijos separables: *anteponer, posponer, entretela, entreacto.*

2) Por prefijos propiamente dichos o elementos *inseparables* que no tienen uso fuera de la composición *(a, an, ab, abs, ad, ana, anfi, archi, bis, circum, cis, citra, deci, de, di, en, epi, equi, ex, extra, hiper, hipo, in, inter, meta, miria, mono, ob, per, peri, pos, pre, pro, proto, re, res, super, trans, ultra: aparecer, abjurar, admirar, abstraer, circunvecino, cisalpino, obtener, permitir, supérfluo.*

c) Fase de *composición parasintética:* Se trata de la palabra formada por composición y derivación: *paniaguado, pordiosero* (por + Dios + sufijo *-ero), aprisionar* (prefijo *a* + *prisión* + sufijo *-ar), endulzar* (en + dulce + ar).

Los parasintéticos no deben confundirse con los derivados de palabras compuestas: «subdiaconado» compuesto de *subdiácono,* «subdesarrollado» de *sub* y *desarrollo.*

El mayor número de parasintéticos se da en los verbos de prefijos: *descuartizar, ensoberbecer, descabezar, ensimismar* y *sonrojar.*

Se llama también parasintética la composición de dos palabras con un sufijo sin que exista el grupo previo de las dos palabras, como *ropavejero* y *misacantano.*

Es muy corriente y curiosa la composición por reduplicación, en la que el segundo miembro suele ser como un eco o imitación del primero: *tiquis miquis, a troche y moche.*

La **derivación** como medio usual de formar vocablos nuevos, consiste en añadir a una palabra primitiva algún sufijo; por ejemplo: *hombradía,* de hombre; *villano,* de villa; *hilatura* e *hilandera,* de hilo; *vanidoso,* de vanidad.

Existe diferencia entre la derivación culta y la popular. Los cultos no tienen inconveniente en usar las formas vulgares y añadirlas a los vocablos latinos, aunque prefieran las cultas. *Malus* quedó en *malicia* junto al popular *maleza.* A veces el pueblo se deja llevar por la forma culta y de *cupiditia* < *cupidus* salió *co(b)dicia* y no *codeza* como correspondía.

Si el vocablo primitivo es verbo, el sufijo se agrega al radical, si éste acaba en consonante: *satur-ar, satur-ación;* suele perder el radical la *e* o *i*, si acaba en una de estas dos vocales: *berr-ido* < *berre-ar*.

Si el vocablo primitivo no es verbo y termina en vocal, pierde las letras finales *a, e, o: gloria-glori-eta; vidrio-vidri-ero*. A veces pierde el diptongo: *frío-frigidez; reliquia-relic-ario*.

Analogía derivativa Así como los sufijos de flexión fueron sufijos independientes, los de derivación no lo son sino en casos excepcionales. La analogía convierte los participios en sustantivos *(subida, bajada)*, de un sufijo nominal de dativo latino «omnibus» se traspasa a una nueva palabra con la idea de vehículo, acaso por puro espejismo. Los sufijos derivativos no son sino la nivelación sinonímica de las palabras. Las voces de semejanza teórica se uniforman en la terminación. De *fulano* por analogía se formó *mengano* y *zutano*. Por el modelo de *caligine-calina* se formó *neblina* y *borrina* y del mismo grupo procede *sofoquina*.

Del griego se tomó al sufijo *-ismo* y hoy las lenguas románicas lo propagan con libertad omnímoda: *cubismo, neorrealismo, liberalismo, españolismo*.

Entre los cultismos y voces técnicas de hoy, se han formado por sufijos muchas voces nuevas. Capmany cita de su tiempo y defiende los vocablos: *aerostático, vitrificación, misántropo* y *filantropía*. De la esfera filosófica pasaron al lenguaje culto: *receptividad, dualista, inmanencia, intelectualismo, criticismo* y *vitalismo*. Muchas veces las relaciones semánticas están reñidas con la fonética: *ojo-oculista-oftalmólogo; caballo-equino-hípico*.

De los diminutivos, aumentativos y despectivos hablaremos en otro lugar.

89. La antiforma y los amorfos onomatopéyicos

El tema onomatopéyico roza por tangencia la Etimología (núm. 78) al recordar los sistemas onomatopéyicos de formación primitiva, y la Morfología que considera punto de su programa la conversión en palabras *amorfas* de los ruidos de la naturaleza, bien sea en formas integrantes de una frase «bajar en zig-zag», bien sea en conjuntos amorfos enumerados en una oposición de formas que acaso se pudiera denominar *antiforma: ¡Gaggrrr! —lanzó un berrido formidable; Y temblaba arropándose en el manteo— ¡brrru!* E. PARDO BAZÁN. *La sirena negra*, III, 6. La denominación de «amorfos» se debe a Sommer, y son más del campo imitativo que del plano del lanzamiento morfológico.

Al utilizar nosotros esta denominación de *antiforma*, no caemos en la tentación de comparar nuestro pensamiento con las energías negativas de la antimateria, hipótesis fascinante que algunos han querido deducir de la mecánica de Newton, la electromagnética de Maxwell y la teoría de los *cuantos* de Planck. Nuestra alusión o ejemplificación va por caminos más trillados. Aquí antiforma quiere decir simplemente «forma negativa» o *falta de sufijos formales.*

En cualquier palabra, en cualquier verbo, latino o español nos interesan sus piezas funcionales; por ejemplo en *odisse* es interesante el semantema *od-* y el sufijo *-isse*, de acción cumplida indicada en presente. El aspecto verbal que expresa es el siguiente: un momento pasado en que se produjo la causa del *odio;* un momento de presente en que al evocar esa causa, se suscita la indignación. Entre los dos momentos, el tiempo transcurrido queda cerrado, y trenzadas las dos ideas, la del pasado y la del presente. No podemos hacer lo mismo con los amorfos de creación imitativa, traducción al lenguaje articulado de los ruidos y movimientos de la naturaleza.

1.º Observaciones prácticas: 1.ª Las distintas interpretaciones de cada idioma nos demuestran la libertad interpretativa de los amorfos onomatopéyicos. Sin embargo, los sonidos no desempeñan en el lenguaje una función significativa, sino de origen y de imitación cinemática o fonética. Entre la acción sonora y la representación ideológica del objeto no existe más que un hábito de valor entendido, una mera convención.

2.ª Estas palabras informes o de forma indeterminada, tienen sin embargo un poder mágico y evocador, que vacila entre el sonido y el sentido, entre nuestro mundo emocional y la estructura sensible de las palabras. Algunas se han convertido en fórmulas mágicas de salud: *Abracadabra* era la palabra cabalística escrita en once renglones, con una letra menos en cada uno. Se le atribuían efectos curativos.

3.ª Examinando con detenimiento algunas de estas fórmulas imitativas inestables, vemos que se desarrolla en algunas un proceso de reiteración de sílabas semejantes: *sonando su tin-tan; la esquila de los tranvías —tirintín— de la ciudad.* Se prefieren ciertas letras como las nasales o la *k* para determinados ruidos o efectos: *el canto del gallo kikirikí.*

4.ª Existen fórmulas concretas aunque con base variable para algunos fenómenos naturales y movimientos de los objetos. Para el estrépito en la caída de una cosa existen fórmulas sobre la base de *plum* y sus derivados. Son fórmulas-símbolos como *pataplún* o cataplúm («y ... *pataplún, se hundió y desapareció*»). Pío BAROJA, *Paradox rey*, 1917, I, 4. Ruido de neumático: *¡Pulúm!* De *tintín* sale *tintineo, retintín, tintinear, tirintín.* Música de redoble: *tipi-tín, tipi-tán;* sino que marcan el redoble *ti-pi-tin, ta, ratapán.* Efectos de los instrumentos musicales: el de *tachín, tatatata chinta* (una marcha); *la ra ri ra, ta ra ri ra, la ra ri ra...* Los violines hacen: *ti, tiií, ti;* la flauta hace: *ta tará tará;* el violenchelo gime: *tu, tuuú, tu;* el grave y solemne violón zumba: *to, tooó, to.* AZORÍN, *España*, Obr. Selectas, 475: aquel rasgueo y aquel *chirrís-chirrís* (PÉREZ GALDÓS, *La revolución de Julio*, X, 109) (Cfr. S. FERNÁNDEZ, *Gramática española*, 1951, págs. 83-90).

5.ª El mimetismo del movimiento de animales y objetos queda bien marcado en estos ejemplos: Ruido del tren: *chaca-chaca, chaca-chaca, chaca-chaca... chaca-chaca...* Escribe AZORÍN *(La voluntad,* II-2*)*: «el viento trae el *fó-fó asmático* de una locomotora. Y Luis Maldonado, rector magnífico que fue de la Universidad salmantina y tan estudioso del folklore charro imita así el paso de andadura de una caballería: «De pronto el «chácala, chácala» de la mula se trueca en el clásico *tacatacá, tacatacá* del paso de andadura *(Del campo y de la ciudad,* 119). Movimiento de los alicates al cortar el alambre: *¡Triqui-triqui! ¡Triqui-triqui!* Roce de telas frescas y ropa fina: «moviendo un *ruge-ruge*». Ruidos de animales: «la gallina que hace *cua-cari-co-ca*» (G. DE LA SERNA, *Pombo,* II, 430). Hay un mimetismo secundario de palabras aisladas que se presentan al espíritu con una simpatía de sensación ruidosa: *bufar,* «soplar»; *bufarda,* «agujero abierto a ras de tierra en la carbonera»; *buhardilla,* «desván»; *bufa,* «fuelle»; *bambolear,* «oscilar a un lado y a otro»; *borbotón* y *borbollón,* «erupción del agua cuando brota del manantial o hierve con violencia»; *barbollar* en cat., «charlar»; *barbullar* (en gallego, «charlar»); *refunfuñar* y *bisbisar.*

6.ª Una de las dificultades de los amorfos imitativos es su representación gráfica, que resulta de todos modos convencional: embullendo el *rifirrafe; ¡A serrín! ¡A serrán!;* el *flín-flán.* Otras veces se resuelve esta papeleta con la reiteración de palabras: *¡Váyase, váyase!* Charla que *charla. Erre que erre. Porque quererse se quieren. A pesar de los pesares*

7.ª Grafías difíciles en los sonidos fricativos sordos, *en la* s *sonántica,* en la representación con una *u* del elemento labial, una *s* de articulación fricativa para llamar la atención y otras grafías extrañas. Ejemplos: Las formas normales de *chito* y *chitón* se reproducen fonéticamente por: *¡Chitss!* y *¡Shsss!* Sonidos de duda o desdén: *¡Pss! ¡Pse!* y *¡Ssss!; ¡Sch, schss chut..! ¡Calla!* (UNAMUNO, *De mi país,* 104). Grafías extrañas: *¡Arri!, ¡Berrr!; ¡Gagggrrr!-lanzó un grito formidable. ¡Mmm!, ¡mmm!* —murmuró ella.

2.º Paralelo entre los amorfos y las formas invariables: Invariables son los *amorfos* imitativos e invariables o *inflexibilia* se denominan asimismo las partículas. ¿Qué diferencia radical existe en la morfología de estos dos conceptos?

En primer lugar, como se explicará más adelante, el adverbio, la preposición y la conjunción no son tan inflexibles de forma ni tan invariables. Han sido antes nombres, adjetivos o verbos y hasta frases enteras, y admiten ciertos accidentes y recepciones de forma: *más tarde, menos lejos, aquisito, allisito* (de Hispanoamérica). Admiten relaciones e interdependencias de palabras y frases: *Juan y Pedro; pega pero escucha.* Constituyen una semántica intensiva y directa. No es lo mismo *Conocéis sus obras* que «*por sus obras los conocéis*»; «*gasta dinero* que «gasta *mucho* dinero». Todas estas determinaciones prepositivas o adverbiales dan a la palabra un carácter específico, la sacan de su colorido habitual. Nos permiten estructurar modismos *(tan de mañana; de rodillas, durante la noche, a puerta cerrada)* y formar frases coordinadas y subordinadas *(vienes o te quedas; voy pero no juego; si sales te acompaño)*.

Los amorfos imitativos que hemos llamado «antiforma» por estar en oposición con las variantes formales del sistema nominal y verbal, no entran en el juego de las acciones y reacciones morfológicas y se encuentran siempre en un orden casi cerrado de expresión. No se pueden considerar como sujetos de experimentación morfológica, sino casi únicamente como piezas colaboradoras del análisis fonético. No me refiero solamente a los amorfos que hemos llamado convencionales, cuyas formas varían según la interpretación y la capacidad imitativa del escritor; sino a aquellos otros de elementos más fijos y tradicionales: «*al buen tun-tun; ni fu ni fa; un toletole; rigulín rigulán*», etc.

90. Estructura de las formas nominales. La persona que habla y la que escucha

La clasificación de la estructura morfológica se puede obtener separando el *sistema de formas nominales* del *sistema de formas verbales.*

En el primer *sistema* o *núcleo nominal* partimos del sufijo hablante para examinar *a) el pronombre personal* (o la persona que habla y la que escucha); *b) el sustantivo* (o los objetos que están en nosotros o nos rodean y sus categorías gramaticales); *c)* las cualidades de las personas y los objetos, y *d)* las formas determinativas.

En el *sistema verbal* son objeto de nuestro estudio: 1) el verbo y sus accidentes de forma; 2) razón de los verbos auxiliares, regulares, irregulares y otras clases y formas, y 3) contorno y técnica de las formas invariables: *adverbio, preposición, conjunción e interjección* (o estructura de las palabras que no cambian de forma).

Los paradigmas nominales y verbales, para no entorpecer el estudio de la estructura morfológica, los encontrará el lector en el capítulo XV de la segunda parte denominada GRAMÁTICA COMPLEMENTARIA.

1.º Noción del pronombre:

Pronombre. Es una categoría funcional con representación en todas las lenguas. Desde los primeros coloquios, se sintió la necesidad de señalar el hablante las personas de la conversación. Primitivamente se emplearon sólo las formas de 1.ª y 2.ª persona que muy posiblemente fueron *mi* para la primera y *to* para la segunda. Estas dos personas se consideran netas en todos los idiomas. No existe línea definida de separación entre la segunda y tercera.

Es muy difícil dar una definición apurada y no rutinaria del **pronombre**. La doctrina gramatical vigente, con la honrosa excepción de Bello *(Gram.*, 229), es una adaptación de la francesa de los siglos XVII y XVIII. Hemos de huir de la manía arbitraria de considerar el pronombre como sustitutivo de nombre, solamente para evitar su repetición (36).

Pronombre. Podemos definirlo como la categoría gramatical variable y heterogénea o parte del discurso que repite o se refiere a un concepto sin nombrarlo.

Sus funciones principales son: referirse a un objeto presente (*¿qué es eso?*; referirse a un nombre u objeto ya conocido (*Ahora, véndame usted el mío*); desempeñar, como *categoría formal*, los oficios de la frase de sujeto, predicado y complemento y, semánticamente, tener en muchos casos una significación indeterminada u ocasional.

No expresa una idea sustantiva o adjetiva de una manera permanente, como lo hacen *libro* y *bueno*. Su significado que decimos indeterminado depende de la situación en que se usa. Esto es más difícil de apreciar en los interrogativos (*quién, qué*) y en los indefinidos (*alguien, algo*).

Para entenderlos bien es menester distinguir entre *categorías formales* (los oficios gramaticales) y *categorías de significación*, y fijar en éstas y no en aquéllas la condición radical de los pronombres: Ya veremos cuándo los posesivos y los demostrativos son sustantivos y cuándo son adjetivos.

Conforme al destino y la naturaleza de referirse a un objeto presente o a un nombre u objeto conocidos, los pronombres pueden ser *personales* (referidos a las personas gramaticales), *posesivos* (a las personas y a la posesión), *demostrativos* (a las circunstancias del discurso y también a las personas gramaticales), *relativos* (a los objetos de otra frase que representan en la suya), *reflexivos* (al propio sujeto de la frase), *interrogativos* (a los objetos, cuya existencia o circunstancia no se conocen) e *indefinidos* (a los objetos cuyas circunstancias conocemos de una manera vaga).

El *pronombre* se distingue del *sustantivo* y del *adjetivo* en que éstos *designan* y *caracterizan* los seres por medio de notas específicas (la palabra *coche* es una suma de notas: vehículo + de cuatro ruedas + con asientos + para el transporte) que forman un concepto más o menos aplicable a todos los coches.

El pronombre, por el contrario *señala* los seres sin caracterizarlos, sin darles notas específicas, actuando en la frase como un puntero o señalador de cosas.

En cada momento la significación ocasional se concreta en el pronombre orientándose por el acto de la palabra, bien sea por las personas gramaticales (los tres puestos del diálogo) o bien por el transcurso

(36) Las Gramáticas francesas distinguen entre «pronombres propiamente dichos» y «adjetivos pronominales» Los primeros van sin compañía del sustantivo; los segundos van acompañados. (En *mon chapeau* es *adjetivo pronominal*, y en *le mien* es pronombre propiamente dicho). Esta teoría, rechazada por unanimidad por los gramáticos conscientes, fue abandonada por Humboldt, y sobre todo por Bello, uno de los primeros que prescindió de la concepción del pronombre como reemplazante del nombre. «Llamamos pronombres a los nombres que significan primera, segunda o tercera persona, ya expresen esta sola idea, ya la asocien con otra.» (*Gram.*, núm. 229.)

de la conversación. Como el fijar el significado del pronombre depende de su situación, ésta depende en algunos casos de las personas hablantes (pronombres personales, posesivos y demostrativos) y en otros se sitúa dentro de la frase (pronombres relativos).

Los pronombres pueden ser sustantivos, adjetivos y adverbios. Seco trae el ejemplo conjunto de pronombre y adverbio para aclarar estos principios: *yo-este-aquí, o tú-ese-ahí,* o *él-aquel-allí.* Así comprendemos que los adverbios *aquí, ahí* y *allí* son correlativos de los pronombres *éste, ése, aquél* y cambian de significado en cuanto se altera la disposición de las personas. El pronombre no se caracteriza por su función sintáctica, sino por su manera ocasional de significar los objetos. Ya lo dijimos en otro lugar, no es una auténtica *parte de la oración,* como antes se decía, sino más bien un elemento heterogéneo acompañante.

2.º La persona que habla y la que escucha: Nos referimos al pronombre *personal* y al ámbito de los personales que abarca el *posesivo* y el *demostrativo.*

Pronombre personal. Es una clase especial de palabras que designan las tres personas del diálogo en su papel gramatical de hablantes: *Yo* se aplica en el acto de la palabra cuando el que habla se refiere a sí mismo; *tú* hace referencia a aquél con quien se habla; *él* no es ni tú ni yo, sino otra persona distinta del que habla y de aquélla con quien se habla; puede ser otra que escucha.

Plural de la 1.ª persona: *nosotros, nosotras;* de la 2.ª persona: *vosotros, vosotras.* Ejemplos: *Yo, tú, él, ella, ello, nosotros, vosotros,* y de 3ª persona, *ellos, ellas.* Todos pueden ser alternativamente 1.ª, 2.ª ó 3.ª persona. Si hablamos del jugador de tenis, *él* significa «el jugador»; si hablamos de la pista de juego, *ella* quiere decir «la pista de juego»; *él* y *ella* están por el nombre y por eso los llamamos pronombres.

Este oficio de sustitución no se encuentra en los de primera ni en los de segunda persona. En sentido estricto son pronombres los de 1.ª y 2.ª persona. Los otros se denominan así en un sentido extensivo. La tercera designa además seres no personales y para esta persona suele emplearse alguna forma determinativa o por lo menos originariamente demostrativa.

Los *pronombres personales* son esencialmente sustantivos, pero no necesitan determinantes y rechazan el empleo del artículo. Admiten formas flexivas *(yo, mi, me, conmigo)* y los de 2.ª persona y los reflexivos se emplean según sus funciones sintácticas. Observamos, como dato curioso, la existencia de una forma especial para el neutro de la 3.ª persona de singular *(ello,* de forma paralela a otros pronominales neutros, como *esto, eso, aquello* o como el artículo neutro *lo).* Las formas *esto, eso, aquello* y *ello* guardan una relación indubitable con los pronombres demostrativos. Ejemplos: *No pienses en eso.* En la lengua literaria se conserva más ello: *Ni por ello se conmovió. Lo* adquiere con el tiempo más vitalidad: *No hagas eso, que no te* LO *agradecerán.*

Las causas y posible confusión del *leísmo, laísmo* y *loísmo* se han tratado en otro lugar, al examinar su función sintáctica (núm. 12-12º y 13º).

3.º Usted y vos: Nos hemos referido a estas formas de cortesía (núm. 12-8, 9). Repasemos algunas nociones. *Usted y ustedes,* cuyo significado es de segunda persona, adoptan la forma de tercera y los verbos acompañantes van también en tercera persona: *Usted es bonita; ustedes son poetas.*

El empleo del *vos* es literario o regional. *Nos* y *vos* se usaron antiguamente como plurales mayestáticos o de respeto: *Nos el Papa. Nos el rey.* El tratamiento respetuoso del siglo XV concretado en la fórmula de *vuestra merced* fue contrayéndose hasta terminar en *usted.*

4.º Deixis y sentido anafórico de los pronombres personales: *Deixis* (del griego δεῖξις = manifestación, «ostensio» de δείκνυμι, «mostrar») y *anáfora* (del griego αναφορά = repetición) son terminos que se complementan en el empleo de los pronombres personales y demostrativos.

La *deixis* es una función que desempeñan ciertos elementos en la frase y consiste en señalar algo que está presente ante nuestros ojos: *aquí, allí, tú, él, esto,* etc.

Se puede llamar *anáfora* cuando la fórmula deítica no consiste en presentar una cosa «ante óculos», sino en señalar un término de una frase ya anunciada. Es como un señalamiento sensible en el campo simbólico del lenguaje. Se hace por demostrativo *(Tenía una novia llamada Carla, muy bonita ella)* o por pronombre personal de tercera persona: *¿No viste en la plaza a un joven de veinte años, muy alegre él, pero muy listo?*

La deixis de *él* puede referirse a un ausente o a una persona presente. Si se trata de un presente, suelen introducirse fórmulas dialogales, de tipo popular, como *servidorito, menda, un servidor, este cura,* etcétera. Ejemplos: *Un servidor, sí, los ha cumplido. ¡Qué se lo vengan a contar a este cura!* «Por lo demás, un hombre es como otro y *servidorito* no le teme al teniente.» (VALLE-INCLÁN. *Los cuernos de don Friolera.)*

La repetición anafórica suele hacerse al comienzo de un período: *El, él fue el que lo contó todo.* Muchas veces se construye con verbos: *Traed, traed más copas del Sherry oloroso.*

Esta reiteración expresiva es de tipo pleonástico y puede afectar al sujeto o al complemento personal: *¡A ti, a ti te voy a cantar yo las cuarenta! A eso llama usted un chascarrillo; pues a eso le llamo yo pedir una autorización.*

En general el fenómeno deítico consiste en señalar algo que está presente ante nuestros ojos: *aquí, él.* En latín era muy frecuente la repetición anafórica: *nunc mihi nihil libri, nihil litterae, nihil doctrina prodest* (Cic.). Ahora de nada me sirven ni los libros ni las cartas ni la erudición (A la letra: *nada los libros, nada las cartas, nada la erudición).*

91. El pronombre posesivo y el demostrativo son de factura personal. El artículo

Las cuatro formas pronominales que pertenecen a una misma familia son los:

Pronombres personales:	*yo, tú, él*
Pronombres posesivos:	*mío, tuyo, suyo*
Pronombres demostrativos:	*este, ese, aquel*
Adverbios demostrativos:	*aquí, ahí, allí*

Estas palabras son pronombres de la familia de los personales, porque su significación se fija conforme a los puestos o situación morfológica de las personas gramaticales en el acto de la palabra, lo mismo que *yo, tú* y *él.*

1.º Los posesivos: Los *posesivos.* Reciben este nombre porque son términos pronominales y nos indican que lo nombrado por el sustantivo a que hacen alusión *(puerta, casa, calle, sombrero, bolsillo)* es de la *posesión* o pertenencia de la primera, segunda o tercera persona que interviene en el diálogo. Dice Bello: «Llámanse *pronombres posesivos,* los que a la idea de persona determinada (esto es, primera, segunda o tercera) juntan la de *posesión* o más bien pertenencia.»

Sus formas: *mío, tuyo, suyo* (para el singular)
nuestro, vuestro, suyo (para las personas del plural)

Formas apocopadas: *mi, tu, su.*

Estas formas apocopadas se usan también en plural y son invariables en cuanto al género. Sólo varían de número: *mi traje, mi pluma, mis trajes, mis plumas.*

Los posesivos se refieren a las terceras personas de singular y plural; cada uno tiene cuatro formas *(tuyo, tuya, tuyos, tuyas)*, de ordinario se usan en su función adjetiva *(esta casa es la mía; este piso es el tuyo)* y con el artículo neutro admiten la función sustantiva («lo mío, lo nuestro»). Por excepción se dejan acompañar del artículo masculino en el habla familiar o metafóricamente en el diálogo: *Celebro la Nochebuena con los míos; el director se reunió con los suyos en la fábrica.*

Semánticamente *nuestro* y *vuestro* puede tener un empleo singular, cuando una persona representa a una empresa o entidad, como un periódico. Dice el redactor: «*decíamos en nuestro editorial*».

El sentido de significación ocasional en los posesivos, semejante al de los pronombres personales, es manifiesto. Se diferencian en que el significado en los personales de 1.ª y 2.ª persona lleva inmediatamente al objeto, y en los primeros, como en los de 3.ª persona se requiere un objeto a que referirlos, excepto en el neutro *lo mío*. El artículo solamente aparece antepuesto en las formas plenas de los posesivos sustantivados.

2.º Los demostrativos: Los *demostrativos*. Se consideran como mero índice local de los seres. Hay en el hombre una exigencia antigua de señalar las cosas con aquellos con quienes convive. Los demostrativos, como la indicación del dedo, encierran tácitamente una proposición. Su carácter *deíctico* o mostrativo consiste en apuntar hacia un objeto sin nombrarlo. Su significado depende de cada situación y es por lo tanto ocasional.

Demostrativo quiere decir «señalativo». Suele compararse a un gesto verbal que señala en cuál de las tres personas *(yo, tú, él)* se halla el objeto designado. Es de notar que estos pronombres en el diálogo, suelen ir acompañados de un ademán o acción denotativa que nos muestra dónde están los objetos indicados. También se hace por referencia previa *(aquello que ayer te conté)*.

Para Bello «demostrativos», son aquellos pronombres «de que nos servimos para mostrar los objetos señalando su situación respecto de determinada persona».

Formas: *este, esta, estos, estas* (cercanía del sujeto a la primera persona)
ese, esa, esos, esas (cercanía del objeto a la segunda persona)
aquel, aquella, aquellos, aquellas (distancia del objeto respecto a la primera y segunda persona)

Relación entre los pronombres de la familia personal:

Personal	*yo*	*tú*	*él*
Posesivo	*mío*	*tuyo*	*suyo*
Demostrativo	*este, esta, esto*	*ese, esa, eso*	*aquel, aquella, aquello*

Estoy hablando con Juan y le digo: *esta silla* (para indicar la que está a mi lado o en la que me siento); y prosigo señalando: *esa puerta* (la que está al lado de Juan), si añado: *aquella ventana*, entonces éste objeto señalado (la ventana) no está ni a mi lado ni al lado de Juan. Hay pues una relación o correspondencia

Las tres formas pueden expresar diferentes circunstancias de la primera persona, sin tener en cuenta las proximidades con las otras dos. Los demostrativos unas veces son adjetivos *(aquella chica francesa era muy bonita; toma estos bombones)* y otros sustantivos *(eso no te incumbe a ti; esto se debe hacer)*. Pueden referirse no sólo a la distancia sino al tiempo: *este año será otra cosa; aquella temporada de veraneo*. Proximidad en el tiempo: *estos días son críticos para ti*.

La forma neutra sustantiva *(esto, eso, aquello, ello)* no determina a ningún otro sustantivo: *¿Qué es esto? —Esto es un taller. ¿Y eso? —Un ordenador electrónico*. Indican objetos o situaciones sin nombrarlos; no hacen más que señalarlos. *Este, ése, aquél, ésta*, etc. son formas sustantivadas, que se refieren directamente a la persona.

Formas correspondientes: *toma esto; éste lo tiene; compra eso; ése me lo recomienda.*

Se suelen incluir en los demostrativos *tal* y *tanto: no hay tal; no he dicho tanto.* Asimismo tienen función demostrativa: *él, la, lo, los, las* cuando les sigue el relativo *que: yo soy el que pregunta* (= aquel que); *Carla es la que llama por teléfono* (= aquella que llama).

Lo que semánticamente diferencia a *tal* de la serie demostrativa (éste, ése, aquél) es su valor cualitativo. Se emplea como sustantivo sobre todo después de *el* y *otro: el tal individuo se marchó pronto. Ha venido de París con otros tales.*

Tal suele actuar como adjunto: *ante tal dolor; tales palabras* salieron de sus labios. Funciona como sustantivo neutro: *Yo no digo tal; pero si tal haces...*

El demostrativo cuantitativo *tanto* tiene deixis que puede señalarse también como el cualitativo *tal: ¡Tanto afanarse por tan poca cosa! ¡Muchacha, no te des tanto postín! ¿Cómo sabes tanto? Tanto correr ¿para qué? ¡Otro que tal baila!*

Adverbios demostrativos: *Aquí, ahí* y *allí.* Con los dos últimos alternan *acá* y *allá.* Determinan su significación atendiendo a las personas del diálogo. Por este motivo se consideran pronombres del grupo de los personales. Son también índices que señalan una de las tres personas o una de las tres cercanías: *yo, tú, él* o *éste, ése, aquél. Aquí, ahí* y *allí* se refieren a los adjetivos demostrativos *este, ese, aquel.* Ejemplos: *esta lámpara* (= la lámpara que está aquí); *esa plaza* (= la plaza que está ahí); *aquella fuente* (= la fuente que está allí).

3.º El artículo: El artículo por sí solo no significa nada. Es una especie de partícula acompañante que se antepone al sustantivo. La gramática tradicional lo considera como «parte de la oración que determina al nombre».

Ni es «parte de la oración» ni determina al nombre o por lo menos su cometido principal no es determinar al nombre. Algunas lenguas, como el latín, carecen de artículo.

El artículo determinado, que es el propiamente artículo, resulta un *pronombre demostrativo desgastado* o simplemente prodigado. No forma una categoría primaria. Nuestras gramáticas clásicas no hablaban de otros artículos más que de *el, la, lo* y no le atribuían el valor determinante sino como excepción.

Formas: *el, la, lo, los, las* (determinado)
un(o), una, unos, unas (indeterminado)

El indeterminado no se introdujo en nuestras gramáticas hasta el siglo pasado y eso a imitación de las francesas e inglesas. Las formas *un, una, unos, unas* deben considerarse más bien como un indefinido. *Un* puede alternar con sinónimos, como *cierto, algún;* se opone a *ninguno* y puede no anteponerse al sustantivo: *uno trajo tu carta; unos se retiraron a descansar.*

Podemos *definir el artículo* como la palabra que anuncia la función del sustantivo, en cada caso, con su oficio especial en la frase y con sus accidentes de género y número. De otra manera: precede al sustantivo y anuncia su género, número y oficio sintáctico.

Por lo tanto el artículo predice el carácter sustantivo de la expresión que le sigue y supone una especie de corporeización o encarnación de la esencia expresada por el sustantivo. Este mismo sentido actualizador lo muestra cuando precede a una locución sustantiva: *el estar tú de mal humor no nos impide tomar una copa.* Las expresiones que aceptan el artículo quedan sustantivadas: *Tiene un no se qué en su cara; el qué dirán; en un abrir y cerrar de ojos.*

En las lenguas románicas los demostrativos *ipse, ille,* usados de una manera rutinaria, acabaron por desgastar su significación locativa y comenzaron a competir con el artículo. Todavía en la lengua hablada se oye el uso abusivo de *este, ese, esta, esa,* como introducción inexpresiva del nombre.

Bello explica la naturaleza del artículo con estos ejemplos: «Comparemos estas dos expresiones, *aquella casa que vimos; esta casa que vemos.* Si ponemos *la* en lugar de *aquella* y de *esta,* no haremos otra diferencia en el sentido que la que proviene de faltar la indicación accesoria de distancia o de cercanía, que son propias de los pronombres *aquél* y *éste.* El *la,* es por consiguiente, un demostrativo como *aquella* y *esta,* pero que demuestra o señala de un modo más vago, no expresando mayor o menor distancia. Este demostrativo llamado artículo definido, es adjetivo, y tiene diferentes terminaciones para los varios géneros y números: *el campo, la casa, los campos, las casas.*» Por el artículo damos a entender que el objeto señalado es ya conocido de la persona con quien hablamos, no hacemos más que actualizarlo: *¿qué les ha parecido a ustedes la corrida?*

Al perder originariamente el artículo *el* su *sentido localizador* que tenía en latín, se le asignó una función parecida al demostrativo *aquel.*

Resumiendo: el artículo se antepone al sustantivo para mostrarlo como signo de un objeto determinado (no es lo mismo: *plancha ropa* que *plancha la ropa),* de un objeto indeterminado *(un sombrero)* o para expresar que el significado se ha de tomar en parte de su extensión, como por ejemplo el artículo partitivo francés: *du pain.*

Gramaticalmente es un morfema exclusivo del sustantivo que da a conocer su género y número y lleva esta categoría a otras formas: *el correr, el tonto de Enrique, un si es no es.*

4.º Matices del determinado y del indeterminado: *a)* El *determinado* matiza de tres modos la significación del sustantivo: de una *manera absoluta (el frío de la sierra, el misterio del museo), distributivamente* o limitando a los seres de una especie *(el gato es un animal antipático)* y *genéricamente* presentando un objeto como prototipo de la especie: *el sexo débil, el instinto de la mujer.*

b) El *indeterminado* puede expresar sentido enfático acompañado de un adjetivo *(la pobre Matilde es de un cursi; se pone de un gris; es de un violeta pálido)* o de un sustantivo *(es de una sagacidad envidiable; es monísima, de una sencillez y buen gusto...)*. Con sustantivos expresivos: *¡Hacéis una parejita..! ¡Necesito una paciencia..., chica! ¡Porque tú tienes un tipo... de bandera!* Con adjetivo expresivo: *Es un infelizote.*

c) El *lo* neutro ofrece un muestrario rico en matices significativos. Con adjetivo masculino *(es de lo más fino);* concordancia con plural *(son de lo más infantiles)*. Entre preposición y adjetivo ponderativo *(por lo muy prudente de su respuesta; en lo más tierno de sus entrañas)*. Con adjetivo sólo *(Y ahora viene lo más gracioso; es lo más estúpido que he visto); lo* + adjetivo y formas concurrentes: *lo maravilloso es su talento; en lo profundo de su conciencia; lo cortés no quita lo valiente)*. Otras fórmulas concurrentes: *vive a lo gran señor, por todo lo alto; ya sabe usted lo difícil que está todo; ¡Si vieras lo cansado que vino Julio! No sabes lo que me cuesta decírtelo.*

d) **Artículo contracto** Cuando concurren la preposición *de* y el artículo *el* se contrae en *del*, por reducción del sonido vocal *ee*. Muy parecido fenómeno ocurre en *a el* que se contrae en *al: las chicas del tercero salen al campo.*

5.º Usos varios del artículo:

a) Los *nombres de persona* llevan artículos en los siguientes casos:

1) Si se emplean en plural. Se pueden referir a nombres propios *(En Córdoba abundan los Rafaeles)* o a apellidos *(Han llegado los de Heredia; vienen a comer los Arespacochaga; mañana voy en el coche con los Medina-Garijo)*.

2) Uso del plural metafórico en nombres famosos: *no abundan hoy los Machado, ni los Bécquer.*

3) Uso popular de acompañar el nombre de persona con el artículo: *la María, la Juana.*

4) Uso literario o cultural: *la Pardo Bazán, la Mistral, la Ibarbourou.*

5) Delante de un nombre personal referido a su obra o su fama: *el Rey Pastor; te regalaré el Homero que te prometí; el García Lorca que acaban de publicar; mi hermano estudia en Medicina el Testut.*

6) Siguiendo la costumbre italiana, se antepone el artículo delante del apellido o sobrenombre de famosos poetas o artistas: *el Petrarca, el Tasso, el Bernini.* Rara vez se admite en el nombre y debe evitarse decir *el Dante y el Ticciano* (Dante y Ticiano).

7) En el lenguaje procesal se pone el artículo delante del nombre de los reos: *y el Juan Gómez dijo...,* que es como si leyera: «el susodicho Juan Gómez...».

b) Con nombres propios geográficos. 1) Algunas naciones y pueblos: *La Argentina, el Brasil, el Ecuador, el Paraguay, el Perú, el Salvador, el Uruguay, los Estados Unidos, la India, el Japón, el Turquestán. El Africa, el Congo, el Camerón.*

2) Regiones dentro de los países: *La Mancha* (España); *la Pampa, la Patagonia, el Chaco* (Argentina); *la Toscana* (Italia); *la Provenza* (Francia).

3) Con los nombres de ríos, montañas y mares: *El Aconcagua, el Pacífico, el Nilo, el Mississipí, el Ottawa (afluente del San Lorenzo).* Antes no llevaban artículo los nombres de ríos: *Lazarillo de Tormes, Miranda de Ebro, Alcalá de Henares.*

4) Algunas ciudades se nombran con artículo: *El Havre, El Cairo, El Rosario, La Haya, La Habana.*

c) Nombres propios de barcos y edificios públicos o de espectáculos. Barcos: *el Titanic* (inglés), *el Ciudad de Burgos, el Asturias, el Duilio, la Sarmiento.* Teatros: *el Lara, el Apolo, el Español, el María Guerrero, el Teatro Real* (sala de conciertos). Cafés: *el Pombo, el Acuarium, el Universal, el Levante,* etc.

d) Indeterminado con valor ponderativo en nombres: *Es un Napoleón; es un Cervantes; es un Lope de Vega.* Con sentido despectivo: *Es un tal. Es un Juan Pérez.*

e) «El» *ante femeninos.* Si los sustantivos femeninos empiezan por *a* acentuada el uso del artículo da *el: el águila, el alma, el agua.* Antiguamente se anteponía *el,* aunque la vocal *a* no estuviera acentuada: *el acémila.*

Las formas *el agua* y *el águila* y sus congéneres son femeninas con artículo masculino.

f) La falta de artículo hace que se destaque la dimensión cualitativa del sustantivo: *nunca vi espectáculo tan grandioso. Fulano era persona de influencia decisiva. Michèle es modelo de profesora de idiomas. ¿Qué significa situación tan crítica como esta? Leonorcita es persona de nuestra entera confianza. No he visto cosa mejor en mi vida. Carla no tenía secretos para su amigo. Sombrero de etiqueta y no sombrero de la etiqueta.*

g) El artículo partitivo se suple en español con *tanto, algo* y la preposición *de: beber algo de vino, comer algo de pan* y *comprar tanto de carne y tanto de pescado* (37).

---

(37) El artículo determinado procede del nominativo *ille* o del acusativo *illum,* a través de la forma intermedia *illo.* El femenino puede derivar del acusativo *illam.* Los artículos indeterminados salen del adjetivo numeral *unus (unum,* uno; *unam,* una).

92. Formas relativas y correlativas del pronombre

Forma relativa, en general, es la que hace referencia a algo ajeno a sí mismo, que condiciona su forma, su función y su significado. La función anafórica del relativo tiene gran parecido con la *deíctica* o *señalativa* de demostrativo.

Formas:	*que*	*que*	*que*	*que*
	cual	*cual*	*cuales*	*cuales*
	quien	*quien*	*quienes*	*quienes*
	cuyo	*cuya*	*cuyos*	*cuyas*
	cuanto	*cuanta*	*cuantos*	*cuantas*

Pronombre relativo: Es una forma sustantiva, cuyo significado, en cada caso está contenido en su antecedente: *Que, quien, cuyo, cuanto* aparecen siempre en frases subordinadas y se refieren a un «objeto», llamado antecedente que figura en la principal.

La frase subordinada de relativo es adjetiva, puesto que el elemento-antecedente es sustantivo; pero el relativo mismo se considera sustantivo, ya que en la frase hace oficio propio del sustantivo *(sujeto, complemento o término de una proposición).*

Algunas veces el pronombre relativo lleva dentro el antecedente en la forma de persona o cosa, sobre todo en la especializada *quien: Quien mal anda, mal acaba; quien* = aquel (antecedente) y *que* (relativo). El plural *quienes* es tardío. Todavía hoy se usa *quien* con antecedente plural: *las hermanas a quien tu conoces* (por *quienes); todos aquellos a quien apostoliza.* UNAMUNO, *Ensayos,* VII, 185.

El invariable *que* se emplea con antecedente singular y plural, de cosa y de persona o como neutro: *lo cual, lo que.* Es totalmente invariable el *que; cual* y *quien* cambian sólo de número. *Que* admite artículo en muchos casos y *cual* lo lleva de ordinario, incluso el neutro.

Quien se refiere siempre a personas *(sé a quien debo hablar; sé a quienes buscabas; qué* cosas tendrás que discutir; comprendo *què* vienes a pedir).

El pronombre relativo ejerce dos oficios fundamentales: uno anafórico, con respecto al antecedente, y otro de nexo entre la frase principal y la subordinada. *El coche que has comprado es un Dodge.* En esta frase el pronombre que reproduce *coche* sirve de nexo conjuntivo entre la frase principal *«el coche es un Dodge»* y la subordinada *que has comprado.*

Se llama *relativo de generalización* al pronombre *que* precedido del artículo *(el que aumenta vuestra hacienda, os da la vida)* y *quien* sin artículo *(quien quiera saber, que vaya a Salamanca).* Antes nos hemos referido a este matiz de expresión.

Relativos con preposición. Con la preposición *a: A quienes acabo de hacer un servicio.* Con *por: se engendra el oro por quien me abraso.* El *que* es más conversacional que *quien: Tu prima con la que hace tiempo no me hablo. A su madre, a la que mandé mis respetos. El coche del que tiraban dos hermosos caballos.*

Relativo subordinado a un nombre o pronombre: *y con sus coqueterías, entre las que la más graciosa tuvo lugar en su casa. La ternura de que era capaz tu prima Pepita. Las naciones europeas, en alguna de las cuales había pensado. Unas trenzas con cuyo perfume se puede soñar.*

Usos del «cuyo»: Dos vidas rotas cuyo porvenir no está muy claro. Por cuyo motivo, yo hice el viaje. La llegada de Felisa, cuya belleza era notoria. Gracias a cuyo estatuto, se ha formado esta Academia. En cuyo caso la comedia se convierte en astracanada. Pascal, cuyas son las palabras que he citado.

De parecida naturaleza y función son los adverbios relativos *donde* y *adonde, cuando. como, cuanto: ¡Así es cómo te portas con tu amigo! Va Vicente adonde va la gente. Entonces fue cuando tú saliste.*

1.º Los interrogativos: Son los mismos pronombres relativos pero acentuados con acento prosódico y ortográfico. Preguntan por el significado real del miembro de la frase cuyo oficio tienen. Preguntan para individualizar al sustantivo.

Pueden interrogar por la *identidad* de las personas *(quién, quiénes): ¿quién ha venido? ¿quiénes faltaron a la lista?;* por la identidad de las cosas o la cualidad de las personas o cosas *(¿qué pasa? ¿qué alumnos tienes?)*

Para individualizar personas o cosas dentro de un grupo *(cuál, cuales?): ¿cuál de aquellas es tu novia?*

Para conocer preguntando la cantidad de personas o cosas: *¿Cuánto te costó? ¿Cuántos fueron de excursión?*

Complementos interrogativos: En *¿quién ha venido?*, el interrogativo es el sujeto; en *¿A quién se lo dices?*, es complemento indirecto; *¿Qué buscas?*, es complemento directo; *¿De qué te ríes?* es complemento circunstancial.

Categorías gramaticales: *Quien* es sustantivo; *que, cuál* y *cuánto* pueden ser sustantivos, adjetivos o adverbios.

Los interrogativos, a excepción de *cuyo* se convierten con facilidad en exclamativos: *¡Quién pudiera viajar! ¡Qué día tan hermoso! ¡Cuánto tiempo sin verte!*

Hay interrogativos acentuados que preguntan sin signos y de modo indirecto: *No sabía a quién votar ni qué resolución tomar.*

2.º Los indefinidos correlativos: Llamamos **indefinidos** a los pronombres de significación indeterminada u ocasional *(algo, alguien, alguno, cualquiera)* a los que designan el objeto de modo general *(todo, nada, nadie)* y son correlativos de los pronombres interrogativos.

¿Quién lo ha visto?	*Alguien, nadie, cualquiera, uno, alguno, ninguno* lo ha visto.
¿Qué podrá decir?	*Algo, nada* podrá decir. *Todo, mucho, poco* puede decir.

La indeterminación no es absoluta. Por lo menos se nos dice si lo aludido se halla entre las cosas o entre las personas.

La categoría del relativo se confunde en muchas lenguas con la del interrogativo y la del indefinido. El latín y el griego pasaron la función de relativo a los interrogativos e indefinidos. Parece que el indefinido indoeuropeo era el mismo interrogativo *quo, qui,* con tonacidad acentuada. Algunas lenguas siguen el módulo compositivo del latín *quisque.*

Cuando digo: *he traído algo de interés para ti, algo* se nos ofrece como cosa conocida, pero que no interesa especificar.

Especificativos sustantivos: alguien, nadie, algo, nada, quienquiera: Sea quienquiera, que no venga.

Especificativos adjetivos: uno, alguno, ninguno, mucho, poco, demasiado, bastante, cualquiera, cierto, varios, otros: Tiene muchos pajaritos en la cabeza; aquí uno hace lo que le mandan. —*Uno* con carácter adjetivo *(un, una, unos, unas)* se opone al artículo *el, la, los, las.* Si acompaña a un numeral no es artículo, sino puro indefinido, que indica aproximación: *Te esperé una hora. Permaneceremos en Málaga dos semanas.*

A veces el reflexivo *se* funciona como indefinido sustantivo: *Allí se vive bien; no se distingue a nadie.*

3.º Situaciones de forma y significación de varios indefinidos:

a) *Indefinidos existenciales:*

Primera serie: *algo, alguien, alguno(s), alguna(s).*

Segunda serie: *nada, nadie, ninguno(s), ninguna(s).*

La primera serie es de tendencia afirmativo-positiva y negativa la segunda. Forman un sistema coherente pronominal y existe una correlación manifiesta entre sus miembros, y en su función expresiva con los correlativos.

Estos indefinidos, como los interrogativos plantean un problema sobre la *existencia* de un objeto o de una serie de cosas. Como los interrogativos manifiestan una determinada expectativa de signo positivo o negativo. Ejemplos: *En el escaparate de la librería exponían «algunos retratos» del autor. Deseo que encuentres «en algún rincón» tu tarjeta de identidad. No tardaron en subir a mi piso algunas jovencitas. Carla podría desempeñar algún cargo de confianza. Se oye un ruido: Alguien se acerca. Michèle había conseguido un cargo bueno, pero le faltaba algo. No pidas favor a nadie. Procurarás fastidiar a alguien. No vi nada que valiera la pena.*

b) *Indefinidos personales:*

Hay indefinidos que hacen mención de persona, sin especial referencia anafórica a la construcción sintáctica. *Alguno-ninguno* y *alguien-nadie* suponen un señalamiento apoyado en el contexto o en la situación personal. Son como pronombres discriminantes, con preposición de origen o procedencia: *Dice mi novia que soy más intransigente que ninguno de mi fábrica. Al pasar por su casa vi a algunas amigas de*

Michèle. En tu despacho vi un tresillo que alguien de la familia había puesto. Escóndete donde nadie te vea. Hubo un momento no deseado por ninguno de los presentes. ¿Qué te pasa, quieres que llame a alguien? La señora Francisca de Carrión, la que algunos tenían por santa. ¿Oyes? Alguien viene. Y si alguien sobra allí son los del alcalde. Sin que nadie se lo pidiera.

c) *Indefinidos concordantes* de negación con un grado expresivo más intenso que *ninguno: Por desgracia ninguno vino a darme las gracias; ni uno solo apareció. No tuve ningún interés en hacerlo. No va a quedar una sola plaza libre. Ni una gota, ni un instante, ni una nube, ni una voz. De ningún modo. Ni un árbol, ni una casucha. ¿Que no tiene una falta?— Ni una. Ni uno solo dejó de asistir a la exposición.*

d) *Indefinidos inertes* en las formas de *cualquiera* y *cualquiera que.* Inercia es la incapacidad para modificar el estado de reposo o de movimiento, una especie de indiferencia. Estas fórmulas indefinidas que estudiamos presentan estados de inhibición, de inercia o indiferencia. Es un nombrar los objetos indistintamente, como el empleo concurrente del pronombre *todo.* En latín se emplean los relativos generalizadores y los indefinidos compuestos *(quidam, quisnam, quisquam, quisque, unusquisque, quivis, quilibet* y *quicumque).* Una fórmula se compone de partícula + pronombre *(ecquis),* otra de pronombre + partícula indefinida *(quidam),* y otra en fin de pronombre + forma verbal: *quivis,* «el que quieras»; *Quivis unus,* «uno cualquiera».

Ejemplos: *Ya sabes que yo me inquieto por nada* (= cualquier cosa). *¡Yo estornudo por menos de nada! Cualquier comprador que aparezca. Aniquile usted cualquier intento de sublevación. Cualquier ilusión le arrastra. Cualquiera de ustedes. Aquella mujer con su juventud atraía a cualquiera. ¡Cualquiera diría que no había roto un plato! ¡Cualquiera entiende a las mujeres! En una cualquiera de las confiterías. Es de cualquiera que la llame. Vale para cualquiera que lo compre. Cualquiera que sea su carrera. Sean cuales fueren sus razones.*

93. Los objetos que nos rodean

Todos los seres que están en nosotros o rodean al hombre y son objetos del lenguaje, han recibido un *nombre,* para referirnos a ellos y aplicarlos en el coloquio de modo comprensible. Estos nombres se denominan *sustantivos,* tengan existencia física y tangible o solamente verificable en nuestro pensamiento: *lámpara* es un objeto o sustantivo, de los que nos rodean con existencia física y tangible; *valor, alegría, confianza* son términos que no percibimos de una manera material, sino con cierta operación del entendimiento y resolución de la voluntad.

1.º Naturaleza y clasificación de los sustantivos: El *sustantivo* se puede definir como la palabra con que designamos un objeto físico o suprasensible, pensándolo como concepto independiente.

Entendemos por «objeto», en términos gramaticales, los seres vivos y las cosas que tienen existencia independiente y cualquier aspecto de realidad que dependa de otro como el «accidente» en todas sus modalidades filosóficas de *color, figura,* etc. Ejemplo: *blancura* y *amarillez* no son conceptos filosóficamente independientes, pero al nombrarlos, gramaticalmente gozan de cierta independencia. En cambio *lo blanco y lo amarillo* hay que concebirlos como *algo* que es *blanco* y *amarillo.*

Todo sustantivo es pensado y ofrecido al oyente, como un objeto o cosa que representa al *ser (bastón, vida, ley).* El *ser* o todo lo que tiene existencia, se refiere a los animales, a las cosas y a las ideas *(perro, libro, amistad).* A veces no representa una manera de existir, sino un proceso: *el martirio de Santa Inés,* que supone una continuidad de actos.

Las funciones sintácticas del sustantivo no están plenamente limitadas (sujeto y complemento) ya que los sustantivos y adjetivos fueron considerados durante mucho tiempo como una categoría única y nominal. La función de atributo es poco normal en el sustantivo, excepto la *aposición* tanto explicativa como especificativa, por la que el sustantivo se considera complemento de otro sin término de relación: *la dama duende, el rey profeta, hombre masa, horas punta, joven yeyé.*

Clasificación

a) *Sustantivos propios y comunes: El nombre propio* es el que designa una persona o cosa como un simple distintivo individual, sin aludir a sus cualidades: *Enrique, Ebro, Aconcagua.*

A cada persona la llaman sus conocidos por un nombre: *Alberto, Alfonso, Angel, Antonio, Carlos, Eduardo, Enrique, Ernesto, Federico, Fernando, Felipe, Francisco, Jesús, Jorge, José, Juan, Luis, Manolo, Martín, Miguel, Pablo, Pedro, Pepe, Rafael, Ramón, Salvador, Santiago, Vicente* (para el hombre).

Amparo, Ana, Blanca, Carmen, Concha, Consuelo, Dolores, Elena, Elisa, Elvira, Enriqueta, Esperanza, Isabel, Josefa, Julia, Laura, Lola, Luisa, Luz, Manuela, María, Margarita, Matilde, Mercedes, Micaela, Nieves, Pilar, Rosario, Teresa (para la mujer). Este es su nombre propio.

Propios y comunes, concretos y abstractos: Existen además nombres propios de ciudades *(Madrid, París, Londres, Roma, Nueva York, Tokio, Ottawa...),* montes *(Sierra Nevada, el Veleta, Guadarrama, Somosierra),* ríos *el Tíber, el Ebro, el Tajo, el Guadalquivir, el Támesis, el Sena),* animales domésticos *(Rocinante,* caballo de don Quijote), objetos *(Tizón* y *colada,* dos espadas del Cid) y el diamante *Kohinoor.*

El sustantivo común se diferencia del propio en el modo de designar la persona o cosa. El nombre común *(monte, río, hombre, mujer, perro, caballo, espada, plumero),* las designa refiriéndose a sus cualidades propias. Cada ser tiene o consta de un complejo de condiciones.

Cualidades esenciales del *común* y el *propio:*

El *nombre común* designa a su objeto y lo concreta con un sinnúmero de cualidades; al nombrar lo connota; de otro modo: el nombre común nombra su objeto diciendo qué es.

El nombre propio nombra al sustantivo sin aludir a sus cualidades *(Juan, Sevilla);* lo denota sin connotarlo; lo nombra diciendo cómo se llama individualmente.

Desde el latín los sustantivos comunes muestran una significación bifurcada así:

teléfono < el *teléfono* concreto
el concepto genérico de *teléfono*

Los sustantivos no nombran el objeto por el género o la especie pues hay nombres comunes de objeto único (p. ej.: *cielo);* sino más bien aludiendo al conjunto de cualidades que forman su modo de ser.

b) *Sustantivos abstractos y concretos.* Son abstractos los nombres de objetos no independientes, aunque los pensemos como independientes. Son concretos los nombres de objetos independientes. Por el sustantivo se designa un objeto pensado con concepto independiente. «Objeto» es cualquier aspecto de la realidad. *Un árbol, el sol, un hombre* son concretos, porque tienen existencia individual. En cambio *la timidez, la tristeza* no son objetos independientes.

En estos matices de existencia individual y abstractismo del objeto, se cruzan TRES IDEAS: 1.ª Es concreto el objeto individual: *este coche.* Es abstracto el género: *el coche es peligroso en carretera.*

2.ª Son *concretos* las denominaciones de las cosas independientes; abstractas las no independientes.

3.ª Son *concretos* los objetos que se perciben con los sentidos; abstractos los que se perciben por la inteligencia.

Se puede añadir una cuarta idea, la de la *forma de las palabras.* Hay objetos más o menos concretos o abstractos. La independencia individual no lo explica todo. *Llama* es sustantivo concreto porque se percibe por los sentidos, pero no es independiente. Es un concepto que se subordina a otro, como *blancura* y *bondad.* La palabra *canto* puede considerarse como concreto y *canción* abstracto.

Para nosotros tienen particular interés los que forman sustantivos de cualidades generales que aún conservan su origen primario y suelen adoptar la forma masculina *(el imposible, el infinito, el inconsciente, el anónimo).* Ejemplos: *el sentido del ridículo; los imponderables que se nos presentan; eso era un insospechado absurdo; el extremo de la laboriosidad; elevadas al máximo de su rendimiento; el común de las gentes; los inconvenientes de la libertad; le descubrimos el flaco; ¡Qué bonito es perderse en el anónimo de las gentes!*

En estas formaciones sustantivas concurren indistintamente *el* y *lo* *(el interior, el exterior, el contrario* y también: *lo interior, lo exterior, lo contrario...).* Ejemplos: *el infinito* (término matemático); *lo infinito* (concepto abstracto); *el ancho, el largo, el alto,* etc.

Agrupaciones masculinas con preposición. Ejemplos: *Lo tomó muy en serio. No sacó nada en limpio. El caso viene de muy antiguo.* Con los verbos *tener* y *haber: No tiene nada de particular, ni de extraño, ni de violento. Tenía algo de iluminado, de admirable y de antiguo. Había adquirido fama de arrivista y aprovechado. Nos produjo la impresión de tosco y grotesco.* Con la preposición *de* causal: *las otras dos jovencitas igual de alegres y chispeantes; una mujer así de estupenda como Blanquita; nadie encontrará tantas amigas como tú de sinceras y guapas. ¡Hay que ver cómo va Michèle de limpia y de simpática! ¡Estoy de nervioso que no sé cómo me resisto! ¡Estás de elegante! ¡Estás de un cursi!* A estas modalidades expresivas nos hemos referido antes.

Dos clases de abstractos: los sufijales y los derivados de adjetivos sustantivados con el artículo neutro. Algunos sufijos: *-era, -ura, -ez, -ad, -ancia, -encia, -ida, -ada, -cion, -xion.* Ejemplos: *borrachera, tontera, altura, dulzura, espesura, pequeñez, redondez, bondad, sequedad, distancia, confianza, esperanza, alabanza, esencia, presencia, salida, venida, llegada, madrugada, fanfarronada, canción, reflexión...*

Ejemplos de abstractos sustantivados: *lo dulce, lo difícil, lo imposible, lo antiguo, lo insensato, lo prudente.*

Individuales y colectivos: c) *Sustantivos individuales y colectivos:* Un sustantivo puede referirse a un individuo y otro a un grupo o conjunto de individuos de la misma especie. Esta es la diferencia entre el sustantivo *individual* y el *colectivo (oveja-rebaño)*. Puede designar un individuo sólo o una agrupación o colectividad en número indefinido. Otros ejemplos: *navío-flota; pino-pinar; abeja-enjambre.*

Podemos añadir a estas agrupaciones los denominados *colectivos abstractos* o *de cantidad,* que son de dos clases: los colectivos *numerales* o los que expresan un número de objetos indeterminados *(par, docena, centena...)* y los *colectivos indefinidos* que nos dan una colección de objetos indeterminados, en número impreciso: *grupo, montón, serie, conjunto, complejo.*

2.º Sustantivos de colores: Son nombres híbridos que participan de la naturaleza del adjetivo, agrupados con el *lo neutro* y el sustantivo masculino. Actúan en todas las modalidades sustantivas: *una pincelada de rojo intenso. Bordeado de un malva azul y pálido. Todos los colores tiernos y viejos: los rosas, los granas, los verdes, los morados. Malvas lánguidos y violetas desapercibidos.*

Pueden funcionar como **adjetivos** en la descripción paisajística *(paisajes malvas y lejanos pueblos; estepas grises, gualdas del interior; llenas de reflejos granates)* en el *retrato humano o etopeia (ojos azul claro; labios rosa pálido; en sus ojos azul verdoso; un sombrero gris perla; la blusa verde cielo)*. Sin concordancia de número: *las luces violetas del jardín.* Por yuxtaposición, como en ejemplos anteriores: *las flores del salón* *azul-pálidas*. Por enlace preposicional: *Un color de melocotón; un tinte de escarlata; en el mar, un color de perla.*

Palabras compuestas: *un sol rojoladrillo*, J. R. JIMÉNEZ, *Antología*, 349; yuxtaposición en serie: *crepúsculo amatista; seda color hueso; vestido de pana color avellana, color estopa o color malva* (38).

94. Variaciones de forma o accidentes nominales: El Género

Las gramáticas escolares llaman «accidentes gramaticales» a las *variaciones de forma* del nombre, que suelen corresponder a ciertos cambios en el significado. Por estas modificaciones de forma, la palabra muestra su aptitud para expresar los diversos matices de la misma idea. El verbo tiene otras variaciones diferentes de las nominales. Existen sin embargo lenguas en que el verbo ofrece morfemas de género, y en nuestras frases verbales pasivas, compuestas de participio se señala el género: *somos amadas*.

Podemos dividir las *variaciones de forma* del nombre en *fundamentales* y *adicionables*. Los accidentes del nombre *fundamentales* son el *género* y el *número;* los *adicionables* son: la sufijación apreciativa *(diminutivos, aumentativos, despectivos* y *ciertos superlativos)* y el *caso* del pronombre personal, que tiene desinencia latina y preposición española.

a) Género de los nombres

Más que en la correspondencia de sexos, el género hay que encontrarlo en la contraposición de lo *animado* e *inanimado*. En el pronombre hallamos parecidas relaciones genéricas. Las formas *quien* y *alguien* pertenecen a un género que se pudiera denominar animado, mientras *que* y *algo* constituyen el inanimado. El primer grupo es más personal; el segundo más objetivo y de cosa.

Género es una clasificación gramatical de los sustantivos en masculinos y femeninos, atendiendo a la terminación del adjetivo acompañante. Bello lo define así: «La clase a que pertenece el sustantivo, según la terminación del adjetivo con que se construye, cuando éste tiene dos en cada número, se llama *género*.»

Algunos adjetivos tienen dos terminaciones para el singular *(santo-santa) o/a*. Las otras terminaciones pertenecen indistintamente a los masculinos y femeninos. La terminación en *o* se llama masculina y la

(38) Existen ciertos complementos preposicionales en los nombres de orientación, de actos físicos o psíquicos, nombres de conceptos complejos. El sustantivo forma locución con el verbo y el complemento en una frase sustantiva introducida por *que*. Suele omitirse la preposición *de: Tiene un inconveniente, que la puerta no abre. Señal que viene de prisa. De* con sustantivo verbal: *Después de dos horas de trabajo intenso. La marcha de una patrulla de policía.* Otras preposiciones: *El miedo al ridículo. Temor de que no me atendieran. Odio al género humano. Aportación a la asamblea. Homenaje a su tierra. Mis conversaciones con el ministro. Caminata hasta la playa. Protesta contra los privilegios.*

en *a* no aguda, femenina. Se exceptúan muy pocas palabras, entre ellas *mano, dínamo* y *nao.*

b) **El misterio del género**

Lo que nosotros observamos en otras lenguas con la forma masculina o femenina no es una distinción de género sexual, sino una discriminación de género basada en otras relaciones, tales como *fuerte* y *débil, activo* y *pasivo,* etc.

El género (m. y f.) concreta el valor de los nombres y las terminaciones genéricas *(-o, -a),* el de los adjetivos de dos terminaciones o el de sus formas equivalentes, como el p. p. de los verbos.

El origen del género, en la Medicina biológica y en la Filología moderna permanece en el misterio. En el proceso de fecundación del óvulo, algunas teorías modernas conceden al macho una virtud especial para la selección del género o sexo.

El problema gramatical del género es misterioso en su origen y selectivo de sus formas, con un complejo de curiosidades e inquietantes preguntas.

La primera fase del misterio consiste en que haya objetos masculinos y femeninos. Los objetos son asexuados.

Dios puso ante los ojos atónitos de Adán, en un gran desfile zoológico, a las aves del cielo y a los animales de la tierra, para que les diera un nombre y distinguiera su género; pero la *piedra* y el *metal* no tienen virtud de sexo ni poder asimilativo suficiente para que el uno sea femenino y el otro masculino. El pretexto de asimilación es un recurso gramatical de concordancia. Su génesis resulta casi inexplicable. Es una fecundación genérica un poco envuelta en las brumas del misterio (39).

En el indoeuropeo hubo tres géneros: dos correspondientes a los sexos y el *neutro* o *inanimado.* Según estas teorías, los nombres de ciudades eran neutros por inanimados; en general todo lo que no era sexuado, de signo masculino o femenino, pasaba a lo *inanimado* («Neuter», ni uno ni otro).

Así tenemos en el griego μέταλλον-ου (τό) = *metallum* y en latín *oppidum,* «ciudad fortaleza», con atributos neutros, ni masculinos ni femeninos. Son vocablos infecundos, como las abejas obreras incapaces para generación o como la hortensia entre las flores, cuyos pétalos se acrecientan a expensas del androceo y gineceo.

---

(39) El sofista griego Pitágoras dividió los sustantivos por el género (masculinos, femeninos e instrumentos). Aristóteles mantuvo esta clasificación y llamó a estos últimos «intermedios»: το μεταξύ. Más tarde fue sustituido por el de ουδέτερον, en latín *neutrum,* ninguno de los dos, o sea ni masculino ni femenino. Representación primitiva: *a) animado* o *activo; b) inanimado* o *inerte.* Este segundo grupo disponía de elementos externos: *-um* para el singular y *-a* para el plural *(templum, templa; córpora,* etc.). El grupo *animado* formaba un todo orgánico. Se utilizaban palabras contrapuestas: *pater-mater, frater-soror, gener-nurus.* Formaciones heteronímicas: *servus-ancilla, patrus-amita.* Una sola raíz para hijo-hija: *filius-filia.* En griego se añadía una palabra: θήλυς, hembra, y ἄρσην, macho, a determinados sustantivos para concretar el sexo: θήλεια βοῦς, vaca. Análogamente, en latín se usaban *femina* y *mas: Ligur femina.* En el latín tardío: *equa virgo* y *puer virgo.* Para una loba: *lupus femina* = loba lactante; *bos mas* = buey no castrado.

En la anatomía interna del organismo, el indoeuropeo prefería el género inanimado: *iecur,* «el hígado»; *víscera,* «las entrañas». En la estructura exterior sobresalen los masculinos y femeninos: *humerus,* «el hombro»; *naris,* «la nariz».

Las plantas eran femeninas por la maternidad de sus frutos. Producen retoños, brotes, frutos y semillas. En cambio, los frutos eran neutros por no declarar todavía su masculinidad o feminidad: *pirum* (neutro), «la pera»; del femenino *pirus,* «el peral».

En la denominación genérica de los animales, el hombre se interesó siempre por los que le afectan social o económicamente. Existe una diferencia denominativa entre el *toro* y la *vaca,* entre el *caballo* y la *yegua;* pero abandona la discrepancia genérica de los animales que ni pastorea ni producen sus granjas o viveros, como el *delfín* y el *besugo.* Los llamó con un término ya abandonado «epicenos», porque podían llevar los atributos del macho y de la hembra.

Más complicado es el entramado genérico de los objetos. Los designa arbitrariamente con uno u otro género, sin preferencia por lo sexual, que no existe en ellos. Hay cinco tipos de especificación genérica: *el número, la magnitud, la intensidad, las cualidades específicas* y *la frecuencia de trato.*

En lo numérico es curioso observar cómo el *farol* se aplica a un solo brazo y la *farola* a un árbol de brazos. El *jarro* tiene una sola *asa* y la *jarra,* dos. En cuanto al tamaño el pueblo dice el *barco* y la *barca,* para expresar en el primer caso, una embarcación dispuesta para grandes transportes como las naves onerarias romanas y en el segundo (femenino), una embarcación pequeña idónea para la pesca. Se pudieran multiplicar los ejemplos, como *caracol* y *caracola, huerto* y *huerta, ventano* (ventana pequeña) y *ventana* (abertura de mayor luz practicada en un muro).

La contraposición genérica de los objetos en función de su *intensidad* se advierte en los denominados gramaticalmente «ambiguos»: el *puente* y *la puente, el calor* y *la calor.* «El puente» tiene más contenido semántico y extensión figurada, como el puente protético del dentista; mientras «la puente» supone un ámbito significativo más reducido. Ya con intuición ingeniosa un personaje cómico de los hermanos Quintero distingue la intensidad genérica *del calor* y *la calor,* diciéndonos más o menos: «Cuando hace poco calor le llamó *el calor,* y cuando aprieta mucho, digo *la calor.*

El mar y *la mar* son dos muestras de lo que llamamos, en este misterio del género, la frecuencia del trato. No cabe duda de que *el mar* se emplea más por quienes no tienen comercio marítimo, ni contacto de vida marinera. *La mar,* por el contrario, es una expresión del lobo del puerto, del indígena de las olas, del pescador, del remero, del piloto, etc. Ese estar (el *versari* latino), ese desenvolverse en una simbiosis marina forma el tritón del mar. Para este personaje es *la mar.*

A veces la disparidad genérica de los objetos, tan recóndita y sibilina, llega a la expresión de sus cualidades específicas. Comprobemos estos ejemplos: *el calzón* y *la calzona, las botas* y *los botos. El calzón* es la prenda de vestir que cubre desde la cintura hasta las rodillas y *la calzona* pertenece al arte de torear. Las botas cuando se aplican a la indumentaria campera y se ciñen al tobillo, para facilitar la soltura de movimientos se llaman *botos* o *botitos*.

Nosotros mismos al mixtificar lo *animado* con lo *inanimado* hemos hecho indescifrable la causa de la aplicación genérica de los sustantivos inanimados, que debieran ser neutros como en el indoeuropeo, es decir, ni uno ni otro, ni masculino ni femenino.

c) **Género según la terminación:**

La terminación en *o* se llama *masculina;* en *a*, *femenina;* cualquiera otra es o se llama *indiferente*.

Excepciones: Hay masculinos en *a* procedentes de la forma neutra griega *-ma: emblema, problema, diagrama, programa, diafragma, epigrama, poema, síntoma, dilema, diploma, sistema, sofisma, clima, telegrama, telefonema, melodrama, idioma, panorama, epifonema, tema, axioma, monograma, pentagrama, enigma, dracma,* etc.

Los que significan varón: *poeta, anacoreta, atleta, espía, camarada, centinela, argonauta, espada (el)* y *guía (el)*. *Día, mapa, planeta* y *cometa*.

Otros en *-ma* femeninos que no proceden del griego: *cama, rama, retama, goma, llama* y *carcoma*.

Algunos femeninos procedentes del plural latino en *-a* neutro: *ceja* (cilia), *leña* (ligna), *vela* (vela), *braza* (brachia), *fiesta* (festa), *prenda* (pignora), *boda* (vota), *vasa* (vasa), *desiderata* (desiderata), *separata* (separata), *úlcera* (ulcera) y algunos colectivos como *nómina*, «lista de nombres» (nomina), *alimaña* (animalia). *Farsa* procede del p. p. de farcire, «embutir». En el teatro medieval y renacentista fue un sainetillo que se embutía o entrelazaba entre dos actos de una comedia.

REGLAS GENERALES:

1.ª Los masculinos acabados en *o* forman el femenino en *a: niño-niña, moreno-morena, perro-perra, elefante-elefanta*. Algunos terminan en *-esa, -isa, -ina, -iz,* etc.: *abadesa, papisa, sacerdotisa, jabalina, reina, emperatriz,* etc.

2.ª Los invariables tales como *artista, modista, periodista, pianista, telefonista* y otros que tienen la terminación *a* de los femeninos. *Modista* admite también «modisto».

3.ª Algunos adjetivos de forma única llamados comunes *(joven, imbécil, infeliz,* etc.) son casi sustantivos abstractos y se pueden considerar como aposiciones a los sustantivos a los que acompañan: *joven estudiante* o *joven profesor*.

4.ª Algunos terminados en *ante, ente* o *iente*, que como participios activos con carácter adjetivo no admiten variedad de género: *el y la estudiante; el y la oyente* = el que estudia y la que estudia; el que lee y la que lee.

5.ª De terminación *indiferente* son los que acaban en *e*, en consonante o en vocal acentuada.

Algunos en *-ente* adoptan formas femeninas: *dependiente-dependienta; presidente-presidenta.*

REGLAS PARTICULARES:

1.ª Invariables de género por la etimología o por su matiz cultural: *consorte, cónyuge, mártir, reo, testigo.*

2.ª Los grecismos terminados en *-sis* suelen ser femeninos. Ejemplos: *tesis, crisis, sintaxis, antítesis, apoteosis, dosis, esclerosis.* Se usan como masculinos: *énfasis, análisis, apocalipsis y génesis.* Participan de los dos géneros: *dote, margen, linde, mar, tilde, arte, estambre, lente y hojaldre.* Arte en masculino (el arte) significa «maestría»; en femenino y plural se aplica a «las artes liberales» y a «las Bellas Artes».

3.ª Sustantivos *homónimos* de distinto género y significación: *el clave* (instrumento musical), *la clave* (explicación de signos para escribir en cifra); *la corte* (real), *el corte* (de cortar); *la frente* (de la cara), *el frente* (militar); *la parte* (porción), *el parte* (aviso); *la pendiente* (cuesta), *el pendiente* (arete de la oreja); *el y la dote* (caudal de la mujer), *las dotes* (cualidades); *la pez* (de pegar), *el pez* (animal); *la doblez* (falsía), *el doblez* (pliegue); *la moral* (ética), *el moral* (árbol); *la guía* (libro que dirige), *el guía* (persona que conduce a otra); *la orden* (sacramento, mandato), *el orden* (concierto, disposición de cosas).

4.ª Femeninos terminados en *-dad* (caridad, bondad), en *-ción, -xión* y *-sión* (canción, colisión, excursión, reflexión).

d) **Género según la significación** MASCULINOS:

1.º Los que significan varón o su oficio y los de animales machos: *hombre, orfebre, jinete, tigre, toro.*

2.º Masculinos de ríos, lagos, mares, volcanes y montañas: *El Ebro, el Tajo, el Amazonas, el Caspio, el Titicaca, el Mediterráneo, el Vesubio, el Etna, el Guadarrama.* Algunas excepciones: *Las Alpujarras, Sierra Morena, Sierra Nevada,* etc.

3.º Asimismo son masculinos los nombres de números *(el dos, el cincuenta);* los de notas musicales *(el do, el fa, el la);* los puntos cardinales *(el norte, el sur);* los días de la semana y meses *(el lunes, marzo ventoso y abril lluvioso. Mayo florido. Junio caluroso)* (40).

FEMENINOS:

1.º Los de mujer o seres mitológicos que la simbolizan y animales hembras: *mujer, diosa, gata; Juno, Minerva, Safo* (poetisa griega).

---

(40) El fenómeno de la analogía interviene en el género desde su origen. En latín hay muchas palabras de significación afín y género distinto: *gladius* y *gladium,* influencia analógica por *ferrum* y *telum; limus* y *limum,* influido por *luteum.* Influencia de significado colectivo en formas neutras: *folia* (hoja), *armenta-ad armentas* (rebaño).

Primitivamente se debió decir *flumen ibericum,* «río español» o «ibérico», «Ebro». *Flugallicum* («río francés») acabó siendo sólo *Gállicum,* «el Francés» o el *Gállego.*

2.º Los de letras: la *a*, la *b*, la *c*.

3.º Los de ciudades y poblados terminados en *a*: *la inmortal Roma; Salamanca, la doctoral; Sevilla, la andaluza; Córdoba mora y cristiana.* Hoy la tendencia es al masculino: *medio Londres y todo París lo sabe. Madrid modernísimo y Buenos Aires muy extenso de circuito. Berlín el populoso y dividido.* Algunas excepciones: *la antigua Sagunto y la espléndida Corinto.*

4.º *Femeninos sin referencia*, que funcionan como términos secundarios: *a la buena de Dios; no tome usted esto por la tremenda; buena la has hecho; se armó la que yo me temía; tienes todas las de perder; ¡A mí con esas! De esta hecha nos quedamos a oscuras. Ya le llegó la suya.*

5.º Anafóricos en singular: *Se la dieron con queso. La goza como un animal. Algunas mujeres se la pegan a sus maridos. La tenía tomada con la pobre chica. Ahí me las den todas. Me las ingenio para salir adelante. Modosita, pero las mata callando. No las tengo todas conmigo. Muchos se las dan de listos y se las echan de refinados.*

e) El **género** como *variación* de forma. El género como accidente gramatical supone cierto cambio de significado en los sustantivos. En algunos se manifiesta con forma doble, una para el masculino y otra para el femenino: *pastor-pastora, tío-tía, sobrino-sobrina, marqués-marquesa.* Designan personas y animales.

La forma femenina es una variante de la masculina y se vale para ello de algunos sufijos. *-a, -ora, -triz, -esa, -isa, -ina* (a los que ya nos hemos referido antes). Con nombres de persona: *criado-criada, niño-niña, muchacho-muchacha; cantor-cantora; actor-actriz; alcalde-alcaldesa; poeta-poetisa, czar-czarina.*

Con nombres de animales: *zorro-zorra, cerdo-cerda, conejo-coneja, jabalí-jabalina.* Los de animales son masculinos o femeninos sin referencia al sexo: *la rana, el lince, la perdiz, el gavilán, la trucha, el hurón, la ballena.*

Algunos nombres que se expresan con palabras diferentes según el sexo: *hombre-mujer; padre-madre; marido-mujer; caballero-dama; carnero-oveja; toro-vaca.*

95. Variaciones de forma numéricas, estimativas y flexivas

Las variaciones numéricas se refieren a los cambios nominales producidos por el **número** como accidente gramatical. El número es una categoría nominal y verbal de todos los idiomas; pero no en todas las lenguas encontramos una contraposición absoluta entre singular y plural y algunas, como el griego, admiten el dual. Sin embargo es menester aclarar que en todos los idiomas existe la posibilidad de referirse a una unidad o a una multiplicidad. Puede darse una sola forma para el singular y el plural, pero siempre se encuentra una distinción y una modalidad plural.

Las variaciones estimativas se atribuyen a la sufijación apreciativa de los superlativos, diminutivos, aumentativos y despectivos. Las variaciones flexivas las examinaremos en la declinación propiamente dicha del pronombre personal, que se forma, como la latina de sufijos y se contamina, como otras formas españolas, de la preposición *de.*

1.º El Número. Naturaleza y clasificación: La variación de número en los sustantivos y adjetivos es más general en los idiomas que la variación genérica. Como las formas nominales del singular, el plural procede así mismo del acusativo latino. Decimos *amor* porque viene de *amor-em* (acus. latino): pl. = *amor-es.*

Podemos definir el número como el accidente gramatical de los sustantivos y de los adjetivos, que expresa si el objeto nombrado es uno o más de uno.

Admite las variaciones *-s, -es* y el grado cero: *hombre-hombre-s, reloj-reloj-es; tesis-tesis. Mesa* es singular porque significa un solo objeto; *mesas* está en plural, porque hace referencia a más de un objeto. En los adjetivos tiene asimismo doble forma: *grande-grandes.*

No todos los objetos son susceptibles de unidad y pluralidad. Existen los objetos llamados *contables* que se pueden contar *(cuchillos, platos, vasos)* en una suma de unidades y los denominados *masivos (trigo, vino, leche),* en los que no percibimos a primera vista la suma de unidades y los tenemos que reducir a números por las medidas de los áridos y líquidos.

En el indoeuropeo se daban ideas de masas *(la sangre, el lodo, el humo),* e ideas confusas en que el singular se emplea cuando nos referimos a un conjunto y el plural cuando se distinguen partes en el conjunto. Más confusa es todavía la zona en los comunes-genéricos como *hombre* y *buey.* La mente considera el genérico como colectivo singular.

En español hay dos números: *singular* y *plural.* Otras lenguas tienen *dual* (dos individuos) y algunas aceptan el *trial.* En castellano sólo ha sobrevivido una palabra dual «ambos», que hoy se trata como plural. Tenemos en español otros plurales para indicar la dualidad de dos partes simétricas: *las tijeras, los ojos, las narices, las pinzas, los alicates, los duques* (el duque y la duquesa). Son *duales* por significación y gramaticalmente plurales.

El plural español se manifiesta por sufijos (-s, -es). En otros idiomas, como el inglés ofrece su forma de varios modos. Junto al procedimiento general de añadir una -s *(boys,* clubs) existe el sistema opositivo *(man-men, «hombre-hombre-s»).* En francés el artículo hace la distinción del número: *l'eau-les eaux,* «el agua-las aguas». También cuentan con el plural de partes simétricas como en español *(tijeras* fr. = *ciseaux,* ing. = *scissors;* tenazas fr. = *tenailles,* ing. = *tongs).*

Normas para el plural: *Normas generales:*

1.ª Se añade una *-s* o el sufijo *-es (libro-libros; café-cafés)*, si termina en consonante o vocal acentuada, a excepción de *papá-papás, mamá-mamás, sofá-sofás, chacó-chacós* y *esquí esquís* (no «esquíes»).

2.ª Los inmodificables se distinguen por el artículo: *el éxtasis-los éxtasis* (Se trata de palabras graves o esdrújulas acabadas en *-s)*; *la crisis-las crisis.*

3.ª El plural masculino puede abarcar los dos géneros *(los padres* = el padre + la madre; *los hermanos* = el hermano + la hermana). Los vocablos *carácter* y *régimen* cambian el acento para la formación del plural: *caracteres* y *regímenes.*

4.ª Algunos sustantivos admiten dos formas plurales *(-s* y *-es)*, aunque se prefiere la *-s: alelíes-alelís, rubíes-rubís, tisús-tisues, bisturíes-bisturís, maníes-manís.* Se trata muchas veces de nombres de origen árabe: *marroquíes, berbiquís-berbiquíes, borceguíes, zaquizamíes, carmesíes, bigudíes* y otras palabras como *gachís, esquís, pirulís.*

5.ª Algunos con diptongo *-i* han vacilado, pero tienen un uso fijo autorizado: *rey-reyes, ley-leyes, convoy-convoyes, rentoides, ay-ayes, carey-careyes, jersey-jerseys, guau-guaus* e *interviú-interviús.*

6.ª Corrección de malos usos. No se debe decir *los lápiz* por «los lápices», ni (hablando del numeral) los *dos* por «los doses», los *tres* por «los treses», los *seis* por «los seises», porque hay que agregar la terminación *-es.* El singular *cualesquier cosa* se ha de corregir; su forma correcta es: *cualquier cosa.*

7.ª Los nombres de sustancia y extensión vacilan; se emplean en singular o en plural según se refieran a toda la serie o a un individuo de la misma: *chimeneas de ladrillo; escalera de hierros forjados; cuentas de vidrio y los vidrios de su balcón; las cuentas de la aceituna y la última cosecha de aceitunas: calzas y tocas, torcidas de caldiles, azafrán y pimiento molido. Una fábrica de glicerinas, bujías y jabones. Serrín, cisco, leñas* y *astillas.*

8.ª Los colectivos singulares anuncian el conjunto de cosas en singular abstracto: *viñedo, arboleda, ejército, parroquia; grupo, montón, número, serie,* etc. Algunos proceden de adjetivos: *el público, el prójimo.* Otros expresan un singular genérico y señalan los individuos de la serie o especie: *el burgués desprecia lo que no está en su ambiente. El español es noble y sufrido. El gato caza ratones. Rascad en el hombre y aparecerá el salvaje.* BAROJA, *El escuadrón del brigante,* II, 4-90. *El mito del poder tenebroso del jesuita.* MARAÑÓN, *El Conde Duque...,* XIV, 176. *El carlista anda cerca; el enemigo anda lejos.*

2.º Plural de los nombres extranjeros: Los apellidos: Las palabras extranjeras siguen la regla de añadir la *-s,* lo mismo para los acabados en consonante que en vocal: *club-clubs; complot-complots; soviet-soviets; penalty-penaltys.* Si terminan en *-l, -r, -n* o *-m,* nuestro idioma asimila más fácilmente las palabras: *gol-goles, revólver-revólveres, bar-bares, líder-líderes, chófer-chóferes, mitin-mítines, lord-lores, frac-fraques* y *álbum-álbumes.* Algunos permanecen invariables: *ultimatum, déficit, superavit.*

Los apellidos. Al formar el plural de los **apellidos** hemos de aplicar las normas de los nombres comunes, si se usan con un valor genérico: *los Madrazos, los Quinteros.* Aquel fue el siglo de los Cervantes y los Quevedos.

Se consideran invariables los apellidos acabados en *-az, -ez* o *-enz, -iz* o *-inz* átonos: *los Velázquez, los Giménez, los Díaz, los Sáinz* y *los Herranz.* Para designar a una familia de modo colectivo el uso vacila entre la forma plural y singular invariables: *los Quinteros* y *los Quintero; los Argensolas* y *los Argensola.* Hoy se tiende al singular.

Si el apellido lleva delante el vocablo «hermanos» adopta mejor la forma invariable del singular: *los hermanos Bécquer, las hermanas Fleta, los hermanos Quintero.* Otro tanto ocurre con los compuestos: *las Pardo Bazán.*

Los nombres propios admiten plural como cualquier sustantivo: *En mi familia hay dos Luises y dos Antonios.*

3.º «Singularia tantum»: Casi no existe sustantivo, que de un modo u otro no pueda determinarse por su forma plural, salvo los que antes hemos examinado como invariables, como son algunas palabras extranjeras, que se usan en plural sin variación de forma *(déficit* y *superavit)* y estos pequeños grupos:

1.º Los de nombres propios átonos invariables: *Velázquez, Giménez,* etc., cuyos plurales se distinguen por el artículo.

2.º No tienen plural aquellos nombres que lo admiten a costa de cambiar de significación. Con el significado de una ciencia no se puede decir que tengan plural propiamente dicho: *la abogacía, la medicina, la anatomía, la pintura, la herrería,* etc. *Abogacía* e *ingeniería* no tienen nunca plural. Medicina no tiene plural en el sentido de «profesión de médicos»; lo tiene con valor de *medicamento:* «tomar unas medicinas».

3.º Los abstractos, como tales abstractos no tienen plural; lo admiten con un cambio de significación: la *templanza* es una virtud; las *templanzas* son actos de templanza; la *curiosidad* es una cualidad del curioso; las *curiosidades* son circunstancias o cosas curiosas.

4.º Se usan sólo en singular algunos nombres de objetos únicos, de matiz abstracto o nombres de sustancia y extensión. Carecen de plural de clase: *tez, caos, cariz, cénit, zodíaco, oeste, grima, sed, salud.* Antiguamente con valor de «saludos» se decía *saludes.*

5.º No tienen plural propio los nombres geográficos: *Francia, París, el Sena, el Mediterráneo.* Algunas veces se escribe: *las Américas, las Españas, las dos Castillas, los Madriles, las Andalucías,* etc. Sobre los nombres propios personales y apellidos, hemos hablado más arriba.

4.º «Pluralia tantum» y plural de las locuciones:

Tengamos en cuenta las siguientes observaciones:

1.ª Algunos sustantivos se emplean casi exclusivamente en plural. Entre ellos se enumeran: *víveres, comestibles, enseres, resultas, alrededores, afueras, nupcias, exequias, andurriales, añicos, maitines, manes, gafas, zaragüelles, zahones, aledaños, gárgaras, tinieblas, trizas, hilas, vituallas, modales, trébedes, entendederas* y *mientes* (las).

2.ª Hemos hablado ya de las piezas simétricas y aquí volvemos a recordar el tema y algunos ejemplos plurales: *impertinentes, pinzas, trenzas, prismáticos, esposas, grillos, andas, enaguas, calzoncillos, bridas, alforjas, fauces*— Hay vacilación en algunos como *intestinos.* El barbarismo *efeméride* se usa indistintamente junto a *efemérides,* nombre erudito con apariencia de plural.

3.ª *Plural de los compuestos: a)* Los compuestos de verbo y sustantivo plural son invariables; tienen la misma forma para el singular y el plural: *cortaplumas, sacacorchos (el* y *los). b)* Los compuestos de sustantivo y adjetivo admiten el plural en el segundo elemento: *el padrenuestro* y *los padrenuestros; el salvoconducto* y *los salvoconductos; el bajorrelieve* y *los bajorrelieves.* Algunos lo añaden al segundo elemento: *ricoshombres* de *ricohombre;* pero sería reprobable decir *ferroscarriles. c)* Añaden el signo plural al segundo elemento los compuestos de sus sustantivos *(la bocamanga* y *las bocamangas);* los formados de preposición y sustantivo *(el traspié* y *los traspiés);* de verbos *(el vaivén* y *los vaivenes)* de tres verbos *(el correveidile* y *los correveidiles). d)* Añaden el signo plural al primer elemento *(hijodalgo-hijosdalgo* y el femenino *hijasdalgo; quienquiera-quienesquiera.*

4.ª *Plural de las locuciones.* En las locuciones es frecuente la presencia de plurales. Unas veces son adjetivos sustantivados que entran en determinadas construcciones, otras se trata del artículo que se junta a un nombre o participio. Ejemplos: *andar a tientas, de puntillas, en volandas, en cueros; de mentirijillas, de veras, de bruces; a oscuras, a tontas y a locas, a trancas y barrancas; de buenas a primeras, de oídas, a ojos vistas; a sus anchas; estaba en las últimas; por las malas; a escondidas,* etc.

5.ª *Plurales de afectividad expresiva.* Damos a continuación y ofrecemos a la consideración del lector ejemplos de estos plurales que expresan pasiones del ánimo, estados psíquicos o cualidades éticas muy significativas: *Aplacó sus iras. ¡Yo también tengo mis orgullos y mi corazonzito! Una exaltación de ternuras. Conoce mis repugnancias en este asunto y mis fatigas y mis celos y mis angustias. No me vengas con agobios ni con prisas, ni con malos modos, porque me dan intenciones de echarlo todo por la borda, a pesar de mis esfuerzos. No tengo ningunas ganas, con tales estridencias. Le vi de rodillas por los suelos, pero se levantó para gritar con todas sus fuerzas. No le dieron ganas de hacer más piruetas. No hay que andar con zarandajas.*

5.º Variaciones de forma por sufijación apreciativa: Al género y número es preciso añadir como accidente gramatical la *sufijación apreciativa* que comprende las expresiones comparativas de adjetivos y adverbios *(en -ísimo* y *-érrimo)*. Estas formas superlativas tienen una gran afinidad con la categoría de los aumentativos, diminutivos y despectivos, una especie de apreciativos que llevan implícita una idea de comparación.

1) **Apreciación superlativa**

En latín la sufijación apreciativa se extendía al comparativo *(-ior, -ius,* «melior-melius»*)* y al superlativo desinencial *(-issimus, -ma, -um; fortisimus, -a, -um; -errimus, -a, -um, pauperrimus, acerrimus)*.

Del sufijo *-ior, -ius (melior, peior, minor)* han quedado en español las formas comparativas derivadas del latín: *mejor, peor, mayor* y *menor*.

La verdadera sufijación apreciativa de la gradación del adjetivo es la del superlativo en *-ísimo y érrimo: guapísimo y celebérrimo; muchísimo me alegro y habla bajísimo,* que afecta a adjetivos y a adverbios *¡qué chica tan guapísima! Qué tontísimo eres! ¡Es tempranísimo!*

Hay algunas variantes apreciativas de superlativo en *-císimo* por cruce con el sufijo diminutivo *-cito* en palabras terminadas en *-n* o *-r: jovencísimo, trabajadorcísimo, mayorcísimo* y *burloncísimo.*

2) La triple sufijación de *aumentativos, diminutivos* y *despectivos* completa la variación de forma o accidente gramatical que aquí estudiamos, bajo el denominador común de sufijación apreciativa.

CUADRO DE SUFIJOS:

a) **Aumentativos** (aumento de tamaño en el objeto):

-ón...... *hombrón, mujerona*
-azo..... *perrazo, mujeronaza*
-ote...... *muchachote, machote, cabezota*

b) **Diminutivos** (disminución del tamaño del objeto):

-cito..... *corazoncito, mujercita*
-cillo.... *rinconcillo, cancioncilla*
-ecito.... *geniecito, cumbrecita*

-ecillo... *panecillo, florecilla*
-ico..... *pastorcico, cosica*
-illo..... *chiquillo, pesetilla*
-in...... *peluquín, muchachina*
-ito...... *nidito, palomita*

c) **Despectivos** (idea de menosprecio):

-aco..... *pajarraco*
-ajo..... *trapajo, rodaja*
-acho.... *hilacho*
-astro ... *poetastro, camastro*
-orrio.... *villorrio*
-orro.... *tintorro*
-uco..... *frailuco*
-ucho.... *aguaducho, casucha*
-uza..... *gentuza*

d) Aumentativos, diminutivos y despectivos adjetivos:

-on...... *pobretón*
-ote..... *ricote*
-acho.... *ricacho*
-cillo.... *jovencillo*
-cito..... *mayorcito*
-illo..... *flojillo*
-ito...... *tontito*
-ucho.... *paliducho*

Los llamados apreciativos son comunes a sustantivos y adjetivos y a veces se extienden al adverbio, al gerundio y a frases enteras: *cerquita, lejitos, muchazo, callandito, aquisito, ahora mismito, despacito, poquito, prontito y lejazos.*

3) *Expresividad afectiva del diminutivo:*

El diminutivo se consideró primero como el signo de un afecto. Los sufijos diminutivos originariamente significaron pertenencia y semejanza. No eran palabras empequeñecedoras, sino individualizaciones como, los términos hipocorísticos. Más bien contenían un realce del concepto motivado por el afecto del interlocutor: *Mi pueblecito* no quitaba nada al concepto «pueblo», antes bien lo personificaba y sugería algo así como «mi pueblo por excelencia».

El diminutivo destaca el objeto en el primer plano del interés y de la conciencia de uno. Se nota preponderantemente la actuación de la fantasía.

Conceptualmente el diminutivo señala el empequeñecimiento de la significación del objeto, aunque ésta es su función menos frecuente, su uso más abundante es el emocional. Se insiste en la idea de pequeñez por expresividad afectiva: *una cosita de nada.* A veces tiene valor ponderativo: *deprisita* («más deprisa»), *cerquita* («muy cerca»), *callandito* («muy en silencio»). Pondera las cualidades: *modosito, parlanchín, cantarín,* frente a *correntón, gritón, besucón.*

Son como formas adverbiales de la cortesía. Entre *vaya usted deprisa y vaya deprisita* no existe más lentitud ni más celeridad. Son simplemente la fórmula gramatical y la fórmula de la cortesía. Veamos otro ejemplo: *Me gusta la sopa calentita.* Ninguno piensa en la interpretación de «muy caliente». Aquí el diminutivo insiste afectivamente en el calor y en el gusto. Cuando dos novios se dicen: *ya estamos los dos solitos* no expresan una idea de mayor soledad que con «solos»; sino la emoción especial que causa el estar a solas con el ser querido. Hay un regusto erótico en esta otra frase que se dicen los mismos novios: *íbamos tan arrimaditos.*

La expresividad puede afectar a toda la frase. Como dice Spitzer «Los sufijos funcionan como el signo en la clave de música, interpretan el tono de la frase.» Hay un valor intencional en esta frase de nostalgia coloquial: *Ya tendremos que aguardar unos añitos.* Unos en la frase presionan sobre el oyente, otros valen como expresión emocional del hablante. Este es un capítulo interesante en la llamada función activa del lenguaje que actúa sobre todo en poesía. Acaso los diminutivos que muestran más actividad son los vocativos. Un mendigo andaluz llama a la puerta: «*—Hermanita, ¿no hay una limosnita pa este pobresito bardaito que está desmayaíto?.. Ande usté, aunque sea un cachito e pan duro, pa una sardinita que me han dao aquí al lao.*» (Los Quintero, *El patio,* I, 1).

Diminutivos de cortesía y costumbe: El «pobresito bardaíto que está desmayaíto» es el mismo mendigo que habla. Muestra con los diminutivos, en su voz y ademanes, una cortesía y una petición de lástima. Es una expresión de diminutivos profesionalizada, pero emocionalmente expresiva. Para Spitzer los sufijos *-ito* y *-azo* son unidades de temple emocional.

Los términos de cariño, meramente efusivos se distinguen de los intencionalmente activos. He aquí un canto popular que nos lo explicará todo:

> No me tires con piedritas,
> que me vas a lastimar;
> tírame con tus ojitos,
> y me van a enamorar.
>
> A. Carrizo.
> *C. pop. arg.*, p. 169.)

Diminutivos meramente corteses, sin que medie afecto ni conocimiento entre los interlocutores: *D. José, ¿cuando tiene usted unos minutillos para hablar de un asuntillo?* Fórmulas familiares de reproche: *¿De dónde has sacado tú ese geniecillo, niña?* Dicen en la Argentina «*de mañanita*», «por la mañana temprano» y en la República Dominicana: *ahorita,* «hace poco» o «pronto». Otros diminutivos hispanoamericanos: *todito, lueguito, alguito, mismito, adiosito, afuerita, lejitos, nadita, yaíta, ahí nomasito, allisito, más acacito, detrasito, recientito, nunquita, en cuantito pueda,* etc.

En este pequeño estudio caben las formas familiares y cariñosas de los nombres propios: *Lolita, Blanquita, Michelita, Pepita, Angelita, Conchita, Luisita, Elvirita, Manolita, Rosarín, Pilarín, Consuelín, Perico, Juanito, Pepito, Manolín.* Otros por aféresis o cortes iniciales: *Fina* (Josefina), *Sindo* (Gumersindo). Otras fórmulas nominativas sintéticas o balbucidas, construidas según el capricho personal o la costumbre: *Pepe,* de Giuseppe; *Moncho,* por Ramón; *Quique,* por Enrique; *Nanín,* por Fernandín; *Concha,* por Concepción; *Merche,* por Mercedes; *Cuchita,* por Blanquita; *Rosi,* por Rosa; *Mary* por María, y *Cata,* por Catalina.

Hasta los nombres sagrados llega la formación de los diminutivos: la *Moreneta* (la Virgen de Montserrat), la *Cheperudeta* llaman los valencianos cariñosamente a la Virgen de los Desamparados y los españoles llamamos a la Virgen con diminutivo entrañable *la Pilarica* en el Pilar de Zaragoza (Cfr. *Ciencia del Lenguaje.* M. ALONSO, ed. 8.ª, p. 278).

Despectivos y aumentativos:

4) *Expresividad de los despectivos y aumentativos:*

Los despectivos son asimismo medios sinceros de expresión de afectos. Pueden combinarse unos sufijos con otros y formar conjuntos con valor despreciativo o de desdén. *Pintarrajear* (de *pintar* + *arro* + *ajo).*

Entre los diminutivos se señalan con signo negativo los «despectivos, que no son meros contravalores, sino más bien desvalorativos de dominante intelectual y escasa emoción. Comparemos estas series: *mujeruca-mujercita, casita-casucha.* Las segundas fórmulas contrapuestas a diminutivos de afecto no muestran odio y desamor sino olvido y falta de interés, que puede convertirse en menosprecio.

Los aumentativos se presentan en tono familiar *(me ha costado treinta durazos)* o de manera caricaturesca o despectiva *(matón, mirón),* en un cruce con los despectivos; en sentido de acción violenta *(cabezazo, puñetazo);* con idea de tosquedad o fealdad, rozando el límite de los despectivos *(gigantazo, librote).*

Contravalores en oposición:

a) *De los diminutivos y despectivos: librito* (la idea de cariño), *librillo* (desvalorizado), *teatrito* (teatro pequeño y coquetón que nos es simpático), *teatrillo* (despectivo y hostil). *¡A ver qué hace ahora el mocito ese!* frente a *¡Er mocito vale el dinero, pero buena alhaja se yeva!*

b) *De los aumentativos: señorón, mocetón* (nos fijamos en su riqueza y representación social o en su altura), *pelón* y *rabón* que, como contravalores, expresan precisamente la privación visible de pelo y rabo.

6.º Variaciones de forma por la declinación del pronombre personal:

Cuarto accidente gramatical: el *caso* examinado exclusivamente en las formas del pronombre personal. Se basa en las personas que pueden intervenir en el coloquio que pueden ser tres por lo menos: la que habla, la que escucha y aquella a quien se habla, con sus respectivos plurales.

Formas flexivas:

a) Tónicas: *yo, mi, conmigo;* 1.ª *tú, ti, contigo;* 2.ª *él, sí, consigo* 3.ª Pl. *nosotros, vosotros, ellos*

b) Atonas: *me, te, le, lo, se*
Pl. *nos, os, les*

Hemos heredado del latín los pronombres personales. Esta lengua clásica no tenía pronombre de tercera persona. Para suplirlo empleaba cualquiera de los demostrativos, pero el romance escogió *ille*, que luego suministró las formas del artículo. No mantiene completa la flexión originaria que en latín es esta:

Singular:

N.	*ego* (yo)	*tu* (N. V.) (tú)	
Ac.	*me*	*te*	*se, sese* (se)
G.	*mei*	*tui*	*sui*
D.	*mihi* (mi)	*tibi*	*sibi*
Ab.	*me*	*te*	*se, sese*

Plural:

N. Ac	*nos* (nosotros)	*vos* (vosotros)
G.	*nostrum-nostri*	*vestrum-vestri*
D. Ab.	*nobis*	*vobis*

En el singular de las tres personas están en uso todos los casos, menos el genitivo y el ablativo. En el plural de la 1.ª y 2.ª no se conserva el dativo (nobis-vobis). La distinción que hoy tenemos en los casos directo e indirecto *nos/nosotros* es secundaria. El de 3.ª persona retiene mejor la tabla de sus formas.

Ego se abrevia en el latín vulgar *eo* (pierde la *g* intervocálica y la *e* se cierra en un *yod* y da *yo)*, leon., occid., *you;* cast. = *yo* (M. Pidal, *Gram.*, 8.ª ed., p. 250).

Tu = tú, como forma acentuada; en el plural *nos, vos* como reducción acentual y transformada en *nosotros, -as.* «Mí, ti» procedente de *mihi, tibi*, por contracción de dos vocales del mismo timbre; ant. *mibe* influido por *tibe* o *mecum* influido por *mi* = *conmigo; ti* es analógico de *mí; tecum* influido por *mí, ti* = *contigo.*

Me, te, nos, os formas inacentuadas procedentes del acusativo que desempeña indistintamente la función de dativo y acusativo. En italiano, contra nuestro modo de ser, se emplea *mi* para los átonos y *me* para los acentuados y se dice *meco, teco. Vos* a finales del siglo XV se generalizó en *os.* Nos y vos quedaron relegados al estilo cancilleresco. De *nobiscum, vobiscum*, pasa a *noscum, voscum* (con acusativo en vez de ablativo), en leonés *nosco, vosco* < *comnosco, comvosco* < *-migo, -tigo.* En *-cum, -mecum* se sufija el *cum* por anástrofe, se pospone la preposición . Cum hace de prefijo y sufijo. La *c* se sonorifica en *g. Sibi* contraído (como *mi, ti) si, sí, consigo* y en las primeras Glosas silenses *consico.*

Se mantiene el dativo común para los dos géneros *les* < *illis* con aféresis y pérdida acentual y los acusativos *illos, illas* originan dos formas acentuadas: *ellos, ellas.*

7.º Usos de los casos del pronombre personal: Acusativo externo: *A Antonio lo han* despedido del trabajo; interno: *todos los alumnos lo entendieron así;* de resultado: *llegó a pensar que el dinero lo hace todo;* con verbos de duda, voluntad, etc.: *Veamos lo que me quiere este director* (= lo que quiere de mí). *¿Qué le quería a usted ese señor?* BAROJA. *Las trag. grotescas,* VII, 101. *Las hay riquísimas. Me alegro de verlos felices* (complementos predicativos). *—No me lo aceptaría; sin embargo me urge entregárselo. Cogí sus manos para besárselas.*

Dativo con referencia a personas: *Dejó en su tierra todo lo que le era querido. Tal vez le sean agradables mis consejos. Por muy padrazo que nos sea.* Dativo con dependencia de sustantivos: *Vio que le era conveniente. Sólo la idea que vives te es verdadera.* UNAMUNO, *Ensayos,* II, 210.

Con verbos de actos psíquicos: *te probó muy bien el veraneo. ¡Como a Michèle le agradan mucho los bombones! Se lo he consentido. El les dio la novatada.*

Con dativo de interés: *¡Si voy allá te como a besos! La chica desconsolada le abrió su corazón. Poniéndole la mano en el hombro le habló cariñosamente. Le susurraba zalamerías al oído. En sus ojazos verde-grises le ardía toda la pasión. Las piernas se le doblaron de cansancio. No llores, que se me parte el corazón. El mundo todo se les desvanecía.*

96. Cualidades y determinaciones. Cómo contamos en español. Sustantivación del adjetivo

Cualidades de las personas y los objetos. Los que expresan estas cualidades se llaman adjetivos (del *l. adiectiv-um,* «lo añadido).»

Adjetivo es una palabra especial que tiene en la frase el oficio de ampliar o precisar con una nota la significación del sustantivo. El adjetivo se refiere siempre al sustantivo. Es un concepto dependiente, es decir, no se concibe sino referido a otro, prácticamente a un sustantivo.

Fundamentalmente el adjetivo atribuye al sustantivo una cualidad. Los gramáticos antiguos no hacían distinción entre adjetivo y sustantivo. Ambos formaban la categoría del nombre (ὄνομα = nomen). La distinción procede de la Edad Media.

Funcionalmente el adjetivo es un término de rango secundario. Si digo *verde* o *estudioso* ha de haber algo o alguien que sea *verde* o *estudioso.* Desde otro ángulo: Si digo *casa,* traigo de ejemplo un sustantivo que tiene una extensión inmensa de significados. Para referirme a uno determinado, tengo que restringir este significado general y buscar una palabra-adjetivo que resulte apropiada para designar la *casa* de la que quiero hablar. Por ejemplo: *casa rosada* o *casa blanca*.

Hay cualidades más permanentes que otras. *Hombre asustado* muestra una cualidad de *susto* en el sujeto, que es pasajera. *Hombre grueso* indica en el sujeto a quien se aplica la cualidad de *grosura* o *gordura*, una cualidad más durable. Puede llegar a una condición permanente; entonces se refiere a una *cualidad-estado* o de permanencia.

Con las determinaciones *(este, ese, aquel hombre; esta, esa, aquella casa)* también especificamos al individuo, pero por otros métodos que luego examinaremos.

Por su construcción los adjetivos se clasifican en *atributivos* o los que atribuyen al sustantivo una cualidad («Michèle tiene unos ojos *bonitos*») y *predicativos* o los que tienen en la frase valor de predicado *(Tus ojos* Michèle, son *bonitos)*.

Por su *significación* podemos dividir los adjetivos en *calificativos* o los que informan al hablante de alguna cualidad interna o externa del objeto *(respuesta telegráfica, conversación telefónica, espacio televisivo)* y *determinativos* o los que concretan la significación en que debe tomarse el sustantivo, por medio de relaciones de *lugar* y *tiempo*, *posesión*, *cantidad*, etc. *(este televisor, cierta persona, mi coche, mucho dinero, medio litro, mil pesetas)*.

1.º Apócope adjetiva: *Apócope*, en general, es la pérdida del final de una palabra, por efecto rítmico *(san < santo)* o por abreviamiento convencional *(Metro < metropolitano; coci < cocido; bici < bicicleta)*.

Dos adjetivos con moción genérica *o/a* admiten una variante de reducción final, normalmente en la forma masculina (buen-o; mal-o). Incluimos en este grupo, adjetivos, numerales y algunas formas pronominales. Ejemplos: *gran*(de), *san*(to), *buen*(o), *mal*(o), *algún*(o), *ningún*(o), *primer*(o), *tercer*(o), *postrer*(o). *Grande* y *cualquiera* tienen apócope en el masculino y femenino: *el gran acontecimiento, la gran noticia, cualquier trozo de pan, cualquier persona.*

Además de ciento (cien pesetas) aparecen irregularmente ante sustantivos-femeninos: *primer, tercer* y *postrer (la primer vaquilla, la tercer visita, la primer llamarada. Esta postrer frase.* AZORÍN, *Capricho*, XXIV, 96. *San* se emplea únicamente ante nombres propios masculinos a excepción de *Santo Tomás* y *Santo Toribio. Mío, tuyo, suyo* se reducen a *mi, tu, su* (41).

---

(41) Podríamos tomar como materia de estudio algunas formas apocopadas lejanas procedentes del latín y en ciertos casos tan dudosas que las llamaríamos *apócopes aparentes*. Así, el cardinal *mil*, que actúa a veces como colectivo, procede de *mille* (pérdida final de la *e* y reducción de *l* a *l*, como *él < ell, piel < pell-is, cal < calx*.)

Otras reducciones y transformaciones finales: *sal < sale, lid < lite, red < rete, mes < messe < mense, paz < pace, luz < luce, pez < pece, boj < boje < buxu, ni < nec, sí < sic, di < dic, ya < iam.*

2.º Adjetivos de una y dos terminaciones: 1) Adjetivos de una terminación para los masculinos y otra para los femenino o/a: *traje nuevo; casa nueva.*

2) Otros que terminan en *-an, -on, -or* y agregan la *-a* a la forma masculina, como los anteriores: *holgazán-holgazana, juguetón-juguetona, soñador-soñadora,* menos *anterior, mayor,* etc.

3) Los que terminan en consonante y significan nación o territorio: *español-española, francés-francesa* (dos terminaciones).

4) Los adjetivos de cualquier otra terminación ofrecen una forma única: *muchacho feliz* y *jovencita feliz; nombre familiar, sala familiar; saludo cortés, palabra cortés.*

3.º Grados de significación adjetiva: La gradación de los adjetivos acompaña predicativamente al sustantivo: *Carla es mejor que Pili. Mejor* acompaña predicativamente a *Carla. Mejor* no expresa de modo definitivo ninguna cualidad, sino una simple relación comparativa. Puede darse el caso de que el primer elemento comparativo no sea *bueno,* pero es *mejor* que el segundo. Entre *bueno* y *mejor* existe una diferencia de grado.

Tres grados de comparación: *positivo* (joven sano), *comparativo* (joven más sano), *superlativo* (joven sanísimo). En el grado positivo el adjetivo no se modifica: *mujer joven.* En el comparativo establecemos una relación comparativa entre dos seres o cosas: *mujer más joven que tú; menos joven que tú* y *tan joven como tú.* El superlativo es el grado máximo de significación del sustantivo *(muy sabio, sapientísimo).*

Observaciones prácticas:

4.º Observaciones a los comparativos y superlativos: 1.ª El comparativo formulado por *más... que* se llama de *superioridad (Enrique es más listo que Pedro),* por *menos... que,* de *inferioridad (Pedro es menos listo que Enrique)* y por *tan... como,* de igualdad *(Enrique es tan listo como Pedro).*

2.ª En latín gran parte de los adjetivos recibían sufijos en *-ior, -ius* para indicar el grado comparativo. Nosotros conservamos unos pocos adjetivos, cuya función es sólo comparativa y que subsisten como recuerdo de aquellas formas latinas. Estos son:

mejor,	de superioridad	de	bueno
peor,	»	»	malo
mayor,	»	»	grande
menor,	»	»	pequeño

3.ª Formas comparativas, introducidas por el término *que (Juanito es mejor que tú).* Otras cuatro modalidades comparativas por el sentido, no por la estructura, se introducen por *a* y son: *anterior, posterior, superior, inferior: ¿Juanito es superior o inferior a ti?*

4.ª Los demás adjetivos nos dan una relación comparativa con *más, menos* y *tan: Amalia es más lista que Carla y menos habladora que Michèle.*

5.ª Han perdido todo su valor comparativo los adjetivos *ulterior* («que sucede o se dice después de otra cosa») y *citerior* («situado de la parte de acá»).

6.ª En latín el *superlativo* admite dos grados: uno *absoluto,* que adjetiva a un sustantivo en alto grado, con independencia de los demás objetos *(muy prudente, prudentísimo),* el otro llamado *relativo* atribuye a un objeto una cualidad suma, comparándola con la misma cualidad de otros objetos: *el más alto de su grupo. Quevedo era el más ingenioso de los escritores de su época.*

7.ª Añadamos a estas dos clases superlativas una tercera, la del *superlativo orgánico,* inherente a la significación de un adjetivo, sin medios especiales en su sentido absoluto: *óptimo, máximo, mínimo, pésimo.*

8.ª La forma superlativa normal en español termina en *-ísimo (lindísimo),* que puede cambiarse etimológicamente en *-érrimo,* forma poco popular en España *(libérrimo* de «libre», *paupérrimo* de «pobre», *celebérrimo* de «célebre», etc.).

9.ª Otras formaciones superlativas: Se puede anteponer el artículo al comparativo y emplear *de* o *entre* como partícula introductora del superlativo relativo *(el más estudioso entre los estudiosos)* o emplear como término de comparación *todos* o *del mundo (el más generoso del mundo),* o en caso de énfasis suprimir el término de comparación *(Tú eres el menos decidido)* o en los que terminan en *-n,* o en *-r* formar el superlativo en *-císimo (jovencísimo)* o, simplemente, considerar superlativos analíticos los adjetivos con *muy* y otros adverbios, sobre todo con *sumamente, enormemente* y *considerablemente: muy valiente; sumamente entendido; enormemente distraído,* y *considerablemente rico.*

10.ª A algunos adjetivos no se les puede agregar el sufijo *-ísimo.* Es incorrecto decir *alegrísimo, infamísimo, brutalísimo; sino muy alegre, muy infame, muy brutal...*

11.ª Otros adjetivos no admiten grados, por expresar conceptos exactos. No se puede añadir *tan,* ni *más* ni *menos,* ni *muy* a *cilíndrico, triangular, total, final* e *igual.* Cuando decimos *tan igual* queremos significar «tan semejante».

12.ª Otras fórmulas expresivas del superlativo: *Una chica muy requeteguapa. Lo toma demasiado en serio. Tenía muchísimo de admirable y antiguo. Se trata de una mujer así de estupenda. ¡Cómo está este hombre de lacónico! ¡Está que no hay más que ver de bonita! De tan llena estaba como hueca. Las paredes reverberaban de blancas. Estás de nervioso que no te conoce ni tu padre.* (Formulaciones equivalentes al superlativo por el sentido ponderativo de la idea y de las partículas acompañantes.)

5.º Determinaciones adjetivas: *Determinativo,* como término genérico de *raíz,* se denomina en la lingüística indoeuropea al elemento inserto entre la raíz y el sufijo, para modificar el significado radical. Se confunde con el tema y puede ser primario, si el determinativo es uno *(can-t-o)* y secundario si son dos *(ama-bili-s).*

Aplicado al adjetivo, sirve para determinar la extensión en que se toma el sustantivo: *algunos, muchos, todos, seis mil.*

Todos los determinativos son pronombres con función adjetiva. De todos hemos hablado en los apartados dedicados a los pronombres (núms. 90-1, 2; 91-1-5 y 92).

Los pronombres adjetivos o «adjetivos pronominales» se comportan igual que los otros adjetivos. Tienen un oficio llamado por los gramáticos «oracional», esto es una categoría gramatical que acompaña al sustantivo, fija su significado con alguna circunstancia o determina su extensión.

La función adjetiva de los demostrativos *(este, ese, aquel)* consiste en una relación de lugar y por traslación de tiempo. Gradación de distancias: *este jardín, ese jardín, aquel jardín:* cercanía o lejanía referidas a los interlocutores. Ejercen una deixis *(esa casa precisamente, aquí la recuerdo).*

El indefinido añade al sustantivo una idea de imprecisión *(cierta persona, cualquier día)* o de generalidad *(ningún motivo, todo el mundo lo sabe).* Los posesivos señalan una relación de pertenencia referida a la persona que dirige el diálogo, a la que escucha o a la tercera de quien se dice algo *(mi paraguas, tu gabardina, su cartera,* es decir, «el paraguas que yo poseo...»), con sus correspondientes formas femeninas y plurales.

Los *interrogativos* nos hacen preguntas, valiéndose de una determinación, por medio del sustantivo a quien acompañan *¿Qué partido tomaremos? ¿Cuál parecer es el mejor? ¿Qué alcance podían tener sus promesas y sus amenazas?* Con sentido exclamativo: *¡Qué mujer tan bonita!*

Los adjetivos *cuantitativos* limitan la extensión del sustantivo acompañante: *poco dinero y mucha demanda, ningún envío, algún colaborador y más días por delante.*

TODO, *término secundario* o adjetivo cuantitativo. Nos ofrece primero la particularidad de anteponerse al artículo *(todo el dinero* de mi cuenta corriente). Puede también ir precedido de posesivos y demostrativos *(Esto es todo mi caudal; todo aquello que esperábamos).* Equivale muchas veces al *totus* latino o toma un carácter colectivo: *toda la gente que acudió al aeródromo; todo el mundo se ha enterado; salió a recibirle toda la comunidad. Iba delante toda la tropa.*

Posee una dimensión predicativa y se junta a abstractos de cualidad, actitud o presencia física y moral: *tenía todo el aspecto de un mendigo. Toda su presencia y todo su porte era de un gran noble español. Toda su elegencia femenina y su característica simpatía. Todas sus afeminadas sensiblerías.*

Todo se yuxtapone en ocasiones, a sustantivos sin artículos ni formas determinativas: *toda mujer se siente herida en su amor propio; toda pasión es una fuerza que hay que dirigir. Aborrezco toda etiqueta.* UNAMUNO, *Ensayos,* II, 201. *Toda simpatía y trato familiar. Evitemos todo ruido en la noche.* Fórmulas fijas: *De todos modos, por todas partes; amor de todas clases, de todas formas, de toda suerte.* Fórmulas con *a: a todo correr, a todo trapo, a toda costa, a todo trance, a toda prisa, a todo lujo, a todo gas.* Formas prepositivas con *de, por, con* y *en: de toda confianza; por todo extremo, por toda explicación; con toda su alma, con toda franqueza, con toda paciencia; en todo momento* y *en todo caso.*

6.º Cómo contamos en español: Contamos por medio de los llamados «numerales», palabras especiales que señalan una cantidad precisa o expresan números determinados: *tres, quinto, medio, doble, triple.*

El núcleo principal para contar con los numerales, lo tenemos en los *cardinales* que significan el número determinado, sin asociar otra idea que la de cantidad precisa, constituida por la serie natural de los números: *uno, dos, tres, cuatro, cinco,* etc.

A este grupo fundamental hemos de añadir los numerales *ordinales* que indican orden o sucesión numérica *(primero, segundo, tercero, cuarto,* etc.); los *partitivos* que significan división *(medio, tercio, cuarto, un décimo, una décima parte, un vigésimo,* etc.); los *múltiplos* o *proporcionales* que expresan multiplicación por la serie natural numérica *(doble, triple, cuádruple,* etc.), y los *distributivos* que implican distribución en partes y designación de uno en relación con los demás *(sendos)* y los *colectivos,* como unidad de grupo numéricamente determinado *(docena, decena, quincena, veintena, cuarentena,* etc.).

Normas prácticas:

1.ª Las funciones de los *numerales cardinales* tienen un valor adjetivo fundamental *(tres libros)* y de adjetivo sustantivado *(los tres).* Por lo tanto los cardinales funcionan de un modo muy parecido a los adjetivos calificativos. Debido a su carácter determinativo, los *cardinales* no se posponen al sustantivo.

2.ª Los cardinales *primero* y *último* aparecen como verdaderas cualidades en sentido gramatical. Se anteponen o posponen al sustantivo. En cambio los *cardinales* son formas invariables ante los morfemas de género, a excepción de *uno-na* y las centenas. *Uno* en plural se convierte en indefinido: *unos-nas.*

3.ª Los *ordinales* que indican sucesión numérica concuerdan con el sustantivo en género y número: *los primeros ensayos; nunca segundas partes fueron buenas.*

4.ª Fuera de las formas doctas es muy escaso el uso de los ordinales. Los más usados son del *primero* hasta el *duodécimo.* Orden de los compuestos inverso al latín: *décimo tercero, décimo quinto.* El primer elemento vacila en la composición y en la grafía: *décimacuarta* y *décimo cuarta.*

5.ª Con los nombres de reyes y papas se usan los ordinales generalmente hasta el noveno; después se sigue con los cardinales: Fernando I, Felipe II, Carlos V, Gregorio VII, Pío IX (nono), Alfonso XII (doce) y Alfonso XIII (trece). *Nono* es la forma latinizante de *noveno.*

6.ª En los cardinales se usan palabras especiales para los números que van de 0 a 15 (cero a quince), para las decenas de 20 a 90 (veinte, a noventa), para las centenas de 100 a 900 (ciento...), para 1.000 *(mil)* y unidades de *millón, billón,* etc. Las otras cantidades se expresan por yuxtaposición: *dieciséis,* y *diez y seis* (fórmulas vacilantes), y por compuestos: *veintiuno, veintinueve.* Por yuxtaposición de forma invariable salvo *uno, doscientos, trescientos,* etc., que tienen variación de género. Ejemplos: *siete mil doscientos* (7.200). *Cuatrocientas mil pesetas. Veintiún años. Ciento cuarenta y un empleados. Treinta y uno.*

7.ª Los ordinales se sustantivan al convertirse en partitivos: *un cuarto, un vigésimo.* Se dice: *un tercio de jornal; media paga; la mitad de su fortuna.*

8.ª *Doble* significa que contiene a la base dos veces, *triple,* tres, etc.

9.ª El adjetivo *sendos* es el único propiamente distributivo. Significa «uno o una para cada cual de dos o más personas o cosas». Los múltiplos y colectivos son verdaderos sustantivos con rasgos especiales.

7.º Sustantivación del adjetivo: La cualidad puede adquirir en ciertos momentos un carácter sustantivo. En el ejemplo, *una mujer joven,* atribuimos a una mujer —concepto sustantivo— la cualidad de la juventud. Si decimos *una joven,* se ha fundido en una sola palabra-adjetiva «joven» lo sustantivo y lo adjetivo. Hemos creado un nuevo sustantivo, que no es término adjunto sino único o primario que llamamos *sustantivación: una joven,* con todas las cualidades de *mujer* y de *juventud.*

Esta transposición de categoría no se realiza siempre en la misma forma y hay palabras ya predispuestas a esta metábasis, porque por su naturaleza morfológica y semántica pueden funcionar como adjetivos y sustantivos: *joven, viejo, vecino, amigo.*

a) *Sustantivación adjetival que designa personas.*

Se apoya muchas veces en el contexto como término primario de adjetivo sustantivado: *los exteriores del edificio; un mundano entre da-*

mas frívolas; un pusilánime no era capaz de hacerlo, un magnánimo sí. Todos los hipócritas de aquella reunión.

Con matiz de generalización: *los poderosos, los humanos, los ricos y los pobres, los humildes y los ignorantes; los mayores en edad y gobierno; los más audaces, los más díscolos de aquella promoción; los más inteligentes, los inteligentes, los más resueltos; los más astutos, los más vivos escalan los primeros puestos.*

Agrupados con adjetivos adjuntos: *aquellos extraños menesterosos; un erudito muy afable; los prudentes mundanos; los diversos contrincantes; el intelectual, un científico; el eterno enamorado; el terno femenino; un primitivo ingenuo.*

Referencia anafórica del artículo y del pronombre en función primaria: *Los ocupados y los preocupados; no es el petulante inaguantable; quedan algunos incorruptibles; estos exégetas minuciosos.*

b) *Sustantivación adjetival de concretos y abstractos.* Son de origen adjetivo o participial. Designan cosas concretas: *escaso metálico; un billete de primera; en lo hondo del bolsillo; el secreto ideal; el sentido del ridículo; el inconsciente; se perdió en el anónimo; descubrió su flaco; era un imposible y un absurdo.*

Nombres de orientación o de naturaleza relativa: *el común de los humanos; la inversa sería mejor; llevarle a uno la contraria; el extremo de la concordia y el sumo de la ignorancia.*

c) *Sustantivación del adjetivo* mediante el artículo *lo* antepuesto a la forma masculina singular: *A mí me gusta lo sencillo y lo tradicional. Lo mejor no puede ser enemigo de lo bueno.* No tiene variación de género ni de número. Esta sustantivación alcanza a todos los adjetivos, pero algunos han entrado de una manera fija en la corriente sustantiva: *el duro* (moneda); *las medias.*

Tengamos en cuenta, para todas las variantes y transformaciones adjetivas, que el adjetivo no expresa un modo de ser la realidad, sino un modo de pensarla y representarla y de hacerla figurar en la frase.

97. Técnica de las formas verbales. El verbo y sus accidentes. Clasificación

Los filósofos y los gramáticos han definido el verbo desde diversos ángulos. Tenemos que poner esta categoría gramatical en su verdadero encaje morfológico, porque la definición de las gramáticas que consideran al verbo como expresión de «la existencia, acción o estado de los seres» no es acertada. Todo lo más nos da su lado semántico o contenido significativo. Nosotros vamos tras la descripción formal, dentro de una lengua determinada.

El verbo es uno de los ejes de la frase; una palabra fundamentalmente predicativa. Prescindiendo de las formas no personales (infinitivo, gerundio y participio) y de los verbos meramente copulativos y auxiliares, que se consideran instrumentos gramaticalizados, el *verbo* es radicalmente *predicado* y se nos aparece íntimamente unido al concepto de frase.

El verbo es el fundamento de toda frase completa con sujeto y predicado.

El chino emplea una misma palabra como nombre y como verbo pero distingue perfectamente sus dos funciones. En el inglés muchos sustantivos pueden usarse como verbos, pero el oyente comprende bien el valor de su empleo en la frase.

1.º Lo que dicen y lo que decimos del verbo: La *definición* y naturaleza del verbo puede partir de puntos de vista distintos. El verbo se distingue netamente de las demás palabras o semantemas por los morfemas que admite.

He aquí algunas opiniones de pensadores que han influido en la teoría gramatical:

Platón lo define como «elemento del predicado».

Aristóteles preocupado por el concepto-tiempo, nos dice que expresa su realidad dentro de un marco temporal fijo.

Robles Dégano en su *Filosofía del Verbo* (1931, p. 20) se inclina por la definición escolástica y dice: «Verbo es todo vocablo significante de algo por modo de acción o de pasión, esto es, como en movimiento.»

Los cartesianos explican el verbo como el «signo del juicio mental». Guillaume, lingüista francés, nos habla del verbo como semantema que implica y explica el tiempo. Lenz al sintetizar en tres vocablos los conceptos *sustantivo-adjetivo-verbo,* pone en línea paralela: substancia cualidad-fenómeno.

Bello, el mejor gramático que hemos tenido, desde la segunda mitad del siglo XIX, ofrece la siguiente definición: «*El verbo es, pues, una palabra que denota el atributo de la proposición, indicando juntamente el número y persona del sujeto y el tiempo del mismo atributo.*»

En esta exposición de la naturaleza del verbo está bien clara su función predicativa, al hablarnos del atributo como la esencia verbal, al que todos los demás elementos se refieren, explicando o particularizando su significado y su función.

He aquí nuestra posición al determinar una fórmula para definir el verbo. Porque la explicación que dan en su *Gramática* A. ALONSO y P. HENRÍQUEZ UREÑA (p. 102), al razonar la esencia del verbo «como parte especial de lenguaje, con que pensamos una realidad como un comportamiento del sujeto» resulta objetiva, pero incompleta. En el primer tomo, pág. 45 hablan del comportamiento de los objetos.

Si formulo esta frase: «los árboles crecen», puedo agregar más palabras o circunstancias al verbo, pero siempre quedará una, en este caso *crecen* (a quien se refiere el sujeto «los árboles»), que es por excelencia el *predicado.* Denota la naturaleza de la frase intransitiva e indica el número y la persona del sujeto. La realidad verbal puede presentarse como «acción»: *el coche «corre» en la pista;* como inacción: *aquí yace este cuitado;* como accidente: *las hojas caen en otoño;* como cualidad: *las uvas se doran;* como posición: *la Torre de Madrid se alza en la Plaza de España.*

En resumen: el papel expresivo del verbo es ser la central coordinadora del complemento, pues a él se refieren directa o indirectamente todos los complementos.

Los sustantivos designan los objetos que nos rodean; los adjetivos, las cualidades de estos objetos; los verbos significan el proceso de los cambios, movimientos, alteraciones de estos mismos objetos en relación con el mundo circundante. El sustantivo es una forma peculiar de pensar y representar la realidad, de tener cualidades y ser clasificado en conceptos independientes. *El verbo es el núcleo gramatical del predicado.*

2.º Morfemas o «accidentes» verbales: Los morfemas verbales, vulgarmente dichos «accidentes del verbo» son los siguientes: *voz, tiempo, aspecto, modo, número* y *persona.* Estos morfemas verbales se expresan de una manera parecida a los nominales, sobre todo por medio de *afijos.*

En la forma verbal intervienen, además de los *prefijos, infijos* y *sufijos,* que individualizan la raíz, otros tres elementos característicos: la vocal temática que determina la clasificación conocida *(am-a-r, ced-e-r, part-i-r), -a, -e, -i,* la desinencia numérica (singular y plural) y la persona gramatical (1.ª, 2.ª y 3.ª); el índice condensado en un mismo morfema del tiempo y del modo. He aquí un esquema:

ced	*e*	*-er*	*-emos*
raíz	vocal tem.ª	tiempo-modo-infinit.	número-persona

Morfemas o variantes de forma:

1) La voz. Morfema que expresa si la significación del verbo es producida o recibida por el sujeto.

Existen en el verbo español entre otras voces: la *activa (pagó el cheque)* y la *pasiva (fue pagado el cheque).* En la primera el sujeto es *agente,* causante de la acción verbal; en la segunda, *paciente* o *sujeto-objeto* en que se cumple o acaba la acción. La pasiva tiene un empleo muy escaso en la lengua de Cervantes.

El hecho de que en español se determine la voz pasiva por una perífrasis verbal *(he sido amado)* no supone que las perífrasis sean voces verbales. Estas perífrasis tienen varios usos y uno de ellos es este precisamente: expresar la modalidad de una voz en el verbo.

Además de la voz pasiva existen en español nuevas modalidades o morfemas como otra voz *media* y una *causativa,* de las que hemos hablado en el estudio de la Frase moderna (núms. 23-4, 30 y 32). Según algunos la voz pasiva se confunde con la frase de predicado nominal o aparentemente presenta semejante estructura: *Enrique es estudioso* frente a *Enrique es aprobado o ha sido aprobado.* En la frase de predicado nominal un verbo copulativo hace la unión del sujeto y el predicado; en la pasiva un verbo sustantivo «es» hace la unión del sujeto, que es el mismo «Enrique» con un adjetivo-participio y forma una unidad. No tenemos en el español un matiz especial de forma para la voz pasiva y la hacemos perifrástica.

Como observó Bello, la pasiva no se emplea apenas con verbos perfectivos en los tiempos simples. En su lugar ponemos la forma con *se*. En vez de: *Junto a la playa son construidos «bungalows»*, decimos: *Junto a la playa se construyen bungalows*. De estos problemas de la pasiva refleja e impersonal hemos hablado muy ampliamente en los capítulos dedicados a la *Frase moderna* (4. *Sintagmas verbales de la frase:* 28. *Limitaciones de la voz pasiva.*—29. *Pasiva refleja y pasiva impersonal).*

2) Tiempo. El proceso verbal varía según el tiempo en que estén localizados los estados y fenómenos de nuestro espíritu o de los seres y las fuerzas que nos rodean.

De otro modo **los tiempos** me dicen si lo que indica el verbo sucede en el momento de la palabra, en el pasado o en el porvenir: *yo hablo con el lector; tuve ocasión de hablar con él en otro libro; tendré ocasión de hacerlo.*

Estas variaciones de tiempo se llaman y son *el presente, el pretérito* (de un modo general) y *el futuro*. Con el tiempo *hablo* me refiero a este momento del libro; con el pretérito absoluto *tuve* nos referimos a una época anterior ya pasada; con el futuro absoluto *tendré* hago alusión a una época que aún no ha llegado.

Cuadro de los tiempos

Indicativo: presente *(amo)*, pretérito absoluto o perfecto intemporal *(amé)*, pretérito actual *(he amado)*, pretérito imperfecto *(amaba)*, pretérito pluscuamperfecto *(había amado)*, pretérito anterior *(hube amado)*, futuro absoluto *(amaré)* y futuro compuesto *(habré amado)*.

Esquema verbal de los tiempos: Subjuntivo e imperativo: presente *(ame)*, pretérito imperfecto *(amara-amase)*, pretérito perfecto *(haya amado)*, pluscuamperfecto *(hubiera o hubiese amado)*, potencial simple *(amaría)*, potencial compuesto *(habría amado)*, futuro hipotético *(amare)*, futuro hipotético compuesto *(hubiere amado)*.

Imperativo *(ama tú)*.

Formas nominales o no personales: Infinitivo simple *(amar)*, infinitivo compuesto *(haber amado)*, gerundio simple *(amando)*, gerundio compuesto *(habiendo amado)*, participio *(amado)*.

Ya hemos indicado que se ha definido al verbo por el tiempo. Efectivamente, la idea verbal, como se halla en el infinitivo *(amar)* implica la noción de tiempo y las formas personales y en cierta manera las impersonales marcan los tres compases del tiempo que son *anterioridad*, *simultaneidad* y *posterioridad*. Con todo, la medición del verbo por el tiempo, como quiere Guillaume, resulta inexacta, ya que también los sustantivos verbales *(ganado, comunicado, trazado, el planchado, el alumbrado, acometida, subida, bajada)* y los postverbales *(alcance, toque, coste, enlace, roce, acorde, disparate, viaje)* incluyen la idea verbal implicada con el tiempo.

En la matización temporal del verbo español nos encontramos con varias formas del pasado y concretamente, dos antepasados: el *pluscuamperfeto* y el *anterior*, al lado de un pasado absoluto o *perfecto intemporal* (amé) y otro tiempo que puede funcionar como pospasado, el *condicional (amaría)*.

El futuro no es tan fecundo y nos proporciona sólo dos formas: una absoluta, fundamental de futuridad *(amaré)* y de *futuro compuesto* y, como dice Bello, «antefuturo» *(habré amado)*.

Además del sentido de actualidad o realidad del presente de indicativo y de la irrealidad del presente de subjuntivo, hasta cierto punto representa la idea del presente el perfecto que indica una acción acabada en el presente, aceptando la idea de presencia en un sentido amplio.

En el capítulo 6 del estudio de la *Frase moderna*, bajo el título *Problemática de los modos y tiempos verbales*, se han reservado para la explicación muy detenida de los tiempos, estos epígrafes: 45. *El potencial no es un modo especial. Pertenece al subjuntivo y en algún caso al indicativo.—46. Uso de los tiempos en la frase.—47. Matización de los tiempos de indicativo.—48. Relación temporal en el subjuntivo. El imperativo.—50. Las formas nominales del verbo no son personales. Naturaleza del infinitivo, gerundio y participio.*

Recordemos algunos puntos o perfiles temporales. Por ejemplo: el imperfecto de indicativo *(amaba)* se nos presenta a veces con apariencia de tiempo absoluto: *yo tenía un camarada...*; pero no lo es, ya que el modificador adverbial está implícito. El llamado *imperfecto conativo* se reserva para las acciones iniciadas: *precisamente ahora hablamos de usted*. Hemos descrito, en el lugar citado, el *imperfecto de cortesía*.

Se han explicado ampliamente los futuros de indicativo, la modalidad del futuro inmediato, los tiempos llamados históricos, los dos pretéritos del denominado «subjuntivo impropio», los potenciales y futuros hipotéticos de subjuntivo, el infinitivo como sustantivo, como verbo y preposición, los dos participios, los gerundios completivos y el gerundio en frase absoluta.

3) Aspecto verbal. Suele incluirse dentro del accidente gramatical «tiempo». El verbo que representa el proceso de las acciones y fenómenos de nuestro espíritu y de los objetos circundantes, ofrece un *aspecto* distinto, según los vemos en su actuación, en su inicio o en su término, realizados de una manera perfecta o imperfecta. Por el *aspecto verbal* distinguimos si la acción se ha de considerar en su transcurrir o como algo cumplido o acabado. Esta modalidad o morfema verbal se indica, generalmente, por medio de la aclaración entre tiempos simples y compuestos.

Bajo la denominación de *aspecto verbal* algunos incluyen todos los conceptos morfemáticos con exclusión de la *voz, tiempo* y *modo.* Este modo especial de *acción* suele extenderse así mismo a los nombres. Suele distinguirse el *aspecto durativo, optativo, imperativo, puntual,* etcétera. Para Guilláume el *aspecto* es tiempo *implicado,* frente al *explicado,* que forma el tiempo propiamente dicho.

Para nosotros esta nueva noción o morfema temporal resulta muy discutible. Con un ejemplo de diferencial de tiempo nos lo explican así: *rejuvenecía-rejuveneció-ha rejuvenecido.* Está claro que la primera fórmula supone el proceso en curso o en vías de realización con precisión mental de comienzo y de término. En la forma «caminaba», que se nos presenta como imperfectiva, hay una parte realizada y otra por realizar *(rejuvenecía).*

En la segunda fórmula *(rejuveneció)* la acción llevada desde su arranque al término se da por terminada. El punto de mira del dialogante abarca todo el proceso de una vez; ni le interesan las consecuencias del hecho ni va más allá de su realización.

La tercera fórmula *(ha rejuvenecido)* se puede sustituir por una perífrasis o frase verbal: «está rejuvenecido», semejante al pretérito actual antes citado. Este aspecto se manifiesta, sobre todo, cuando existe un verdadero interés por la acción terminada (Cfr. núm. 42).

4) EL MODO. Expresa la actitud mental del hablante con respecto a los hechos que enuncia. El proceso verbal depende de nuestra conducta personal al enjuiciar las acciones de nuestros deseos y afectos o intenciones *(modo indicativo, subjuntivo, imperativo,* etc.).

Comparemos algunas frases. Al decir: *Hoy compras un coche,* el que habla ve esta compra como un hecho real. Si dice *hoy podrías comprar un coche,* el hablante considera *la compra del coche,* como un hecho posible o intencional. Pero si la afirmación del que habla es: *compra hoy un coche,* no ve la compra como algo imaginable, sino una consecuencia de un consejo, de una orden o de un mandato que puede dar a otro, al que puede ser su representante o agente de compras. Tenemos pues tres formas del verbo *comprar* con el mismo significado y distinta modalidad o *modo* de realizar la acción: como un hecho efectivo o real, como un hecho intencional y como un hecho de consejo o mandato.

Los **modos** según A. ALONSO y HENRÍQUEZ UREÑA *(Gramática,* I, III) significan las distintas maneras que el hablante tiene de considerar o encarar la acción del verbo. «Estas distintas maneras de encarar la acción verbal se corresponden con las distintas modalidades de frases sintácticas: el indicativo es el modo de las frases *enunciativas,* el imperativo el de las de *mandato* y el subjuntivo de las *desiderativas.*» El subjuntivo es también el modo de la *subordinación.* Las interrogativas no tienen modo propio; se expresan en forma indicativa, con entonación y signos especiales. Los gramáticos excluyen de los modos al *infinitivo* que consideran como una forma nominal no personal, como el *gerundio* y el *participio.*

5) NÚMERO Y PERSONA. El verbo presenta sus variaciones de forma, valiéndose de las personas gramaticales y de los sufijos del singular y plural. Son seis formas correspondientes a las tres personas gramaticales del singular y plural, en cada tiempo y en cada modo de esta manera:

ced-o	*ced-emos*	1.ª persona
ced-es	*ced-éis*	2.ª »
ced-e	*ced-en*	3.ª »

Ejemplo del *subjuntivo:*

ced-iera	*ced-iéramos*	1.ª persona
ced-ieras	*ced-iérais*	2.ª »
ced-iera	*ced-ieran*	3.ª »

La persona se encuentra también al estudiar los pronombres y los adverbios (en los pronominales). Hay en el verbo formas independientes de todo concepto personal llamadas *unipersonales* o *terciopersonales,* prácticamente *impersonales (llueve, amanece, truena)* o *indeterminadas (llaman a la puerta).* Algunos distinguen una cuarta persona en la fórmula «él le aconseja»: *él* tercera y *le* cuarta. Pero en este caso no podemos distinguir esta nueva modalidad personal.

En algunos momentos, sobre todo de narración histórica, la tercera persona se confunde con la primera.

César, primer cronista de guerra de sí mismo, escribe las Memorias de la *Campaña de las Galias* y refiere los hechos de armas siempre a Él, tercera persona que sustituye al *yo* y es el recuerdo afirmativo de su persona.

En las trincheras de la *Guerra Civil* hay dos términos personales contrapuestos por la guerra y la gramática: ELLOS y NOSOTROS. *Ellos* es el término de lejanía y oposición; *nosotros* la referencia de cercanía y amistad. Siempre que César habla de los soldados de Afranio y Pompeyo, ELLOS son los enemigos.

3.º Conjugación regular e irregular: Los verbos españoles, para su flexión normal, se agrupan de tres maneras, de acuerdo con las terminaciones del infinitivo: *-ar, -er, -ir.* A cada una de estas desinencias corresponde un sistema de terminaciones que expresan, cada uno según su tema, el modo, el tiempo y la persona gramatical.

Conjugación regular es la reunión, en serie ordenada de las formas que puede adoptar un verbo, ajustando a su radical las desinencias correspondientes a cada uno de los tres temas en *-ar, -er, -ir.*

Cuando el radical no cambia y sólo lo hace la desinencia, según normas fijas, se dice que la conjugación es *regular.* Al afirmar que el radical no cambia nos referimos a los sonidos, aunque a veces se altere la grafía: *delinco, delinques; acojo, acoges; resarzo, resarces* (42).

La conjugación es *irregular* cuando el radical se altera o la desinencia no es la común con el paradigma de los otros verbos o se dan las dos cosas a un tiempo. Alteración del radical: *vol-ar, vuel-o;* desinencia que se aparta de la norma: *est-ar, est-uve;* radical y desinencia fuera de la norma o irregular: *pod-er, pud-e* (debiera de ser «podí»).

4.º Conjugación española frente a la latina: Solo mediante una aproximación comparativa de las dos conjugaciones, la latina y la española, pueden tener sentido muchos cambios y peculiaridades de nuestro cuadro flexivo-verbal

Toda la conjugación del verbo latino se funda en la oposición de dos temas, el de presente o *infectum* y el de *perfectum* o perfecto. Al segundo se une, estrechamente relacionado, más por la significación que por la forma, el tema del adjetivo verbal en *-to,* que sirvió para formar el *perfectum pasivo* y el deponente. El tema del *infectum* declara su acción en su desarrollo, el tema del perfecto le ofrece ya terminada (aspecto perfecto).

La división en cuatro conjugaciones imaginada por los gramáticos latinos data de la época imperial en que la tercera se bifurcó en dos, según la cantidad de la *i.* Se fija en el presente y junta dos formas diversas *capio* y *lego.* Hay verbos primarios (tipo *lego-is)* y otros derivados (tipo *finio-is* y *curo),* aunque prácticamente estas combinaciones se entremezclan.

En general la conjugación latina se ha conservado bastante bien en las lenguas románicas, frente al desastre de la declinación de la que nos han llegado algunos restos pronominales.

Acaso por la precisión fonética y sintáctica de nuestra lengua, las desinencias verbales siguen formando un sistema cerrado. La primera diferencia perceptible a simple vista es el número mayor de tiempos en la conjugación española, pero es en apariencia, porque en la latina predominan las formas simples y en la española las series compuestas *(había amado; había leído* frente a *amav-eram, leg-eram).*

En nuestro sistema se intensifican, en su aspecto verbal las formas no personales *(infinitivo, gerundio* y *participio),* los pasados de indicativo y las combinaciones perifrásticas. Algunas variaciones del verbo latino y del habla popular cobran más relieve, principalmente las correlaciones temporales de anterioridad, simultaneidad y posterioridad.

Se pierde en castellano el futuro de indicativo *amabo* y se convierte en la perífrasis *amar-he.* Se confunden fonéticamente las formas *amavero* (fut. compuesto), *amarem* (pret. imperfect. subj.) y *amaverim* (pretérito perf. subj.). Dan como forma resultante *amare* (fut. hipotético de

(42) Todos los paradigmas morfológicos, tanto nominales como verbales, los encontrará el lector en la segunda parte de esta obra, titulada GRAMÁTICA COMPLEMENTARIA, cap. 15: *Paradigmas nominales y verbales.*

subjuntivo) de gran uso en la Edad Media y Época renacentista y hoy casi inusitado. En las formas nominales desaparecen: el infinitivo pasado *amav-isse*, el participio de futuro *amat-urus* y el supino *amat-um*.

La voz pasiva se transforma radicalmente con la pérdida de las formas simples *(amor-amabar-amabor, amator; amer-amarer-amari)*. Con nuestras formas compuestas concurren la pasiva refleja *(se vive bien, desde aquí se ve la torre de la iglesia)* y las formas plurales indeterminadas: *cuentan y no acaban* (impersonales eventuales) o las denominadas *impersonales gramaticales: hace cinco años; es tarde.*

Algunos cambios valorativos: se desplaza la forma del pluscuamperfecto de indicativo *(amav-eram)* y pasa a imperfecto de subjuntivo *(amara)*, y la forma de pluscuamperfecto de subjuntivo *(ama-issem)* se convierte en la segunda del imperfecto del mismo modo: *amase*. En pasiva: *amatus est = es amado.*

5.º Clases de verbos: *Norma general de clasificación.* El razonamiento clásico daba por hecho que existía un solo verbo, que servía de cópula: *la muchacha es bonita*, y a él con su predicado se referían los demás verbos: *yo amo = yo soy amante*. El tipo primigenio fue la frase yuxtapuesta: *la muchacha bonita*, o como ahora decimos: *¡Noche feliz!* Por esto aún hay lenguas de abolengo indoeuropeo que conservan la frase sin verbo.

Como *clasificación general* podemos presentar una tabla de verbos en dos grupos: *a)* Clases de verbos por las particularidades en el empleo gramatical *(transitivos, intransitivos y reflexivos; auxiliares, modales e impersonales)*. *b)* Clases de verbos por el modo de la acción *(perfectivos e imperfectivos, incoativos, iterativos y frecuentativos)*.

a) Clases de verbos por el empleo gramatical:

Clases de verbos por el empleo gramatical: 1.ª *Transitivos e intransitivos:* Transitivo es el verbo que está modificado por un complemento directo: *Michèle cobró su cheque. Intransitivo* es el verbo que no admite complemento directo. Completa la acción en sí mismo: *Lope nació en Madrid.*

El complemento directo perfecciona el significado del transitivo. Cuando digo *la niña tiene*, en la acción de tener entran muchas posibilidades y si no le aplicamos una, el verbo queda sin sentido. Podemos perfeccionarlo así: *la niña tiene los ojos verdes*. Con este último término «los ojos verdes» quedan limitadas las posibilidades de la acción y perfecto el ciclo transitivo de la frase.

Conocemos algunos verbos que sólo son intransitivos *(nacer, brillar, palidecer, fluir)* y otros de esta misma naturaleza *(dormir, vivir, madurar, crecer, llegar, venir, pasear)* que no indican fenómenos relacionados con un objeto, sino simplemente un modo de ser más o menos duradero. Se llaman *verbos de estado: las hortensias florecen en primavera. Michèle vive contenta en Madrid.*

Otros no se emplean en la frase si no llevan un complemento directo acompañante: *Él hace mucho ruido, da gritos, concede créditos, tiene dinero* y *tiene miedo.*

La mayor parte de los verbos se usan indistintamente como transitivos o intransitivos: *tu novia fuma; tu novia fuma diez pitillos por día. Mi primo canta bien; mi primo canta bien un bolero.* Complemento interno o etimológico, es decir, de la misma o parecida raíz que el verbo: *Vivir una vida alegre; soñar sueños agradables; llorar lágrimas amargas.*

2.ª *Reflexivos:* Son una clase especial de transitivos. Como éstos tienen complemento directo, que es un pronombre y representa la misma persona que el sujeto: *Yo me ducho todos los días; él se arrepiente o se queja o se alegra.* La acción refleja cae sobre el sujeto.

Bello llama construcciones cuasi-reflejas a los reflexivos por la forma, pero no por el sentido. No hay acción que recaiga sobre el sujeto: *me voy ¿te sorprendes?*

Existen unos reflexivos sólo de forma y suelen ser los que significan vida interior y los verbos de movimiento. Los de vida interior indican afecto o emoción, voluntad, memoria y saber inseguro: *avergonzarse, alegrarse, emocionarse, serenarse, horrorizarse, acobardarse, envalentonarse, atreverse, arriesgarse, enojarse, irritarse, vanagloriarse, asombrarse, maravillarse, burlarse, jactarse de, quejarse, reírse* y *sonreírse.*

De voluntad con matices emocionales: *empeñarse en, emperrarse en, esforzarse en, decidirse a* o *por.* De memoria: *acordarse, olvidarse.* De saber inseguro: *imaginarse, figurarse, suponerse.*

Unos son reflexivos de forma: *atreverse, desvergonzarse, dolerse, jactarse, empeñarse, arrepentirse, figurarse*; otros son o no son reflexivos: *me conmovió.* Este verbo es transitivo cuando no lleva el pronombre reflejo: *conmovió a su auditorio. Resolverse a algo y resolver una cuestión.*

Hemos hablado en otro lugar de los reflexivos que no indican ellos mismos vida interior, pero el pronombre procede del *dativo latino de interés* e intensifica su personalidad por la acción y forma la voz media (núms. 23-4, 30 y 32): *Yo sé lo que me digo; me temo que... = temo para mí que...; se comió todo el asado de cordero; quiero que me estudies.*

Los verbos *de movimiento* se usan en forma reflexiva: *irse, venirse, volverse, subirse, asomarse, esconderse, retorcerse, tumbarse, moverse, ponerse, quitarse, precipitarse, escaparse, fugarse.* Muchos de estos verbos se usan como transitivos *(enderezar un árbol; precipitar un acontecimiento);* otros se aplican exclusivamente como reflexivos: *fugarse, desperezarse.*

El *verbo recíproco,* como el reflexivo tiene la particularidad de que su sujeto y objeto coinciden en una acción refleja; pero en el recíproco el pronombre *se* con ciertos verbos se relaciona con varios sujetos o con un sujeto plural. Estos sujetos realizan la acción y a la vez la reciben mutuamente: *Michèle y Alfonso se cartean; Paco y Pedro se han peleado; Julio y María Victoria se tutean. Los disidentes se ayudan.*

El valor recíproco de la frase resulta en ocasiones algo dudoso: *Los pintores se alaban mucho.* A estas fórmulas de perplejidad conviene añadir algún adverbio que asegure la reciprocidad, como: *entre sí, unos a otros, mutuamente. Los pintores se alaban mucho entre sí.*

3.ª *Verbos auxiliares y copulativos:* Estos dos grupos se han desentendido de su verdadera significaclón para gramaticalizarse, para convertirse en instrumentos subsidiarios de otras formas: *Andrés es librero,* (copulativo).

Verbo auxiliar típico es el que pierde, de alguna manera su significación para ayudar y matizar el significado de otro, a quien auxilia. Los tradicionalmente auxiliares son: *haber* (forma los tiempos compuestos y las frases impersonales *(«había amado»; hay flores en el jardín), ser* (como auxiliar pierde su significación propia, se une al participio de los verbos para formar la voz pasiva; como copulativo *califica: Juan es estudioso* y clasifica: *Julio es escultor.* Ejemplo de voz pasiva: *el campeón de tenis fue vencido por Santana); estar* nos da la idea de situación y estado *(está en casa; está preocupado).* Unido al gerundio de otro verbo, pierde su significado y expresa el hecho verbal en su duración: *está nevando, ¿qué estás haciendo?;* alterna con *ser* en contribuir a las formas de otros verbos: *está prohibido; la plaza del Conde está situada en el corazón de la ciudad.*

Ser y estar con participio:

Ser con participio expresa la acción que recibe el sujeto. *Estar* con participio significa el resultado de una acción o de una manera de comportarse algo o alguien. Ejemplos: *el bacalao a la vizcaína fue preparado por tu padre. El bacalao a la vizcaína está preparado por tu padre.*

Fue preparado quiere decir: *tu padre lo preparó; está preparado* equivale a una situación anterior al momento de la palabra; con *fue preparado,* la acción es simultánea.

Estoy cansado es un estado consecuencia de haberse cansado. *Es prohibido* es incorrecto; debe decirse: *está prohibido.*

Otros verbos auxiliares: todos los que se combinan con el infinitivo, participio o gerundio de otro, por ejemplo los modales *(poder, querer, soler, saber, deber)* y los de movimiento con gerundio *(ir, andar, venir,* etcétera): *debo acostarme pronto; ando escribiendo un libro.*

El verbo copulativo sirve de elemento unitivo entre el sujeto y el predicado nominal y da carácter temporal al elemento predicativo: *mi casa era muy moderna.*

4.ª *Verbos modales e impersonales:* Los primeros expresan el modo con que el sujeto ejecuta la acción del infinitivo. Es una construcción binaria: un verbo personal *designa* el modo «quiero», y el otro es un infinitivo que representa la signficación del hecho: *Quiero jugar al tenis.* Algunos verbos de valoración modal: *querer, poder, deber* y *saber.*

Otra construcción binaria consta de verbo con preposición e infinitivo, con gerundio, con participio: *Hay que obedecer a las leyes; tengo que entrar en clase. Ya debía estar aquí Angelita* (sin preposición *de* significa obligación). *Tengo escrito el libro* (por «he escrito el libro»). *Llevo escritas veinte cuartillas. Está distraído. Quedó aclarado el asunto. Pedro se quedó estudiando.*

Los verbos *impersonales* se distinguen por la indeterminación del sujeto. Sólo se conjugan en terceras personas y también se denominan unipersonales *(llueve, truena)*.

Unos expresan fenómenos atmosféricos de sujeto confuso y se refieren a una tercera persona gramatical: *llovía, lloverá, amanecía* y son *unipersonales;* otros adoptan el carácter impersonal: *hace frío* y por último, algunos no muestran interés por el sujeto: *ahí fuera te buscan.*

b) CLASIFICACIÓN DE LOS VERBOS IRREGULARES.

Al tratar de la conjugación (núm. 97-3) hemos distinguido la naturaleza del verbo regular, que se ajusta siempre a otro a quien toma como modelo y sigue el paradigma común. En cambio el irregular es el que en su desarrollo flexivo no sigue exactamente las formas del verbo propuesto como norma.

PRIMER TIPO: IRREGULARIDADES DE PRESENTE:

1) Diptongación de las vocales *e*, o tónicas *(acierto-acierte-acierta tú)*, la *o* en *ue (cuento-cuente-cuenta tú)*.

2) Debilitación vocálica (de *concebir* < *concibo* < *conciba* < *concibe tú*. *Podrír* se cambia en *pudrir*.

3) Debilitación y diptongación: *sentir, herir, advertir (siento-sienta / sintamos; muero / muramos)*.

4) Agregación de consonantes al radical: *z, g, y*. Los terminados en *-acer, -ecer, -ocer, -ucir*: *nacer* < *nazco-nazca; envejecer* < *envejezca; conocer* < *conozco; lucir* < *luzco; tener* < *tengo; poner* < *pongo; valer valgo; salir* < *salgo; huir* < *huyo.*

SEGUNDO TIPO: IRREGULARIDADES DE PRETÉRITO:

1) Los llamados *pretéritos fuertes*. En el pretérito absoluto de indicativo en vez de tener la última vocal acentuada, como *amé, cedí, partí* conservan del latín la acentuación en la penúltima sílaba: *andar* < *anduve*. Estas formas se corren al pretérito imperfecto de subjuntivo y al futuro hipotético de subjuntivo: *anduviera-anduviere.*

Tabla de pretéritos fuertes:

andar-anduve
conducir-conduje
caber-cupe
decir-dije
estar-estuve
haber-hube
hacer-hice

poder-pude
poner-puse
querer-quise
saber-supe
tener-tuve
traer-traje
venir-vine

TERCER TIPO: IRREGULARIDADES DE FUTURO:

1) Pérdida de la vocal. Ejemplos:

caber-cabré *poder-podré* *saber-sabré*
haber-habré *querer-querré*

2) Pérdida de la vocal y epéntesis de la *d* (en medio de la palabra):

poner-pondré *tener-tendré* *venir-vendré*
salir-saldré *valer-valdré*

3) Pérdida de la vocal y de la consonante próxima:

decir-diré *hacer-haré*

CUARTO TIPO: IRREGULARIDADES PARTICIPIALES:

1) En *-so:* *impreso* < *imprimir;*
en *-to:* *abierto* < *abrir (muerto, vuelto, puesto, resuelto, escrito, roto, visto);*
en*-cho:* *hecho* < *hacer; dicho* <*decir.*

2) Verbos de doble participio (el primero funciona como adjetivo; el segundo es el participio.

Ejemplos: *atender* / *atento-atendido; bendecir* / *bendito-bendecido; concluir* / *concluso-concluido; confesar* / *confeso-confesado; confundir* / *confuso-confundido; despertar* / *despierto-despertado; difundir* / *difuso-difundido; dispersar* / *disperso-dispersado; distinguir* / *distinto-distinguido,* etcétera.

Otros participios: de freír / *frito;* de proveer / *provisto.*

c) CLASE DE VERBOS POR EL MODO DE LA ACCIÓN:

Verbos por el modo de la acción:

1.ª *Verbos perfectivos e imperfectivos.*

En los verbos *perfectivos* la acción no es perfecta si no se termina. Bello los llama *desinentes.* Tiene una duración limitada y la acción necesita llegar a su término: *saltar, salir, entrar, comer, nacer, morir.*

De *desinere,* «terminar» o de *perficere,* «hacer del todo», los perfectivos indican en su mismo nombre la acción terminada o cumplida.

La acción en los *imperfectivos,* denominados por Bello, *permanentes* no necesita terminar su proceso para ser completa: *querer, saber, oír, ver, nadar, brillar.*

Veamos algunos grados:

1) En las expresiones verbales *perfectivas* se pueden distinguir: verbos de acción momentánea *(disparar);* verbos cuya acción puede coincidir con el acto de la palabra *(expulsar a una persona);* los de acción momentánea que exigen para su terminación un proceso previo

(llegar, terminar); verbos de acción o estado durativos *(cenar, leer un libro).*

2) En las expresiones verbales *imperfectivas* se pueden observar: los verbos de acción durativa, pero con sentido pasajero *(dormir);* los que significan una acción o estado de modo indefinido *(amar, creer);* los que se consideran en un estado conseguido *(saber).*

2.ª *Verbos incoativos.* Indican que la acción o su proceso y estado comienza: *amanecer* (comenzar la mañana); *anochecer* (comenzar la noche); *enrojecer* (ponerse rojo).

Algunos perfectos de verbos permanentes consiguen este colorido incoativo: *lo supe* (lo comencé a saber).

Un sentido secundario incoativo es el de los verbos que indican, en forma reflexiva, la entrada en un nuevo estado: *despertarse, enfriarse, calentarse, casarse.* Conviene estudiar aquí los tipos de *dormir-dormirse,* que son intransitivos con reflexivos o sin él. Verbos de comienzo, duración y estado: *enflaquecer, enriquecerse.*

3.ª *Verbos frecuentativos e iterativos.* Los primeros significan una acción habitual. En los *iterativos* la acción se compone de actos repetidos. Ejemplos de *frecuentativos: cortejar, tutear, cecear.* Ejemplos de *iterativos: besuquear, corretear, tartamudear, mariposear, parlotear, picotear, vagabundear.*

El término de *frecuentativos* e *iterativos* se reserva para ciertos verbos que significan pluralidad de movimientos y además de ser derivados, se presentan con el sufijo *-ear: corretear, bailotear, golpetear* y *besuquear.* Por lo tanto no se deben considerar como iterativos verbos de movimiento tales como: *andar, temblar, zurzir, talar, esgrimir, tejer,* etc.

98. Sistema de las formas invariables: Adverbios, preposición, conjunción e interjección

Entramos en lo que pudiéramos llamar la *morfología estática.* Se suelen denominar *partículas* las partes invariables y comprenden los *adverbios,* las *preposiciones* y las *conjunciones.* El verbo y el sustantivo forman la *biodinámica* de la frase; las partículas son la parte *estática,* que regula las leyes del equilibrio gramatical. En la mayoría de los casos sirven de nexos y lubrificante de nuestras formas expresivas. El verbo y el sustantivo son las fuerzas vitales de la expresión.

La calificación de «invariables» no es del todo exacta. Muchas formas han entrado en la categoría de los *adverbios, preposiciones* y *conjunciones* a través de morfemas temporales latinos *(quamvis, qualibet)* y de morfemas causales *(circum, circa, tras* y otros).

Estas partículas han participado antes de la naturaleza de los sustantivos, adjetivos, verbos y frases. Por ejemplo en *hacia* se ha perdido el valor primigenio de *haz*, «cara». Las formas semánticas *boca arriba* y *frente al mar* se consideran como «preposiciones» por muchos gramáticos.

1.º El adverbio: Los estoicos denominaron al adverbio πανδέκτης «receptáculo universal». Se incluían en esta categoría las palabras que expresaban grado, modo, lugar, tiempo, afirmación, negación y hasta las interjecciones.

Los griegos concedieron, gramaticalmente, una importancia relativa al adverbio; lo definían como ἐπίρρημα, «adición al verbo o de otro modo agregado a la palabra», o sea, palabras cortas que no cabían en las cuatro clases aristotélicas de *nombre, verbo, artículo* y *preposición.*

Modernamente para definir el adverbio no se puede partir de su etimología (l. *ad verbum,* «junto al verbo») en el sentido estricto, sino en sentido extensivo: *ad verbum,* «junto a la palabra». Cae por su propio peso la definición de las gramáticas escolares como «la palabra que modifica al verbo y al adjetivo».

La función del adverbio de *modificar al verbo* es importante pero no la única. Tiene un comportamiento ultraverbal; va más allá del verbo: es un modificador de todas las palabras, hasta del mismo adverbio. Hay adverbios no verbales como *muy* y algunos que son adjetivales como *bastante alegres.* Como dijo Bello, «el adverbio modifica modificaciones».

En 1540 ya Scaligero indicó que el adverbio modificaba no sólo el verbo *(corre mucho),* sino también a un adjetivo *(demasiado lento, medio desnudo),* a otro adverbio *(muy mal).* Y añadimos nosotros que afecta además a un sustantivo *(muy hombre)* y a una frase completa *(desgraciadamente lo supe tarde).* En los adverbios hay palabras intercambiables con otras categorías gramaticales con las que tiene forma común: Existe *la mañana* y *ven mañana* (sustantivo y adverbio).

DEFINICIÓN; Podemos decir que el *adverbio* es la forma invariable (no admite género ni número) que modifica *(amplía, precisa o matiza)* el significado del adjetivo, del verbo y de otras palabras o frases. Ejemplos: *Escribe elegantemente en papel muy blanco; es muy mujer y muy suya. Vivió su vida alegremente.*

Clasificación de los adverbios:

1) Adverbios-adjetivos de cualidad o modales. Equivalen dentro de su categoría a los adjetivos calificativos: *bien, justamente, lentamente: Hablar fuerte y pisar recio. Así es la verdad.*

2) Adverbios-adjetivos determinativos de lugar y tiempo: *cerca, lejos, enfrente, detrás; arriba, encima, abajo, dentro, fuera; antes, después, luego, hoy, ayer, mañana, aprisa, aún, todavía, siempre, nunca, jamás.*

3) *Cuantitativos.* Expresan modificaciones cuantitativas. Son adverbios de cantidad: *poco, algo, nada, muy, mucho, medio, demasiado, harto, bastante, más, menos, casi, sólo, excepto, salvo, además, tanto, tan.* De modalidad interrogativa y exclamativa: *cuánto, cuán, qué;* relativos: *cuanto* y *cuan.*

4) *Ordinales.* Son una variedad de los de tiempo y lugar y significan aspectos cuantitativos: *primero, antes, después, delante,* etc.

5) *Determinativos de afirmación, negación y duda.* Matizan el carácter confirmativo, de negación o de duda de la frase. El aspecto afirmativo no necesita adverbio; cualquier enunciado se presenta siempre en sentido de afirmación. Pero la forma adverbial sirve para dar énfasis al enunciado: *¿Le hablaste? —Sí le hablé. Seguramente te llamará por teléfono.* La duda y la negación tienen que ir siempre expresas. Ejemplos: *sí, también, ciertamente, verdaderamente, efectivamente, seguramente; no, ni, tampoco, nada, nunca, jamás; quizá o quizás, acaso, tal vez, probablemente.*

6) *Pronominales de interrogación.* Por su manera de preguntar forman parte de la familia de los pronombres: *cuándo* (de tiempo), *dónde, adónde* (de lugar), *cuanto, que* (de cantidad), *cómo* (de modo).

7) *Pronominales relativos, demostrativos e indefinidos.* Corresponden como adverbios a las nociones de dichos pronombres. Relativos: *cuando, donde, adonde, cuando, como;* demostrativos: *aquí, allí, acá, allá* (de lugar); *así, tal* (de modo); *ahora, hoy, mañana, ayer, anoche* (de tiempo); *tanto, tan* (de cantidad); indefinidos: *siempre, nunca, jamás* (en ningún tiempo); *nada, dondequiera* (en cualquier lugar). Admiten la función adverbial los pronombres indefinidos: *mucho, poco, harto, demasiado, todo: te quiero mucho; comes poco; hablas demasiado; harto haces con sacrificarte; todo lo echó a perder.*

Algunas observaciones:

1.ª *Recién* debe usarse delante de participios: *recién nacido.* En la Argentina equivale a «recientemente»: *salió recién* (acaba de salir). El adverbio de tiempo puede adaptarse a las circunstancias de lugar: un objeto está *antes o después que otro.* Se habla asimismo de *cerca* o *lejos* y se aplica al tiempo.

2.ª *Mitad* y *medio* pueden emplearse como sustantivos: *la mitad, por la mitad; el mejor medio posible;* como adjetivo: *medio día, medio mundo;* como adverbio: *medio atontado, por la bebida y el cigarrillo.*

3.ª Los adverbios *aquí, allí, ahí, acá, allá* son pronominales cuando señalan directamente la situación de cada una de las personas gramaticales: *aquí* (1.ª persona = donde estoy yo), *ahí* (2.ª persona = donde estás tú), *allí* (3.ª persona = donde está el o lejos de mí y de ti).

4.ª Son *correlativos:* los demostrativos y los relativos *(aquí fue donde le coronaron)* y los indefinidos son correlativos de los adverbios interrogativos *(cuánto* y *cuándo).*

5.ª Los adverbios nominales pueden sustantivarse con el *lo* neutro: *no hay lo bastante; el barco se ve a lo lejos*. Otra cosa muy distinta es la fórmula *lo que*. Interviene en construcciones del *lo* intensivo: *no sabes lo mucho que te quiero; lo buena que tú has sido* (= cuán buena).

6.ª Los adverbios *sí, no*, confirmativos o negativos de una expresión, cuando acompañan al verbo *(sí la busco, no la quiero)* no se presentan como aseverativos, sino más como modificadores del verbo. Cuando *sí* o *no* se usan solos, como respuestas a una pregunta, no son adverbios, sino frases condensadas: *¿Me has entendido? —Sí.*

7.ª Las llamadas expresiones o frases adverbiales son a veces modismos muy característicos y corrientes en la conversación. Ejemplos: *A la buena de Dios, a troche y moche, a pie juntillas*. Formas de mayor expresividad: *es más que sinvergüenza, volver a las andadas; andar a tontas y a locas; con el vientre a rastras; de mentirijillas; he abierto la caja a medias; por las buenas; a ojos vistas; a trancas y a barrancas; de buenas a primeras; a las claras; más a sus anchas; a los alcances; para sus adentros; en volandas. Tiene una casa con terraza y todo.*

2.º La preposición: «Las preposiciones son partículas que subordinan un término a otro. «Esta definición formulada por A. ALONSO *(Gram.*, II, 183) nos parece más exacta que la de Bello: «Es una palabra que precede al término, anunciándolo o expresando también a veces la especie de relación de que se trata». Pero resulta que el artículo también puede preceder al nombre y anunciarlo; además no es necesario que la preposición preceda al término de relación. Hay lenguas en que se pospone. La preposición sencillamente expresa la relación circunstancial o subordinativa que existe entre dos palabras: *llena de gracia; apartamento de Anita; sitio para jugar; estoy en Madrid; turrón de Alicante; reloj de oro; presume de listo; mujer de bandera; Alcalá de Henares.*

El primer término de la subordinación preposicional es el núcleo y el segundo el complemento: *Casa de la Presidencia* (Casa = núcleo en la subordinación; de la presidencia = el complemento).

La frase puede equivaler a un nombre y estar regida de una preposición: *desde que viniste* («tu venida»); *hasta que amanezca* (la amanecida); *sin que lo sepas.*

Datos prácticos:

1.º El término que las preposiciones subordinan a otro puede ser: un sustantivo o forma sustantivada *(casa con dos puertas; aguinaldo del soldado; estoy seguro de que se hará tiempo para examinarme)* un adjetivo *(alabada por discreta; pasarse de listo)*; un adverbio *(se ve desde aquí; ¿hacia dónde miras?)*

2.º El término subordinante puede ser: verbo *(busco a tu hermano)*; un sustantivo *(paz en la guerra; hora de soñar; tiempo de veraneo; arca de caudales; club de conciertos)*; un adjetivo *(contento con su suerte, difí-*

cil de explicar; fácil de corregir); un adverbio *(cerca de la plaza; lejos de tus amigos).*

3.º Formas incorrectas. Deben evitarse expresiones como estas: «dice de qué viene», «cuenta de que se va a casar», «ir del médico («al médico»), «debe de ser» (indica probabilidad), «Debe ser» (significa «obligación»).

4.º El adverbio relativo *cuando* puede equivaler a preposición: *Cuando la guerra* (por el tiempo de la guerra), BELLO, *(Gram.*, número 1183). Lo mismo ocurre con *donde* en el coloquio familiar: *donde Cristina* (= en casa de Cristina).

5.º *Frases prepositivas.* Hay frases que funcionan como preposiciones, equivalentes a otras ya admitidas: sobre = *encima de. Lo dejó encima de la mesa.* Ejemplos: *junto a, delante de, para con, desde dentro de, por encima de, respecto de.*

6.º Algunos adjetivos, participios o adverbios hacen el oficio de preposiciones antepuestas o pospuestas al sustantivo: *salvo error u omisión; durante el veraneo: de puertas adentro, carretera adelante, río abajo, años después.*

3.º La conjunción: Las conjunciones son partículas que unen entre sí elementos de la misma naturaleza sintáctica. Enlazan sustantivos: *el sombrero y el paraguas; por mar o por tierra;* adjetivos: *El blanco y el negro; rojo y amarillo; lista y simpática; pequeño pero activo.*

De la misma naturaleza sintáctica quiere decir que desempeñan en la frase un oficio equivalente.

La *conjunción* es una forma o nexo más propio para los quehaceres sintácticos. Conforme a estos oficios que desempeña en la frase la **conjunción** se puede clasificar en:

Coordinativa la en que los elementos son sintácticamente equivalentes y *subordinativa,* la que subordina un miembro a otro. El resultado de la primera es una serie de miembros equivalentes; el resultado de la segunda es un grupo con su núcleo o elemento subordinante y un complemento o elemento subordinado.

Las *coordinativas* pueden ser: copulativas *(y, e, ni, que: ni siente ni consiente);* disyuntivas *(o, u, ya, ora, bien, sea: mesa o silla; bueno o malo);* adversativas *(pero, mas, empero, sino, aunque, antes, salvo, excepto, menos: joven pero aplicado* — correctiva; *no es libertino sino honrado* — correctiva o excluyente—); consecutivas o ilativas *(luego, conque, pues: pienso, luego existo* —Descartes—).

Las *subordinativas* pueden ser (consecutivas, *conque, luego, que, asi, por tanto, de modo que,* etc.); condicionales *(si, si no, como, cuando, con tal que, con solo que, supuesto que,* etc.); concesivas *(si, aunque, cuando, aun cuando, mas que, por mas que, bien que,* etc.); completivas *(que, qué, cómo)*; finales *(para, para qué, a fin de qué)*; temporales *(cuando, como, mientras que, luego que, antes que, primero que, después que)*; comparati- vas *(que, así, como, así como, según que, a la manera que, lo mismo que)*; continuativas *(así que, supuesto que)*; explicativas *(esto es, a saber, por ejemplo)*; causales *(porque, que: tengo que visitarle porque me interesa)*.

4.º La interjección: Pertenece al grupo de palabras invariables que llamamos partículas. Elemento rudimentario que unas veces es lenguaje, como *¡hola!*, *¡cáspita!*, *¡bravo!*, *¡viva!*, y otras veces son amorfos expresivos que irrumpen en nuestro coloquio, como un sonido bilabial sordo apoyado en una *s* sonántica: *¡Ps s!*, o también *¡S s s!* Hasta las grafías son especiales y se salen de los moldes silábicos para expresar sonidos fricativos sordos parecidos a una *ch* francesa, para significar la imposición de un silencio: *¡C h i t ss!*, *¡S h s s!*, *¡C h s s s s s t!* Otros sonidos de extrañas grafías que usan autores modernos: *¡A r r j!*, *¡B e r r r!* y *¡b r r r u!*

Formas lexicalizadas y expresivas: *¡H u m! ¡H u m!* Las interjecciones amorfas que hemos citado, sólo pueden llamarse lenguaje en un sentido amplio, como se llama lenguaje a algún gesto que intencionalmente no es expresivo.

La interjección según el Brocense y los gramáticos modernos ni es una frase ni lo que antes se llamaba «parte de la oración». Opera al margen de las frases, como un impulso locutivo, como el símbolo más palpable de la expresividad afectiva, como una llamada de atención, y una expresión repentina de sentimientos condensados. En algunas fórmulas *(¡hola!, ¡viva!, ¡bravo!, ¡cuidado!)* sería muy discutible si no forman equivalencias expresivas y frases de intencionalidad contenida y de precisiones mentales. La *interjección* depende mucho de la entonación de la frase.

Donato (s. IV, a. de C.) la define: *significans mentis afectum*. La etimología latina *(interiectio)* alude a que suele ir entre dos términos del enunciado con independencia tonal. Muchos niegan que sea equivalente de frase, porque no puede enunciarse en estilo indirecto.

Es una palabra o signo, a veces sin estructura definida y sin valor gramatical ni semántico expreso, que desempeña funciones lingüísticas elementales y emotivas.

Clasificación normativa:

1) *Interjecciones apelativas*. Sirven para llamar la atención, como pudiera hacerlo un vocativo o un imperativo: *¡Eh!*, *¡chist!*, *¡ps!*, *¡psché!*, *¡P s h s!*

2) *Interjecciones expresivas*. *¡Oh!*, *¡Ah!*, *¡Ay!*, *¡Huy!*, *¡Bah!*, *¡Ea!*, *¡Quia!*, *¡Ojalá!* Palabras expresivas que en la conversación se convierten en interjecciones exhortativas: *¡Cuidadito con la morronguita! ¡Cuidado si habrá mozas guapas..! ¡Mucho ojo con la ortografía! ¡Pupila, primo! ¡Anda, corre, hijo! ¡Anda, ¿pero no estabas solo?! ¡Pronto, una*

escalera. ¡Vamos, es el colmo! ¡Vaya! Menos mal. ¡Vaya! Me quedo sin enterarme. ¡Vaya moza! ¡Vaya si entro! ¡Hala! No juego más. ¡Apreita! que mañana es fiesta. ¡Atiza, longaniza! ¡Atiza, Gorostiza! ¡Atiza, manco! ¡Calle usted, hombre! ¡Que te crees tú eso! ¡Que va! ¡Camará! ¡Vaya un niño! ¡Canastos! ¡Carambita con el hombre! ¡Caray! ¡Qué susto! ¡Gachó! ¡Cómo viene! ¡El demonio de...! ¡Hola, Pepita! ¡Caramba!

3) *Interjecciones representativas.* Representan un contenido: *¡zas!, ¡plaf!, ¡paf!, ¡pum!, ¡jem!, ¡jem!, ¡prrumm!, ¡cataplum!* A veces son verdaderas onomatopeyas que imitan el ruido de los objetos.

4) Los gramáticos las dividieron en *propias (¡Ah!, ¡Ay!, ¡ox!, ¡puf!, ¡Uf!, ¡sus!, ¡tate!* Sólo se emplean como interjecciones) e *impropias* adaptadas de otras formas o palabras *(¡Cuidado!, ¡Dios mío!, ¡Chito!, ¡Dale!, ¡Diablos!, ¡oiga!, ¡sopla!, ¡toma!, ¡ya, ya!), ¡Ojalá* conserva su originaria significación árabe de *¡quiera Dios!* y se usa como elemento subordinante: *¡Ojalá vuelva!*

5) *Interjecciones improvisadas: ¡Ahí va una morena! ¡Ahí va! ¡Uf! ¡Qué asco! ¡Ay qué miedo! ¡Qué contrariedad! ¡Qué barbaridad! ¡Qué alegría! ¡Qué locura! ¡Mi madre! ¡Dios mío! ¡Ave María Purísima! ¡Gran Dios! ¡Dios santo! ¡Dios de mi alma! ¡Ay Señor! ¡Otro día sin nada, virgen santa! ¡Santa Rita me valga!*

6) Las interjecciones responden a muy diferentes estados del ánimo y es muy varia su gama afectiva, pues indican *alegría, admiración, sorpresa, temor, miedo, espanto, ira, enojo, burla, resignación, aprobación, ánimo, cortesía, tristeza, amenaza, dolor, deseo, ponderación,* etc.

99. Por la práctica a la regla

a) **Construcciones con verbos de movimiento** (A. ALONSO, *Est. Ling.* pág. 230).

ANDAR: Andar diciendo; andar por los veinticinco años; andar de fiesta.

VENIR: Y eso ¿a qué viene?; ese traje te viene bien; venirme con estas cosas.

SENTAR: Ese traje te sienta bien; me sentó mal la cena.

PONER: Lo puso hecho un trapo; ponerse ronco.

QUEDAR: Quedarse sin una peseta; se quedó pálido; quedar asombrado.

VOLVERSE: Volverse loco.

DEJAR: Le dejó frito.

CAER: Caer en la cuenta; el vestido te cae bien; San Juan cae en viernes.

TOCAR: A mí me toca esta vez...

CORRER: Correr un albur; correr con los gastos; quedar corrido; correr peligro.

PASAR: Pasar por tonto; pasarse de listo o de vivo; no lo puedo pasar...

ENTRAR: Entrado en años; entra tanto paño en un vestido; entrar a jugar...

LLEVAR: Llevar dos años de casado; llevar una vida perra...

LLEGAR: Llegar a decir; llegar a viejo.

TRAER: ¡Qué intenciones se trae ese! Me trajo muy engañado.

SALIR: Salir con un desplante; salirse con la suya; salirle bien las cuentas.

SACAR: ¿Qué sacas con esto? Sacar alumnos buenos.

IR: Le va bien el nombre; ¿cómo te va? Ya van cinco días sin carta.

ECHAR: Echar una siesta; echar de menos; echarse un amante; echarse a reír...

b) **Lectura y análisis** del texto de AZORÍN; «Yo no sé escribir». Se han de examinar los modos, tiempos, números y personas de las formas verbales y los adjetivos calificativos. Se deben explicar, como ejercicio de vocabulario las palabras subrayadas en cursiva.

YO NO SÉ ESCRIBIR

1) «LECTOR: Yo *soy* un pequeño filósofo; yo *tengo* una cajita de plata llena de fino y *oloroso* polvo de tabaco, un sombrero grande de copa y un paraguas de seda *roja* con *recia* armadura de ballena. Lector: yo *emborrono* estas páginas en la pequeña biblioteca del collado de Salinas. *Quiero evocar* mi vida. Es medianoche. El campo *reposa* en un silencio *augusto; cantan* los grillos en coro suave y *melancólico;* las estrellas *fulguran* en el cielo *fuliginoso;* de la *inmensa* llanura de las viñas sube una frescor *grata* y *fragante*.

2) Yo *estoy sentado* ante la mesa; sobre ella *hay* un velón con una redonda pantalla verde que *hace* un círculo *luminoso* sobre el tablero y *deja* en una *suave* penumbra el resto de la sala. Los volúmenes *reposan* en los armarios; apenas si en la oscuridad *destacan* los *blancos* rótulos que cada estante *lleva* —Cervantes, Garcilaso, Gracián, Montaigne, Leopardi, Mariana, Vives, Taine, La Fontaine—, a fin de que me *sea* más fácil *recordarlos* y *pedir, estando ausente*, un libro.

3) Yo *quiero evocar* mi vida; en esta soledad, entre estos volúmenes, que tantas cosas *me han revelado* en estas noches *plácidas, solemnes*, del verano, parece que *resurja* en mí, viva y *angustiosa*, toda mi vida de niño y

adolescente. Y si *dejo* la mesa y *salgo* un momento al balcón, *siento* como un aguzamiento *doloroso* de la sensibilidad cuando *oigo* en la lejanía el aullido *plañidero* y *persistente* de un perro, cuando *contemplo* el titileo *misterioso* de una estrella en la inmensidad *infinita*.

Y entonces, *estremecido*, *enervado*, *torno* a la mesa y *dudo* ante las cuartillas de si un pobre hombre como yo, es decir, de si un pequeño filósofo, que *vive* en un grano de arena *perdido* en lo infinito, debe *estampar* en el papel los *minúsculos* acontecimientos de su vida *prosaica*...»

AZORÍN.
(Las confesiones de un pequeño filósofo.»

c) **Breve análisis del texto** (frases y modos expresivos)

1) Vocativo = *Lector*. Frase principal con compl. predicativo, con uso del pronombre personal en el sujeto: «yo soy...»; *Yo tengo* = frase transitiva. Ablativo de materia = de plata; con el atributo de cajita, que es *llena*, va un ablat. de abundancia = *de polvo;* Lector = otro vocativo. Completiva concertada de infinitivo = «*Quiero evocar*...» Cambio de género = *la frescor grata*...

2) Uso del verbo estar con valor de acción no definitiva, sino accidental. Una de relativo = *pantalla verde que*...; otra de relativo sin pronombre = *y deja*...; *Apenas si destacan* = equivale a una construcción concesiva. Una de relativo = *que cada instante;* Cervantes, Garcilaso, etc. = formas apositivas de *rótulos*. *A fin de que* = final; de predicado nominal = *sea más fácil*...

3) Ablativo circunstancial con una de relativo = *en esta soledad... que tantas cosas*... Impersonal = *Parece*... *Resurja* está en subjuntivo por *resurge* o «como si resurgiera» por una completiva condicional-real. Período hipotético = *y si dejo la mesa y salgo*... (con dos prótasis = *dejo* y *salgo*. Apódosis = *siento como un aguzamiento*... Período real subordinado a la apódosis = una temporal de repetición = *cuando oigo... cuando contemplo* (yuxtapuesta). Interrogativa indirecta = *dudo ante las cuartillas de si*... Comparativa elíptica de modo = *un pobre hombre como yo* («como soy yo»). Otra yuxtapuesta interrog. indirecta = *de si un pequeño filósofo*...; con una de relativo = *que vive en un grano de arena;* Verbo de la interrogativa indirecta = *debe estampar*.

d) **Recitación** de los versos de tres poetas: un argentino, LEOPOLDO LUGONES, y dos españoles, GUSTAVO ADOLFO BÉCQUER y ENRIQUE DE MESA, en sus correspondientes composiciones: *Plegaria del Carnaval*, Rima XLIV *(Como en un libro abierto)* y *Serenidad*, con el debido análisis gramatical de pronombres personales, posesivos y demostrativos, observaciones estilísticas y ejercicio de vocabulario en las palabras subrayadas.

¡OH LUNA, que diriges, como *sport woman* sabia,
por *zodíacos* y *eclípticas*, *tu* lindo *cabriolé:*
bajo la ardiente seda de *tu* cielo de Arabia,
oh Luna, buena Luna, quién fuera *tu* Josué!

Sin cesar encantara *tu* blancura *mi* tienda
con desnudez tan noble que *agraviara* el tul;
o, *extasiado* en un pálido *antaño* de leyenda,
tu integridad de novia perpetúa el azul.

Luna de los ensueños, sobre la *tarde lila*
tu oro viejo difunde morosa enfermedad,
cuando en un solitario *confín* de mar tranquila
sondeas, como *lúgubre* garza, la eternidad.

En *tu* mística nieve baña *sus* pies María;
tu disco reproduce la mueca de Arlequín;
crimen y amor componen la hez de *tu* poesía,
embriagadora y pálida como el vino del Rhin.

Y toda *esa* alta fama con que elogiando vengo
tu faz *sietemesina* de bebé en alcohol,
los siglos *te* la cuentan como ilustre *abolengo*,
porque *tú* eres, oh Luna, la *máscara* del Sol.

LEOPOLDO LUGONES (argentino).

2.º RIMA (XLIX)

COMO en un libro abierto,
leo, de tus pupilas, en el fondo;
¿a qué fingir el labio
risas que se *desmienten* con los ojos?

¡Llora! No te avergüences
de confesar que me quisiste un poco.
¡Llora! Nadie nos mira.
Ya ves, yo soy un hombre... ¡y también lloro!

GUSTAVO ADOLFO BECQUER.

3.º SERENIDAD

AQUÍ, a la sombra de los pinos viejos,
descanso al *repechar* de la vereda;
quiero, mientras murmura el agua *leda*,
meditar la razón de tus consejos.

Transida el alma está de amargos *dejos*.
Sendero de dulzor o ruta *aceda*,
¿quién hay, humano, que decirnos pueda
la dicha o el dolor que aguardan lejos?

De sol, silencio y soledad cercado,
huidera la pasión, la razón quieta,
lo más puro del alma se *destila*,

y el hombre, de sí mismo enajenado,
siente latir el ansia más secreta
y oye cantar el bronce de su *esquila*.

ENRIQUE DE MESA.

e) **Modismos y refranes:**

1.º Modismos de expresividad dialogal:

A mí me importa un bledo. Parece mentira, una pizca de hombre. Se le daba un pitillo todo aquello. Me importa maldita la cosa. Que no le está haciendo maldito el caso. No tiene donde caerse muerto. No entiende ni torta de eso. Sin decir esta boca es mía. Me faltó el canto de un duro. En un abrir y cerrar de ojos. En un decir Jesús o en menos que se dice un credo; en un periquete; en menos que canta un gallo.

2.º Refranes:

Al bueno no le busques abolengo. Quien siembra abrojos no vaya descalzo. Antes que acabes no te alabes.

f) **Dictado de Ortografía** (Explicación de las palabras señaladas en cursiva).

Vibraban en el aire los últimos toques que daba la campana de la ermita del Espinar, llamando a sus vecinos a la oración. De pronto vino del puerto la voz de alarma de que estaban *atracando* unas cuantas *canoas* de Indios Caribes. Sonó un *arcabuz,* luego otro, hasta que se comprendió que la villa era *atacada* por los indios Caribes en multitud de canoas.

g) **Temas de Redacción:**

1.º Las rías gallegas son las huellas de los cinco dedos de la mano de Dios.

2.º Creación de la Comunidad hispánica de Naciones.

3.º «El amor es como las lágrimas: baja de los ojos al pecho.» P. Siro (Dramaturgo latino).

4.º *Tema gramatical.* Distribución geográfica de los diminutivos españoles: *-iño* (muy frecuente en Galicia); *-in* (Asturias); *-uco* (Santander); *-iyo* (Sevilla); *-ico* (en Aragón, Navarra, Murcia, Alicante, Granada, Colombia, Costa Rica, Las Antillas); *-iquio* («pimentiquio», Murcia), *-ito* (Castilla, Cuba, Santo Domingo, Puerto Rico, Colombia, Rio de la Plata); *-ino* (Extremadura), etc...

h) **Discoteca regional española** (Un disco después de cada capítulo. Haga funcionar su tocadiscos).

Islas Baleares: *Bolero mallorquín* SEDL 19271, 45 r., 17 ctms. *Bolero viejo de Sinéu.* HH. 16-321, 45 r., 17 ctms.

Disco de España: Maurice Ravel: *Rapsodia española.* Disophon, 27258, 33 r.

Disco de Hispanoamérica: Méjico. M. Alvarez. *¡Qué bonita es mi tierra!* RCA — Víctor— 3-20810.

SEGUNDA PARTE
GRAMATICA COMPLEMENTARIA

I

LABORATORIO DE LA PALABRA Y LA FRASE

12 | SONIDO Y RITMO

SUMARIO: 100. *Fonética y Fonología. Sonido y fonema. Voz y articulación.*—101. *Distinción fonética de las vocales y consonantes. Diptongación.*—102. *La sílaba, unidad fonética. Grupo fónico. Gradación fónica.*—103. *Ortología y entonación.—Fonética evolutiva.*—104. *Poesía y ritmo. Sistemas principales de versificación. Elementos rítmicos.*—105. *Terminología del verso. Versos en grupos o estrofas.*—106. *Sistemas rítmicos que han formado escuela: Rubén, Bécquer y García Lorca.*—107. *Por la práctica a la regla.*

100. Fonética y fonología. Sonido y fonema. Voz y articulación

La **fonética** como parte del lenguaje hablado, examina desde el punto de vista físico y fisiológico, el aspecto material de los sonidos, con independencia de su función expresiva. En términos más condensados, es la ciencia que estudia el material sonoro de una lengua (43).

Como *ciencia descriptiva* la fonética se mueve en el plano sincrónico y se limita a la observación de los sonidos, sus cualidades y combinaciones o mejor caracteriza los sonidos con todas sus variedades, los espontáneos y los que están condicionados a los sonidos vecinos.

(43) La Fonética moderna estudia otros aspectos del material sonoro; por ejemplo, el *evolutivo*, al que nos referiremos al final de estas nociones; el *sintáctico*, que es el sometimiento del sonido a las exigencias de la frase; el *organogenético*, o estudio de la formación de los sonidos del habla, etc. En la estructura de idioma interesan las frases, los vocablos y, como parte complementaria, el soporte físico y fisiológico de estos elementos. En orden al lenguaje hablado y a la GRAMÁTICA DEL ESPAÑOL CONTEMPORÁNEO, es muy útil examinar, sobre todo, dos problemas prácticos: la distinción fonética de las *vocales y consonantes* y la *entonación de la frase*.

Como *ciencia normativa*, la Fonética se transforma en Ortología u Ortofonía, para enseñarnos a pronunciar correctamente los sonidos, las palabras y las frases. En el aprendizaje de un idioma, la Fonética y la Ortología son partes complementarias.

La Ortología es una disciplina normativa, que al informarnos sobre la debida pronunciación idiomática, explica las variedades sociales y regionales de los sonidos y distingue muy bien los que deben usarse o evitarse.

Fonética y fonología. La fonología es a la Fonética lo que la Semántica a la Morfología; porque la *Fonética*, ciencia descriptiva del material sonoro, nos da el sonido articulado en sus cualidades y combinaciones; la *Fonología* nos hace distinguir los cambios significantes de los sonidos empleados por diversas personas en su punto de articulación, sonoridad y nasalidad.

Un ejemplo aclaratorio: son manifiestos los cambios de articulación en los sonidos *s* y *z* en las palabras *Sevilla* y *corazón* pronunciadas por un argentino, un andaluz y un vallisoletano. Saldrán por lo menos dos fórmulas: *Zevilla-corasón* y *Sevilla-corazón*. Intencionalmente la *s* y la *z*, en la escala fonética, son las mismas para todas las personas y son diferentes los cambios de articulación. La *s* en esta escala es un *sonido*; fonológicamente en su cambio de articulación es un *fonema*. No tiene el mismo punto de articulación la *n* en las formas elocutivas: *con alma —con bandera— con mancha (konalma -kombandera -kon-mancha)*. Estas matizaciones de cambios sonoros los recoge el *fonema*.

Luego **sonido** es el aspecto material de una articulación. **Fonema** es la unidad fonológica, diferenciadora y abstracta, que estudia o recoge el aspecto significativo del sonido.

El sonido es un modo concreto de pronunciarse una letra. El fonema es la representación de las variantes posibles de su pronunciación. La *m* se acepta acústicamente como un sonido, pero existe una gama complicada y extensa de combinaciones, empezando por las vocales: *ma, me, mi, mo, mu*. Las lenguas extrañas se acercan a nuestro oído como fonemas chocantes frente a nuestro idioma que nos ofrece identidad de pronunciación y numerosas modalidades fonéticas.

Por su significación los fonemas pueden ser: *fonemas de morfemas*, que tienen una función gramatical y *fonemas de semantemas*, que expresan una idea.

1.º Cualidades físicas de sonido: *Sonido* en general, es la impresión que causan en nuestro oído ciertas vibraciones del aire. Es objeto del estudio de la Acústica. Aquí nos interesa observar algunas cualidades físicas, para comprender mejor las condiciones de los sonidos lingüísticos. Las ondas sonoras se pueden comparar a las que se producen en un estanque por la caída de una piedra. Son concéntricas, están más o menos espaciadas y son más o menos altas. Están apenas iniciadas en la superficie o son profundas. La amplitud de onda es independiente de su longitud.

Las principales cualidades son:

TONO. Por el *tono* los sonidos son más o menos altos o bajos, porque es la altura musical del sonido.

TIMBRE o metal de voz.

CANTIDAD. Por la *cantidad* los sonidos son más o menos largos o breves, es decir, de mayor o menor duración porque la *cantidad* es la duración del sonido.

INTENSIDAD. Por la *intensidad* los sonidos son más o menos débiles o fuertes, porque la *intensidad* es la fuerza con que se engendra un sonido.

Físicamente: el *tono* depende de la *frecuencia* o número de ondas por segundo, o sea, del número de vibraciones por unidad de tiempo (Cfr. A. ALONSO, *Gram.*, II, págs. 143-145).

No hay dos voces humanas iguales, es decir, no hay dos hombres con el mismo timbre de voz. Físicamente, *el timbre* es la sensación que percibimos del tono fundamental con las resonancias de sus sobretonos. A cada tono corresponden unos sobretonos fijos. Dos voces dan una misma nota musical, pero en distintos sobretonos, porque cada cuerpo que puede causar un sonido, según su materia y su forma, origina y amplifica los sobretonos.

Llamamos *timbre* a la fisonomía acústica de cada consonante y cada vocal. Por ejemplo la *y* de los argentinos y mejicanos tiene un poco del timbre de la *j* francesa.

Físicamente *intensidad* se equipara a la amplitud de onda. No precisamente al número de ondas por segundo (tono), ni a la combinación del sobretono que forma el timbre, sino a la amplitud de seno de cada onda. La piedra que cae en el estanque puede levantar ondas de superficie o de altura; cuanto más se elevan tienen más amplitud de onda.

Hablar alto en el lenguaje, es hacerlo en tonos agudos, subiendo la voz en la escala de los sonidos. Por el contrario *hablar bajo* es hacerlo en tonos graves. *Hablar de prisa* es pronunciar muchas palabras en una unidad de tiempo, y *hablar despacio* es pronunciar pocas en la misma unidad de tiempo.

2.º Voz y articulación: La *voz humana* es un producto de las vibraciones del aire espirado. Las vibraciones se producen en la laringe, al contacto del aire con las cuerdas vocales.

La voz más o menos transformada en la cavidad bucal crea los sonidos del lenguaje hablado.

El aire sale de los pulmones. A través de los bronquios y la tráquea llega a la laringe, anillo superior de la tráquea formado por el cartílago tiroides (delante y encima) y por el cricoides (detrás y debajo). Las cuerdas vocales son dos repliegues de la capa mucosa con que está revestida interiormente la laringe.

Los músculos de las cuerdas se abren y cierran como unos labios, a tono con la respiración, dejando pasar el aire sin ningún impedimento, para la *fonación*. Cada uno de los movimientos con que las cuerdas elásticas ceden o se cierran es una vibración. El aire que pasa por la glotis vibra y las que se llaman *vibraciones de aliento* se propagan al exterior y producen en el oído la sensación del sonido.

La articulación: La corriente de aire que sale de la glotis se modifica en la faringe, en las fosas nasales y en la boca, a causa de los contactos que se originan en su trayecto. Estas variaciones que se observan en cada fonema forman la articulación. Es preciso multiplicar las modalidades expresivas y esto se consigue con la *articulación*. La podemos definir por la posición que adoptan los órganos que intervienen en la formación de los sonidos articulados. El sonido se produce por el contacto o acercamiento de dos órganos, uno *activo* o el que se mueve en la articulación y otro inmóvil o *pasivo*.

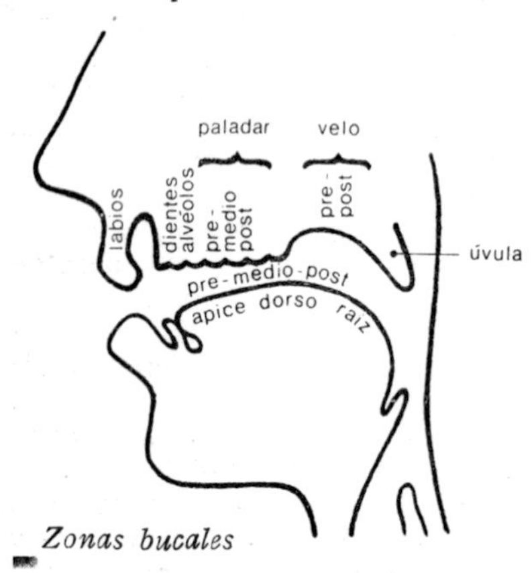

Zonas bucales

Cuando el aire que sale por la faringe encuentra el velo del paladar levantado (GILI GAYA, *Fonética*, página 64), de manera que toca en la cara posterior de la faringe, la salida se realiza por la boca y su sonido es *bucal*. Si el velo del paladar está caído y puede el aire llegar a las fosas nasales, sale por las ventanas de la nariz; el sonido entonces es *nasal*. El lugar de la cavidad bucal donde tiene lugar el contacto se llama *punto de articulación*.

Pero lo que diferencia a algunos sonidos como la *l* y la *n* no es el *punto*, sino el *modo de articulación*, es decir, el modo con que se efectúa el contacto o acercamiento de los órganos fonadores o articulatorios. De otra manera: para saber bien la condición de un sonido no basta con observar dónde se articula, es preciso tener en cuenta cómo se origina su articulación.

Además de los sonidos bucales y nasales, a los que nos hemos referido, se distinguen también los sonidos por la *sonoridad*. Ésta depende de que su articulación esté acompañada o no lo esté de cierta vibración en las cuerdas vocales. Se llaman *sonoros* los sonidos con vibración o *voz* y sordos, sin vibración o sin voz. La mayor parte de nuestros sonidos son sonoros.

La voz se produce en la laringe; la articulación viene después. El recién nacido es incapaz de articular, pero su voz produce un sonido. Cuando una persona se queda sin voz o está *afónica* (= sin voz), puede hablar cuchicheando que es un hablar sin fonación.

Existen unidades de referencia (por ejemplo: para la *a* y para la *p*), como tipos ideales de articulación y timbre; pero las articulaciones son infinitamente variadas y no suele repetirse una articulación del mismo soplo sonoro, como no hay dos hojas en una rama totalmente iguales. Cada idioma tiene sus tipos representativos de fonación o *fonemas*. En nuestro sistema fonético tenemos veinticuatro tipos de articulación: cinco son vocales *(a, e, i, o, u)* y diecinueve consonantes agrupados por identidad de sonidos *(b-v, c-z, ch, d, f, g-ante a-, o-, u; j, l, ll, m, n, ñ, p, k,-qu-* igual que *c; r, rr, s, t, y)*. La *x* se pronuncia como *ks* o *gs*, es decir, no es una consonante sino dos.

Estos 24 fonemas del español, como veremos en la Ortografía tienen su representación en la escritura con las 28 letras que forman nuestro abecedario.

En las vocales *la articulación* hace de resonador en las vibraciones laríngeas, y en las consonantes es un manantial de vibraciones.

101. Distinción fonética de las vocales y consonantes. Diptongación

El timbre le da a cada vocal su modalidad inconfundible. Las vocales de nuestro abecedario se caracterizan por la firmeza con que mantienen la uniformidad de timbre a través de su articulación, y aunque existen en español vocales relajadas, su falta de tensión no llega al grado de otras lenguas. La serie vocálica del español es la más clara y sencilla de las lenguas europeas. Nuestro sistema vocálico es limitado y diáfano.

No hay en español vocales medias o mixtas articuladas con la elevación de la lengua hacia el centro del paladar, y sólo tenemos dos labializadas, la *o* y la *u*. Nuestras vocales entran más bien en una *serie palatal*, en que el elemento resonador se estrecha hacia adelante, por aproximación del predorso de la lengua hacia la región anterior del paladar; otra *serie posterior velar* con estrechamiento hacia atrás y una vocal con posición neutra de la lengua, la *a*. Palatales de menor a mayor cierre: *e, i;* velares también de menor a mayor cierre: *o, u*.

El sonido de la *a* no se produce en la boca sino en la laringe; en la boca no hace más que resonar, porque los órganos articuladores no se aproximan lo bastante, para que el soplo que pasa por ellos, produzca vibraciones perceptibles. En la articulación de la *a* el ápice de la lengua toca el interior de los incisivos inferiores y su dorso se levanta hacia el punto en que termina el paladar duro y se inicia el velo del paladar.

El sonido de la *i* viene asimismo de la laringe y resuena en la boca. Para articularla la punta de la lengua se apoya contra los incisivos inferiores y el dorso se levanta hacia el paladar duro. En la vocal *e* el ápice de la lengua también se apoya en los incisivos inferiores y el dorso al elevarse ofrece una abertura mayor.

La *o* se articula replegándose la lengua hacia el fondo bucal y levantándose su postdorso hacia el velo del paladar. La *u* se articula por el retraimiento de la lengua hacia el fondo bucal, como en la *o* y el postdorso se levanta más hacia el velo del paladar, los labios hacen un círculo un poco abocinado.

En las vocales los órganos articuladores (lengua, paladar, labios) no se aproximan lo suficiente para el soplo; las únicas vibraciones son laríngeas; se articulan por resonador y según la forma de éste resultan las diferentes vocales. Esquema de clasificación y resumen:

		Abierta	*Cerrada*
VOCALES.....	*Media*	a	
	Serie anterior palatal.	e	i
	Serie posterior velar.	o	u

Las consonantes se distinguen por el ruido que se produce en su especial articulación. Por ejemplo, para pronunciar la *t* se forma un ruido por una pequeña explosión del soplo; la lengua cierra momentaneamente la salida del aire; después abre un escape rápido entre el ápice y los dientes. Se caracteriza por la explosión del aire entre la punta de la lengua y los dientes.

En las consonantes los órganos articuladores se aproximan tanto que impiden el paso del aire y lo hacen vibrar. La articulación no consiste en un resonador, sino en la producción de vibraciones características.

1.º Perceptibilidad vocálica y triángulo de Hellwag: Acústicamente se ha llegado a medir el grado de perceptibilidad vocálica, en una escala de mayor a menor en esta forma: *u-i-e-o-a*. Es decir, que por lo que respecta al tono, intensidad y cantidad, nuestro oído las percibe en ese orden, a igual o mayor distancia. La *a* es la vocal más audible y en progresión descendente van la *e* y la *o* y mucho más la *i* y la *u*. Esto explica perfectamente la estructuración de los diptongos. Las vocales abiertas se llaman también **fuertes** y las cerradas **débiles.**

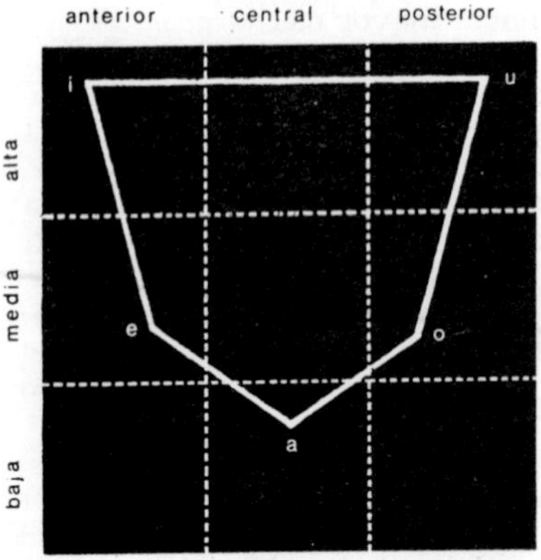

Como método aclaratorio y didáctico el fisiólogo Hellwag ideó un esquema en forma de triángulo, para observar gráficamente el lugar en que se articula cada una de las vocales, su relación mutua y el grado de abertura que les corresponden.

El vértice inferior indica el punto donde se articula la *a;* el delantero donde se articula la *i* y el vértice posterior indica el punto articulatorio de la *u*. La posición de la *e* es intermedia entre la *a* y la *i* (lado anterior); la situación de la *o* está entre la *a* y la *u* (lado posterior). Son equivalentes la *i* y la *u* por un lado y la *e* y *o* por otro.

Esquema figurado de las vocales españolas

2.º Concurrencia vocálica y diptongación: En la concurrencia de vocales dentro de una sílaba, pueden ocurrir varias formaciones. Unas veces las dos vocales se reúnen y pronuncian en una sola sílaba y tiene lugar lo que llamamos **diptongo** *(aire, patria, cuatro, pueblo, ruido,* etc.); otras veces las vocales son de sílabas diferentes *(país, poeta, maestro, trae)*.

En la junta de las vocales para estructurar el *diptongo* se han de combinar la *i, u* entre sí o acompañarse cada una de ellas por otra vocal, dentro de la misma palabra, para formar este grupo fonético. La *i, u* se pronuncian como semivocales cuando van al final del diptongo y como semiconsonantes cuando van al principio. Las vocales *e, o,* ante la semivocal *i* resultan relativamente abiertas. La *a* ante *u* se hace un poco velar. En los grupos *iu-ui* predomina la segunda vocal y la primera se reduce a semiconsonante.

Diptongos decrecientes formados por vocal y semivocal:

ai-ay	vais, hay, baile
au	causa
ei-ey	aceite, ley
eu	deuda, feudal
oi-oy	heroico, hoy
ou	bou (única palabra)

Diptongos crecientes formados por semiconsonante y vocal:

ia	lluvia, aciago
ie	viejo, tiene
io	sabio, vio
iu	ciudad, viuda
ua	agua, cuadro
ue	fuerza, fue
ui	cuida, fui
uo	vacuo, antiguo

Triptongos: Los sonidos *i, u,* en una misma palabra al principio y final de un grupo vocálico cuyo elemento predominante sea *a* o *e* originan los triptongos. El triptongo comienza con articulación de abertura creciente y acaba con abertura decreciente. El primer elemento es una semiconsonante y el último una semivocal. Ejemplos: *iai* (despreciáis), *iei* (limpiéis), *uai* (amortiguáis), *uei* (santigüéis, buey).

Como no se puede deshacer el diptongo indebidamente, se han de evitar los diptongos indebidos. De otro modo: *no siempre* que concurren una vocal abierta y una cerrada o dos cerradas se forma diptongo. Lo impide a veces el acento de intensidad *(río, tranvía, aún)*, otras la vocal cerrada deriva de una palabra que llevaba acento *(riada -ri-ada, de río)*. Por esta razón algunos infinitivos verbales como los acabados en *-iar*, se pronuncian diptongados, como *cambiar*, mientras otros separan las vocales *i-a*, como *vaciar*.

Los gramáticos modernos forman varios grupos de diptongos indebidos: *a)* tipo *país, baúl,* de vocales concurrentes con acento en la segunda *(aí, aé, oí, eí, aó, aú);* del mismo modo las combinaciones de tres vocales en los imperfectos, como *leía, veía* se tienden a diptongar indebidamente: *léia, véia.*

b) Tipo *poeta, peón, golpear,* con vocales concurrentes de abertura media *(e, o),* combinadas entre sí o con *a* y con la segunda acentuada *(oé, eó, oá, eá).* Al cerrar la primera vocal resultan palabras desfiguradas así: *poeta-pueta, golpear-golpiar.*

c) Tipo *cae* y *caerá* en palabras pronunciadas defectuosamente: *cae-caí, caerá-cairá.*

d) Tipo de tradición etimológica y los grecismos en *-ía.* Los primeros no forman diptongo así como *cruel, tiara, maniobra, trienio, triángulo, veintiocho.* Los en *-ia* pueden formarlo *(diplomacia)* o deshacerlo: *supremacía.* Tampoco lo tienen los adjetivos en *-uoso: conceptuoso.* Hay otras palabras que vacilan, como *piano (pi-a-no, pia-no)* y *biombo (bi-óm-bo, biom-bo).*

3.º Las consonantes por el punto y modo de articulación:

Por el *punto de articulación* las consonantes se reparten así:

Bilabiales: p, b(= v), m. Los dos labios son órganos activos, pero más el inferior.

Labiodentales: f. Órgano activo = el labio inferior; pasivo = los dientes superiores.

Interdentales: *z,* o *c (ce, ci).* Órgano activo = el ápice de la lengua situado entre los incisivos superiores y los inferiores (órgano pasivo).

Dentales: *r, d.* Órgano activo = el ápice de la lengua; pasivo = la cara interior de los dientes superiores.

Alveolares: *s, n, l, r, rr.* Órgano activo = el ápice de la lengua; pasivo = los alvéolos superiores.

Palatales: *ch, y, ll, ñ.* Órgano activo = el predorso o el dorso de la lengua; pasivo = el paladar duro.

Velares: *c (ca, co, cu)* o *qu; j* y *g* en *ge, gi; g* en *ga, go, gu.* Órgano activo = el postdorso lingual; pasivo = el velo del paladar.

Por *el modo de articulación* las consonantes se distribuyen así:

Oclusivas: *p, t, c* (en *ca, co, cu), m, n.* Se llaman así porque los órganos cierran por completo la salida del aire. Éste detenido en su marcha hacia el exterior, sale con violencia al desaparecer el obstáculo. Esto ocurre a veces también con la *b, d, g.*

Fricativas: *f, c, (ce, ci, z), s, l, ll, j.* El aire sale sin interrupción pero con dificultad, produciendo un frotamiento. Algunas consonantes se pronuncian como *oclusivas* y como *fricativas: b, d, g, y*. Las consonantes *b, d, g* son casi siempre *fricativas;* son *oclusivas* después de nasal: *ambos, hongo,* o en posición inicial después de pausa: *di, banco;* la *d* es *oclusiva* después de *l: falda.*

AFRICADAS: *ch, ñ.* Significan «parcialmente fricativas». La oclusión inicial no se deshace brúscamente como en las *oclusivas,* sino gradualmente. El aire sale frotando entre la lengua y el paladar. A veces sucede también esto con *y.*

VIBRANTES: *r, rr.* Tienen vibraciones laríngeas, como las sonoras. Se producen por el ápice lingual con una vibración para la *r;* con dos o más para la *rr.*

LATERALES: *l, ll.* Son *fricativas,* pero el aire sale por los lados de la lengua, en vez de hacerlo por el canal central, como las otras consonantes.

NASALES: *m, n, ñ.* Encuentran salida gracias a un movimiento del velo del paladar; pero el aire obstruido en la boca encuentra salida por la nariz. Las tres van acompañadas de resonancia nasal.

102. La sílaba, unidad fonética. Grupo fónico. Gradación fónica

Sonidos agrupados. Los sonidos que se encuentran dentro de un mismo grupo fónico, entre dos pausas de articulación se presentan enlazados muy estrechamente. Este enlace da lugar a ciertas modificaciones fonéticas.

Cuando dentro de una misma palabra aparecen juntas dos o más vocales sucesivas, hay que observar si se pronuncian separadas o formando una unidad fónica o grupo vocálico. En este segundo caso se puede afirmar que todo conjunto de vocales forma un grupo silábico. Existen algunas vacilaciones que hacen posible en una misma palabra una doble forma de pronunciación.

Grupo fónico es el conjunto de sonidos encerrado entre dos pausas, dentro de la cadena hablada, que sólo se interrumpe por el ritmo de la respiración o por la exigencia de las unidades lógicas: *También con mucha cautela / hemos de evitar la confusión. / Llega pronto./*

En orden a la entonación, se llama *grupo fónico* a cada una de las particiones de la figura de entonación, de pausa a pausa. De esto trataremos en la Ortología.

Sílaba es la menor unidad de impulso (espiratorio y muscular) en que se divide el habla real (A. ALONSO, *Gram.*, II, 202).

Hablamos no en emisión continua, sino por espacios o pequeños impulsos espiratorios. El movimiento muscular coincidente con el espiratorio en dos, tres, cuatro o más sonidos articulados sucesivamente por la lengua y los labios en cada impulso forma la *sílaba.*

El oído distingue en el habla una sucesión de determinadas unidades fonéticas, no limitadas por pausas, pero que se imponen como unidades rítmicas. Se distinguen además por constituir una onda de sonoridad. La sucesión de las unidades fonéticas, son por lo tanto continuidad de ondas de sonoridad y cada una de estas unidades estructura una *sílaba.*

Fonéticamente dos vocales cualesquiera que sean se pueden reducir, en casos normales a una sola sílaba. Por otra parte la sílaba es un elemento constitutivo de la palabra.

GRADACIÓN FÓNICA. Gradualmente se procede de la sílaba, como agrupación fónica o *unidad fonética* a la palabra que es la unidad significativa menor en el lenguaje. Por su estructura las sílabas son *cerradas* y *abiertas*, según terminen o no en sonido consonántico. El mismo comienzo de sílaba puede también ser vocálico o consonántico. Toda sílaba cerrada supone un inicio consonántico en la siguiente.

Fonéticamente la palabra es una estructura, con imagen sonora que la hace funcionar como signo. Al organizarse gradualmente en el cuerpo de la frase, procede en conformidad con el encadenamiento de sonoridad y de subordinación acentual y melódica. Los signos de las palabras en que consiste el lenguaje los empleamos en el coloquio con valor objetivo e intencional, es decir por su función sintáctica o por particular estructura fonemática.

En esta gradación, la unidad fónica cuantitativa de orden superior, a la que se somete todo lo demás es la *frase*. Tiene un sentido de arquitectura cerrada y lo que le da carácter unitario es la estructura de los diversos grupos melódicos que la componen.

103. Ortología y entonación. Fonética evolutiva

Ortología. Es el conjunto de normas para la recta pronunciación de una lengua, en nuestro caso la española. El aspecto ortológico del español ha quedado un poco descuidado y las obras y experimentaciones en esta materia han de trascender, sobre todo, a los alumnos de primera enseñanza y a los locutores de radio y televisión.

Al hablar de *recta pronunciación* nos referimos, naturalmente a los sonidos, las palabras y las frases.

1.º Pronunciación recta y defectuosa: La lengua española ofrece diferencias radicales en la pronunciación, aun en las regiones de un mismo país en que se habla. Estas modificaciones fonéticas, son más hondas en las regiones bilingües españolas que en las mismas naciones hispanoamericanas (Cfr. T. NAVARRO TOMÁS, *Pronunciación española*, págs. 5-10).

En Cataluña, Valencia, Galicia y Vasconia se dejan influir sus habitantes por la fonética del habla regional. En Aragón, Navarra, Asturias, León y Extremadura hay muchos rasgos fonéticos que se han reintegrado a la pronunciación normal. En Andalucía la pronunciación tiene propiedades muy características, seguidas en líneas generales por la pronunciación hispanoamericana. Acaso el punto de semejanza más notorio del andaluz y del hispanoamericano no se funda en el *seseo* y el *yeísmo*, sino en la evolución de las consonantes finales, en la relajación de la *jota* (j) y en la tendencia de ciertas vocales a un timbre más abierto. Son menores las diferencias cuando se trata de personas cultas que entre gente del pueblo. El habla castellana en aldeas y pueblos ha evolucionado fonéticamente mucho más que la lengua literaria, pero es menos uniforme que la pronunciación culta.

Como pronunciación correcta se presenta casi siempre la que se usa corrientemente en Castilla entre personas cultas. Pero concretando más, acaso la que podemos poner como muy próxima al ideal de lengua correcta definido por Jespersen sea la *pronunciación cuidada* de las personas cultas de Madrid, que no suprimen la *d* de los participios terminados en *-ado*, alargando la *a: se lo he encomendaao al abogao.*

Aclaraciones prácticas:

1.ª En la pronunciación correcta española, la *h* no representa la aspiración laríngea que existe en otras lenguas. La *h* ortográfica es en nuestra escritura una letra muda sin valor fónico: *hueco, huerta, alcohol.* En algunas palabras de pronunciación dialectal suele aparecer la aspiración: *horno.*

2.ª El habla popular simplifica los grupos consonánticos constituidos por sonidos idénticos o distintos. Por ejemplo en las palabras *innumerable, ómnibus* y *doctor*, la pronunciación vulgar da: *inumerable, onibus* y *dotor.*

3.ª La confusión entre la *v* y *b* data de la época hispanorromana. En la escritura medieval la *b* se tomaba como sonido bilabial oclusivo, y la *v*, bilabial fricativo. El distinguir la *b* y *v* no es requisito para la pronunciación correcta. Las personas cultas estiman la pronunciación de la *v* labiodental «como una preocupación escolar innecesaria y pedante».

3.ª La sustitución de la *z* por la *s* llamada *seseo* en Andalucía e Hispanoamérica se distingue por el timbre de la *s*. El seseo vasco es distinto del de otras provincias. En Castilla se acepta el *seseo* andaluz e hispanoamericano como una modalidad dialectal.

En el recitado y la representación teatral se exige de un modo general la distinción entre la *s* y *z*.

4.ª Entre los defectos de pronunciación que han de evitar los extranjeros es el que se refiere al punto y modo de articular la *t*. Es menester hacer avanzar la punta de la lengua más de un centímetro hacia los dientes y conseguir que la expulsión de la consonante resulte limpia y sonora.

5.ª En la pérdida de la *d* en los participios terminados en *-ado* hay en una misma persona ciertos grados intermedios de relajación. La conservación sistemática de la *d* con articulación plena, en la conversación corriente, puede resultar a veces afectada y pedante; pero su omisión completa y como por sistema sería también causa de una ordinariez y vulgaridad imperdonables. Se recomienda se pronuncie la *d* en el participio en *-ado* de una manera reducida y débil, por la aproximación del ápice lingual a los dientes incisivos y un rápido movimiento antes de que la lengua alcance los bordes de los dientes.

La *d* final en palabras como *virtud, verdad, hablad,* etc. suele suprimirse en la pronunciación vulgar: *usted* y *Madrid* se pronuncian: *usté* y *Madrí*... Las personas cultas en vocablos como *sed, césped, red, huésped* conservan la *d* relajada.

En algunas provincias como Valladolid y Salamanca, en palabras como *admirable* se pronuncia una *z* relajada.

6.ª La aspiración de la *s* en final de sílaba ocurre en gran parte de España y América: *bojque* por *bosque; ejto* por *esto.*

Más incorrecta es la supresión total de la *s*, como en *pane* por *panes* y *lo botone* por *los botones; la do y media* por *las dos y media.*

Es inadmisible el sonido de *c* por *z: azto* por *acto.*

7.ª Debe cuidarse mucho de no confundir el sonido de la *ll* con, la *y: siya* por *silla.* Se ha de evitar asimismo decir *famiya* por *familia,* y al revés *calie* y *cabalio* por *calle* y *caballo* o *maniana* por *mañana* Estas formas defectuosas se oyen algunas veces en el habla vulgar hispanoamericano.

8.ª Cuando dos pronunciaciones son admisibles, no se debe exigir la más complicada. Por ejemplo *oscuro* y *obscuro, trasporte* y *transporte, Septiembre* y *setiembre.*

2.º Acento y entonación: Se dice que una sílaba lleva acento cuando se pronuncia con más fuerza que otras. Es la mayor intensidad que ponemos en pronunciar una sílaba dentro de la palabra. La sílaba que se pronuncia con intensidad o es *acentuada* se llama *tónica.* En *lám-para,* la sílaba primera *lám-* es *tónica.* Las no acentuadas se llaman *átonas.* Las sílabas *pa-ra* medial y final de *lámpara* son *átonas.*

En las palabras monosílabas puede haber conceptos comparativos con las sílabas vecinas. Así al decir. *Tengo fe en su política,* la monosílaba *fe* se apoya en la sílaba anterior *go* y la percibe nuestro oído como más intensa al lado de las sílabas próximas, como sustentada en ellas.

Se puede definir el *acento prosódico* como el esfuerzo de la intensidad espiratoria que hace resaltar una sílaba sobre las demás; o simplemente la mayor intensidad que ponemos en la pronunciación de una sílaba en relación con las que la acompañan. El conjunto de sílabas que forman un complejo en torno a la sílaba acentuada se llama *grupo fónico* o *de intensidad.* Ejemplos de *grupos fónicos: el primer / envío / de tu fábrica.* La acentuada se llama también sílaba *fuerte.*

Palabras sin acento:

1.º Los términos de tratamientos son inacentuados ante el nombre a que hacen referencia: *don, doña, sor, san, fray*, etc. *Santo* y *santa* se acentúan cuando se tratan como adjetivos. Pierden asimismo el acento los vocablos *señor, señora, señorita, padre, madre, hermano, tío;* empleados como fórmulas elocutivas y se acentúan cuando la invocación es enfática. Ejemplos: *don Julio, doña Juana, señor García, señorita Michèle, tio Pedro.*

2.º Expresiones vocativas, de cariño y reproche: *¡Buen* hombre! *¡gran* pícaro!, *¡mala* bestia!, *¡Dios mío!*

3.º En los nombres personales compuestos: *Juan* Jose, *José* María, *María* Rosa. Se pronuncia como forma débil el primero de los dos elementos, aunque se escriba con acento.

4.º Los nombres prepositivos o determinados por una preposición: *casa de* («voy *casade* mi padre»), *con todo* («contodo»). Se exceptúa *según: según dijo usted.*

5.º Los numerales e indefinidos. En los numerales cardinales se acentúa el primer elemento, cuando son compuestos *setenta y ocho* (setentaiocho), y la forma que se antepone a mil *(veinte* mil). En los ordinales también es inacentuado el primer elemento, en una palabra o en dos: *decimonono* y *quincuagésimo quinto.*
Los indefinidos se pronuncian con acento: *alguno, otro, algún, ningún. Cada* presenta diferencias regionales.

6. Los adverbios de cantidad *aun* (= incluso) y *medio* (= a medias): *vengo medio muerto* (mediomuerto). El adverbio *tan* y los relativos *como, donde, cuando, cuanto* y *cual: tan digno de respeto; sale cuando le dejan.*

7.º Los pronombres relativos *que, quien, cuyo, cuanto* y *cual: el que salió; quien bien te quiere; el amigo cuyo nombre ignoras.*

8.º Las formas de los pronombres personales que van como complemento sin preposición y se llaman *átonas: me llamó y nos entregó el regalo; márchate, obedéceme.* Los posesivos adjetivos que van delante del sustantivo: *mi coche, tu finca, su biblioteca.* El artículo determinado en todas sus formas: *el caballo, la novia, los muebles (elcaballo, lanovia, losmuebles).*

Palabras con acento

Las palabras *tónicas,* según el sitio del acento pueden ser: *oxítonas* o agudas, acentuadas en la última sílaba; *paroxítonas* o llanas, en la penúltima sílaba; *proparoxítonas* o esdrújulas, en la antepenúltima sílaba. Las monosílabas son por su naturaleza *agudas.* Ejemplos de agudas *amó, salón, tú, bisturí;* de llanas: *mesa, blanco, ama;* de esdrújulas: *lírico, ánfora, océano, cántaro.* Sobresdrújulas o con el acento antes de la penúltima: *llévaselo.*

El verbo con uno o más pronombres enclíticos forma, en orden al acento, una palabra compuesta: *dímelo, váyase.*

Los adverbios acabados en *-mente* están compuestos de un adjetivo y un sustantivo (mente): *admirablemente.* Llevan acento como si fueran palabras separadas. Otras palabras compuestas sólo conservan el segundo acento prosódico: *quitasol, claroscuro, mediodía.*

Entonación: La entonación refleja la unidad de pensamiento. La altura musical o *tono* cambia mucho a lo largo de una cadena expresiva. Para leer bien es preciso reproducir las cualidades artísticas de la pronunciación. La lectura no debe ser espectacular y disonante sino expresiva. Cada autor muestra en sus obras características musicales muy distintas.

La entonación forma figuras unitarias de un miembro, de dos o de más. Si consta de varios miembros éstos se completan unos a otros musicalmente. Con su complejo unitario reproducen la unidad de ideas. La articulación de la entonación subraya la articulación del pensamiento.

Cada sílaba de una frase tiene su altura musical, que hemos llamado *tono.* El conjunto de los tonos de todo el complejo silábico, forma el tono de la frase o la **entonación**.

El tono medio en la elocución expresiva de una persona se denomina *tono normal.*

Por el tono con que se pronuncie, una palabra puede convertirse en reproche, elogio, cumplimiento, ofensa, felicitación o burla. Si el tono contradice el sentido de las palabras, habrá que atender a lo que el tono significa, no a lo que representan los vocablos en el léxico. Existen leyes de entonación y signos representativos de las mismas. Un descenso de la voz al final de un grupo fónico indica el término de la frase enunciativa; una entonación final ascendente indica, por el contrario, que la expresión del pensamiento está incompleta. La pregunta acaba elevando la voz, la contestación con una inflexión descendente. La alegría y la avaricia producen diferentes inflexiones, espacios más intensos y tonos más agudos que lo normal. La irresolución y la tristeza dan formas de entonación bajas, monótonas y uniformes. Una manera de ser inquieto y vivo produce formas entonativas más variadas que un carácter indolente y flemático. Los niños hablan con inflexiones más ágiles y amplias que los ancianos. Los enfermos melancólicos se expresan con suavidad; los exaltados se valen de formas patéticas y declamatorias. Usan inflexiones más bruscas y violentas.

Son también dignas de examinar las diferencias regionales y locales de un idioma. Algunas diferencias de pronunciación que se notan entre castellanos, andaluces, aragoneses, argentinos, mejicanos, etc. no son más que variaciones de entonación. Es menester observar el *tonillo* con que hablan los de tal o cual población.

Parte ascendente y descendente de la entonación

Si la figura de la entonación se articula en dos miembros se divide en dos partes. En la primera o ascendente la tensión es mayor que en la segunda, el tono más alto y en las últimas sílabas es ascendente la inflexión de voz. La parte descendente tiene menor tensión, un tono más bajo y en las últimas sílabas hay una inflexión señaladamente hacia abajo.

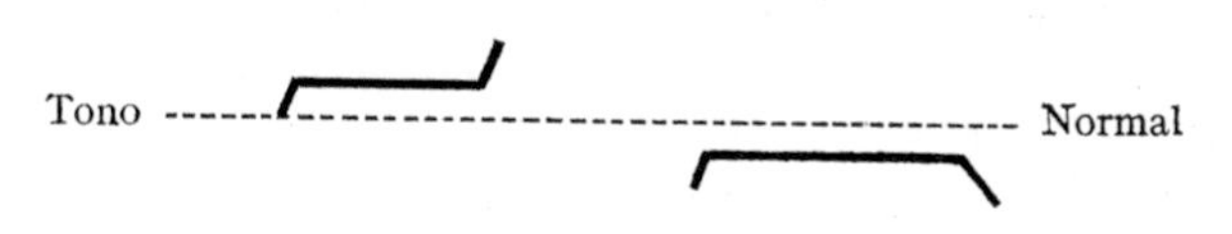

Si atendemos al pensamiento, en la primera parte se plantea algo que se resuelve en la segunda. En esta bipartición la voz queda en suspenso en la línea ascendente, como de frase incompleta. La descendente supone que el pensamiento ha llegado a su término:

Año de nieves, ↗
año de bienes. ↘

Cada una de estas dos partes se hace más compleja con otros miembros articulados. El punto final señala la terminación del período y el de la figura de entonación.

He aquí una figura de entonación completa: *El río Tormes cantado por los poetas / es pintoresco en sus orillas.*

Cuando la conjunción une dos miembros sintácticos, el segundo completa normalmente la entonación del primero.

Las particiones o miembros de la figura entonativa son los llamados *grupos fónicos*. Sobre la inflexión de voz en estos grupos podemos añadir esta norma: «El penúltimo grupo fónico de la porción ascendente tiene inflexión descendente, y el penúltimo de la descendente nos ofrece una inflexión ascendente:

Me gusta el nombre de Pepa ↘
porque se pega a los labios ↗
y el de Nela no me gusta ↗
porque no se pega tanto. ↘

Se puede extender la norma del grupo fónico de esta manera: Todo grupo fónico que se subdivide, guarda una inflexión característica y adopta la contraria en el primero.

Puede darse el caso de palabras que teniendo condición de tono ascendente se modifiquen al final de ciertas formas, como las interrogativas y viceversa. Por ejemplo el vocablo *mejor* es ascendente por el acento y resulta descendente de esta frase *Tu cariño es el mejor*. Por el contrario en la palabra *verme* (de *ver)* es descendente por naturaleza y resulta ascendente al final de una interrogativa *¿Vendrá usted por la tarde a verme?* Ejemplos conjuntos:

«Cerró la noche ↗, / y a lo lejos vimos llamear muchas hogueras. ↘

// De tiempo en tiempo ↗ / un relámpago rasgaba el horizonte ↗ y las dunas aparecían solitarias y lívidas ↘. // Empezaron a caer gruesas gotas de agua ↘. // Los caballos sacudían las orejas ↗ / y temblaban como calenturientos ↘ . // Las hogueras ↘, atormentadas por el huracán ↗, / se agitaban de improviso ↗ o menguaban hasta desaparecer ↘ » (RAMÓN DEL VALLE INCLÁN, *Sonata de Estío)*.

Aunque el lenguaje no sea emocional, la entonación del diálogo resulta muy complicada, ya que los gestos y la entonación intervienen con fuerte expresividad. Los esquemas más simples de entonación pertenecen a la lengua escrita. Hemos de distinguir entre los esquemas de forma enunciativa y las entonaciones interrogativa, exclamativa o expresiva y apelativa (de ruego o mandato).

1) Esquema de frase en tres tonos: *Pedro ha salido.*

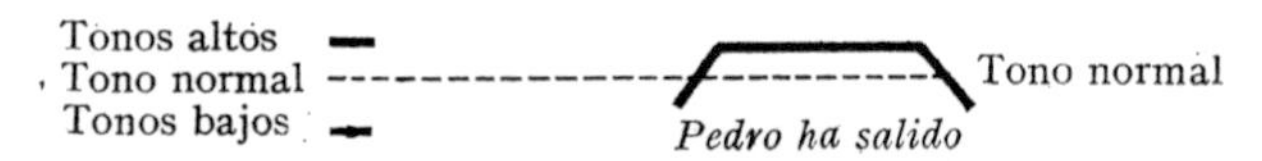

En esta *afirmación* la rama final es descendente; en cambio si convertimos la frase en pregunta, la rama final es ascendente así:

En la entonación exclamativa la curva adoptaría esta posición:

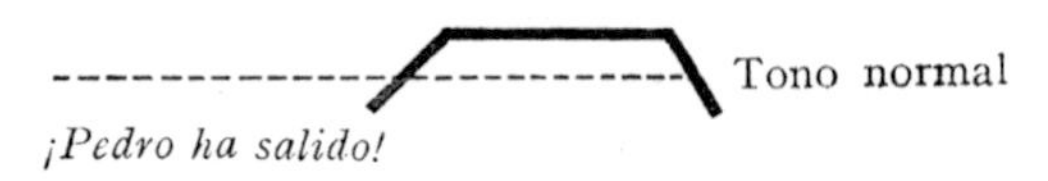

2) *Entonación enunciativa:*

Tono normal es el de la pronunciación habitual. La entonación española marca mucho el descenso de la voz. En una enunciación normal el tono de la voz es descendente. Este descenso al final es tanto mayor cuanto más categórica es la afirmación o enunciado. El final de la frase enunciativa es siempre más grave que el principio. Hay una tendencia a destacar dentro de cada enunciado la palabra más importante, elevando un poco la sílaba acentuada.

La entonación afirmativa puede constar de uno o varios miembros. Algunos ejemplos:

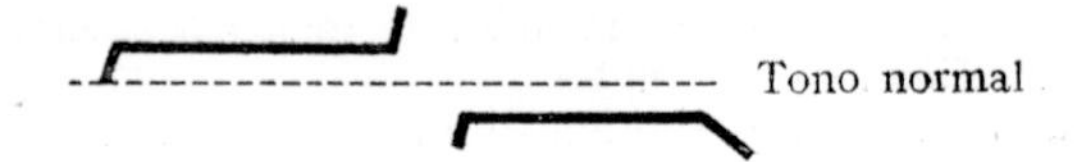

Cayó la tarde / entre nubes rojizas (lleva pausa medial). Hay dos matices dignos de estudio, la *subordinación* y *la enumeración*, en la entonación enunciativa.

3) *Entonación interrogativa:*

Se pronuncia en general, en un tono más alto que la enunciativa: *¿Mañana?* *—Mañana.* La altura de la voz está en razón directa del interés que se pone en la pregunta. Puede hacerse una pregunta *absoluta*, si la persona desconoce del todo la respuesta; una pregunta *relativa*, si se presume la contestación; una pregunta *pronominal*, si se pregunta por el sujeto o complemento de la frase.

El diapasón se eleva a partir de la 1.ª sílaba acentuada; las demás forman escala descendente. La última sílaba se eleva de un modo brusco:

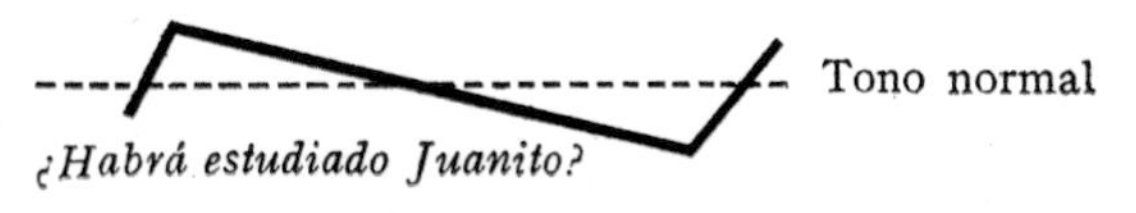
Tono normal
¿Habrá estudiado Juanito?

Si en la pregunta hay un pronombre interrogativo no es necesario la brusca inflexión ascendente del final:

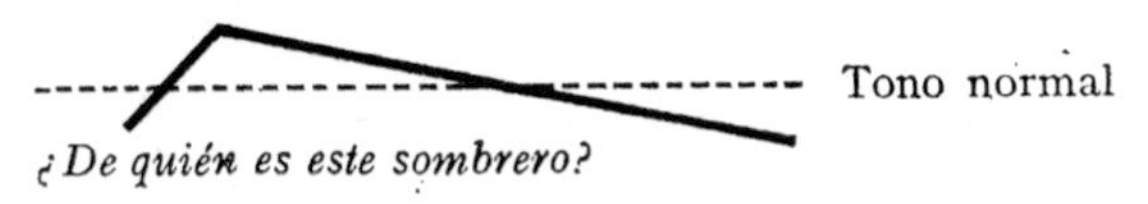
Tono normal
¿De quién es este sombrero?

Cuando se emplean palabras como *cuándo, quién, qué, dónde,* que son por oficio interrogativas, la inflexión final puede ser descendente:

Tono normal
¿Cuándo llegó tu padre?

4) *Entonación expresiva*

Los recursos que utiliza el habla para dar fuerza expresiva a los estados psíquicos de condición emocional consisten en elementos complementarios. La modulación circunfleja tan característica de la entonación exclamativa, desempeña un papel importante en matizar los enunciados. Cierto énfasis da prestancia a los vocablos con diversas intenciones expresivas. Suele caracterizar a las frases exclamativas pronominales una tendencia a la depresión tonal. La entonación ascendente se produce en determinados tipos de frases exclamativas.

Exclamación de un grupo fónico:

Tono normal
¡Señora, escúcheme usted!

Si las exclamaciones se encabezan con un pronombre exclamativo, a partir de la primera sílaba acentuada forman escala descendente, pero vuelve a alzarse en la última acentuada, modulándose en descenso:

5) *Entonación apelativa*

La forma imperativa o de mandato, incluida en la entonación apelativa, coincide, en líneas generales, con la forma exclamativa: empieza en tono relativamente grave, si la primera sílaba es inacentuada, se eleva de modo considerable sobre la sílaba fuerte y termina en gran descenso de voz. Las formas en que se expresa un ruego también coinciden con la exclamación exclamativa, pero la voz en la sílaba acentuada se eleva, como en la entonación imperativa. Ejemplos: *No olvides mi encargo. Aprended a vivir. Envíame noticias de tus padres. ¡Una limosna, por amor de Dios! ¡Tengo un deseo tan grande de viajar!*

Forma de entonación exclamativa:

Tono normal

¡Qué simpáticos son todos!

3.º Fonética evolutiva: Hasta ahora nos hemos movido en un camino de fonética estática o *descriptiva;* pero en la evolución de los sonidos toman parte muy principal las alteraciones de la pronunciación, en su giro físico-fisiológico y en su modalidad fonológica. Surgen fonemas y se pierden otros que llevan dentro un valor espiritual de signos expresivos (GILI GAYA, *Elem. de Fonética* p. 153).

Lo que se ha llamado *concepto de la ley fonética* irrumpe en estos estudios, primero con la ley de la *mutación consonántica* en los idiomas germánicos, expuesta por Rask y perfeccionada por Grimm y Verner. La regularidad se observa en todas las lenguas y en todos los tiempos; sólo varían las transformaciones históricas. Cada ley fonética tiene su círculo geográfico y su época vivencial. Saussure avanzó en este recorrido con sus teorías del signo verbal, la distinción entre el habla y la lengua y entre la sincronía y diacronía.

Los cambios que sufre un fonema en tiempo y espacio son muy complejos y atribuibles a múltiples causas de orden geográfico, léxico y cultural. Pero estas tendencias modificadoras las sintetizan algunos fonetistas en estos cuatro postulados:

1.º Ley del menor esfuerzo que desgasta y pierde sonidos.

2.º Diferenciaciones para mantener la claridad del signo.

3.º Fenómeno analógico que unifica el sistema.

4.º Imitación de los individuos y grupos humanos tomados como modelos.

Categorías de evolución fonética:

1.ª ASIMILACIÓN. Proceso mediante el cual los movimientos articulatorios de un sonido se propagan a otro vecino. Hay tres tipos de asimilación: *pregresiva* si el sonido asimilador precede al asimilado (mb < m en español, lat. *palumba < paloma; lumbu < lomo*); *regresiva* es mucho más frecuente y sucede cuando el elemento asimilante no precede al asimilado (En la pronunciación del ital. *chiambre* procedente de *cl*, la *i* semiconsonante se ensordece por asimilación regresiva); *recíproca*, si dos sonidos se influyen entre sí y se comunican alguna cualidad (el grupo *n* + *yod*, en que la articulación palatal de la *yod* se funde en *n: vinea* < viña). La metafonía vocálica es una asimilación a distancia. El lat. *semente* debiera haber dado en español *semiente;* el resultado *simiente* se debe a la asimilación de la *e* inicial a la *yod*.

2.ª DIFERENCIACIÓN. Se opone a la asimilación de contacto producida entre dos sonidos contiguos. Consiste en romper la continuidad de un movimiento articulatorio, ya en el curso de un sonido único o bien en el conjunto de dos fonemas diferentes pero contiguos. La *asimilación* tiende a unificar, la *diferenciación* a hacer los movimientos de la articulación más diferentes. La diferenciación *creada* se produce entre las fases sucesivas de un fonema; la que llamamos *profundizada* refuerza divergencias ya existentes. Un ejemplo de diferenciación creada es la diptongación, variación de timbre que tiende a polarizarse hacia sus extremos.

3.ª DISIMILACIÓN. Es la acción ejercida por un sonido sobre otro de la misma palabra, con el que posee algunos elementos articulatorios comunes. Consiste en romper la continuidad del movimiento articulario de estos sonidos que no se hallan en contacto. El latín *rotundus* disimiló la vocal inicial de la acentuada y dio *retundus* de donde provino en español *redondo; dicere < dicir < decir*.

4.ª METÁTESIS. Cambio de lugar de un fonema en la palabra, atraído o repelido por otro. No es un cambio regular sino accesorio. Si son dos sonidos los que se intercalan, se llama *metátesis recíproca (parábola < palabra; animalia < alimaña). Metátesis sencilla: oblitare < olvidar, silibare < silbar; crepare < quebrar. Metátesis a distancia: integrare < entregar; praesepe < pesebre.*

104. Poesía y ritmo. Sistemas principales de versificación. Elementos rítmicos

La **versificación** es el verdadero laboratorio del ritmo poético. Si por laboratorio entendemos lugar de experimentos y análisis, en los tubos de ensayo del verso español se han probado diversos sistemas: el *cuantitativo*, a la manera grecolatina; el *silábico*, al igual que la métrica italiana y francesa, medido por sílabas isócronas y hoy generalmente aceptado; el *modernista*, que se estructura por series indeterminadas de grupos prosódicos, y la alquimia *subrealista*, de la métrica irregular.

1.º Poesía y ritmo: **Poesía**, en sentido estricto, es la expresión de la belleza por medio de un lenguaje rítmico. Puede manifestarse por medio de la prosa rítmica o del verso (44).

El lenguaje propio de la emoción poética es el *verso*; sin embargo, puede existir poesía sin verso. Citamos como ejemplos muchas novelas, obras de teatro, las traducciones de los poetas extranjeros y la prosa rítmica de obras tan celebradas como el *Gaspard de la Nuit* (Fantasías a la manera de Rembrandt y Callot), de ALOYSIUS BERTRAND; *Les chansons de Bilitis*, de PIERRE LOUYS; *La Luna Nueva* (Poemas de niños), y *El Jardinero*, de RABINDRANAT TAGORE.

VERSO es cada uno de los períodos rítmicos en que se distribuye una composición poética. Los versos son unidades rítmicas que forman serie. Estas unidades pueden ser idénticas entre sí o sólo parecidas. Cuando las unidades rítmicas son iguales, la versificación se llama *regular*. Si no son iguales la versificación, o arte de componer versos, es *irregular*, *flotante* o *libre*. La regularidad en español se consigue me-

---

(44) Oigamos a García Lorca cómo habla de la poesía: «Pero, ¿qué voy a decir yo de la poesía? ¿Qué voy a decir de esas nubes, de ese cielo? Mirar, mirar, mirarlas, mirarle, y nada más.» «Aquí está; mira. Yo tengo el fuego en mis manos. Yo lo entiendo y trabajo con él perfectamente, pero no puedo hablar de él sin literatura... Quemaré el Partenón por la noche para empezar a levantarlo por la mañana y no terminar nunca.» «Si es verdad que soy poeta por la gracia de Dios —o del demonio—, también lo es que lo soy por la gracia de la técnica y del esfuerzo y de darme cuenta en absoluto de lo que es un poema.»

Para A. Machado, poesía «es la palabra esencial en el tiempo». Para Juan Ramón Jiménez, poesía es «la esencia misma del espíritu y de la inteligencia —las dos piernas de la aurora—, la desnudez libre y perfecta de la idea en su forma justa y perfecta...» Rubén nos dice: «He procurado ir hacia la más alta idealidad. He expresado lo inexpresable de mi alma y he querido penetrar en el alma de los demás y hundirme en la vasta alma universal.» Bécquer dijo en su rima XXI:

«¿Qué es poesía?», dices, mientras clavas
en mi pupila tu pupila azul.
¿Qué es poesía? ¿Y tú me lo preguntas?
Poesía... eres tú.

diante la igualdad en el número de sílabas, con un doble apoyo rítmico del acento y la rima.

Frente al verso, la **prosa** es la forma del lenguaje conversacional culto o del literario escrito más corriente. Caben en ella desde el coloquio familiar hasta el más elaborado trabajo artístico.

Verso procede del l. *vertere* (volver, hacer surcos). De aquí pasó a significar cada una de las líneas de una composición poética sujeta a ritmo y medida. Se puede también definir el *verso* como el conjunto determinado de palabras, sujetas a una ordenación rítmica o musical. El verso impone al ritmo del lenguaje la subordinación a unas normas constantes.

Suele decirse que la *prosa* es la forma de expresión más propia para el razonamiento y para la exposición doctrinal, mientras que el *verso* exige un contenido de imágenes y sentimientos.

Ritmo y armonía:

El *ritmo* es el elemento esencial de las artes del tiempo. En su origen griego ρυθμός equivale a movimiento regulado y medido. Está formado por la división del tiempo o el espacio en intervalos iguales.

Las artes del tiempo dependen en gran parte del ritmo: los movimientos del baile o los sonidos de una composición musical exigen una distribución rítmica muy cuidada. Ritmo en la música es la proporción que existe entre el tiempo de un sonido y el de otro diferente. Hay dos espectáculos en donde el cuerpo humano explaya toda la perfección de su dinamismo estético, en admirables ritmos de belleza inigualable: el ballet y el patinaje artístico de una pareja sobre el hielo.

El patinaje artístico es la poesía de la danza, en la idealización saltarina y artística de una mujer joven, sobre un aterrizaje en contorsiones armónicas y rápidas, isócronas y rítmicas, de una belleza sorprendente.

En el ballet, es el salto rítmico lo que da a la danza su dinámica expresión: el llamado salto *écart* en que los pies se apoyan sobre el suelo con flexión de las piernas o el cuerpo vuelve al suelo sobre ambos pies; el *salto de carpa*, llamado así por la silueta que forma el cuerpo; el *salto de «amazona»*, el *salto acrobático* o el *salto hindú*, así denominado porque las piernas reproducen la posición habitual de los budas. En este ritmo armonioso del ballet, hay una estética de movimientos en que participan las manos, la cabeza y el torso.

El ritmo se halla plenamente en la música y la danza como en su perfección natural. En un trozo musical se distinguen claramente las notas del canto (melodía), los acordes que acompañan al canto (armonía) y el aire de la pieza, por ejemplo el compás de tres por cuatro. El aire o compás que se adivina dentro de una pieza musical, como en el vals, es el **ritmo**. El *aire* de la marcha militar es su **ritmo**.

El ritmo se halla dentro de nosotros en las percusiones del pulso humano, en el ruido de mi reloj de pulsera. Y se encuentra alrededor nuestro: en la gota de agua que cae pausadamente en el depósito o en el traqueteo del TAF, del TALGO o de un exprés a toda marcha.

El ritmo en la Literatura consiste en la armoniosa combinación de voces y cláusulas, de pausas y cortes en el lenguaje poético y de la prosa.

El ritmo del lenguaje depende:

1.º De la duración de los sonidos articulados (cantidad).

2.º De la altura musical con que se emiten (tono).

3.º De la energía espiratoria (intensidad).

De la acertada combinación de estos elementos resulta el carácter del acento de cada lengua, sobre todo en poesía. En griego y en el latín clásico es cuantitativo y musical; en las lenguas germánicas y romances es de intensidad.

Armonía en su origen griego significa ajustamiento, combinación. En general se define como la unión de sonidos simultáneos y diferentes pero acordes. Por lo que se refiere al lenguaje, *armonía* es la acertada distribución de las palabras, de manera que el conjunto resulte agradable al oído.

En la música la *armonía* consiste en el arte de formar y enlazar los acordes. En la prosa y en el verso resulta de la feliz combinación de las sílabas, voces y cláusulas.

VICIOS OPUESTOS A LA ARMONÍA. Cosas que se han de evitar:

1.ª Las palabras de pronunciación dura o difícil: *Hacían bulla el valle y brega la vega.*

2.ª Las repeticiones inmediatas de una sílaba: *Llevaba su jarra con vieja jactancia.*

3.ª El choque de acentos o las sinalefas violentas: *Iba a Andalucía.*

Ritmo métrico:

El ritmo en la Métrica es la ordenada sucesión de los acentos de intensidad y cesuras en cada verso. La norma es fija: cada clase de verso tiene su ritmo propio.

El ritmo métrico puede ser: *interno*, *externo* y *total.*

a) *Ritmo interno,* ya definido es la ordenada sucesión de los acentos rítmicos. Puede subdividirse en *superficial,* que se distingue por su musicalidad (como el decasílabo con acento en la tercera, sexta y novena sílaba) y *velado,* que da al verso internamente una belleza que agrada al oído más exigente. Es característico del octosílabo y el endecasílabo.

b) El *ritmo externo* se aplica al efecto melodioso de la rima entre varios versos y a la ordenada serie de versos dentro de una estrofa.

c) El *ritmo total* es más peculiar de la composición poética en su conjunto y se forma de la combinación del ritmo interno y del externo. Es un complejo armonioso de los dos ritmos anteriores. Existen ya versos especiales que encajan mejor que otros, según la naturaleza de los asuntos poéticos en el ritmo total: Los decasílabos se adaptan bien a la concisión de los cantos guerreros y la octava real armoniza perfectamente en la Épica heroica.

2.º Sistemas principales de versificación: *Versificación* es el arte de componer versos o de medir las palabras por sílabas fijas, que sometemos a un orden constante de ritmo, rima, pausa y medida. En este último caso se llama *Métrica,* porque se miden o cuentan las sílabas musicales o *métricas.*

Vamos a repasar los sistemas modernos de versificación y los antiguos reactivados que de alguna manera vuelven a tener vigencia, aunque sea por imitación o por moda del momento. A los primeros pertenecen los sistemas *silábico,* de *grupos prosódicos* y *surrealista.* En los antiguos reactivados entran el sistema paralelístico o bíblico y la versificación cuantitativa de la poesía grecolatina (45).

a) Sistemas clásico-modernos

1.º VERSIFICACIÓN SILÁBICA:

Este sistema ha sido el más general en toda nuestra literatura clásica y moderna. Se funda en el número fijo de sílabas y en una disposición acentual regulada para cada tipo de verso. Empezaron a usar este sistema los llamados *mester de clerecía,* nuestra primera escuela literaria erudita. Pasó a la poesía cortesana y más tarde a la popular. Toda la poesía regular de las lenguas románicas se apoya en un sistema isosilábico. Este sistema se establece contando las sílabas como si el renglón terminase siempre en palabra llana:

Se estaba riendo la fuente, ocho sílabas *a*
y tú no sabes por qué. » » *b'*

JUAN ALBERTO MORALES (Panamá).

---

(45) En la métrica arcaica española, las formas primitivas, se distinguen por el verso amétrico, asonancia final y cesura. El eje de la métrica es el alejandrino, y muy frecuentes el verso de dieciséis sílabas y el endecasílabo a la francesa con cesura después de la cuarta. A partir del siglo XIII sigue el verso alejandrino y en la primera época, o formativa, los poetas, desde Berceo, se inclinan por la estrofa amétrica del tetrástrofo monorrimo. Luego sigue la irregularidad con los hemistiquios octosílabo y heptasílabo, y ya en el siglo XIV aparece la versificación acentual de arte mayor, con don Juan Manuel, Pero López de Ayala y el Arcipreste de Hita.

Los primitivos escandinavos sajones y germanos utilizaron la versificación *aliterativa,* consistente en la repetición de una o varias consonantes dentro del verso. Tiene un propósito imitativo y onomatopéyico. Así, dice Juan de Mena: «*Nin finjas lo falso nin furtes la estoria....*»

2.º VERSIFICACIÓN DE GRUPOS PROSÓDICOS:

Este sistema divide el verso en unidades, que reciben el nombre de *grupos prosódicos* o pies rítmicos. Se regula la distribución de sílabas acentuadas y débiles y se forma una serie indefinida de versos desde cuatro hasta veinticuatro sílabas *con base disílaba yámbica y tetrasílaba:*

Una noche,
una noche toda llena de perfumes, de murmullos y de música de alas;
una noche,
en que ardían en la sombra nupcial y húmeda las luciérnagas fantásticas...

JOSÉ ASUNCIÓN SILVA.

Con base trisílaba y anfibráquica y acento medial:

y al héroe que guía su grupo de jóvenes fieros;
al que ama la insignia del suelo materno;
al que ha desafiado, ceñido el acero, y el arma en la mano,
los soles del rojo verano,
las nieves y vientos del gélido invierno,
la noche, la escarcha,
y el odio y la muerte, por ser por la patria inmortal,
¡saludan con voces de bronce las trompas de guerra que tocan la *marcha*
/triunfal.

RUBÉN DARÍO.

Con base tetrasílaba isométrica consonante aguda:

He dormido en / la majada / sobre un lecho / de lentiscos,
embriagado / por el vaho / de los húme / dos apriscos
y arrullado / por murmullos / de mansísi / mo rumiar.
He comido / pan sabroso / con entrañas / de cordero
que guisaron / los pastores / en blanquísi / mo caldero
suspendido / de los llares / sobre el fuego / del hogar.

GABRIEL Y GALÁN.

Hay también modelos de base tetrasílaba consonante, con modalidad mixta o con base dodecasílaba, grupos isosilábicos amétricos, como estos de Rubén:

Mis ojos miraban, en horas de ensueño,
la página blanca.
Y vino el desfile de ensueños y sombras.
Y fueron mujeres de rostros de estatua,
mujeres de rostros de estatuas de mármol,
¡tan tristes, tan dulces, tan suaves, tan pálidas!

RUBÉN DARÍO.

3.º Versificación surrealista:

Este sistema proviene de Francia, tanto en su contenido ideológico muy arbitrario como en su métrica irregular. Como poesía es un movimiento de automatismo psíquico puro, en función del cual uno se propone expresar el funcionamiento real del pensamiento. Dictado del pensar con ausencia de todo control ejercido por la razón y al margen de toda preocupación estética o moral.

André Bretón en el *Segundo manifiesto del surrealismo*, 1930, proclamó la necesidad integral más alta de todo arte y de toda literatura, «ya que todo induce a creer que existe un punto del espíritu desde el cual la vida y la muerte, lo real y lo imaginario, el pasado y el futuro, lo alto y lo bajo dejan de ser percibidos como contradicciones y no debe buscarse en la atividad surrealista otro móvil que la esperanza de determinar este punto». De todos los ismos vanguardistas es el de mayor vigencia, aunque ha fracasado rotundamente. Si la métrica se precipitase por este desfiladero, quedaría reducida no sólo a una música de ritmos sin ideas fijas, de palabras, de imágenes trashumantes, sino a una armonía ilógica de sueños descabalados incomprensibles en la forma irregular y en el hilo de las ideas incontroladas. El mismo creador se sentiría defraudado al volver al estado de vigilia, al cesar el delirio onírico-poético.

El libro máximo del surrealismo es *Ulises*, de James Joyce. En España cultivaron el surrealismo Alberti y Juan Larrea. Proviene del arte nihilista de *Dada*. De la pintura pasó a la poesía. Saetas disparadas sin rumbo cierto. André Bretón habla de este nuevo espacio poético y versifica así:

Elle a l'espace qu'il lui faut,
Pas celui-ci mais l'autre que contiennent:
L'oeil du milan;
La rosée sur une prêle;
Le souvenir d'une bouteille de Traminer embuée
sur un plateau d'argent;
Une haute verge de tourmaline sur la mer,
Et la route de l'aventure mentale
Qui monte à pic.
Une halte elle s'embrousaille aussitôt.
Cela ne se crie pas sur les toits.

(*Oubliés*, 1948.)

Salvador Dalí que pinta y versifica en forma surrealista escribe:

Narciso se destroza en vértigo cósmico,
en cuya más honda profundidad
canta
la sirena fría y dionisíaca de su propia imagen.

(*Metamorfosis de Narciso.*)

El poeta bilbaíno Juan Larrea hace sus versos surrealistas y dice:

ANTONIO

Los barcos cargan y descargan como los ojos de los testigos.
Pero todavía estoy lejos de amar el boxeo.
Lejos de la vida.
Lejos de pensar en la esponja agujereada de puntos de vista, lejos de la [muerte.
Sobre las lilas de carne que absorben el equinocio.
Mira este color de frase, mira estos nudos de arroyo.
Mira esta esperanza que cambia ante tus ojos de nivel.
Y estos pliegues de esperanza que la visten.

b) Sistemas antiguos reactivados

1.º VERSIFICACIÓN PARALELÍSTICA:

Sistema muy usado en las literaturas orientales, pero no exclusivo de ellas, ni esencia de su versificación, pues se ha empleado en otras lenguas como el árabe, latín, griego, idiomas neolatinos sin excluir el español, inglés, alemán, etc. (46).

Se ha propagado y ha llegado a ser popular la teoría que funda esencialmente el tecnicismo métrico bíblico en el llamado «paralelismo», sistema que fue estudiado por R. Lowth en 1753 y aceptado por los más modernos preceptistas.

Este *paralelismus membrorum o sententiarum* consiste en cierta igualdad o semejanza contrapuesta que hay en la conformidad mutua de frases y palabras, dentro de cada versículo. Guarda un ritmo interior en la proporción simétrica de sus formas correlativas.

Lowth distinguió tres clases de paralelismo: *sinónimo, antitético* y *sintético*. En el paralelismo *sinonímico* se puede apreciar una sucesión de frases de corte semejante y análogo sentido. El segundo miembro del verso es como una reiteración o eco del contenido del primero («Sálvame, Dios mío, del poder de mis enemigos: líbrame de los que me asaltan.» Salmo 58).

En el paralelismo *antitético* la contraposición de formas se muestra por antítesis o ideas opuestas. Hay contraposición de dicción y de pensamiento *(De nada servirán las riquezas en el día de la venganza; mas la justicia librará de la muerte)*. Por fin el *sintético* forma un complemento o coronación de múltiples maneras (Cfr. D. GONZALO MAESO, *Lit. Hebrea*, págs. 127-28).

(46) Características más destacadas de la poesía bíblica: riqueza y elevación de imágenes, fuerza y nobleza de pensamientos, grandeza de contenido, sencillez de expresión (v. gr.: Jb. 38-39; Sal. 8,103-104). Colorido oriental, vehemencia, movilidad de ánimo y de ingenio, metáforas audaces, sugestividad, pompa y brillantez; sentido humano y de la naturaleza. Lirismo: sentimientos personales del autor, comunes al pueblo hebreo y a la humanidad. Profunda religiosidad: ésta es la nota más vibrante en la lira hebrea. En cuanto a su métrica, ritmo acentual ascendente bien marcado, sujeto al juego de determinados pies y cesura; proporción y simetría ideológica y gramatical de varias formas; relativa libertad y holgura, con alguna medida silábica en ciertos casos variables, con incremento de todos los ornatos poéticos.

Observaciones sobre este sistema:

1.ª Aún no se ha probado suficientemente que el «paralelismo» constituya el elemento propio y distintivo de la poesía hebreo-bíblica. Estas tres clases de paralelismo se dan asimismo en la prosa. Psicológicamente, el carácter impulsivo y vehemente del antiguo pueblo de Israel exigía la reiteración del pensamiento y de la emotividad, como un balanceo del espíritu; y *métricamente*, un elemento tan frágil y puramente cerebral resultaba insuficiente para despertar la vibración sentimental y la emoción estética de la poesía.

2.ª En el verso bíblico hay un ritmo acentual bastante uniforme, típicamente ascendente y alguna vez mixto. El ritmo hebreo resulta perceptible con la aplicación de los principios prosódicos de la lengua. Es menester atender a los acentos y a los *pies*, en que se reparte el verso.

3.ª Se da un verso de típica factura silábica de tres acentos, especie de octosílabo propio del *masal*. Hace acto de presencia la *rima* y no fortuitamente, en consonantes poco frecuentes. Se notan además ciertos versos *acrósticos* y otros elementos secundarios como *estribillos*, tal vez con fines corales. No olvidemos que la poesía lírico-hebrea se destinó a ser modulada con acompañamiento de música vocal e instrumental.

Ejemplos de la poesía lírica de los Salmos (S. 303):

CONSERVACIÓN DE LA VIDA

27. Todos ellos de Ti están esperando
que les des a su tiempo la comida.
28. Se la das, y la toman;
abres tu mano y hártanse de bienes.
29. Tu rostro escondes, y aterrados quedan;
les retiras su espíritu y fenecen
y tornan a su polvo.
30. Si tu espíritu mandas, se recrían,
y así la faz renuevas de la tierra.

GLORIA AL SEÑOR

(Sal. 303, 31-35)

31. La gloria del Señor sea para siempre,
alégrese el Señor en sus hechuras.
32. El cual mira a la tierra, y se estremece;
toca los montes, y despiden humo.
33. Al Señor cantaré toda mi vida,
salmodiaré a mi Dios mientras exista.
34. Agradable le sea mi decir:
yo me alegraré en el Señor.

35. Falten los pecadores de la tierra
y no haya más impíos.
Bendice al Señor, oh alma mía.
Alabad al Señor.

Ejemplo de poesía paralelística imitada:

EL SALMO DE LA TARDE

1. Te doy gracias, Señor, cuando quitas el perfume al tulipán para esplender en colores vistosos su cáliz,
2. como si fuera la copa perfilada de un banquete eucarístico.
3. El lirio, la azucena, el nardo, el magnolio y las celindas se encienden en dintornos blancos,
4. y me dicen que has pasado por ellos, al sentir la huella perfumada de tu presencia.
5. Señor, Señor, las flores multiformes me hablan de tus perfecciones y la tarde del ocaso presiente tu grandeza.
6. Estamos hechos para la luz de las flores y para el sol de los cielos,
7. en la pureza de la mañana, en la majestad del mediodía y en la transparencia de la tarde.
8. No para la charca, donde juegan los reflejos solares que pasan;
9. No para el bosque, donde la tarde es noche y el mediodía es umbroso y triste.

M. Alonso.
(Plegaria.)

2.º Versificación cuantitativa grecolatina:

Los poetas griegos y latinos medían sus versos atendiendo a la cantidad de cada sílaba y contando el número de *pies* de que constaban. Las sílabas largas o breves las agrupaban de esta manera:

troqueo	-u	(larga y breve)
yambo	u-	(breve y larga)
dáctilo	-uu	(larga y dos breves)
anfíbraco	u-u	breve, larga y breve)
anapesto	uu-	(dos breves y una larga)
espondeo	- -	(dos largas)

La naturaleza de esta métrica es rítmico-cuantitativa. El ritmo está determinado por la sucesión periódica de unos mismos tiempos, señalada por ciertas percusiones o *ictus*. Ser *cuantitativa* significa que en ella el ritmo está representado por la cantidad o duración de las sílabas largas y breves. La reunión de sílabas en unidad rítmica recibe el nombre de *pie rítmico*, en que se distinguen dos partes: la fuerte que lleva el *ictus* se llama *arsis* y la débil *tesis:* Un número fijo de pies constituyen los versos, para cuya medida métrica se emplea el mismo *pie (monopodia)* o la reunión de dos pies *(dipodia)*. La reunión de uno o más versos forman una unidad mayor que se denomina **estrofa.**

VERSO DACTÍLICO:

El Hexámetro. Consta de seis pies; los cuatro primeros dáctilos o espondeos; el quinto dáctilo y el sexto espondeo: *arma vi / rumque ca / no. Tro / iae qui / primus ab / oris.* Es el verso en que están escritas las epopeyas romanas.

EJEMPLO DE IMITACIÓN CASTELLANA

Garzas reales huyeron al bosque de ubérrimos senos,
verdes orillas de estanques fecundos rayaron tus ojos
de alta Minerva, con ónice terso, con salto de corza.
Así, tu rota prosapia de heroicos remiendos encele,
salvaje, la lámpara en vela del tálamo regio.
Tréboles de oro rediman tu cuerpo con lluvia de estrellas.
Rica parábola pulse la cimbra de ingrávidos muslos,
ciña los surcos de brazos dormidos en pátina suave
y alce el troquel de tu cuerpo votivo al lecho del trono.
Traigo mis ojos jayanes rendidos en cántiga y beso,
rey trovador de la espiga, el andrajo y el ámbar de reina.

M. ALONSO.
(La mendiga y el rey Copetúa.)

VERSO LOGAÉDICO:

El sáfico. Tres bases disilábicas yámbicas y una anfibráquica. Estrofa: tres sáficos y un adonio *(dipodia logaédica)* que consta de cinco sílabas (un dáctilo y un espondeo o yambo).

Ejemplo de imitación sáfica (Cesura semiquinaria):

¿Dónde venciste, coronado auriga,
púgil de Apolo, luchador de carros?
Firmes las bridas, en tus brazos Lesbos
ha florecido.

Pulso en Olimpia de la agone griega.
Lumbre serena de la diosa Ceres.
Noble al trofeo, tus caballos locos
raudos giraron.

¿Sueñas o esperas al ungido atleta
Belerofonte, domador del trueno?
¡Llega el Pegaso! ¿Lo atarás al carro
de tu cuadriga?...

M. ALONSO.
(El auriga de Delfos.)

Sobre las estrofas alcaica, asclepiadea y alcmania y el metro aristofánico, Cfr. mi obra *Ciencia del lenguaje y arte del estilo,* 8.ª edición, 1966, págs. 692-693. Para adaptar al español la métrica latina, en especial el hexámetro de Virgilio y las odas de Horacio, es infructuoso el litigio sobre el acento y cantidad. Nos parece con Navarro Tomás que la cantidad depende del acento y de la estructura de las sílabas. Buscan el parentesco o la aproximación con la métrica latina Rubén Darío, Gabriel y Galán, Santos Chocano, Salvador Rueda y otros. En el Parnaso extranjero cultivaron la métrica cuantitativa Alfredo Tennyson, artífice de la armonía clásica, Klopstoch, el poeta sajón de la *Mesíada*, con sus veinte mil hexámetros, Goethe con el esplendor rítmico de su *Hermann y Dorotea*, Longfellow, que escribió su *Evangelina* en verso horaciano y Carducci, que recorre las estrofas cuantitativas de Horacio en sus *Odei barbare.*

3.º Elementos rítmicos: Los principales son: la medida o cómputo de sílabas, el acento, la pausa y la rima, en el sistema silábico.

a) Cómputo de sílabas en el verso

Los versos se miden contando las sílabas de que constan. Cada sílaba fonética constituye una sílaba métrica, con la única excepción del último acento del verso, que cuenta siempre una sílaba más y *sólo una.* Por lo tanto, si la palabra final es llana, no habrá diferencia entre la sílaba gramatical y la métrica; si es aguda, su sílaba valdrá por dos, y si es esdrújula, se contarán como una las dos finales. Ejemplos:

las sentencias de los viejos y las risas de los mozos
y el silencio de las noches en la inmensa soledad.

GABRIEL Y GALÁN.
(*Obr.*, p. 466.)

(El primer verso tiene 16 sílabas gramaticales y métricas. El segundo 15 sílabas gramaticales y 16 métricas.)

En idioma guaraní,	a'	agudo de ocho sílabas
una joven paraguaya	b	llano de ocho sílabas

La armonía hecha carne tú eres.	a	llano,	10 sílabas
El resumen genial de lo lírico.	b	esdrújulo,	10 "

GARCÍA LORCA.
(*Poemas.*)

La princesa está triste, la princesa está pálida,

La-prin-ce-sa-es-tá-tris-te,-la-prni-ce-sa-es-tá-pá-li-da,

14 sílabas, esdrújulo

Al contar las sílabas métricas, hemos de tener en cuenta la sinalefa, la diéresis y la sinéresis, de las que hablaremos después.

b) El acento rítmico

El acento, ya lo hemos dicho antes, consiste en la mayor intensidad con que se pronuncian algunas sílabas en la frase o del verso para conseguir la armonía. En español la mayor fuerza espiratoria es el principal realce de la sílaba acentuada.

El ritmo poético está determinado, por la acertada distribución de los acentos, la igualdad o semejanza de ciertos sonidos, el número de sílabas y la regulación de las pausas. El verso dejaría de serlo si careciese de esa adecuada distribución acentual. Hasta tal punto es cierto esto, que si en los siguientes ejemplos dislocamos los acentos desaparece el ritmo:

Nunca tuviste el nido, ni el madrigal doliente,
ni al laúd juglaresco que solloza lejano.
Tu juglar fue un mancebo con escamas de plata
y un eco de trompeta su acento enamorado.

GARCÍA LORCA.
(Elegía a Doña Juana.)

Se descompone el ritmo alejandrino con estos cambios:

El nido nunca tuviste, ni el doliente madrigal,
ni al laúd que lejano solloza y juglaresco.
Con escamas de plata un mancebo fue tu juglar,
y su acento enamorado un eco de trompeta.

Todo verso español se cuenta como si terminara en sílaba llana. Hay pues en todo verso acento obligatorio en la sílaba penúltima o en la que se cuente como penúltima *(madrugada* en final 4 sílabas; *juventud,* en final 4 sílabas).

Si el poeta termina su verso en palabra inacentuada, hay que pronunciarla como acentuada, para señalar la terminación acentual:

Tan rubia es la niña, que
cuando hay sol no se la ve...

AMADO NERVO.

En el interior del verso también existen vocablos acentuados, sin valor rítmico fijo, mientras los versos no pasan de nueve sílabas. Es una armonía interior que da calidad y belleza rítmica a la composición:

Juventud, divino tesoro,
ya te vas para no volver;
cuando quiero llorar, lloro,
y a veces lloro sin querer.

Plural ha sido la celeste
historia de mi corazón.
Era una dulce niña, en este
mundo de duelo y de aflicción.

RUBÉN DARÍO.

ACENTOS OBLIGATORIOS:

A partir de diez sílabas, algunos de los acentos interiores son rítmicos y obligatorios.

1) **Decasílabo.** Acento obligatorio en la penúltima. Acentos interiores fijos: tercera y sexta o en la cuarta. Ejemplos:

He dor*mi*do esta *no*che en el *mon*te — 3.ª y 6.ª
con el *ni*ño que *cui*da mis *va*cas. — 3.ª y 6.ª

GABRIEL Y GALÁN.

Tiene los *o*jos / de un verde os*cu*ro, — 4.ª y 9.ª
que nunca en *o*tro / se ha visto i*gual;* — 4.ª y 9.ª
verdes, se*ño*ra, / como los *pra*dos; — 4.ª y 9.ª
verdes, se*ño*ra, / como la *mar*... — 4.ª y 9.ª

JOSÉ MARÍA PEMÁN.

2) **Endecasílabo.** Combinaciones principales:

1.ª *Italiano* (en la 6.ª y 10.ª):

Llamé a mi cora*zón*. Nadie repuso. — 6.ª y 10.ª (heroico)

BLANCO FOMBONA.

2.ª *Sáfico* (en la 4.ª, 8.ª y 10.ª):

¿Por qué vol*véis* a la me*mo*ria *mí*a, — 4.ª, 8.ª y 10.ª
tristes re*cuer*dos del pla*cer* per*di*do? — 4.ª, 8.ª y 10.ª

ESPRONCEDA.

3.ª *Anapéstico* (en la 4.ª, 7.ª y 10.ª):

Libre la *fren*te que el *cas*co re*hu*sa... — 4.ª, 7.ª y 10.ª

RUBÉN DARÍO.

4.ª *Dactílico*, o de *gaita gallega.* Se basa en tres pies dáctilos más un troqueo:

San Beni*ti*ño de *Co*va de *Lo*bo: — 4.ª, 7.ª y 10.ª
¿Dónde le *de*jas al *tu* buen a*mi*go? — 4.ª, 7.ª y 10.ª
¿Dónde le *de*jas al *tu* buen a*ma*do?

Muy frecuentado por los poetas gallegos en su poesía vernácula.

3) **Dodecasílabo.** Combinaciones principales:

1.ª En la 5.ª, 8.ª y 11.ª:

Sentado el mo*nar*ca glo*rio*so de E*gip*to — 5.ª, 8.ª y 11.ª
en trono de *ná*car y *de* oro lu*cien*te... — 5.ª, 8.ª y 11.ª

MANUEL CARPIO.

2.ª En la 3.ª, 7.ª y 11.ª:

Doble*men*te triunfa*do*res en la a*re*na... 3.ª, 7.ª y 11.ª

JOSÉ SANTOS CHOCANO.

Viene *so*la, como *fla*ca loba *jo*ven 3.ª, 7.ª y 11.ª
por el *lá*tigo del *ham*bre flage*la*da, 3.ª, 7.ª y 11.ª
con la *fie*bre de sus *ham*bres en los *o*jos, 3.ª, 7.ª y 11.ª
con la *fie*bre de sus *ham*bres en la en*tra*ña. 3.ª, 7.ª y 11.ª

GABRIEL Y GALÁN.

3.ª En la 6.ª y 11.ª:

En la popa de*sier*ta de un viejo *bar*co... 6.ª y 11.ª

JULIÁN DEL CASAL.

4) **El Alejandrino** (de 14 sílabas) y el **octonario** (de 16 sílabas). El primero en la 6.ª y 13.ª. El segundo en la 7.ª y 15.ª, como si se consideran divididos en dos hemistiquios de siete y ocho sílabas respectivamente. Ejemplo:

Yo soy como las *gen*tes que a mi tierra vi*nie*ron 6.ª y 13.ª
—soy de la raza *mo*ra, viajera amiga del *sol*—, 6.ª y 13.ª
que todo lo ga*na*ron y todo lo per*die*ron. 6.ª y 13.ª
Tengo el alma de *nar*do del árabe es*pa*ñol. 6.ª y 13.ª

MANUEL MACHADO.

Dicen que no hablan las plantas, ni las fuentes, ni los pájaros,
ni la onda con sus rumores, ni con su brillo los astros;
lo dicen, pero no es cierto, pues siempre, cuando yo paso,
de mí murmuran y exclaman: ¡Ahí va la loca, soñando!... 7.ª y 15ª.

ROSALÍA DE CASTRO.

Los versos de trece sílabas se usan muy poco en nuestro Parnaso. A partir de 16 sílabas hasta 24 los acentos obligatorios, si son versos de sílabas pares, se consideran divididos en dos hemistiquios.

c) La rima

Es la igualdad o semejanza que ofrecen los finales de dos o más versos, a partir de la última vocal acentuada. La poesía latina desconoció este artificio armonioso del verso. En las literaturas romances, fue la asonancia un procedimiento primitivo y la consonancia, más propia de literaturas ya formadas.

Si la igualdad se limita a las vocales, se trata de la *rima asonante;* si llega a todos los sonidos recibe el nombre de *rima consonante.*

Ejemplo de *rima asonante:*

Alondra de mi casa,
ríete mucho.
Es tu risa, en tus ojos,
la luz del mundo.
Ríete tanto,
que mi alma, al oirte,
bata el espacio

MIGUEL HERNÁNDEZ.
(Nana a mi niño.)

Ejemplo de *rima consonante:*

Vida serena y sencilla,
yo quiero abrazarme a ti;
que eres la sola semilla
que nos da flores aquí.

JOSÉ MARÍA PEMÁN.

En la *rima asonante* observemos lo siguiente:

No importan que se deslicen algunas consonancias, si no van seguidas: *guerra, rueda, ribera, mesa, puerta, mañanera.*

Si se trata de versos agudos es suficiente la igualdad de la vocal acentuada: *volver, sien, cortés, cincel.*

En los diptongos y triptongos se tiene en cuenta la vocal y no las semivocales; así, riman *tierra, sirena, cuenta, botella.*

En la palabra esdrújula sólo se atiende a las vocales acentuada y final; por eso riman *vario* y *pálido, vértigo* y *universo.*

En la rima *consonante* se entiende que la igualdad de terminaciones ha de ser fonética y no precisamente gráfica; así, pueden rimar *sabio* y *agravio.*

Se recomienda huir de las rimas demasiado fáciles, sobre todo de las terminaciones verbales en *-aba, -ando, -endo, -ado, -ido, -ara, -ase, -era, -ese.*

Deben evitarse asimismo las consonancias interiores: *Ruego, generoso, piadoso, orgulloso.*

Verso libre es el que carece de rima. Se llama también *blanco* o *suelto:*

¿En qué piensas Tú, muerto, Cristo mío?
¿Por qué ese velo de cerrada noche
de tu abundosa cabellera negra
de nazareno cae sobre tu frente?
Miras dentro de Ti, donde está el reino
de Dios; dentro de Ti, donde alborea
el sol eterno de las almas vivas.

MIGUEL DE UNAMUNO.

d) La pausa, cesura y hemistiquio

En final de verso, la *pausa métrica* consiste en una simple interrupción, a fin de que no se confunda con las pausas de la entonación, por ejemplo las pausas que deben hacerse cuando hay coma o dos puntos. Leamos estos versos en que sólo hay pausa métrica final:

> Yo soy un hombre sincero,
> de donde crece la palma,
> y antes de morirme quiero
> echar mis versos del alma.
>
> JOSÉ MARTI.

La pausa prolongada tiene lugar al final de la estrofa; es un descanso definitivo y un descenso de la entonación. Algunos autores en la inflexión melódica introducen sin mucha necesidad métrica la *pausa significativa, la expresiva* y otra que llaman *mecánica*. Más atañen estas pausas a la frase que a la métrica.

En las transformaciones de los sonidos, tanto en verso como en prosa es menester recordar lo que influye el grupo melódico y las circunstancias de la posición inicial absoluta precedida de pausa y la posición final absoluta, seguida de pausa.

Ejemplo que resume varias pausas:

> Águila, cese tu vuelo;
> aunque los Andes escalas,
> nunca podrás con tus alas
> tocar las cumbres del cielo.
>
> AMADO NERVO.
> (*Poesías Completas*, p. 51.)

Si la pausa se establece en el interior del verso se llama **cesura**(= corte). Ejemplo de versos de 12 sílabas con cesura:

> Al mártir, las palmas, / y a ti, la heroína,
> las hojas de acanto / y el trébol en flor...
>
> MANUEL GUTIÉRREZ NÁJERA.

Cuando la pausa se hace más detenida en mitad de verso y queda dividido en dos porciones métricas, a cada una de las partes se le da el nombre de **hemistiquio**:

> La princesa está triste. / ¿Qué tendrá la princesa?
> Los suspiros se escapan / de su boca de fresa,
> que ha perdido la risa, / que ha perdido el color.
>
> RUBÉN DARÍO.

La cesura puede asimismo, dividir el verso en secciones no iguales:

Aunque lleve en el alma / penas sin nombre,
no siento la nostalgia / de la alegría...

JULIÁN CASAL.

La *cesura* permite además que el hemistiquio u otra especie de corte interno termine con palabra esdrújula, contándose una sílaba menos o con palabra aguda y en este caso se cuenta una sílaba más:

Versalles otoñal; / una paloma; un lindo
mármol; un vulgo errante / municipal y espeso...

RUBÉN DARÍO.

No hace falta que los versos sean unidades independientes de sentido. Hemos hablado en otro lugar del *encabalgamiento* o desacuerdo en una unidad poética entre la unidad sintáctica y la unidad métrica y sucede cuando la forma sintáctica excede los límites de un verso y sigue en el siguiente:

Yo voy soñando *caminos*
de la tarde. ¡Las *colinas*
doradas! ¡Los verdes pinos,
las polvorientas encinas!

ANTONIO MACHADO.

Debe evitarse que el artículo, el adjetivo posesivo, ciertos pronombres, las preposiciones y algunas conjunciones queden al final de un verso. Hay, sin embargo, excepciones:

Cazaba águilas al vuelo,
lobos, y
en la guerra, iba a la guerra
contra mil.

RUBÉN DARÍO.

Es más inusitado partir una palabra al final del verso para acabarla en el siguiente. Corte brusco e inesperado que usó Juan Ramón Jiménez, imitando este recurso de la oda. *Qué descansada vida,* de FRAY LUIS. Dice así el poeta de Moguer:

Tú, que entre la noche bruna,
en una torre amari-
lla eres como un punto, ¡oh luna!,
sobre una i...

JUAN RAMÓN JIMÉNEZ

e) **Dieresis, sinéresis y sinalefa**

La diéresis consiste en deshacer un diptongo formando con él dos sílabas poéticas:

Süave como el nombre de la mujer querida...

ADOLFO BÉCQUER.

Sinéresis: Junta en una sola sílaba dos vocales fuertes:

Ahogar me siento en infernal tortura...
Soñaba el héroe ya: la plebe atenta... *(hé-roe)*

JOSÉ ESPRONCEDA.

Aérea como dorada mariposa... *(aé-rea)*

JOSÉ ESPRONCEDA.

Sinalefa. Es el enlace de dos vocales situadas una al final de una palabra y otra al comienzo de la siguiente.

Puede unir vocales iguales, sin acento entre palabras diferentes: *ángulo oscuro; implacable encono:*

Úni*ca an*torcha que mis pasos guía.

N. PASTOR DÍAZ.

Truéque*se en* risa mi dolor profundo.

ESPRONCEDA.

Vocales iguales con acento entre palabras diferentes: *—el aire entra silbando; la presa hace un ancho remanso.*

Y en *la an*cha sala, la familia toda.

V. W. QUEROL.

Yo os daría mi sangre de mancebo.

V. W. QUEROL.

Y en ti mi*ré el* emblema de mi vida.

E. GIL.

Vocales iguales con acento en la misma palabra: *azahar, albahaca, mohoso.*

El *aza*har y los jazmines.

DUQUE DE RIVAS.

Vocales diferentes, con acento, entre palabras enlazadas: *según se ha notado; de ambos modos; vendrá enseguida.*

Así el justo ha*lla al* fin de su derrota.
V. Ruiz Aguilera.

Une más de dos vocales:

El ne*cio au*daz de corazón de cieno...

No es obstáculo para la sinalefa el tener interpuesta una *h* entre las vocales que se unen:

Que hoy nues*tro ho*gar en su recinto encierra.
R. Aguilera.

Se ha de evitar la sinalefa en los grupos *aei, eei, oei* cuando el elemento interior del grupo es la conjunción *e: riqueza e industria; pobre e inútil.* El oído encuentra dura y violenta la reducción de estos grupos a una sola sílaba.

105. Terminología del verso. Versos en grupos o estrofas

Denominación de los versos:

Los versos de más uso en español van de cuatro a dieciséis sílabas. Los versos que tienen menos de nueve sílabas se llaman de *arte menor;* los de nueve en adelante de *arte mayor.*

Versos de arte menor: disílabos, trisílabos, cuatrisílabos, pentasílabos, hexasílabos, heptasílabos y octosílabos.

Versos de arte mayor: eneasílabos, decasílabos, endecasílabos, dodecasílabos. Al de catorce se le llama *alejandrino,* nombre del francés medieval sobre las leyendas de Alejandro Magno. Al de 16 sílabas se le denomina *octonario.* Los de trece y quince no tienen nombre especial, ya que son muy poco usados. Los de más uso métrico son los de siete, ocho, diez, once, doce y catorce. Ejemplos de éstos últimos:

De siete sílabas:

Las dos ranas se quejan
pidiendo una limosna,
a una ranita nueva
que pasa presumida,
apartando las hierbas.
García Lorca.

De ocho sílabas:

Tienen gotas de rocío
las alas del ruiseñor;
gotas claras de la luna
cuajadas por su ilusión.

GARCÍA LORCA.

De diez y doce sílabas:

Yo sé un himno gigante y extraño,
que anuncia en la noche del alma una aurora...

ADOLFO BÉCQUER.

De once sílabas:

Y no es verdad, dolor, yo te conozco;
tú eres nostalgia de la vida buena
y soledad del corazón sombrío,
de barco sin naufragio y sin estrella.

ANTONIO MACHADO.

De doce sílabas:

En tanto don Félix a tientas seguía...

ESPRONCEDA.

De catorce sílabas:

Se ha ceñido de ángel / extasiada en rosa,
al toque invisible / de su aristocracia,
y bajo el trémulo / marfil de su pecho
sus labios de espliego / huelen a plegaria.

M. ALONSO.
(Anunciación de Fra Angélico.)

Hay en mi tierra un árbol / que el corazón venera;
de cedro es su ramaje, / de césped su verdor...

COSTA Y LLOVERA.

1.º Estrofa consonante isosilábica: *Estrofa.* La palabra estrofa (gr. στροφή parte del canto del coro griego correspondiente a la primera evolución), procedente de esta etimología quiere decir «avance». Los coros de las danzas griegas avanzaban alejándose del altar del dios y luego regresaban hacia él. El grupo de versos que se cantaba al avanzar se llamaba *estrofa.*

En la métrica española un solo verso no tiene eficacia poética. Se emplean los versos agrupados o enlazados, combinados unos con otros, formando *series* y *estrofas.* Las *series* son sucesiones homogéneas indefinidas, de rima consonante o asonante.

La **estrofa** es una combinación de versos de estructura determinada, que suele repetirse de la misma manera durante toda la composición o durante un fragmento de la misma.

Las estrofas pueden ser *parisílabas* o *isosilábicas*, cuando todos los versos de la combinación tienen la misma medida, e *imparisílabas* o *heterosilábicas*, si son de diferente medida.

1) ESTROFA CONSONANTE ISOSILÁBICA

Pareado o de dos versos. No se usa mucho como estrofa independiente sino como parte de otras agrupaciones. Se emplea alguna vez para máximas, epigramas y dichos sentenciosos:

A Suele ser el placer de un convidado
A que no asiste al festín a que es llamado.

CAMPOAMOR.

A Amo el granito que el arquitecto labra
A y el mármol en que duermen la línea y la palabra.

RUBÉN DARÍO.

A Yo odio a la luna. La luna me embruja
A y me pone triste con su faz de bruja.

JUANA DE IBARBOUROU.

Terceto o estrofa de tres versos. Combinación inventada por Dante Alighieri, el gran poeta italiano. En ella escribió la *Divina Comedia*, por estar regida por el número de tres, el número de la Trinidad. Van encadenados y la composición se cierra con un cuarteto, como la célebre *Epístola Moral a Fabio*, de autor desconocido, tal vez de Fernández de Andrada.

Tercetos monorrimos:

Tengo el impuro amor de las ciudades,
y a este sol que ilumina las edades
prefiero yo, del gas, las claridades.

JULIÁN DEL CASAL.

Cuarteto. Se llama *serventesio*, si la combinación de los cuatro versos tiene rima alterna ABAB, y es *cuarteto* propiamente dicho, si la rima es de medios y extremos. Ejemplos:

Se sueña, se presiente, se adivina;
estremécese el labio, y no la sombra;
el alba la ve huir de la colina,
velada entre los pliegues de la sombra.

RAFAEL OBLIGADO.

A Enhiesto surtidor de sombra y sueño,
B que acongojas el cielo con tu lanza.
B Chorro que a las estrellas casi alcanza,
A devanado a sí mismo en loco empeño.

GERARDO DIEGO.
(El ciprés de Silos.)

Redondilla (abba):

En el llano muere el día.
A lo lejos, una aldea.
Sólo el camino blanquea
la parda monotonía.

ENRIQUE DE MESA.

Redondilla en agudo (ab'b'a):

Esta capa que me tapa
tan pobre y raída está
que sólo porque se va,
ya se adivina que es-capa.

(Popular.)

Cuarteta (abab):

Mi cantar vuelve a plañir:
«Aguda espina dorada,
¡quién te pudiera sentir
en el corazón clavada!»

ANTONIO MACHADO.

El *quinteto* es una estrofa desusada (ABBAB).
Quintilla (abaab):

Hojas del árbol caídas,
juguetes del viento son;
las ilusiones perdidas
son hojas, ¡ay!, desprendidas
del árbol del corazón.

ESPRONCEDA.

Sextina o sexta rima (ABABBA):

No eres la vaga aparición que sigo
con hondo afán desde mi edad primera,
sin alcanzarla nunca... Mas ¿qué digo?
No eres la libertad, disfraces fuera.
¡Licencia desgreñada, vil ramera
del motín, te conozco y te maldigo!

GASPAR NÚÑEZ DE ARCE.

Octava real (ABABABCC):

En esta humilde y escondida estancia,
donde aún resuenan con medroso acento
los primeros sollozos de mi infancia
y de mi padre el postrimer lamento,
esclarecido el mundo a la distancia
a que de aquí le mira el pensamiento,
se eleva la verdad que amaba tanto
y antes que sombra me produce espanto.

ADELARDO LÓPEZ DE AYALA.

Décima (abbaac'c'ddc'):

Guarneciendo de una ría
la entrada incierta y angosta,
sobre un peñón de la costa
que bate el mar noche y día,
se alza soberbia y sombría
ancha torre secular,
que un rey mandó edificar,
a manera de atalaya,
para defender la playa
contra los riesgos del mar.

NÚÑEZ DE ARCE.
(El vértigo.)

Soneto. Composición de forma fija. Puede considerársele como una estrofa cuyos miembros son estrofas menores. Consta de catorce versos distribuidos en dos cuartetos y dos tercetos. El soneto clásico se compone de versos endecasílabos, con rima de medios y extremos para los dos cuartetos; sólo como excepción se pueden usar los serventesios. Desde Rubén Darío ha conseguido un poco más de flexibilidad. Hay soneto alejandrino (de catorce sílabas) *soneto con estrambote,* hoy desusado y sonetillo o soneto octosílabo.

Sonetos modernos (endecasílabos):

1.º (ABBA-ABBA-CDCDCD):

De mi mano vendrás a ver el Duero,
desde el alto balcón de Tordesillas.
Yo en él te he de mostrar las amarillas
ramas del chopo y alas del jilguero.

Contemplarás un fuego de lucero
lamiendo con espadas sus orillas
y te enmudecerán las maravillas
de tanto potro rosa y tanto acero.

Al álamo verás viejo soldado,
viejo soldado de ademán guerrero,
darle guardia de honor y honor dorado.

Detrás, las verdes velas de un velero,
el toro del pinar bramando airado
por surcar y beber aguas del Duero.

FRANCISCO PINO.
(*Vuela pluma.* 1957.)

2.º (ABBA-ABBA-ABC ABC):

La luna, mientras duermes, te acompaña;
tiende su luz por tu cabello y frente;
va del semblante al cuello y lentamente
cumbres y valles de tu seno baña.

Yo, Lesbia, que al umbral de tu cabaña
hoy velo, lloro y ruego inútilmente,
el curso de la luna refulgente
dichoso he de seguir o Amor me engaña.

He de entrar, cual la luna, en tu aposento;
cual ella, al lecho en que tu faz reposa,
y cual ella a tus labios acercarme.

Cual ella respirar tu dulce aliento,
y, cual el disco de la casta diosa,
puro, trémulo, mudo, retirarme.

JOSÉ SOMOZA.

3.º (ABAB-CDCD-EFE-GFG. Endecasílabos de rima alterna desunida):

SONETO A MARÍA

No altere tu candor de ala y aroma
el dulce malestar de mis latidos,
eres, María, nido de paloma,
principio de mi vida en tus sentidos.

Tu presencia es el pan de mi desvelo;
oír tu nombre, levadura santa,
oír tu nombre, que lo dice el cielo,
porque dice María cuando canta.

Me presentan los prados a las flores,
las frutas se deshacen en mi boca,
amo con el mejor de mis amores

y, sin embargo, para mí, María,
eres constelación que no se toca
y adelantado mar de mi agonía.

MIGUEL ÁNGEL ASTURIAS
(*Premio Nóbel*, 1967.)

Soneto alejandrino (ABAB-ABAB- CCDEDE- 14 sílabas):

NOVIA CASTELLANA

Quisiera hilar mi glosa en la rueca de Castilla,
donde una moza encienda la lumbre del hogar
y, sobria en amoríos, esconde la semilla
que un día será hogaza en la mesa del altar.

Fecundo y laborioso, su gesto no se humilla,
la raza de Jimena recoge su bondad;
su lámpara de aceite, misteriosa y sencilla,
al lado de Teresa, sahuma honestidad.

Mientras Amor romero por hondos surcos llega,
como Isabel es reina de su paz solariega.
Si su palabra es hosca, su frente es toda gracia;

le brinda Melibea su fe de labradora,
y fluye por sus ojos la fina aristocracia
de esa luz que las uvas y las espigas dora.

MARTÍN ALONSO.
(Rumor de boda.)

2.º **Estrofa consonante heterosilábica:** **La lira** (11 y 7 sílabas: aBabB). Autores clásicos: San Juan de la Cruz y Fray Luis de León.

Es tu mejor poema
esa canción de amor que no has cantado.
Tu verbo y tu diadema,
poeta enamorado,
aquella voz de ritmo inacabado.

Mujer que nunca llegas,
bien eres de requiebro y galanteo.
¿Por qué a mi afán te niegas?
¿Por qué nunca te veo
besar mi estrofa en tu feraz deseo?
. . . .

Mujer que nunca vienes,
canción que en su presente no has soñado.
¡Ay, cómo me detienes,
latido prolongado!
¿Por qué, sin luz, su sombra habré soñado?

MARTÍN ALONSO.
(Mujer que nunca vienes.)

Sextina romántica: AaBCcB (11 y 7 sílabas):

Cuadrilla de atezados segadores,
sufriendo los rigores
del sol canicular, el trigo abate,
que cae agavillado en los inciertos
surcos, como los muertos
en el revuelto campo del combate.

NÚÑEZ DE ARCE.
(Los campos de Castilla.)

Coplas de pie quebrado. Se usaron en las canciones del siglo XV. Se llaman también *manriqueñas* por el poeta JORGE MANRIQUE en las *Coplas a la muerte de su padre.* Ofrecemos esta combinación moderna: 8a, 8a, 4b, 8c, 8c, 4b.

Era un jardín sonriente,
era una tranquila fuente
de cristal;
era, a su borde asomada,
una rosa inmaculada
de un rosal.

SERAFÍN Y JOAQUÍN ÁLVAREZ QUINTERO.

Coplas de pie quebrado con estribillo (Repetición de un verso al final de cada estrofa):

Ni amor canto ni hermosura,
porque es ésta un vano aliño,
y, además,
aquél una sombra oscura.
—¿No es más que sombra el cariño?
—*Nada más.*

Esas flores con que, ufana,
tu frente se diviniza,
ya verás
cuál son ceniza mañana.
—¿Nada más son que ceniza?
—*Nada más.*

RAMÓN DE CAMPOAMOR.
(Vanidad de la hermosura.)

Silva. Agrupación en número indeterminado de endecasílabos y heptasílabos, aconsonantados al arbitrio del poeta. Puede quedar algún verso libre con tal que las rimas no estén separadas.

Si se repite periódicamente la combinación de la primera estrofa se llama *estancia.*

Me duele España en mí, como si fuera
carne de mi carne; siento
como el temblor de un viejo tronco al viento
o el desasirse de una enredadera...

José María Pemán.

3.º Estrofa asonante isosilábica: La forma métrica más antigua en nuestra literatura española es la rima asonante. Este primitivismo asonántico ha permanecido hasta hoy en nuestras letras. Entre los grupos métricos de rima asonante citamos los siguientes:

El romance. Serie indefinida de versos de igual medida, en que los impares quedan libres y los pares riman en asonancia. El romance clásico es el *octosílabo.* El de versos de siete sílabas se llama *endecha,* y el de endecasílabos, *romance heroico.* El romance vive en nuestra tradición culta y en la popular a través de muchos siglos. Célebres son los llamados *romances viejos* de finales del siglo XIV y siglo XV.

Romance octosílabo

Yo me partiera del Tormes
a tierras de Santa Illana,
por dar mi lanza al torneo
de la villa y Colegiata,
y mi escudo a la doncella
que duermen las brisas castas.
¡Por ver de cerca su orilla
tanto tiempo madrugara!
El sol, jugando en las torres,
a gritos me despertaba:
¿Dónde viene el peregrino,
juglar sin capa ni espada,
sin la rodela ceñida,
logrero de cota y malla?
¿No tienes miedo a las sombras
de las esquinas selladas?
¿No ves que a tu voz responden
en las torronas hidalgas,
la armadura del guerrero
y los rezos de la santa?

Martín Alonso.

(Piedras de Romancero.)

Romance octosílabo impar

Asonantan los impares:

Y que yo me la llevé al río
creyendo que era mozuela,
pero tenía marido.
Fue la noche de Santiago
y casi por compromiso.
Se apagaron los faroles
y se encendieron los grillos...

GARCÍA LORCA.

Romance heroico (De once sílabas, rima como el octosílabo propiamente dicho)

¡Torre del homenaje de la Mota,
sedienta de Castilla romancera!
Para formar la guardia en tu castillo,
dame la espada limpia de Isabela.
Quiero velar las armas de tu escudo
en el adarve heroico de las gestas.
Casona torreada que sostienes
recio crujir de siglos en tus piedras,
luz grávida de notas y cantares
al pie de ruinas místicas y negras;
levanta airosa el genio de la torre
en la lumbre extasiada del poeta...

MARTÍN ALONSO.
(Piedras de Romancero.)

4.º Estrofa asonante heterosilábica: **Romance mixto.** Mezcla de versos de arte mayor y menor:

Tres árboles caídos
quedaron a la orilla del sendero.
El leñador los olvidó, y conversan,
apretados de amor, como tres ciegos.

El sol de ocaso pone
su sangre viva en los hendidos leños,
¡y se llevan los vientos la fragancia
de su costado abierto!

GABRIELA MISTRAL.

Rima romántica. De múltiples formas. He aquí algunas:

De once y siete sílabas:

Es cuestión de palabras, y, no obstante,
ni tú ni yo jamás,
después de lo pasado, convendremos
en quién la culpa está.
¡Lástima que el amor un diccionario
no tenga dónde hallar
cuándo el orgullo es simplemente orgullo
y cuándo vanidad!

De once y cinco sílabas con estribillo:

Tú eras el huracán, y yo la alta
torre que desafía su poder.
¡Tenías que estrellarte o abatirme!...
¡No pudo ser!

BÉCQUER.

Seguidilla. Estrofa popular escrita para el canto:

Duerme, niño chiquito,
que viene el coco,
y se lleva a los niños
que duermen poco.

(Popular.)

No quiero que te vayas
ni que te quedes;
ni que me dejes sola
ni que me lleves.

Quiero tan sólo...;
pero no quiero nada,
lo quiero todo.

(Popular.)

Soleares. Estrofas populares escritas para el canto. Suelen rimar así: 8a, 8-, 8a. Ejemplos:

1. Dijo a la lengua el suspiro:
Échate a buscar palabras
que digan lo que yo digo.

2. Tu querer ya lo he olvidao;
pero hay espuma en la orilla
de tanto como he llorao.

3. Una ramita de azahar.
mira qué poquita cosa
y cuántas naranjas da.

(Popular.)

106. Sistemas rítmicos que han formado escuela: Rubén, Bécquer y García Lorca

Hay por lo menos dos generaciones de poetas contemporáneos, de una dinámica poética tan influyente, que han logrado imantar a sus lectores con su musicalidad o su mensaje. A veces una sola composición ha hecho época. Se aprende y se repite con agrado por su ritmo atrayente o el colorido de las ideas, imágenes y sentimientos.

Tal sucede, por ejemplo, en una generación de la primera mitad de este siglo, con las *Doloras,* de CAMPOAMOR (y más concretamente: *¡Quién supiera escribir!* y *Propósitos vanos). El Embargo,* de GABRIEL Y GALÁN, y entre sus campesinas *El ama* y *Los pastores de mi abuelo.*

En una segunda etapa, más próxima a nuestro parnaso de hoy salieron con buena mano y aire popular: la *Canción del pirata,* de ESPRONCEDA; los *Ovillejos y Leyendas orientales,* de ZORRILLA; la *Sombra de las manos,* de VILLAESPESA; *Romero solo,* de LEÓN FELIPE; *Platero y yo* (prosa poética), de JUAN RAMÓN JIMÉNEZ; *A Kempis* y *Gratia plena,* de AMADO NERVO; *Castilla,* de MANUEL MACHADO, y *Yo voy soñando caminos,* de ANTONIO MACHADO; *Nocturno III,* de ASUNCIÓN SILVA; muchas de las composiciones de *Lenguas de diamantes,* de JUANA DE IBARBOUROU; *Diligencia de Carmona,* de VILLALÓN; *El viático,* de PEMÁN; las *Chuflillas,* de ALBERTI, y otros.

Como prototipo de esta clase de poetas que tuvieron el carisma vocacional de llegar con sus cantos a muchas almas, de formar un clima en todas las latitudes literarias; damos tres nombres, con tres modalidades de versificación y de creación renovadora: RUBÉN DARÍO, ADOLFO BÉCQUER y GARCÍA LORCA.

1.º Rubén Darío. El más activo renovador de nuestra métrica: El modernismo salió de manos de Rubén con una fuerza vital de renovación. Fue una afirmación, una protesta contra la procacidad naturalista y el insensible parnasianismo.

Proclama la libertad artística, dentro de ciertas normas. Rubén siempre cortés con el clasicismo, busca un sentimentalismo intrascendente, música verbal, color, ligereza fraseológica, riqueza de léxico, de métrica, de metáforas. Todo es afiligranado y elegante, como poeta que visita a nuestros clásicos, pero viene a España vía París.

Hay que partir de la renovación métrica que llevó a buen término en Francia, la escuela simbolista, como reacción contra el parnasianismo. Los poetas parnasianos son hombres de disciplina, de poética inflexible y severa. Al orientalismo sentimental de los románticos sucede un exotismo científico. En torno a Leconte de Lisle se agruparon muchos poetas.

El simbolismo representó una renovación poética, no una mera escuela. Individualismo en literatura, libertad artística, abandono de fórmulas enseñadas. Exceso de sutilidad en la expresión y una nueva estética. Persiguió, sobre todo la música de la palabra, como los parnasianos habían buscado la precisión plástica. Sugestión evocadora del verso y de la imagen; no nombrar sino sugerir.

Rubén se encontró en España con una panorámica muy similar a la francesa.

Para esta magna renovación métrica, la mayor que se conoce en nuestra literatura, acude al alejandrino de la cuaderna vía del siglo XIII.

Cuando leemos en la **sonatina**

> La princesa está triste... ¿Qué tendrá la princesa?
> Los suspiros se escapan de su boca de fresa,
> que ha perdido la risa, que ha perdido el color...

nos estamos recordando de los alejandrinos de Berceo:

> Quiero fer una prosa en román paladino,
> en qual suele el pueblo fablar con su vecino,
> ca non so tan letrado por fer otro latino:
> bien valdrá, como creo, un vaso de bon vino.

Y decimos que trasformó nuestro alejandrino a través de Francia, porque de la lectura del alejandrino francés de Víctor Hugo surgió en su mente la idea de renovar la métrica.

Emplea el endecasílabo en todas sus variedades, el eneasílabo, el de quince sílabas, los antiguos metros monorrimos, el verso libre o suelto y la versificación irregular. Rehabilita el hexámetro clásico y renueva la teoría de los pies rítmicos.

Todos los temas caben en sus moldes menos la vulgaridad.

Rosalía de Castro intentó varias veces esta renovación métrica pero sin éxito brillante.

Rubén hace más flexible nuestra métrica, la aumenta, la crea. Siempre respetuoso con lo clásico, sirve de puente entre lo que deja y lo que renueva, entre lo clásico y lo español. No pierde la obediencia a la tradición, incluso al romance.

Paisajes de selva, cielos claros, ríos y montañas ingentes. Rubén encontró en los motivos arrogantes del «mondonovismo» el mejor vehículo para su exaltación hispana e hispanoamericana. Arrolladoramente se entregó a dos grandes ideales, «el inmenso resplandor de la figura de Cristo» y la «solidaridad del alma hispanoamericana». En hexámetros cantó temas viriles, temas ecuménicos, temas de multitudes. Cantó a la raza hispana. Como dice Unamuno que en poesía se unimisman el fondo y la forma, su musicalidad nunca fue sólo exterior. Poseía la música del ritmo y la música de las ideas. Aquel ritmo, aquella elasticidad, aquella brisa interior. Era a la vez poeta coral y poeta íntimo. Había en él un Wagner y un Chopín.

Enumeremos algunas de sus mejores innovaciones métricas:

1.º *En la versificación irregular:*

Endecasílabo yámbico con dodecasílabos, e inesperadamente mezcla con heptasílabos:

> Sangre de Abel. Clarín de las batallas.
> Luchas fraternales; estruendos, horrores.
> Flotan las banderas, hieren las metrallas,
> y visten la púrpura los emperadores...

Y en la penúltima estrofa:

> Sangre que la ley vierte.
> Tambor a la sordina.
> Brotan las adelfas que riega la muerte...

Estrofa asimétrica de dodecasílabos y decasílabos, con versos de tres, cuatro y seis sílabas:

> ... Otro lleva
> una caja,
> en que va, dolorosa difunta,
> como un muerto lirio, la pobre Esperanza...
> Y el hombre,
> a quien duras visiones asaltan,
> en que encuentra en los astros del cielo
> prodigios que abruman y signos que espantan,
> mira al dromedario
> de la caravana...

Esquema libre a la francesa:

> Mi pobre alma pálida
> era una crisálida.
> Luego, mariposa
> de color de rosa.
> Un céfiro inquieto
> dijo mi secreto.
> —¿Has sabido tu secreto un día?
> ¡Oh mía!
> Tu secreto es una
> melodía en un rayo de luna...
> —¿Una melodía?

Cuartetas de pie quebrado (eneasílabos y pentasílabos):

Te lamentas de los ayeres
con quejas vanas.
¡Aún hay promesas de placeres
en las mañanas!

Soneto asimétrico. Rubén escribe sonetos de trece versos, de doce o catorce sílabas; esquema ABAB-CD-CD-EEF-GGF. Se ha ensayado en la poesía moderna el soneto desigual, combinando versos de once y siete sílabas: ABBA-ABbA-CDC-dCD.

UN SONETO A CERVANTES

Horas de pesadumbre y de tristeza
paso en mi soledad. Pero Cervantes
es buen amigo. Endulza mis instantes
ásperos, y reposa mi cabeza.

Él es la vida y la naturaleza,
regala un yelmo de oros y diamantes
a mis sueños errantes.
Es para mí: suspira, ríe y reza.

Cristiano y amoroso caballero,
parla como un arroyo cristalino.
Así le admiro y quiero,

viendo cómo el destino
hace que regocije al mundo entero
la tristeza inmortal de ser divino.

Combinaciones heterogéneas.—Mixtificación de arte menor, con rima alterna en consonante:

Margarita, está linda la mar,
y el viento
lleva esencia sutil de azahar;
yo siento
en el alma una alondra cantar;
tu acento.
Margarita, te voy a contar
un cuento.

2.º *En la versificación de grupos prosódicos:*

Base trisílaba anfibráquica (serie indefinida desde tres hasta veintiuna sílaba con acento medial, en la SALUTACIÓN A LEONARDO y MARCHA TRIUNFAL).

¡Ya viene el / cortejo!
¡Ya viene el / cortejo! / Ya se oyen / los claros / clarines.
La espada / se anuncia / con vivo / reflejo;
ya viene, o/ro y hierro, el / cortejo / de los pa/ladines.

Base trisílaba dactílica. Remota imitación del hexámetro. Versos de diecisiete, quince y trece sílabas. SALUTACIÓN DEL OPTIMISTA y SALUTACIÓN AL ÁGUILA.

Salutación del optimista:

Inclitas razas ubérrimas, sangre de Hispania fecunda,
espíritus fraternos, luminosas almas, ¡salve!
Porque llega el momento en que habrán de cantar nuevos himnos
lenguas de gloria. Un vasto rumor llena los ámbitos; mágicas
ondas de vida van renaciendo de pronto...

Base tretrasílaba asimétrica consonante. Versos de dieciséis, ocho y cuatro sílabas:

Os saludo desde el campo lleno de hojas y de luces,
cuya verde maravilla cruzan potros y avestruces,
o la enorme vaca roja,
o el rebaño gris, que a un tiempo luz y hoja
busca y muerde
en el mágico ondular
que simula el fresco y verde
trebolar.

Base *decadodecasílaba* en moldes heterosilábicos o amétricos:

Mis ojos miraban, en hora de ensueños,
la página blanca.
Y vino el desfile de ensueños y sombras.
Y fueron mujeres de rostros de estatua;
mujeres de rostros de estatuas de mármol,
¡tan tristes, tan dulces, tan suaves, tan pálidas!

Y fueron visiones de extraños poemas,
de extraños poemas de besos y lágrimas,
¡de historias que dejan en crueles instantes
las testas viriles cubiertas de canas!

Rubén gusta del contraste entre unos y otros ritmos, como se puede observar en el RESPONSO a Verlaine, y acomoda con verdadero acierto, el asunto de la composición y el ambiente de la escena con el tono y el movimiento de suavidad o energía del ritmo que ha seleccionado.

Para muchos la revisión del soneto y del endecasílabo supone en Rubén una falta de respeto a la tradición del soneto clásico y al endecasílabo italiano; pero digámoslo en honor a la verdad, lo que efectivamente consiguió Rubén Darío fue dar a nuestra métrica anquilosada movimiento de articulación moderna, flexibilidad y lozanía, empuje y grandeza coral.

2.º Ritmo y espíritu de las «Rimas de Bécquer»: Bécquer es el poeta de la **asonancia.** Tiene miedo de que le corte un asonante la exhalación de los suspiros auténticamente sentidos.

Las *Rimas de Bécquer* son el barómetro de una gran ilusión y la hoja de ruta en el tumulto de sus luchas interiores; pero a la vez, es el poeta que transcendió a muchas almas, el que logró con una materia débil, casi enfermiza, una popularidad inigualable en nuestra métrica, en su tiempo y en el nuestro. Hizo una nueva escuela de cantos que saltan en la rampa gozosa de un sueño de amor. Ha tenido una legión de imitadores, como los tuvo después de él Rubén, en unas *rimas* que hasta el título es frágil, semiapagado y sencillo, sin retoricismos, sin el énfasis romántico de otros títulos de su época. Parece como si fuera a leer sus versos tímidamente en un corro de amigos y le preguntaran: —¿Qué nos vas a recitar hoy? Y él contestara sin darle importancia: —Unas sencillas asonancias. Unas *rimas:* unas cosas de amor y de espíritu dichas en voz baja, casi como si tuviera miedo de deciros al oído mi pasión amorosa:

> Mientras sentirse puedan, en un beso,
> dos almas confundidas;
> mientras exista una mujer hermosa,
> ¡habrá poesía!

Las rimas becquerianas son como acuarelas. Su grosor es débil y el color muy empapado en el papel; pero tiene miedo al color. Son tonos desvaídos, una especie de niebla en que va modelando figuras de mujer y palabras, que dicen en versos transparentes, toda la angustia de su corazón.

Es sincero; atrae por la transfusión de sus sentimientos a otras almas. Tiene «*liaison*» con el lector, y sobre todo con la lectora, que se *com-padece* con el poeta, es decir, padece con él, porque comunica bien y sintoniza su auténtica onda sentimental:

> Luz que en cercos temblorosos
> brilla, próxima a expirar,
> ignorándose cuál de ellos
> el último brillará;
>
> eso soy yo, que al acaso
> cruzo el mundo, sin pensar
> de dónde vengo ni a dónde
> mis pasos me llevarán.

Podrá incluso algún quisquilloso encontrar algún verso mal construido, en donde sobran sílabas *(como yo te he querido... desengáñate)*, pero este mismo pequeño desliz muestra espontaneidad y desvío de todo artificioso amaño métrico.

Si alguna vez se cumple de veras el principio unamunesco de identificar el fondo y la forma en la verdadera poesía, estas rimas de Bécquer cumplen a maravilla con este postulado. Tienen una comunicación pegadiza de forma. Son tenues, sin esquinas, no quieren estorbar, no quieren imponer su criterio ni sus preguntas, ni sus desvelos; no cantan, sugieren:

> ¿Qué es poesía?, dices, mientras clavas
> en mi pupila tu pupila azul.
> ¿Qué es poesía? ¿Y tú me lo preguntas?
> Poesía... eres tú.

Leonardo da Vinci ha dicho: «Donde se grita no hay ciencia.» Y nosotros rectificamos: donde se grita no hay poesía. La angustia amorosa se diluye en poesía concentrada, intimista, sin gritos. El tono de las rimas desciende a una zona de reproches apagados y acaso al último peldaño del fracaso. La mujer frívola pasó a su lado sin adivinar en el poeta más que un soñador sin billetes de banco:

> porque lo que hay en mí que vale algo,
> eso... ¡ni lo pudiste sospechar!

Aquí el pronombre intensificado y la entonación admirativa dan relieve expresivo al verso, como hay valor ponderativamente expresivo en la reiteración inicial de una sola preposición:

> *Por* una mirada, un mundo;
> *por* una sonrisa, un cielo;
> *por* un beso... ¡yo no sé
> qué te diera por un beso!

Expresividad valorativa de forma y de fondo unimismados en otra reiteración admirativa que lleva un mismo y monótono compás:

> Hoy como ayer, mañana como hoy,
> y ¡siempre igual!
> Un cielo gris, un horizonte eterno,
> y ¡andar... andar!

Las rimas becquerianas son ingrávidas de forma; no pesan, no se hace en ellas tabique ni apoyan ideas hueras. Es el poeta de la asonancia por excelencia. Zorrilla busca la joya de la consonancia a costa de los ripios; pero la consonancia es menos dúctil, más desarticulada y declamatoria.

La asonancia por el contrario, como ocurre con las *Rimas de Bécquer*, no admite el énfasis exterior de la palabra, tiene que valerse de ponderaciones internas, no solicita la postura meditativa. Corre suave como el patinaje artístico. Bécquer planea con sus alas no aletea. Rubén Darío es la orquestación poética en muchas de sus poesías; Bécquer en cambio se refugia en las suaves cadencias inimitables, como las *Tristezas de amor* (Tristesse, est. op. núm. 10) de F. CHOPÍN.

Dormida, en el murmullo de tu aliento,
acompasado y tenue,
escucho yo un poema, que mi alma
enamorada entiende...
—¡Duerme!

¿Recursos gramaticales y semánticos e incluso estilísticos? Muchos y de gran calidad: debilitación semántica del adverbio *tan:*

Tan medroso y triste,
tan oscuro y yerto
todo se encontraba...
que pensé un momento:
¡Dios mío, qué solos
se quedan los muertos!

En la rima XXXIX hay una acentuación de la adversativa *pero* que contrapone y caracteriza toda la estrofa:

Sé que en su corazón, nido de sierpes,
no hay una fibra que al amor responda;
que es una estatua inanimada; pero...
¡es tan hermosa!

Correlación y significado del ritmo por la colocación de los acentos en la rima XXXVIII:

Los suspiros son aire y van al aire;
las lágrimas son agua y van al mar.
Dime, mujer, cuando el amor se olvida,
¿sabes tú dónde va?

Corte medial de hemistiquios:

Cendal flotante / de leve bruma,
rizada cinta / de blanca espuma.
Rumor sonoro
de arpa de oro,
beso del aura, / onda de luz:
eso eres tú.

La poesía de Bécquer, métricamente no es desaliño, como muchos pensaron indebidamente. Significa un delicadísimo ajuste de formas y su sencilla desnudez poética, en aquel siglo y en aquel romanticismo vestido de galas floridas, representaba justamente un valor de sabia excepción, una forma de personalidad original y fuera de serie.

Bécquer definió sus famosas *rimas* en un verso de su 1.ª composición: *suspiros y risas, colores y notas*. Están fuera de toda oratoria, de toda preocupación conceptual o ideológica.

Es la técnica que seguirá después Antonio Machado arrancada a la vieja tradición española, cuando nos dice:

Prefiere la rima pobre
la asonancia indefinida.
Cuando nada cuenta el canto
acaso huelgue la rima.

A pesar de la asonancia indefinida, Bécquer se asoma a la métrica de grupos prosódicos. Una rima, la primera es fundamentalmente anfibráquica. Se adelanta a la versificación prosódica, musical y bulliciosa de Rubén y escribe así:

Yo sé un himno gigante y extraño
que anuncia en la noche del alma una aurora,
y estas páginas son de ese himno
cadencias que el aire dilata en las sombras.

Yo quisiera escribirle, del hombre
domando el rebelde, mezquino idioma,
con palabras que fuesen a un tiempo
suspiros y risas, colores y notas.

Hemos de señalar el uso frecuente de la estrofa de pie quebrado en la VII y LVI de sus rimas:

VII

Del salón, en el ángulo oscuro,
de su dueña tal vez olvidada,
silenciosa y cubierta de polvo,
veíase el arpa.

LVI

Voz que, incesante, con el mismo tono,
canta el mismo cantar;
gota de agua monótona que cae
y cae sin cesar.

Con el verso corto consigue muchas veces un efecto de poesía más insinuante:

Si al mecer las azules campanillas
de tu balcón,
crees que suspirando pasa el viento
murmurador,
sabe que, oculto entre las verdes hojas,
suspiro yo.

Es muy becqueriano el verso corto al final de la estrofa, como una pregunta, una admiración, una frase misteriosa o un ritornelo de graciosa clave pasional:

LXI

Cuando la trémula mano
tienda, próximo a expirar,
buscando una mano amiga,
¿quién la estrechará?

LIII

Volverán las oscuras golondrinas,
en tu balcón, sus nidos a colgar,
y otra vez, con el ala, a sus cristales,
jugando, llamarán.

Y el ritornelo de dos estrofas es: *Esas... no volverán!*

Un estudio del paralelismo en las rimas nos muestra a las claras la eficaz estructura interior. Para algunos críticos, y en ellos nos incluimos gustosos, la forma métrica de Bécquer, a pesar de su endeblez asonantada, es la más perfecta del romanticismo español.

La tragedia de Bécquer no está en sus Cartas ni en sus Leyendas, sino en sus *Rimas* dolientes y sinceras, en sus Rimas perdidas en nieblas dulcísimas de amores no correspondidos. Poemas breves, fugaces y brillantes como una constelación de estrellas. Sonrisas y notas que llegan a las almas con matices y simpatía, en una sensación indefinible y modernísima. Sus sentimientos van del amor a la melancolía, a la ráfaga de la felicidad. Todo en un compás lento, en un ritmo agradable de brisa que acaricia, que pule y afina la sensibilidad.

La poesía de Bécquer arrulla un amor soñado en forma de perfecta musicalidad. Palabras sutiles, esencias de naturaleza, con el recuerdo madrileño de la mujer amada. Toledo fue para el poeta un nocturno, Veruela una sinfonía.

3.º Duende y populismo en la métrica de García Lorca: Al hablar de García Lorca empecemos, como quien pide su ficha psicológica, por recordar su patria; luego nos detendremos a preguntar por su duende, su romancero y su populismo.

García Lorca es uno de los poetas españoles que más se leen fuera de España. Ha creado un clima. Ha querido hacer con el romance del siglo XV lo que hizo Rubén con la cuaderna vía y el alejandrino del siglo XIII. Son poetas renovadores que hablan desde un mundo renovado a otro mundo inmenso de almas sedientas.

Preguntábamos por su patria. Es granadino. Surgen con ecos fantásticos las casas blancas sobre el Albayzín. En frente de las torres doradas de la Alhambra, el Darro va lamiendo parajes de barrancos y leyendas morunas. Es suave la danza de las casuchas en torno al monte. Y las torres de las iglesias y las campanas enclaustradas cantan en las madrugadas divinas de Granada, contestando a la miel profunda de la Vela. Aquí y allá los ecos morunos de las chumberas. Vive entre encrucijadas, miedoso y fantástico el Albayzín con sus guitarras dolientes, trágico de la superstición y de las brujas echadoras de cartas. Aire cargado de rasgueos de guitarra y gritos de gitanería.

Granada es un jardín de aromas y juego de surtidores. Granada la de los romances fronterizos del XV y la fina modalidad escultórica de José de Mora, del jardinero de soledades, Soto de Rojas. «Granada, paraíso cerrado para muchos, jardines abiertos para pocos.» He aquí la imagen de la poesía gongorina de abolengo cordobés y de algunas de las poesías de Lorca de abolengo granadino.

Vamos ahora a recoger la ficha psicotécnica de García Lorca en Granada. García Lorca se convierte en el poeta de Andalucía alta con su *Romancero gitano*. En esta obra donde el romance se llena de sustancia poética que procede de Lope y de Góngora, nos demuestra que un tema tan corriente y manoseado se puede convertir en símbolo creador. Este romancero corresponde a la Granada turbia y tumultuosa del Albayzín:

San Miguel, lleno de encajes
en la alcoba de su torre,
enseña sus bellos muslos
ceñidos por dos faroles.

Y tiene un recuerdo romancero para San Rafael de Córdoba:

Un solo pez en el agua,
dos Córdobas de hermosura;
Córdoba quebrada en chorros,
celeste Córdoba enjuta.

y para San Gabriel de Sevilla:

Ya San Gabriel en el aire,
por una escala subía.
Las estrellas de la noche
se volvieron siemprevivas.

De Góngora aprende las imágenes en cierto modo rebuscadas, si bien más claras, porque la fecha de Lorca no le permitía el enredo enigmático y gongorino. De Lope recoge, con cierta intención fácil, lo folklórico, esas escapadas garbosas de Lope a lo popular, a una sencillez villana y colorista, ingenua y de amanecida literaria.

Con los elementos asimilados en dos clásicos, Lorca hace una síntesis, porque se lo permite el puente tendido entre el Góngora oscuro y el Lope luminoso. Cuando leemos: *Caído se le ha un clavel— hoy a la aurora, del seno*, nos viene enseguida la idea de que estos versos los podía firmar muy bien García Lorca.

¿Cuáles son las cualidades de su métrica? —Finura, movilidad, interpretación de las fibras más sutiles, desde las baladas de su primer libro a la energía sangrienta de su admirable *Romancero gitano* que engarza el alma popular y colectiva con gracia de ritmo y gracia de composición.

Acude para su populismo a los *cantares de gesta.* En la bifurcación de estos monorrimos épicos se formó en sus dos porciones partidas por gala en dos, la alternancia del romance, con sabor a cosa española; algo de temas movidos y subjetivos, algo acogedor y flexible, capaz de transmitirse.

Así salieron los romances del XV, con frases cuajadas y cambios de tiempos («Yo me partiera»). Repeticiones expresivas *(Helo, helo por do viene). Abenamar, Abenamar... Fonte-frida, Fonte-frida, fontefrida y con amor...;* reiteraciones mediales y estribillos como *¡Ay de mi Alhama!* Contraposiciones rápidas y descriptivas: *vos traéis un sayo de seda, / yo traigo un arnés trenzado; vos con guantes olorosos, / yo con los de acero claro...* Quieren después añadirle los apósitos de la erudición y formar los romances cultos, pero no llegan a los del siglo XV. No es el romance auténtico, gracioso, florido y hondo. Luego vienen los romances del Duque de Rivas y Zorrilla en el XIX, airosos, académicos, artificiales con un toque de poesía de género dramático, en lo que el romance no había pensado. Es una concesión que no va con el romance.

En la cadena del tiempo romancesco llegamos en el siglo XX a García Lorca, que amasa sus romances a lo muy señor y a lo muy pueblo. En esto es superior a Góngora. Y no olvida esos toques de repeticiones graciosas y elementos contrapuestos, ingenuidades, expresiones descuidadas y ciertas torpezas que le dan más sabor de origen popular.

Recursos reiterativos de métrica popular en García Lorca:

1) El niño vino a la fragua
con su polisón de nardos.
El niño la mira, mira.
El niño la está mirando...

Huye luna, luna, luna.
Si vinieran los gitanos,
harían con tu corazón
collares y anillos blancos...

Dentro de la fragua lloran,
dando gritos, los gitanos.
El aire la vela, vela.
El aire la está velando.

2) Verde, que te quiero verde.
Verde viento. Verdes ramas.
El barco sobre la mar
y el caballo en la montaña...

(Estos cuatro versos sirven de estribillo final de la composición).

3) Sus muslos se me escapaban
como peces sorprendidos;
la mitad, llenos de lumbre;
la mitad, llenos de frío.
Aquella noche corrí
el mejor de los caminos,
montado en potra de nácar,
sin bridas y sin estribos.

4) ¡Soledad, qué pena tienes!
¡Qué pena tan lastimosa!
Lloras zumo de limón,
agrio de espera y de boca.
¡Qué pena tan grande! Corro
mi casa como una loca,
mis dos trenzas por el suelo,
de la cocina a la alcoba.
¡Qué pena! Me estoy poniendo
de azabache, carne y ropa.
¡Ay mis camisas de hilo!
¡Ay mis muslos de amapola!

5) Siete gritos, siete sangres,
siete adormideras dobles,
quebraron opacas lunas
en los oscuros salones.

Recordemos la *Balada* que repite como estribillo: *esquilones de plata llevan los bueyes* o el SUEÑO de «las manos blancas lejanas»; o NOVIEMBRE con el onomatopéyico *tin, tan, tin, tan;* o la CONSULTA en que repite graciosamente y entre paréntesis

(¡Oh, poeta infantil,
quiebra tu reloj!)

Estribillos de la Balada interior que recuerdan los cantos de corro de las niñas en las noches serenas:

(Frío, frío,
como el agua
del río...)

(Caliente, caliente,
como el agua
de la fuente...)

Toda la composición ENCRUCIJADA tiene como apoyatura de expresividad poética una serie muy bien articulada de gritos de dolor en ¡ay! y en ¡oh!, que comienzan y cierran sus estrofas lastimeras:

(Por el monte de papel
asoma la luna fría.)
¡Oh dolor de la verdad!
¡Oh dolor de la mentira!

En *Los álamos de plata* apoya sus estrofas en la forma impersonal *hay* del verbo «haber»: «¡Hay que dar el perfume / que encierran nuestras almas». Entre las repeticiones de fórmulas populares y expresivas no olvidemos el encantador *Arbolé.*

Canciones es un juguete de jardinería lírica, de fragancia exquisita. Fueron escritas en la época juvenil de 1921 a 1924. Métrica de arte menor, como cancioncillas hechas para música de nocturnos y cantos de corro:

> Dicen que tienes cara
> (balalín)
> de luna llena
> (balalán).
> Cuántas campanas, ¿oyes?
> (balalín).
> No me dejan
> (balalán)...

El *Romance de la casada infiel* es un ejemplo magnífico de ese arte, que para algunos es el «arte supremo» y se llama *cante jondo:*

> Y que yo me la llevé al río
> creyendo que era mozuela,
> pero tenía marido.
> Fue la noche de Santiago
> y casi por compromiso.
> Se apagaron los faroles
> y se encendieron los grillos.
> En las últimas esquinas
> toqué sus pechos dormidos
> y se me abrieron de pronto
> como ramos de jacinto.
> El almidón de su enagua
> me sonaba en el oído,
> como una pieza de seda
> rasgada por diez cuchillos.
> Sin luz de plata en sus copas,
> los árboles han crecido,
> y un horizonte de perros
> ladra muy lejos del río.

Cuando le preguntaron al poeta, por qué adoptaba palabras sin sentido como *arbolé-arbolé,* contestó con mucho ingenio y gracia andaluza: «Como en ciertas prendas lujosas, la poesía algunas veces no necesita las palabras del léxico. Y entonces se ponen estas fórmulas expresivas que son *sus flecos,* los pasamanos y las borlas. O dicho con términos gitanos, las castañuelas, el cascabel, la pandereta y los pitos.»

Se trata de desintegrar el idioma para que se haga música. Es hacer en síntesis el alma auténtica y esencial del romance, el cual, a veces, es más por lo que no dice, que por lo que se dice.

Entre el romance del siglo XV y el del XX, el que más se ha acercado a su ser puro, a su alma, a su espíritu, a su música, a su sangre es Federico García Lorca.

Lorca crea más que un nuevo clima de métrica, un clima de metáfora e imagen, que es la taquigrafía de la expresión y la integración de sus versos. Sus composiciones y romances han llegado a ser coplas de escenario en boca de las tonadilleras como Conchita Piquer, y otras que han creado un ambiente lorquiano con sus voces perfumadas del aire popular. El poeta nos invita a una métrica sin complicaciones, al servicio de la música, parásita del ritmo.

Técnicamente García Lorca consiguió en casi todas sus obras la conquista de la imagen poética. Piensa, sin decirlo, que la eternidad de un poema depende de la calidad y trabazón de sus imágenes. Lo dijo Marcel Proust: «Sólo la metáfora puede dar una suerte de eternidad al estilo.»

Metáforas incrustadas poéticamente en la trama del romance:

1) En el aire conmovido
mueve la luna sus brazos
y enseña, lúbrica y pura,
sus senos de duro estaño.

2) Frunce su rumor el mar,
los olivos palidecen.
Cantan las flautas de umbría
y el liso gong de la nieve.

3) La tarde, loca de higueras
y de rumores calientes,
cae desmayada en los muslos
heridos de los jinetes.

4) Verde que te quiero verde.
Grandes estrellas de escarcha
vienen con el pez de sombra
que abre el camino del alba.

5) Sucia de besos y arena,
yo me la llevé al río.
Con el aire se batían
las espadas de los lirios.

6) Cuando las estrellas clavan
rejones al agua gris;
cuando los erales sueñan
verónicas de alhelí,
voces de muerte sonaron
cerca del Guadalquivir.

«Para poder ser dueño de las más bellas imágenes, dice Lorca, (el poeta) tiene que abrir puertas de comunicación en todos ellos (los cinco sentidos corporales) y con mucha frecuencia ha de superponer sus sensaciones y aun de disfrazar sus naturalezas.» Para que una metáfora tenga vida necesita dos condiciones esenciales: forma y radio de acción. Su núcleo central y una redonda perspectiva en torno de él. El núcleo se abre como una flor que nos sorprende por lo desconocida, pero en el radio de luz que lo rodea hallamos el nombre de la flor y conocemos su perfume.

Lorca armoniza y hace plásticos de una manera modernísima los mundos más distintos. Como lleva la imaginación atada, la detiene cuando quiere y no se deja arrastrar por las oscuras fuerzas naturales de la ley de la inercia, ni por los fugaces espejismos. Dice el mismo autor del *Romancero gitano*. «El poeta va a hacer un poema (lo sé por experiencia propia) tiene la sensación vaga de que va a una cacería nocturna en un bosque lejanísimo. Un miedo inexplicable rumorea en el corazón. Para serenarse, siempre es conveniente beber un vaso de agua fresca y hacer con la pluma negros rasgos sin sentido... Va el poeta a una cacería. La luna redonda, como una cuerna de blanco cristal, suena en el silencio de las últimas ramas. Ciervos blancos aparecen en los claros de los troncos. La noche entera se recoge bajo una pantalla de rumor. Aguas profundas y quietas cabrillean entre los juncos... Hay que salir. Y éste es el momento peligroso para el poeta.»

El duende y espíritu poético de García Lorca: Hemos anunciado ya que García Lorca, como buen poeta andaluz tiene su duende. Alguien le dijo: «Tú tienes voz, tú sabes los estilos, pero no triunfarás nunca, porque tú no tienes duende.» Y este mal consejero se equivocó del todo porque tuvo en sus versos su duende. Él mismo afirma: «Todo lo que tiene sonidos negros tiene duende. Y no hay verdad más grande.» El duende no es más que el poder misterioso que todos sienten y que ningún filósofo explica.

La musa dicta, y, en algunas ocasiones sopla. Los poetas de musa oyen voces y no saben dónde, pero son de la musa que los alienta. Ángel y musa vienen de fuera; el ángel da luces y la musa da formas. «Pan de oro o pliegue de túnicas, el poeta recibe normas en su bosquecillo de laureles», ha dicho el mismo Lorca. La verdadera lucha es con el duende. Sólo se sabe que quema la sangre como un tópico de vidrios, que agota, que rechaza toda la dulce geometría aprendida, que rompe los estilos, que hace que Goya, maestro en los grises, en los platas y en los rosas de la mejor pintura inglesa, pinte con las rodillas y los puños con horribles negros de betún; o que desnuda a Mosén Cinto Verdaguer con el frío de los Pirineos, o lleva a Jorge Manrique a esperar a la muerte en el páramo de Ocaña, o viste con un traje verde de saltimbanqui el cuerpo delicado de Rimbaud, o pone ojos de pez muerto al conde de Lautréamont en la madrugada del boulevard.»

Los grandes artistas del Sur de España, gitanos o flamencos, ya canten, ya bailen, ya toquen, saben que no es posible ninguna emoción sin la llegada del duende.

107. Por la práctica a la regla

a) Falsos esdrújulos y acentuaciones viciosas

1.º FALSOS ESDRÚJULOS:

colega,	no	cólega
mendigo,	«	méndigo
cuadriga,	«	cuádriga
expedito,	«	expédito
perito,	«	périto
erudito,	«	erúdito
mampara,	«	mámpara
papiro,	«	pápiro
telegrama,	«	telégrama
policromo,	«	polícromo
opimo,	«	ópimo
poliglota,	«	políglota
intervalo,	«	intérvalo
omoplato,	«	omóplato
kilogramo,	«	kilógramo
pentagrama,	«	pentágrama
paralelogramo,	«	paralelógramo

2.º ESDRÚJULOS MENOS CONOCIDOS:

prístino,	no	pristino
pátina, (f)	«	patina
los númidas,	«	los numidas
ópalo,	«	opalo
alícuota,	«	alicuota

b) Qué expresiones de las que se citan tienen sinalefa y qué clase de sinalefa es:

Un tiempo hollaba.—Mi dolor profundo.—Los ojos que ella tiene.—Tu único destino.—En tu noble estro.—El vulgo indigno.—De la tierra hermosa.—No cree en la existencia del fantasma.—Serrana y no campera.—Vas solamente y te levantas.—Gloriosamente un español.—Está mi coche a tiempo.—Se inclina a la bondad.—La espuma y la corriente.—Tanta anchura y tanto sol.—Porque él será mayor.—Hacia la luz y el vuelo.

c) Distinga el lector y analice métricamente las estrofas de estas tres composiciones:

1.ª CON ÉL

Si Garcilaso volviera,
yo sería su escudero.
Qué buen caballero era...

Mi traje de marinero
se trocaría en guerrera
ante el brillar de su acero.
Qué buen caballero era...

¡Qué dulce oirle, guerrero
al borde de su estribera!
En la mano, mi sombrero.
Qué buen caballero era...

RAFAEL ALBERTI.
(*Marinero en tierra, 1925.*)

2.ª I

Diligencia de Carmona,
la que por la vega pasas
caminito de Sevilla,
con siete mulas castañas:
cruza pronto los palmares,
no hagas alto en las posadas;
mira que huellas huellan
siete ladrones de fama.

Diligencia de Carmona,
la de las mulas castañas.

FERNANDO VILLALÓN.

3.º VAGO RUMOR

Vago rumor se extiende en las riberas
de la ondulante soledad callada,
donde, en sueño prolífico, la Nada
incuba la legión de sus quimeras.

LEOPOLDO DÍAZ.
(Argentino.)

d) Modismos y refranes

1.º MODISMOS DE AFECTIVIDAD EXRESIVA:

Achantarse por las buenas.—Ahí me las den todas.—Tener pocos alcances.—Allá películas.—Allá se las componga.—Hacerse el amo del cotarro.—A nadie le amarga un dulce.—Soltar una andanada.—Apretar a correr.—Aquí paz y después gloria.—Armar bronca, camorra, escándalo, guirigay, lío, cisco, zafarrancho.—Es de armas tomar.—Por arte de birlibirloque.—Este bien arrima el ascua a su sardina.—¡Así le den morcilla!—Así se escribe la historia.—Hacer aspavientos.

2.º REFRANES:

Rico es el que nada desea y el que nada debe.—El miedo guarda la viña.—Más vale el buen nombre que las muchas riquezas.

e) Dictado de ortografía y análisis de palabras que forman diptongo

También y con mucha cautela, hemos de evitar la confusión del concepto con el hecho. Sin duda los conceptos se derivan de los hechos, pero por abstracción mental; luego, ya no son el hecho mismo, al cual hemos despojado de sus características peculiares. La plenitud de la realidad. se halla en el hecho; el concepto sólo recoge una parte a veces mínima. El hecho posee una existencia real en el espacio o en el tiempo; el concepto sólo existe cuando lo pensamos.

ALEJANDRO KORN *(Apuntes filosóficos).*

f) Temas de redacción

1) Escriba el alumno sobre un tema abstracto, por ejemplo: «El estudio», «La honradez», «No aprendemos para la escuela, sino para la vida».

2) El ballet ruso. Estilo clásico y moderno.

3) El tango o el vals frente al twist moderno.

4) Haga una composición poética de tema libre. Métrica a escoger entre unas *quintillas*, unas *décimas* o un *soneto.*

g) **Discoteca española e hispanoamericana** (Un disco después de cada capítulo. Haga funcionar su tocadiscos)

1) DISCOS REGIONALES: *Canciones murcianas.* ECGE, 70669.—*Los mozos de Monleón,* FEDERICO GARCÍA LORCA. Cantada por Nati Mistral. 55.0.028 C Vergara-Sonotón, 33 r.

2) DE ESPAÑA: *Doña Francisquita,* VIVES y *La alegría del batallón,* SERRANO. Cantados por Alfredo Kraus, Zafiro, Montilla F. M., 111, 33 revoluciones.

3) DISCOS LITERARIOS: a) *Poesías de García Lorca.* GPE, 12, 100 (En las voces de Fernando Fernán Gómez, Berta Riaza y Agustín Caballero; b) *Poesías de Miguel Hernández.* GPE, 12, 102 (En las voces de Nuria Espert, Agustín González y José-Miguel Velloso).

4) HISPANOAMÉRICA: *Guitarras de media noche.—Tu guitarra y yo.—Cuando sale la luna.* MÉJICO. RCA. Víctor, 3-20671.

13 | LABORATORIO DE LA PALABRA HABLADA

SUMARIO: *108. Observaciones generales. Lo expresivo y lo dialogal en el lenguaje.—109. Cuatro zonas de interés coloquial en el teatro.—110. El léxico coloquial del año 1938 a nuestros días.—111. Interjecciones. Formas vocativas y sincopadas.—112. Enfasis, hipérbole y fórmulas reiterativas.—113 Dicotomía y ley del menor esfuerzo.—114. Valor de lo expresivo en el diálogo y su lenguaje metafórico.—115. Monólogo subjetivo, objetivo y de propaganda. Monodiálogo.—116. Problemática gramatical en el diálogo.—117. Sistemas de aprendizaje: Laboratorio de Fonética, magnetófono, radio, espacios televisados y discoteca.—118. Aplicaciones al lenguaje del sistema de ordenador electrónico.—119. Por la práctica a la regla.*

108. Observaciones generales. Lo expresivo y lo dialogal en el lenguaje

La filología contemporánea tiene un cometido importante y muy concreto: «estudiar la lengua del diálogo», el rico tesoro del habla diaria.

Si por «laboratorio» entendemos aquí el sitio o aula donde se hacen trabajos de experimentación y análisis, el mejor laboratorio ambulante de la palabra es el ejercicio del diálogo o lo que llamamos «lengua coloquial». El instrumental más eficaz para la captación y análisis de la lengua hablada, hoy por hoy es la cinta magnetofónica, método del que hablaremos después.

El problema de estudiar la lengua hablada implica bastantes dificultades. Acostumbrados los gramáticos al comodín de la lengua escrita, cuando se asoman al diálogo para enfrentarse con los millones de hispanohablantes, lo hacen sobre la novela o el teatro.

El libro de W. BEINHAUER *Spanische Umganssprache* (Bonn, 1958) sigue bastante la lengua corriente y moliente, que no se registra en ninguna gramática, el lenguaje diario extraído de la misma vida en una buena parte; y en parte también de los autores contemporáneos del teatro y la novela. Es verdad que hay muchos nuevos giros inventados por los literatos, pero lo creado de este modo, está dentro de la línea del genio idiomático. Los ejemplos que aduce Beinhauer pueden considerarse español vivo contemporáneo, tamizado por la pluma del escritor, que unas veces es Arniches y otras son los Hermanos Álvarez Quintero.

En 1949, el Centro de Estudios Filológicos de Lisboa publicó *Formules de Malédictions en espagnol et en portugais.* Los estudios del profesor KENISTON se orientan hacia las cuestiones estadísticas, sin las modalidades esenciales de región, clase social, sexo, edad y habla rural o ciudadana. En la Universidad de Illinois se han redactado varias tesis del tema coloquial.

1.º Observaciones generales: Para el estudio acertado de estos temas que palpitan con modernidad en la gramática, conviene meditar en estas notas importantes:

1.ª La sintaxis hablada no se puede someter a una lógica excesiva, ni tampoco hacerla caer en una anarquía desintegradora, ante las innumerables variantes coloquiales.

2.ª Cada dos generaciones, todo lo más, el léxico del coloquio o lo que pudiéramos llamar «vocabulario de las profesiones», cambia de una manera tan intensa que, más adelante haremos una experiencia-piloto de esta transformación idiomática, tomando como campo de experimentación temporal el año treinta y ocho hasta nuestros días.

3.ª Nos interesan las *alteraciones* de la frase hablada, que se traducen en yuxtaposiciones, anacolutos, interferencias, olvido de nexos constructivos, hipálages, paréntesis inconexos, faltas de concordancia y otros fenómenos de tipo sintáctico, fácilmente suplibles por tratarse de muchos casos de valores entendidos, términos expresivos que valen por frases enteras y la suplencia colaboradora de la entonación y la mímica.

4.ª En un posible léxico coloquial sería forzoso registrar los modismos, las fórmulas de cortesía, los juramentos y términos de bendición o maldición. La entonación y el ritmo de la prosa hablada serían otro elemento determinante del diálogo.

5.ª Los diálogos deben ser auténticos, no inventados o supuestos. La invención sería contraproducente, por muy verídica que se la suponga. Tampoco son de resultados positivos las encuestas, que carecen de espontaneidad. Todo diálogo debe llevar su contexto y su situación. El diálogo familiar es una síntesis viva de muchas cosas. El lenguaje escrito que más se parece al habla de la calle y del coloquio amistoso es el que empleamos en nuestras cartas familiares.

2.º Lo expresivo y lo dialogal en el lenguaje literario: Hemos de empezar nuestro estudio por la lengua hablada literaria en el teatro y la novela. El método inductivo del habla viva de las gentes sería el ideal, pero no basta. Hay en nuestros saineteros y en el realismo novelesco diálogos de observación tomados del ajetreo de la vida con gran autenticidad.

España es rica en manifestaciones teatrales y sainetescas. Dejando a un lado a los renacentistas y neoclásicos, dentro de nuestra línea moderna nos interesan los nombres de Carlos Arniches y los Hermanos Álvarez Quintero, López Silva, Miguel Ramos Carrión, Antonio Ramos Martín, Antonio Casero, Benavente y Linares Rivas.

Éstos toman con fidelidad el diálogo, el chiste popular. Envuelven su habla teatral de una intención artística, la tamizan y le añaden cosas, que si no están falseadas, el pueblo las acepta como suyas y las repite como réplica. Esto sucede con Arniches, cuyas creaciones influyen en el diálogo del pueblo y es, pudiéramos decirlo con frase gráfica, por donde la pescadilla se muerde la cola. El pueblo, en este caso, habla escuchándose y tratando de coincidir con las locuciones ingeniosas del sainetero.

El **diálogo** en los primeros tiempos renacentistas era un artilugio retórico y un pretexto platónico de exposiciones doctrinales. Hoy tiende a ser un reflejo de la realidad vivida. Y quizá el arte que más lo practica es el cine. Se llama *lenguaje directo*. Por eso el cine ha llegado a moldear el teatro y la novela realista de hoy.

La autenticidad de planos y secuencias en el cine exigen un lenguaje realista a tono con la visión directa y con la escena vivida o directamente vista y no suplida con la imaginación. Por eso para acercarnos, en lo literario a la sintaxis dialogada, lo mejor sería analizar sintácticamente un buen guión de cine.

3.º Nueva reflexión sobre la esencia del diálogo moderno: La palabra diálogo en su significación originaria no implica «una conversación entre dos», como una contrapartida de monólogo. Procede del verbo griego *dialégomai* = «yo hablo» *(lego)* «a través *(diá)* de algo». El prefijo *diá* «a través» nos proporciona el sentido de un cruce de ideas entre dos o más personas. Por ejemplo el libro de GUITTON *Diálogos con Pablo VI* no es una obra de dos personajes aunque intervengan dos interlocutores. Tanto Pablo VI como el académico francés sacan a relucir en sus coloquios infinidad de personajes que entrecruzan sus ideas, y singularmente unos cuantos autores favoritos que han forjado el pensamiento de los interlocutores. Es un coloquio *a través* de personas e ideas muy interesantes para el lector. Modernamente *diálogo* es una de esas palabras clave, oscuras a fuerza de ser claras, en que un pensador condensa muchas experiencias y significaciones. No se la puede tomar en un sentido trivial, común, socrático. Gramaticalmente equivale a «conversación», que supone el don de saber escuchar y el de interrogar. Permite a cada conciencia *revelarse* tal y como es, sin necesidad de psicoanálisis, de encuestas o *tests*, sino de un modo más sencillo: *¿Y si charláramos un momento, qué le parece?*

4.º Simbiosis y convivencia en el diálogo: Se podía formar una «filosofía del diálogo» a base de temas que abarcan la problemática de la convivencia humana, en sus tres fases *individual*, *social* e *histórica*, ya que nuestra vida no se presenta aislada, sino en un medio dado y en relación con los demás hombres. Convivimos unos con otros; coexistimos, porque el hombre es naturalmente un ser social. Esta sociabilidad se entiende en el seno de una familia, en el trato con nuestros semejantes, en la colaboración de un progreso, puesto que el hombre aislado avanzaría muy poco.

El diálogo es el aglutinante de la convivencia. Las ventajas y posibilidades de esta simbiosis social son grandes. En el *orden vital:* mantenimiento, salud y prolongación de la vida, con mayores probabilidades profesionales. Mayor capacidad de acción. En el *orden económico* racionalización del trabajo y mayor rendimiento, con nuevas posibilidades intelectuales y profesionales; *científicamente,* el dominio de la naturaleza y como consecuencia, una vida más confortable; y *moralmente* con el diálogo coexistente se consigue un afinamiento más perfecto de la sensibilidad.

La convivencia dialogada nos conduce a la *solidaridad,* por unos intereses, unas alegrías, unas preocupaciones y modos de vida comunes; a la *cooperación* o interdependencia; a la *comprensión,* que es amor, respeto y armonía social, al *trabajo* manual o intelectual que estabiliza la sociedad, a la *libertad* y a la distribución equitativa de las tareas sociales.

Convivencia y diálogo: El diálogo fomenta y respeta los deberes y derechos individuales y colectivos, relativos a la integridad de la persona, perfección del espíritu, a los sentimientos, a los bienes, profesionalidad, asociación y prosperidad de los individuos y de las naciones.

Desde el ángulo idiomático en el **diálogo** existen unas *actitudes,* un *enfrentamiento* de interlocutores, una *lucha de palabras,* unas *tácticas* reconocidas, una *iniciación* y un *cierre.*

Características expresivas y dialogales:

Actitudes coloquiales:

En el diálogo existe el predominio de *yo* hablante, o bien el modo de expresarse va canalizado hacia la consideración por el interlocutor. Decía Charles Bally: «El predominio del yo o el predominio de los sujetos extraños al yo: tales son los polos entre los que oscila la expresión hablada (*Traité de Stylistique française,* I, p. 290). Esa deferencia hacia el interlocutor es lo que llamamos más corrientemente «cortesía». En una conversación no es la inteligencia la que lucha con otra inteligencia; sino todo un *yo* que se esfuerza por triunfar sobre otro yo.

Vamos a poner unos ejemplos de la cortesía interesada. Hay unas fórmulas-ficción de *señor-criado,* que son cumplimientos aceptados y ciertas rutinas sociales de ofrecimiento: —*¿Es usted el nuevo jefe? —Servidor de usted; ¿es usted la secretaria de don Pedro? —Servidora. —¿Tú eres la hija de la portera? —Sí, señor para servir a usted. —¿Es usted el formidable de quien hablaron por la radio? —Para servirle. —Ibamos cuatro* *de excursión: García, Rodríguez, Pérez* y *un servidor. —¿De quién es este sombrero? —De un servidor.*

Respuesta del camarero enfadado: *¡Va!* Con enfado en gradación: *¡¡¡Vaaa...!!!* Más entonado: *¡¡¡Ya va, hombre, ya vaaa!!!*

Muestras de ofrecimientos: *¡Qué interesante biblioteca!—Que está a su disposición.—En esta su casa.—Han tomado ustedes posesión de su casa. —¿No le molesta que fume?—Es usted muy dueño. —Con su permiso. Usted manda. —Mándeme usted siempre. —Como usted guste. —Lo que quieras.—Como te salga del tren de la una. —Por favor. —Si no le sirve de molestia. —No hay de qué.*

Enfrentamiento coloquial

El diálogo en este caso toma un aire de reclamación o de réplicas que puede terminar en una repetición caricaturizada de las palabras del interlocutor: *¡Por Dios! ¡Esa mujer será capaz de todo!* La forma más intensamente expresiva en estos casos es la interrogación, especie de pregunta intencionada: *¿Qué fue? ¿Qué ha sido? —Nada, que se rompió la cristalería. ¿Qué quieres Martuca? —Nada, que este caballerito se empeña en que le quiera. —¡Ay señora Paca! —¡Qué señora Paca ni qué ocho cuartos. ¡Lo peor ha sido lo del mercado! ¡Qué mercado ni qué narices! ¡Por Dios! ¿Cómo quiere usted que lo tome con seltz? Ni así ni de otro modo. Nos veremos las caras. Eso no me lo dices en la calle. —¿Que no? Ahora mismo. ¡Pero primo! No hay primo que valga. ¡Que tengo yo suficientes agallas para zarandear a este tío!*

Lucha de giros

Se trata de una deformación eufemística y dialogal de nombres y cosas conocidas, como *¡rediez! ¡diante!* o de un modo discreto de dejar envuelto en pronombre indefinido algo desagradable: *¡Mecachis en tal!* Otras veces se suavizan y esconden palabras mal sonantes en otras de valor entendido: *¡Córcholes! ¡Peinetas!*

La lucha de vocablos y giros se hace casi siempre por alusión y términos sobreentendidos. *Llegar a Villavieja = envejecer; estar en Babia = estar embobado; estar uno Roque = profundamente dormido.* En Malvaloca se dice: «Me he enamorao der tio *Cavila.*» *Ser un Juan lanas. Juan Palomo o Juan Zoquete. Ser un don Nadie.*

La lucha mayor de giros en el diálogo, más que en lo escrito reside en la manera de llamar eufemísticamente, por ejemplo: las *posaderas. Salva sea la parte; la parte posterior, el popó y el pompis.*

Otras veces se recurre a la forma neutra para aludir a cosas desagradables pero conocidas del interlocutor: *Aquello de marras; lo que usted sabe. ¡Aquello! Ya sabe usted. Y no se le olvide aquello ¿sabe usted? Tiene su intríngulis.—Lo de Paco. Ya sabe cómo es.—Lo nuestro ya se acabó ¡ea!*

Las llamadas **tácticas** del diálogo consisten en exageraciones e hipérboles para triunfar del otro hablante. Otras veces es batirse en retirada ante una pregunta inoportuna. Las mentirijillas dialogales, no tienen otro objeto que el dejar contento o ilusionado al interlocutor: *¿Usted conocerá a Menganito que es Director General de...?* Respuesta: *—Sí, claro, por supuesto. Es un personaje muy conocido. ¿Usted habrá oído hablar de...? —Tengo una vaga idea.*

Iniciación y cierre del diálogo: Se recomienda ante todo la naturalidad y el tono sincero, pero hay muchas fórmulas como estas. *Iniciación: ¿Tú has visto el piso? ¿Qué te pasa? Es un gran placer volverte a ver. Grandísimo tunantón ¿cuándo nos vemos? ¡So bestia! ¡Atropellar así a esa criatura! ¡Eh, venga usted aquí embustero, bandido! ¡Si llego yo a estar aquí, canalla! ¡Sinvergüenza, más que sinvergüenza!*

Cierre: Se trata de redondear el conjunto elocutivo, con fórmulas meramente decorativas y de remate: *Y pare usted de contar. Por supuesto no hay más que hablar.—Sí señor, no hay más que hablar.—Punto en boca y ¡chitón! Con que ya lo sabes, cada uno en su casa y Dios en la de todos. Nada que me voy, que me voy y san seacabó. Lo dicho todo quedó en paz y gracia de Dios. Aquello era el acabóse. Y nos fuimos tan ricamente. Otra vez juntos tan felices. Y viva la Pepa. La merienda está preparada. Sentémonos y al avío. Y aquí no ha pasado nada.*

109. Cuatro zonas de interés coloquial en el teatro

Para entender mejor lo auténtico del diálogo en la literatura realista de hoy, nos interesa más que la novela, el teatro o el cine. La novela pierde colorido dialogal, porque la conversación de las personas lleva siempre intercalado lo descriptivo, lo que vulgarmente llamamos *crónica*. Los personajes no rompen a hablar si no son debidamente presentados y conducidos, como por hilos invisibles, por las manos del autor. Es el tercer hombre que interrumpe en el diálogo y no dialoga. El teatro, cuando es un trozo de vida arrancado de la misma entraña de la sociedad, tiene sentido de autenticidad, relieve escénico, calidad de experiencia directa, modo coloquial acomodado a su clase y contraste de caracteres. Crean giros que pasan a la vida real y a veces se pueden tomar como exponente activo de nuestra habla diaria.

Tanto en la vida que pasa, como en el teatro, que nació para presentarnos simbólicamente esa vida, el *diálogo* auténtico se puede estudiar en *cuatro zonas* de sumo interés dentro del español hablado: *1.ª zona*, lenguaje rural; *2.ª zona*, lenguaje suburbial o de barriada; *3.ª zona*, lenguaje de la clase media; *4.ª zona*, lenguaje selecto o del intelectual.

Para dirigir nuestro estudio a obras y autores más representativos en estas cuatro zonas, se pueden aducir los siguientes nombres: Hermanos Álvarez Quintero y Benavente (habla rural); Ricardo de la Vega, José López Silva, Carlos Arniches, Jacinto Benavente, Alfonso Paso y Buero Vallejo (lenguaje de barriada madrileña); Benavente, Linares

Rivas y los Quintero (el habla de la clase media); Benavente (teatro), Unamuno y Ortega y Gasset (ensayos). (Lenguaje de la clase intelectual).

PRIMERA ZONA: *Lenguaje rural.* Por lo que respecta a los Hermanos Álvarez Quintero son los más auténticos representantes del «habla andaluza». El tipo rústico está entremetido y por decirlo así como salpicado en casi todas sus obras: *El Patio, Las flores, Genio alegre, La zagala, Doña Clarines, Malvaloca.* Es el habla de Andalucía en su salsa y gracejo. Muchos de estos sainetes nos presentan tipos de servidores domésticos que vienen del campo a casa del señorito, con todo su costumbrismo andaluz y lenguaje típico, que significa un aumento de nuestro caudal idiomático. Traen siempre una nota nueva, rica, original, fresca, espontánea, graciosa, sencilla, en lo más jugoso de su tierra nativa.

No nos interesa aquí su estilística sentimental o si algunas piezas suyas tienen parecido con el teatro de Chejov. Sólo analizamos lenguaje rústico, espontáneo, brioso y lleno de verdad humana. Ejemplos de formas dialogales. Uso anafórico de *venga.* Se trata de una niña pequeña *(Amores y amoríos,* III, p. 290): *La coge la criada y llora que te llora, la coge su hermana mayor y venga a llorar y venga a llorar.* Reiteración expresiva: «*Paso que daba, paso que me parecía inspirado por él* (Doña Clarines). Cruce dialogal de Isabela y Román *(La sillita):*

«ISABELA.—¡Cosas del demonio er Viernes Santo!

ROMÁN.—No; si de lo que me río es de que le haya usted dao calabasas a un tipo como ese que a tos en la tertulia del estanco nos miraba con compasión. Er más rico, é; er más arto, é; er más guapo, é; er más gracioso, é...

ISABELA.—Y er más chato, é. Y así se lo dije: que le fartaba un deo de narises para que yo le quisiera. Y que er genio se pué modificá con la educasión y con er trato; pero que la nariz no tiene remedio; se muere uno con la que se nase.»

Benavente nos da tres paradigmas teatrales de campo, extraordinarios: *Señora Ama, La malquerida* y *De cerca.* La acción de *Señora Ama* se desarrolla en un pueblo de Castilla la Nueva y el lenguaje procede del mismo riñón castellano.

«Gubersinda: —¡Usted verá! ¡Tamién es usté de bulla! Que la hija de mi madre no ha parao desde que llegamos... Usté dirá... Jabelgar y limpiarlo too... que ende que el ama estuvo la última vez, naide se había tomao ese trabajo... ¡Ya se ve! ¡Como aquí no hay criaos, toos son señores!» (Estrenada el 22 de Febrero, 1908). De todos modos el lenguaje en esta obra resulta un poco convencionalmente rústico.

La malquerida es de indudable fuerza dramática, cuya acción tiene lugar en el portal y en la casa de unos labradores ricos. El diálogo más rural lo pone en boca de Eusebio:

«—Si a que no fuera él yo no digo nada. Pero ¿dejar de ser uno el que lo hace porque haiga comprao a otro pa que lo haga? Y eso no pue dudarse... La muerte de mi hijo no tie otra explicación... Que no vengan a mí a decirme que si éste que si el otro. Yo no tengo enemigos pa una cosa así. Yo no hice nunca mal a nadie. Harto estoy de perdonar multas a unos y a otros, sin mirar si son de los nuestros o de los contrarios. Si mis tierras paecen la venta de mal abrigo...»

Hay otro personaje *El Rubio* digno competidor del *Crispín* de *Los intereses creados*. La acción de la obra se resume en una copla:

> El que quiera a la del Soto
> tiene pena de la vida;
> por quererla quien la quiere
> la llaman «la Malquerida».

(12-XII-1913)

De Cerca es una comedia en un acto estrenada en 1909.

Las escenas de este único acto tienen lugar en una casa pobre, en los alrededores de un pueblo. *Justa* habla por las mujeres del campo y dice entre muchas cosas: «—*¡Allá van! ¡Allá van! ¡No les llevarán los demonios!* En nada han estao de espachurrarnos otra gallina... *Luis.* —¿Mucha familia? *Justa.* —Diez nos juntamos... Ahora que tres de mis hijos no los tengo aquí; están sirviendo... Aquí vivimos el matrimonio con la hija casá, que se casó va pa tres meses; su chico, que aún no tiene el año...; otro chico mío, que va pa los doce, y aquí, el padre de mi marido.»

SEGUNDA ZONA: *Lenguaje de barriada.* Nos vamos a fijar preferentemente, como muestra, en el habla madrileña en el teatro, citando algunas obras como *La Verbena de la Paloma*, obra popularísima y magistralmente dialogada de RICARDO DE LA VEGA (1839-1910); JOSÉ LÓPEZ SILVA (1860-1925), gran conversador en el lenguaje castizo y madrileño, claro antecesor de Arniches en sus obras *Los Madriles, Chulaperías, El barquillero*. Es uno de los autores del texto de *La Revoltosa;* FELIPE PÉREZ GONZÁLEZ es autor del texto de la zarzuela *La Gran Vía*. BENAVENTE cultivó menos esta faceta teatral. El autor por excelencia del teatro de barriada es el alicantino afincado en el Madrid costumbrista y barriobajero CARLOS ARNICHES (1866-1943). Los tipos arnichescos han creado un nuevo modo de hablar artificioso pero extendido en ciertas zonas madrileñas. Frente al habla andaluza de los Quintero, el madrileñismo dialogal de Arniches tiene más artificiosidad y deformación; pero acierta en muchos tipos y obras como en *Los ateos, La chica del gato, el Amigo Melquiades* y *Es mi hombre.*

Damos algunas muestras de frases expresivas y forma coloquial: *Es mi hombre* es una comedia singularmente rica en giros populares del tipo de *¿Qué te ha dicho ese bruto?* Interjección de sorpresa: *¡Caracolas!... y perdonen que femenice mis exclamaciones: así las elegantizo, al par que las resto iracundia.* Expresividad afectiva: *Como que una servidora, la comida no la ve más que en amenazas: «Que te doy dos tortas, que te doy un capón, que te ganas una chuleta (La chica del gato,* II, 11). Frases humorísticas: *Tiene una cara que la ves y no se te olvida (Es mi hombre,* 70).

Habla madrileña: «Bueno, esa niña me tié ya un poquito escamao, porque caa día es una cosa. Unos días, como hoy, pongo por verbigracia, me hace que la acompañe a recoger la ropa, y así de que la cosa va pasando, me la transmite, me pone un pretexto pa largarse y me deja sentadito y de cara al talego como puede comprobarse por la lámina azjunta. Pues otras noches, otras noches es peor, porque me hace que la entre, me se toma una ración de riñones *a la broche*, me dice luego que va a un recao, y me da otro solo de hora y pico. Y es lo que yo le digo: Señor, no es que me duelan los riñones, pero hazte cargo que ante los ojos del camarero estoy haciendo un papelito de esos de rollo.» (ARNICHES, *El amigo Melquíades*, esc. IV.)

Sin embargo en el teatro moderno y en la novela nueva, los autores plantean una tesis poética; así, la felicidad que se obtiene manteniendo la esperanza, como en *Hoy es fiesta*, de ANTONIO BUERO VALLEJO. La anécdota argumental se va desenvolviendo en escenas y diálogos auténticamente reproducidos del mundo real y humano en que vivimos, sin añadir a la conversación efectos poéticos de dicción, ni recursos retóricos, ni chistes preparados en el laboratorio del escritor.

Podríamos llamar a este teatro el *sainete sin chistes*. Algo así como los bodegones de pintura nos dan una naturaleza como espectáculo, a quien no podemos poner la palabra «muerta ni viva», sino la naturaleza «por sí misma». Citemos como complemento a *Alfonso Paso,* en su oficio de comediógrafo de ancho aliento, propósito caricaturesco y dimensión social y la *Historia de la escalera* del citado BUERO VALLEJO.

TERCERA ZONA: *Lenguaje de la clase media.* Casi todos nuestros comediógrafos modernos han tratado personajes de la clase media y tesis o asuntos con ella relacionados. Recordemos algunas piezas teatrales de BENAVENTE: *El nido ajeno, Lo cursi, Por las nubes* y *La losa de los sueños*. Uno de los personajes de *Lo cursi* se encara con el *qué dirá la gente* y dialoga con Rosario de este modo:

Rosario. — El peligro de que la gente crea lo que no es, sólo porque puede ser... ya es bastante.

Agustín. — Pero ¿qué gente? Gente ridícula, a quien no preguntaría uno su opinión sobre la corbata que lleva uno; y vamos a tomarla en cuenta para saber cómo hemos de vivir a gusto suyo.

Rosario. — Ya no se trata de la gente: se trata de mí. A mí es a quien no le parece bien.

Agustín. — Por supuesto, otra ridiculez, otro espanto como el del otro día. No podemos recibir a nadie ni tratar a nadie; será el único modo de vivir tranquilos. ¿Te parece bien? Cuando Lola cuenta en su casa lo sucedido... ¿Qué dirán todos?... ¡Suponer que una muchacha...! ¡Suponer que yo...! ¡Bah! Te has propuesto estar en ridículo, y te digo que si hemos de vivir siempre así, con un lance de éstos cada día...» (Enero de 1901).

La acción de la comedia *Por las nubes* (Enero de 1909) se verifica en Madrid en el comedor y gabinete de la casa de doña Carmen. Es comedia de época y su lenguaje dialogado es parecido a esto: *Ramona.* «—¡Ya lo creo! Sólo que yo me desahogo cantando. El día que me oye usted cantar, ya puede usted decir: a la Ramona le está pasando algo.»

La tercera que citamos como muestra y se titula *La losa de los sueños* (Noviembre de 1911) se va planificando y llevando a término en un café, de los de piano y violín, en donde doña Antonia toma chocolate con bizcochos y don Manuel café. Veamos lo que dice doña Antonia al camarero: «Y tocan unas piezas tan serias... Cuidado que a mí, en siendo música, me gusta toda; pero estos chicos, para ser tan jóvenes, qué cosas tan antiguas tocan. Digo yo que deben ser cosas antiguas.»

En *Gente conocida,* comedia de sátira social escuchamos lejanos ecos que nos parece encontrar en *Las Personas decentes,* de ENRIQUE GASPAR, o en *Los hombres de bien,* de TAMAYO.

Al nombre de Benavente es justo añadir el de Linares Rivas, que resulta en sus obras como *La garra* un producto ideológico de la burguesía española. Prefiere la sátira a la ironía y el diálogo removedor y crudo al frívolo e ingenioso. Su teatro, valga la redundancia, es de excesiva teatralidad y tesis sin verdadero fundamento.

CUARTA ZONA: *El lenguaje selecto e intelectual.* El modelo de este cuarto ejercicio coloquial sería el lenguaje de cátedra. Un tono culto y un lenguaje de hombre de estudio que se envuelve en sus problemas y los comunica a sus alumnos en una exposición o monodiálogo sugeridor y atrayente. Para este caso servirían de espécimen los ensayos o las conversaciones de cátedra de UNAMUNO, ORTEGA Y GASSET o GREGORIO MARAÑÓN.

Si queremos domiciliar este lenguaje selecto en la escena moderna, entre otros dramaturgos tendríamos que recurrir a BENAVENTE en obras como *El nido ajeno, Rosas de otoño, La escuela de las princesas, Noche del sábado* y *El collar de estrellas.*

110. El léxico coloquial del año 1938 a nuestros días

El léxico científico y también el social está en perpetua ebullición y renovación. El escritor moderno y el mismo lector se sorprenden cada día con una invasión de neologismos. Cuando oímos a la gente joven: *Esta chica Mara es la reoca* o *Mimí ha dado calabazas a Toñín,* pensamos en que los nombres propios, los vocablos y las mismas frases han pasado por un ordenador electrónico o por lo menos por un rejuvenecimiento idiomático.

La renovación ha sido vertical y el léxico ha colaborado en los nuevos saludos y expresiones de tratamiento, de llamada, de insultos, de maldiciones; en las fórmulas ponderativas vocativas y despectivas; en las muletillas y eufemismos; en los términos irónicos y de énfasis; las comparaciones, las elipsis, las series intensivas, los diminutivos, los aumentativos y despectivos; las metábasis entre las diversas transposiciones elocutivas *(el azul del mar),* etc. El material de estudio, ya lo hemos indicado más arriba, se toma del habla de la calle y de los comediógrafos y escritores del «género chico». Hay novelistas que tienen una intención compositiva francamente de ponderada autenticidad, y redactan fidedignamente trozos de vida, de esa vida que discurre junto a nosotros y en nosotros mismos. Pongamos como ejemplo *La Colmena*, de José Cela.

Vamos a agrupar en pequeñas series de muestras y en etapas para todos vitales, rimeros de palabras que se han ido formando y apiñando en nuestro diálogo moderno, aproximadamente desde 1938 a nuestros días, algo así como una pequeña nómina o paradigma del avance del léxico español en nuestro diálogo de cada día:

1) La vivienda:

Términos: Apartamiento, chalet, chabola, suburbio, barrio residencial, zona verde, bungalow, termo eléctrico, cocina de butano, nevera, lavadora, aspiradora, enceradora, batidora, tocadiscos, altavoz, sincronización, transistor, magnetófono, doblaje, televisión, televisar, televidentes, canales, segundo programa, cinecolor, cinemachrone, aparatos electrodomésticos.

Frases y modismos: *Sordo como una tapia; echar la casa por la ventana; casa de Tócame Roque; ser la manzana de la discordia; tener buena fachada; estar mal de la azotea; quedar por puertas; no está el horno para bollos; el que fue a Sevilla, perdió su silla y el que vino la encontró; servir de plato de gusto; tener la sartén por el mango; servir de tapadera; liarse la manta a la cabeza.*

2) El transporte:

Términos: Autobús, autocar, automotor, autovía, trolebús, motocarro, aparcar, autopista, señalizar, semáforos, vialidad, derrapar, aglomerado, aterrizar, aeroplano, hidroplano, hidroavión, amarar, aeródromo, aeropuerto, astronave, alunizar, alunizaje, aerobús, aeroespacial, aerotransportado, aerograma, cablegrama, autogiro, helicóptero, reactores, velocidades supersónicas, astronáutica, azafata, tren de aterrizaje, Talgo, Taf.

Frases y modismos: *Dar a uno un recorrido; salir a flote; salir con las orejas gachas; salir de estampía; salir pitando; salir por peteneras; salirse de madre; salida de pie de banco; partir el bacalao; marchar como un reloj; ir a ciegas; ir al grano; ir a remolque; ir con la corriente; ir de capa caída; ir haciendo eses; irse de la lengua; irse de parranda; írsele a uno el santo al cielo; ir tirando; darse el bote; ahí queda eso; quedar enterado; quedarse con el día y la noche; venir a cuento; venir pintiparado; venir de perlas; venir al pelo; como Pedro por su casa; estar de vuelta de algo; por más vueltas que le des; ponerse en guardia; servir de plataforma; montar en cólera; llevar las de perder; llevarse de calle; dar alas a alguien; dar la vuelta al ruedo; no tener vuelta de hoja.*

3) **Industrias y ciencias:**

TÉRMINOS: Embalse, forestación, oleoducto, vibrador, vibro, mototraílla, multicopiadora, ordenador electrónico, humidificador, equipamiento, robot.

Física atómica, átomo, nuclear, fisión, desintegrar, megatón, ciclotrón, protón, plutonio, radiactividad; cilindrada, cojinete, cardan, capacitancia, cableado, audiofrecuencia, autoencendido.

Sulfamida, vitamina, antibiótico, pulmón de acero, ambulatorio, chequeo, bromatólogo, opodólogo, anticonceptivo, analgésico, astenia, astigmatismo, audífono, aureomicina, bacteriología, cenestesia, cloromicetina, conjuntivitis, dermatosis, diabetes, diatermia, disfagia, distonía, distrofia, eccema, edema, endocarditis, estomatitis, estrabismo, fagocitosis, glucosa, hematosis, hemofilia, hemorragia, histerismo, hormona, idiosincrasia, ictericia, laringitis, malaria, megalomanía, meningitis, mimetismo, miocarditis, nefrítico, neurastenia, otitis, pericardio, pleuritis, plasma, poliomielitis, prótesis, radioscopia, raquitismo, septicemia, sífilis, sinusitis, sondaje, taquicardia, telepatía, termoterapia, test, tricosis, vacunación antivariólica.

Complejo, subconsciente, claustrofobia, sublimar.

FRASES Y MODISMOS: *Estar pachucho; levantar dolor de cabeza; no hay quien te tosa; no pegar ojo; estar curado de espanto; prender la vacuna; estar a dieta; ponerse en cura; curarse en salud; echar el muerto a uno; estar más muerto que vivo; irse al otro barrio; liar los bártulos; hacerse el muerto; matarlas callando; romper a uno la crisma.*

4) **Economía, comercio y política:**

TÉRMINOS: Grupo de presión, inflación, congelaciones, inversiones, rentable, rentabilidad, renta *per cápita*, presupuestar.

Mantequería, supermercado, autoservicio, cafetería, mercado negro, estraperlo, economato, saldo, sucedáneo, al por mayor, al por menor, distribución, asentador.

Totalitarismo, genicidio, colaboracionismo, quinta columna, exilio, depuración, resistencia, guerra fría, subdesarrollado, telón de acero o de bambú, país satélite, autodeterminación, colonialismo, discriminación racial.

FRASES Y MODISMOS: *A peso de oro; ponerse pesado; quitarse el peso de encima; liquidar un artículo; estar por las nubes; cortados por el mismo patrón; cortar los vuelos a alguien; valer un dineral, un riñón, un ojo de la cara; cueste lo que cueste; darse humos, bajar los humos; caer a uno la lotería; dar bombo a alguien; tener la cabeza como un bombo.*

5) **Deportes y espectáculos:**

TÉRMINOS: Desentrenado, estar en forma, descalificar, contra reloj, entrenar, entrenador, equipo, campeonato, torneo de la copa, titular, amateur, guardameta, zaguero, línea media, línea delantera, interiores, masajista, jueces de línea, estadio, marcador, futbolista, despejar, regatear, goleada, corner, saque de banda, empate, hincha; quiniela, cancha, cesta, pelotari, saque, tenista, raqueta, red, dobles, servir, púgil, peso pluma-ligero-medio, ring, cuadrilátero, llave, guantes; tablero, jaque mate, comer, equitación, hipódromo.

Película, tecnicolor, guionista, documental, operador, extra, doblaje, rodaje, cartelera; ferias, casetas, romería, carrusel, muñeira, pandero, guitarra, Txistu o flauta, zorcico, petenera, sevillanas, rondeñas, malagueñas; cinemascope, suspense.

Afeitado, toro, astado, pitón, divisa, charlotada, respetable, rejoneador, apoderado, montera, taleguilla, muleta, garrocha.

FRASES Y MODISMOS: *Fichar por un equipo; jugar limpio; jugarse hasta las pestañas; jugársela a uno; jugar con fuego; sacar partido de algo; hacer una jugarreta; echar su cuarto a espadas; meter baza; barajar un asunto; echar teatro a algo; ser pura tramoya; aplaudir a rabiar; ponerse a tiro; saltarse algo a la torera; empitonar a alguien; estar hecho un becerro; ser un embolado; ser un mal bicho; sentar plaza de algo; ponerse algo por montera; echar un capote; pensar para su capote.*

6) **Extranjerismos:**

Hall, goal, líder, cárter, suéter, water, claxon, nylon, rayón, barman; clip, confort, filón, flash, flirt, gong, jeep, stock, test, ticket, trust, club, flirtear, flirteo, chutar, standard y estandardizado, speaker; interviú, interviuvar. En el teléfono: *sí*, (en vez de *dígame*) por influencia del *yes?* (anglicismos).

Activista, control, enrolarse, maquilla, office (también *ofís*), partisano, plató, utillaje, vedette, arrivista, colaboracionista, mercado negro; vigudí, capot, garaje, parqué, paste(u)rizar, debut, reprise, reposición, reestreno, chalet, hotel, reportaje (galicismos).

7) **Otras palabras de nuevo cuño:**

TÉRMINOS: Deshumanización, biquini, biopsia, brevería, cientifismo, climatizar, competitivo, comercializar, conflictivo, computador; bancocracia, barbitúrico, biplaza, esqués, estereofónico, eternización, europeísta, exigitivo, quimificar, facsimilar, konsomol, microfil, monotipia, quillotrancia, Twist, yeyé, óntico, epexegético, ejemplificar, ahorratividad, ambiental, anakástico, andropatía, angelizado, anticogelante, aperturismo, arrevistado, ataraxia, autoctonismo, autoescuela, asnedad.

Inmediatez, insobornable, insoslayable, intranscendente, multitudinario, peligrosidad, perfil, mensaje, contorno, estructura, talante, funcional, secuencia, emergencia, eficiente, crucial, drástico, inoperante, masivo, invidencia; sofisticado, memorizar; hombre-masa, hombre-rana; empresa-piloto, pollo pera; pájaro mosca, coche cama; canguelo, gachí, parné, chivato, incordio, hincha, exitoso, novedoso, ubicar, arcén.

FRASES Y MODISMOS: *No soltar prenda; poner como un trapo; ir a la moda; pasado de moda; ir de capa caída; haber faldas por medio; echar el guante; ser una alhaja; hacerse una carrera; coger un punto.*

Andando el tiempo; capear el temporal; tomarse tiempo; ganar tiempo; labrarse un porvenir; hacer semana inglesa; no tener más que el día y la noche; el día menos pensado; mañana será otro día.

III. Interjecciones. Formas vocativas y sincopadas

Partimos del supuesto siguiente: la afectividad interviene en la elección de las palabras y las frases en el diálogo.

Cada individuo debiera tener un código de sentimientos y fórmulas expresivas (interjecciones, formas vocativas y sincopadas), como lo tiene para sus ideas. Así decimos: *Julio tiene ideas propias.* Ojalá pudiéramos añadir: «Julio tiene un módulo para sus sentimientos, unas interjecciones propias y unas modalidades vocativas muy suyas.»

En el diálogo, la palabra ha de coordinarse con la acción y la acción con la palabra. El rey-actor es el que mejor reproduce los actos, gestos y lenguaje del rey auténtico, el que con más propiedad imita al verdadero rey en su reino.

Hay que estudiar hasta las modulaciones afectivas y la gradación entonativa, para expresar el mundo y el ritmo de los sentimientos.

1.º Las interjecciones como apoyatura del diálogo: Hemos hablado de la *interjección* ampliamente en la Morfología (c. II, núm. 98-4), como palabra invariable y expresiva. En la conversación impresionamos a nuestro interlocutor con estos términos acompañantes, para decirle de una manera emotiva lo que oímos, sentimos, recordamos o queremos.

Etimológicamente, por su origen latino, **interjección** (de *interiicio* «intercalo») es una intercalación o interposición de una cosa que irrumpe en el discurso o más concretamente en el coloquio.

Es un realce en la entonación de la frase. *Conversacionalmente forma una efusión sentimental entre dos o más interlocutores* o mejor una fórmula intensiva de apoyo en el diálogo. Constituye la modalidad más entonada en la afectividad del lenguaje. Ya hemos indicado en otro lugar que suple al imperativo y al vocativo o los envuelve en la red de sus fórmulas impulsivas.

Interjecciones dialogales:

Fórmula 1.ª a través del verbo: ¡Ande, ande! ¡Anda que...! ¡Hable! ¡Oiga! ¡Vaya, vaya! ¡Vaya un porvenir! ¡Tenía una voz! ¡Arre, arre! ¡Hombre, ni que decir tiene! ¡Hombre, ni decirlo! ¡Ahí vaaa!

Fórmula 2.ª, con giros hechos: ¡Así le den morcilla! ¡Bueno está el patio! ¡Y que lo diga usted! ¡Mal rayo le parta! ¡Vete a la porra! ¡Viva la Pepa! ¡Viva la humanidad! ¡Calle usted, hombre! ¡Vamos, hombre...!

Fórmula 3.ª apoyada en pronombres y adjetivos: ¡Quien la pescara! ¡Qué burro! ¡A mis años! ¡Mi madre! ¡Ay, qué miedo! ¡Qué alegría, estoy como loca! ¡Que lástima y que asco!

Fórmula 4.ª de invocaciones y juramentos: ¡Jesús, Jesús! ¡Santo cielo! ¡Mi madre! ¡Dios de mi vida! ¡Virgen santísima! ¡Ave María purísima! ¡Por amor de Dios!

¡Por las barbas de Mahoma! ¡Por tu madre! ¡Por todos los santos! ¡Por vida de...! ¡Por las llaves de San Pedro! ¡Por vida mía...!

Fórmula 5.ª con otros apoyos y palabras sueltas: ¡A buena hora! ¡Hombre, una camarera! ¡Ciertos son los toros! ¡Y tanto! ¡Por su cara bonita! ¡Ajajá! ¡Formidable! ¡Piramidal! ¡Estupendo! ¡Narices! ¡Al cuerno!

La interjección forma el patetismo del diálogo. A veces la indignación sube tanto que se sale de tono.

2.º Expresividad vocativa: Se ha tratado del *vocativo* al hacer el examen analítico de los casos (c. 3, núm. 21). En función del diálogo las formas vocativas son «excitantes de la atención».

De otra manera **vocativo** es el caso que sirve para llamar la atención: «—*Oye, Pepita ¿cuándo me enseñas tu nuevo piso?* M. Juret llama a este caso, como a la interjección titular en que no figura un verbo «frase sin verbo», porque además de no constar la forma verbal, no hay razón alguna para poderla suplir, so pena de caer en una suposición incoherente: *Enrique, no te olvides de mi encargo. Julio, Julio, estoy aquí.* Pero replicamos a Juret con lo que decíamos de la interjección: es un paréntesis en la frase, o más bien una apoyatura del diálogo, pero un apoyo manifiesto de afectividad conversacional. A veces va sólo sin nexos ni acompañamientos sintácticos: *¡Eloísa! ¡Blanca!* Otras veces se acompaña de elementos interjectivos: *¡Ay miserable de mí! ¡Ay desgraciado!* Muchos titulares de obras son un quasi-vocativo: *Peñas arriba. Un mundo sin melodía.*

En todos estos ejemplos que aducimos, el vocativo está sugiriendo un verbo, aparte de la frase acompañante, pero tan difuso, tan vagamente ideado, que es muy aventurado querer rellenar la expresión verbal con una palabra supuesta. En cuanto a los títulos de las obras, la ausencia misma del verbo estudiada por el autor, resulta más sugerente y están concebidos con la intención de llenar la mente del lector de ideas posibles.

Por lo que se refiere a los titulares periodísticos son sugerencias, que acucian la avidez del lector curioso de noticias.

El **vocativo** llama la atención de dos maneras distintas: *a)* para que el reclamado se sienta estimulado a atender y *b)* para que el aludido se sienta más íntimamente reconocido y se considere como un agraciado con la simpatía o se vea a sí mismo objeto de reproche. Ejemplo del primer caso: —*Oye, Pedro, ven.* Ejemplo del segundo: *Pedro, sabes que estoy contento.*

Formas vocativas: También puede figurar el vocativo como nombre apuesto al sujeto del imperativo: *Pepe, guarda estos documentos.* Analicemos: El sujeto de guarda es *tú;* el complemento directo = *estos documentos* y *Pepe* es una glosa adicional al sujeto *tú,* que nunca debemos llamar sujeto de imperativo, sino aposición del sujeto, quizás con más intimidad que otras aposiciones.

El vocativo que pide una métrica breve, en los términos hipocorísticos forma graciosas contracciones, como Loli, Anabel (Ana Isabel), Pili, Charito (Rosarito), Mary-Loli (María Dolores), Gelín (Angelita), Lelé, etc. Hay nombres que se cuajan en el vocativo. Se busca la disminución de sílabas. Se aplica este caso a los animales que conviven con el hombre, que llevan una intención denominativa y fonética. Citemos a los perros domésticos y los caballos que se doman y montan y los toros pastoreados para la lidia. Son llamados comúnmente por el pastor y tienen asignados nombres de tres o cuatro sílabas. Ejemplos: *Perdigón* (toro que mató a Espartero), *Bailaor* (toro que mató a Joselito), *Pocapena* (toro que mató a Granero) e *Islero* (el toro fatídico de Manolete).

Ejemplos de vocativos con elementos acompañantes: *Señores, la comida está servida.—Hombre, esto consuela.—Guardia, venga.—Michèle, buenas tardes.—Oye, machote.—¡Arriba, pelele! ¡Juanito, a callar! Capitán, a la orden.—Julio, al teléfono.—¡Señora, qué le pasa a usted! Mamá, ¿quién es ese tío? ¡Que fresca eres, Sole!* Aposiciones de elementos interjectivos: *¡Ay, hijo mío, que no te engañen! ¡Ay, mamá!—¡Eh, compadre ¿dónde vas?*

3.º Formas sincopadas: Fundamentalmente son formas elípticas o de abreviación que dejan un margen que ha de rellenar con su inteligencia el lector. Por lo que hace a la función coloquial resultan, en la mayoría de los casos, como en la interjección y en el vocativo, verdaderos apoyos del diálogo: *¡Dale bola! ¡A mi plin! ¡A mi con esas! ¡Se pone* que yo le he pegado! (Se pone a decir...) *Arreando que es gerundio.*

Muchas de estas expresiones son interjeccionadas: *¡Chao! ¡La caraba! ¡Y un jamón! No veas. ¡Claro está! ¿A santo de qué? ¡Va dado! ¡Amos anda! ¡A buena hora! ¡Igual!*

Otras veces aluden a cosas conocidas de valor entendido o de sorpresa exhortativa: *¡A ver si trabajamos! ¡Ni hablar del peluquín! ¿A dónde va el hombre? ¿Que cómo? —Pues comiendo. Ahí donde le ves. Ni media palabra más. ¡Que te la están dando! ¡No es nada lo del ojo! ¡Está lista si lo cree! ¡A ver si te enteras que soy yo!*

112. Enfasis, hipérbole y fórmulas reiterativas

En el patetismo del diálogo, caben muy bien los sentidos ponderativos y las exageraciones expresivas.

El *énfasis* se da en la misma construcción sintáctica, haciendo que preceda el predicado para darle más relieve o importancia: *A mi me apasiona el juego del tenis. Precisamente a este punto quería llegar* (Cfr. número 67-2).

El énfasis propiamente consiste en dar a entender más de lo que se dice o en hacer comprender lo que no se dice: *por quererla quien la quiere / la llaman la Malquerida. Sus motivos tendrá, cuando no dice nada.* El énfasis comporta ciertos aspectos de intensidad y entonación que dan relieve a la frase y en último término al diálogo.

El énfasis suele admitir ciertos toques de atención: *¡Y fíjese usted bien: Dígales que es el último billete! ¡Vamos a lo que importa: la venta de la finca! Sí, hombre sí: vete tranquilo. Tú cobrarás cuando las ranas críen pelo.*

Acaso para provocar la burla del que escucha se producen expresiones enfáticas en la idea verbal: Para indicar que otra persona come excesivamente decimos: *Comió hasta hincharse, hasta atiborrarse. Llenó bien la andorga, la panza y el bandullo. Se dio un atracón de cine o de dormir.* Bebe demasiado: *cogió una melopea y se fue a dormir la mona. Venía hecho una cuba y bebió más de la cuenta. Cogió una curda y una trompa.* Dormir: *Se quedó roque y durmió como un tronco, como un bendito, a pierna suelta.* Huir: *Salió de estampía. Salió de naja y puso pies en polvorosa.*

Énfasis en el diálogo:

Énfasis adjetival:

Encarecimiento de condiciones buenas o malas de una persona, con epítetos de la máxima afectividad: *Una cosa puede ser estupenda, magnífica. Un jugador de tenis estuvo colosal, formidable, fenómeno, imponente, macanudo* (en Hispanoamérica). *Le* dio una tunda *bestial, morrocotuda.* La película estuvo *sensacional, chanchi, monumental, fantástica.* Tuve una suerte loca y él cometió una falta *garrafal.* Se puso hecho *un pelmazo* y la calle estaba *indecente e intransitable.*

Ella se presentó en la fiesta *radiante, guapísima* y *retemonísima.* Llevaba un vestido de noche *deslumbrante.* Estaba sencillamente *arrolladora.* Parecía una *diosa,* una de esas mujeres de los cuentos de las Mil y una noches.

Énfasis con los indefinidos uno y alguno:

Vamos a comer unas riquísimas ensaimadas. Os tomarán por unos insensatos. El profesor ha de tener un estira y afloja. Un cierto optimismo le va bien. Eso es una simpleza. Un a modo tente en pie. Una de las buenas mujeres que he conocido. De una a otra esquina. Habrá alguna manera de convencerle. Dentro de algunos años. Alguno de esos locos en sus geniales cacharros.

La hipérbole: **La hipérbole** encarece el objeto de una manera exagerada y se da la mano por un lado con el énfasis y por el otro con el pleonasmo: *Es un hombre de una nariz infinita.*

La hipérbole exagera las cantidades y la idea de intensidad: *Lo que has tardado. Se me ha hecho un siglo. La de dramas que se han desarrollado en esta casa. Lo que nos vamos a reír toda la noche. Estoy cansada de tanto decírtelo. Eso va a ser un río de oro. Una millonada de gracias. Un millón de recuerdos. Hace un siglo que no te veo por aquí. Me ha costado una fortuna. Tiene más trampas que pelos en la cabeza.*

Exageración de las condiciones anímicas: *Se va a tronchar de risa. Todo eso me saca de quicio. Se puso hecho una fiera. Cuando lo oiga se va a morir de risa. Lloraba a lágrima viva.*

A veces estas fórmulas suponen comparaciones: *Se puso como un basilisco. Lloraba como una Magdalena, como una criatura. Comía como un descosido, como un cavador. Se puso como chico de esquilador. Dormía como un lirón. Más bueno que el pan. Se puso como la pared, con la noticia. Se puso como un tomate. Estaba ruborizado como un pimiento. Como ascua de oro. Como caballo desbocado. Contento como el pez en el agua.*

Hipérbole en comparaciones reforzadas: *Es de una pesadez de granito. Corre como una gacela. Esa solterona es una Venus al lado de su prima. Su habitación desordenada como una leonera y él muy alto como una jirafa. Es un cerrojo. Es un cielo.*

Exageración de buen humor: *Tengo una sed que anoche soñé con el mar. Tengo un sueño que no veo. Tiene una cara que la ves y se te olvida; una cara que de balde es cara.*

Relación local con hipérbole: *la farmacia está a un paso y la Iglesia al alcance de la mano. Estuvimos a dos dedos de la catástrofe.* Relación de número y tamaño: *Un sinnúmero de veces. Todo el mundo lo dice; es un brazo de mar. Se le hace una montaña. Esta mujer es un comino.*

Fórmulas hiperbólicas: *Se me vino el mundo abajo. Me quedé petrificado, muerto de miedo.* De indignación: *Quedarse de una pieza. Caerse de espalda.*

Hemos indicado que la ponderación hiperbólica está a un paso del pleonasmo. Para ello se usa el adjetivo superlativo (es un hombre justísimo) o un abstracto: *es la bondad personificada.* Hay ponderaciones abusivas gramaticalmente, por añadir conceptos innecesarios: *subir arriba y bajar abajo.* Notemos que el superlativo es un ponderativo que no puede prodigarse sin decolocar su sentido.

Reiteración expresiva: **Fórmulas reiterativas:**

La reiteración y repetición expresiva, procedimiento extraordinariamente sensorial, sirve para acentuar un concepto o para mostrar el contraste de dos ideas. *Está lejos, lejos.—Cerca, muy cerca le anda. De tal palo, tal astilla.*

En otro lugar hemos aludido a la repetición por duplicación de sustantivo para ponderar la autenticidad de un objeto o producto. Se usa hoy en la propaganda comercial: *Deme usted un café, café. Me gusta fumar tabaco, tabaco. ¿Le gusta a usted el turrón? —Me gusta, me gusta.*

Refuerzo enumerativo y reiterado: *En el mercado han subido los huevos, ha subido la carne, ha subido la leche, ha subido el pan, ha subido todo, absolutamente todo. Te lo aconsejaré mientras vivamos juntos: la semana que viene, el mes que viene y el año que viene.* Por medio de conjunción copulativa: *Vamos, vamos, no tiene vergüenza, ni pundonor, ni respeto, ni lo que hay que tener en estos casos. Un sujeto que lo ignora todo absolutamente todo. Lo más elemental.*

La llamada *repetición psicológica* es más propia del imperativo: *Cállate, hombre cállate. ¡Que te calles he dicho! Y dime dime ¿sois ya novios? Anda, anda, díselo y que lo busque, que lo busque. Quiero trabajar sea como sea y donde sea.*

Repetición de pronombre para extremar la atención del oyente: *Este, éste es el que amenazó antes.* Este mismo efecto se consigue con un adjetivo o participio: *Y como guapa es muy guapa. Esperemos un poco, porque este hombre está atontado, está atontado, si está borracho, está borracho, ¡qué le vamos a hacer! Ve a la cocina y me cortas la carne bien cortadita y rebozas el pescado bien rebozado.* Escribe Cela —... *Oye, ¿y qué hace tu novio? —Pues, mujer, como hacer, lo que se dice hacer, no hace nada, pero...*

En español hay un caso que se llama repetición del imperativo gerundial con *que: baila que baila. Estaba pasea que te pasea.* Repetición numeral: *Dos niñas como dos soles; dos tíos como dos torres y dos casas como dos palacios.*

Repetición que aumenta la ilusión de identidad. Oigamos a los Hermanos Quintero en *Doña Clarines: Paso que daba, paso que me parecía inspirado por él.*

Otras reiteraciones verbales: *Dale que le darás. Cavila que cavilarás. ¿Se ha enterado usted? ¡No hay más que amor y siempre amor! Y el mismo amor trae los celos, sí señor, los malditos celos.*

Repetición de efectos físicos persistentes: *La nieve iba cayendo.* Con valor indefinido de incertidumbre: *En el examen quedó así, así.* Con sentido verbal acentuado: *Ténganse todos, todos* (sin exceptuar ninguno). Sentido gradativo ascendente: *Hizo un invierno largo, largo, muy largo y muy lluvioso.* Para dejar bien definido un concepto: *Yo busco sólo tu felicidad, ¿lo entiendes? sólo tu felicidad.*

113. Dicotomía y ley del menor esfuerzo

La **dicotomía expresiva** consiste en la agrupación coherente, no en la bifurcación descentrada. *Dicotomía* en Botánica es la bifurcación de un tallo o de una rama. En lingüística es la coordinación de los miembros, y por tanto, de todas las palabras de una frase compuesta. En la naturaleza son dicotómicos los ojos, que separados necesitan una unidad de colaboración para percibir el relieve. La expresión dicotómica es una orquestación sometida a una batuta, entre las palabras que la componen. No se puede romper el sentido, dejar una frase aislada y convertirla en solista para que cante por su cuenta.

Sin embargo, a veces se acude a lo gramaticalmente heterodoxo para conseguir lo expresivo. Y esto obedece a un criterio moderno por el que se defiende que el instrumento más expresivo es el violín, aunque sus sonidos agudos resultan agrios y desafinados. La máxima expresión se consigue, en ocasiones, por medio de ciertas deformidades. De ahí que sea tan expresiva la *caricatura*, que procede de *cargatura*, es decir, exageración de los rasgos.

Ley del menor esfuerzo:

Junto al valor expresivo de la sintaxis dialogada, está como principio básico un sentido de omisión, una figura constante de *silepsis*, o falta de concordancia, y la elipsis, o supresión de palabras. Hay muchos elementos de valor entendido en la conversación. Cuando el mecánico da al coche marcha atrás y su ayudante, que sigue bien los movimientos, le dice: *Vale*, esta palabra, de valor entendido, le indica que el coche ha llegado a su término y debe parar. Para controlar el paso del astro, los astrónomos usan una palabra inglesa de muy pocas letras, como valor entendido. En las programaciones de radio, cuando oímos la palabra *¡Adelante!*, no avanza ningún personaje en el estudio; es una palabra clave para iniciar un diálogo nuevo o una especial retransmisión. Es la ley de la economía o del menor esfuerzo lingüístico.

Braquilogía: A este fenómeno tan corriente en el habla española se suele llamar *braquilogía* o supresión subconsciente: *Me dio el sol tres toros*, en vez de *Me dio el sol el tiempo que dura la lidia de tres toros*. Estas supresiones braquilógicas exigen un interlocutor compatriota y usuario del mismo idioma, ya que al ser valores entendidos, suponen un convenio previo de palabras y frases, insuperables, para un extranjero. Otro ejemplo: *¿Cuántos Felipes nos duró Portugal?*, podría preguntar cualquier historiador en un diálogo expresivo.

Este menor esfuerzo se explica muy bien en los carteles propagandísticos, por los slongans que concentran lo expresivo en una cantidad mínima de expresión y forman el impacto de la propaganda. Suelen darse para esto fórmulas muy gráficas de las que luego hablaremos.

Lo auditivo y lo visual:

Se trata de otras interferencias que alteran extraordinariamente nuestro diálogo y muchas veces lo desarticulan en sus coordinaciones constructivas. Sucede esto con frecuencia en los diálogos cinematográficos. Una pareja que habla en primer plano deriva su atención constantemente hacia los objetos que se presentan en su campo visual o en su zona auditiva. Un objeto nuevo en la presencia de los dialogantes interrumpe la frase, forma anacolutos y alusiones nuevas y trastrueca la sintaxis. El paso de un tren junto a un parque donde nos encontramos dialogando se interfiere en el coloquio y nos hace exclamar al margen suyo: *Son las siete.* Los acontecimientos que discurren junto a nosotros nos sirven de pnemotecnia o despertador de la memoria para fijar otras cosas en el recuerdo.

La presencia de un objeto nuevo trae a nuestra sensibilidad y a nuestro lenguaje asociaciones renovadas e imágenes distantes. Así, vamos en coche por la carretera; vemos pintado en una roca un gran cartel: *Fulano óptico,* y mi amigo dice interrumpiendo la conversación: *La que está casi ciega es la viejecita madre del guarda.*

Escuchamos una música determinada (por ejemplo, una estudiantina) y, al instante nos hace pensar en los años de la Universidad y del noviazgo. Son como ráfagas o cintas cinematográficas que se interfieren en el diálogo y nos dan cruces de temas que no estaban en el programa de nuestra intención.

114. Valor de lo expresivo en el diálogo y su lenguaje metafórico

Toda la alteración sintáctica del diálogo vivido entre dos interlocutores se explica en función de lo expresivo y del menor esfuerzo.

Comprobemos esta doctrina práctica con ejemplos: *Si no me hubiera retirado* ME ALCANZA *(me hubiera alcanzado,* sería lo correcto). Hace de un tiempo de acción terminada, un tiempo de acción durativa. Consigue de un tiempo pasado un presente, y de un tiempo supuesto, una aseveración real: *Tengo tal hambre que ahora mismo* ME COMÍA *un pollo* (me comería).

Aquí de un imperfecto de subjuntivo con valor de potencial sale un imperfecto de indicativo, de aseveración y afirmación real, quizá colaborando a ello la coincidencia consonántica *ría* e *ía.* Poner el sujeto y complemento juntos: *Yo... patatas, no las pruebo,* por *Yo no pruebo las patatas.* Es más expresivo el primer ejemplo. La segunda frase queda muerta o desinflada. Se juntan los casos rectos de la declinación, el nominativo y el caso del complemento directo. Y esta unión, anticipándose al resto de la locución, da a la frase una tensión expresiva, buscada inconscientemente por el que habla.

Lo que predomina en la frase con mayor valor se pone delante, que puede ser un complemento circunstancial: *En el suelo me siento yo;* o en complemento directo: *a mi madre* LA *llevaré yo las frutas.*

No sabía que ERA *usted moreno.* Debe decirse: *No sabía que* ES *usted moreno.* Se trata aquí de una *consecutio temporum* o concordancia de tiempos. Como *no sabía* es tiempo histórico, le corresponde un presente; pero al hablar le añadimos otro tiempo histórico (tiempos históricos son el imperfecto, pluscuamperfecto y aoristo, o pretérito perfecto absoluto, que son los que usa el historiador en las frases principales o estilos narrativos).

Yo soy de los que creo. Debe ser: *Yo soy de los que* CREEN. Porque el antecedente de *los* es plural y el verbo debe ser singular; pero existe una atracción, porque no cabe duda de que la forma *que* va referida al *yo*. Pero como el *yo* es un singular de primera persona, cambiamos el *creen*, plural de tercera, por el *creo*, singular de primera.

A veces la mujer trastrueca los valores estéticos del lenguaje expresivo por sus reacciones femeninas y dice, viendo el monasterio del Escorial herreriano y ciclópeo: *¡Qué bonito!* En cambio vuelve la vista a su vestido, ve una pequeña mancha y exclama: *¡Qué horror!*

Cuando la acción es desmesuradamente mayor en importancia que el agente, se destaca ésta ostensiblemente con elementos expresivos y se enmudece el otro (agente) con una expresión casi atenuada: *Hay que vencer, para ser los de siempre.* En latín se manifiestan estas expresiones con la conjugación perifrástica en *-endus*, empleando el participio neutro en *-um*, el *verum esse*, y dejando la frase sin sujeto, con carácter impersonal: *Si vis me flere, dolendum est primum ipsi tibi* (Si quieres que yo (lector) llore, ha de ser dolido por ti (escritor) primero). Igual a: *te tienes que dolerte tú primero* o *hay que dolerse por ti primero.*

Valor expresivo en el diálogo: Hay además otras frases de diálogo que suponen gestos y expresiones de mímica en el dialogante: *Unos escaparates con unos letreros así de grandes. ¿Hasta dónde estás de papá, hijo? ¡Hasta aquí!* (y señala los pelos de su cabeza). *Entré en esa cafetería* (y la señala). *No me interesa su charla ni tanto así. Porque aquí* (y señala a la señorita que está a su lado), *donde usted la ve es mi prima. Vengan esos cinco y no se diga más* (Y se estrechan la mano).

El pueblo también habla por metáforas. Hemos examinado detenidamente el recurso semántico de la metáfora (c. 10, núm. 85-1) en sus diferentes modalidades. Nos faltaba un matiz metafórico muy curioso, la llamada «metáfora popular», parte sustantiva del diálogo.

Cree la gente que el pueblo no usa metáforas. Las tiene y muy expresivas, muy lozanas, por no ser cerebrales. Las usa como el pueblo andaluz, no para deslumbrar, sino para hacerse entender, para eludir descripciones que su palabra limitada no sabe hacer.

Un hombre del campo dijo a su dueño: *Señor, hoy el candil no alumbra* (refiriéndose al sol, hasta con cierta ironía que enriqueció su expresión).

Cierto viejo rústico, hablando de sus servicios en el Cuerpo de Carabineros y aludiendo a una noche en que esperaban en la playa sorprender un alijo de contrabando, se expresaba así: *Estábamos la pareja a la lengua del agua* (es decir, a la orilla del agua, donde se lamina y muere la ola). Y esta misma persona coincidía con Unamuno en llamar *estrellada* al conjunto de estrellas que se dejan contemplar en la noche. Decía hablando de las costumbres de las ardillas, que van de pino en pino cogiendo piñones: *Las mejores son las paviblancas.*

Para indicar que el trigo está en el color intermedio del verde y el amarillo, un labrador de Talavera hablaba así: *Ya limonea la espiga.* Ni el más fino literato podría mejorar esta expresión tan poética y tan exacta.

El límite de este lenguaje directo, tan descarnado, tan desnudo, tan raspado de todo adorno retórico, sería, tal vez, *la pantomímica.* Tiende hacia el gesto, que es lo mínimo del habla. Lo demás lo haría el paisaje, el ciclorama, la música concreta, el aplique, el mobiliario, la luminotecnia.

115. Monólogo subjetivo, objetivo y de propaganda. Monodiálogo

Otra manifestación del lenguaje expresivo es el *monólogo.* Este puede dividirse en *subjetivo, objetivo* y de *propaganda.*

Monólogo subjetivo:

Se puede definir como la expresión de ideas y estados de ánimos, sin afán de diálogo con el interlocutor. Es una manera de verter algo sobrante que produce una situación mental o interna, como un desdoblamiento de mi otro *yo,* que al fin y al cabo es el propio *yo,* porque no hay más que un *yo.*

El monólogo subjetivo tiene algo de narcisismo, de lenguaje espejístico, de válvula de escape de la propia conciencia.

En el teatro el monólogo es el recurso para suplir lo que no se ha sabido hacer con situaciones escénicas. Es la introducción de lo narrativo en lo dramático, con cierta apariencia lícita. Un recurso poco airoso. Y en el teatro del siglo XIX resulta grotesco. Es un remiendo verde en una tela azul. Injerencia de lo narrativo en los apartes, en los que es todo acción. Suple ramplonamente al coro griego que colabora con la acción y pone un fondo de comentario, de lirismo, de filosofía y de exégesis. Lo que en la película cinematográfica se llaman ruidos o música concreta. Coche de policía, ladrido de perro y una música interpretativa y acompañante de lo que es elemento central de la acción. Son muy importantes los fondos interpretativos. En el teatro moderno, como en el cine, se pone también, como fondo, música concreta, aun en el montaje de las obras clásicas y en la reiteración de las películas mudas.

Monólogo objetivo:

Empieza en la improvisación y en la oratoria. El orador es un monologador. Y el locutor de radio usa un lenguaje monologado. Estos monólogos tienen un carácter informativo a un público heterogéneo, con cierta dosis interpretativa e inocente. El locutor quiere pensar como el espectador, algo así como el periódico moderno que piensa por el lector. Diario hablado y televisado. Los aparatos transmisores de radio y de televisión, en la mayoría de los casos, son monologadores.

La retransmisión de los partidos deportivos por radio o televisión tiene una vivencia monologada especial, una lengua monologal, vivaz, rápida, vibrante, de condiciones expresivas únicas, que llegan casi a lo visual, que intensifican lo auditivo hasta hacerlo intuitivo, es decir, se adivina tanto a través de las ondas hertzianas que casi se ve.

Las condiciones de estos locutores son tan personales, que necesitan rapidez de conceptos, de palabras de captación auditiva y visual, de improvisación, que se hacen casi únicos en una acción constante, rememorativa de nombres y personas, de actitudes reflejas inimitables.

Monólogo de propaganda:

El monólogo del anuncio:

Hay también una gramática para el anuncio y una filosofía del lenguaje para la propaganda. En la programación propagandística de la radio y aun en la televisión, el anuncio suele hacerse normalmente por el monólogo. Una bella señorita anuncia unos vinos famosos o una pasta dentrífica. Aun en el caso de que una familia aparezca contemplando un espacio televisivo para dar a conocer un aparato de televisión, cualquiera de los personajes de la escena lleva la voz cantante. El diálogo supone acción escénica y a veces música.

El monólogo anunciador tiene su lenguaje rápido, preciso, atrayente. La filosofía de la propaganda distingue el sujeto agente (talento práctico, temperamento activo y voluntad comunicativa) del tipo organizador. Se trata de un hombre de acción con ideas claras y métodos sencillos. No se contenta con sembrar conceptos, sino que busca el modo de encauzar ciertas organizaciones. Es inteligente, pero no intelectual.

La primera etapa gramatical del anuncio es simplemente afirmativa, redactada en modo indicativo. A veces sin verbo: *La mejor agua de mesa*. El gramático tiene que analizar esta afirmación en el grupo ponderativo. En ocasiones va acompañada de una admiración: *¡El agua lavanda es tan sugestiva!* Se puede redactar a modo de sentencia: *una garantía que vale por mil.*

Muchos de estos supuestos propagandísticos los denominaríamos mejor de «inmodestia comercial», una falta de moderación en la propia estima.

El segundo módulo gramatical del anuncio es de un estilo persuasivo y exhortativo. Goza de franca modernidad. Prefiere el modo imperativo: *Fume usted los inmejorables pitillos X. Vista mejor a mitad de su valor*. Y se nos presenta con cierta impertinencia sorprendente, que es la virtud del anuncio.

Tercer grado en la temática expresiva del anuncio: la morfología del mandato o la sintaxis expresada en modo yusivo: *Hoy mismo debe usted adquirir esta máquina de afeitar. Compre usted inmediatamente el remedio para su tos*. Este caso sintáctico se usa con interrogaciones de reproche: *¿Todavía no tiene usted la estilográfica que necesita?*

En ocasiones el consejo resulta confidencial, admirativo y de amistoso optimismo: *¡Dígaselo usted con flores!* En muchos casos el giro propagandístico es interjeccional acuñado en un «slogan» de última hora:

¡Qué barato venden los almacenes Z! En pocos momentos se acompaña el grafismo de frases sincopadas y de valor entendido. Una mano que nos señala con el índice se suscribe con un letrero que nos habla: *¡Y usted también!*

Otro grado en la gramática de la propaganda es la reiteración intencionada: *Drásticas rebajas. Sensacionales rebajas:*

> Cada día incorporamos nuevas ofertas.
> Cada día reponemos los surtidos.
> Cada día los precios son más bajos.

Al hombre moderno los altavoces del anuncio lo emborrachan, lo convierten en supersticioso, le introducen en el sueño de los nuevos ricos. Un «slogan» feliz puede entregar una fortuna a su inventor. Un gran político, una muchacha rubia y de finos modales reciben sus buenos dólares por la sonrisa y la cortesía del anuncio.

El monodiálogo:

Se trata del actor de teatro, que en la escena dialoga por teléfono con un supuesto ausente. En realidad es una conversación monologada, aunque se supone que le escucha un interlocutor invisible. De otra manera: es el mismo actor el que hace las pausas y reacciones de este diálogo fantasma. Sintácticamente es de mucho interés, porque uno mismo monologando dialoga.

116. Problemática gramatical en el diálogo

El diálogo suscita problemas nominales y matizaciones verbales de sumo interés gramatical. La mayor parte se han ido desenrollando como una cinta de enunciados útiles a través de esta obra. Pero la misma naturaleza del diálogo moderno nos exige tener siempre delante estas advertencias:

1.ª El artículo que podemos llamar «intensivo de significado» rebasa los límites del *lo* neutro: *lo preciosos que eran tus pendientes.*

2.ª Sufijos en *-ina* y nuevos sufijos: Los primeros forman ciertos productos de imitación: *cristalina* de cristal; *tergalina* de tergal; *anilina* de añil. Sufijos nuevos en *-ales* formados por analogía: *frescales, rubiales, vivales, mochales* y *viejales.*

3.ª Plurales de desarrollo consonántico + *s*, y plurales invariables. Ambos inflexionados. Se trata del desarrollo de un tipo de plural de procedencia extranjera: *club* < *clubs; soviet* < *soviets; fiord* < *fiords.* Plurales procedentes del inglés: *boicots, cowboys, clowns, corners, coktails (cóckteles y cocktels), conforts, films, cameramans, gangsters, gentlemans, girls, halls, jerseys, lunchs, policemans, raids, records, sandwichs, slogans, stands, sueters, smokings, snobs, standards, stocks, tets, trusts, whiskys.*

Del francés: *argots, ballets, cabarets, carnets, complots, cognacs, croissants, chalets, chaqués, chofers, debuts, fracs, gourments, vermuts, sommiers* (y sommieres). Del alemán y holandés: *boers, polders, bunkers, liers (lieders), panzers, kindergartens.* Del ruso: *soviets, mujiks.* Del latín: *accesits, deficits, placets, quorums, juniors, referendums, specimens, superavits, ultimatums.*

Plurales yuxtapuestos: *mesas ad hoc; medidas standard; cifras record coches pullman; paisajes malvas; ojos azul claro; labios rosa pálido.* Plurales compuestos por pérdida de la preposición *de: casos-límites; niños-prodigio; yeguas-purasangre; escuelas-modelo.*

En cuanto a los plurales invariables podemos citar el vocablo *chic: unas niñas muy chic.*

4.ª Frente a la oposición genérica y tradicional alternante para el femenino y masculino *a / o,* el lenguaje moderno, como ya hemos explicado da en el masculino *-ma (telegrama, esquema, fonema, semantema,* etc.) e *-ista (oficinista, futbolista)* que es común: *pianista, telefonista, periodista.* Alguno admite dos formas: *modista-modisto.*

Pero lo más nuevo en esta evolución genérica es el amplio campo de los femeninos acabados en *-o,* muy usados en la lengua actual: *la dinamo, la magneto, la foto, la moto, la radio, la soprano, la contralto, la testigo, la virago, la líbido, la modelo, la Metro, la Gestapo, la Nato, la Unesco, la Uno y la Onu, la Iberduero,* etc.

5.ª **Pronombre relativo.** En las lenguas neolatinas la tendencia del relativo *que* es la de ir junto al antecedente, salvo casos especiales de formas apositivas y otros fenómenos por el estilo.

Cuando dice Zorrilla: *la barca del pescador / que espera cantando el día,* no hay vacilación de concordancia. El *que* se refiere a *pescador,* porque es el término más próximo.

En cambio el latín se permite distanciar el relativo del antecedente, con su holgado hipérbaton, porque el relativo latino marca el caso, género y número *(qui, quae, quod).* Sin embargo en español queda detenido en *que* sin más posibles variantes que nos digan con qué antecedente concierta. Esto se suple con la aproximación.

6.ª En cuanto a la **negación,** en el diálogo hay formas múltiples para negar, algunas enfáticas *(quiá, ca, que va),* otras diluidas en frases: *¡que no!, en absoluto, de ningún modo, ni hablar, nada de eso, no he visto nada parecido, ¡quite usted de ahí!*

7.ª El mayor movimiento de evolución tiene lugar en el verbo. El subjuntivo está en decadencia; se acentúa en las formas perifrásticas con nuevas formulaciones: *acabar + gerundio (*acabó despidiéndose); *acabar por + infinitivo* (acabó por aburrirse); *llevar + infinitivo y gerundio;* llevar apoyado en *desde* y *hace: hace dos años que estoy esperando tu carta;* el presente de indicativo en dos formas impersonales muy usadas hoy: *Ya vienen* (para lo no llegado) y *ya se van* (para lo no pasado); matiz hipotético-indicativo: *si tengo tiempo te escribo.* Vuelta al viejo pluscuamperfecto analítico *(leyera)* que se contamina de la forma *-se,* etc.

8.ª Tal vez las formas verbales más evolucionadas sean las de *ruego* y *mandato* con mayor o menor expresividad: *venga usted* y *usted venga*. Matiz condicional: *podrá usted hacerme...; siéntese, por favor. Abra usted la puerta, por favor.* Se ha suavizado el diálogo con formas más corteses: *le ruego me dispense. Puede usted sentarse o tomar asiento, si gusta.*

Formas imperativas y terminantes: *Que trabaje Juan, que venga la mecanógrafa. Ya te estás callando. Ir comiendo. Deja de gritar. Anda, vamos, que es tarde. ¡Haberlo dicho! ¿Quieres hablar de una vez? Tú te quedas, éste se va. A trabajar; ¡ea a dormir!*

La frase, por énfasis o contraste ha desplazado su acento, y a la larga, evoluciona con ella la fonología del idioma.

9.ª Hemos suavizado el diálogo, lo hemos hecho más europeo, de más formalismo; nos hemos acostumbrado a pedirlo todo *por favor*, a negar con más dulzura (no decimos *quiá* que se convierte en *¡oh no!*). Han prosperado modismos más o menos expresivos como: *la procesión va por dentro; tiene usted más razón que un santo; tiene usted razón que le sobra; me chiflan las pieles; salir pitando; tener buenas tragaderas; está que bufa; no es moco de pavo; ¡lo que faltaba para el duro!; me gusta horrores; lo he pasado bomba, chanchi, fenómeno*, etc. Hay frases de una expresividad tan condensada, como *¡Ni hablar del peluquín!*, que nos dan con su historia un argumento de sainete compendiado. Otras veces la alusión de un sustantivo o un verbo tales como el *enchufe, enchufado* y *enchufar* nos trae al recuerdo muchas cosas pasadas. El pueblo ha visto que un desgraciado no tenía «ni gorda» y de repente nada en la abundancia porque ha ido de la oscuridad a la luz y dice con mucha gracia: *ése es un enchufado. ¡Vaya enchufe que tiene fulano! Joaquín querido* es más expresivo y familiar que *Querido Joaquín.*

117. Sistemas de aprendizaje: Laboratorio de fonética, magnetófono, radio, espacios televisados y discoteca.

Entramos con este epígrafe y el siguiente en un campo de aprendizaje idiomático-moderno, en donde valen por igual los testimonios escritos y orales, siempre que en ellos existan los necesarios giros de autenticidad, de lenguaje empírico y ejercitado; pero en este capítulo dedicado al laboratorio de la palabra hablada, más que una dirección filológica y literaria, preferimos el ejemplo vivo del lenguaje coloquial.

Laboratorio de la entonación

¡Oiga! Tenía razón en eso de la cuenta — No lo sé aquí está en el libro — ¿En su libro, no?

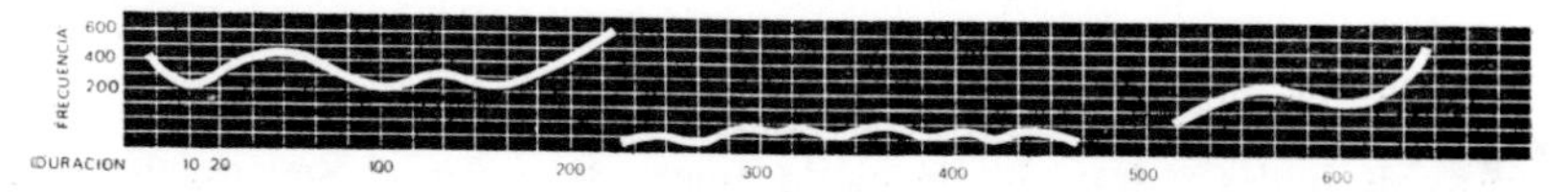

Entonación ascendente — Entonación uniforme — Melodía acusada con interrogación

1.º Laboratorio de Fonética: Para el estudio de la entonación el laboratorio de fonética nos es imprescindible. En la transcripción del coloquio utilizamos cinco bandas inscriptoras:

1.ª banda: Reproducción del texto. Cada línea representa un interlocutor. Se señalan las pausas, interrupciones, los parlamentos, etcétera. Puede utilizarse la escritura fonética.

2.ª banda: Reproduce la entonación, con las variaciones de la intensidad, frecuencia de tono y duración. El espectrógrafo recoge los datos con gran fidelidad.

3.ª banda: Datos de la situación o características ambientales de los interlocutores. Referencias externas para localizar el diálogo.

4.ª banda: Indicaciones sobre el contexto, o sea, alusiones, sobreentendidos y antífrasis del diálogo.

5.ª banda: Modalidades del gesto, que complementa o sustituye a las palabras.

En hoja aparte reproducimos unos ejemplos de entonación afirmativa e interrogativa proporcionados por el profesor A. Quilis del Consejo Superior de Investigaciones Científicas de Madrid.

2.º Magnetófono: El procedimiento que más arriba apuntamos es el ideal por ser empírico y directo, y donde apenas queda margen al error. Cabe el sistema taquigráfico con dos observadores para constatar los datos y resultados.

Para obtener documentos fidedignos y transcripciones eficaces sirven asimismo las cintas magnetofónicas. Es un habla recogida en condiciones de garantía. Se ha de evitar que los interlocutores se den cuenta de que se transcribe su conversación. Este método tiene la pequeña dificultad de que el magnetófono, en la mayoría de los casos no se puede manejar y transportar ocultamente como una pequeña máquina kodac; la conversación ha de ser autentica y su transcripción insospechada por parte de los dialogantes.

3.º Radios, espacios televisados y Discoteca: Por la radio hemos seguido los cursos de español para extranjeros con magníficos resultados. No hace mucho tiempo escuché complacido la emisión de una clase de Bachillerato radiofónico sobre *Los grados del adjetivo* y la descripción de las Rías gallegas, con una música de fondo muy oportuna. Emisión núm. 36 del primer curso, 1966. El profesor leyó un trozo de la obra de Unamuno sobre las Rías y comentó la lección con ejemplos presentados por una voz femenina en contraste con la parte teórica de la lección, que dictaba el profesor. Hubo métodos de redacción, preguntas y entrenamiento de la memoria. La emisión resultó práctica e instructiva.

Por la pequeña pantalla se dan a diario lecciones teóricas y prácticas de inglés y francés, de modo ameno y eficiente. Son muchos los que sigen las imágenes de los films que acompañan las explicaciones del profesor. Método intuitivo, directo y de primera calidad para los idiomas, aplicable de igual modo al español.

Existe en la Biblioteca Nacional una Discoteca, que recoge las voces de nuestros mejores literatos y hombres de letras. Algunas editoriales, como la de Aguilar, han reservado una sección especial titulada *La palabra* en donde se registra una colección de discos radiofónicos de poesías, lectura de textos clásicos y modernos, conferencias, escenas teatrales, narraciones, etc., leídos por sus propios autores e interpretados por ilustres figuras de la escena española. Existen además sistemas fonográficos para el aprendizaje de idiomas.

118. Aplicaciones al lenguaje del sistema de ordenador electrónico

Cerebro electrónico:

Primero nos interesa saber su nombre moderno. En las naciones sajonas se llama *computer*, «computador» (*computar* en español es «contar o calcular una cosa»); los italianos siguiendo la denominación sajona le dan el nombre de *calcolatore*.

La nomenclatura española coincide con la francesa. Los franceses llaman al cerebro electrónico *ordinateur* y nosotros **ordenador electrónico.** El hombre cuenta con un complejo electrónico que le ayuda a comprender sus descubrimientos y organizar rápidamente su información. Los ordenadores electrónicos tratan inmensas cantidades de datos a gran velocidad. Tienen un corto pero brillante pasado y un alentador porvenir. Cada día se descubren nuevas aplicaciones (47).

1.º Máquinas básicas y ordenador electrónico: Conviene distinguir en los comienzos de estos apuntes rápidos sobre el cerebro electrónico, entre **máquinas básicas** y el mismo *ordenador electrónico.*

Las máquinas básicas o *equipo de registro unitario* no forman propiamente un *ordenador*. Realizan funciones que pueden ser absorbidas por un ordenador, pero en menor escala.

Cuando un programa de datos no supera los niveles o «standards» de trabajo y no hacen falta ni grandes velocidades ni considerables volúmenes de información, un ordenador no resulta rentable para un des-

(47) El preámbulo, o lo que pudiéramos llamar la prehistoria de los *ordenadores electronicos*, tiene varias fases. En primer lugar, el mismo ábaco es uno de los sistemas más antiguos en el tratamiento de cantidades de datos. En el siglo XVII, Blas Pascal inventó una calculadora accionada por engranajes. Herman Hollerith, estadista de la Oficina del Censo, ideó, en 1887, la base de un sistema mecánico de registro, compilación y tabulación de los datos censales. Contaba automáticamente las perforaciones hechas en una ficha. El primer sistema de fichas perforadas se empleó para estadísticas demográficas, en la ciudad de Baltimore.

arrollo pequeño. Entonces se prefieren las máquinas básicas, que constan fundamentalmente de:

1. Perforadora de fichas (registra datos).
2. Clasificadora (ordena datos).
3. Máquina de contabilidad (imprime resultados).
4. Perforadora reproductora (perfora automáticamente).
5. Perforadora calculadora (Calcula automáticamente).

Ordenador electrónico:

Es un sistema electrónico de unidades funcionales, cuyo trabajo fundamental consiste en contar y calcular. Tiene cuatro tipos de unidades o realiza cuatro operaciones básicas:

1. Unidades de entrada de datos.
2. Unidades de almacenamiento.
3. Unidad de proceso.
4. Unidades de salida de datos.

Suele compararse a la estimación de las notas medias finales de un estudiante. Las notas del alumno correspondientes a los exámenes constituyen *la entrada de datos;* el expediente escolar del profesor es el *almacenamiento.* El propio profesor es la *unidad de proceso, control* y *memoria:* calcula las notas finales. Y la papeleta de examen que recoge el estudiante es la *salida de datos.*

Los ordenadores electrónicos llevan a cabo complicadísimas operaciones de cálculo. Todo trabajo que vayamos a realizar ha de ser reducido a expresiones matemáticas. Su empleo permite la conservación precisa y rigurosa de complejos procesos intelectuales. El ordenador está sujeto a una redacción estandardizada de estos desarrollos que reproduce velozmente y sin error.

Programa, ficha y almacenamiento:

El programa. Ante todo es preciso obtener toda la información necesaria. Esta se compone de una serie de datos manejables mediante operaciones elementales. El conjunto de instrucciones de funcionamiento del Ordenador se llama PROGRAMA. Tanto en el ordenador aplicado a fines de gestión y cálculos científicos, como aplicado a procesos industriales, los programas representan parte del *saber* de las empresas y de ellos depende la potencia y flexibilidad del cerebro electrónico. Tiene que llegar al nivel requerido. Los ordenadores intervienen indistintamente en procesos comerciales, científicos, tecnológicos, etc. Lo que difiere es el *programa de funcionamiento.* La biblioteca de programas generalizados es parte muy principal del Ordenador.

Luego tenemos que hallar el medio de introducir los datos en el ordenador a través de una unidad de entrada.

La ficha perforada. Un medio de introducir estos datos en el sistema maquinístico del cerebro es *la ficha perforada*, que se inserta en las unidades de entrada. Esta ficha es un mero soporte de los *impulsos magnéticos*, que son los que hacen el recorrido y manejan los datos y los resultados.

Las informaciones se introducen por la *máquina lectora perforadora* en forma de perforaciones en fichas del tipo IBM, o en cintas de papel; en cintas magnéticas, donde quedan registradas en forma de puntos magnetizados dispuestos en sentido longitudinal y en documentos de papel, bajo la forma de caracteres impresos con tinta magnética.

Diferentes clases de perforaciones en las citadas fichas representan diferentes números y letras.

La ficha IBM se compone de 80 columnas verticales, con 12 posiciones de perforación en cada columna. Una o varias perforaciones en una sola columna figuran un carácter. El número de columnas utilizadas depende de la cantidad de datos que se quieran representar. La lectura de las fichas consiste, esencialmente, en trasladar automáticamente las informaciones registradas en forma de perforaciones, a un lenguaje electrónico y en introducirlas en la máquina.

A medida que las fichas pasan a través de la *máquina lectora* (que es una de las unidades de entrada), unas escobillas metálicas efectúan contactos eléctricos a través de las perforaciones y cierran circuitos. En otra clase de lectoras de fichas, los rayos de luz pasan a través de las perforaciones activando células fotoeléctricas. Otras *unidades de entrada* son las cintas de papel y la cinta magnética a las que antes hemos aludido.

Almacenamiento. Una vez introducidos los datos e instrucciones en la unidad de entrada, actúan las unidades de almacenamiento o de otro modo estos datos se almacenan, por medio de los impulsos eléctricos o son archivados en las segundas unidades del ordenador, que recoge inmensas cantidades informativas en un tiempo increiblemente corto.

Hoy se dispone de cuatro tipos de almacenamiento IBM: en *núcleos* o *ferritas*, en *tambores magnéticos*, en *discos magnéticos* y en *celdas magnéticas*.

Hay almacenamientos principales y subsidiarios o auxiliares. Los primeros aceptan los datos que proceden de las unidades de entrada, intercambian informaciones de los Registros de las Unidades de proceso y suministran instrucciones y pueden facilitar datos a las unidades de salida.

Algunas aplicaciones exigen una capacidad de almacenamiento suplementario. En este caso se agrega al elemento principal otra unidad de almacenamiento auxiliar. Se trata de datos invariables, utilizados en su momento y dirigidos a través del almacenamiento principal. Son máquinas que actúan como auxiliares de memoria y que ofrecen muchas posibilidades.

Se trata de un grupo auxiliar de unidades periféricas de memoria que actúan por cinta magnética y discos magnéticos. Hay puntos magnéticos en la cinta que representan información. Cientos de datos, cuentas bancarias, datos de censos, lista y dirección de clientes, inventarios, pueden guardarse en un solo rollo de cinta. Para encontrar un dato determinado el ordenador busca a lo largo de la cinta con mucha rapidez. Los tambores magnéticos funcionan de la misma manera.

Unidad de proceso: Se llama también *unidad central* de memoria y proceso de datos. Dirige y supervisa el conjunto del ordenador. Ejecuta operaciones aritméticas y lógicas y, desde un punto de vista funcional, comprende dos secciones: los *circuitos de programa* y la *sección «Aritmética y Lógica»*.

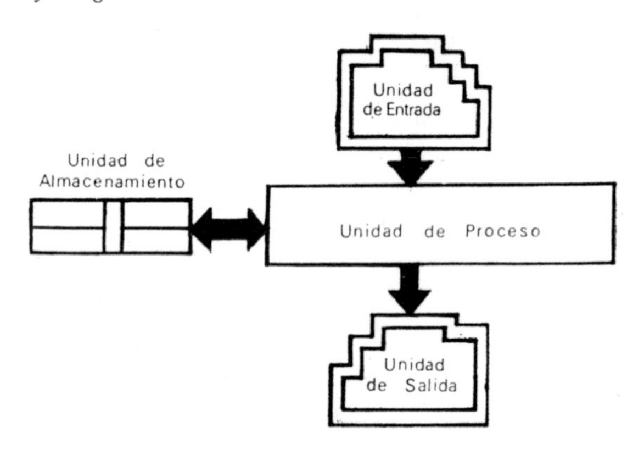

Esquema de una unidad de proceso

Unidad de proceso y unidades de salida: Esta unidad central tiene memoria para registrar datos, capacidad de proceso y de autocontrol. En el tablero de control de todo proceso se almacena y realiza el programa de trabajo. Se denomina también *consola* o *cuadro de mandos o de control*.

Los circuitos de programa dirigen y coordinan todas las operaciones solicitadas por las instrucciones. Esto supone el control de los dispositivos de entrada y salida, la introducción o recuperación de los datos en el almacenamiento, así como la circulación de las informaciones entre el almacenamiento y los circuitos aritméticos y lógicos. Los circuitos del programa se parecen a una central telefónica, que controla aparatos transmisores de las señales de un teléfono, accionan el timbre de llamada, establecen y cortan el circuito. El trayecto de conversación entre dos aparatos telefónicos se realiza mediante órganos de control apropiados que dirige la central.

La ejecución de una instrucción en el ordenador implica la apertura o cierre de numerosos pasos para una operación determinada. La sección «Aritmética y Lógica» contiene los circuitos necesarios para las operaciones lógicas y aritméticas. La primera calcula, desplaza los números, coloca el signo, redondea, compara, etc. La lógica ejecuta operaciones que suponen la adopción de decisiones y modifica la secuencia de las instrucciones.

Este proceso funciona en dos estados posibles, exactamente como una lámpara ordinaria de luz: *encendida* o *apagada*. En los ordenadores *encendida* equivale a *1* y *apagada* a *0*. Diversas combinaciones de *unos* y *ceros* pueden equivaler a números y letras. Toda la información de los ordenadores se almacena y realiza su trabajo en un código confeccionado a base de ceros y unos. Los números binarios son más largos que los números decimales y surge un problema si se utilizan grandes cantidades. Los microtransistores y otros diminutos componentes electrónicos permiten a los ordenadores tener más información sumamente rápida.

Salida de resultados: Estas unidades son conectadas directamente al ordenador. Cada unidad opera bajo el control de la Central de proceso, de acuerdo con las instrucciones que ésta recibe del programa. Las *unidades de salida* facilitan resultados procedentes de la unidad de proceso, en forma de fichas IBM, cintas magnéticas, cintas de papel perforadas, estados impresos, etc. Pueden además ofrecer la información de salida en la pantalla de tubo de rayos catódicos. Al pedir el ordenador los resultados impresos, las impresoras de gran velocidad (1.000 líneas por minuto), preparan informes, listas, cheques, facturas, nóminas e incluso fichas-informe. Se puede además obtener información por teléfono, marcando el número codificado y el número de la cuenta del cliente. La información llega en forma de palabras habladas.

2.º Aplicaciones de un ordenador al lenguaje: En el mercado se ofrecen hoy diversas clases de ordenadores. Por ejemplo los ordenadores de la 2.ª generación, con modelos para aplicaciones comerciales y científicas, según interese, y los ordenadores de la reciente 3.ª generación en donde se pueden realizar indistintamente todo género de aplicaciones.

La evolución generacional de los ordenadores es la siguiente:

1.ª Generación: ordenadores con válvulas de vacío.

2.ª Generación: » con transistores y conexiones.

3.ª Generación: » con transistores, díodos y conexiones microminiaturadas.

En la mayor parte de las naciones civilizadas se ha dado un gran impulso a los estudios lingüísticos en centros, programas e investigadores. A la sombra de este progreso ha crecido el estructuralismo y su más eficiente auxiliar el cálculo estadístico del lenguaje por medio de cerebros electrónicos (o *robot*, del checo *robotuik*, «siervo»).

No hace mucho tiempo se logró la traducción de la novela *El doctor Zhivago*, del ruso al inglés, por medio de una calculadora IBM, con una rapidez extraordinaria y bastante perfección.

El primer sistema de traducción por ordenadores electrónicos, fue creado por la IBM para las fuerzas aéreas norteamericanas y exhibido en el mes de mayo de 1960. Tradujo textos rusos al inglés, de una manera rudimentaria, a una velocidad de 1.800 palabras por minuto. El sistema ha sido mejorado considerablemente y ahora produce traducciones totalmente aceptables. Hace un análisis más amplio de la función gramatical, y hasta cierto punto semántico de cada frase.

El núcleo de la máquina es una gran unidad de memoria muy rápida en la cual se almacenan las palabras del idioma que se ha de traducir y sus equivalentes en inglés, con una gran información gramatical.

Una palabra rusa se almacena en forma de clave de puntos blancos y negros en el disco «diccionario» fotoscópico. Cuando se registra una palabra en el sistema de traducción, su clave se compara con las palabras codificadas en el disco. Esto se lleva a cabo por medio de un fino rayo de luz que se mueve sobre el disco que gira rápidamente. La luz que viene a través del disco es detectada por una fotocélula, y cuando una secuencia de puntos de luz y sombra correspondiente a la clave de la palabra que entra es detectada, la palabra queda emparejada en el diccionario.

Cada palabra rusa almacenada en la memoria es seguida no solamente de su equivalente en inglés, sino también de tanta información gramatical como pueda ser atribuida a cada palabra fuera del contexto.

La elección entre los significados alternativos de ciertas preposiciones como *con, de* y *contra, sobre* se hace examinando el nombre o adjetivo que sigue a la preposición; en la mayoría de los casos es la palabra siguiente la que determina el significado correcto.

Una técnica muy semejante se ha utilizado en la traducción del chino. Uno de los problemas más importantes en esta lengua ha sido el encontrar un medio de hacer el índice de caracteres. Un diccionario normal de una escuela china tiene de 8.000 a 10.000 caracteres.

En 1963 la IBM nos presentó una demostración de traducción del chino al inglés. El sistema está en un período avanzado de desarrollo. La posibilidad de una versión automática se ha podido demostrar por traducciones en que se utilizó un vocabulario limitado. El gran «diccionario máquina» chino-inglés permitiría la traducción de textos chinos más extensos. El sistema de traducción a máquina se compone de dos unidades importantes: un sistema de entrada especialmente creado y una unidad de memoria de gran capacidad con sus circuitos de proceso asociado. El sistema de entrada es de especial interés, ya que permite a un operador que no hable chino, codificar 8.500 distintos caracteres chinos. Estos sistemas experimentales no están comercializados.

El ordenador IBM 1620 de la Universidad de las Indias Occidentales analizó los escritos completos del político e historiador romano Cayo

Crispo Salustio y compiló en un *index verborum* la lista alfabética de las palabras más usadas, con sus frecuencias y contextos.

Se han hecho experimentos con las obras de MILTON *(Paraíso perdido)*, una concordancia de las obras de Santo Tomás, un índice de los 43 volúmenes de la *Revista de Filología española*, y unas concordancias de la *Divina Comedia* por el sistema IBM 7090-1401.

Hoy toda la prensa rusa llega en inglés a manos de las autoridades norteamericanas, al mismo tiempo que a las de sus lectores en la URSS.

Un ordenador electrónico puede manipular las palabras de una lengua cualquiera y fijar su vocabulario básico, como el Diccionario español preparado en Besançon con materiales de procedencia norteamericana (48).

---

(48) El *cerebro electronico* tiene ya innumerables aplicaciones fuera del lenguaje y la enseñanza: recibe los primeros síntomas que el médico recepcionista da de un enfermo internado; es un puente entre los servicios de los estados mayores y de la policía; sigue las pistas de los delincuentes y sospechosos; se utiliza en las granjas para analizar la alimentación; ayuda al progreso en la exploración del espacio; analiza las reacciones de una mosca ante la luz; evita el peligro de incendios en los bosques; colabora en la búsqueda de los náufragos, y resuelve problemas mercantiles, laborales, sociales y científicos.

Por lo que se refiere a la aplicación del sistema IBM 1050 a los problemas administrativos y policíacos de una ciudad, el Centro de Proceso de Datos del condado de Alameda está atendido por 150 personas articuladas en cuatro secciones: operaciones, gobierno general, asistencia pública y protección. En ellas se trabaja en las tareas relacionadas con el registro de votantes, impuestos, pagos, enseñanza primaria, secundaria y de Universidad, bienestar social, salud pública, policía de tráfico, etc. El coche patrulla pregunta por teléfono a un «cerebro electrónico»: en menos de dos minutos la máquina envía la ficha completa y dice si el detenido ha cometido anteriormente alguna infracción. Todas las órdenes de arresto se registran por estas «memorias» infalibles de ordenadores.

En el centro electrónico del Ayuntamiento de Madrid existen 11 perforadoras, cuatro verificadoras, una clasificadora y un ordenador. Este material está atendido por 37 funcionarios, que registra las votaciones a diputados o a concejales y es capaz de leer 24.000 caracteres o hacer 240.000 sumas ó 10.000 multiplicaciones de seis cifras en un minuto.

Se han creado máquinas para la enseñanza que proyectan textos en forma de películas y únicamente exigen que el estudiante apriete un botón para indicar qué contestación elige. Estas máquinas pueden seleccionar automáticamente la siguiente unidad o lección que se ha de presentar al estudiante, ajustándose de este modo a sus exigencias el curso de los estudios.

Podemos decir que hay ya en las escuelas varios cientos de sistemas de proceso de datos, siendo hoy su principal utilización el mantenimiento de registros, y como ayuda a las matemáticas, ingeniería y otras ciencias. La capacidad de estos ordenadores, al hacer funcionar máquinas de escribir y de recibir datos, el modo de controlar proyectores y tubos de rayos catódicos y de seleccionar y lanzar mensajes hablados, son medios por los cuales pueden comunicarse con el estudiante y a la vez éste se pone en comunicación con el ordenador. Las cintas y los discos magnéticos también pueden registrar las contestaciones de los alumnos, para ser examinadas por el profesor o por el director del curso. El ordenador ha de atender simultáneamente a muchos individuos y por el uso de la llamada «simulación» se prescinde del equipo del laboratorio.

La enseñanza con ayuda del ordenador consiste en la aplicación de estas capacidades a la instrucción. Dentro del IBM, existen tres sistemas de ordenadores totalmente aplicados a la experimentación en el campo de la enseñanza. Dos han pasado por el Departamento de Sistemas para la Enseñanza y el tercero se usa para experimentos de los técnicos. Tienen ya su programa activo docente con ayuda de ordenador las universidades de Columbia, California, Illinois y Michigan;

3.º Enseñanza con ayuda de ordenador electrónico: Cada vez se utilizan más los films y las diapositivas para la enseñanza, y la televisión con su pequeña pantalla está recibiendo mayor atención como instrumento de enseñanza. No es de extrañar, pues, que se estén ya utilizando, como un método moderno más, ordenadores para la solución de muchos planteamientos pedagógicos. Existen centros con equipos de proceso de datos relativos a los alumnos de los cursos de matemáticas, ingeniería psicología y ciencias.

Muchas de las características de estas máquinas ordenadoras encajan perfectamente en la enseñanza. La capacidad de un ordenador hace funcionar máquinas de escribir; controla proyectores y tubos de rayos catódicos, selecciona oralmente mensajes registrados y proporciona los medios de comunicarse con los estudiantes.

Las cintas y discos magnéticos almacenan contestaciones de los alumnos que el profesor puede examinar con más detenimiento. IBM tiene tres sistemas de ordenación pedagógica. Muchos programas educativos, sobre todo en Estados Unidos, se ayudan de ordenadores,

---

los colegios del Estado de Florida, Michigan y del Estado de Pensilvania y la Escuela Naval de Postgraduados de Michigan.

El ordenador que hace funcionar un terminal IBM 1050 instalado en Estocolmo se montó en Stuttgart. Es un ordenador normal IBM 1440 que sirve de ayuda a la enseñanza, con su correspondiente programa. Los cursos se encuentran almacenados en el dispositivo de discos magnéticos llamados *dispacks*. Estos conjuntos son desmontables para poder cambiar los cursos a voluntad. Un *pack* puede contener hasta siete cursos. El sistema lleva veinte líneas telefónicas, y permite que doce personas puedan utilizarlo simultáneamente.

Hoy estamos en la *época del ordenador*, en que el hombre aprende a progresar por medio de la *tecnología*. Equipos multinacionales de planificadores y analistas de sistemas, trabajan en proyectos avanzados. En Abril de 1964 el *sistema / 360* representó el mayor cambio en la historia de la industria moderna. Citemos el modelo 40 con más de 120 terminales bancarios y los nuevos sistemas de *teleproceso*. Los adelantos de IBM, tales como la ficha con Microfilm se ofrecen a los inspectores técnicos y comerciales. Este enorme esfuerzo ha conducido a nuevas técnicas de enseñanza, algunas de las cuales están ya dentro de las aulas. La televisión en circuito cerrado comenzó a ser instrumento de enseñanza en el IBM de Suecia.

Se trabaja ya en los talleres del periodismo con máquinas perforadoras que preparan las cintas de trabajo a *linotipias automáticas*. Varias imprentas españolas han puesto ya en marcha un equipo completo de *composición programada* con los siguientes elementos: teclados perforadores de cinta en seis canales, lectoras de cintas y fichas; unidad central de procesos de trabajos (IBM); memorias periféricas de bandas magnéticas; impresora; perforador de cinta estrecha; convertidor de cinta en tres canales en cinta de treinta y seis canales y fotocomponedora.

La Comisión de energía atómica (AEC) ha instalado el mayor sistema de almacenamiento de datos del mundo en la Universidad de *Livermore* (California).

Por el procedimiento *foto-digital* se pueden almacenar más de un trillón de caracteres de información, equivalentes al promedio de datos que suministraría una persona en unos doscientos años. Por los métodos convencionales de ordenador, hubiera sido precisa la perforación de unos mil millones de fichas o el empleo de un carrete con cinta magnética de mil pies de longitud.

Este sistema *foto-digital* almacena ingentes cantidades de datos, mediante un haz de electrones que actúa sobre diminutas porciones de película fotográfica de alta velocidad, llamadas chips. La Universidad de Madrid, cuenta ya con el mayor sistema electrónico instalado en España, análogo a los de Londres, Copenhague y Pisa.

como sucede en las universidades de Columbia, California, Illinois y Michigan. Los equipos de proceso de datos con fines educativos están dotados de unidades IBM 1050, instaladas en las propias aulas. Estos terminales mecanografían preguntas y explicaciones, que se envían desde el ordenador y almacenan contestaciones del alumno. Algunos poseen a la vez un proyector y un registrador de cintas. Otro tipo diseñado por IBM para la Universidad de Stanford lleva un lápiz electrónico que permite al niño ponerse en comunicación con el ordenador, por medio de puntos señalados en la pantalla.

Estos sistemas de IBM poseen hasta doce líneas telefónicas que enlazan terminales, instalados en las clases, con las unidades centrales de proceso colocadas a distancia. Cuando una persona desea seguir unas enseñanzas llama al ordenador; el cual le contesta automáticamente y espera a que el estudiante nombre el curso e identifique su nombre. El ordenador hace las preguntas y valora las contestaciones.

Los sistemas de enseñanza con ayuda del ordenador son aplicables a los idiomas. Uno de los problemas en la enseñanza de las lenguas es el llevar al alumno de una respuesta errónea a otra que sea correcta. El procedimiento consiste en volver a escribir la contestación, cambiando el orden de la frase e indicando por guiones la situación de los errores. El estudiante debe volver sobre la contestación hasta llegar a un resultado totalmente correcto.

Un estudiante de la Universidad de Wisconsin se valió de un ordenador electrónico IBM 1620 para analizar ocho versiones del Quijote de Cervantes. Estudió el estilo y la técnica de la novela para llegar a la conclusión de las diversas interpretaciones que ha tenido la obra inmortal a través de los siglos. Se trataba de una tesis doctoral.

El fin fundamental del análisis lingüístico por medio de un ordenador, según el lingüista norteamericano Noam Chomsky, de la escuela «lingüístico-algebraica» de *Massachussets Institute of Technology*, consiste en separar las secuencias gramaticales de las no gramaticales y estudiar la estructura de las primeras, renunciando a toda definición de *gramaticalidad* basada en razones semánticas *(significado y sentido)*. Según esta perspectiva, el problema esencial de la traducción automática reside en el hallazgo de las reglas formales o algebraicas que permitan pasar mecánicamente de las estructuras gramaticales de una lengua a las de otra y en programar la puesta en práctica de estas reglas por los ordenadores electrónicos. Se llega así, de una manera automática, a las correspondencias léxicas y a las necesarias transformaciones morfológicas y sintácticas.

4.º La técnica electrónico-pedagógica en fase de comercialización.

En Septiembre de 1967 se iniciaron en la ciudad de Palo Alto (California) unos experimentos francamente revolucionarios en el campo educativo. Se trata de proporcionar, a larga escala, la enseñanza en las escuelas elementales norteamericanas por medio de ordenadores electrónico-pedagógicos. Dieciséis centros utilizan simultáneamente el mismo «computer». CBI son las siglas de esta transformación educativa (*Computer Based Instruction*, «Educación basada o transmitida por computadores»).

Este sistema formará un ambiente y transfigurará la vida escolar para muchos años. Aparatos «standard» de investigación científica, de negocios, de industria y del campo educativo.

Un «computer» de la moderna técnica educativa bien programado realiza la mayor parte de la enseñanza tradicional: lleva los trabajos administrativos del colegio, libra al maestro de las penosas rutinas de corregir los ejercicios, guarda las fichas personales y califica automáticamente los exámenes.

En la universidad de Stanford se ensayan programas de aplicación comercial. Se enseña a leer por el «ordinateur», se dan cursos de matemáticas elementales y se profundiza en la enseñanza de los idiomas. Hay ofertas comerciales que presenta la firma R. C. A. y se utilizan con una simple conexión telefónica a la gran máquina «computadora». La IBM y la General Electric rivalizan en sus impresionantes instalaciones de investigación.

Un alumno de doce años de Palo Alto se sienta en su pupitre de laboratorio electrónico frente a las consolas que comunican con el «computer». Hay una especie de teclado conectado por línea telefónica con el ordenador de la Universidad. El alumno teclea su nombre y su número clave, y el cerebro electrónico busca en su banco memorístico. Devuelve al estudiante el programa acomodado a las necesidades de su capacidad e instrucción. Cuando el escolar acaba su tarea, el cerebro electrónico le indica si necesita más cálculos con respuestas breves y precisas: *equivocado, insista de nuevo*, etc. La respuesta correcta deja libre al alumno para el ejercicio siguiente.

5.º La exploración espacial con super-ordenador. A partir de Enero de 1968 y por el sistema IBM, modelo 91 se trabaja científicamente con el más potente super-ordenador electrónico en la exploración espacial. Se aplica a los secretos del universo, estructura ambiental de la tierra y evolución de nuestro sistema solar, estrellas y galaxias.

Su almacenamiento registra unos dos millones de caracteres de información de cuatro *dígitos*, con una capacidad aritmética cincuenta veces mayor que el IBM 7090 de la 2.ª generación.

119. Por la práctica a la regla

a) **Lectura y análisis de cuatro textos** (*Los ateos*, de Arniches, selección del *Genio alegre* de los HERMANOS ÁLVAREZ QUINTERO, *Tipos trashumantes* de PEREDA y una escena tomada de la vida real para ejercicio de entonación. Se deben explicar las formas expresivas del lenguaje hablado y como ejercicio de vocabulario, las palabras subrayadas.)

1.º LOS ATEOS *(Cuadro primero).*

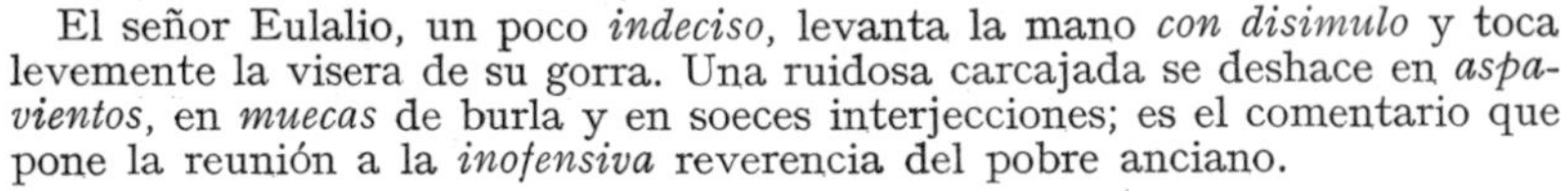

Interior de una taberna establecida en la calle del Peñón, a dos pasos del Campillo del Mundo Nuevo.

Es de noche. El aire de la *tasca, enrarecido* por el humo de los cigarros, *amengua* la luz de las débiles bombillas, dando aspecto siniestro a aquellas gentes *famélicas* y *desharrapadas* que llenan las mesas.

Se huele a vino, a tabaco, a guisos fuertes. En el *velador* de un rincón acaban de comerse unos *livianos* y de apurar unos *quinces,* previamente jugados al mus, Baldomero «el Bizco», Nicomedes «el Soga», el señor Eulalio y el señor Floro.

Pepe «el Malagueño», dueño del local, les hace los honores, obsequiándolos con unas *limpias* de Monóvar. Se habla a voces de la última cogida de un *fenómeno.*

De pronto, un poco *confuso,* suena a lo lejos, en el silencio de la calle, *espaciado* y solemne, el repiqueteo de la campanilla del Viático. Le sigue, como ruido *complementario,* el lento *rodar* de la noche. En el interior de la taberna se hace un breve silencio. Todos atienden.

El señor Eulalio, un poco *indeciso,* levanta la mano *con disimulo* y toca levemente la visera de su gorra. Una ruidosa carcajada se deshace en *aspavientos,* en *muecas* de burla y en soeces interjecciones; es el comentario que pone la reunión a la *inofensiva* reverencia del pobre anciano.

SEÑOR FLORO.—*(Muerto de risa.)* ¡Ja, ja, ja!... ¡Pos no se iba a quitar la gorra! ¡Ja, ja, ja!

SEÑOR EULALIO.—*(Un poco avergonzado.)* Hombre, yo...

BALDOMERO.—¡Amos, quite usté d'ahí, so beata!

SEÑOR EULALIO.—Pero, señores, el que un hombre haga una cosa, porque tenga ciertos *principios,* no creo yo que...

NICOMEDES.—¡Te conocíamos como peón de mano, pero como *santurrona...!* ¡Ja, ja, ja!

PEPE «EL MALAGUEÑO».—¡Medio siglo haciéndonos creer que se desayunaba con acólitos *en pepitoria* y de pronto nos resulta un *cofrade!*

SEÑOR EULALIO.—¡Hombre, hacer el favor de no insultar!

SEÑOR FLORO.—Eulalio, vas camino del *jaimismo.*

SEÑOR EULALIO.—*(Ya amoscado.)* ¡Voy camino de la Venta de la... Rubia! ¡Señor..., mía tú qué tendrán que ver las narices con el buen tiempo!

SEÑOR FLORO.—*(Dando enérgico un puñetazo sobre la mesa.)* Entonces, ¿por qué saludas ante las *patrañas* eclesiásticas?

SEÑOR EULALIO.—Saludo porque no creo que haga falta la *desageración* en cosa ninguna. Porque yo no es que pise una iglesia: que eso, Dios me libre...; pero tampoco soy como tú, que porque un día estornudaste en la calle y te dijeron «¡Jesús!», tuviste un *juicio de faltas.* Ni soy como ése, que no pasa un cura por su lao que no le profiera alguna ofensa, bien oral, bien *mímica.* Yo no me persigno ni creo en esas *pamplinas* de santos ni de novenas; pero, señor, una *meaja* de fe en algo, hay que tenerla.

SEÑOR FLORO.—¡Fe en el progreso humano!
Todo el concurso queda pendiente de la discusión.—¡Mu bien!
SEÑOR EULALIO.—Estoy en ello; pero yo lo que te digo, Floro, es que tié que haber un Ser superior, llámese Dios u llámese como se llame, que haiga formao este Universo que no*s cobija.*
SEÑOR FLORO.—Aquí no hay más Dios ni más ser que la Naturaleza madre y su producto, que es el hombre, animal *soberano* y libre, y tóo lo demás que te digan, zanahorias *condimentadas.*
SEÑOR EULALIO.—¿De forma que tú crees que el mundo se ha hecho solo?
SEÑOR FLORO.—De un modo *automóvil*, sí, señor.
SEÑOR EULALIO.—¿Y de dónde ha *surgido?*
SEÑOR FLORO.—Del *caos.*
SEÑOR EULALIO.—*(Dudando.)* ¡Qué caos ni qué cacaos!...
SEÑOR FLORO.—Ni más ni menos. ¡Del caos!
SEÑOR EULALIO.—¿Y qué es el caos, vamos a ver?
SEÑOR FLORO.—La nada *flotante.*
NICOMEDES.—*(Admirado.)* ¡No le coge en una!
SEÑOR FLORO.—Y pa que te enteres de lo que no sabes, te diré que ese globo *terraquio* que habitamos no es más ni menos que una corteza desprendida de otro planeta que s'ha enfriao.
UN OYENTE.—Iría de verano.
SEÑOR FLORO.—*(Muy molesto.)* Al que se chufle, cojo una botella y le hago una alusión personal en las narices.
VARIOS.—Callarse, hombre. *(Silencio profundo.)*
SEÑOR EULALIO.—Entonces, dime a mí: ¿qué soy yo, vamos a ver?
SEÑOR FLORO.—Un mísero gusano dedicao a la albañilería y nacido de la *putrefacción* terraquia.
SEÑOR EULALIO.—¡Arrea! ¿Yo gusano?... Hombre, Floro, dices unas cosas...
SEÑOR FLORO.—Chist... Aquí todo se prueba, como en las sastrerías. Ejemplo práctico de tu *gusanez:* Coges un peazo de queso, lo tiras a ese rincón, vuelves a los quince días y lo encuentras *fermentao.*
SEÑOR EULALIO.—Eso será si no hay ratas; porque si hay ratas, no lo encuentras.
SEÑOR FLORO.—Aquí tienen gato. Por eso he puesto el ejemplo. Pues de la misma forma que el queso fermenta y salen gusanos u seres *móviles* y vividores, lo mismo de la cáscara mundial salieron seres u gusanos, que somos tú y yo, éste y ése, la Inacia, la Tadea y personas que nos acompañan.
TODOS.—¡Mu bien!
UN OYENTE.—Eso no es posible, señor Floro.
SEÑOR FLORO.—¿Quién ha graznao esa *negativa?*
UN OYENTE.—Servidor. Porque si yo creyera que una mujer con unos ojazos y unas formas como las de su cuñada de usté era produzto de un pedazo de queso, yo tiraba una bola. *(El auditorio ríe.)*
SEÑOR FLORO.—*(Amoscado.)* Ties una cabeza, mi amigo, que la incluyes en un puesto de melones y no desmerece. Estoy *filosofeando,* y, por tanto, hablo en sentido *hipoteticario.* ¿Estamos?
UN OYENTE.—¡Ah, bueno! Usted disimule.
SEÑOR FLORO.—No hay de *queque.* Orejita es lo que hace falta pa saber oír. Y voy a rematar. Por tanto, Eulalio, ni hay ser superior, ni cielo, ni purgatorio, ni *andrónimas* de esas. En este mundo no hay más que este mundo, donde está todo: lo bueno, lo malo y lo *entreverao.* Y el día que te mueras, vuelves al seno de la tierra materna y te haces polvo, fósforo, gaseosa..., nada. ¡He dicho!

Delirantes aplausos y risas soeces acogen las últimas frases del ateo. El señor Eulalio, reducido al silencio por la explosiva dialéctica de su rival, calla en un rincón.

Otra vez vuelve a oírse la campanilla del Viático, que regresa. Se va acercando, acercando... Al fin, se pierde, y, cada vez más lejana, se pierde en el silencio de la calle desierta, seguida del lento rodar del coche.

Aquella pobre gente, a pesar de todo, deja de reír.

CARLOS ARNICHES.
(*Los ateos*. Sainete en tres cuadros.)

2.º EL GENIO ALEGRE *(Selección. Acto tercero.)*

CONSOLACIÓN.—¡Salud!
SALUD.—¡Señorita! *(Se besan.)*
CONSOLACIÓN.—¡Qué guapa estás, mujer!
SALUD.—Éste es mi marío.
PANDERETA.—Pa servirla a usté, señorita.
CONSOLACIÓN.—Gracias. ¿La niña es tuya?
PANDERETA.—Y mía también.
CONSOLACIÓN.—Ya *me hago cargo*. Tiene buen *humor* tu marido.
SALUD.—Pandereta le yaman.
CONSOLACIÓN.—La chiquilla es preciosa. *(La besa y la* acaricia.) ¿Cómo te llamas tú?
ROSA.—Rosita.
SALUD.—Es la mayó que tengo. Tres más que quean en casa.
CONSOLACIÓN.—¿Tres más?
PANDERETA.—Y la imaginasión proyertando.
CONSOLACIÓN.—Sentarse. ¿Y tú qué haces ahora, Salud?
SALUD.—Éste, que es un poquiyo hortelano y otro poquiyo jardinero...
PANDERETA.—Ná: una güertesiya que tenemos ahí, a la salía der pueblo, con cuatro lechugas y cuatro flores. Rosa que no se vende en la caye, se la pone mi mujé en er moño, y tomate que no se vende en la prasuela, tomate que se echa en er gazpacho.
SALUD.—¿Qué se le va a hasé, señorita? Si semo probes, ¿ensima nos vamos a apurá?
PANDERETA.—¡Eso si que no! En mi casa tengo yo prohibío arrugá el entresejo. Yo no he estao triste más que una vez en toa la vía: cuando enfermó la madre de ésta, y dijo er médico que no era cosa de cuidao...
SALUD.—¡Caya, sinvergüensa! ¿Será sinvergüensa? Es un sinvergüensa. Nos llevamos mu bien.
CONSOLACIÓN.—Ya, ya lo veo. Sin embargo, Pandereta, a mí me han dicho que se le va a usted la mano con Salud.
SALUD.—Diga usté que no es verdá, señorita.
PANDERETA.—Diga usté que sí, que es verdá. Cuando bebo, que es de tarde en tarde..., vamos, toas las tardes, argunas veces me da la negra y le sacudo tres o cuatro gorpes.
SALUD.—Güeno, pero luego nos reímos.
PANDERETA.—Como que si no nos riyéramos luego, yo no te ponía un deo ensima.
SALUD.—Señorita, si una no tiene más tesoro que está contenta. ¿Qué va una a sacá con emberrenchinarse? Perdé la salú.
PANDERETA.—¡Eso! Misté, probes semos como las ratas; pero ni eya ni yo envidiamos a nadie. Yo voy a casa de don Manué Tinaja, que debajo e

ca ladriyo tiene una onsa de oro, y no veo más que esaborisiones por toas partes. Se ponen a armosá, y un niño toma la emursión, y el otro el aseite, y el otro una pírdora en ca plato, y er padre agua de una boteya asú, y la madre de una boteya con un grifito... ¡Pa eso, que se muden a la botica!

SALUD.—¿Pos y en casa de doña Guadalupe, donde vi yo a hasé los mandaos? Er marío pelea con la mujé; la mujé pelea con er suegro; er suegro pelea con la cuñá; la cuñá pelea con er cuñao; er padre esloma a los chiquiyos; las criás no paran dos días... ¿Y eso es viví? Misté nosotros. De mi vera no se espegan mis hijos.

CONSOLACIÓN.—Ea, pues vamos a lo nuestro.

SERAFÍN Y JOAQUÍN ÁLVAREZ QUINTERO.

3.º UN ARTISTA

—Cabayero, ¿gusta usted que le *sirva?*

—Sí, señor.

—Sírvase tomar asiento aquí... ¿Qué va a ser?

—¿Cuál?

—Digo si gusta usted cortarse, *rizarse...*

—Quiero que me afeiten.

—Al momento, cabayero. ¿Le gusta a usted así el *respaldo?* ¿Quiere usted que lo suba..., que lo baje?

—No, señor.

—Muy bien. ¿Fría o caliente?

—Como a usted le *dé la gana*, con tal que me afeite pronto y bien.

—¡Oh!, *como una seda*, cabayero... Un poquito alta la barbiya, si usted gusta... Así... ¡Qué calores tenemos!, ¿eh? ¡Cómo se *estará asando* aquel Madrí!... ¿Hace mucho tiempo que ha estado usted en Madrí, cabayero?

—¿Y qué sabe usted si yo he estado allá alguna vez?

—¡Oh!, yo le conozco a usted.

—Pues que sea por muchos años.

—Sí, señor. Cuando vino usted a cortarse el pelo anteayer; me lo dijo el chico, que le sirvió a usted.

—Es decir, que es usted nuevo en esta peluquería.

—Ocho días hace que llegué de Madrí.

—Como en verano se aumenta la *parroquia...*

—No, señor; yo he venido de placer; quiero decir, *a baños.*

—Vamos, afeita usted *por recreo.*

—Hágase usted cuenta que sí; porque lo que sucede es que al saberse que yo había venido, me *solicitó* el maestro; y yo, por hacerle un favor...

—Ya lo comprendo.

—Como a mí, en dejándome tiempo para bañarme, una hora para el café y otras dos para ir con los amigos al paseo, no me *hace falta* el resto del día...

—¿Y todos los años viene usted a bañarse aquí?

—No, señor. Es ésta la primera vez; pero otros amigos de *mi arte* han venido otros veranos, y me han hablado bien de este pueblo. *Lo demás*, yo siempre *he salido* a San Sebastián. Hay muy buena sociedad allí.

—¿De modo que usted no piensa *quedarse* todo el año en esta barbería?

—¡Qué ha dicho usted! ¡Dejar yo aquel Madrí!... ¡Madrí de mi alma! *Desengáñese* usted, cabayero: nosotros, los artistas, acostumbrados a aquel mundo, no servimos para provincias!

JOSÉ MARÍA PEREDA.
(Tipos trashumantes.)

4.º DIÁLOGO ENTRE DOS VIAJEROS

(La comida en el tren. Tomado del natural.)

(De Zaragoza a Madrid, en un departamento de segunda. Diálogo entre el señor Pedro y un joven oficinista llamado Antonio.)

PEDRO.—¿Quiere usted comer?
ANTONIO.—Gracias. ¡Que aproveche!
PEDRO.—Vamos a hacer por la vida, que la muerte ya hará por nosotros.
ANTONIO.—Ya lo sabe: de la panza sale la danza.
PEDRO.—¡Y no lo haga usted! ¡Verá cómo le luce el pelo!
ANTONIO.—De esto nadie se escapa.
PEDRO.—¿Un poco de tortilla?
ANTONIO.—No, gracias. Lo he hecho ya.
PEDRO.—O somos o no somos.
ANTONIO.—Me hago cargo...
PEDRO.—Ande, un buen trago. *(Antonio hace un gesto negativo.)* ¿Tampoco?
ANTONIO.—Éste parece bueno. Así y todo, más vale vino malo que agua buena.
PEDRO.—Yo soy hombre de pocos gastos. No lo tome a mal. Mi mujer entiende la vida. ¡Mire qué filetes! En mi casa, poco vestido y mucha despensa!
ANTONIO.—Hace usted bien. Eso lleva por delante.
PEDRO.—¡Y que me quiten lo bailao!

b) **Laboratorio fonético.**—*Bandas de entonación:* frase afirmativa y frase interrogativa. Cfr. el n.º 117-1.º y los esquemas diseñados en las láminas aparte III y IV.

c) **Ficha IBM del ordenador electrónico:**

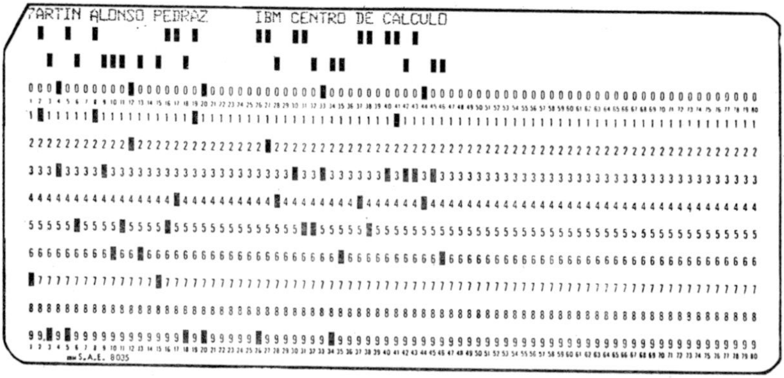

Ficha IBM. Se compone de 80 columnas verticales, con doce posiciones de perforación en cada columna. Una o varias perforaciones representan un carácter. El número de columnas utilizadas depende de la cantidad de datos. Se denomina *registro unitario,* ya que la ficha se perfora como unidad de información. La máquina lectora se ocupa de interpretar las informaciones perforadas. Las doce posiciones de perforación se dividen en: *sección numérica* (de 9 a 1) y *sección de zona* (0,11 y 12). Para los sistemas IBM 7090 y 7094 se utilizan 72 columnas de la ficha.
Tamaño de la ficha: 0'85 × 0'18.

d) **Recitación de los versos de tres poetas:** dos españoles (CAMPOAMOR), *Propósitos vanos;* ANTONIO MACHADO, *Del camino)* y un argentino, ARTURO CAPDEVILA, *La madre,* con el debido análisis gramatical de las formas dialogadas en poesía, observaciones estilísticas y ejercicio de vocabulario en las palabras subrayadas.

1.º PROPÓSITOS VANOS

«Nunca te tengas por seguro en esta vida.»
(KEMPIS: *Imitación de Cristo,* I, c. 20.)

LA PENITENTE.

Padre, pequé, y perdonad
si en amorosa *contienda*
se lleva el viento, a mi edad,
propósitos de la *enmienda.*

EL CONFESOR.

¡Siempre es viento,
a esa edad, un juramento!
¿Qué pecado es, hija mía?

LA PENITENTE.

El *mismo* del otro día.
Y, aunque es el mismo, id templando
vuestro *gesto,*
pues dijo ayer, predicando,
fray Modesto,
que es inútil la más pura
contrición
si abona nuestra ternura
flaquezas del corazón.
Ayer, padre, por ejemplo,
tocó a misa el sacristán,
y, en vez de correr al templo,
corrí a la huerta con Juan.

EL CONFESOR.

¡Triste don,
correr tras su perdición!...

LA PENITENTE.

Sí, señor; mas don tan vil,
de mil lo tenemos mil.
No hay niña que a amor no acuda
más que a misa;

que el diantre a todas, sin duda,
nos avisa
que es inútil la más pura
contrición
si abona nuestra ternura
flaquezas del corazón.
La verdad, tan poco ingrata,
con Juan estuve en la huerta,
que, como él mirando mata,
huí de él... como una muerta.

EL CONFESOR.

¡Dulcemente
fascina así la serpiente!

LA PENITENTE.

¡No lo extrañéis, siendo el pecho
de masa tan frágil hecho!
Si voy, cuando muera, al cielo,
(que lo dudo),
ya contaré que en el suelo
nunca pudo
sernos útil la más pura
contrición
si abona nuestra ternura
flaquezas del corazón.
Y mañana, ¿qué he de hacer,
padre, al sonar la campana,
si él me dice, como ayer:
«Vuelve a la huerta mañana»?

EL CONFESOR.

¡Ay de vos!
¡Antes Dios y siempre Dios!

LA PENITENTE.

Es cierto; mas entre amantes
no siempre suele ser antes.
Y, en fin, si de ser *cautiva*
me arrepiento,
o me absolvéis mientras viva,
o presiento
que es inútil la más pura
contrición
si abona nuestra ternura
flaquezas del corazón.

RAMÓN DE CAMPOAMOR.

2.º DEL CAMPO

Daba el reloj las doce... y eran doce
golpes de azada en tierra...
—¡Mi hora!—grité. El silencio
me respondió: —No temas;
tú no verás caer la última gota
que en la clepsida tiembla.
Dormirás muchas horas todavía
sobre la orilla vieja,
y encontrarás una mañana pura
amarrada tu barca a otra ribera.

ANTONIO MACHADO.
(Soledades, 1903.)

3.º LA MADRE

—Madre, la rosa de mi amor se ha roto.
¡Mira la rosa de mi amor herida!

No se lo digo; pero bien alcanza
la buena madre mi ilusión perdida.

Comprende, calla, pasa... Pero yo oigo,
no sé cómo, su voz enmudecida.

Su tristeza que dice: —Hijo del alma,
nadie compone rosas en la vida.

ARTURO CAPDEVILA.
(El campo que fue, 1926.)

e) Modismos y refranes

1.º FÓRMULAS PARA AFIRMAR O NEGAR:

Sí, señor (o señora). Naturalmente. Perfectamente. Desde luego. Por supuesto. No lo dude usted. Con toda seguridad. Ya lo creo. Sin duda alguna. Efectivamente. No tenga la menor duda en ello. No cabe género de duda. Nadie ha dudado de ello. Nadie lo ha puesto en duda. ¿Quién lo discute? Es cierto. Es evidente. Es plenamente cierto. Es manifiesto. Así es. Lo que usted dice. Creo que sí. Soy del mismo parecer. Si mucho no me engaño. Está bien claro.

No, señor (o señora o señorita). De ninguna manera. En modo alguno. Ni mucho menos. Nada de eso. Me parece que usted se equivoca. Está usted en un error. A mi parecer, es todo lo contrario. Creo que no. No pasó por mi imaginación. Nunca se me ocurrió tal cosa. ¡Vaya una ocurrencia! Todo menos eso.

2.º REFRANES:

Desgraciado en el juego, afortunado en amores.—El camino que se sabe bien se anda.—Haz y deja en paz.—La gallina sobre los huevos y el avaro sobre el dinero.—La lengua sabia a nadie agravia.

f) **Dictado de ortografía** (Explicación de las palabras señaladas en cursiva)

«—Sí, mi general, pero el país...

—¡Tú, tu, tu, tu! El país ¿Qué tengo yo que ver con el país? ¿He contraído *por ventura compromisos* con él? ¿Le debo yo mi cargo? ¿Fue él quien me ha elegido?

Hubo un momento de pausa. El alto empleado tenía la cabeza baja. Después, como si tomase una *decisión,* se levantó, miró al General fijamente y, pálido y algo *tembloroso,* dijo con energía *reprimida:*

—¡No importa, mi General, nada importa eso! V. E. no ha sido elegido por el pueblo filipino sino por España, *razón de más* para que V. E. trate bien a los filipinos, para que no puedan *reprochar* nada a España. ¡Razón demás, mi General! V. E. al venir aquí, ha prometido *gobernar* con justicia, buscar el bien...

—¿Y no lo estoy haciendo —preguntó *exasperadamente* S. E., dando un paso—, no le he dicho a usted que saco del bien de uno el bien de todos? ¿Me va usted ahora a dar *lecciones?* Si usted no comprende mis actos ¿qué culpa tengo? *¿Le fuerzo* acaso a que participe de mi *responsabilidad?*»

JOSÉ RIZAL *(El filibustero).*

g) **Temas de redacción**

1.º Tema de controversia: Explique y discuta la frase de un personaje de comedia, atribuida a los griegos: «No creo en la muerte; porque mientras vivimos no está en nosotros y cuando morimos no podemos recordarla.»

2.º Discuta y amplíe estos pensamientos: *a)* «Ideal humano. Ser pobre, pero no tanto que te impida compadecer a los pobres. *b)* La juventud es algo que se conquista con los años. *c)* Nunca se es escéptico de lo que se tiene, sino de lo que no se ha podido conseguir» (JOSÉ CAMÓN).

3.º Hong-kong es el periscopio de Occidente en la frontera china. Ciudad antesala y espejismo. Encrucijada y límite.

h) **Discoteca española** (Un disco después de cada capítulo. Haga funcionar su tocadiscos)

1) AMADEO VIVES: *Bohemios.* Hispania Vox. HH. 10-298, 33 r. BARBIERI: *El barberillo de Lavapiés.* Alhambra. MCC, 30030.

2) **Discos literarios:** a) *Poesías de Antonio Machado.* GPE, 12 101 (en las voces de Ana María Noé, Fernando Fernán Gómez y Agustín González). b) *Poesías de Rubén Darío.* GPE, 12 108 (En las voces de Ana María Noé, Maruchi Fresno y Fernando Fernán Gómez).

II

EXPERIMENTOS, PARADIGMAS, ESQUEMAS Y FORMULARIOS

14 | ANÁLISIS DE LA FRASE MODERNA EN AUTORES CONTEMPORÁNEOS

120. Sintaxis de los artículos, pronombres y adjetivos

1. Artículo anafórico con funciones análogas a las del sustantivo: *El drama no es el que él ha escrito, sino* EL *que* ÉL *vive y representa* (S. y J. ÁLVAREZ QUINTERO: *La musa loca*, II, 204).

2. Supresión del artículo con nombres abstractos: CON ANGUSTIA *de náufrago al cuerpo de la diosa Cibeles* (PEMÁN: *De Madrid a Oviedo.* Obra Compl., II, 147).

3. Artículo con seres individualizados: LA PRIMA *es muy guapa* (BENAVENTE: *Los malhechores del bien*, I. 2, 116).

4. Con complemento de tiempo: *El año que viene, el primer toro que mate te lo brindo a ti* (A. D. CAÑABATE: *Historia de una taberna*, 183).

5. Con sustantivos de orientación: *A eso del mediodía* (J. R. JIMÉNEZ: *Platero y yo*, 248).

6. *Lo* neutro y artículo enfático: *Sobre todo cuando dice* LO DEL *mensaje al extranjero* (I. AGUSTÍ: *Mariona Rebull*, 105).

7. Sintaxis de los demostrativos: ESTO *de que delante de todo el mundo te tutee tu criado* (S. y J. ÁLVAREZ QUINTERO: *Tambor y cascabel,* II, 285).

8. Sintaxis de los posesivos: *El playazo donde se baña Rafael es* MÍO (PARDO BAZÁN: *La sirena negra,* XIII, 179).

9. Función sintáctica de los pronombres personales: *He llegado a creer que sueña* MIS PROPIOS *sueños* (J. R. JIMÉNEZ: *Platero y yo,* XLII, 108).

10. Idem: *Veamos lo que* ME *quiere este camarero* (Lo que quiere de MÍ) (A. QUINTERO: *Mundo mundillo,* III, 123).

11. Idem: *Entonces vivía* YO *en los demás y no en* MÍ MISMO (AZORÍN: *La Voluntad,* I, XXV).

12. Función sintáctica de los indefinidos: SI AQUÉL *es imaginativo, se complace en recordar el árbol que la leyenda árabe describe...* (Forma condicional equivalente a un indefinido generalizador: «todo aquel que» = *cuantos).*

13. Pronombre neutro con valor despectivo: *No es muy cómodo* ESO *de los peritos para sacudirnos responsabilidades* (UNAMUNO: *Ensayos,* 1942, I, 630).

14. Sintaxis del adjetivo: *Un* ERUDITO *modesto y afable* (AZORÍN: *Madrid, Obr. Selectas,* 997) (Sustantivación adjetiva).

15. Adjetivos con preposiciones: *Tenía algo* DE ILUMINADA (PÍO BAROJA: *El aprendiz de conspirador,* 88).

16. Adjetivo comparativo: *Porque tú eres* MÁS BUENA Y MÁS VALIENTE (G. MARTÍNEZ SIERRA: *Amanecer,* II, 194).

17. Función sintáctica del superlativo: *Su amiga* MÁS ÍNTIMA (P. BAROJA: *La sensualidad pervertida,* VII, 14, 313).

18. Epíteto antepuesto al sustantivo: ARDIENTE *sol de agosto reverbera en las paredes* (AZORÍN: *Obr.,* 1947, I, 612).

19. Tríptico de adjetivos: *Vibró una campana* GOZOSA, PRECIPITADA, LIMPIA (MIRÓ: *Obr. Comp.,* 1943, 16).

121. Complementos y casos especiales

20. Complemento predicativo, con ablativo circunstancial: *Muerte y vida son* MEZQUINOS TÉRMINOS *de que nos valemos en esta prisión del tiempo y del espacio (de que* = ablat. de instrumento; *del tiempo y del espacio* = genit. explicativos) (UNAMUNO: *Ensayos,* 1942, II, 287).

21. Genitivo subjetivo: *Los golpazos* DE LAS VENTANAS *en los desvanes son formidables* (complemento circunstancial = *en los desvanes,* con una raíz verbal en el sustantivo-aumentativo, de «golpear» (AZORÍN: *Obr.,* 1947, IV, 817).

22. Genitivo objetivo: *Rinden semejante culto a la muerte los más famosos amadores* DE LA VIDA (UNAMUNO: *Ensayos*, 1942, I, 431).

23. Genitivos explicativos: *Y sobre todo a los que no sienten ese que llamas instinto* DE PERPETUACIÓN *o necesidad* DE SOBREVIDA (UNAMUNO: *Ensayos*, 1942, I, 543).

24. Genitivo partitivo: *Este género de servidumbre debe considerarse la más triste y oprobiosa* DE TODAS LAS CONSIDERACIONES MORALES (Depende de los adjetivos comparativos de superioridad «triste» y «oprobiosa») (RODÓ: *Ariel*, 1911, 33).

25. Genitivo o ablativo instrumental de abundancia: *El ánimo guerrero lleno* DE MAGNÍFICO APETITO VITAL, *se traga la existencia sin pestañear, con todo su dolor y su riesgo dentro* (Hay una frase reflexiva de dativo en un infinitivo con preposición «sin» que equivale al ablativo de gerundio latino con prep. o sin ella) (ORTEGA Y GASSET: *El Espectador*, 1933, II, 197).

26. Genitivo explicativo y complemento circunstancial con valor causal: *El equipo* DE VALPARAÍSO *y el* DE BARCELONA *empataron a 41 tantos. El primer tiempo... terminó con el resultado de 24 a 22* (Frase intransitiva con dos genitivos explicativos y un complemento circunstancial = *a 41 tantos*, que tiene valor causal y es de expresión distributiva (a 41 tantos «cada uno»), porque el español no tiene un adjetivo numeral distributivo (*ABC*, 1952, 4-VI).

27. Dos dativos de interés: LE *acercó el padre la copa* A LOS LABIOS, *sonoreó trémulo el cristal entre los dientes* (LE = dativo genitival o simpatético. Se encuentra en Virgilio) (MIRÓ: *Obr. Compl.*, 1943, 134).

28. Dativo de relación o «del que juzga» y complemento predicativo: *Para quien lo más despreciable del mundo es la farsa tiene que ser lo mejor del mundo la sinceridad* (Frase principal con verbo resuelto en frase verbal de obligación = «tiene que ser». Sujeto = «la sinceridad». Un complemento predicativo = *lo mejor del mundo*. Un genitivo regido de «lo mejor». El «quien» además de estar en dativo con la frase principal, lo está con la frase de relativo. Como algunos adverbios este *quien* sintetiza el antecedente, el conjuntivo y el consiguiente = «para aquél para el que») (ORTEGA Y GASSET: *El Espectador*, 1933, I, 131).

29. Complemento circunstancial de ablativo en vez de adjetivo: *Y este olor / que arranca el viento mojado / a los habares* EN FLOR (Uso de un complemento circ. de ablativo = *en flor* por el adjetivo «florido» (A. MACHADO: *Nuevas Canciones*, 1936, 273).

30. Complemento directo de acusativo y circunstancial de ablativo: *El viajero,* EN UNA TALABARTERÍA PEQUEÑITA, *que huele a cuero y a grasa... compra* UNA TESTERA DE CUERO (Frase principal = *el viajero compra,* complemento circunstancial = *en una talabartería pequeñita;* complemento directo = *una testera de cuero*. Hay una frase de relativo = *que huele* (de verbo intransitivo); *a cuero y a grasa* = dos

complementos circunstanciales de origen, causa o procedencia) (J. CELA: *Viaje a la Alcarria*, 1948, 33).

31. Ablativo absoluto: PERDIDA LA LIBERTAD, *en el armadijo o la trampa, bajo nuestras manos,* LAS OREJAS GACHAS Y EL HOPO ENTRE LAS PIERNAS, *nos contemplan inmóviles* (Ablativos absolutos = *perdida la libertad; bajo nuestras manos las orejas gachas y el hopo entre las piernas.* Se suple: *estando bajo...* El primer ablativo absoluto tiene participio = *perdida.* Frase principal = *nos contemplan inmóviles.* Usa el verbo transitivo como cópula. *Inmóviles* = complemento predicativo) (AZORÍN: *Obr.*, 1947, IV, 546).

32. Ablativo absoluto: ENTREABIERTOS LOS LABIOS *por serena sonrisa, todo en la actitud de Ariel acusaba admirablemente el gracioso arranque del vuelo* (RODÓ: *Ariel*, 1911, 10).

33. Vocativo en frase sin verbo: *Un poco más de corrección y de mesura, señor Lodares* (Supone un imperativo con toda autoridad, que es: *tenga usted un poco más de corrección y de mesura* = complementos de un verbo supuesto, con un adjetivo sustantivado en género neutro = *un poco más.* Genitivos de cantidad = *de corrección...*, etc. (AZORÍN: *Obr.*, 1947, IV, 832).

122. Formas apositivas

34. Aposición: *Cosas parecidas ha oído decir de Agustín, el gran africano,* ALMA DE FUEGO *que se derramaba en oleadas de retóricas* (UNAMUNO: *Ensayos*, 1942, I, 888).

35. Aposición en frase comparativa: *Nada más lejos de mi ánimo que la idea de confundir los atributos naturales de la juventud con la preciosa espontaneidad de su alma, esa indolente frivolidad del pensamiento* (Frase comparativa correlativa por las palabras *más* y *que.* Lo que compara está en aposición y hace de sujeto de la frase principal. La construcción aposicional está representada por las palabras *nada* e *idea.* Hay un infinitivo en genitivo, que en latín se hubiera expresado por gerundio de genitivo. Complemento directo = *esa indolente frivolidad* (RODÓ: *Ariel*, 1911, 22).

36. Aposición junto al ablativo de separación: *Los títulos y las condecoraciones les curarían acaso de esa vanidad,* HIJA DE SUPERFICIALIDAD *de vida* (Frase principal en potencial de subjuntivo. Equivale a «podrían curarles». Refuerza la idea de potencialidad el adverbio «acaso». *De esa vanidad* = complemento circunstancial de ablativo de separación. Una aposición entre *vanidad* e *hija.* Luego un genitivo sin artículo = *de superficialidad)* (UNAMUNO: *Ensayos*, 1942, II, 327).

37. Aposición con un complemento directo: *Viceversa, el animal enfermo suele perder, antes que nada, su afán placentero* (Viceversa adverbio procedente de un participio absoluto latino: el sustantivo *vice* y el participio *versa,* de «verto», *volver,* a la letra «vuelto el turno».

Suele perder = frase concertada de verbo servil. Hay una frase elíptica temporal = *antes que nada*. Aquí nada es aposición de *afán* = complemento directo de «suele perder») (ORTEGA Y GASSET: *El Espectador* 1933, II, 17).

38. Aposición en genitivo partitivo: *El estilo del lenguaje, es decir,* LA SELECCIÓN DE LA FAUNA LÉXICA Y GRAMATICAL, *representa sólo la parte más externa y menos característica del estilo literario tomado íntegramente* («La selección de la fauna léxica y gramatical» = aposición en genitivo partitivo «del estilo literario». Frase transitiva con «representa»; complemento directo = *la parte más externa)* (ORTEGA Y GASSET: *El Espectador,* 1933, I, 103).

39. Aposición entre dos sustantivos: *Solución poco reconfortante,* EQUÍVOCA INVITACIÓN *a una perdurable melancolía (Solución* y *equivoca invitación* están en forma apositiva. Propiamente la aposición es la segunda frase: «equívoca invitación» (ORTEGA Y GASSET: *El Espectador,* 1933, I, 94).

123. Nexos sintácticos

40. Nexo adverbial: *Saloma era entre sus parásitos* COMO *una huésped* (Aquí el adverbio «como» equivale a «una especie de»)(PÉREZ GALDÓS: *Zumalacárregui,* VIII, 156).

41. Nexo de «donde» adverbio y relativo: *En esos cafés solitarios en* DONDE *los mozos miran perplejos y espantados cuando se pide un pistraje exótico* (AZORÍN: *Obr.*, 1947, I, 1082).

124. Sintaxis verbal

42. Verbo intransitivo hecho transtitivo: *El sol* RIELA *las aguas que el viento al acariciar riza* (UNAMUNO: *Ensayos,* 1942, I, 575).

43. Verbo copulativo «quedar»: *Ante la obra naturalista* QUEDARON *escindidos, disociados en dos personalidades con intereses opuestos* (ORTEGA Y GASSET: *El Espectador,* 1933, II, 352).

44. Sujetos en plural con verbo en singular: HABÍA *varias mozuelas pizpiretas y graciosas en la posada* (AZORÍN: *Obr.*, 1947, IV, 812).

45. Voz media con el pronombre de interés personal en dativo: *Y el poeta es aquel a quien* SE LE SALE *la carne de la costra, quien* LE *rezuma el alma* (UNAMUNO: *Ensayos,* 1942, I, 681).

46. Infinitivo con verbo servil: *Sus pérdidas podían evaluarse, una noche con otra en una peseta diaria* (VALERA: *Juanita la Larga,* 1926, 54).

47. Idem: *El extranjero sacado de en medio de las aguas no* HABÍA

PODIDO AÚN DEJAR *el cuarto que se le destinó* (PÉREZ GALDÓS: *Gloria*, 1948, I, III).

48. Infinitivo declinado: *No sé cómo expresarme al* ENTRAR *en esto, escondrijos y rinconadas de la vida del espíritu* (UNAMUNO: *Ensayoss* 1942, I).

49. Gerundio en frase verbal reflexiva: *Las sombras van* ESPESÁNDOSE (AZORÍN: *Obr.*, 1947, IV, 814).

50. Gerundio equivalente al participio de presente, con complemento directo: *El niño* ENGRUESANDO *la voz, prometió: «Renuncio a Satanás...»* (J. A. ZUNZUNEGUI: *¡Ay... esos hijos!*, 1951, 7).

51. Gerundio igual a participio de presente predicativo, haciendo de frase verbal: *Yo no digo que la música no haga sentir; a mí también se me saltan las lágrimas algunas veces; pero de eso a estar toda la noche* GIMOTEANDO (J. BENAVENTE: *La losa de los sueños*, I, 78).

52. Gerundio con complemento directo y circunstancial: DISPARANDO *sus flechas por encima de los relámpagos* (A. CASONA: *Flor de leyendas*, 1936, 21).

53. Gerundio en acusativo, equivalente a un participio concertado con el complemento directo de la frase: *Y una noche pillólo la ronda* DEPARTIENDO *de amor al pie de una reja* (RICARDO PALMA: *Tradiciones peruanas*, 1943, I, 92).

54. Gerundio haciendo de participio de presente en una frase de relativo: *Los roñosos, que* SIENDO *ricos, tienen a sus familias a patatas y habichuelas* (ÁNGEL AYALA: *Arte de gobernar*, 1948, 36).

55. Dos gerundios concertados con el sujeto en función de participio de presente: *Además de necesitarse la facultad discrecional, el uso... de ella suele afectar... a la Compañía* REALZANDO *o* ABATIENDO *su crédito* (A. MAURA: *Dictámenes* (1923), ed. 1932, VII, 137).

56. Gerundio en función de participio concertado con el sujeto: *La luna hipnotizaba nimbos vivos, /* SURGIENDO *entre abismáticos espejos* (J. HERRERA REISSING: *Parques abandonados* [1908], 1942, II, 240).

57. Gerundio concertado con el sujeto. Está por un adverbio y se une por *y* a una locución adverbial de modo: *Sabía tocar la guitarra* RASGUEANDO *y de punteo* (VALERA: *Juanita la Larga*, 1926, 18).

58. Gerundio predicativo y complemento circunstancial: *Se alejaron* HENDIENDO *el silencio* (MIRÓ: *Obr. Compl.*, 1943, 11).

59. Gerundio en función de complemento circunstancial de modo: *Así* DISCURRIENDO, *pasó don Paco revista a su ropa blanca* (VALERA: *Juanita la Larga*, 1926, 50).

60. Gerundio con valor instrumental con complemento directo: *Porque ellos triunfaron* OPONIENDO *el encanto de su juventud interior* (RODÓ: *Ariel*, 1911, 19).

61. Gerundio en función de complemento circunstancial de compañía: *Respecto a su linaje, declaró él mismo a Sancho,* DEPARTIENDO *con éste* (UNAMUNO: *Ensayos*, 1942, II, 4).

62. Gerundio predicativo concertado con el sujeto: LEVANTANDO *la cabeza y* ABARCANDO *con la mirada todo el ámbito de Zocodover, preguntó* (LARRETA: *La gloria de don Ramiro*, 1908, 302).

63. Gerundio igual a participio de presente, predicativo y con complemento directo: *Y las bromas se daban en voz alta y las muchachas reían* OLVIDANDO *su exagerada tiesura* (GUIRALDES: *Don Segundo Sombra* [1927], ed. 1934, 113).

64. Gerundio en frase verbal: *Pero pluma a pluma, el azar va* DEJANDO *desnudas las alas de bronce del águila de la raza* (E. NOEL: *Aguafuertes* [1926], 51).

65. Participio predicativo y gerundio que equivale a un participio predicativo: *Iban...* ENTREGADAS *a sus pensamientos...: ésta,* OYENDO *todavía resonar en su mente los acentos abismales del exorcismo* (R. GÁLLEGOS: *Sobre la misma tierra* [1944], 177).

66. Participio concertado y frase comparativa: *viene* ENCORVADO *como una caña con el vendaval* (J. M. PEMÁN: *Divino impaciente*, Obras Completas, IV, 1950, 154).

67. Participio concertado con el sujeto, con dos genitivos explicativos: *Al fin, la voluntad* SOMETIDA, *llevó, aunque tarde, a la tertulia de los poyetes a toda la persona de don Paco* (VALERA: *Juanita la Larga* 1926, 42).

68. Participios concertados con el sujeto, con complemento circunstancial: *Hacia la mano diestra* VENCIDO *y* APOYADO *en un bastón, a guisa de pastoril cayado* (A. MACHADO: *Campos de Castilla* [1912], edición 1936, 105).

69. Frase verbal: *Taronchel* ESTÁ DANDO *los últimos toques a su obra* (AZORÍN: *Obr.*, 1947, IV, 811).

70. Frase verbal durativa: HE ESTADO COMBATIÉNDOLE *con mi rencor de rocas / y mi odio de montañas a su abismal dominio* (A. PARDO GARCÍA: *Lucero* [1952], ed. 1953, 125).

125. Sintaxis de la frase simple

71. *a)* **Frases de predicado nominal:** *Eso es hablarme a lo capellán* (Frase independiente. Un pronombre en género neutro «eso resumen de lo anteriormente dicho, por lo tanto anafórico. Frase adverbial de sentido elíptico = *a lo capellán)* (G. MIRÓ: *N. P. San Daniel* [1921], ed. 1943, 746).

72. Frase independiente de verbo copulativo, con predicado en grado comparativo. Complemento circunstancial de causa: *Los ruidos,*

con la sutilidad del aire son MENORES QUE EN LA LLANURA (AZORÍN: *Obr.*, 1942, IV, 571).

73. Frase principal con «hay», con complemento circunstancial: *En ese esfuerzo* HAY *además no sé qué cosa de innoble* («no sé qué» es un adjetivo acompañante de «cosa») (E. RODÓ: *Ariel*, 1911, 82).

74. Dos principales, la segunda yuxtapuesta a la primera: *Y este hombre concreto de carne y hueso* ES *el sujeto y supremo objeto a la vez de toda filosofía,* QUIÉRANLO O NO *ciertos sedicentes filósofos* («quiéranlo o no» yuxtapuesta con la primera de «es». Va en subjuntivo concesivo de frase independiente: «Suponiendo que» o «admitiendo que») (UNAMUNO: *Ensayos*, 1942, II, 654).

75. Verbo intransitivo en la frase principal que hace de cópula: *Y sobre la blancura lívida de la cal, resaltan brilladores, refulgentes, áureos, los braserillos diminutos* (Hay aquí una hipálage. En vez de «sobre la cal blanca», dice «sobre la blancura de la cal») (AZORÍN: *Obr.*, 1947, I, 808).

76. Frase entre pasiva, de estado y resultativa. Aquí el verbo *estar* no expresa limitación de tiempo. Reflexivas con pronombres *me* y *se*: *Sus ojos* ESTÁN *dotados de una atracción magnética inexplicable.* ME ATRAE, ME SEDUCE, *y* SE FIJAN *en ella los míos* (VALERA: *Pepita Jiménez*, 1947, 85).

b) **Frases subjetivas**

77. Interrogativa retórica. La principal es la apódosis de un período hipotético o condicional de valor potencial o expresión de lo posible: *¿No se aburrirían ustedes a morir, si los tranvías del disco 17 pasaran cada cinco minutos por la calle de Trafalgar? (ABC* [1956], 4 de Mayo, 45a).

78. Interrogativa retórica de reproche con valor exclamativo: *¿Qué tanto puede afectarte una pavada que haya dicho el bebé? Todo lo tomas a lo serio* (M. GÁLVEZ: *Hombres* [1937], ed. 1942, 13).

79. Dos principales yuxtapuestas interrogativas retóricas: *¿Qué cosa son los dioses? ¿Qué han simbolizado los hombres en los dioses?* (La segunda pregunta pide negación o advierte al lector para que atienda a una enumeración inmediata) (RODÓ: *Ariel*, 1911, 95).

80. Interrogativa de carácter oratorio. Tiene una subordinada de relativo con dativo de finalidad: *¿Cuáles son los planes que el autor lanza para una palingenesia del país?* (AZORÍN: *Obr.*, 1947, IV, 57).

81. Interrogativa indirecta, con una principal. La completiva interrogativa es la que empieza por «si»: *No sabemos si dio o no muestras de su ánimo desolado* (UNAMUNO: *Ensayos*, 1942, II, 3).

82. Frase exclamativa sin verbo con valor ponderativo y una segunda frase apositiva: *¡Tres mil pesos! Doce mil bolívares para que suene a más* (R. GALLEGOS: *Sobre la misma tierra*, 1944, 83).

83. Frase admirativa o ponderativa, con complemento circunstancial, una final de infinitivo y otra de gerundio que equivale a una temporal: *¡Qué sabroso descanso el de sentarse a orillas del río y a la sombra de un álamo, a dejarse vivir en suave baño de resignada dejadez, mirando correr las aguas!* (UNAMUNO: *Ensayos,* 1942, I, 575).

84. Frase principal exclamativa de sentido ponderativo y reflexivo, con un ablativo de origen; coordinada con una segunda que lleva un dativo de utilidad *commodi aut incommodi,* que hace de cópula. Existe una comparativa con verbo elidido, con ablativo de lugar: *¡Qué rumor de melancolía se levanta de sus páginas y nos llega tamizado, trémulo, como una música que suena tras de las frondas de un soto!* (ORTEGA Y GASSET: *El Espectador,* 1933, I, 295).

c) Frases transitivas e intransitivas

85. Frase transitiva: *Dan* PRINCIPIO *a andar las mulitas de proa.* (complemento directo = principio. *Dan* se completa también con un infinitivo «a andar») (GÜIRALDES: *Xamaica* [1923], ed. 1944, 69).

86. Frase transitiva: *He hecho una porción de cosas* (Lleva un genitivo partitivo) (AZORÍN: *Obr.,* 1947, IV, 839).

87. Frase independiente transitiva. Hay una yuxtaposición de los adjetivos en asíndeton intencionado. El segundo adjetivo aclara y especifica el primero: *El intelectual* TIENE *su misión enunciativa, verbal* (ORTEGA Y GASSET: *El Espectador,* 1933, II, 156).

88. Frase independiente transitiva. Tiene un adverbio «arriba» usado con valor de complemento circunstancial; otro complemento circunstancial de lugar; un genitivo explicativo y una hipálage o traslado del adjetivo «entre la fronda verde de los pinos» por «entre la fronda de los pinos verdes»: *Arriba, el monte* ASOMA *sus picachos desnudos, negruzcos, entre la fronda verde de los pinos* (AZORÍN: *Obr.,* 1947, IV, 71).

89. Frase independiente transitiva unida a una adversativa por la conjunción *mas. Creía* tiene dos infinitivos de complemento directo, muy a lo latino, el primero enclítico y el segundo verbalmente reflexivo: AMABA *mucho a su esposo; mas creía envilecerlo y envilecerse accediendo a la exigencia del marqués* (El gerundio «accediendo» es un auténtico gerundio latino en ablativo y depende de un dativo, complemento único verbal) (RICARDO PALMA: *Tradiciones peruanas,* 1943, I, 97).

90. Frase independiente transitiva, con sujeto lejanamente interno y un acusativo complemento directo interno (el *perdurable olor),* que va con atributo *(perdurable),* con un ablativo de origen o procedencia (a *tinta fresca)* y por fin una frase parentética («una vez más sobre las páginas recientes): *Su olfato* HA PERCIBIDO, *una vez más sobre las páginas recientes, el perdurable olor a tinta fresca* (AZORÍN: *Obr.,* 1947, IV, 251).

91. Frase intransitiva con tres complementos circunstanciales: *El agua chorrea de rama en rama, sobre las hojas tersas, en los árboles* (AZORÍN: *Obr.*, 1947, IV, 833).

92. Transitiva de complemento directo con pronombre neutro: Lo *paso aquí deliciosamente (Pasarlo* es una frase cuajada que da lugar a un modismo: «pasarlo bien») (BENAVENTE: *Más fuerte que el amor*, I, II-214).

93. Frase principal de doble acusativo, con una comparativa relativa unida por *y; todo* es antecedente de «cuanto»: *Os* LLAMARÁN *malos hijos y descastados y todo cuanto se les ocurra* (UNAMUNO: *Ensayos*, 1942, II, 163).

94. Intransitiva con dos sujetos y complemento circunstancial: *En las alcobas seis cabezas de niño y una mujer, orlada de rubia cabellera,* DESCANSAN *en las almohadas* (AZORÍN: *Obr.*, 1947, IV, 251).

d) Frases reflexivas, impersonales y pasivas

95. Frase reflexiva con ablativo de lugar y complemento circunstancial y asíndeton entre los adjetivos: *Los cipreses enormes* SE PERFILAN *sobre el cielo pálido, radiante* (AZORÍN: *Obr.*, 1947, IV, 71).

96. Frase independiente reflexiva, con complemento directo pronominal *se* y dos complementos indirectos y disyuntivos: *Los pueblos de occidente* SE ENTREGAN *al misticismo o al racionalismo* (ORTEGA Y GASSET: *El Espectador*, 1933, I, 92).

97. Frases reflexivas unidas por *y*: *A su muerte* SE HA DESATADO *y* DESBORDADO *la farándula* (UNAMUNO: 1942, I, 907).

98. Frase reflexiva con una final de infinitivo, equivalente a una verbal de infinitivo: SE HAN PUESTO A JUGAR *a los ecos, / al pie de su cerro alemán* (GABRIELA MISTRAL: *Ternura* [1924-45], ed. 1945, 71).

99. Frase impersonal de obligación con sujeto y complemento indirecto con preposición. Es un dativo genitival que equivale a «los espíritus de los prójimos»: HAY, *pues que desasosegar a los prójimos los espíritus* (UNAMUNO: *Ensayos*, 1942, II, 140).

100. Frase principal impersonal con una de relativo: *No obstante* SE HA *desatendido lo que a mi juicio da mayor relieve a su aparición* (ORTEGA Y GASSET: *El Espectador*, 1933, II, 13).

101. En el segundo miembro una frase impersonal de obligación con otra verbal («hay que»). El verbo «hay» lleva una completiva («Que mitologizar»). Termina con una subordinada comparativa con verbo suplido. En el primer miembro dos formas adversativas con el «pero»: *¡Mitología! Acaso, pero hay que mitologizar respecto a la otra vida, como en tiempo de Platón* (UNAMUNO: *Ensayos*, 1942, II, 889).

102. Una impersonal («conviene») con otra de subjuntivo paratáctico, privada de la conjunción *que*. *Digamos* está como yuxtapuesto

a *conviene*. El complemento directo de *digamos* es «algo». Al final una subordinada concesiva por «aunque», y una frase adverbial, «de refilón»: *Conviene digamos aquí algo, aunque sea de refilón* (UNAMUNO: *Ensayos*, 1942, II, 105).

103. Pasiva refleja española, con una frase adverbial («a favor») y dos genitivos, uno subjetivo y otro explicativo: *Y el Evangelio de este Verbo* SE DIFUNDE *por todas partes a favor de los milagros materiales del triunfo* (RODÓ: *Ariel*, 1911, 29).

126. Sintaxis de la frase compuesta

a) Frases yuxtapuestas y coordinadas

104. Yuxtapuestas con sentido reflexivo: *En los trenes, en todos los aparatos del público, las visagras se deslizan con facilidad, los resortes se mueven con eficacia* (Dos ablativos de lugar en donde y un genitivo de finalidad o destino «público») (ORTEGA Y GASSET: *El Espectador* 1933, I, 294).

105. Frase yuxtapuesta con ablativos absolutos: DESPLEGADAS *las alas; suelta y flotante la leve vestidura...* (RODÓ: *Ariel*, 1911, 10).

106. Coordinada copulativa negativa: *No,* NI *el verboso y rimbombante* ES *imaginativo,* NI *el vivo, el listo,* ES *inteligente* (UNAMUNO: *Ensayos*, 1942, 1001).

107. Dos temporales coordinadas copulativas, de acción anterior a la principal, señalada por la significación del verbo: *Cuando el ruido de las botas* Y *el abegeo de las conversaciones* CESARON *por completo,* Y SÓLO QUEDÓ *el silencio poético de una noche de luna llena, me acerqué a la reja* (PARDO BAZÁN: *Belcebú* [1912], 100).

b) Frases subordinadas

108. Completiva resuelta por un infinitivo declinado que hace con el verbo «llegar» una frase verbal: *Llegué a odiarle.—¿Por qué? / —A qué mentirte, por celos* (M. y A. MACHADO: *Adelfas* [1928], II, ed. 1947, 469).

109. Completiva de sujeto: *Y ese fue el mal,* QUE *con esta broma nos quedamos rezagados* (BENAVENTE: *La malquerida*, II, 2, 188).

110. Completiva de sujeto de la frase impersonal «no se entienda»: *No se entienda por esto que doña Inés gustase de conversaciones libres y escabrosas* (VALERA: *Juanita la Larga*, 1926, 18).

111. Completiva de sujeto, con un infinitivo en ablativo con «en», complemento circunstancial. Dos frases finales dependen de «basta» y son coordinadas copulativas entre sí: *Basta que el pensamiento insista en ser, en demostrar que existe, con la demostración que daba Diógenes*

del movimiento, para que su dilatación sea ineluctable y para que su triunfo sea seguro (RODÓ: *Ariel*, 1911, 116).

112. Frase completiva de infinitivo con preposición, un genitivo objetivo completando al adjetivo «deseoso»: *Siempre que hablamos de asuntos religiosos parece deseoso de esquivar la conversación* (GALDÓS: *Gloria*, 1948, I, 111).

113. Completiva de complemento directo, con sujeto pronominal de «conocer» y una consecutiva de relativo: *Bien conocía él que no había en el lugar una persona, ni varias, que pudieran reemplazarle con éxito en sus diferentes empleos* (VALERA: *Juanita la Larga*, 1926, 39).

114. Completiva de complemento directo: *Pero, calmándose un tanto, reflexionó que haría mal en extremarse con una hija de Eva* (RICARDO PALMA: *Tradiciones peruanas*, 1943, I, 95).

115. Completiva de complemento directo y tres complementos circunstanciales. Frase principal = *no supone*: *No supone que está allí, con los sentidos delirantes, un sabor a plomo en la boca, y en los ojos una chispa siniestra de luz* (CONCHA ESPINA: *Tierras Aquilón*, 1924, 69).

116. Completiva de complemento directo de frase impersonal: *Esta señora, doña Palmira, es cubana... Dicen que se pasa la vida en una mecedora, abanicándose* (R. SÁNCHEZ MAZAS: *Pedrito Andía* [1950], edición 1952, 83).

117. Completiva de infinitivo con la preposición *a*: *Este lienzo físicamente maltrecho nos invita a la elegía, a meditar sobre lo fugitivo de todo esplendor, sobre el acabamiento y la cruel misión del tiempo gran roedor* (ORTEGA Y GASSET: *El Espectador*, 1933, I, 91).

118. Completiva de infinitivo con verbo servil: *Por amor a la vida, por desenfrenado amor a ella, puede un hombre retirarse al desierto a vivir vida pasajera de penitencia* (UNAMUNO: *Ensayos*, 1942, II, 991).

119. Temporal subordinada a una expresión de futuro. Equivale a una de relativo: *Yo iré a buscarte allí cuando mi esfuerzo logre vencer a mi desventura* («cuando» = *el día que*) (CASONA: *Flor de leyendas*, 1936, 34).

120. Temporal con *antes de*. En el fondo es una comparativa correlativa: ANTES DE *marcharse puso encima de la mesa un envoltorio* (P. BAROJA: *Juan van Halen*, 101).

121. Temporal de acción simultánea, subordinada a otra comparativa: *Nuestro artista era un geniazo más atufado que el amor cuando le duele la barriga* (RICARDO PALMA: *Tradiciones peruanas*, 1943, I, 14).

122. Temporal de «cuando» inverso: *Lucía el sol espléndido cuando la procesión salió a la calle* (Ejemplo parecido al de CERVANTES: *La del alba sería cuando...*) (PÉREZ GALDÓS: *Gloria*, 1948, II, 62).

123. Temporal equivalente a «siempre que», iterativa o de repetición: *Y cuando percibo la dislaceración, el quejido de mi carne de vida*

íntima y sagrada, siento alegría y orgullo y confianza (G. MIRÓ: *Obras Completas*, 1943, 139).

124. Frase principal con un gerundio equivalente a una temporal («mientras meditaba»). Un genitivo partitivo: *Próspero acarició, meditando, la frente de la estatua* (RODÓ: *Ariel*, 1911, 10).

125. Frase de relativo con el antecedente en la 2.ª de genitivo explicativo que depende de una frase adverbial «a modo». Equivale a una comparativa de modo: *Y una limitación que les va matando a modo de un asta que llevaran hincada en el flanco* (ORTEGA Y GASSET: *El Espectador*, 1933, I, 82).

126. Frase de relativo introducida por un complemento circunstancial de instrumento: *El progreso verdadero es la creciente intensidad con que percibimos media docena de misterios cardinales* (ORTEGA Y GASSET: *El Espectador*, 1933, I, 82).

127. De relativo parentética, con un dativo complemento muy latino («al desaire») y complemento circunstancial que puede estar en acusativo o en ablativo *(mucho tiempo): Don Francisco de Toledo,* A QUIEN *la historia llama el Solón peruano, no sobrevino mucho tiempo al desaire del monarca* (RICARDO PALMA: *Tradiciones peruanas*, 1943, I,45).

128. Una de relativo, introducida por «donde» construida con verbo servil con infinitivo concertado, y frase principal con presente de acción terminada, es decir, con un pretérito en pasiva con cierta impersonalidad: *Han sido suprimidas las tierras desconocidas, donde puede el ensueño fundar sus colonias* (ORTEGA Y GASSET: *El Espectador*, 1933, II, 355).

129. De relativo con dos antecedentes «lo» y «algunos»: A LO QUE *me han contado* ALGUNOS QUE *lo conocen de otras partes, es un loco de teatro* (VALLE INCLÁN: *La Corte de los milagros*, 1927, 111).

130. Frase de relativo, con una de subjuntivo potencial-optativo de deseo realizable o desiderativo y una comparativa («como el río...»): *Quisiera poder decir, al volver, las verdades de a puño que se explican, como el río que marcha, por sí solas* (CELA: *Viaje a la Alcarria*, 1948, 20).

131. Una de relativo que empieza por un complemento circunstancial de compañía. Tiene un verbo impersonal *(se le compara)* que, en virtud de la relación de tiempos expresa una acción simultánea con la principal: *Tenía la locura de la unanimidad, a lo Napoleón III, con quien se le compara* (R. J. PAYRO: *Aventuras de Nieto J. Moreira*, 1910, 193).

132. Una de relativo con verbo servil e infinitivo concertado. Genitivo explicativo y ablativo de compañía: *Un día Baroja,* QUE *no solía mirar al pasado por la rendija de una conversación familiar, traba conocimiento con la figura de su tío Eugenio Avinareta* (ORTEGA Y GASSET: *El Espectador*, 1933, I, 108).

133. Final de infinitivo con preposición: *Una mera potencia de ser, que para convertirse en acto necesita recibir la forma* (M. MENÉNDEZ PELAYO: *Historia de los Heterodoxos*, 1880, III, 107).

134. Final con «para que»: *Mucho pan; y sólo rosigaba la longaniza* PARA QUE *le durase* (G. MIRÓ: *Obr. Compl.*, 1943, 95).

135. Final con infinitivo: *El sacristán infló el pecho* PARA *echar fuera un suspiro* (PÉREZ GALDÓS: *Gloria*, 1948, I, 80).

136. Final en infinitivo. Depende de un adjetivo. Hay hipálages: 1.ª «la constancia de una civilización» y «la intensidad de una civilización», en vez de «una civilización constante e intensa»: *No son bastantes, ciudades populosas, opulentas, magníficas,* PARA PROBAR *la constancia y la intensidad de una civilización* (RODÓ: *Ariel*, 1911, 112).

137. Final de infinitivo subordinada a una comparativa: *Morriña apenas se movió más que* PARA DARLE *un zarpazo a un abejorro* (W. FERNÁNDEZ FLÓREZ: *Bosque*, 1943, 109).

138. Final con la construcción «para que» y subjuntivo con valor de futuro. Va en tiempo histórico con la principal: *Se vigilaba al contrario para que no abarquillara el santo, impidiendo que así cayese más a plomo* (UNAMUNO: *Recuerdo* [1908], ed. 1945, 291).

139. Final con infinitivo y preposición: *Necesitaban dinero* PARA SATISFACER *su parte, pues era a escote la francachela* (VALLE-ARIZPE: *Leyendas mexicanas* [1943], ed. 1947, 64).

140. Período hipotético condicional de sentido potencial. En la prótasis se emplea un infinitivo por el subjuntivo, para la expresión potencial. Quiere dar a la prótasis un valor general, gnómico e impersonal: *A no ser agua atlántica, / rebosaría de su falda* (GABRIELA MISTRAL: *Ternura* [1924-1945], ed. 1945, 124).

141. Período hipotético irreal del pasado, «opone» por «opondría». *Son libres, nada se opone a la libre irradiación de sus ideas,* SI LAS HUBIERAN CONQUISTADO (UNAMUNO: *Ensayos*, 1942, I, 287).

142. Período hipotético real: SI ENGOLFADO *en la realidad pasada descuidamos la presente, ¿no incurriremos en cierta responsabilidad?* (AZORÍN: *Obr.*, 1947, IV, 828).

143. Período hipotético irreal del pasado. Expresión en ambos miembros de acción terminada. Entre las formas *-se* y *-ra*, ha preferido la *-se*: SI NO HUBIESE EXCURSIONADO *por los campos de algunas ciencias europeas modernas, no habría tomado el gusto que he tomado a nuestra vieja sabiduría africana* (UNAMUNO: *Ensayos*, 1942, I, 893).

144. Período hipotético real. Equivale a un período potencial o de contingencia: *No sois cristianos, no sois españoles* SI DEJÁIS *perecer a esa pobre gente* (PÉREZ GALDÓS: *Gloria*, 1948, I, 96).

145. Período real del pasado con matiz de reiteración: *Pero yo había tomado la maldita costumbre de ir, y todas las noches,* SI LO RETAR-

DABA ALGO *empezaba al toque de ánimas a hormiguearle y bullirle los pies* (J. VALERA: *Juanita la Larga*, 1926, 56).

146. Concidional. Usa el futuro de subjuntivo con un fondo de potencial y un matiz de repetición equivalente a *siempre que*: *En las aldeas, menos el párroco y* SI HUBIESE MAESTRO, *menos el maestro también, todos son labradores, todas cavan su pegujal* (G. MIRÓ: *Obr. Completas*, 1943, 93).

147. Concesiva real: *Antoñona* AUNQUE ERA *recia de veras y nada sentimental, sintió al oír esto, que se le saltaban las lágrimas* (J. VALERA: *Pepita Jiménez*, 1947, 121).

148. Concesiva con omisión de la cópula del verbo *ser*: *El favorito de María Luisa,* AUNQUE *hombre ignorantísimo, tenía, como otros personajes de su laya la manía de la instrucción pública* (M. MENÉNDEZ PELAYO: *Historia de los Heterodoxos*, 1880, III, 247).

149. Concesiva omitida la principal: *Yo te diré lo que adivino,* AUNQUE TE DESGARREN *el alma mis expresiones* (ALARCÓN: *El Escándalo*, 1942, 185).

150. Frase consecutiva, con giro modal que prepara la presencia de la subordinada. Empieza con la conjunción «que». Su tiempo expresa acción pasada durativa o infecta: *El cambio había sido de tal modo ostensible* QUE... SE EXTENDÍA *en peregrina mutación hacia el medio circundante, el grado de convertirme en un intruso en mi propia casa* (A. NÚÑEZ ALONSO: *Gota de Mercurio*, 1954, 15).

151. Una comparativa iniciada con el verbo «acudía»; ablativos de causa con valor final y una frase de relativo *(que acaricia)*: *A su hospitalidad* ACUDÍA *lo mismo por blanco pan el miserable,* QUE *el alma desolada por el bálsamo de la palabra que acaricia* (RODÓ: Ariel, 1911, 34).

152. Comparativa de modo, con omisión de una parte de la frase verbal: *Dulce e inefable belleza, compuesta, como lo estaba la del amanecer para el poeta de Las Contemplaciones, de un vestigio de sueño y un principio de pensamiento* (RODÓ: *Ariel*, 1911, 14).

153. Comparativa apuesta con la correlación principal y otra en la subordinada que representan los términos de la comparación: *Mi idea es que el español tiene por lo general más individualidad que personalidad* (UNAMUNO: *Ensayos*, 1942, I, 427).

154. Comparativa de modo. La conjunción «como» está adverbializada y prefijada al adjetivo *dormido*. El «como dormido» equivale a «medio dormido»: *El misterio parece estar en nosotros a las veces como dormido o entumecido* (UNAMUNO: *Ensayos*, 1942, I, 815).

155. Comparativa de modo con el verbo elidido: *Son viejos, como el enfermo, y tienen fortaleza, estrépito en la risa y fuman* (G. MIRÓ: *Obras Completas*, 1943, 62).

156. Comparativa correlativa de cantidad con los términos de la comparación en aposición: *Pensaba en mi desgracia, que es más grande,*

infinitamente más grande que la tuya (PÉREZ GALDÓS: *Gloria*, 1948, I, 180).

157. Comparativa subordinada y correlativa con «no menos que». Está en aposición. El verbo de la principal es «daña»: NO MENOS QUE *a la solidez, daña esa influencia dispersiva a la estética de la estructura social* (RODÓ: *Ariel*, 1911, 31).

158. Correlación comparativa de dos infinitivos «desconocer» y «negar»: *Desconocer sus defectos no me parece* TAN *insensato* COMO *negar sus cualidades* (RODÓ: *Ariel*, 1911, 85).

159. Comparativa de modo con el verbo elíptico: *La princesa... se abatió como un azor sobre el fatuo Antonio Pérez* (G. MARAÑÓN: *Antonio Pérez*, 1948, I, 209).

160. Comparativa con «mejor» y «que» correlativos y los términos en aposición: *La segunda parte de la oda es mejor que la primera, y la fortuna de algunas estrofas intachable* (M. MENÉNDEZ PELAYO: *Historia de los Heterodoxos*, 1880, III, 553).

161. Comparativa de cantidad correlativa. El *como* equivale a «en tanto en cuanto»: *Como idea implica suavidades de alma hoy imposibles* (ORTEGA Y GASSET: *El Espectador*, 1933, II, 170).

162. Comparativa de modo con verbo explícito: *Porque*, COMO *las visiones personales del sueño, no merecen contarse en el encadenamiento de los hechos que forman la trama activa de la vida* (RODÓ: *Ariel*, 1911, 111).

163. Comparativa de modo con verbo suplido: *Se me va de entre las manos* / COMO *el agua de un riachuelo* (J. M. PEMÁN: *Divino impaciente*, Obr. Compl., IV, 1950, 151).

164. Comparativa de igualdad correlativa, con el verbo omitido: *En todas partes, en las plazas, en las rinconadas, en los pasadizos se ven iglesias barrocas tan gesticulantes como las personas* (P. BAROJA: *El laberinto de las sirenas*, 44).

165. Causal con conjunción «que» en vez de «porque»: *Que las enfermedades son perversión de las funciones naturales y no introducción de elementos nuevos en el cuerpo* (M. MENÉNDEZ PELAYO: *Historia de los Heterodoxos*, 1880, II, 270).

166. Causal de causa real con «como»: *A todo esto, como iban a buen paso ambos interlocutores, habían ya subido la cuesta* (J. VALERA: *Juanita la Larga*, 1926, 45).

167. Infinitivo con «por» equivalente a una causal: *Más atrás iba don Juan Amarillo, henchido de vanidad,* POR HALLARSE *en la plenitud de sus funciones municipales...* (PÉREZ GALDÓS: *Gloria*, 1948, II, 64).

168. Causal de causa moral: *Ayer,* PORQUE *le cité a las once y media y se presentó a las doce, acabé con él para siempre* (MUÑOZ SECA: *Alfiler*, 1939, I, 8).

169. Causal de causa real: *Nuestra situación mejoró,* PORQUE *ya no estaba allí tatita, manirroto a quien ningún dinero daba abasto* (R. J. PAYRO: *Aventuras de Nieto J. Moreira* [1910], ed. 1919, 115).

170. Causal de causa moral y de razón: *¡Feliz tú, anciano,* PORQUE *sólo el polvo de tus huesos será pisoteado por el extranjero, y no verán tus ojos el día de la humillación para los tuyos* (RICARDO PALMA: *Tradiciones peruanas,* 1943, I, 9).

171. Causal de causa moral con «porque». Uso ambiguo del pronombre *sus: Al intelectual, por ejemplo, le parece inmoral el político,* PORQUE *sus palabras son inexactas, insinceras y contradictorias* (ORTEGA Y GASSET: *El Espectador,* 1933, II, 156).

172. Causal de causa moral: *No he olvidado* PORQUE *a Julianita nadie la decía nada, y como se muere de envidia, no he querido darle ese mal rato* (J. BENAVENTE: *El automóvil,* I, 3, 82).

127. Estilística sintáctica y lenguaje expresivo

173. Ejemplo de construcción asindética *(llega... para, apéanse).* Uso de presente histórico por el aoristo perfecto absoluto. El presente histórico actualiza la narración: *El coche llega, para en la puerta, apéanse de él el capitán, un doctor con su criado, un oidor, un estudiante, una viuda tocada de negro, chaperonada de ancho sombrero* (AZORÍN: *Obras,* 1947, I, 612).

174. Infinitivos declinados y dicotomía adversativa: *Por esto, la crítica literaria —cuya misión primaria y esencial no es evaluar los méritos de una obra, sino definir su carácter— tiene, a mi juicio, que empezar por aislar ese objeto genérico...* (ORTEGA Y GASSET: *El Espectador,* 1933, I, 103).

175. Dicotomía adversativa: *En la mujer es esto sobremanera insólito, y por casualidad, sino merced a la sequía de imaginación que caracteriza la psique femenina* (ORTEGA Y GASSET: *El Espectador,* 1933, II, 82).

176. Hipérbaton: *Un grupo de disidentes, sectarios de reata los más mirados con desdén y con odio, o ignorados en absoluto por el resto de los españoles, es lo que he encontrado* (M. MENÉNDEZ PELAYO: *H.ª de los Heterodoxos,* 1880, II, 678).

177. Hipérbaton muy complejo con sustituciones no sólo de lugares sino de partes de la frase: *Le acercaba mucho al mérito de don Paco, por la multitud de sus conocimientos y habilidades y por lo hacendosa y lista que era* (J. VALERA: *Juanita la Larga,* 1926, 23).

178. Hipérbaton complejo: *Quería dar a usted las gracias por lo espléndidamente que pagó usted mi flor* (J. M. PEMÁN: *Señor de su ánimo,* Obras Compl. II, 364).

179. Hipérbaton e hipálage: *Con vaga desazón de envidia* LE ENTREVEO QUE TRASUMA *en los prados serranos, bajo la comba faz* DE LO AZUL (ORTEGA Y GASSET: *El Espectador*, 1933, II, 38).

180. Hipérbaton: Y ESTO DICEN QUE ES PORQUE NUESTRO PÚBLICO *es tan tardo en recibir como en soltar* (Dos infinitivos en ablativos con «en», al modo de la construcción latina) (UNAMUNO: *Ensayos*, 1942, I, 417).

181. Hipálage: *Con tanta más razón podría decirse que el honor de cada generación humana exige que ella se conquiste* POR LA PERSEVERANTE ACTIVIDAD DE SU PENSAMIENTO (Hay además una frase impersonal con *se* enclítico y una completiva complemento de otra completiva, con un ablativo de instrumento o medio que es precisamente la hipálage) (RODÓ: *Ariel*, 1911, 13).

182. Hipálage: *En las calles, acá y allá se ven espaciosos zaguanes con el piso de anchas losas; otros tienen* MENUDO ENSAMBLADO DE GUIJARROS BLANCOS (AZORÍN: *Obr.*, 1947, IV, 740).

183. Hipálage: LA DIVERGENCIA DE LAS VOCACIONES *personales imprimirá diversos sentidos a vuestra actividad* (RODÓ: *Ariel*, 1911, 26).

184. Hipálage: *La sombra de un compás tejiéndose* SOBRE LA ESTERILIDAD DE LA ARENA (RODÓ: *Ariel*, 1911, 17).

185. Adjetivo concertado con «interdecadente» por hipálage: *Y el* SOLLOZO INTERDECADENTE *de la gota de agua, cayendo desde lo alto, se entra en el espíritu* (Uso del verbo intransitivo con efecto transitivo «se entra») (AZORÍN: *Obr.*, 1947, IV).

186. Silepsis: EL BARCELONA *derrotó al Deportivo de Marín por cuatro tantos a uno* (por «el equipo de Barcelona») (*ABC*, 1952,3- VI).

187. Forma durativa y terminada, pero interrumpida con brusquedad. La interrogativa indirecta empieza por una palabra acentuada *(cómo llueve...)* con sentido hiperbólico *(a cántaros)*. Interesante contradicción entre el pasado *(miraba)* y el presente de la subordinada *(llueve)*: *Miraba cómo llueve, a cántaros... Y esos chicos sin volver* (BENAVENTE: *Lo cursi*, 1901, II, 1, 32).

188. De la principal depende una de relativo, con una construcción escasamente representada en español, más bien latinizante: *A vuestro alrededor se desenvuelve una vida que es preciso que conozcamos* (AZORÍN: *Obra* 1947, IV, 827).

189. Frase exclamativa sin verbo con una yuxtapuesta de lenguaje expresivo: *¡Pobre juventud intelectual española! Necesita ser metaritmizada* (quiere decir: poetizada radicalmente) (UNAMUNO: *Ensayos*, 1942, I, 827).

190. Neologismo: *Madrid es el vasto campamento de un pueblo de instintos nómadas, del pueblo del* PICARISMO (UNAMUNO: *Ensayos*, 1942, I, 355).

191. Neologismo: *La comedia, la alta comedia, con su ironía y demás* MANDANGAS, *es un género eminentemente burgués* (UNAMUNO: *Ensayos*, 1942, II, 319).

192. Neologismo: EL LITERATISMO, *tal es la plaga de la actual literatura española e hispanoamericana, o, si se quiere la literatura, es hoy entre nosotros el verdugo de la poesía* (UNAMUNO: *Ensayos*, 1942, II, 1159).

193. Neologismo: *Andamos con* MOTAJOS (UNAMUNO: *Ensayos*, 1942, I, 803).

194. Transitiva con neologismo: *Las tierras calmas —no rotas— ponen en la llanura, en las laderas de los montecillos, su nota* VERDEGUEANTE (AZORÍN: *Obr.*, 1947, IV, 394).

195. Causal de causa moral con neologismo de mal gusto: *Y no logró seguir porque* ESTREPITÓ *toda la escalera y por su hueco surgió la esposa del artista* (G. MIRÓ: *Obr. Compl.*, 1943, 132).

196. Adjetivo muy expresivo: *... y contemplando sus* MIMBREÑAS *columnas pensé así* (El gerundio es de tipo latino; es causa, instrumento, modo (UNAMUNO: *Ensayos*, 1942, II, 172).

197. Lenguaje expresivo. Vocativo y aparición del pronombre personal por énfasis. Coordinada adversativa; «traidora» es epíteto: *Pero* TRAIDORA *Juanita,* TÚ *me lisonjeas y me matas a la vez* (J. VALERA: *Juanita la Larga*, 1926, 70).

198. Complemento circunstancial expresivo: *Con una dulce sonrisa, disponíase luego a recibir al prometido ilusorio* (RODÓ: *Ariel*, 1911, 14).

199. Neologismo y frases yuxtapuestas. Descripción muy expresiva, parecida a los infinitivos históricos: *Verbenean y corren, como cohetes, rumores que parten de las tertulias, se detienen en el corro de una esquina, zigzaguean por los mercados, rebotan en una sacristía* (AZORÍN: *Obra*, 1947, IV, 816).

200. Lenguaje causal expresivo. Uso de *nadie* por «alguien»: *Imposible parece que* NADIE *haya atacado la Inquisición por lo que tiene de tribunal indagatorio y calificador* (M. MENÉNDEZ PELAYO: *H.ª de los Heterodoxos*, 1880, II, 691).

201. Polisíndeton y consecutiva de relativo: *No hay visión ni cosa, ni momento de ella que no descienda a las honduras eternas de donde salió y allí se quede.* (UNAMUNO, *Ensayos*, 1942, II, 287).

202. Latinismo: *Lejos, bajo las nieblas,* ESCINTILAN *las nubes reunidas, medrositas de un pueblo del valle.* (G. MIRO, *Obr. Compl.*, 1942, 62).

203. Modismo popular: *Cada cual* ECHA EL MOCHUELO *al prójimo.* (UNAMUNO. *Ensayos*, 1942, I, 829).

128. Por la práctica a la regla

a) Examen de conjuntos sintácticos

EL SONETO DESINTEGRADO

1) Cada día que pasa la vida nos quita un poco de existencia y nos carga con un mucho de experiencia. Por eso, a medida que acortamos los años, la vida se hace más ancha. Es una pérdida en el tiempo y una recuperación en el espacio.

Y una de estas experiencias tristes se refiere a la poesía. Los sedicentes poetas a la moderna han ahuyentado la poesía de los lares. Y las canciones, como una bandada de golondrinas blanquinegras y trashumantes, después de una invernada de lluvia machacona, han emigrado y no han vuelto a sus nidos patrios.

2) El pueblo sigue añorando la poesía como un rocío de tierra prometida, y detesta a los seudopoetas, como las flores del mal. Hoy todo se ha deshumanizado y desintegrado. Es el signo negativo y el clima de una época iconoclasta. Destruye, no para renovar o modernizar sabiamente, poéticamente, sino para llenar de cascote antimétrico, sin color ni canción, el paraíso de la belleza literaria, eso que el célebre poeta granadino Soto de Rojas llamó condensadamente «paraíso cerrado para muchos, jardines abiertos para pocos».

Y estos vagabundos del arte, que habían respetado, al menos, en sus delirios oscuros, el ritmo arquitectónico del *soneto*, hoy se atreven a pensar en un soneto sin soneto o en el soneto desintegrado.

3) No hace mucho me contaron que uno de esos mendigos del Parnaso se acercó a un profesional del arte poético para leerle unos versos que él titulaba «soneto». No tenían el compás tradicional ni la agrupación de las catorce líneas que engarzan la estrofa. Y ante la pregunta del maestro sobre aquel desaguisado de renglones que no cumplían con el canon métrico, el poetastro se limitó a responder, en su atrevida ignorancia: «Lo que usted defiende es el soneto arqueológico; éste es un soneto desonetado.» Fue como decir con osadía de mercader sin conciencia: «Le vendo a usted una mantequilla de polvo de ladrillo, para cambiar de color, porque la de nata ya está anticuada, ya no es comestible.»

4) Hablemos, no de modernidad, sino de impotencia. Nuestro siglo es intensamente renovador en poesía, ¿quién lo duda? Pero todos esos falsificadores de su rica moneda, al desnatificar el soneto, han desintegrado nuestro mejor poema.

El soneto, amigos, es algo serio en el quehacer poético; por difícil, de almas fuertes, y por fácil, juego y contraste de buenos poetas. Es el escudo o medallón heráldico en la fachada de un palacio señorial. Para los detractores del verso limpio y sin artilugios, el soneto resulta un poco arriesgado, algo así como el pase natural en el coso, un trago amargo. Y, sin embargo, es el silogismo de nuestra inspiración y el rey de los versos.

MARTÍN ALONSO.
(*Ya*, 18 de marzo de 1961.)

b) Análisis sintáctico del texto

1) Frase de relativo «Que pasa». Genitivo de cantidad = *de existencia* y otro partitivo de cantidad = *de experiencia*. Genitivo o ablativo partitivo = *de estas experiencias*. Participio latinizante sustantivado = *los sedicentes*, que lleva complemento directo y un complemento predicativo, «poetas». Es una frase sustantiva. Uso del perfecto actual = *han ahuyentado*. Usa el perfecto de acción terminada = *han emigrado* y no *han vuelto*.

2) Frase verbal = *el pueblo sigue añorando*. Hay un *como* que parece suplir a todo un verbo *(juzgándoles);* es una comparativa elíptica; podría ser una comparativa condicional «como si fueran». Una final con infinitivo. Otra final adversativa, que forma *dicotomía* con la primera. Ablativo de abundancia = *de cascote*. Se suple el verbo *ser*. «Eso» es aposición y antecedente de una frase de relativo = *que el célebre poeta granadino*, con verbo y complemento directo y doble predicativo = *paraíso cerrado*... Una de relativo = *que habían respetado*. Servil con verbos concertados = *atreverse* y *pensar*. Una completiva.

3) Final de infinitivo: «para leerle unos versos». Frase de relativo = *que él titulaba* y doble predicativo. Estilo directo: *lo que usted defiende es el soneto arqueológico*... «Una completiva con infinitivo, «como decir». Estilo directo = *le vendo a usted una mantequilla de polvo de ladrillo.*» Dentro del estilo directo, una causal con dos verbos yuxtapuestos.

4) Subjuntivo exhortativo = *hablemos*... Una interrogativa retórica que equivale a «nadie lo duda» *(¿quién lo duda?)*. Temporal con infinitivo = *al desnatificar*, con colorido causal. Un vocativo = *amigos*. Infinitivo con preposición y artículo *(en el quehacer)*, que está ya admitido como sustantivo. Una construcción de predicado nominal suplido. Cópula con el verbo «resultar» y una comparativa de modo: *algo así como*...

c) **Recitación de los versos de tres poetas:** dos españoles (LEÓN, FELIPE y JUAN RAMÓN JIMÉNEZ) y un mejicano AMADO NERVO. Se han de analizar sus composiciones sintácticamente.

1.º ROMERO SÓLO

Ser en la vida
romero,
romero sólo, que cruza
siempre por caminos nuevos;

ser en la vida romero,
sin más oficio, sin otro nombre
y sin pueblo...
Romero, romero;
sólo
romero.
Que no hagan callo las cosas
ni en el alma, ni en el cuerpo...
Pasar por todo una vez;
una vez solo y ligero, ligero
siempre
ligero.

Que no se acostumbre el pie
a pisar el mismo suelo,
ni el tablado de la farsa,
ni la losa de los templos,
para que nunca
recemos
como el sacristán
los rezos,
ni como el cómico
viejo
digamos
los versos.
La mano ociosa es quien tiene
más fino el tacto en los dedos,
decía Hamlet a Horacio
viendo
cómo cavaba una fosa
un sepulturero.

No
sabiendo
los oficios,
los hacemos
con respeto.
Para enterrar
a los muertos
como debemos,
cualquiera sirve, cualquiera...
menos un sepulturero.

Un día
todos sabremos
hacer justicia;
tan bien como el rey hebreo
la hizo
Sancho, el escudero,
y el villano
Pedro Crespo...
Que no hagan callo las cosas
ni en el alma ni en el cuerpo...
Pasar por todo una vez,

una vez solo y ligero, ligero
siempre
ligero.

Sensibles
a todo viento
y bajo todos los cielos,
poetas,
nunca cantemos
la vida
de un mismo pueblo,
ni la flor
de un solo huerto.
Que sean todos
los pueblos
y todos los huertos, nuestros.

LEÓN FELIPE.

2.º AL CUARTO

Rosas, rosas al cuarto
por ella abandonado.
Que el dolor dialogue, en esta ausencia,
con el recuerdo blanco.

JUAN RAMÓN JIMÉNEZ.

3.º SILENCIOSAMENTE...

Silenciosamente miraré tus ojos,
silenciosamente cogeré tus manos;
silenciosamente,
cuando el sol poniente
nos bañe en sus rojos
fuegos soberanos,
posaré mis labios en tu limpia frente,
y nos besaremos como dos hermanos.

Ansío ternuras castas y cordiales,
dulces e indulgentes rostros compasivos;
manos tibias... ¡tibias manos fraternales!,
ojos claros... ¡claros ojos pensativos!

Ansío regazos que a entibiar empiecen
mis otoños; almas que con mi alma oren;
labios virginales que conmigo recen;
diáfanas pupilas que conmigo lloren.

AMADO NERVO.

d) Temas de redacción

1.º Explique los ejemplos y el porqué del *la* artículo femenino en estas construcciones: *La de disgustos que hemos tenido.—La de veces que me lo has prometido.*

2.º El ideal de una casa de campo en la sierra o en el mar.

e) **Discoteca nacional española** (Un disco después de cada capítulo. Haga funcionar su tocadiscos)

1) FALLA: *El sombrero de tres picos* (Soprano Celia Langa). Hispanovox. HH-1097, 33,5r.

2) JOAQUÍN RODRIGO: *Recital de música española* (Sonata pimpante). 33 r.

3) DISCOS LITERARIOS: *Poesía de amor* (Antología de la poesía amorosa), por José M.ª Rodero. GPE 10 103 / 104. *Poesía de Dios* (Antología de poesía religiosa), por Ana María Noé, F. Fernán Gómez y A. González. GPE, 10 102.

15 | PARADIGMAS NOMINALES Y VERBALES. ESQUEMAS FONÉTICOS Y ORTOGRÁFICOS. FORMULARIOS PARA LA REDACCIÓN DE CARTAS

129. Formas flexivas de los pronombres personales (Paradigmas)

Pronombre de la 1.ª persona «yo» (Declinación)

	Nominativo	*yo*
	Acusativo	*me*
	Dativo	*me*
Con preposición	Genitivo	*mí*
Con preposición	Acusativo	*mí*
Con preposición	Dativo	*mí*
Con preposición	Ablativo	*mí*
	Ablativo de compañía	*conmigo*

Pronombre de 2.ª persona «*tú*» (Declinación)

Nominativo	*tú*
Vocativo	*tú*
Acusativo	*te*
Dativo	*te*

Con preposición..	Genitivo............... Dativo................ Acusativo............. Ablativo..............	*ti*
	Ablativo de compañía...	*contigo*

Pronombre de 3.ª persona *«él»* (Declinación)

		Singular			Plural	
		Masculino	*Femenino*	*Neutro*	*Masculino*	*Femenino*
	Nominativo.	*él*	*ella*	*ello*	*ellos*	*ellas*
	Acusativo..	*lo, le*	*la*	*lo*	*los*	*las*
	Dativo.....	*le, se*	*le, se*	—	*les, se*	*les, se*
Con preposición.	Genitivo.... Acusativo.. Dativo..... Ablativo....	*él*	*ella*	*ello*	*ellos*	*ellas*

Reflexivo de 3.ª persona (Declinación)

Carece de nominativo.

	Acusativo............. Dativo................	*se*
Con preposición..	Genitivo............... Acusativo............. Dativo................ Ablativo..............	*si*
	Ablativo de compañía...	*consigo*

Plural del pronombre 1ª persona *«nosotros, nosotras»* (Declinación)

	Nominativo.....	*nosotros* *nosotras*
	Acusativo....... Dativo..........	*nos*
Con preposición..	Genitivo........ Acusativo....... Dativo.......... Ablativo........	*nosotros* *nosotras*

Plural del pronombre de 2ª persona *«vosotros, vosotras»* (Declinación)

	Nominativo..... Vocativo........	*vosotros* *vosotras*
	Acusativo....... Dativo..........	*os*
Con preposición..	Genitivo........ Dativo.......... Acusativo....... Ablativo........	*vosotros* *vosotras*

130. Esquema general de formas determinativas

El	Este	Mi	Nuestro	Libro
Del	Ese	Tu	Vuestro	
Al	Aquel	Su	Su	
Este	El... mío	El... nuestro		
Ese	El... tuyo	El... vuestro		
Aquel	El... suyo	El... suyo		
La	Esta	Mi	Nuestra	Ciudad
De la	Esa	Tu	Vuestra	
A la	Aquella	Su	Su	
Esta	La... mía	La... nuestra		
Esa	La... tuya	La... vuestra		
Aquella	La... suya	La... suya		
Los	Estos	Mis	Nuestros	Libros
De los	Esos	Tus	Vuestros	
A los	Aquellos	Sus	Sus	
Estos	Los... míos	Los... nuestros		
Esos	Los... tuyos	Los... vuestros		
Aquellos	Los... suyos	Los... suyos		
Las	Estas	Mis	Nuestras	Ciudades
De las	Esas	Tus	Vuestras	
A las	Aquellas	Sus	Sus	
Estas	Las... mías	Las... nuestras		
Esas	Las... tuyas	Las... vuestras		
Aquellas	Las... suyas	Las... suyas		

131. Esquemas de relativos e interrogativos

a) Relativos

	Masculino	*Femenino*
Singular......	(El) que (El) cual Quien Cuyo	(La) que (La) cual Quien Cuya
Plural........	(Los) que (Los) cuales Quienes Cuyos	(Las) que (Las) cuales Quienes Cuyas

b) Interrogativos

Para las personas	*Para las cosas*	*De cantidad*	*De posesión (ant.)*
Quién Quiénes	Qué Cuál Cuáles	Cuánto Cuántos Cuántas	(Cúyo) (Cúya) (Cúyos) (Cúyas)

132. Esquema práctico de indefinidos pluriformes

	Pronombre indefinido	*Adjetivo determinativo*	*Adverbio*	*Sustantivo*
Mucho....	Enseñaba *mucho.*	Gastó *mucho* dinero.	Se lo encarecí *mucho.*	Lo *mucho* ofende
Tanto......	No esperaba *tanto* de ti.	No lo juzgué digno de *tanto* honor.	Los niños no hablan *tanto.*	—
Cuanto...	Habló *cuanto* quiso.	¡*Cuánto* tiempo pierdes!	¡*Cuánto* te afanas!	—
Bastante..	Aprendió *bastante.*	Tengo *bastante* tiempo.	Llegó *bastante* alegre.	Creo que hay lo *bastante.*
Algo......	Debo decirte *algo.*	—	Es *algo* difícil de entender.	—
Nada.....	*Nada* le aprovecha.	—	No me gusta *nada* su lección.	—

133. Esquema de clasificación adjetiva

- POR SU SIGNIFICACIÓN
  - CALIFICATIVOS....
    - *Positivos:* *justo, bueno, torpe, ignorante, sabio*
    - *Comparativos:* *más* justo, *menos* torpe; *peor, mejor, mayor*
    - *Superlativos:* *justísimo, paupérrimo, sumamente* amable, el *más amable* de todos
    - *Absoluto:* *bueno*
    - *Primitivo:* *azul*
    - *Derivado:*
      - verbal: *amable*
      - nominal: *amoroso*
    - *De estructura:*
      - simple: *útil*
      - compuesta: *inútil*
  - DETERMINATIVOS..
    - *Demostrativos:* *este, ese, aquel* cuaderno
    - *Posesivos:*
      - *mi, tu, su, nuestro, vuestro* cuaderno
      - cuaderno *mío, tuyo, suyo, nuestro, vuestro*
    - *Indefinidos:* *cualquier, cierto, otro, tal*
    - *Cuantitativos:*
      - *todo, mucho, poco, bastante, algún*
      - un *solo, más* interés
    - *Distributivos:*
      - *cada* día, *los demás* libros, *ambos* alumnos,
      - con *sendas* escopetas
    - *Numerales:*
      - *Cardinales: un lápiz, dos libros, tres niños*
      - *Ordinales:* página *primera, segunda, tercera, cuarta, quinta, sexta, séptima*
      - *Partitivos: medio* vaso, un *tercio*, un *cuarto*
      - *Múltiplos: doble, triple* tiempo
    - *Interrogativos:* *¿qué* calle? *¿quiénes* llegaron? *¿cuál* de los dos?
    - *Exclamativos:* *¡qué* alegría! *¡cuánta* gente!
- POR SU CONSTRUCCIÓN..............
  - *Atributivos:* tienes unos ojos *preciosos*
  - *Predicativos:* tus joyas son *muy estimables*, *¡qué hermosa* tarde!
- POR SU FORMA EXPRESIVA..........
  - *Epítetos:* *verde* hierba, *blanca* nieve (adjetivo explicativo)

134. Esquema práctico de conjugación regular

a) Conjugación simple

1.º Modo indicativo.	Presente....................	*amo, cedo, parto*
	Pretérito imperfecto........	*amaba, cedía, partía*
	Pretérito perf. absoluto.....	*amé, cedí, partí*
	Futuro absoluto...........	*amaré, cederé, partiré*
2.º Modo subjuntivo.	Presente....................	*ame, ceda, parta*
	Pretérito imperfecto........	*amara-se, cediera-se, partiera-se*
	Futuro hipotético...........	*amare, cediere, partiere*
	Potencial simple...........	*amaría, cedería, partiría*
3.º Modo imperativo.		*ama, cede, parte*

b) Conjugación compuesta

1.º Modo indicativo.	Pretérito perf. actual.......	*he amado, cedido, partido*
	Pretérito anterior..........	*hube amado, cedido, partido*
	Pluscuamperfecto..........	*había amado, cedido, partido*
	Futuro compuesto.........	*habré amado, cedido, partido*
2.º Modo subjuntivo.	Pretérito perfecto..........	*haya amado, cedido, partido*
	Pluscuamperfecto..........	*hubiera-se amado, cedido, partido*
	Fut. hipotético compuesto..	*hubiere amado, cedido, partido*
	Potencial compuesto.......	*habría amado, cedido, partido*

c) Conjugación indeterminada

3.º Modo infinitivo..	Simple o imperfecto........	*amar, ceder, partir*
	Perfecto..................	*haber amado, cedido, partido*
	Futuro....................	*haber de amar, ceder, partir*
	Gerundio simple...........	*amando, cediendo, partiendo*
	Gerundio compuesto.......	*habiendo amado, cedido, partido*
	Participio activo...........	*el que ama, cede, parte*
	Participio pasivo...........	*amado, cedido, partido*

135. Paradigmas de conjugaciones usuales

a) Verbos auxiliares

SER	ESTAR	HABER
Indicativo		
PRESENTE		
soy	estoy	he
eres	estás	has
es	está	ha (hay)
somos	estamos	hemos
sois	estáis	habéis
son	están	han
PRETÉRITO IMPERFECTO		
era	estaba	había
eras	estabas	habías
era	estaba	había
éramos	estábamos	habíamos
erais	estabais	habíais
eran	estaban	habían

SER	ESTAR	HABER
	PRETÉRITO PERFECTO ABSOLUTO	
fui	estuve	hube
fuiste	estuviste	hubiste
fue	estuvo	hubo
fuimos	estuvimos	hubimos
fuisteis	estuvisteis	hubisteis
fueron	estuvieron	hubieron
	FUTURO ABSOLUTO	
seré	estaré	habré
serás	estarás	habrás
será	estará	habrá
seremos	estaremos	habremos
seréis	estaréis	habréis
serán	estarán	habrán
	PRETÉRITO PERFECTO ACTUAL	
he sido	he estado	he habido
has sido	has estado	has habido
ha sido	ha estado	ha habido
hemos sido	hemos estado	hemos habido
habéis sido	habéis estado	habéis habido
han sido	han estado	han habido
	PRETÉRITO ANTERIOR	
hube sido	hube estado	hube habido
hubiste sido	hubiste estado	hubiste habido
hubo sido	hubo estado	hubo habido
hubimos sido	hubimos estado	hubimos habido
hubisteis sido	hubisteis estado	hubisteis habido
hubieron sido	hubieron estado	hubieron habido
	PLUSCUAMPERFECTO	
había sido	había estado	había habido
habías sido	habías estado	habías habido
había sido	había estado	había habido
habíamos sido	habíamos estado	habíamos habido
habíais sido	habíais estado	habíais habido
habían sido	habían estado	habían habido

SER	ESTAR	HABER
	FUTURO COMPUESTO	
habré sido	habré estado	habré habido
habrás sido	habrás estado	habrás habido
habrá sido	habrá estado	habrá habido
habremos sido	habremos estado	habremos habido
habréis sido	habréis estado	habréis habido
habrán sido	habrán estado	habrán habido

Subjuntivo

	PRESENTE	
sea	esté	haya
seas	estés	hayas
sea	esté	haya
seamos	estemos	hayamos
seáis	estéis	hayáis
sean	estén	hayan
	PRETÉRITO IMPERFECTO	
fuera-fuese	estuviera-estuviese	hubiera-hubiese
fueras-fueses	estuvieras-estuvieses	hubieras-hubieses
fuera-fuese	estuviera-estuviese	hubiera-hubiese
fuéramos-fuésemos	estuviéramos-estuviésemos	hubiéramos-hubiésemos
fuérais-fuéseis	estuviérais-estuviéseis	hubiérais-hubiéseis
fueran-fuesen	estuvieran-estuviesen	hubieran-hubiesen
	FUTURO HIPOTÉTICO	
fuere	estuviere	hubiere
fueres	estuvieres	hubieres
fuere	estuviere	hubiere
fuéremos	estuviéremos	hubiéremos
fuéreis	estuviéreis	hubiéreis
fueren	estuvieren	hubieren
	POTENCIAL SIMPLE	
sería	estaría	habría
serías	estarías	habrías
sería	estaría	habrías

SER	ESTAR	HABER
seríamos	estaríamos	habríamos
seríais	estaríais	habríais
serían	estarían	habrían

PRETÉRITO PERFECTO

haya sido	haya estado	haya habido
hayas sido	hayas estado	hayas habido
haya sido	haya estado	haya habido
hayamos sido	hayamos estado	hayamos habido
hayáis sido	hayáis estado	hayáis habido
hayan sido	hayan estado	hayan habido

PLUSCUAMPERFECTO

hubiera-ese sido	hubiera-se estado	hubiera-ese habido
hubieras-eses sido	hubieras-ses estado	hubieras-ses habido
hubiera-ese sido	hubiera-se estado	hubiera-se habido
hubiéramos-semos sido	hubiéramos-semos estado	hubiéramos - semos habido
hubiérais-seis sido	hubiérais-seis estado	hubiérais-seis habido
hubieran-sen sido	hubieran-sen estado	hubieran-sen habido

FUTURO HIPOTÉTICO COMPUESTO

hubiere sido	hubiere estado	hubiere habido
hubieres sido	hubieres estado	hubieres habido
hubiere sido	hubiere estado	hubiere habido
hubiéremos sido	hubiéremos estado	hubiéremos habido
hubiéreis sido	hubiéreis estado	hubiéreis habido
hubieren sido	hubieren estado	hubieren habido

POTENCIAL COMPUESTO

habría sido	habría estado	habría habido
habrías sido	habrías estado	habrías habido
habría sido	habría estado	habría habido
habríamos sido	habríamos estado	habríamos habido
habríais sido	habríais estado	habríais habido
habrían sido	habrían estado	habrían habido

	SER	ESTAR	HABER

Imperativo

	SER	ESTAR	HABER
De confianza:	sé	está	he
	sed	estad	habed
De respeto:	sea	esté	haya
	sean	estén	hayan

Infinitivo

SIMPLE O IMPERFECTO

SER	ESTAR	HABER
ser	estar	haber

COMPUESTO O PERFECTO

SER	ESTAR	HABER
haber sido	haber estado	haber habido

GERUNDIO SIMPLE

SER	ESTAR	HABER
siendo	estando	habiendo

GERUNDIO COMPUESTO

SER	ESTAR	HABER
habiendo sido	habiendo estado	habiendo habido

PARTICIPIO

SER	ESTAR	HABER
sido	estado	habido

b) Verbos regulares

1.ª conjugación en *—ar*	2.ª conjugación en *—er*	3.ª conjugación en *—ir*
AMAR	CEDER	PARTIR

Indicativo

PRESENTE

AMAR	CEDER	PARTIR
amo	cedo	parto
amas	cedes	partes
ama	cede	parte

AMAR	CEDER	PARTIR
amamos	cedemos	partimos
amáis	cedéis	partís
aman	ceden	parten

PRETÉRITO IMPERFECTO

amaba	cedía	partía
amabas	cedías	partías
amaba	cedía	partía
amábamos	cedíamos	partíamos
amabais	cedíais	partíais
amaban	cedían	partían

PRETÉRITO PERFECTO ABSOLUTO

amé	cedí	partí
amaste	cediste	partiste
amó	cedió	partió
amamos	cedimos	partimos
amasteis	cedisteis	partisteis
amaron	cedieron	partieron

FUTURO ABSOLUTO

amaré	cederé	partiré
amarás	cederás	partirás
amará	cederá	partirá
amaremos	cederemos	partiremos
amaréis	cederéis	partiréis
amarán	cederán	partirán

PRETÉRITO PERFECTO ACTUAL

he amado	he cedido	he partido
has amado	has cedido	has partido
ha amado	ha cedido	ha partido
hemos amado	hemos cedido	hemos partido
habéis amado	habéis cedido	habéis partido
han amado	han cedido	han partido

AMAR	CEDER	PARTIR

PRETÉRITO ANTERIOR

AMAR	CEDER	PARTIR
hube amado	hube cedido	hube partido
hubiste amado	hubiste cedido	hubiste partido
hubo amado	hubo cedido	hubo partido
hubimos amado	hubimos cedido	hubimos partido
hubisteis amado	hubisteis cedido	hubisteis partido
hubieron amado	hubieron cedido	hubieron partido

PLUSCUAMPERFECTO

AMAR	CEDER	PARTIR
había amado	había cedido	había partido
habías amado	habías cedido	habías partido
había amado	había cedido	había partido
habíamos amado	habíamos cedido	habíamos partido
habíais amado	habíais cedido	habíais partido
habían amado	habían cedido	habían partido

FUTURO COMPUESTO

AMAR	CEDER	PARTIR
habré amado	habré cedido	habré partido
habrás amado	habrás cedido	habrás partido
habrá amado	habrá cedido	habrá partido
habremos amado	habremos cedido	habremos partido
habréis amado	habréis cedido	habréis partido
habrán amado	habrán cedido	habrán partido

Subjuntivo

PRESENTE

AMAR	CEDER	PARTIR
ame	ceda	parta
ames	cedas	partas
ame	ceda	parta
amemos	cedamos	partamos
améis	cedáis	partáis
amen	cedan	partan

AMAR	CEDER	PARTIR
	PRETÉRITO IMPERFECTO	
amare, amase	cediera, cediese	partiera, partiese
amaras, amases	cedieras, cedieses	partieras, partieses
amara, amase	cediera, cediese	partiera, partiese
amáramos, amásemos	cediéramos, cediésemos	partiéramos, partiésemos
amarais, amaseis	cedierais, cedieseis	partierais, partieseis
amaran, amasen	cedieran, cediesen	partieran, partiesen
	FUTURO HIPOTÉTICO	
amare	cediere	partiere
amares	cedieres	partieres
amare	cediere	partiere
amáremos	cediéremos	partiéremos
amareis	ced ereis	partiereis
amaren	cedieren	partieren
	POTENCIAL SIMPLE	
amaría	cedería	partiría
amarías	cederías	partirías
amaría	cedería	partiría
amaríamos	cederíamos	partiríamos
amaríais	cederíais	partiríais
amarían	cederían	partirían
	PRETÉRITO PERFECTO	
haya amado	haya cedido	haya partido
hayas amado	hayas cedido	hayas partido
haya amado	haya cedido	haya partido
hayamos amado	hayamos cedido	hayamos partido
hayáis amado	hayáis cedido	hayáis partido
hayan amado	hayan cedido	hayan partido
	PLUSCUAMPERFECTO	
hubiera-se amado	hubiera-se cedido	hubiera-se partido
hubieras-ses amado	hubieras-eses cedido	hubieras-eses partido
hubiera-ese amado	hubiera-ese cedido	hubiera-ese partido

AMAR	CEDER	PARTIR
hubiéramos-ésemos amado	hubiéramos-ésemos cedido	hubiéramos-ésemos partido
hubierais-eseis amado	hubierais-eseis cedido	hubierais-eseis partido
hubieran-esen amado	hubieran-esen cedido	hubieran-esen partido

FUTURO HIPOTÉTICO COMPUESTO

hubiere amado	hubiere cedido	hubiere partido
hubieres amado	hubieres cedido	hubieres partido
hubiere amado	hubiere cedido	hubiere partido
hubiéremos amado	hubiéremos cedido	hubiéremos partido
hubiereis amado	hubiereis cedido	hubiereis partido
hubieren amado	hubieren cedido	hubieren partido

POTENCIAL COMPUESTO

habría amado	habría cedido	habría partido
habrías amado	habrías cedido	habrías partido
habría amado	habría cedido	habría partido
habríamos amado	habríamos cedido	habríamos partido
habríais amado	habríais cedido	habríais partido
habrían amado	habrían cedido	habrían partido

Imperativo

De confianza:	ama	cede	parte
	amad	ceded	partid
De respeto:	ame	ceda	parta
	amen	cedan	partan

Infinitivo

SIMPLE O IMPERFECTO

amar	ceder	partir

COMPUESTO O PERFECTO

haber amado	haber cedido	haber partido

FUTURO

haber de amar	haber de ceder	haber de partir

AMAR	CEDER	PARTIR
	GERUNDIO SIMPLE	
amando	cediendo	partiendo
	GERUNDIO COMPUESTO	
habiendo amado	habiendo cedido	habiendo partido
	PARTICIPIO ACTIVO	
el que ama	el que cede	el que parte
	PARTICIPIO PASIVO	
amado	cedido	partido

Voz pasiva

(Se forma con el participio pasivo del verbo de que se trata *(amado, cedido, partido)* y el verbo *ser* conjugado en todos tiempos, como auxiliar de la pasiva.)

EJEMPLOS COMPARATIVOS:

CON AMAR	CON PARTIR
amo, soy amado	he partido, he sido partido
amaba, era amado	hube partido, hube sido partido
amé, fui amado	había partido, había sido partido
amaré, seré amado	habré partido, habré sido partido
ame, sea amado	haya partido, haya sido partido
amara, fuera amado	hubiera partido, hubiera sido partido
amare, fuere amado	hubiere partido, hubiere sido partido
amaría, sería amado	habría partido, habría sido partido

c) Conjugación de la voz media del verbo «callar»

INFINITIVO SIMPLE.....	callarse
INFINITIVO COMPUESTO.	haberse callado
GERUNDIO SIMPLE......	callándose
GERUNDIO COMPUESTO.	habiéndose callado

Indicativo

PRESENTE....................	Yo me callo, tú te callas, él se calla...
PRETÉRITO IMPERFECTO........	Yo me callaba, tú te callabas, él se callaba...
PERFECTO ABSOLUTO...........	Yo me callé, tú te callaste, él se calló ...
FUTURO ABSOLUTO............	Yo me callaré, tú te callarás, él se callará...
PERFECTO ACTUAL............	Yo me he callado, tú te has callado...
PRETÉRITO ANTERIOR..........	Yo me hube callado, tú te hubiste callado...
PLUSCUAMPERFECTO...........	Yo me había callado, tú te habías callado...
FUTURO COMPUESTO...........	Yo me habré callado, tú te habrás callado..

Subjuntivo

PRESENTE....................	Yo me calle, tú te calles, él se calle...
PRET. IMPERFECTO (1.ª forma)..	Yo me callara, tú te callaras, él se callara...
PRET. IMPERFECTO (2.ª forma)..	Yo me callase, tú te callases, él se callase...
FUTURO HIPOTÉTICO...........	Yo me callare, tú te callares, él se callare...
POTENCIAL SIMPLE............	Yo me callaría, tú te callarías...
PRETÉRITO PERFECTO..........	Yo me haya callado, tú te hayas callado...
PLUSCUAMPERFECTO (1.ª forma).	Yo me hubiera callado, tú te hubieras callado...
PLUSCUAMPERFECTO (2.ª forma).	Yo me hubiese callado, tú te hubieses callado...
FUTURO HIPOTÉTICO COMPUESTO.	Yo me hubiere callado, tú te hubieres callado...
POTENCIAL COMPUESTO........	Yo me habría callado, tú te habrías callado...

Imperativo

De confianza:	cállate tú	callémonos nosotros
De respeto:	cállese él	cállense ellos

---

d) **Conjugación** del verbo **cantar** en forma perifrástica (ejemplos):

INFINITIVO SIMPLE.....	haber de cantar
INFINITIVO COMPUESTO.	haber de haber cantado
GERUNDIO SIMPLE.....	habiendo de cantar
GERUNDIO COMPUESTO..	habiendo de haber cantado

Indicativo

PRESENTE.............	Yo he de cantar, tú has de cantar...
PRETÉRITO IMPERFECTO.	Yo había de cantar, tú habías de cantar...
PERFECTO ABSOLUTO....	Yo hube de cantar, tú hubiste de cantar...
FUTURO ABSOLUTO......	Yo habré de cantar, tú habrás de cantar...

PERFECTO ACTUAL......	Yo he de haber cantado, tú has de haber cantado...
PRETÉRITO ANTERIOR...	Yo hube de haber cantado...
PLUSCUAMPERFECTO.....	Yo había de haber cantado...
FUTURO COMPUESTO....	Yo habré de haber cantado...

Subjuntivo

PRESENTE.............	Yo haya de cantar, tú hayas de cantar...
IMPERFECTO..........	Yo hubiera o hubiese de cantar...
FUTURO HIPOTÉTICO....	Yo hubiere de cantar, tú hubieres de cantar...
POTENCIAL SIMPLE.....	Yo habría de cantar, tú habrías de cantar...

etc., etc., etc...

---

136. Repertorio alfabético de verbos irregulares clave

ABOLIR, en todas sus formas

MODO INDICATIVO:

Pres. Abolimos, abolís. *Las demás personas no se usan.*
Pret. imperf. Abolía, abolías, abolía, abolíamos, abolíais, abolían.
Pret. perf. abs. Abolí, aboliste, abolió, abolimos, abolisteis, abolieron.
Fut. abs. Aboliré, abolirás, abolirá, aboliremos, aboliréis, abolirán.
Pret. perf. He abolido, etc.
Plusc. Había abolido, etc.
Pret. ant. Hube abolido, etc.
Fut. comp. Habré abolido, etc.

MODO SUBJUNTIVO:

Pres. No se usa.
Pret. imperf. Aboliera o aboliese, abolieras o -ses, aboliera o -se, aboliéramos o -semos, abolierais o -seis, abolieran o -sen.
Fut. hipot. Aboliere, abolieres, aboliere, aboliéremos, aboliereis, abolieren.
Pret. perf. Haya abolido, etc.
Plusc. Hubiera o hubiese abolido, etc.
Fut. hipot. Hubiere abolido, etc.
Pot. simple. Aboliría, abolirías, aboliría, aboliríamos, aboliríais, abolirían.
Pot. comp. Habría abolido, etc.

MODO IMPERATIVO:

Pres. Abolid. *Las demás personas no se usan.*

FORMAS NO PERSONALES:

Inf. Abolir.
Ger. Aboliendo.
Part. Abolido.
Inf. comp. Haber abolido.
Ger. comp. Habiendo abolido.

como *ABOLIR*

aguerrir	empedernir
arrecir	garantir
aterir	preterir
denegrir	transgredir
embaír	

ACERTAR, en sus formas irregulares

MODO INDICATIVO:

Pres. Acierto, aciertas, acierta, aciertan.

MODO SUBJUNTIVO:

Pres. Acierte, aciertes, acierte, acierten.

MODO IMPERATIVO:

Pres. Acierta, acierte, acierten.

como *ACERTAR*

acrecentar	empezar
alentar	encomendar
aliquebrar	ensangrentar

apretar	enterrar
asentar	gobernar
aserrar	invernar
atentar	negar
atestar	nevar
atravesar	pensar
calentar	plegar
cegar	quebrar
cerrar	recomendar
comenzar	requebrar
confesar	reventar
denegar	segar
desacertar	sembrar
desalentar	serrar
desasosegar	sosegar
descimentar	soterrar
desgobernar	temblar
desosegar	tentar
emparentar	tropezar

ADQUIRIR, en sus formas irregulares

MODO INDICATIVO:

Pres. Adquiero, adquieres, adquiere, adquieren.

MODO SUBJUNTIVO:

Pres. Adquiera, adquieras, adquiera, adquieran.

MODO IMPERATIVO:

Pres. Adquiere, adquiera, adquieran.

como *ADQUIRIR*

inquirir   perquirir

AGRADECER, en sus formas irregulares

MODO INDICATIVO:

Pres. Agradezco.

MODO SUBJUNTIVO:

Pres. Agradezca, agradezcas, agradezca, agradezcamos, agradezcáis, agradezcan.

MODO IMPERATIVO:

Pres. Agradezca, agradezcamos, agradezcan.

como *AGRADECER*

abastecer	encrudelecer
aborrecer	enflaquecer
acaecer	enhumedecer
acontecer	enloquecer
adolecer	enmudecer
adormecer	enriquecer
alborecer	enrojecer
amanecer	ensombrecer
apetecer	entontecer
aridecer	entorpecer
atardecer	entristecer
atontecer	entumecer
carecer	envejecer
compadecer	envilecer
complacer	esclarecer
conocer	establecer
crecer	estremecer
decrecer	humedecer
desenmudecer	merecer
desfallecer	obedecer
desmerecer	oscurecer
desvanecer	pacer
embebecer	padecer
embobecer	parecer
embravecer	perecer
empecer	proveer
empobrecer	reconocer
encanecer	resplandecer

AGREDIR (defectivo), en todas sus formas

MODO INDICATIVO:

Pres. Agredimos, agredís.

Pret. imperf. Agredía, agredías, agredía, agredíamos, agredíais, agredían.

Pret. perf. abs. Agredí, agrediste, agredió, agredimos, agredisteis, agredieron.

Fut. abs. Agrediré, agredirás, agredirá, agrediremos, agrediréis, agredirán.

Pret. perf. He agredido, has agredido, ha agredido, hemos agredido, habéis agredido, han agredido.

Plusc. Había agredido, habías agredido, había agredido, habíamos agredido, habíais agredido, habían agredido.

Pret. ant. Hube agredido, hubiste agredido, hubo agredido, hubimos agredido, hubisteis agredido, hubieron agredido.

Fut. comp. Habré agredido, habrás agredido, habrá agredido, habremos agredido, habréis agredido, habrán agredido.

MODO SUBJUNTIVO:

Pret. imperf. (1.ª f.) Agrediera, agredieras, agrediera, agrediéramos, agredierais, agredieran.

Pret. imperf. (2.ª f.) Agrediese, agredieses, agrediese, agrediésemos, agredieseis, agrediesen.

Fut. hipot. Agrediere, agredieres, agrediere, agrediéremos, agrediereis, agredieren.

Pret. perf. Haya agredido, hayas agredido, haya agredido, hayamos agredido, hayáis agredido, hayan agredido.

Plusc. (1.ª f.) Hubiera agredido, hubieras agredido, hubiera agredido, hubiéramos agredido, hubierais agredido, hubieran agredido.

Plusc. (2.ª f.) Hubiese agredido, hubieses agredido, hubiese agredido, hubiésemos agredido, hubieseis agredido, hubiesen agredido.

Fut. hipot. comp. Hubiere agredido, hubieres agredido, hubiere agredido, hubiéremos agredido, hubiereis agredido, hubieren agredido.

Pot. simple. Agrediría, agredirías, agrediría, agrediríamos, agredirías, agredirían.

Pot. comp. Habría agredido, habrías agredido, habría agredido, habríamos agredido, habríais agredido, habrían agredido.

MODO IMPERATIVO:

Pres. Agredid vosotros.

FORMAS NO PERSONALES:

Inf. Agredir.
Ger. Agrediendo.
Part. Agredido.
Inf. comp. Haber agredido.
Ger. comp. Habiendo agredido.

ANDAR, en sus formas irregulares

MODO INDICATIVO:

Pret. perf. abs. Anduve, anduviste, anduvo, anduvimos, anduvisteis, anduvieron.

MODO SUBJUNTIVO:

Pret. imperf. Anduviera o anduviese, anduvieras o -ses, anduviera o -se, anduviéramos o -semos, anduvierais o -seis, anduvieran o -sen.

Fut. hipot. Anduviere, anduvieres, anduviere, anduviéremos, anduviereis, anduvieren.

como *ANDAR*

Desandar.

APLACER (defectivo), en sus formas más usadas

MODO INDICATIVO:

Pres. Él aplace, ellos aplacen.

Pret. imperf. Él aplacía, ellos aplacían.

Pret. perf. abs. Él aplació, ellos aplacieron.

Fut. abs. Él aplacerá, ellos aplacerán.

Pret. perf. Ha aplacido, han aplacido.

Plusc. Había aplacido, habían aplacido.

Pret. ant. Hubo aplacido, hubieron aplacido.

Fut. comp. Habrá aplacido, habrán aplacido.

MODO SUBJUNTIVO:

Pres. Él aplazca, ellos aplazcan.

Pret. imperf. Él aplaciera, ellos aplacieran, él aplaciese, ellos aplaciesen.

Fut. hipt. Él aplaciere, ellos aplacieren.

Pret. perf. Haya aplacido, hayan aplacido.

Plusc. Hubiera aplacido, hubieran aplacido, hubiese aplacido, hubiesen aplacido.

Fut. hipot. comp. Hubiere aplacido, hubieren aplacido.

Pot. simp. Él aplacería, ellos aplacerían.

Pot. comp. Habría aplacido, habrían aplacido.

MODO IMPERATIVO:

Pres. Aplazca él, aplazcan ellos.

FORMAS NO PERSONALES:

Inf. Aplacer.
Ger. Aplaciendo.
Part. Aplacido.

Inf. comp. Haber aplacido.
Ger. comp. Habiendo aplacido.

ASCENDER, en sus formas irregulares

MODO INDICATIVO:

Pres. Asciendo, asciendes, asciende, ascienden.

MODO SUBJUNTIVO:

Pres. Ascienda, asciendas, ascienda, asciendan.

MODO IMPERATIVO:

Pres. Asciende, ascienda, asciendan.

como *ASCENDER*

atender	extender
bienquerer	heder
cerner	malquerer
condescender	perder
defender	querer
desatender	sobrentender
descender	subentender
distender	tender
encender	trascender
entender	verter

ASIR, en sus formas irregulares

MODO INDICATIVO:

Pres. Asgo.

MODO SUBJUNTIVO:

Pres. Asga, asgas, asga, asgamos, asgáis, asgan.

como *ASIR*

Desasir.

CONSTR.: *Asir* POR *los cabellos; asirse* A *un clavo ardiendo.*

ATAÑER (defectivo), en sus formas simples

MODO INDICATIVO:

Pres. Atañe, atañen.
Pret. imperf. Atañía, atañían.
Pret. perf. abs. Atañó, atañeron.
Fut. abs. Atañerá, atañerán.

MODO SUBJUNTIVO:

Pres. Ataña, atañan.
Pret. imperf. Atañera o atañase, atañeran o atañasen.
Fut. hipot. Atañere, atañeren.
Pot. simp. Atañería, atañerían.

MODO IMPERATIVO:

No tiene.

FORMAS NO PERSONALES:

Inf. Atañer.
Ger. Atañendo.
Part. Atañido.

AVERIGUAR, en todas sus formas

(DE IRREGULARIDAD FONÉTICA)

MODO INDICATIVO:

Pres. Averiguo, averiguas, averigua, averiguamos, averiguáis, averiguan.
Pret. imperf. Averiguaba, averiguabas, averiguaba, averiguábamos, averiguabais, averiguaban.
Pret. perf. abs. Averigüé, averiguaste, averiguó, averiguamos, averiguasteis, averiguaron.
Fut. abs. Averiguaré, averiguarás, averiguará, averiguaremos, averiguaréis, averiguarán.
Pret. perf. He averiguado, has averiguado, ha averiguado, hemos averiguado, habéis averiguado, han averiguado.
Plusc. Había averiguado, habías averiguado, había averiguado, habíamos averiguado, habíais averiguado, habían averiguado.
Pret. ant. Hube averiguado, hubiste averiguado, hubo averiguado, hubimos averiguado, hubisteis averiguado, hubieron averiguado.
Fut. comp. Habré averiguado, habrás averiguado, habrá averiguado, habremos averiguado, habréis averiguado, habrán averiguado.

MODO SUBJUNTIVO:

Pres. Averigüe, averigües, averigüe, averigüemos, averigüéis, averigüen.
Pret. imperf. (1.ª f.) Averiguara, averiguaras, averiguara, averiguáramos, averiguarais, averiguaran.
Pret. imperf. (2.ª f.) Averiguase, averiguases, averiguase, averiguásemos, averiguaseis, averiguasen.
Fut. hipot. Averiguare, averiguares, averiguare, averiguáremos, averiguareis, averiguaren.
Pret. perf. Haya averiguado, hayas averiguado, haya averiguado, hayamos averiguado, hayáis averiguado, hayan averiguado.
Plusc. (1.ª f.) Hubiera averiguado, hubieras averiguado, hubiera averiguado, hubiéramos averiguado, hubierais averiguado, hubieran averiguado.
Plusc. (2.ª f.) Hubiese averiguado, hubieses averiguado, hubiese averiguado, hubiésemos averiguado, hubieseis averiguado, hubiesen averiguado.
Fut. hipot. comp. Hubiere averiguado, hubieres averiguado, hubiere averiguado, hubiéremos averiguado, hubiereis averiguado, hubieren averiguado.
Pot. simple. Averiguaría, averiguarías, averiguaría, averiguaríamos, averiguaríais, averiguarían.
Pot. comp. Habría averiguado, habrías averiguado, habría averiguado, habríamos averiguado, habríais averiguado, habrían averiguado.

MODO IMPERATIVO:

Pres. Averigua tú, averigüe él, averigüemos nosotros, averiguad vosotros, averigüen ellos.

FORMAS NO PERSONALES:

Inf. Averiguar.
Ger. Averiguando.
Part. Averiguado.
Inf. comp. Haber averiguado.
Ger. comp. Habiendo averiguado.

como *AVERIGUAR*

adecuar	deslenguar
aguar	evacuar
amenguar	fraguar
amortiguar	licuar
anticuar	menguar
apaciguar	promiscuar
atestiguar	santiguar
atreguar	treguar

BALBUCIR (defectivo), en sus formas más usadas

MODO INDICATIVO:

Pres. Balbuces, balbuce, balbucimos, balbucís, balbucen.
Pret. imperf. Balbucía, balbucías, balbucía, balbucíamos, balbucíais, balbucían.
Pret. perf. abs. Balbucí, balbuciste, balbució, balbucimos, balbucisteis, balbucieron.
Fut. abs. Balbuciré, balbucirás, balbucirá, balbuciremos, balbuciréis, balbucirán.
Pret. perf. He balbucido, has balbucido, ha balbucido, hemos balbucido, habéis balbucido, han balbucido.
Plusc. Había balbucido, habías balbucido, había balbucido, habíamos balbucido, habíais balbucido, habían balbucido.
Pret. ant. Hube balbucido, hubiste balbucido, hubo balbucido, hubimos balbucido, hubisteis balbucido, hubieron balbucido.
Fut. comp. Habré balbucido, habrás balbucido, habrá balbucido, habremos balbucido, habréis balbucido, habrán balbucido.

MODO SUBJUNTIVO:

Pret. imperf. (1.ª f.) Balbuciera, balbucieras, balbuciéramos, balbucierais, balbucieran.
Pret. imperf. (2.ª f.) Balbuciese, bucieses, balbuciese, balbuciésemos, balbucieseis, balbuciesen.
Fut. hipot. Balbuciere, balbucieres, balbuciere, balbuciéremos, balbucieereis, balbucieren.
Pret. perf. Haya balbucido, hayas balbucido, haya balbucido, hayamos balbucido, hayáis balbucido, hayan balbucido.
Plusc. (1.ª f.) Hubiera balbucido, hubieras balbucido, hubiera balbucido,

hubiéramos balbucido, hubierais balbucido, hubieran balbucido.
Plusc. (2.ª f.) Hubiese balbucido, hubieses balbucido, hubiese balbucido, hubiésemos balbucido, hubieseis balbucido, hubiesen balbucido.
Fut. hipot. comp. Hubiere balbucido, hubieres balbucido, hubiere balbucido, hubiéremos balbucido, hubiereis balbucido, hubieren balbucido.
Pot. simple. Balbuciría, balbucirías, balbuciría, balbuciríamos, balbuciríais, balbucirían.
Pot. comp. Habría balbucido, habrías balbucido, habría balbucido, habríamos balbucido, habríais balbucido, habrían balbucido.

MODO IMPERATIVO:

Pres. Balbuce tú, balbucid vosotros.

FORMAS NO PERSONALES:

Inf. Balbucir.
Ger. Balbuciendo.
Part. Balbucido.
Inf. comp. Haber balbucido.
Ger. comp. Habiendo balbucido.

BENDECIR, en sus formas simples

MODO INDICATIVO:

Pres. Bendigo, bendices, bendice, bendecimos, bendecís, bendicen.
Pret. imperf. Bendecía, bendecías, bendecía, bendecíamos, bendecíais, bendecían.
Pret. perf. abs. Bendije, bendijiste, bendijo, bendijimos, bendijisteis, bendijeron.
Fut. abs. Bendeciré, bendecirás, bendecirá, bendeciremos, bendeciréis, bendecirán.

MODO SUBJUNTIVO:

Pres. Bendiga, bendigas, bendiga, bendigamos, bendigáis, bendigan.
Pret. imperf. Bendijera o bendijese, bendijeras o -ses, bendijera o -se, bendijéramos o -semos, bendijerais o -seis, bendijeran o -sen.
Fut. hipot. Bendijere, bendijeres, bendijere, bendijéremos, bendijereis, bendijeren.
Pot. simple. Bendeciría, bendecirías, bendeciría, bendeciríamos, bendeciríais, bendecirían.

MODO IMPERATIVO:

Pres. Bendice, bendecid.

FORMAS NO PERSONALES:

Inf. Bendecir.
Ger. Bendiciendo.
Part. Bendecido.

Véase el verbo *decir*. Part. pasivos: *bendito y bendecido*. El primero puede ser adjetivo: *agua* BENDITA; *este hombre es un* BENDITO. El segundo es auxiliar: *fue* BENDECIDO.

CABER, en sus formas irregulares

MODO INDICATIVO:

Pres. Quepo.
Pret. perf. abs. Cupe, cupiste, cupo, cupimos, cupisteis, cupieron.
Fut. abs. Cabré, cabrás, cabrá, cabremos, cabréis, cabrán.

MODO SUBJUNTIVO:

Pres. Quepa, quepas, quepa, quepamos, quepáis, quepan.
Pret. imperf. Cupiera o cupiese, cupieras o -ses, cupiera o -se, cupiéramos o -semos, cupierais o -seis, cupieran o -sen.
Fut. hipot. Cupiere, cupieres, cupiere, cupieremos, cupiereis, cupieren.
Pot. simple. Cabría, cabrías, cabría, cabríamos, cabríais, cabrían.

Es verbo de irregularidad propia.

CAER, en sus formas simples

MODO INDICATIVO:

Pres. Caigo, caes, cae, caemos, caéis, caen.
Pret. imperf. Caía, caías, caía, caíamos, caíais, caían.
Pret. perf. abs. Caí, caíste, cayó, caímos, caísteis, cayeron.

Fut. abs. Caeré, caerás, caerá, caeremos, caeréis, caerán.

MODO SUBJUNTIVO:

Pres. Caiga, caigas, caiga, caigamos, caigáis, caigan.
Pret. imperf. Cayera o cayese, cayeras o cayeses, cayera o cayese, etc.
Fut. hipot. Cayere, cayeres, cayere, cayéremos, cayereis, cayeren.
Pot. simple. Caería, caerías, caería, caeríamos, caeríais, caerían.

MODO IMPERATIVO:

Pres. Cae, caiga, caigamos, caed, caigan.

FORMAS NO PERSONALES:

Inf. Caer.
Ger. Cayendo.
Part. Caído.

como *CAER*

decaer
descaer
recaer.

Debe evitarse el uso de este verbo como transitivo. *Caer a* o *hacia este lado. Caer sobre el enemigo y por el precipicio.*

CAMBIAR, en sus formas simples

(DE IRREGULARIDAD FONÉTICA)

MODO INDICATIVO:

Pres. Cambio, cambias, cambia, cambiamos, cambiáis, cambian.
Pret. imperf. Cambiaba, etc.
Pret. perf. abs. Cambié, etc.
Fut. abs. Cambiaré, etc.

MODO SUBJUNTIVO:

Pres. Cambie, cambies, cambie, cambiemos, cambiéis, cambien.
Pret. imperf. Cambiara o cambiase, etcétera.
Fut. hipot. Cambiare, etc.
Pot. simple. Cambiaría, etc.

MODO IMPERATIVO:

Pres. Cambia, cambiad.

FORMAS NO PERSONALES:

Inf. Cambiar.
Ger. Cambiando.
Part. Cambiado.

Pertenece al grupo: *iar*. Deja siempre átona la *i*, que hace de semiconsonante.

como *CAMBIAR*

abreviar
acariciar
acopiar
acuciar
afiliar
agobiar
agraciar
aliviar
angustiar
amustiar
apreciar
apremiar
asalariar
asediar
asociar
atrofiar
cambiar
codiciar
comerciar
contagiar
copiar
denunciar
desperdiciar
diferenciar
divorciar
encomiar
enunciar
limpiar
odiar
pronunciar
renunciar
testimoniar
vanagloriar

CARIARSE (defectivo), en sus formas más usadas

MODO INDICATIVO:

Pres. Él se caria, ellos se carian.
Pret. imperf. Él se cariaba, ellos se cariaban.
Pret. perf. abs. Él se carió, ellos se cariaron.
Fut. abs. Él se cariará, ellos se cariarán.
Pret. perf. Se ha cariado, se han cariado.
Plusc. Se había cariado, se habían cariado.
Pret. ant. Se hubo cariado, se hubieron cariado.
Fut. comp. Se habrá cariado, se habrán cariado.

MODO SUBJUNTIVO:

Pres. Él se carie, ellos se carien.

Pret. imperf. Él se cariara, ellos se cariaran, él se cariase, ellos se cariasen.
Fut. hipot. Él se cariare, ellos se cariaren.
Pret. perf. Se haya cariado, se hayan cariado.
Plusc. Se hubiera cariado, se hubieran cariado, se hubiese cariado, se hubiesen cariado.
Fut. hipot. comp. Se hubiere cariado, se hubieren cariado.
Pot. simple. Él se cariaría, ellos se cariarían.
Pot. comp. Se habría cariado, se habrían cariado.

CEÑIR, en sus formas irregulares

MODO INDICATIVO:

Pres. Ciño, ciñes, ciñe, ciñen.
Pret. perf. abs. Ciñó, ciñeron.

MODO SUBJUNTIVO:

Pres. Ciña, ciñas, ciña, ciñamos, ciñáis, ciñan.
Pret. imperf. Ciñera o ciñese, ciñeras o ciñeses, ciñera o ciñese, ciñéramos o ciñésemos, ciñerais o ciñeseis, ciñeran o ciñesen.
Fut. hipot. Ciñere, ciñeres, ciñere, ciñéremos, ciñereis, ciñeren.

MODO IMPERATIVO:

Pres. Ciñe, ciña, ciñamos, ciñan.

FORMA NO PERSONAL:

Ger. Ciñendo.

como *CEÑIR*

constreñir — estreñir
descernir — reñir
desteñir — teñir

COCER, en sus formas irregulares

MODO INDICATIVO:

Pres. Cuezo, cueces, cuece, cuecen.

MODO SUBJUNTIVO:

Pres. Cueza, cuezas, cueza, cuezan.

MODO IMPERATIVO:

Pres. Cuece, cueza, cuezan.
Son incorrectas las formas *cuezco* y *cuezca.*

como *COCER*

descocer — recocer
escocer

CONCERNIR (defectivo), en sus formas más usadas

MODO INDICATIVO:

Pres. Él concierne, ellos conciernen.
Pret. imperf. Él concernía, ellos concernían.
Pret. perf. abs. Él concernió, ellos concernieron.
Fut. abs. Él concernirá, ellos concernirán.
Pret. perf. Ha concernido, han concernido.
Plusc Había concernido, habían concernido.
Pret. ant. Hubo concernido, habrán concernido.

MODO SUBJUNTIVO:

Pres. Él concierna, ellos conciernan,
Pret. imperf. (1.ª f.) Él concerniera. ellos concernieran.
Pret. imperf. (2.ª f.) Él concerniese, ellos concerniesen.
Fut. hipot. Él concerniere, ellos concernieren.
Pret. perf. Haya concernido, hayan concernido.
Plusc. (1.ª f.) Hubiera concernido, hubieran concernido.
Plusc. (2.ª f.) Hubiese concernido, hubiesen concernido
Fut. hipot. comp. Hubiere concernido, hubieren concernido.
Pot. simple. Él concerniría, ellos concernirían.
Pot. comp. Habría concernido, habrían concernido.

MODO IMPERATIVO:

Pres. Concierna él, conciernan ellos.

FORMAS NO PERSONALES:

Inf. Concernir.
Ger. Concerniendo.
Part. Concernido.
Inf. comp. Haber concernido.
Ger. comp. Habiendo concernido.

CONDUCIR, en sus formas irregulares

MODO INDICATIVO:

Pres. Conduzco.
Pret. perf. abs. Conduje, condujiste, condujo, condujimos, condujisteis, condujeron.

MODO SUBJUNTIVO:

Pres. Conduzca, conduzcas, conduzca, conduzcamos, conduzcáis, conduzcan.
Pret. imperf. Condujera o condujese, condujeras o -ses, condujera o -se, condujéramos o -semos, condujerais o seis, condujeran o -sen.
Fut. hipot. Condujere, condujeres, condujere, condujéremos, condujereis, condujeren.

como *CONDUCIR*

aducir	reconducir
deducir	reducir
educir	reproducir
inducir	retraducir
introducir	seducir
producir	traducir

CONTAR, en sus formas irregulares

MODO INDICATIVO:

Pres. Cuento, cuentas, cuenta, cuentan.

MODO SUBJUNTIVO:

Pres. Cuente, cuentes, cuente, cuenten.

MODO IMPERATIVO:

Pres. Cuenta, cuente, cuenten.

como *CONTAR*

acordar	encontrar
acostar	esforzar
agorar	forzar
almorzar	holgar
alongar	jugar
amolar	poblar
apostar	probar
aprobar	recordar
asolar	renovar
atronar	reprobar
avergonzar	resollar
colar	resonar
colgar	rodar
concordar	rogar
consolar	soldar
costar	soltar
demostrar	sonar
desaprobar	soñar
descolgar	tostar
descollar	trasvolar
descontar	trocar
desolar	tronar
desollar	volar
despoblar	volcar

DAR, en sus formas simples

MODO INDICATIVO:

Pres. Doy, das, da, damos, dais, dan.
Pret. imperf. Daba, dabas, daba, dábamos, dabais, daban.
Pret. perf. abs. Di, diste, dio, dimos, disteis, dieron.
Fut. abs. Daré, darás, dará, daremos, daréis, darán.

MODO SUBJUNTIVO:

Pres. Dé, des, dé, demos, deis, den.
Pret. imperf. Diera o diese, dieras o dieses, diera o diese, diéramos o diésemos, dierais o dieseis, dieran o diesen.
Fut. hipot. Diere, dieres, diere, diéremos, diereis, dieren.
Pot. simple. Daría, darías, daría, daríamos, daríais, darían.

MODO IMPERATIVO:

Pres. Da, dad.

FORMAS NO PERSONALES:

Inf. Dar.
Ger. Dando.
Part. Dado.

Verbo de irregularidad propia. CONSTR.: *Dar* EN *el clavo y darle* A *uno por la poesía; darse* A *conocer y darse* POR *enterado.*

DECIR, en sus formas simples

MODO INDICATIVO:

Pres. Digo, dices, dice, decimos, decís, dicen.
Pret. imperf. Decía, decías, decía, decíamos, decíais, decían.
Pret. perf. abs. Dije, dijiste, dijo, dijimos, dijisteis, dijeron.
Fut. abs. Diré, dirás, dirá, diremos, diréis, dirán.

MODO SUBJUNTIVO:

Pres. Diga, digas, diga, digamos, digáis, digan.
Pret. imperf. Dijera o dijese, dijeras o -ses, dijera o -se, dijéramos o -semos, dijerais o -seis, dijeran o -sen.
Fut. hipot. Dijere, dijeres, dijere, dijéremos, dijereis, dijeren.
Pot. simple. Diría, dirías, diría, diríamos, diríais, dirían.

MODO IMPERATIVO:

Pres. Di, decid.

FORMAS NO PERSONALES:

Inf. Decir.
Ger. Diciendo.
Part. Dicho.

Verbo de irregularidad propia. CONSTR.: Con *de* + infinitivo: *¿Quién dijo* DE *premiarle?*

como *DECIR*

antedecir
bendecir
contradecir
desdecir
entredecir
maldecir
predecir

DISCERNIR, en sus formas irregulares

MODO INDICATIVO:

Pres. Discierno, disciernes, discierne, disciernen.

MODO SUBJUNTIVO:

Pres. Discierna, disciernas, discierna, disciernan.

MODO IMPERATIVO:

Pres. Discierne, discierna, disciernan.

como *DISCERNIR*

cernir
concernir
decernir
hendir

DORMIR, en sus formas irregulares

MODO INDICATIVO:

Pres. Duermo, duermes, duerme, duermen.
Pret. perf. abs. Durmió, durmieron.

MODO SUBJUNTIVO:

Pres. Duerma, duermas, duerma, duerman.
Pret. imperf. Durmiera o durmiese, durmieras o -ses, durmiera o -se, durmiéramos o -semos, durmierais o -seis, durmieran o -sen.
Fut. hipot. Durmiere, durmieres, durmiere, durmiéremos, durmiereis, durmieren.

MODO IMPERATIVO:

Pres. Duerme, duerma, durmamos, duerman.

FORMAS NO PERSONALES:

Ger. Durmiendo.

como *DORMIR*

adormir
entredormir
morir
premorir

ERGUIR, en sus formas irregulares

MODO INDICATIVO:

Pres. Yergo, yergues, yergue, yerguen (irgo, irgues, irgue, irguen).
Pret. perf. abs. Irguió, irguieron.

MODO SUBJUNTIVO:

Pres. Yerga, yergas, yerga, yergamos, yergáis, yergan (irga, irgas, irga, irgamos, irgáis, irgan).
Pret. imperf. Irguiera o irguiese, irguieras o -ses, irguiera o -se, irguiéramos o -semos, irguierais o -seis, irguieran o -sen.
Fut hipot. Irguiere, irguieres, irguiere, irguiéremos, irguiereis, irguieren.

MODO IMPERATIVO:

Pres. Yergue (irgue).

FORMAS NO PERSONALES:

Ger. Irguiendo.

Verbo de irregularidad propia.

ESTAR, en sus formas simples

MODO INDICATIVO:

Pres. Estoy, estás, está, estamos, estáis, están.
Pret. imperf. Estaba, estabas, estaba, estábamos, estabais, estaban.
Pret. perf. abs. Estuve, estuviste, estuvo, estuvimos, estuvisteis, estuvieron.
Fut. abs. Estaré, estarás, estará, estaremos, estaréis, estarán.

MODO SUBJUNTIVO:

Pres. Esté, estés, esté, estemos, estéis, estén.
Pret. imperf. Estuviera o estuviese, estuvieras o -ses, estuviera o -se, estuviéramos o -semos, estuvierais o -seis, estuvieran o -sen.
Fut. hipot. Estuviere, estuvieres, estuviere, estuviéremos, estuviereis, estuvieren.
Pot. simple. Estaría, estarías, estaría, estaríamos, estaríais, estarían.

MODO IMPERATIVO:

Pres. Está, esté, estemos, estad, estén.

FORMAS NO PERSONALES:

Inf. Estar.
Ger. Estando.
Part. Estado.

Verbo de irregularidad propia.
CONSTR.: *Estar* BAJO *sus órdenes,* CON *deseo de pasear,* DE *vuelta,* PARA *llegar,* POR *escribir. Estarse consumiendo.*

HABER, en todas sus formas

MODO INDICATIVO:

Pres. He, has, ha, hemos, habéis, han.
Pret. imperf. Había, habías, había, habíamos, habíais, habían.
Pret. perf. abs. Hube, hubiste, hubo, hubimos, hubisteis, hubieron.
Fut. abs. Habré, habrás, habrá, habremos, habréis, habrán.
Pret. perf. He habido, has habido, ha habido, etc.
Pret. plusc. Había habido, habías habido, había habido, etc.
Pret. ant. Hube habido, hubiste habido, hubo habido, etc.
Fut. comp. Habré habido, habrás habido, habrá habido, etc.

MODO SUBJUNTIVO:

Pres. Haya, hayas, haya, hayamos, hayáis, hayan.
Pret. imperf. Hubiera o hubiese, hubieras o -ses, hubiera o -se, hubiéramos o -semos, hubierais o -seis, hubieran o -sen.
Fut. hipot. Hubiere, hubieres, hubiere, hubiéremos, hubiereis, hubieren.
Pret. perf. Haya habido, hayas habido, haya habido, etc.
Plusc. Hubiera o hubiese habido, hubieras o -ses habido, etc.
Fut. hipot. comp. Hubiere habido, hubieres habido, hubiere habido, etc.
Pot. simple. Habría, habrías, habría, habríamos, habríais, habrían.
Pot. comp. Habría habido, habrías habido, habría habido, etc.

MODO IMPERATIVO:

Pres. He (tú), habéis (vosotros) (inusitadas ambas formas).

FORMAS NO PERSONALES:

Inf. Haber.
Ger. Habiendo.
Part. Habido.
Inf. comp. Haber habido.
Ger. comp. Habiendo habido.

Verbo de irregularidad propia.

HACER, en sus formas simples

MODO INDICATIVO:

Pres. Hago, haces, hace, hacemos, hacéis, hacen.
Pret. imperf. Hacía, hacías, hacía, hacíamos, hacíais, hacían.
Pret. perf. abs. Hice, hiciste, hizo, hicimos, hicisteis, hicieron.
Fut. abs. Haré, harás, hará, haremos, haréis, harán.

MODO SUBJUNTIVO:

Pres. Haga, hagas, haga, hagamos, hagáis, hagan.
Pret. imperf. Hiciera o hiciese, hicieras o -ses, hiciera o -se, hiciéramos o -semos, hicierais o -seis, hicieran o -sen.

Fut. hipot. Hiciere, hicieres, hiciere, hiciéremos, hiciereis, hicieren.
Pot. simple. Haría, harías, haría, haríamos, haríais, harían.

MODO IMPERATIVO:

Pres. Haz, haga, hagamos, haced, hagan.

FORMAS NO PERSONALES:

Inf. Hacer.
Ger. Haciendo.
Part. Hecho.

como *HACER*

contrahacer
deshacer
grandifacer
rarefacer
rehacer

HENCHIR, en sus formas irregulares

MODO INDICATIVO:

Pres. Hincho, hinches, hinche, hinchen.
Pret. perf. abs. Hinchió, hinchieron.

MODO SUBJUNTIVO:

Pres. Hincha, hinchas, hincha, hinchamos, hincháis, hinchan.
Pret. imperf. Hinchiera o hinchiese, hinchieras o hinchieses, hinchiera o hinchiese, hinchiéramos o hinchiésemos, hinchierais o hinchieseis, hinchieran o hinchiesen.
Fut. hipot. Hinchiere, hinchieres, hinchiere, hinchiéremos, hinchiereis, hinchieren.

MODO IMPERATIVO:

Pres. Hinche, hincha, hinchamos, hinchan.

FORMAS NO PERSONALES:

Ger. Hinchiendo.

como *HENCHIR*

colegir
pedir
rehenchir

HUIR, en sus formas irregulares

MODO INDICATIVO:

Pres. Huyo, huyes, huye, huyen.

MODO SUBJUNTIVO:

Pres. Huya, huyas, huya, huyamos, huyáis, huyan.

MODO IMPERATIVO:

Pres. Huye, huya, huyamos, huid, huyan.

como *HUIR*

afluir	fluir
argüir	fruir
atribuir	imbuir
circuir	incluir
concluir	influir
confluir	instituir
constituir	intuir
construir	irruir
derruir	obstruir
desobstruir	prostituir
destituir	recluir
destruir	reconstruir
diluir	refluir
disminuir	restituir
distribuir	retribuir
excluir	sustituir

CONSTR.: *Huir* DE *la ciudad* AL *campo*.

IR, en sus formas simples

MODO INDICATIVO:

Pres. Voy, vas, va, vamos, vais, van.
Pret. imperf. Iba, ibas, iba, íbamos, ibais, iban.
Pret. perf. abs. Fui, fuiste, fue, fuimos, fuisteis, fueron.
Fut. abs. Iré, irás, irá, iremos, iréis, irán.

MODO SUBJUNTIVO:

Pres. Vaya, vayas, vaya, vayamos, vayáis, vayan.
Pret. imperf. Fuera o fuese, fueras o -ses, fuera o -se, fuéramos o -semos, fuerais, o -seis, fueran o -sen.
Fut. hipot. Fuere, fueres, fuere, fuéremos, fuereis, fueren.
Pot. simple. Iría, irías, iría, iríamos, iríais, irían.

MODO IMPERATIVO:

Pres. Ve, vaya, vayamos, vayan.

FORMAS NO PERSONALES:

Inf. Ir.
Ger. Yendo.
Part. Ido.

Verbo de irregularidad propia. CONSTR.: *ir* + infinitivo: *el avión va* A DESPEGAR; *ir y* + verbo: *él va y* LE PIDE *dinero*. Con infinitivo de posibilidad: *¡Quién lo* IBA A SOSPECHAR!

OCURRIR (impersonal), en sus formas más usadas

MODO INDICATIVO:

Pres. Ocurre, ocurren.
Pret. imperf. Ocurría, ocurrían.
Pret. perf. abs. Ocurrió, ocurrieron.
Fut. abs. Ocurrirá, ocurrirán.
Pret. perf. Ha ocurrido, han ocurrido
Plusc. Había ocurrido, habían ocurrido.
Pret. ant. Hubo ocurrido, hubieron ocurrido.
Fut. comp. Habrá ocurrido, habrán ocurrido.

MODO SUBJUNTIVO:

Pres. Ocurra, ocurran.
Pret. imperf. (1.ª f.) Ocurriera, ocurrieran.
Pret. imperf. (2.ª f.) Ocurriese, ocurriesen.
Fut. hipot. Ocurriere, ocurrieren.
Pret. perf. Haya ocurrido, hayan ocurrido.
Plusc. (1.ª f.) Hubiera ocurrido, hubieran ocurrido.
Plusc. (2.ª f.) Hubiese ocurrido, hubiesen ocurrido.
Fut. hipot. comp. Hubiere ocurrido, hubieren ocurrido.
Pot. simple. Ocurriría, ocurrirían.
Pot. comp. Habría ocurrido, habrían ocurrido.

MODO IMPERATIVO:

Pres. Ocurra, ocurran.

FORMAS NO PERSONALES:

Inf. Ocurrir.
Ger. Ocurriendo.
Part. Ocurrido.
Inf. comp. Haber ocurrido.
Ger. comp. Habiendo ocurrido.

como *OCURRIR*

convenir evenir
concernir rugir
decir

OÍR, en sus formas simples

MODO INDICATIVO:

Pres. Oigo, oyes, oye, oímos, oís, oyen.
Pret. imperf. Oía, oías, oía, oíamos, oíais, oían.
Pret. perf. abs. Oí, oíste, oyó, oímos, oísteis, oyeron.
Fut. abs. Oiré, oirás, oirá, oiremos, oiréis, oirán.

MODO SUBJUNTIVO:

Pres. Oiga, oigas, oiga, oigamos, oigáis, oigan.
Pret. imperf. Oyera u oyese, oyeras u -ses, oyera u -se, oyéramos u -semos, oyerais u -seis, oyeran u -sen.
Fut. hipot. Oyeres, oyeres, oyere, oyéremos, oyereis, oyeren.
Pot. simple. Oiría, oirías, oiría, oiríamos, oiríais, oirían.

MODO IMPERATIVO:

Pres. Oye, oíd, oigan, oiga, oigamos·

FORMAS NO PERSONALES:

Inf. Oír.
Ger. Oyendo.
Part. Oído.

Verbo de variaciones ortográficas.

como *OIR*

desoír entreoír

PLACER, en sus formas irregulares

MODO INDICATIVO:

Pres. Plazco.
Pret. perf. abs. Plació (o plugo), placieron (o pluguieron).

MODO SUBJUNTIVO:

Pres. Plazca, plazcas, plazca (o plega o plegue), plazcamos, plazcáis, plazcan.
Pret. imperf. Placiera o -se (o pluguiera o -se).
Fut. hipot. Placiere o pluguiere.

Verbo de irregularidad propia.

como *PLACER*

aplacer desplacer
complacer displacer

PLAÑIR, en sus formas irregulares

MODO INDICATIVO:

Pret. perf. abs. Plañó, plañeron.

MODO SUBJUNTIVO:

Pret. imperf. Plañera o plañase, plañeras o plañases, plañera o plañase, plañéramos o plañésemos, plañerais o plañeseis, plañeran o plañasen.
Fut. abs. Plañere, plañeres, plañere, plañéremos, plañereis, plañeren.

FORMA NO PERSONAL:

Ger. Plañendo.

Verbo de irregularidad común.

PODER, en sus formas simples

MODO INDICATIVO:

Pres. Puedo, puedes, puede, podemos, podéis, pueden.
Pret. imperf. Podía, podías, podía, podíamos, podíais, podían.
Pret. perf. abs. Pude, pudiste, pudo, pudimos, pudisteis, pudieron.
Fut. abs. Podré, podrás, podrá, podremos, podréis, podrán.

MODO SUBJUNTIVO:

Pres. Pueda, puedas, pueda, podamos, podáis, puedan.

Pret. imperf. Pudiera o pudiese, pudieras o pudieses, pudiera o pudiese, etcétera.
Fut. hipot. Pudiere, pudieres, pudiere, pudiéremos, pudiereis, pudieren.
Pot. simple. Podría, podrías, podría, podríamos, podríais, podrían.

MODO IMPERATIVO:

Pres. (Inusitado), puede, poded.

FORMAS NO PERSONALES:

Inf. Poder.
Ger. Pudiendo.
Part. Podido.

Verbo de irregularidad propia.

PODRIR, en sus formas irregulares

MODO INDICATIVO:

Pres. Pudro, pudres, pudre, pudrimos, pudrís, pudren.
Pret. imperf. Pudría, pudrías, pudría, pudríamos, pudríais, pudrían.
Pret. perf. abs. Pudrí, pudriste, pudrió, pudrimos, pudristeis, pudrieron.
Fut. abs. Pudriré, pudrirás, pudrirá, pudriremos, pudriréis, pudrirán.

MODO SUBJUNTIVO:

Pres. Pudra, pudras, pudra, pudramos, pudráis, pudran.
Pret. imperf. Pudriera o pudriese, pudrieras o pudrieses, pudriera o pudriese, pudriéramos o pudriésemos, pudrierais o pudrieseis, pudrieran o pudriesen.
Fut. hipot. Pudriere, pudrieres, pudriere, pudriéremos, pudriereis, pudrieren.
Pot. simple. Pudriría, pudrirías, pudriría, pudriríamos, pudriríais, pudrirían.

MODO IMPERATIVO:

Pres. Pudre, pudra, pudramos, pudrid, pudran.

FORMAS NO PERSONALES:

Inf. Podrir o pudrir.
Ger. Pudriendo.
Part. Podrido.

Verbo de irregularidad propia.

como *PODRIR*

pudrir repudrir
repodrir

PONER, en sus formas simples

MODO IMPERATIVO:

Pres. Pongo, pones, pone, ponemos, ponéis, ponen.
Pret. imperf. Ponía, ponías, ponía, poníamos, poníais, ponían.
Pret. perf. abs. Puse, pusiste, puso, pusimos, pusisteis, pusieron.
Fut. abs. Pondré, pondrás, pondrá, pondremos, pondréis, pondrán.

MODO SUBJUNTIVO:

Pres. Ponga, pongas, ponga, pongamos, pongáis, pongan.
Pret. imperf. Pusiera, o pusiese, pusieras o -ses, pusiera o -se, pusiéramos o -semos, pusierais o -seis, pusieran o -sen.
Fut. hipot. Pusiere, pusieres, pusiere, pusiéremos, pusiereis, pusieren.
Pot. simple. Pondría, pondrías, pondría, pondríamos pondríais, pondrían

MODO IMPERATIVO:

Pres. Poned, pongan, pon, ponga, pongamos.

FORMAS NO PERSONALES:

Inf. Poner.
Ger. Poniendo.
Part. Puesto.

Verbo de irregularidad propia.

como *PONER*

anteponer posponer
componer predisponer
contraponer presuponer
deponer proponer
descomponer recomponer
disponer reponer

exponer
imponer
interponer
oponer
sobreponer
superponer
suponer
yuxtaponer

PORFIAR, en todas sus formas

(DE IRREGULARIDAD FONÉTICA: SE ACENTÚA LA *í*)

MODO INDICATIVO:

Pres. Porfío, porfías, porfía, porfiamos. porfiáis, porfían.
Pret. imperf. Porfiaba, porfiabas, porfiaba, porfiábamos, porfiabais, porfiaban.
Pret perf. abs. Porfié, porfiaste, porfió, porfiamos, porfiasteis, porfiaron.
Fut. abs. Porfiaré, porfiarás, porfiará, porfiaremos, porfiaréis, porfiarán.
Pret. perf. He porfiado, has porfiado, ha porfiado, hemos porfiado, habéis porfiado, han porfiado.
Plusc. Había porfiado, habías porfiado, había porfiado, habiámos porfiado, ha íais po fiado, habían porfiado.
Pret. ant. Hube porfiado, hubiste porfiado, hubo porfiado, hubimos porfiado, hubisteis porfiado, hubieron porfiado.
Fut. comp. Habré porfiado, habrás porfiado, habrá porfiado, habremos porfiado, habréis porfiado, habrán porfiado.

MODO SUBJUNTIVO:

Pres. Porfíe, porfíes, porfíe, porfiemos, porfiéis, porfíen.
Pret. imperf. (1.ª f.) Porfiara, porfiaras, porfiara, porfiáramos, porfiarais, porfiaran.
Pret. imperf. (2.ª f.) Porfiase, porfiases, porfiase, porfiásemos, porfiaseis, porfiasen
Fut. hipot. Porfiare, porfiares, porfiare, porfiáremos, porfiareis, porfiaren.
Pret. perf. Haya porfiado, hayas porfiado, haya porfiado, hayamos porfiado, hayáis porfiado, hayan porfiado.
Plusc. (1.ª f.) Hubiera porfiado, hubieras porfiado, hubiera porfiado, hubiéramos porfiado, hubierais porfiado, hubieran porfiado.
Plusc. (2.ª f.) Hubiese porfiado, hubieses porfiado, hubiese porfiado, hubiésemos porfiado, hubieseis porfiado, hubiesen porfiado.
Fut. hipot. comp. Hubiere porfiado, hubieres porfiado, hubiere porfiado, hubiéremos porfiado, hubiereis porfiado, hubieren porfiado.
Pot. simple. Porfiaría, porfiarías, porfiaría, porfiaríamos, porfiaríais, porfiarían.
Pot. comp. Habría porfiado, habrías porfiado, habría porfiado, habríamos porfiado, habríais porfiado, habrían porfiado.

MODO IMPERATIVO:

Pres. Porfía tú, porfíe él, porfiemos nosotros, porfiad vosotros, porfíen ellos.

FORMAS NO PERSONALES:

Inf. Porfiar.
Ger. Porfiando.
Part. Porfiado.
Inf. comp. Haber porfiado.
Ger. comp. Habiendo porfiado.

como *PORFIAR*

aliar
amnistiar
ampliar
arriar
ataviar
autografiar
aviar
biografiar
cablegrafiar
caligrafiar
cinematografiar
confiar
criar
chirriar
desafiar
desconfiar
desliar
desviar
enfriar
enviar
espiar
esquiar
estriar
expiar
extraviar
fiar
fotografiar
guiar
gloriar
hastiar
liar
litografiar
malcriar
piar
porfiar
resfriar
rociar
telegrafiar
traillar
vaciar

QUERER, en sus formas simples

MODO INDICATIVO:

Pres. Quiero, quieres, quiere, queremos, queréis, quieren.
Pret. imperf. Quería, querías, quería, queríamos, queríais, querían.
Pret. perf. abs. Quise, quisiste, quiso, quisimos, quisisteis, quisieron.
Fut. abs. Querré, querrás, querrá, querremos, querréis, querrán.

MODO SUBJUNTIVO:

Pres. Quiera, quieras, quiera, queramos, queráis, quieran.
Pret. imperf. Quisiera o quisiese, quisieras o -ses, quisiera o -se, etc.
Fut. hipot. Quisiere, quisieres, quisiere, quisiéremos, quisiereis, quisieren.
Pot. simple. Querría, querrías, querría, querríamos, querríais, querrían.

MODO IMPERATIVO:

Pres. Quiere, quered.

FORMAS NO PERSONALES:

Inf. Querer.
Ger. Queriendo.
Part. Querido.

como *QUERER*

bienquerer malquerer
desquerer

RAER (defectivo), en sus formas más usadas

MODO INDICATIVO:

Pres. Raigo o rayo, raes, rae, raemos, raéis, raen.

MODO SUBJUNTIVO:

Pres. Raiga o raya, raigas o rayas, raiga o raya, raigamos o rayamos, raigáis o rayáis, raigan o rayan.

MODO IMPERATIVO:

Pres. Rae, raiga o raya, raigamos o rayamos, raed, raigan o rayan.

REÍR, en sus formas irregulares

MODO INDICATIVO:

Pres. Río, ríes, ríe, reímos, reís, ríen.
Pret. perf. abs. Reí, reíste, rió, reímos, reísteis, rieron.

MODO SUBJUNTIVO:

Pres. Ría, rías, ría, riamos, riáis, rían.
Pret. imperf. Riera o riese, rieras o -ses, riera o -se, riéramos o -semos, rierais o -seis, rieran o -sen.
Fut. hipot. Riere, rieres, riere, riéremos, riereis, rieren.

MODO IMPERATIVO:

Pres. Ríe, reíd.

FORMAS NO PERSONALES:

Ger. Riendo.

como *REIR*

desleír refreír
engreír sofreír
freír sonreír

ROER (defectivo), en sus formas irregulares

MODO INDICATIVO:

Pres. Roo, roigo o royo; roes, roe, roemos, roéis, roen.
Pret. perf. abs. Roí, roíste, royó, roímos, roísteis, royeron.

MODO SUBJUNTIVO:

Pres. Roa, roiga o roya; roas, roigas o royas; roa, roiga o roya, etc.
Pret. imperf. Royera o royese, royeras o -ses, royera o -se, etc.
Fut. hipot. Royere, royeres, royere, etcétera.

FORMAS NO PERSONALES:

Ger. Royendo.

SALIR, en sus formas simples

MODO INDICATIVO:

Pres. Salgo, sales, sale, salimos, salís, salen.
Pret. imperf. Salía, salías, salía, salíamos, salíais, salían.
Pret. perf. abs. Salí, saliste, salió, salimos, salisteis, salieron.
Fut. abs. Saldré, saldrás, saldrá, saldremos, saldréis, saldrán.

MODO SUBJUNTIVO:

Pres. Salga, salgas, salga, salgamos, salgáis, salgan.
Pret. imperf. Saliera, o -se, salieras o -ses, saliera o -se, saliéramos o -semos, salierais o -seis, salieran o -sen.
Fut. hipot. Saliere, salieres, saliere, saliéremos, saliereis, salieren.
Pot. simple. Saldría, saldrías, saldría, saldríamos, saldríais, saldrían.

MODO IMPERATIVO:

Pres. Sal, salid.

FORMAS NO PERSONALES:

Inf. Salir.
Ger. Saliendo.
Part. Salido.

como *SALIR*

sobresalir

SATISFACER, en sus formas irregulares

MODO INDICATIVO:

Pres. Satisfago, satisfaces, satisface, satisfacemos, satisfacéis, satisfacen.
Pret. perf. abs. Satisface, satisficiste, satisfizo, satisficimos, satisficisteis, satisficieron.
Fut. abs. Satisfaré, satisfarás, satisfará, satisfaremos, satisfaréis, satisfarán.

MODO SUBJUNTIVO:

Pres. Satisfaga, satisfagas, satisfaga, satisfagamos, satisfagáis, satisfagan.
Pret. perf. abs. Satisficiera o satisficiese, satisficieras o -ses, satisficiera o -se, satisficiéramos o -semos, satisficierais o -seis, satisficieran o -sen.
Fut. hipot. Satisficiere, satisficiereis, satisficiere, satisficieremos, satisficiereis, satisficieren.
Pot. simple. Satisfaría, satisfarías, satisfaría, satisfaríamos, satisfaríais, satisfarían.

MODO IMPERATIVO:

Pres. Satisfaz o satisface, satisfaced.

FORMAS NO PERSONALES:

Part. Satisfecho.

El imperativo admite dos formas, y el participio pasivo es irregular.

SENTIR, en sus formas irregulares

MODO INDICATIVO:

Pres. Siento, sientes, siente, sentimos, sentís, sienten.
Pret. perf. abs. Sentí, sentiste, sintió, sentimos, sentisteis, sintieron.

Modo SUBJUNTIVO:

Pres. Sienta sientas sienta, sintamos, sintáis, sientan.
Pret. imperf. Sintiera o sintiese, sintieras o -ses, sintiera o -se, sintiéramos o -semos, sintierais o -seis, sintieran o -sen.
Fut. hipot. Sintiere, sintieres, sintiere sintiéremos, sintiereis, sintieren.

MODO IMPERATIVO:

Pres. Siente, sentid.

FORMAS NO PERSONALES:

Ger. Sintiendo.

como *SENTIR*

adherir
advertir
asentir
conferir
consentir
injerir
interferir
invertir
malherir
mentir

controvertir
convertir
desmentir
diferir
digerir
disentir
divertir
herir
hervir
inferir
ingerir
pervertir
preferir
presentir
proferir
referir
requerir
revertir
subvertir
sugerir
transferir
zaherir

SER, en sus formas simples

MODO INDICATIVO:

Pres. Soy, eres, es, somos, sois, son.
Pret. imperf. Era, eras, era, éramos, erais, eran.
Pret. perf. abs. Fui, fuiste, fue, fuimos, fuisteis, fueron.
Fut. abs. Seré, serás, será, seremos, seréis, serán.

MODO SUBJUNTIVO:

Pres. Sea, seas, sea, seamos, seáis, sean.
Pret. imperf. Fuera o fuese, fueras o fueses, fuera o fuese, fuéramos o fuésemos, fuerais o fueseis, fueran o fuesen.
Fut. hipot. Fuere, fueres, fuere, fuéremos, fuereis, fueren.
Pot. simple. Sería, serías, sería, seríamos, seríais, serían.

MODO IMPERATIVO:

Pres. Sé tú, sed vosotros.

FORMAS NO PERSONALES:

Inf. Ser.
Ger. Siendo.
Part. Sido.

Es verbo copulativo (*Juan es* INGENIERO), verbo auxiliar (*soy* ESTIMADO, *eres* ESCUCHADO), verbo predicativo (*Dios* ES O EXISTE, verbo con pronombre reflexivo de interés: Érase que SE ERA...

SOLER (defectivo), en sus formas más usadas

MODO INDICATIVO:

Pres. Suelo, sueles, suele, solemos, soléis, suelen.
Pret. imperf. Solía, solías, solía, solíamos, solíais, solían.
Pret. perf. abs. Solí, soliste, solió, solimos, solisteis, solieron.
Pret. perf. He solido, has solido, ha solido, hemos solido, habéis solido, han solido.

MODO SUBJUNTIVO:

Pres. Suela, suelas, suela, solamos, soláis, suelan.

FORMAS NO PERSONALES:

Inf. Soler.
Ger. Soliendo.
Part. Solido.

SUCEDER (impersonal), en sus formas más usadas

MODO INDICATIVO:

Pres. Sucede, suceden.
Pret. imperf. Sucedía, sucedían.
Pret. perf. abs. Sucedió, sucedieron.
Fut. abs. Sucederá, sucederán.
Pret. perf. Ha sucedido, han sucedido.
Plusc. Había sucedido, habían sucedido.
Pret. ant. Hubo sucedido, hubieron sucedido.
Fut. comp. Habrá sucedido, habrán sucedido.

MODO SUBJUNTIVO:

Pres. Suceda, sucedan.
Pret. imperf. (1.ª f.) Sucediera, sucedieran.
Pret. imperf. (2.ª f.) Sucediese, sucediesen.
Fut. hipot. Sucediere, sucedieren.
Pret. perf. Haya sucedido, hayan sucedido.
Plusc. (1.ª f.) Hubiera sucedido, hubieran sucedido.

Plusc. (2.ª f.) Hubiese sucedido, hubiesen sucedido.
Fut. hipot. com. Hubiere sucedido, hubieren sucedido.
Pot. simple. Sucedería, sucederían.
Pot. comp. Habría sucedido, habrían sucedido.

MODO IMPERATIVO:

Pres. Suceda, sucedan.

FORMAS NO PERSONALES:

Inf. Suceder.
Ger. Sucediendo.
Part. Sucedido.
Inf. comp. Haber sucedido.
Ger. comp. Habiendo sucedido.

Verbos que como impersonales pueden usarse

como *SUCEDER*

acaecer	nacer
acontecer	parecer
empecer	poder
haber	querer
hacer	ser

Verbos de fenómenos atmosféricos como *SUCEDER*

alborecer	clarecer
amanecer	oscurecer
anochecer	tardecer
atardecer	transponer

TAÑER, en sus formas irregulares

MODO INDICATIVO:

Pret. perf. abs. Tañí, tañiste, tañó, tañimos, tañisteis, tañeron.

MODO SUBJUNTIVO:

Pret. imperf. Tañera o -se, tañeras o -ses, tañera o -se, tañéramos o -semos, tañerais o -seis, tañeran o -sen.
Fut. hipot. Tañere, tañeres, tañere, tañéremos, tañereis, tañeren.

FORMAS NO PERSONALES:

Ger. Tañendo.

como *TAÑER*

atañer

TENER, en sus formas simples

MODO INDICATIVO:

Pres. Tengo, tienes, tiene, tenemos, tenéis, tienen.
Pret. imperf. Tenía, tenías, tenía, teníamos, teníais, tenían.
Pret. perf. abs. Tuve, tuviste, tuvo, tuvimos, tuvisteis, tuvieron.
Fut. abs. Tendré, tendrás, tendrá, tendremos, tendréis, tendrán.

MODO SUBJUNTIVO:

Pres. Tenga, tengas, tenga, tengamos, tengáis, tengan.
Pret. imperf. Tuviera o tuviese, tuvieras o -ses, tuviera o -se, tuviéramos, o -semos, tuvierais o -seis, tuvieran o -sen.
Fut. hipot. Tuviere, tuvieres, tuviere, tuviéremos, tuviereis, tuvieren.
Pot. simple. Tendría, tendrías, tendría, tendríamos, tendríais, tendrían.

MODO IMPERATIVO:

Pres. Ten, tened.

FORMAS NO PERSONALES:

Inf. Tener.
Ger. Teniendo.
Part. Tenido.

como *TENER*

abstener	manter
atener	obtener
contener	retener
detener	sostener
entretener	

TRAER, en sus formas simples

MODO INDICATIVO:

Pres. Traigo, traes, trae, traemos, traéis, traen.
Pret. imperf. Traía, traías, traía, traíamos, traíais, traían.
Pret. perf. abs. Traje, trajiste, trajo, trajimos, trajisteis, trajeron.
Fut. abs. Traeré, traerás, traerá, traeremos, traeréis, traerán.

MODO SUBJUNTIVO:

Pres. Traiga, traigas, traiga, traigamos, traigáis, traigan.
Pret. imperf. Trajera o trajese, trajeras o -ses, trajera o -se, trajéramos o -semos, trajerais o -seis, trajeran o -sen.
Fut. hipot. Trajere, trajeres, trajere, trajéremos, trajereis, trajeren.
Pot. simple. Traería, traerías, traería, traeríamos, traeríais, traerían.

MODO IMPERATIVO:

Pres. Trae, traed.

FORMAS NO PERSONALES:

Inf. Traer.
Ger. Trayendo.
Part. Traído.

como *TRAER*

abstraer	extraer
atraer	maltraer
contraer	retraer
detraer	retrotraer
distraer	sustraer

VALER, en sus formas simples

MODO INDICATIVO:

Pres. Valgo, vales, vale, valemos, valéis, valen.
Pret. imperf. Valía, valías, valía, valíamos, valíais, valían.
Pret. perf. abs. Valí, valiste, valió, valimos, valisteis, valieron.
Fut. abs. Valdré, valdrás, valdrá, valdremos, valdréis, valdrán.

MODO SUBJUNTIVO:

Pres. Valga, valgas, valga, valgamos, valgáis, valgan.
Pret. imperf. Valiera o valiese, valieras o -ses, valiera o -se, valiéramos o -semos, valierais o -seis, valieran o -sen.
Fut. hipot. Valiere, valieres, valiere, valiéremos, valiereis, valieren.
Pot. simple. Valdría, valdrías, valdría, valdríamos, valdríais, valdrían.

MODO IMPERATIVO:

Pres. Vale, valed.

FORMAS NO PERSONALES:

Inf. Valer.
Ger. Valiendo.
Part. Valido.

como *VALER*

equivaler prevaler

VENIR, en sus formas simples

MODO INDICATIVO:

Pres. Vengo, vienes, viene, venimos, venís, vienen.
Pret. imperf. Venía, venías, venía, veníamos, veníais, venían.
Pret. perf. abs. Vine viniste, vino vinimos, vinisteis, vinieron.
Fut. abs. Vendré, vendrás, vendrá, vendremos, vendréis, vendrán

MODO SUBJUNTIVO:

Pres. Venga, vengas, venga, vengamos, vengáis, vengan.
Pret. imperf. Viniera o viniese, vinienieras o -ses, viniera o -se, viniéramos o -semos, vinierais o -seis, vinieran o -sen.
Fut. hipot. Viniere, vinieres, viniere, viniéremos, viniereis, vinieren.
Pot. simple. Vendría, vendrías, vendría, vendríamos, vendríais, vendrían.

MODO IMPERATIVO:

Pres. Ven, venid.

FORMAS NO PERSONALES:

Inf. Venir.
Ger. Viniendo.
Part. Venido.

Verbo de irregularidad propia.

como *VENIR*

advenir	intervenir
contravenir	prevenir
convenir	provenir
desavenir	sobrevenir

VER, en sus formas simples

MODO INDICATIVO:

Pres. Veo, ves, ve, vemos, veis, ven.
Pret. imperf. Veía, veías, veía, veíamos, veíais, veían.
Pret. perf. abs. Vi, viste, vio, vimos, visteis, vieron.
Fut. abs. Veré, verás, verá, veremos, veréis, verán.

MODO SUBJUNTIVO:

Pres. Vea, veas, vea, veamos, veáis, vean.
Pret. imperf. Viera o viese, vieras o -ses, viera o -se, viéramos o -semos, vierais o -seis, vieran o -sen.
Fut. hipot. Viere, vieres, viere, viéremos, viereis, vieren.
Pot. simple. Vería, verías, vería, veríamos, veríais, verían.

MODO IMPERATIVO:

Pres. Ve, ved.

FORMAS NO PERSONALES:

Inf. Ver.
Ger. Viendo.
Part. Visto.

como *VER*

antever	prever
entrever	

VOLVER, en sus formas irregulares

MODO INDICATIVO:

Pres. Vuelvo, vuelves, vuelve, volvemos, volvéis, vuelven.

MODO SUBJUNTIVO:

Pret. vuelva, vuelvas, vuelva, volvamos, volváis, vuelvan.

MODO IMPERATIVO:

Pres. Vuelve, vuelva, volvamos, volved, vuelvan.

como *VOLVER*

absolver	escocer
amover	llover
cocer	moler
condoler	morder
conmover	mover
demoler	oler
devolver	promover
disolver	resolver
doler	retorcer
envolver	revolver

YACER, en sus formas irregulares

(Las formas que van entre paréntesis son raras hoy)

MODO INDICATIVO:

Pres. Yazco (yazgo, yago), yaces, yace, yacemos, yacéis, yacen.

MODO SUBJUNTIVO:

Pres. Yazca, yazcas, yazca, yazcamos, yazcáis, yazcan (yazga, yazgas, etc., o yaga, yagas, etc.)

MODO IMPERATIVO:

Pres. Yace (o yaz), yaced.

137. Por la práctica a la regla

A) FORMULARIOS PARA LA REDACCION DE CARTAS

a) Fórmulas usuales en cartas familiares

1) Frases más usuales para el saludo

1.ª Queridísimos padres:
2.ª Queridísima mamá:
3.ª Mi muy querida madre:
4.ª Amadísima esposa:
5.ª Mi querido padre:
6.ª Mis queridos padres:
7.ª Adorada madre:
8.ª Esposa mía adorada:
9.ª Mi queridísima esposa:
10.ª Mi querido abuelo:
11.ª Inolvidable abuelita:
12.ª Mi querida hermana:
13.ª Queridísima nieta Lola:
14.ª Simpática primita:
15.ª Estimada tía:
16.ª Querido tío:
17.ª Blanquita mía queridísima:
18.ª Querido y respetado padrino:

2) Frases usuales para la introducción

1.ª Recibí tu carta a tiempo...
2.ª Hoy he recibido vuestra carta...
3.ª Estaba intranquilo por no tener contestación a mi carta...
4.ª ¿Cómo no recibo carta vuestra?
5.ª Hace tanto tiempo que recibí vuestra carta...
6.ª Con verdadera alegría recibí vuestra carta del día 3 de enero.
7.ª Vuestro silencio es desesperante.
8.ª No sé a qué achacar vuestro prolongado silencio.
9.ª Tu carta llenó mi corazón de alegría.
10.ª No sé si será el correo o tu pereza pero tus cartas me llegan siempre con retraso...

3) Frases más usuales para la despedida

1.ª Recibid con muchos besos el cariño cordial de vuestro hijo...
2.ª Recibid un abrazo muy fuerte de vuestro hijo...
3.ª Recibe, mamá querida, el inmenso cariño de tu hijo...
4.ª Con la esperanza de abrazarte muy pronto, recibe el cariño de tu hijo, que te adora...
5.ª No te olvida un momento tu esposo...
6.ª Te abraza tu esposo...
7.ª Tu esposo que no te olvida un instante...
8.ª Tuyo siempre tu...
9.ª Te abraza con toda el alma tu esposa.
10.ª Te abraza tu hermano...
11.ª Abrazos de tu sobrino...
12.ª Abuelita guapa, recibe el

inmenso cariño de tu feísima nieta...

13.ª Recibe, querido abuelito, un abrazo cariñoso de tu nieto...

14.ª Os quiere mucho y no os olvida vuestro sobrino...

15.ª Te manda un abrazo afectuoso tu hermano...

16.ª Recibe la expresión del sincero afecto de tu ahijado...

17.ª Te quiere y querrá siempre tu...

18.ª Con un beso de amor tuya tu...

b) **En las cartas amistosas**

1) Frases para la introducción

1.ª Como te prometí te mando estas líneas para...

2.ª Aunque ha transcurrido mucho tiempo sin escribirte.

3.ª Como todos los años quiero que mi carta te renueve...

4.ª No obstante el poco tiempo que estuvimos juntos...

5.ª Cuando nos vimos la semana pasada te anuncié...

6.ª La noticia que llegó hoy a mi conocimiento, de tu...

7.ª Hemos recibido la tuya que llegó retrasada...

8.ª Te anuncio mi llegada para el día 23 de Diciembre...

9.ª La fecha de tu cumpleaños me trae al recuerdo...

10.ª Llegó al fin tu esperada carta.

11.ª Acabo de recibir tu carta y te doy la enhorabuena por...

12.ª Sin noticias hace más de dos semanas, estamos intranquilos por...

2) Frases para la despedida

1.ª Un saludo cariñoso a los tuyos y un abrazo para ti de tu mejor amigo...

2.ª Tu amigo de siempre...

3.ª Te desea los mayores éxitos en tu nuevo cargo, tu siempre buen amigo...

4.ª Os envía cariñosos abrazos vuestro amigo que no os olvida...

5.ª Te abraza tu incondicional amigo...

6.ª Te envía un abrazo tu amigo...

7.ª Recibe, pues, la felicitación más sincera de tu invariable amigo...

8.ª Dicha, salud y prosperidades sin tasa os desea a ti y a los tuyos tu viejo amigo...

9.ª Cordialmente tuyo, *Antonio.*

10.ª Entretanto, le envían cariñosos saludos sus amigos...

11.ª Le saluda afectuosamente su servidor y amigo...

12.ª Con todo respeto le envía un afectuoso saludo su discípulo y s. s.

13.ª Correspondo a sus afectuosos saludos con la expresión sincera de nuestra amistad. Su amiga...

14.ª Le saluda respetuosamente su affmo. s. s.

15.ª Su siempre verdadera y buena amiga...

16.ª Con el mayor afecto te abraza tu amiga...

17.ª Se encomienda en las oraciones de su Reverencia su devoto y fiel amigo...

c) En las cartas comerciales

1) Frases corrientes en el saludo

1.ª Muy Sr. mío:
2.ª Muy Sr. nuestro (o señores nuestros):
3.ª Distinguido señor:
4.ª Distinguido compañero:
5.ª Muy Sres. míos:
6.ª Apreciable señor:
7.ª Muy estimados señores:
8.ª Estimados señores:
9.ª Sr. Director Gerente:

2) Frases para la introducción

1.ª Tenemos el gusto de participarle a usted que...
2.ª Por la presente tengo el gusto de...
3.ª Me complazco en comunicarle que...
4.ª Por referencias del Sr...
5.ª Me tomo la libertad de poner en su conocimiento que...
6.ª La presente tiene por objeto participarle que...
7.ª Siguiendo gustoso sus instrucciones, me apresuro a comunicarle que...
8.ª Le quedaré muy agradecido si al recibir la presente...
9.ª Por la presente le comunico a usted que...
10.ª Me es grato dirigirme a esa casa para...
11.ª Al exponer a usted el objeto de la presente...
12.ª Sírvase tomar nota para enviarnos el siguiente pedido...

3) Introducción en respuesta a cartas recibidas

1.ª Con referencia a su grata del...
2.ª En contestación a su atenta (atta.) del...
3.ª Gustoso contesto a su última del...
4.ª Nos referimos a su carta del...
5.ª Hemos recibido su atenta carta de fecha...
6.ª Acusamos recibo de su grata del...
7.ª Nos complacemos en acusar recibo de su grata...
8.ª En nuestro poder su grata del...
9.ª Oportunamente recibimos su atento escrito...
10.ª Con gusto hemos leído su atenta del 19 del actual...
11.ª Contestando a su estimada carta del...
12.ª Contestamos gustosos a su grata que tuvo a bien mandarnos...
13.ª En relación con las instrucciones de la suya del 15...
14.ª Me es grato contestar a su atenta última del 22 de septiembre.

4) Introducción en respuesta a cartas cursadas

1.ª Me permito confirmar a usted mi carta del...
2.ª Hemos mandado a usted una carta con fecha...
3.ª No hemos recibido sus noticias a nuestra carta del...
4.ª No habiendo tenido contestación a nuestra última carta del...
5.ª Me permito insistir en mi carta incontestada del...
6.ª Reiteramos la nuestra del 6 del actual.

5) Aceptación de una oferta (fórmulas de introducción)

1.ª Nos es grato comunicarle que aceptamos su oferta...
2.ª Cúmpleme notificarle que he aceptado su oferta de...
3.ª Encontramos de nuestro agrado la oferta de...
4.ª Siguiendo sus primeras instrucciones de..., aceptamos en firme la compra...
5.ª Sírvase dar cumplimiento a la oferta del...
6.ª Me complazco en aceptar su oferta referente a...

6) Contestaciones negativas a una oferta

1.ª Lamentamos muy de veras no poder aceptar su oferta...
2.ª Mucho sentimos no poder acceder a su demanda...
3.ª Sentimos una natural contrariedad al no poder satisfacer la petición que nos hace en su atta. del...
4.ª Hemos sometido a estudio la proposición que nos hace en su atta..., y sentimos no poder complacerle...
5.ª Esperamos que en otra oportunidad podremos complacerle a usted y acceder a los deseos de su atta. del...
6.ª No nos es posible atender por ahora a la petición de su grata del...

7) Frases usuales para la despedida

1.ª Esperando ser de nuevo favorecido por sus gratas órdenes...
2.ª Le saluda atentamente su affmo. s. s. q. e. s. m.
3.ª Queda en espera de sus gratas órdenes, su atento s. s.
4.ª En espera de sus gratas noticias quedan de ustedes atentos ss. ss...
5.ª Los saludamos muy atentamente...
6.ª Me reitero de Vd. s. s.
7.ª Aprovechamos esta ocasión para testimoniarle nuestra consideración más distinguida...
8.ª Muy agradecido a su atención, queda de usted affmo. s. s.
9.ª Aprovechamos esta oportunidad para saludarnos y quedar suyos affmos. ss. ss...
10.ª Atentamente le saluda...

11.ª Sin otra cosa por el momento, y pendientes de sus gratas noticias, nos ofrecemos de ustedes attos. ss. ss.
12.ª Celebramos vernos favorecidos con sus gratas órdenes. Entretanto, se ofrecen de ustedes affmos. ss. ss.
13.ª De Vd. atto. y s. s.
14.ª Somos suyos affmos. y ss. ss. q. e. s. m.
15.ª Reciban ustedes nuestros más atentos saludos...
16.ª Quedamos, como siempre a sus gratas órdenes.
17.ª Les ruego me consideren de ustedes affmo. s. s.
18.ª Acepten ustedes nuestra consideración y el atto. saludo de...
19.ª Quedamos una vez más, de Vd. attos. ss. ss.
20.ª Con sumo gusto nos ofrecemos de Vdes. attos. ss. ss.
21.ª Dándole las gracias por anticipado, queda de usted su affmo. s. s.
22.ª Sin más por el momento, le envía sus saludos.
23.ª Queda en espera de sus noticias, suyo affmo. s. s.
24.ª Queda de usted atto. s. s.
25.ª Nos reiteramos de usted muy attos. y ss. ss.
26.ª Le saluda y e. s. m.
27.ª Con este motivo atentamente nos reiteramos de ustedes affmos. ss. ss.
28.ª Agradeciéndoles de nuevo sus noticias, se ofrece de Vdes. atto. s. s.
29.ª Confiando que la presente sea aceptada, le repito mi atto. saludo.
30.ª Esperamos haberlos complacido. Siempre a su disposición de Vdes., quedan ss. ss.

B) ESQUEMAS FONETICOS Y ORTOGRAFICOS

a) **Correlación** entre **fonemas y letras consonantes**

El fonema	*Representado por las letras*
b	B V
ch	CH
d	D
f	F
g	G (ante *A*, *O*, *U* o consonante) GU (delante de *E*, *I*)
j	J G (delante de *E*, *I*)
k	C (ante *A*, *O*, *U* o consonante) QU (ante *E*, *I*) K
l	L
Ll	LL
m	M
n	N
ñ	Ñ
p	P

q	Q (agrupada con *U*, cuando sigue *E* o *I*)
r	R
rr	R RR (entre vocales)
s	S X (ante consonante)
t	T
y	Y (consonante fricativa sonora prepalatar)
z	Z C (ante *E*, *I*)

b) Los signos del abecedario fonológico español o fonemas de nuestra lengua son veinticuatro:

a b ch d e f g i j k l ll

m n ñ o p r rr s t u y z

---

c) Alfabético fónico

El abecedario ortográfico resulta una representación aproximada de la pronunciación del español.

Para llegar a la correlación más exacta de los sonidos se han creado diversos sistemas de transcripción fonética. El más autorizado y admitido entre las revistas especializadas, basado en el de la ASSOCIATION PHONÉTIQUE INTERNATIONALE, se publicó en la Revista de *Filología Española* (t. II, 1915, págs. 374-375). Su transcripción facsimilar es así:

Bilabiales.

b	esp. bondad.	**boņdáđ̣**
p	esp. padre..	**páđre**
m	esp. amar...	**amár**
m̹	and. mismo.	**mím̹mo**
ƀ	esp. haba...	**áƀa**
ƀ̹	and. las botas	**la ƀ̹ótah**

Labiodentales.

ɱ	esp. confuso.	**koɱfúṡo**
f	esp. fácil....	**fáθi̯l**
v	esp. enf. vida	**víđa**

Interdentales.

ḍ	esp. enf. cruz divina.....	**krúẓ ḍiƀína**
ţ	esp. hazte acá	**áθţe aká**
ṇ	esp. onza....	**óṇθa**
ẓ	esp. juzgar..	**xụẓgár**
θ	esp. mozo...	**móθo**
đ	esp. rueda..	**r̄wéđa**
ᵭ	esp. tomado.	**tomáᵭo**
đ̹	esp. verdad.	**bẹrđáđ̹**
ḷ	esp. calzado.	**kaḷθaᵭo**

Dentales.

- d esp. ducho.. **dúĉo**
- t esp. tomar.. **tomáɹ**
- n̪ esp. monte.. **món̪te**
- z̪ esp. desde.. **déz̪d̪e**
- s̪ esp. hasta... **ás̪ta**
- l̪ esp. falda... **fál̪da**

Alveolares.

- n esp. mano.. **máno**
- n̥ and. asno... **án̥no**
- ŝ {ast. occid. chobu (lobo)} **ŝóbu**
- z mex. los días **lo zíah**
- s and. rosa... **r̄osa**
- ż esp. rasgar.. **r̄ażgáɹ**
- ś esp. casa.... **káśa**
- l esp. luna... **lúna**
- l̦ and. muslo.. **mul̦lo**
- r esp. hora.... **óra**
- ɾ and. multitud **muɾtitú**
- r̄ esp. carro... **kár̄o**
- ɹ esp. color... **kolóɹ**
- ɹ mex. trigo.. **tɹígo**
- ɹ̠ {chil. honra.. **ónɹ̠a**; mex. pondré. **pōɹ̠é**}
- ɹ̦ chil. perro.. {**pél̦o** junto a **péɹ̦o**}

Prepalatales.

- ɲ esp. año.... **áɲo**
- ŷ esp. yugo... **ŷúgo**
- ĉ esp. mucho.. **múĉo**
- ž arg. mayo... **mažo**
- š ast. rexa.... **r̄eša**
- y esp. mayo.. **máyo**

- ŷ chil. jefe.... {**ŷéfe** junto a **ŷjéfe**}
- j esp. nieto... **ɲjéto**
- ɉ esp. inquieto. {**iɲḱɉéto** junto a **iɲḱjeto**}
- ʎ esp. castillo.. **kaşt́íʎo**
- y̌ esp. subyugar **suby̌ugáɹ**

Postpalatales.

- ǵ esp. guitarra. **ǵitár̄a**
- ḱ esp. quimera **ḱiméra**
- ń esp. inquirir. **ińḱiríɹ**
- ǵ esp. seguir.. **śeǵíɹ**
- x́ esp. regir.... **r̄ex́íɹ**

Velares.

- g esp. gustar.. **gus̪táɹ**
- k esp. casa.... **káśa**
- ŋ esp. nunca... **núŋka**
- g esp. rogar... **r̄ogár**
- x esp. jamás... **xamás**
- ł cat. malalt... **məlàł**
- w esp. hueso.. **wéśo**
- w̦ esp. enf. fuera **fw̦éra**

Uvulares.

- ṅ esp. don Juan **doṅ ẋwán**
- ġ esp. aguja... **aġúxa**
- ẋ esp. enjuagar **eṅẋwagár**

Laringeas.

- h and. horno.. **hórno**

Vocales.

- į ę ǫ ų... abiertas
- i e a o u.. medias
- ẹ ọ...... cerradas
- ạ...... a palatal

ạ........	a velar	ĩ ã ũ, etc.	vocales nasales
ọ̈........	ẹ labializada	á ó ẹ́ ạ́, etcétera...	vocales con acento de intensidad
ö........	e —	a: o: l: s: m: n:, etc.	sonidos largos
ụ̈........	ị —	d ḍ, etc...	sonidos reducidos
ü........	i —		
ə........	vocal indistinta		

d) **Representación gráfica y sonidos del abecedario ortográfico español** (Consta de veintinueve sonidos, incluyendo la W):

A a, *a*	B b, *b*	C c, *c*	CH ch, *che*	D d, *de*	E e, *e*	F f, *efe*	G g, *ge*
H h, *hache*	I i, *i*	J j, *jota*	K k, *ka*	L l, *ele*	LL ll, *elle*	M m, *eme*	N n, *ene*
Ñ ñ, *eñe*	O o, *o*	P p, *pe*	Q q, *cu*	R r, *ere-erre*	S s, *ese*	T t, *te*	U u, *u*
V v, *ve*	W w, *ve doble*	X x, *equis*	Y y, *ye*	Z z *zeda* o *zeta*			

e) **Signos de puntuación** (Señalan las pausas, aclaran el sentido de lo escrito e indican los matices de expresión). He aquí los más usados:

Coma............	,	Comillas..............	« »
Punto y coma.....	;	Raya.................	—
Punto............	.	Subrayado............	———
Dos puntos.......	:	Puntos suspensivos.....	......
Paréntesis........	( )	Interrogación..........	¿ ?
Guión............	-	Admiración...........	¡ !
Acentos..........	'	Diéresis...............	..

f) **Silabeo**

(La separación de las sílabas pertenece de igual modo a la Fonética y a la Ortografía. Las normas de la agrupación silábica se dan en los dos planos.) He aquí algunas reglas prácticas:

1.ª Una sola consonante, entre vocales se agrupa con la segunda: *me-cá-ni-ca.*

2.ª En un grupo de dos consonantes entre vocales, la primera consonante pertenece a la sílaba de la vocal anterior, y la segunda a la de la siguiente: *dic-ción, dig-no, doc-tor, in-no-ble.*

3.ª En un grupo de tres consonantes, dos pasan a la sílaba anterior y una a la siguiente: *cons-tan-te, trans-por-te.*

4.ª En las palabras compuestas se dividen las sílabas, según los elementos compuestos: *des-fi-gu-rar, sub-or-di-nar.*

5.ª No se pueden separar, al final del renglón, las vocales de un diptongo o triptongo, pues pertenecen a una sola sílaba. Debe ser *vie-jo* y no *vi-ejo.*

6.ª Hay que tener en cuenta los grupos consonánticos *pr, pl, br, bl, fr, fl, tr, dr, cr, cl, gr, gl,* que se unen con la vocal siguiente: *re-pro-che, bro-mear, pro-pio, cla-mor, cre-tino.*

7.ª En las palabras extranjeras se han de separar de acuerdo con el uso del propio idioma: *Shake-speare* y no *Sha-kes-pea-re; Shil-ler* y no *Schi-ller.*

g) Monosílabos acentuados

Algunas palabras monosílabas se acentúan con el fin de diferenciarlas de otras de igual grafía, que son átonas o tienen distinto significado o varían en su función gramatical.

EJEMPLOS:

ACENTUADAS		SIN ACENTO	
mí	= pronombre personal	*mi*	= adjetivo posesivo
tú	= pronombre personal	*tu*	= adjetivo posesivo
él	= pronombre personal	*el*	= artículo
sí	= pronombre personal reflexivo	*si*	= conjunción condicional
dé	= presente subjuntivo de *dar*	*de*	= preposición
sé	= de *saber* o de *ser*	*se*	= pronombre personal reflexivo
té	= bebida	*te*	= pronombre personal
más	= adverbio de cantidad	*mas*	= preposición adversativa
sólo	= adverbio	*solo*	= adjetivo
aún	= adverbio de tiempo *(todavía)*	*aun*	= adverbio de cantidad *(incluso)*

Los demostrativos *(éste, ése, aquél)* en función sustantiva; los interrogativos y exclamativos *(qué, quién, cuál, cuánto)* y los adverbios interrogativos *(dónde, cuándo, cómo).*

h) **Recitación de los versos de dos poetas:** uno español, JOSÉ MARÍA DÍAZ LÓPEZ *(Bronce y sueño)*, otro mejicano LUIS G. URBINA *(Metamorfosis)*, y una poetisa: JUANA DE IBARBOUROU *(Canto inútil).* Se han de analizar las tres composiciones en sus modalidades sintáctica y morfológica.

1.º BRONCE Y SUEÑO

(Ante el mausoleo de Joselito)

No es el Betis quien lleva trashumante
el arca destechada, el gran vacío
de tu marmórea muerte; no es el río
de bronce y sueño endurecido atlante.

Es el centauro sin montura, infante,
quien presta el hombro, desmayado el brío,
al filo de tu caja, al filo frío
de tu barca con mármol tripulante.

Camperos y gitanas, marcha quieta
en ritmo sollozado de saeta,
entre un luto mugiente de cinqueños.

Citada frase del perfil gitano,
la tumba —sueño y bronce— en que lejano
modelan tu perfil bronces y sueños.

José María Díaz López.

2.º METAMORFOSIS

Madrigal romántico

Era un cautivo beso enamorado
de una mano de nieve que tenía
la apariencia de un lirio desmayado
y el palpitar de un ave en agonía.
Y sucedió que un día
aquella mano suave
de palidez de cirio,
de languidez de lirio,
de palpitar de ave,
se acercó tanto a la prisión del beso,
que ya no pudo más el pobre preso
y se escapó; mas, con voluble giro,
huyó la mano hasta el confín lejano,
y el beso, que volaba tras la mano,
rompiendo el aire, se volvió suspiro.

Luis G. Urbina.

3.º EL CANTO INÚTIL

Adiós, almendra; adiós, espejo; adiós,
amanecer de aljabas y cristales;
adiós, absorta luna de los sueños,
penacho azul de los cañaverales,
compañía de alondras, rubio río,
uva, laurel, esencias musicales.

Me llega el sub-sonido del sollozo
y el sordo sub-latido de la queja;
el mundo se oscurece y apercibo
apenas un suspiro que se aleja.
Ya sé cómo es que llora y gime el hombre
y se convierte en polvo gris la abeja.

Ha llegado la hora del recuento,
triste mujer del canto,
del canto de cigarra sobre el júbilo
del jardín con las rosas del encanto,
mientras iba creciendo, lento, en torno,
el espinoso ramo del acanto.

Ahora, ¿qué hacer, caídos los dos brazos,
rodeada de crepúsculo y de bruma,
extraviada en la ruta sin el vivo
resoplo del alisio entre la espuma,
sin brújula, perdida y solitaria,
con el vacío verso que me abruma?

¿Qué descanso le aguarda a mi cabeza,
qué mano con mi mano ha de encontrarse,
para huir hacia el sol por nueva senda
y bajo un nuevo cielo recobrarse,
en la bondad inútil e inocente
del que no supo, en tiempos ricos, darse?

¡Ay!, mi hermana cigarra desvalida,
la del llanto del hambre en el invierno;
la de la casa a campo raso, fría;
la de sin posesión ni en el infierno:
calla, que acaso nos sonría, indulgente,
la piedad misteriosa de lo eterno.

JUANA DE IBARBOUROU.

i) Temas de redacción

1.º *Un tema humorístico:* Don Quijote y Sancho llegan a Madrid; dejan sus caballerías en una posada de las afueras, toman un tranvía y van a ver una corrida de toros en la plaza de las Ventas.

2.º Pensemos lo que será un cerebro electrónico dentro de diez años.

3.º Déjese hechizar por la película que más le haya gustado en el momento en que maneja esta Gramática, y describa su contenido cinematográfico y argumental.

4.º *Tema ideológico.* Refrán chino: «Es mejor encender una bujía que maldecir de la oscuridad.»
Máxima francesa: «Si la jeunesse savait... Si la vieillesse pouvait...» (Si la juventud supiera... Si la vejez pudiera...).

j) Discoteca española

1) CHUECA: *La alegría de la huerta.* MC 25006. Alhambra.

2) FERNÁNDEZ CABALLERO: *Gigantes y Cabezudos.* MCC 30009.

3) DISCOS LITERARIOS: *Poesías de Juan Ramón Jiménez* (en las voces de Fernando Fernán Gómez, Berta Riaza y Agustín González). GPE, 12 106. *Poesías de Gustavo Adolfo Bécquer* (en las voces de Fernando Fernán Gómez y Agustín González). GPE, 12 107.

16 | REDACCIÓN Y COLOR

(Observe y redacte sobre 14 fotos en negro y color)

ORIENTACIONES

ORIENTACIONES

138. Descripción, estética y color

Una de las funciones inmanentes de la redacción es la actividad descriptiva. *Describir* es pintar con la palabra. En un cuadro de pintura distinguimos bien el fondo, un primer término, la composición o distribución armoniosa de los objetos paisajísticos, el dibujo que da estructuración a la pintura y el colorido, donde reside el contraste, la luz, el movimiento y la calidad artística.

En la descripción literaria, hay un *fondo* oscuro o luminoso de contraste decorativo, ambiente y superficie sobre la cual resaltan los adornos, dibujos o manchas de otros colores; *unas líneas* que dibujan el cuadro, que son las palabras y las frases de la redacción; *un primer término* que es el estilo y *un color* que le da calidad: este último elemento es el *adjetivo*. Todo este complejo de expresividad humana ha de ofrecer la trabazón más conjuntada de objetos y figuras.

1.º La estética de la descripción: La *descripción,* pintura animada de muchas cosas, no enumera, no expone teorías, ni siquiera se contenta con caracterizar lo que ve; lo enseña a los ojos, traza conjuntos plásticos y hace visibles las cosas materiales. El objeto de la descripción es dar una ilusión de vida. Presenta tangibles y humanizados los detalles, las situaciones, los seres de la naturaleza.

La estética de la descripción consiste en distinguir entre lo plástico y lo meramente sintáctico y elocutivo.

El concepto de expresión nos hace caer en la cuenta de que el lenguaje no sólo manifiesta ideas y sentimientos, es decir, no sólo es significativo y expresivo o vitalista, sino además plastifica lo que ha visto el escritor, y por medio de la imaginación cree lo que no existe. En esto reside su belleza vital, su humanismo estético.

La *descripción* es la piedra de toque de los buenos escritores. En unos, por más que acumulan circunstancias y frases figuradas, no aparece la belleza descriptiva. Se leen palabras sin emoción. Otros en cambio, en muy pocos rasgos son grandes evocadores. Nos transmiten en relieve las figuras del recuerdo o de la fantasía. Algunos escritores no son buenos descriptivos y otros lo son casi exclusivamente.

2.º Cualidades estéticas de la descripción: 1.ª *Se trata de la viveza figurativa.* El escritor anima los objetos inanimados. En la descripción se nos ofrece una pintura, una visión animada, una sensación plástica, sea paisaje o retrato.

2.ª La descripción pone en actividad los objetos estáticos con ilusión humanizada por medio de la imaginación sensible y el detalle material. Cuanto más relieve en los trazos, mejor se verá el objeto; cuanto más nos acerquemos a la naturaleza, más viva será la descripción. La realidad concreta y el relieve son otras cualidades esenciales de la buena descripción.

3.ª El realismo es independiente de las escuelas literarias. Se trata aquí del verdadero realismo, el de los maestros, desde Homero hasta los clásicos de hoy. Este noble realismo, preocupación eterna del arte, se podría definir diciendo que es un método de escribir dando a las cosas la calidad y la sensación de vida auténtica. Para pintar la realidad es menester depurarla de las imperfecciones. El arte no admite impurezas ni inmoralidades. Todo lo inmoral es antiartístico.

4.ª Dos extremos han de evitarse en los asuntos ficticios: la vulgaridad y el exceso en la fantasía.

5.ª El sistema antiguo de la descripción consistía en generalizar o en poetizar los objetos. En la descripción moderna, sobre todo en la periodística, no se deben facilitar impresiones subjetivas parciales, ni desfigurar los hechos en alas de la imaginación. Se ha de concretar el escritor a lo que ve u oye.

3.º Descripción y color: En lo físico, el componente esencial de la naturaleza paisajística lo forman la luz y el color, condición *sine qua non* para el conocimiento de la belleza objetiva. Cuando alabamos el azul del cielo o el verde de la pradera, estéticamente estas alabanzas son manifestaciones del color. Especialmente el color envuelve al paisaje como el vestido a una mujer hermosa. Pero el valor estético es adjetivo. Si describimos la grandeza, el hierático perfil, la majestad indiscutible de la montaña, nos encontramos con que la luz y el colorido son meros vehículos o heraldos prodigiosos de esa belleza que nos fascina. La luz y el color están, en este caso, al servicio de la hermosura, porque para el cabal conocimiento de la montaña necesitamos del cromatismo y la luz, como elementos-base, para llegar a lo que los griegos llamaron la *kalousia* o contenido esencial de la belleza.

Como en la pintura, en la descripción literaria, el vehículo de la belleza sensible es el *color* o dicho de una manera más directa, la luz y el color están reflejados en el adjetivo que nos trae los tamaños, las formas y otros valores de cultura. Los objetos se ofrecen a nuestros sentidos en pie y destacados como figuras en relieve.

4.º Descripción e impresionismo: Recurso moderno en la pintura y en el lenguaje descriptivo es el *estilo impresionista*. Cambio radical y dinámico en los procedimientos expresivos, que ha tenido una repercusión importante de nueva escuela como la tuvo el gótico o el Renacimiento.

Es una forma de romanticismo que pierde su conexión con el naturalismo y busca nuevas variaciones en el gusto estético. Un modo de dinamismo sin precedentes. En pintura describe la ciudad como paisaje y ve el mundo con una nueva sensibilidad que deshace lo estático, bajo la base de que todo fenómeno es una constelación pasajera y única, como la ola fugitiva del río en el que no se baña uno dos veces. El modo de ver las cosas y de expresarlas del impresionista, hace que transforme la imagen natural en un proceso, en un surgir y un devenir y preste a la realidad el carácter de lo imperfecto y de lo no acabado. Consigue una metamorfosis de las cosas estables y se fija en la impresión que sugieren los objetos a distancia.

En el cuadro de pintura es la luz, el aire ambiente, la atmósfera, la descomposición de las superficies de color en manchas y puntos, la disolución de los colores locales en valores de expresión perspectivista, el juego de las reflexiones de la luz y las sombras iluminadas, el punto palpitante y tembloroso, el dibujo abocetado, el aspecto fugitivo y el aparente descuido. Todo esto para expresar un trozo de realidad en movimiento, de realidad dinámica concebida en constante modificación. La pintura impresionista debe ser contemplada a una cierta distancia y describe las cosas, haciendo caso omiso de la lejanía.

La *descripción* literaria, en la línea impresionista, resulta mucho más complicada que en la pintura. El impresionismo del lenguaje es un fenómeno que originariamente se confunde con el *naturalismo* y en cierto modo con el *simbolismo.* El impresionista describe por manchas o frases cortas, se enfrenta con el realismo y no presenta las cosas como son en la realidad, sino como las observamos. Su perfil es ilusorio y su silueta difusa e imprecisa. Lo que distingue a un objeto de lo que le rodea no es el perfil, sino las masas de tonos cromáticos interiores a él. Por eso el impresionista no dibuja el objeto con línas exactas, sino por amontonamiento de pequeñas manchas, capaces de engendrar, en su conjunto y ante los ojos entornados del espectador la vibrante presencia del objeto. Niega la forma externa de las realidades y reproduce la masa cromática interior.

El escritor impresionista *no describe* en el sentido literal y rutinario si no acumula sensaciones que permiten al lector establecer el hilo del relato o forjar la figura principal. Se llega con esto a una impresión psicologista del personaje. El novelista, por ejemplo no dice *cómo es* sino el lector lo adivina por una gran síntesis estética que recibe. En poesía contamos con el estilo impresionista de Juan Ramón Jiménez, quien, en su vena lírica, inventa paisajes que son mucho más auténticos que la misma realidad. En prosa Azorín nos ofrece la visión descriptiva que reclama con razón el mérito de haber creado el paisaje de Castilla.

5.º Palabras mal intencionadas y disonantes en la descripción

No olvidemos aquello de que «el arte perfecciona la naturaleza», y de que el ambiente descriptivo hay que «depurarlo».

Ni en la descripción ni en el diálogo se puede abusar de las palabras con perfil escatológico. En la novela y en el teatro, ni el lector ni el espectador están para aguantar las palabras malsonantes, que son como el desgarrón de una malla de pescador y dejan una solución de continuidad entre los nexos de la red. De la altura artística hacen descender al lector a la miseria de ciertas intimidades que el hombre en su higiene mental trata de olvidar.

Hay un poeta moderno que para divinizar a su madre quiere olvidar el cómo y el porqué de haber nacido.

El autor de estas crudezas descriptivas pierde el respeto al lector, aunque éste no tenga una categoría digna de tal respeto. Nos parece una ofensa que humilla.

Hay quien afirma que con esta crudeza se consigue más verismo y expresividad. No lo creo, pero aunque así fuera, no compensa. Estas expresiones son un trauma. Es como si para comprender mejor la lesión de un personaje herido en la tragedia, nos hicieran sufrir sus angustias y acabaran por herirnos. Velázquez cuando pinta personajes de andrajo y zurcido, como el *Bobo de Coria,* el *Esopo* y el *Menipo,* los ennoblece con una especie de barniz o celofán, a diferencia de Solana que ofende el escrúpulo con un realismo repelente y a la vez insuperable. Se puede describir todo, hasta lo más íntimo, pero con la asepsia que tiene el médico para intervenir en los tumores. El eufemismo literario es un gran recurso, como los guantes de goma del médico-cirujano.

Parece como si para romper la fría monotonía de algunos novelistas, hubiera que salpicar con guindilla de «palabrotas» e irreverencias el guiso de la descripción.

Las palabras malsonantes a que nos referimos dependen mucho de la época y de la intención propuesta. En la *Celestina* y en *Cervantes* «alcahueta e hideputa» no ofenden ni nos alarman, tal vez porque esas palabras pertenecen ya a la arqueología, y las de hoy mantienen una vivencia desfasada y llegan a la diana con una flecha envenenada previamente. Es mejor sugerir, adivinar y hasta deducir en silencio antes que promover un escándalo con estos decires desgarrados.

Hay palabras que se encanallan y emplebeyecen y otras que no nos ofenden, porque no han pasado por un ambiente capaz de mancharlas.

139. El adjetivo elemento primario de la descripción

Acaso en un cuadro de pintura el elemento primario del artista sea el *color*, como en la forma literaria descriptiva lo es el *adjetivo*. Cuando queremos exponer una teoría, formar un editorial periodístico, una obra didáctica o una crónica erudita, nos valemos del *verbo*, para dar a nuestra redacción un sentido de precisión expositiva, con iluminación interior y fuerza vital. Las circunstancias de la forma narrativa o de un período enumerativo se deben al vigor, sobriedad y rapidez con que empleamos los *sustantivos*. Para el uso del pincel literario de la descripción, nos hace falta matizar con talento y calidad de escritor y entrar de lleno en el juego o en la gimnasia plástica del *adjetivo*.

El *adjetivo* (del lat. *adiicere*, «añadir») es lo que se añade al objeto, como el color al cuadro, para producir el efecto mágico de lo vistoso y anímico, de lo concreto y personificado. El adjetivo es como una sonrisa pintada que ilumina y califica un objeto de cerámica de Manises, un paisaje de playa o una panorámica de llanura norteña.

Ya hemos hablado (núm. 96, *Cualidades y determinaciones)* sobre la naturaleza, morfología y grados del adjetivo, sus atributos secundarios y permanentes. Aquí nos interesa el adjetivo desde un punto de mira más estético y funcional en orden a la forma descriptiva de la redacción o del lenguaje.

140. Modalidades y matizaciones adjetivas

Si la *narración* es la enumeración de los acontecimientos ordenados en el tiempo, *la descripción* es la representación o diseño de los caracteres y circunstancias ordenadas en el espacio.

En este diseño de figuras el adjetivo nos ofrece ciertas funciones sintácticas particulares, algunas modalidades expresivas y matizaciones de calidad dentro de la frase.

1.º Modalidades adjetivas: 1.ª *Sustantivación adjetiva* para designar personas: *El pusilánime, el magnánimo* pertenecen a especies diversas. (ORTEGA Y GASSET, *Obr.* III, 2, 1130, Madrid, 1943). El triunfo de los exteriores (UNAMUNO: *Ensayos,* VI, 30). El plural sirve para dar cierto sentido de generalización: *Los humildes, los pobres mortales.* A veces se produce la fusión de la metábasis y los sustantivos adjuntos: *Un erudito modesto y afable.* AZORÍN: *Obr. Selec.*, 997 (Cfr., núm. 96, 7.º).

2.ª No menos interés muestran las formaciones abstractas adjetivales: *El común de las gentes; el infinito; llevadas al máximo.*

3.ª Adjetivos sustantivados con preposición: *Tomarlo en serio; no tiene nada de extraño.*

2.º Matizaciones adjetivas: *a)* Adjetivos concertados mediante la preposición *de* causal con sentido de limitación: *se trata de un escritor así de estupendo.*

b) Con *más* ponderativo: *¡Es más listo!*

c) Con *que* enfático: *¡Pero qué tontísima eres!*

d) Con *muy* reiterativo: *Es una luz blanca, muy blanca.*

e) Prefijaciones reduplicativas vulgares: *¡Qué repreciosa estás!*

f) Exclamaciones intensivas de alabanza o vituperio: *¡Perezoso, más que perezoso!*

g) Subordinación con *de: Era de lo más intransigente.*

h) El *epíteto* se antepone al sustantivo con idea de relieve: *Se enjugó la húmeda frente.*

i) *Epíteto* en coordinación adjetiva: *Sobre el* ALTO *y* ENHIESTO *cuello de la capa* (AZORÍN: *La Voluntad,* Obr. Selec., Madrid, 1943, 89). Cfr. nuestra obra *Ciencia del Lenguaje y Arte del estilo,* 8.ª ed., Madrid, 1967, págs. 312-313.

141. La observación y el paisaje literario. Figura y movimiento

Para *describir* o para pintar literariamente existen dos procedimientos: el de la observación directa y el de la indirecta. En la primera no es preciso acumular pormenores. Se trata de dar los más salientes, los más enérgicos, los más definitivos. La mejor descripción no es la que más incluye, sino la que produce la sensación más fuerte, la que condensa las cosas. La condensación y la sencillez producen más efecto que la acumulación o las amplificaciones sistemáticas. Para describir bien es necesario hacer vivir y pintar en relieve.

Por el método de la observación indirecta se pueden *describir* cosas imaginarias. Para pintar lo que no hemos visto nos ayudamos de lo que hemos visto. Buscamos las ideas y situaciones en las circunstancias análogas.

En la *descripción* se han de tener en cuenta los primeros detalles entresacados por el escritor en su rápida ojeada a las cosas, la imagen completa del panorama, el estudio de las incongruencias y, por último, que el cuadro que resulte de esta observación no sea de objetos estáticos, sino dinámicos.

1.º Sensibilidad visual: Hoffmann estudia ampliamente los llamados «grados de la sensibilidad visual»; es decir, en la observación de la naturaleza es preciso delimitar las distintas formas de «conciencia» de un objeto, entendiendo por *objeto* lo que vulgarmente constituye la percepción real. Los elementos que se buscan no pertenecen al campo de la genética, es decir, a su constitución entitativa, sino a su modalidad descriptiva. Buscamos las cosas entendidas descriptivamente. Cuando en la vida ordinaria hablamos de cosas entendemos algo corpóreo que llena el espacio aparente, que tiene una determinada situación frente a las otras cosas y que posee tal o cual color. La cosa sensible es el contenido de la percepción plena, o sea el espacio que percibimos de tal o cual forma con su exterior correspondiente.

2.º Forma física y forma estética del paisaje: El paisaje es una conquista de nuestro tiempo, como visión analítica de la naturaleza. Patrimonio intelectual y afectivo del hombre moderno se le adjudica un valor humanístico en el campo, en el cielo y en el mar. Sus componentes estéticos se condensan en luz, color, grandeza, figura, movimiento y vida.

El romántico conoció el paisaje, pero de una manera abstracta y escenográfica. La estima y la convivencia con el paisaje literario empieza con la generación del 98. Estos escritores conocieron y acariciaron con su mirada un paisaje concreto. Descubrieron la nueva técnica descriptiva, la que Azorín llama «detalle sugestivo». En Antonio Machado y en Unamuno hay una reviviscencia literaria del paisaje fiel a la realidad. Los realistas convirtieron el mundo en repertorio de cosas de museo; pero nosotros vamos a un museo a escuchar el reloj del tiempo desvanecido; a mirar una historia inmóvil, sin rumor, como un estanque helado, como unos relojes que han parado sus péndolas hace siglos.

Por el contrario el paisaje que recibimos desde la generación literaria del 98, si es imaginado tiene una imaginación exacta, y si es anímico y fiel, tiene una manera de ejercitar la fantasía que no rehúye la confrontación de las cosas reales.

3.º El paisaje y la fotografía cromática: El autor de esta Gramática pretende que el lector o el alumno ejercite su potencia visual y su vitalidad expresiva en observar sobre unas fotografías en color la vivencia del paisaje. La fotografía cromática es más concreta, porque el color es un elemento decisivo y de un alto valor estético. Es verdad que la contemplación del paisaje en la fotografía es pasiva. Falta la convivencia que supone vida y movimiento; pero se ponen en juego la imaginación y la cámara del artista, con una adivinación de posibilidades y una personalidad muy acusada en el momento del enfoque. No es pura inercia; hay una colaboración inquietante y artística del fotógrafo con los elementos objetivos. En el paisaje de la naturaleza existe una interdependencia muy similar en una perspectiva determinada. Hay un observador con una tonalidad concreta desde la cual se transfigura y vivifica el paisaje.

4.º Figura y movimiento en el paisaje: Dentro de lo que los estetas llaman el *orden* paisajístico en función de la belleza hay un componente estético muy apreciable: *la figura*. Cuando buscamos un punto de mira para gozar más adecuadamente un conjunto paisajístico, en su distribución armonizada, nos queda como último resultante el concepto de la forma o figura. Vayamos desnudando al paisaje de sus árboles, casas, piedras, etc., y ese producto inespacial que nos queda es su *figura;* o sea, la ordenación de los compuestos espaciales estilizados del paisaje se denomina *figura*.

Nos encontramos con una forma física y una forma estética del paisaje, de la que antes hemos hablado. Pues bien: la *figura* es la manifestación sensible o espacial de la forma estética o de la belleza paisajística, expresión de unidad y manifestación de un orden individual y de un orden social. La belleza sensible expresa siempre una forma activa. La forma de las olas es un indicio del ímpetu de la tormenta. Toda unidad espacial requiere límites y contorno preciso.

El paisaje se mueve, como se mueven los días y las estaciones. Este movimiento paisajístico es un elemento de belleza. El paso de las nubes, el vaivén de las espigas, el fluir cadencioso de los ríos y el compás de las olas marinas son valores estéticos, cambios y sucesiones que valoran el paisaje. Cambios sustanciales del ser físico. Cada momento es otro el río que pasa delante de nosotros: «Nadie se baña dos veces, decía Heráclito, en el mismo río.» Es lógico que si el río es huidizo, porque se mueve, cambiando que se compare a la vida, que fluye sin retorno.

142. La observación y el retrato

El retrato literariamente es una parte de la descripción. Cuando se describe la figura o el carácter, es decir, las cualidades físicas o morales de una persona, hemos trazado un retrato literario.

Es un motivo casi constante de la novela y de la prosa literaria. Pero también se pintan maravillosos retratos femeninos en pocos versos, como en esta rima de Bécquer:

> Fatigada del baile,
> encendido el color, breve el aliento,
> apoyada en mi brazo,
> del salón se detuvo en un extremo.
>
> Entre la leve gasa
> que levantaba el palpitante seno,
> una flor se mecía
> en compasado y dulce movimiento...
>
> (XVIII)

El escritor ha de entrar en el interior de la persona, para expresar a través del rostro y del gesto todo un mundo de emociones. Cada individuo posee un régimen de atención distinto, o, como suele decirse, el rostro es la fotocopia del alma.

Para trazar esta clase de retratos a lo largo de la estructura corporal hay que entrar en la estructura psicológica. La observación es más intensa o si se quiere más íntima.

En pocas frases Ortega y Gasset al hablar de la geometría de la meseta castellana nos dibuja la imagen del gañán, fundiendo en las líneas del paisaje, la silueta del arador:

«Pues bien; cabe una geometría para uso de leoneses y castellanos, una geometría de la meseta. En ella, la vertical es el chopo, y la horizontal, el galgo.

—¿Y la oblicua?

En la cima tajada de un otero, destacándose en el horizonte, es la oblicua nuestro eterno arador inclinándose sobre la gleba.»

ESQUEMAS Y EJERCICIOS

143. Temas gráficos de la naturaleza. Mitología y museo renacentista

Observación

El enunciado de los temas que se formulan a continuación, responden a las catorce fotografías en negro y color que cierran este capítulo. Estos temas descriptivos han de servir de paradigma o de orientación, pero no con carácter impositivo.

El lector que pueda ejercitarse en descripciones literarias hechas directamente sobre la contemplación de un paisaje o el alumno que cuente con colecciones artísticas o con diapositivas proyectables en una pantalla, podrá tomar como mera norma estas propuestas. Cfr. las 14 láminas desde la *pág.* 542 a 552.

1.º Esquemas de la naturaleza:

1.º **Paisaje y monasterio** (Panorámica del Monasterio de El Escorial y sus alrededores).

2.º **Paisaje de montaña y playa** (San Sebastián con las dos playas y los montes Igueldo y Urgull. Al Igueldo que domina la playa de Ondarreta, se asciende en funicular o en coche.

3.º *Puerto de Buenos Aires* (Topografía y entrada y salida de transatlánticos), o la calle principal de una de estas cinco ciudades: *México, Caracas, Bogotá, Lima* y *Nueva York*.

2.º Interpretación de obras de arte:

4.º *Triunfo de la Primavera* (SANDRO BOTTICELLI, 1447-1510. Galería de los Uffizi. Florencia: 2,03 × 3,14 m.). *Ideas:* Selva de naranjas con suelo florido. Se transparenta el aire claro en un día primaveral. Bajo los árboles una extraña compañía, Juliano de Médicis en forma del dios Mercurio coge el fruto y lo ofrece a una de las tres Gracias, que enlazan sus manos en rueda rítmica de baile. Un amorcillo vuela por los aires. Allí está la enamorada de Juliano, Simonetta Vespucci. La primavera resbala por el suelo y derrama abundancia de flores. El céfiro abraza a Flora, la diosa que hace crecer los tallos a su paso.

La Señora Naturaleza anima el cuadro en un conjunto incoherente.

Botticelli es la línea que sugiere el volumen, línea incisiva que no sigue del todo los contornos del modelo. Diosas iluminadas danzan en los Campos Elíseos.

5.º ENTIERRO DEL CONDE DE ORGAZ (DOMÉNICO THEOTOCOPOULOS: *El Greco*, 1541-1614). Iglesia de Santo Tomé, Toledo. Contratado el 18 de Marzo de 1586, para ser colocado sobre la sepultura del Conde. Mide 4,80 × 3,60 m. Fue tasado en 1.200 ducados, cantidad que el párroco denunció por creerla excesiva.

Tiene la misma doble composición que el *San Mauricio*. En la mitad inferior una comitiva de frailes y caballeros rodean a San Agustín y San Esteban que han venido a enterrar a su devoto, el señor de Orgaz. En la mitad superior ángeles que acompañan el alma a los cielos, hasta el trono de Dios. La parte inferior alínea una serie de retratos de una intensidad psicológica no superada ni por Velázquez. Más arriba las figuras se alargan y espiritualizan como si fueran seres de otro planeta, en tonos amarillos, blancos y luminosos.

6.º El saludo en el **Cuadro de las Lanzas o Rendición de Breda** (Velázquez. Pintado hacia 1634). Este lienzo fue en un principio uno más de los de la serie de Victorias del salón de los Reinos del Buen Retiro. La noble actitud de Ambrosio de Espínola para con el vencido Justino de Nassau, los dos grupos de españoles y holandeses y el fondo de nieblas y humaredas, con la vista de la ciudad ocupada, componen un conjunto armonioso único en todo el museo. El suceso tuvo lugar el 5 de junio de 1625. Acaso el soldado que detrás del caballo cierra la composición por el lado derecho sea el propio artista. En el inventario de 1834 el lienzo se tasó en dos millones de reales.

El saludo caballeresco del español está en la sonrisa del marqués de Espínola recibiendo las llaves de Breda. Esa actitud elegante de su mano y de la sonrisa bondadosa, esa cortesía del vencedor compendia la espuma y flor caballeresca del XVII español y europeo.

144. La vida cotidiana

7.º **Los rascacielos** y la Plaza de España en Madrid. Don Quijote y Sancho. Madrid tiene una posición de privilegio, en las inmediaciones de la velazqueña sierra del Guadarrama, cuyo aire fino purifica su ambiente de agradable capitalidad. Otro de sus favores ciudadanos es esta plaza vecina del Palacio Real, enjoyada con jardines y monumentales edificios de traza funcional.

8.º **La feria de Sevilla**

Como dijo un buen poeta andaluz, en la caseta de esta feria sevillana se enciende el baile con vino, sentimiento, guitarra y poesía.

9.º Un intelectual MENÉNDEZ PIDAL leyendo.— Patriarca de la investigación filológica y literaria, merecedor del premio *Nóbel*, a lo largo de su dilatada vida ha ejercido un fecundo magisterio en las universidades españolas y en las extranjeras. Menéndez Pidal es lo moderno, lo europeo. Trabaja en equipo, con fichero, técnica y objetividad. Es más lingüista que filólogo. Deja su obra abierta a toda revisión, porque trabaja con honradez científica.

145. Espectáculo y deporte

10.º **Patinaje artístico.** Sobre el terso cristal de la superficie helada, el arrullo danzarín de la joven deportista o de la pareja hombre-mujer va trazando los giros dinámicos y estéticamente perfectos en un espectáculo de belleza inimitable.

11.º **Un partido de fútbol**

Descripción pintoresca del encuentro deportivo. Ciento veinte mil espectadores siguen esta competición.

12.º **Educación física femenina**

La mujer se prepara estética y físicamente en las instalaciones de conjuntos polideportivos. Las fotos 13 y 14 corresponden a las láminas XX y XXII dedicadas a Méjico, en su capital y su arte.

146. Ejercicios

1.º Ejercicios de redacción con filmoteca: Para la práctica directa y dinámica de la forma descriptiva, sería menester que el lector al volver a su casa de una sesión de cine, vertiera en la cuartilla de la redacción el paisaje con sus circunstancias e incidentes o el retrato de un protagonista de la acción.

Resultaría sumamente útil que los centros de enseñanza alquilaran películas y las proyectaran en sus salones de espectáculos o mejor que fueran formando su propia filmoteca.

Vamos a enumerar a continuación, sobre el tema ESPAÑA Y SUS REGIONES algunos títulos que pudieran dar lugar a la formación de esta interesante filmoteca.

a) **Temas de España**

1. Sinfonía española.
2. España insólita.
3. Costas de España, 1961 (Eastmancolor. Cooperativa ibérica).
4. La costa del sol, 1960 (Eastmancolor. Idem).
5. Costa Brava, 1959 (Eastmancolor. Procusa).
6. Reales sitios, 1956 (NO-DO).
7. Rincones románticos, 1958 (Aranjuez).
8. Camino de Santiago, 1961 (Eastmancolor. Cooperativa ibérica).
9. Se va ensanchando Castilla, 1957 (Eresma Films).
10. Semana Santa de Valladolid, 1944. España, actualidades.
11. Semana Santa de Sevilla, 1942. Jerónimo Cruz.
12. Ciudad Universitaria de Madrid, 1954. Exclusivas Diana.
13. Repoblación forestal, 1954. Filmarte.
14. Tarde de toros, 1956. Chamartín (Ladislao Vajda).

b) **Motivos regionales de España**

15. LA BAJA ANDALUCÍA, 1960 (Eastmancolor. Cooperativa ibérica).
16. ASTURIAS, 1961 (Eastmancolor. Cooperativa ibérica).
17. CÁCERES, 1960 (Eastmancolor. Julián de la Flor).
18. «CÁDIZ, tacita de plata», 1948, (Medusa Films).
19. CANARIAS, 1960 (Agfacolor. Procusa).

20. CATALUÑA. «Barcelona gran ciudad», 1955. I. F. I.—«De Barcelona a Montserrat, 1955. I. F. I.

21. CÓRDOBA. «Bajo el sol de Córdoba», 1960 (Eastmancolor. Julián de la Flor).

22. GALICIA. «Rías gallegas», 1961 (Eastmancolor, Apolo Films). «Ciudades gallegas», 1961 (Eastmancolor, Apolo Films). «Bailes de Galicia», 1960 (Eastmancolor. Hermic Films).

23. GRANADA. «Las fuentes de Granada», 1954 (África Films).

24. LA MANCHA. «Don Quijote de la Mancha», 1948, Rafael Gil (Rafael Rivelles, Juan Calvo y Sarita Montiel) (Cifesa).

25. «LEVANTE blanco y azul», 1961 (Eastmancolor. Tyrys Films).

26. MALLORCA. «Viaje a Mallorca», 1958 (Tecnifilms).

27. MADRID. «El Madrid de ayer, de hoy y de siempre», 1961 (Color. Alesia Films). «Puerta del Sol», 1958 (Cinecorto).

29. PAMPLONA. «El encierro de Pamplona», 1961 (Eastmancolor. Julián de la Flor). «Fiesta de Pamplona», 1961. (Ídem).

30. SALAMANCA. «Salamanca, piedras y espíritu», 1954 (Payc Films).

31. SAN SEBASTIÁN. «A través de San Sebastián», 1961 (B. y N. Uninci).

32. «SANTILLANA DEL MAR», 1958 (Eurofilms).

33. «SEGOVIA», 1956 (Molinos Films).

34. SEVILLA. «Sevilla en ferias», 1961 (Procusa). «Sevilla, arte y gracia, trabajo», 1961 (Eastmancolor. Latina-Films).

35. TARRAGONA. «Tarragona imperial», 1954, (Producciones TAU).

36. TOLEDO. «Toledo la imperial», 1958 (Umbra Films). «Toledo, evocación y silencio», 1958 (Eurofilms).

37. VALENCIA. «Valencia y sus Fallas», 1949 (Valencia Films).

38. VASCONGADAS. «El pastor vasco», 1961 (Agfacolor. Procusa).

39. ZARAGOZA. «Fiestas del Pilar», 1957 (Magnus Films). «Jota aragonesa», 1953 (Producciones Argo).

c) **Documentales turísticos en color** (por regiones), *Expotur*. Ministerio de Información y Turismo.

1) ANDALUCÍA ORIENTAL («Serranías de Jaén». «Granada, nieve y mar»).

2) ANDALUCÍA OCCIDENTAL («España musulmana». «La feria de Sevilla». «Costas de la Luz». «La Baja Andalucía»).

3) Aragón («La nieve del Pirineo». «Reportaje en Anso». «Los mayos de Albarracín»).

4) Asturias («Cudillero y su contraste». «En la Costa Verde»).

5) Las Baleares («Viaje a Mallorca». «Ibiza». «Menorca»).

6) Canarias («Vacaciones en Fuerteventura». «Canarias, paraíso del Atlántico». «La isla de los volcanes»).

7) Castilla la Vieja-norte («Berruguete». «Color». «Mosaico palentino»).

8) Castilla la Vieja-sur («Museos de Segovia». «La Capra hispánica»).

9) Cataluña («Tarragona balcón del Mediterráneo». «Barcelona, vieja amiga»).

10) Castilla la Nueva («La ciudad encantada». «Las nieves de Madrid»).

11) Extremadura («Ruta de los pantanos». «De Yuste a Guadalupe»).

12) León («Boda maragata». «Esquí en primavera»).

13) Murcia («Oración a Lorca». «En el Mar Menor»).

14) Navarra («El encierro de los toros en Pamplona». « Sucede en San Fermín»).

15) Valencia y Levante («Levante blanco y azul». «Así es Valencia». «Benidorm»).

16) Las Vascongadas («Paisaje alavés». «San Sebastián, novia de España». «El Gargantúa de Bilbao»).

d) **Temas de ciudades Hispanoamericanas**

1. Bogotá. La ciudad de las tertulias, acrópolis con cima de águilas, humanizada y vigilante de nuestro idioma.

2. Buenos Aires cosmopolita, cita y simbiosis de razas y culturas, puerto y centro periodístico a escala mundial, nos acoge amablemente con sus parques apacibles, y sus pintorescos alrededores y su horizontal indefinida.

3. Caracas, la rica capital de las avenidas ultramodernas.

4. Lima, la ciudad de los bellos miradores con afiligranadas celosías de preciosas maderas tropicales y sus patios en sombra.

5. Méjico, cruce de dos culturas y magníficos museos, moderna y señorial con las magníficas avenidas que exhiben una arquitectura universal contemporánea, pero con raíz e historia. Ciudad dominada por la Torre Latino americana de 44 pisos.

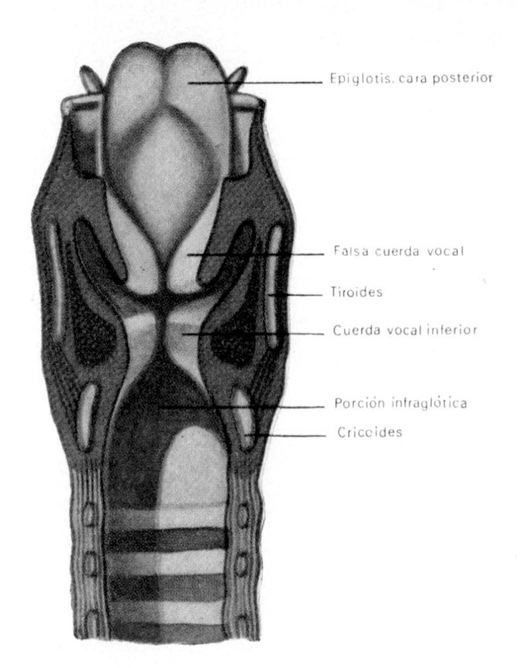

I. *Corte frontal de la laringe (segmento anterior del corte* visto por su cara posterior). Cfr. *Voz y articulación*, 100-2.º

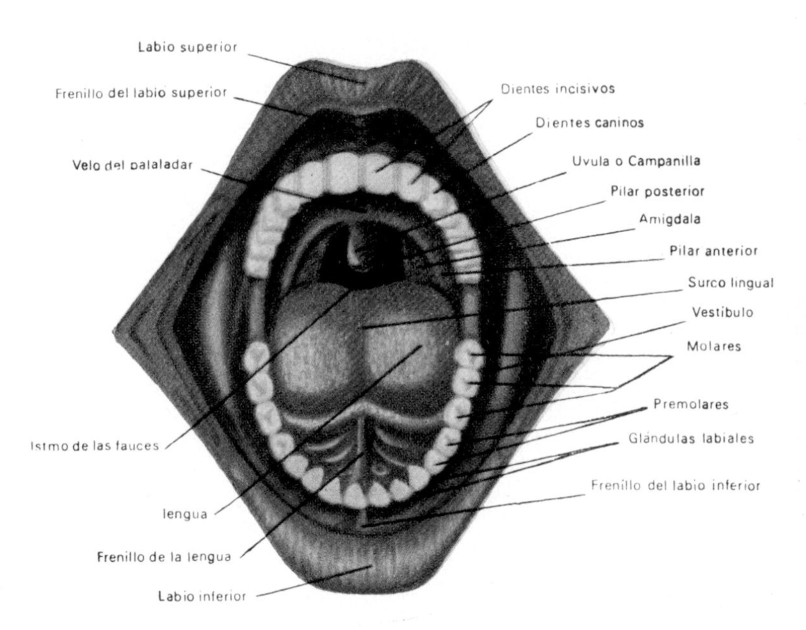

II. *Cavidad bucal en la variada gama de los sonidos articulados.* Cfr. *Voz y articulación*, 100-2.º

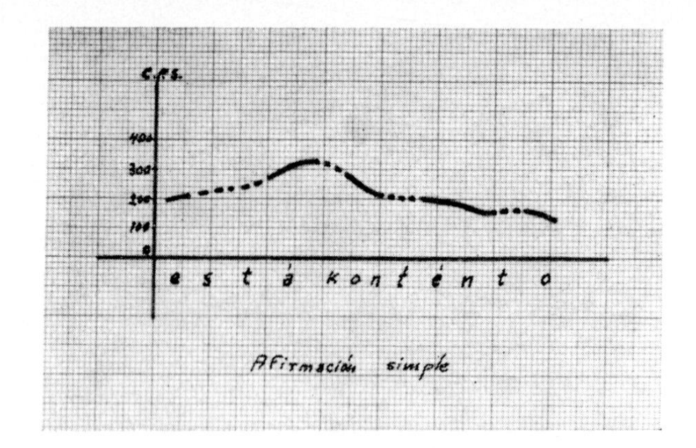

III. *Afirmación simple*

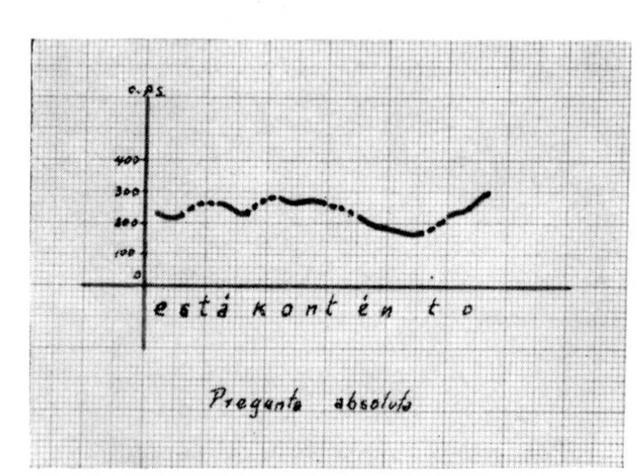

IV. *Pregunta absoluta*

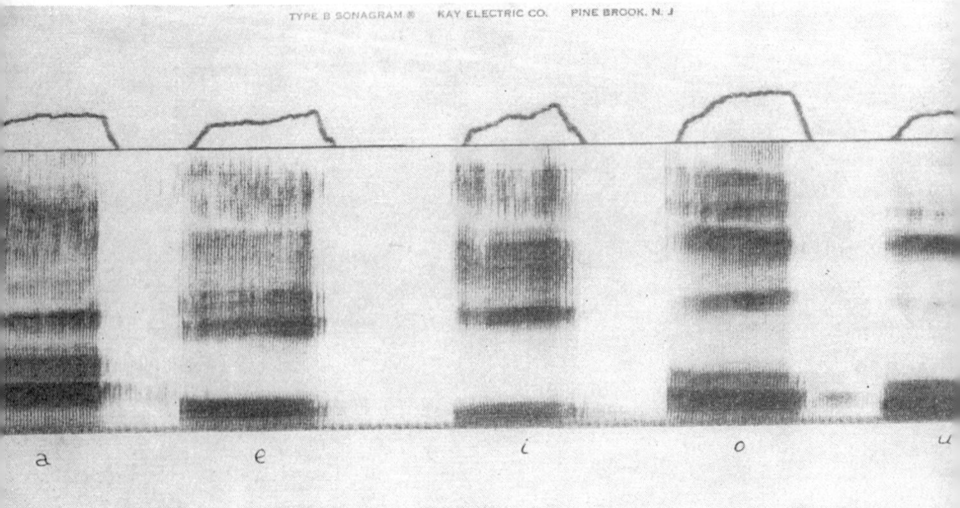

V. *Análisis quimográfico de las vocales españolas divididas en cuatro formantes* según el profesor A. Quilles

VI. *Ordenador electrónico en las aulas universitarias*

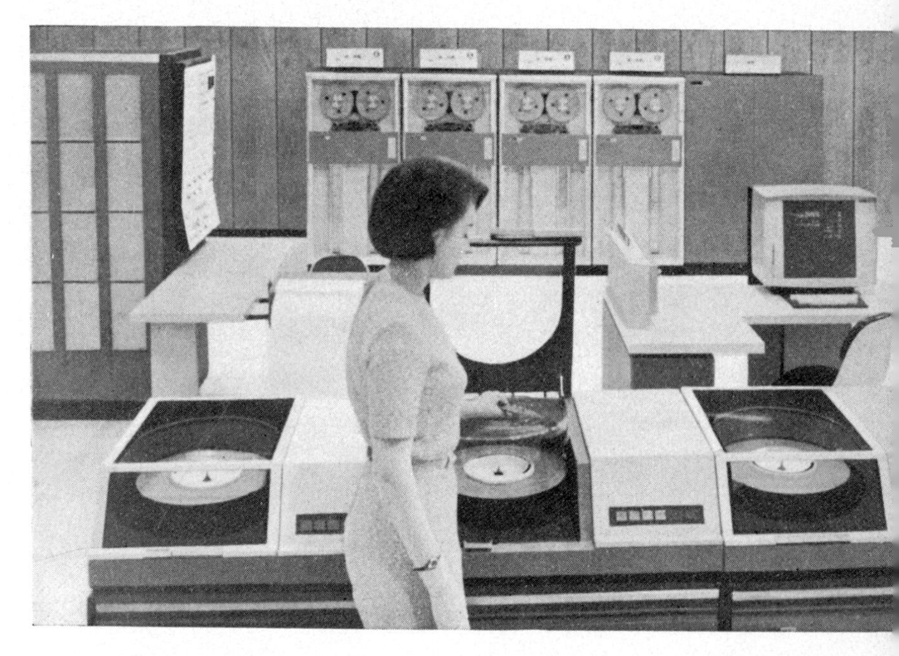

VII. *Ordenador electrónico IBM 360, modelo 60. En primer término, las unidades IBM 2311 de discos magnéticos*

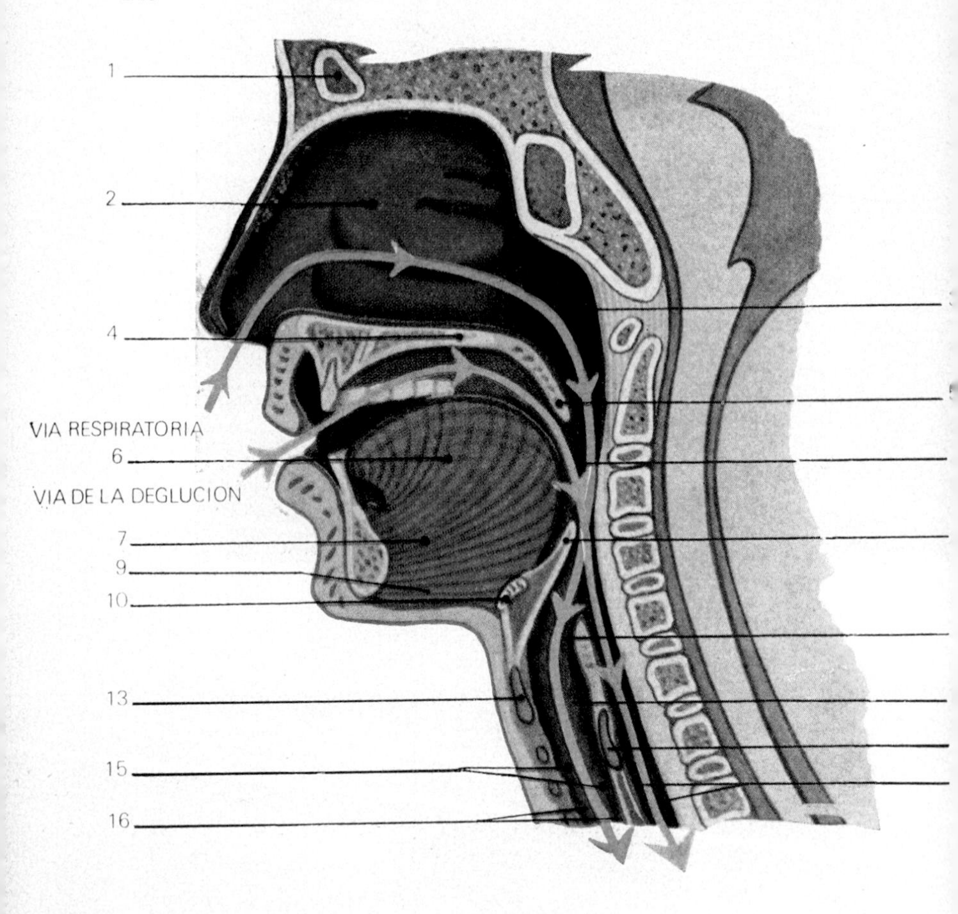

1. Seno frontal
2. Cavidad nasal
3. Faringe nasal
4. Paladar duro
5. Paladar blando
6. Lengua
7. Músculo geniogloso
8. Faringe oral
9. Músculo geniohioideo
10. Hueso hioides
11. Epiglotis
12. Faringe laríngea
13. Cartílago tiroides
14. Cuerdas vocales
15. Cavidad laríngea
16. Tráquea
17. Cartílago Cricoides
18. Esófago

VIII. *Corte vertical de los órganos fonadores. Producción del sonido articulado.* Cfr. *Articulación,* 100-2.º

IX. *Un teclado como el de una máquina de escribir constituye uno de los varios medios de introducir información en un ordenador.* Cfr. *Ordenador electrónico,* 118-1.º

X. *Transistores extraordinariamente pequeños —caben 50.000 en un dedal— hacen posible el más rápido proceso en la información de un ordenador.* Cfr. *Ordenador electrónico,* 118-1.º y 2.º

XI. *Paisaje y Monasterio.* Cfr. núm. 143-1.º

XII. *Paisaje de montaña y playa. San Sebastián.* Cfr. núm. 143-1.º

XIII. *Rascacielos de la «Plaza de España»* (Madrid). Cfr. núm. 144-7.º

XIV. SANDRO BOTTICELLI: *Triunfo de la Primavera*. Cfr. núm. 143-2.º

XV. Domenico Theotocopoulos *(El Greco): Entierro del Conde de Orgaz.*
Cfr. núm. 143-2.º,6

XVI. *La feria de Sevilla*. Cfr. núm. 144-8.º

XVII. *Un partido de fútbol*. Cfr. núm. 145-11.º

XVIII. *Patinaje artístico*. Cfr. núm. 145-10.º

XIX. *Justino Nassau y el vencedor Ambrosio Spínola se saludan en el momento de «La Rendición de Breda»*. VELÁZQUEZ. Cfr. núm. 143-2.º-6

XX. *Vista aérea de México. D. F.—En el centro, el Zócalo de los Virre Al fondo y a la derecha, la Catedral.* Cfr. 145-13

XXI. *Puerto de Buenos Aires.* Cfr. núm. 143-1.º-3

XXII. Ruinas Mayas *en México*. Cfr. núm. 145-14

XXIII. *Educación física femenina*. Cfr. núm. 145-12.º

XXIV. Menéndez Pidal *leyendo. Intelectual, filólogo* y *Director de la Real Academia Española.* Cfr. núm. 144-9.º. Foto, Ministerio de Información y Turismo, Madrid

6. MONTEVIDEO se asoma al mar de la conquista como una aparición *(montem video)*, solar de grandes literatos y poetisas, alarga su mano de amistad a Buenos Aires a través de la línea del Plata.

7. QUITO, uno de los mayores museos de arte colonial, se goza en el ambiente de una ciudad andaluza.

8. SANTIAGO DE CHILE emporio de civilización española conserva con cariño nuestras costumbres, exponente magnífico de arte colonial y centro de reunión de las familias que cultivan el regalo de sus magníficas haciendas.

2º Ejercicios de redacción descriptiva estudiados en autores contemporáneos

a) PAISAJE LITERARIO EN AUTORES CONTEMPORÁNEOS:

1) AZORÍN. **Las nubes.**

«Las nubes nos dan una sensación de inestabilidad y de eternidad. Las nubes son —como el mar— siempre varias y siempre las mismas. Sentimos, mirándolas, cómo nuestro ser y todas las cosas corren hacia la nada, en tanto que ellas —tan fugitivas— permanecen eternas. A estas nubes que ahora miramos, las miraron hace doscientos, quinientos, mil, tres mil años, otros hombres con las mismas pasiones y las mismas ansias que nosotros. Cuando queremos tener aprisionado el tiempo —en un momento de ventura—, vemos que han pasado ya semanas, meses, años.

Las nubes, sin embargo, que son siempre distintas, en todo momento, todos los días, van caminando por el cielo. Hay nubes redondas, henchidas, de un blanco brillante, que destacan en las mañanas de primavera sobre los cielos traslúcidos. Las hay como cendales tenues, que se perfilan en el fondo lechoso. Las hay grises sobre una lejanía gris. Las hay de carmín y de oro en los ocasos inacabables, profusamente melancólicos, de las llanuras. Las hay como velloncitos iguales e innumerables, que dejan ver por entre algún claro un pedazo de cielo azul. Unas marchan lentas, pausadas; otras pasan rápidamente. Algunas, de color de ceniza, cuando cubren todo el firmamento, dejan caer sobre la tierra una luz opaca tamizada, gris, que presta su encanto a los paisajes otoñales.»

2) UNAMUNO. **El paraje** *(La flecha):*

«De allí, del alto del Rollo, arranca el antiguo camino real de Madrid, hoy abandonado, paralelo al río. Siguiéndole gozan de gran plenitud de aire el pecho y la vista de una inmensa campiña abierta, cuya amplitud absorbe. A un lado corre el Tormes limitando la llanura, y al otro se alzan, a poco de perder de vista a la ciudad, los cortes y arribes en que se quiebra la meseta de la Armuña. Los escarpados que el talud de esta quebradura forma muestran, resquebrajadas de sed, gredosas capas estratos que al sentarse dejó algún mar lento de las prístinas edades del planeta. En avanzando, se llega a perder de vista la meseta, cuando el camino se hunde, cortando entonces el azul del cielo la arista limpia en que su talud termina. A la derecha del caminante fluye el Tormes con imperceptible curso, lamiendo la tierra y formando en la arenilla de su lecho alfaques que convertidos a las veces en islotes fingen pajizos témpanos varados en las aguas.

En el seno mismo del río, y en uno de los sotillos, crece un árbol solitario y escuálido, que parece bañar sus pies en la tranquila corriente. Se alzan en las márgenes del río cortinas de espigados álamos, lánguidos y derechos, infundiendo a los que los contemplan la sensación de sencillez suprema que este humilde áibol produce. Porque es el pobre álamo de las orillas un árbol que parece encarnar en el paisaje el espíritu de aquellos primitivos que pintaron la gloria con matices de alba; es un árbol que tiene algo de dulce rigidez litúrgica. La grave encina, vestida siempre e inmóvil, se esparce por la llanura, mientras el álamo se recoge junto a los ríos, riberas y regatos, mirándose en las aguas cómo tiembla al aire.»

b) RETRATO LITERARIO EN LOS AUTORES CONTEMPORÁNEOS:

1) JUAN RAMÓN JIMÉNEZ. **Platero**

«*Platero* es pequeño, peludo, suave; tan blando por fuera, que se diría todo de algodón, que no lleva huesos. Sólo los espejos de azabache de sus ojos son duros, cual dos escarabajos de cristal negro.

Lo dejo suelto y se va al prado, y acaricia tibiamente con su hocico, rozándolas apenas, las florecillas rosas, celestes y gualdas... Lo llamo dulcemente: : «¿Platero?», y viene a mí con un trotecillo alegre que parece que se ríe, en no sé qué cascabeleo ideal...

Es tierno y mimoso igual que un niño, que una niña...; pero fuerte y seco por dentro, como de piedra. Cuando paso sobre él, los domingos, por las últimas callejas del pueblo, los hombres del campo, vestidos de lim pio y despaciosos, se quedan mirándolo:

—Tien'aser...

Tiene acero. Acero y plata de luna, al mismo tiempo.»

2) RETRATO EN VERSO.—AMADO NERVO. **Damiana**

Esta niña dulce y grave
tiene un largo cuello de ave,
cuello lánguido y sutil,
cuyo gábilo süave
finge prora de una nave,
de una nave de marfil.
Y hay en ella, cuando inclina
la cabeza arcaica y fina
—se semeja peregrina
flor de oro— al saludar,
cierto ritmo de latina,
cierto porte de Menina
y una gracia palatina
muy difícil de explicar.

Dijo JORGE TICKNOR en su *Diario:* «España y el pueblo español me gustan más que todo lo que he encontrado en Europa. Aquí hay más carácter nacional, originalidad y poesía en los modales y sentimientos populares, más fuertes sin barbarie y más civilización, sin corrupción de lo que he hallado en otras partes.»

LECTOR Y ALUMNO. Aprende a amar a España a través del paisaje y a través del idioma. El libro que más penetre en tu corazón será aquel en que sepas encontrar las razones para convivir y las razones para esperar.

17 | BIBLIOGRAFIA GRAMATICAL

SUMARIO: *147. Metodología y terminología gramatical.—148. Gramáticas y estudios de interés general.—149. Gramática coloquial.—150. Bibliografía de la frase moderna.—151. Lexicología y Etimología.—152. Estudios de fonética y Versificación.—153. Bibliografía sobre Semántica y Morfología.—154. Algunas obras generales de lingüística.—155. Bibliografía sobre el dialecto sefardí.—156. Bibliografía sobre el «ordenador electrónico».—157. Algunas Revistas y publicaciones sobre lenguaje.*

147. Metodología y terminología gramatical.

1. BLOOMFIELD, L.: *Language*. Nueva York, Holt and Co., 1933 y 1956.
2. BRACKENBURY, L.: *La enseñanza de la Gramática*. Madrid, 1922.
3. BRUNOT, Ferdinand: *La pensée et la langue*. París, Masson et C., 1928.
4. BUYSSENS, M. E.: *Les langages et le discours*. Bruselas, 1943.
5. CASTRO, Américo: *La enseñanza de la Gramática*. Madrid, 1922.
6. = *Lengua, enseñanza, literatura*. Madrid, 1922. =*La peculiaridad lingüística rioplatense*. Madrid 1960,
7. CORBATÓ, H.: *Los modismos en la enseñanza del español*, en «The Modern Language Forum», 1932, págs. 39-42.
8. COUSINET, R.: *L'enseignement de la grammaire*. Neuchâtel, s. a.
9. DE BOER, J. J.: *Enseñanza del idioma*, en Rivlin y Schueker, *Enciclopedia de la Educación Moderna*. Buenos Aires, 1945.
10. DORESTE, F.: *Metodología de la lectura y la escritura*. Madrid, 1933.
11. FERNÁNDEZ HUERTA, J.: *Estudio de las aptitudes lingüísticas en la determinación de los factores del lenguaje*, en «Psicología del educado y Didáctica». Madrid, 1951. Págs. 99-132.
12. FERNÁNDEZ R., S.: *La enseñanza de la Gramática y la Literatura*. Madrid, 1941.
13. FOULCHÉ-DELBOSC, R., y BARRAU-DIHIGO, L.: *Manuel de l'hispanisant*. 2 vols., 1.014 págs. Nueva York, 1920-1925.
14. FUNKE, O.: *On the System of Grammar*, en «Archivum Lingüisticum, 6, 1, págs. 1-29.
15. GARCÍA ARROYO, G.: *La enseñanza del idioma*. Madrid, 1930.
16. GARCÍA DE DIEGO, V.: *El lenguaje en la escuela*. Madrid, 1941.
17. GILI GAYA, Samuel: *La enseñanza de la Gramática*, en «Revista de Educación», núm. 2 (mayo, 1952), págs. 119-122.
18. — *Visión general de la metodología del lenguaje*, en «Bordón», núm. 33 (enero, 1953), págs. 6-16.

19. LÁZARO CARRETER, F.: *Diccionario de términos filológicos*. Madrid, 1953.
20. LENZ, R.: *¿Para qué estudiamos Gramática?* Santiago de Chile, 1912.
21. MAILLO, A.: *La enseñanza de la Gramática*, en «Bordón», núm. 33 (enero, 1953), págs. 51-62.
22. MARÍN PEÑA, M.: *Terminología gramatical en la Enseñanza Media*, en «Bordón», núm. 10 (1950), págs. 29-35.
23. MAROUZEAU, J.: *Lexique de la terminologie lingüistique*. París, s. a.
24. MARTÍ ALPERA, F.: *Metodología del lenguaje*, 2.ª ed. Buenos Aires, 1945.
25. MORALES OLIVER, L.: *La enseñanza del idioma y los ejercicios de redacción en los primeros años*. Madrid, 1933.
26. PIAGET, J.: *Le language et la pensée chez l'enfant*. 2.ª ed. Neuchâtel. París, 1930.
27. ROHLFS, Gerhard. *Manual de filología hispánica. Guía bibliográfica, crítica y metódica*. Bogotá, 1957. 379 págs.
28. SÁINZ AMOR, C.: *Ejercicios de lenguaje y gramática*. Barcelona, 1943-1949. 3 vols.
29. SECHEAYE, A.: *Programme et méthodes de la lingüistique théorique*. París, 1908.
30. SICART, P.: *Metodología científica de las lenguas vivas*. Madrid, 1947.
31. SPRINCHETTI, A.: *Lexicon linguisticae et philologiae*. Roma, 1962.
32. TIRADO, D.: *La enseñanza del lenguaje*. Barcelona, 1937.
33. TORNER, F. M.: *La enseñanza del idioma*. Bases para una metodología. Madrid, s. a.
34. WARTBURG, W. v.: *Problemas y métodos de la lingüística*. Madrid, 1951.
35. WATTS, A. F.: *The language and mental development of children*. Londres, 1955.

148. Gramáticas y estudios de interés general

36. ACADEMIA ESPAÑOLA: *Gramática de la lengua española*. Madrid, 1931.
37. ALARCOS LLORACH, E.: *Gramática estructural*. Madrid, 1951.
38. ALEMANY BOLUFER, J.: *Estudio elemental de Gramática histórica de la lengua castellana*. 6.ª ed. Madrid, 1928.
39. ALONSO, A. *Estudios lingüísticos*. Temas españoles. 2.ª ed. Madrid, 1961.
40. ALONSO, A. y HENRÍQUEZ UREÑA, P.: *Gramática castellana*, 6.ª ed. 2 vols. Buenos Aires, 1946. 18.ª ed. (1960), 1.º; 16.ª ed., 2.º.
41. ALONSO, Martín: *Ciencia del lenguaje y arte del estilo*. 8.ª ed. Madrid, 1967.
42. — *Redacción, análisis y ortografía*. 6.ª ed. Madrid, 1966.
43. — *Español para extranjeros*. 5.ª ed. Madrid, 1968.
44. BEINHAUER, Werner: *Spanische Umgangsspracher*. Bonn, 1958.
45. BELLO, Andrés: *Gramática castellana*. Edición con notas, por R. J. Cuervo. París, 1928. Otra edición con prólogo de Amado Alonso. Caracas, 1951. La edición de Buenos Aires es de 1945.
46. BENOT, Eduardo: *Arquitectura de las lenguas*. I-III. Madrid, 1921.
47. — *Arte de hablar. Gramática filosófica de la lengua castellana*. Madrid, 1910.
48. BRUGMANN, K. *Abrégé de grammaire comparée des langues indo-européennes*. París, 1905.
49. BRUGMANN-THUMB: *Griechische Grammatik*. 4.ª edición, refundida por Albert Thumb. Munich, 1913.
50. CEJADOR Y FRAUCA, Julio: *La Lengua de Cervantes. Gramática y Diccionario*. Madrid. 2 vols.:I, 1905; II, 1906.
51. CRIADO DE VAL, M.: *Fisonomía del idioma español*. 2.ª ed. Madrid, 1958.
52. CUERVO, R. J.: *Apuntaciones sobre el lenguaje bogotano*. 5.ª ed. París, 1907.
53. CHEVALIER, Jean Claude, y otros: *Grammaire du français contemporaine*. L. Larouse. París, 1964.
54. DAM, C. F. A. van: *Spaanse Spraakkunst*. 1953. (Gramática española en holandés.)

55. DARMESTETER, A.: *Cours de Grammaire historique de la langue française.* París, 1927.
56. DÍEZ, F.: *Grammatik der Romanischen Sprachen.* Bonn, 1887. Versión francesa: *Grammaire des langues romanes.* Trad. de Auguste Brachet y Gastón. París. I, 1874.—A. Morel-Fatio y Gaston. París. II, 1874.—París. III, 1876.
57. ESPINOSA, A. M.: *El español de hoy.* Nueva York, 1952.
58. FERNÁNDEZ R., Salvador: *Gramática española: I. Los sonidos. El nombre y el pronombre.* Madrid, 1951.
58* GARGIA, Constantino: *Contribución a la Historia de los conceptos gramaticales,* 180 p., Madrid, 1960,
59. GARCÍA DE DIEGO, Vicente: *Gramática histórica española.* 2.ª ed. Madrid, 1961.
60. — *Lingüística general y española.* 2.ª ed. Madrid, 1960.
61. GAVEL, H.: *Questions de grammaire espagnole.* París, 1951.
62. GOUGENHEIM, G.: *Système grammatical de la langue française.* París, 1938.
63. HANSSEN, Federico: *Gramática histórica española.* 2 ª ed. Buenos Aires, 1945. Prólogo de Luis Alfonso.
64. HARNER, L. y C. NORTON, F. J.: *A Manuel of modern Spanish.* 2.ª ed. Londres, 1957.
65. HOFMANN, J. B.: *Lateinische Umgansspräche.* 2.ª ed. Heidelberg, 1636.
66. JESPERSEN, Otto: *A modern English Grammar.* 3.ª ed. Heidelberg, 1927.
67. KRETSCHMER, P.: *Introducción a la lingüística griega y latina.* Trad. de S. Fernández R. y M. Fernández Galiano. Madrid, 1946.
68. LAPESA, R.: *Historia de la Lengua española.* 4.ª ed. Madrid, 1959.
69. — *La Lengua desde hace cuarenta años,* en «Revista de Occidente», 2.ª ed., núms. 8-9, XI-XII, 1963, págs. 193-208.
70. LEBRETON, J.: *Études sur la langue et la grammaire de Ciceron.* París, 1901.
71. MEILLET, A.: *Introduction à l'étude comparative des langues indoeuropéennes.* 5.ª ed. París, 1922.
72. — *Traité de grammaire comparée des langues clasiques.* (Meillet y J. Vendryes.) París, 1929.
73. MENÉNDEZ PIDAL, R.: *Manual de Gramática histórica española.* 10.ª ed. Madrid, 1958.
74. MEYER-LÜBKE, W.: *Grammatik der romanischen Sprache.* Leipzig, 1890-1899. Versión francesa: *Grammaire des langues romanes.* París, 1890-1906.
75. MONTOLIÚ, M. de: *Gramática castellana.* 9.ª ed. Barcelona, 1948.
76. OLIVER ASÍN, J.: *Iniciación al estudio de la historia de la lengua española.* 4.ª ed. Madrid, 1951.
77. POTTIER, B.: *Introduction à l'étude de la philologie hispanique.* (Gramática estructural.) Bordeaux, 1957-1958.
78. PÉREZ-RIOJA, J. A.: *Gramática de la Lengua española.* Madrid, 1964.
79. ROCA PONS, José: *Introducción a la Gramática.* 2 vols. Barcelona, 1960.
80. SALVÁ, Vicente: *Gramática de la Lengua castellana.* 2.ª ed. Madrid, 1835.—3.ª ed. Valencia, 1837.—9.ª ed. París, 1854.
81. SECO, Rafael: *Manual de Gramática española.* (Revisada por Manuel Seco.) 4.ª ed. Madrid, 1960.
82. SECO, Manuel: *Diccionario de dudas de la Lengua española.* Madrid, 1961.

149. Gramática coloquial

83. ALONSO, Amado: *Estudios lingüísticos hispanoamericanos.* Madrid, 1953.
84. ALONSO ZAMORA, Vicente: *Dialectología española.* Madrid, 1960.
85. BAUCHE, Henri: *Le langage populaire.* París, 1928.
86. BEINHAUER, Werner: *El español coloquial.* Trad. por Fernando Huarte. Madrid, 1963.
87. CARBALLO PICAZO, Alfredo: *Español conversacional.* Ejercicios de vocabulario (Madrid, 1961). Ejercicios de Gramática (Madrid, 1962).

88. CLAVERÍA, Carlos: *Estudio sobre los gitanismos en español.* Madrid, 1951.
89. DEUTSCHMANN, Olaf: *Formules malédictions en espagnol et en portugais.* Lisboa, 1942.
90. GARCÍA DE DIEGO, Vicente: *Manual de Dialectología.* Madrid, 1946.
91. IRIBARREN, José María: *El porqué de los dichos.* Madrid, 1955.
92. LÓPEZ ESTRADA, F.: *Notas del habla de Madrid,* en «C. L. C.», VII, 1943.
93. MUÑOZ CORTÉS, M.: *El español vulgar.* Madrid, 1958.
94. PÉREZ, Elisa: *Algunas voces sacadas de las obras de los Álvarez Quintero,* en «Hispania» (California), XII, págs. 479-488.
95. TISCORNIA, Eleuterio F.: *La lengua de Martín Fierro.* Buenos Aires, 1930.

150. Bibliografía de la frase moderna

96. ALONSO, Amado: *Estudios de semiología y estilística* (Estilística y gramática del artículo en español. Noción, emoción, acción y fantasía en los diminutivos; construcciones con verbos de movimiento en español), en «Estudios Lingüísticos. Temas españoles», págs. 51-230. Madrid, 1951.
97. ALONSO CORTÉS, N.: *El pronombre* se *y la voz pasiva castellana.* Valladolid, 1939.
98. ALONSO, Martín: *Evolución sintáctica del español.* «Sintaxis del español hablado» (págs. 460-470). «Sintaxis histórica del español desde el iberorromano hasta nuestros días». 2.ª ed. Madrid, 1964.
99. BADÍA MARGARIT, A.: *Los complementos pronominales-adverbiales.* Anexo XXXVIII (1947) de «R. F. E.».
100. — *Ensayo de una sintaxis histórica de tiempos. El imperfecto de indicativo,* en «R. F. E.», XXXVII (1953), págs. 95-129.
101. BASSOLS, M.: *Sintaxis histórica de la Lengua latina.*—I. «Introducción, género, número, casos.» Barcelona, 1945.—II. «Las formas personales del verbo.» Barcelona, 1945.
102. BENNETT, Ch. E.: *Syntax of Early latin.*—I. «Verbo».—II. «Casos». Boston, 1910-1914.
103. BIDOIS, G. y R. LE: *Syntaxe du français moderne. Ses fondaments historiques et psicologiques.*
104. BOLINGER, D. L.: *El acusativo griego en español,* en «R. F. E.», II (1940), páginas 30-45.
105. — *The future and the conditional of probability,* en «Hispania», 3 (1946), págs. 363-375.
106. BOUZET, J.: *Le gerondif espagnol dit «de posterité»,* en «Bulletin Hispanique», LV (1953), págs. 349-374.
107. BRAUER, A.: *Beitrage zur Satzgestaltung der spanischen.* Umgansgsprache. Hamburgo, 1931.
108. CARO, A.: *Tratado del participio,* en «O. C.», págs. 23-97. Bogotá, 1928.
109. CIROT, G.: *«Ser» et «estar» avec un participe passé,* en «Mélanges de Philologie» (1904), págs. 57-69.
110. CRIADO DEL VAL, Manuel: *Sintaxis del verbo español.* (I. «Metodología». II. «Los tiempos pasados de indicativo»), en «R. F. E.», anejo XLI. Madrid, 1948.
111. — *Análisis verbal del estilo,* en «R. F. E.», anejo LVII. Madrid, 1953.
112. — *Índice verbal de «La Celestina»,* en «R. F. E.», anejo LXIV. Madrid, 1955.
113. CUERVO, R. J.: *Diccionario de construcción y régimen de la Lengua castellana.* París, 1886-1893. Tomo I, A-B; II, C-D y continuación en «Boletín I. C. C.» I y ss.
114. — *Las segundas personas del plural,* en «Romania», XXII (1893), págs. 71-86.
115. DELBRÜCK, B.: *Syntaktische Forschungen,* I V. Halle, 187-1888.
116. DRAEGER, A.: *Historische Syntax Sprachen.* Bonn, 1887.
117. ERNOUT, Alfred y Thomas François: *Syntaxe latine.* 2.ª ed. París, 1959.

118. FERNÁNDEZ R. Salvador: *Algo sobre la fórmula «estar» gerundio,* en «Studia Philologica», I, págs. 509-516. Madrid, 1961.
119. FOUCHÉ, P.: *Le verbe français.* París, 1931.
120. — *Le présent dans la conjugaison castillane.* Grenoble, 1923.
121. GESSNER, A.: *Die hipothetische Periode im Spanischen* («ZRPH», XIV). Idem: *Das altspanischen Verbum.* Halle, 1897.
122. GILI GAYA, Samuel: *Curso superior de sintaxis española.* 8.ª ed. 1961.
123. GOUGENHEIM, G.: *Étude sur les periphrasses verbales de la langue française.* París, 1929.
124. GUILLAUME, G.: *Temps et verbe. Theorie des aspects, des modes et des temps.* París, 1929.
125. GUYAU, J. M.: *La genèse de l'idée de temps.* 3.ª ed. París, 1923.
126. HANSSEN, F.: *La pasiva castellana,* en «Anales de la Universidad de Chile» (separata). 1921.
127. HULTENBERG, H.: *Le reforcement du sens des adjectifs et des adverbes dans les langues romanes.* Upsala, 1903.
128. HOLTZE, F. W.: *Syntaxis priscorum scriptorum latinorum usque ad Terentium.* 2 vols. Leipzig, 1861-1862.
129. HUMBERT, Jean: *Syntaxe grecque.* París, 1960.
130. JURET, A. C.: *Système de la syntaxe latine.* París, 1926.
131. KARDE, Sven: *Quelques manières d'expremimer l'idée d'un sujet indeterminé en général en espagnol.* Upsala, 1943.
132. KANY, Ch. E.: *American-Spanish Syntax.* Chicago, 1945.
133. KENISTON, Hayward: *The Syntax of Castillan Prose. The 16th century.* Chicago, 1937.
134. — *Spanish Syntax List.* Nueva York, 1937.
135. KRÜGER, F.: *El argentinismo «es de lindo». Sus variantes y sus antecedentes peninsulares.* Estudio de sintaxis comparativa. Madrid, 1961.
136. LENZ, R.: *La oración y sus partes.* 3.ª ed. Madrid, 1935.
137. LÓPEZ BLANC, J. M.: *Construcciones de infinitivo,* en «N. R. F. H.», X 1956, págs. 313-336.
138. LORENZO, Emilio: *El español de hoy, lengua en ebullición.* Madrid, 1966.
139. LEGRAND, F.: *Stylistique française.* París, 1922.
140. LIPS, M.: *Le style indirect libre.* París, 1926.
141. LOMBARD, A.: *Les constructions nominales dans le français moderne.* Upsala-Estocolmo, 1930.
142. MALER, B.: *Synonimes romans de l'interrogatif «qualis».*
143. MAROUZEAU, J.: *L'ordre des mots dans la phrase latine.* París, 1922.
144. MACLENNAN, L. G.: *El problema del aspecto verbal.* Madrid, 1961.
145. MODIN, J. E.: *Sur l'emploi des temps de préterit dans les langues françaises italienne et espagnole.* Universidad de Upsala, 1869.
146. MONGE, F.: *Las frases pronominales de sentido impersonal en español.* Zaragoza 1954.
147. MÜLLER-HAUSER, M. L.: *La mise en relief d'une idée en français moderne.* Genève-Zurich, 1943.
148. NORBERG, D. N.: *Syntaktische Forschungen.* Upsala, 1943.—Idem: *Beitrage zur Spätlateinischen Syntax.* Upsala, 1944.
149. PAIVA BOLEO, M. de: *O perfeito e o preterito em portugués em confronto com as linguas romanicas.* Coimbra, 1936.
150. ROBLES DEGANO, F.: *Filosofía del verbo.* 2.ª ed. Madrid, 1931.
151. ROCA PONS, J.: *Estudios sobre perífrasis verbales del español.* Madrid, 1953.
152. RIEMANN, O.: *Syntaxe Latine revue par P. Lejay.* París, 1920.
153. SANDFELD, K.: *Syntaxe du français moderne.* París, Champion et Droz.
154. SCAZZOCHIO, L. S. de: *El futuro eventual en español,* en «R. F. H. C.» (1952), VII, págs. 167-177.

155. SEIFERT, E.: *«Haber» y «tener» como expresiones de la posesión en español,* en «R. F. E.» XVII (1930), págs. 233-276, 345-389.
156. SENSINE, H.: *L'emploi des temps en français ou le mécanisme du verbe.* París, 1930.
157. SPAULDING, R. K.: *History and Syntax of the Progressive Constructions in Spanish.* Univ. Calif. Publ. Mod. Phil., 13, 1926.
158. SPAULDING, R. K.: *Syntax of the Spanish Verb.* Nueva York, 1931.
159. SPITZER, L.: *Stilstudien, I Sprachstil.* Munchen, 1928.
160. SOBEJANO, G.: *El epíteto en la lírica española.* Madrid, 1956.
161. THOMAS, F.: *Recherches sur le subjonctif latin.* París, 1938.
162. TOGEBY, K.: *Mode, aspect et temps en spagnol.* Copenhague, 1953.
163. TOVAR, A.: *Gramática histórica latina. Sintaxis.* Madrid, 1946.
164. VALLEJO, J.: *Complementos y frases complementarias en español,* en «R. F. E.», XII (1926), págs. 117-132.
165. WARTBURG, W. v. y P. ZUMTHOR: *Précis de Syntaxe du français contemporain.* Berna, 1947.

151. Lexicología y etimología

166. ACADEMIA ESPAÑOLA: *Diccionario histórico de la Lengua española.* 2 vols. I-A, 1936; II-B, *Cevilla,* 1936. En 1960 apareció el primer folleto de la A *(a-abolengo) Nuevo Diccionario Histórico de la Lengua Española,* publicado por el Seminario de Lexicografía de la Academia.
167. — *Diccionario de la Lengua española.* 18.ª ed. 1965.
168. ALEMANY BOLUFER, J.: *Tratado de la formación de las palabras en la lengua castellana: La derivación y la composición...* Madrid, 1920.
169. ALFARO, R. J.: *Diccionario de anglicismos.* Madrid, 1964.
170. ALONSO, Amado: *Castellano, español, idioma nacional.* 2.ª ed. Buenos Aires, 1934.
171. ALONSO, Martín: *Enciclopedia del idioma.* Diccionario histórico y moderno de la Lengua española (siglos XII al XX). Etimológico, tecnológico, regional e hispanoamericano. 3 vols. Madrid, 1958. I, A-Ch, LXVII (1.380 págs.) II, D-M, XXI (págs. 1.381-2.932). III, N-Z, XXI (págs. 2.934-4.258). Explica el significado y la evolución de unas 300.000 palabras, por siglos y autoridades, desde *Mío Cid* a nuestros días.
172. — *Diccionario del español moderno.* Madrid. 2.ª ed. 1966.
173. BRUNO, J. R.: *Ensayo etimológico de los nombres propios de personas.* Buenos Aires, 1945.
174. BAILLY, M. A.: *Dictionnaire grec-français.* París, 1935; 1963 (26.ª ed.).
175. CASARES, Julio: *Introducción a la lexicografía moderna.* Madrid, 1950.
176. — *Nuevo concepto del Diccionario de la Lengua.* Madrid, 1941.
177. CEJADOR Y FRAUCA, Julio: *Origen del lenguaje y etimología castellana.* Madrid, 1927.
178. COROMINAS, J.: *Diccionario crítico-etimológico de la Lengua castellana.* Madrid, 1954-1957. 4 vols.
179. — *Breve Diccionario etimológico de la Lengua castellana.* Madrid, 1961.
180. DÍAZ-RETG: *Diccionario de dificultades de la Lengua española.* Madrid, 1951.
181. ERNOUT, A.—A. Meillet: *Dictionaire etymologique de la langue latine.* París, 4.ª ed., 1959.
182. ERRANDONEA, I.: *Diccionario del mundo clásico.* Barcelona. 2 vols. A-I, J-Z. 1954.
183. FONTOYNOT, V.: *Vocabulaire grec: Commente et sur textes.* 6.ª ed. 1962.
184. GAFFIOT, F.: *Dictionaire illustré latin-français.* París, 1963.
185. GAISFORD, C.: *Etimologion magnum.* Cambridge, 1962 (reimpr.).

186. GARCÍA DE DIEGO, V.: *Etimologías españolas.* Madrid, 1964.
187. — *Diccionario etimológico e hispánico.* Madrid, 1955.
188. MARTÍNEZ AMADOR, Emilio M.: *Diccionario gramatical.* Barcelona, 1954.
189. MENÉNDEZ PIDAL, R.: *Orígenes del español.* Madrid, 1926.
190. — *Toponimia prerrománica hispánica.* Madrid, 1952.
191. MEYER-LÜBKE, W.: *Romanisches etymologisches Wöorterbuch.* Heidelberg, 1935.
192. MOLINER, María: *Diccionario de uso del español.* Madrid, I, 1966. A-G.
193. SECO, Manuel: *Diccionario de dudas y dificultades de la lengua española.* Madrid, 1961.
194. THOMAS, Adolphe V.: *Dictionnaire des difficultés de la langue française.* París, 1956.

152. ESTUDIOS DE FONÉTICA Y VERSIFICACIÓN

a) FONÉTICA Y ORTOLOGÍA

195. ALARCOS, E.: *Fonología española.* 3.ª ed. Madrid, 961.
196. ALONSO, Amado: *De la pronunciación medieval a la moderna en español.* Madrid, 1955. Ultimado para la imprenta por Rafael Lapesa.
197. — *Notas de fonemática,* en «Estudios Lingüísticos». Temas españoles. Páginas 288-308. Madrid, 1951.
198. BASSOL DE CLIMENT, Mariano: *Fonética latina.* Con un apéndice de Fonemática latina. Madrid, 1962.
199. BATTISTI, C.: *Fonetica generale.* Milán, 1938.
200. BROCH, O.: *Slavische Phonetik.* Heidelberg, 1911.
201. BRUNEAU, Ch.: *Manuel de Phonétique.* París, 1927.
202. COSERIU, E.: *Forma y sustancia de los sonidos del lenguaje.* Madrid, 1954.
203. DIETH, E.: *Vademecum der Phonetik.* Berna, 1950.
204. FOUCHÉ, P.: *Études de Phonétique générale.* París, 1927.
205. GILI GAYA, S.: *Fonética general.* 4.ª ed. Madrid, 1962.
206. GRAMMONT, M.: *Traité practique de prononciation française.* 7.ª ed. 1930.
207. — *Traité de Phonétique.* 2.ª ed. París, 1939.
208. HÁLA, Bohuslav: *La sílaba. Su naturaleza, su origen y sus transformaciones.* Madrid. C. S. I. C., 1966. 141 págs.
209. JESPERSEN, O.: *Lehrbuch der Phonetik.* Leipzig, 3.ª ed., 1920.
210. MALMBERG, Bertil: *La Phonétique.* París, 1954.
211. — *Estudios de Fonética hispánica.* Madrid. C. S. I. C., 1965. 158 págs., 38 figs.
212. NAVARRO TOMÁS, T.: *Manual de pronunciación española.* Madrid, 1932.
213. — *Estudios de fonología española.* Siracusa, 1946.
214. — *Manual de entonación.* Nueva York, 1944.
215. — *El acento castellano.* Discurso de ingreso en la R. A. E. Madrid, 1935.
216. NYROP, Kr.: *Manuel phonétique du français parlé.* Copenhague, 1914.
217. PASSY, P.: *Petite phonétique comparée des principales langues européennes.* 6.ª ed. Leipzig, 1906.
218. QUILIS, Antonio: *Curso de fonética y fonología españolas.* Madrid, C. S. I. C., 1966. 203 págs.
219. ROBLES DEGANO, Felipe: *Ortología clásica de la lengua castellana.* Madrid, 1905.
220. ROUDET, L.: *Eléments de Phonétique générale.* 2.ª ed. París, 1925.
221. ROUSSELOT, J.: *Principes de Phonétique expérimentale.* 2.ª ed. París, 1924.
222. SCRIPTURE, W.: *Elements of experimental Phonetics.* Nueva York, 1902.
223. SIEVERS, E.: *E.: Grundzüge der Phonetik.* 5.ª ed., 1901.
224. TRUBETZKOY, N. S.: *Grundzüge der Phonologie.* Praga, 1939. Versión francesa de 1949.

b) BIBLIOGRAFÍA DE VERSIFICACIÓN

225. ALONSO, A.: *Materia y forma en poesía.* 2.ª ed. Madrid, 1960.
226. BALAGUER, J.: *Apuntes para una historia prosódica de la métrica castellana.* Madrid, 1954.
227. BALBÍN, R. de: *Sistema de rítmica castellana.* Madrid, 1963.
228. BLOISE, P.: *Diccionario de la rima.* Madrid, 1946.
229. CARBALLO PICAZO, A.: *Monografías bibliográficas. Métrica española.* Madrid, 1956.
230. CLARKE, D. C.: *Una bibliografía de versificación española.* Berkeley, 1937.
231. GILI GAYA, S.: *El ritmo de la lengua hablada y de la prosa.* Madrid, 1962.
232. HENRÍQUEZ HUREÑA, P.: *La versificación irregular en la poesía castellana.* Madrid, 1920.
233. NAVARRO TOMÁS, T.: *Métrica española.* Nueva York, 1956.
234. RIQUER, M. de: *Resumen de versificación española.* Barcelona, 1950.

153. OBRAS SOBRE SEMÁNTICA Y MORFOLOGÍA

a) OBRAS SOBRE SEMÁNTICA

235. AD ANK, H.: *Essai sur les fondements psychologiques et linguistiques de la metaphore affective.* Ginebra, 1939.
236. ALLEN, W. S.: *On the linguistic Study of Languegues.* Cambridge, 1957.
237. BREAL, M.: *Essai de Sémantique. Science des significations.* 7.ª ed. París, s. a. Trad. española: *Semántica. Ciencia de las significaciones.* Madrid, s. a. La 5.ª ed. francesa es de 1921.
238. BROOKE-ROSE, C.: *A Grammar of Metaphor.* Londres, 1958.
239. CARNAP, R.: *Introduction to Semantics.* Cambridge, Mass., 1942.
240. CARNOY, A.: *La sciencie de mot. Traité de sémantique.* Lovaina, 1927.
241. COHEN, M.: *Pour une sociologie du langage.* París, 1956.
242. COSERIU, E.: *La creación metafórica en el lenguaje.* Montevideo, 1956.
243. CRESSOT, M.: *Le style et ses techniques.* París, 1947.
244. DARMESTETER, A.: *La vie des mots étudiée dans leurs significations.* París, 1946.
245. DUCHACEK, O.: *Le champ conceptuel de la beauté en français moderne.* Praga, 1960.
246. ESNAULT, A.: *Imagination populaire, métaphores occidentales.* París, 1925.
247. GRASSERIE, R. de la: *Essai d'une sémantique intégrale.* París, 1908.
248. GUIRAUD, P.: *La Semántica.* México, 1960.
249. HOLLYMAN, K. J.: *Le développement du vocabulaire féodal en France pendant le haut moyen age* (Étude sémantique). Ginebra-París, 1957.
250. HUGUET, R. E.: *L'évolution du sens des mots depuis le XVIe siècle.* París, 1934.
251. KAINZ, F.: *Psychologie der Sprache.* 4 vols. Viena, 1954-1956.
252. KALVERAM, C.: *Diccionario de ideas y expresiones afines.* Madrid, 1956.
253. KANI, Charles E.: *Semántica hispanoamericana.* Madrid, 1964.
254. KONRAD, H.: *Étude sur la métaphore.* París, 1939.
255. LINSKI, L.: *Semantics and the Philosophy of Language.* Urbana, 1952.
256. MAROUZEAU, J.: *Précis de stilistique français.* 3.ª ed. París, 1951.
257. PÉREZ, R.: *Valor semántico de las categorías verbales.* La Laguna, 1944.
258. PORTEAU, P.: *Deux études de sémantique français.* París, 1961.
259. RESTREPO, F.: *El alma de las palabras. Diseño de semántica.* 2.ª ed. México, 1952.

260. SPITZER, L.: *Essays in Historic Semantics*. Nueva York, 1948.
261. ULLMANN, S.: *The principes of Semantics*. Glasgow, 1951.
262. — *Précis de Sémantique française*. Berna, 1952.
263. — S.: *Semántica. Introducción a la ciencia del significado*. Madrid, 1965. Trad. de la obra inglesa *Semantics. An Introduction to the science of meaning*. Oxford, 1962.

b) OBRAS SOBRE MORFOLOGÍA

264. ALVARUS-COLLEGIUM VEROLENSE. Institutionem Grammaticarum, libri quinque. Barcinone, 1927.
265. BRUGMANN, K.: *Abrégé de Grammaire comparée des langues indoeuropéennes*. Trad. fr. París, 1905.
266. CRIADO DEL VAL, M.: *Sistema verbal del español*. «Vox R.», X, 1951. 1-95-111.
267. CORNU, J.: *Recherches sur la conjugaison espagnole au XIIIe et XIVe siècle*, en «Miscelánea de Filología e Lingüística». Firenze, 1886.
268. FOUCHÉ, P.: *Le présent dans la conjugaison castillane*. Grenoble, 1923.
269. GARCÍA ELORRIO, A.: *Diccionario de la conjugación*. Los 12.000 verbos castellanos. Buenos Aires, 1946.
270. FLEURY, E.: *Morphologie Hist. de la langue grecque*. París, 1947.
271. IMBS, P.: *L'emploi des temps verbaux en français moderne*. 1960.
272. ERNOUT, A.: *Morphologie historique du latin*. París, 1914. Versión española de Rufo Mendizábal. Bilbao, 1924.
273. LOMBARD, A.: *L'infinitif de narration dans les langues romanes*. Upsala, 1936.
274. LANCHETAS, R.: *Morfología del verbo castellano*. Madrid, 1940.
275. LLORENTE MALDONADO DE GUEVARA, A.: *Morfología y sintaxis. El problema de la división de la Gramática*. Madrid, 1955.
276. MEIER, H.: *Ensaios de filología românica*. Lisboa, 1948.
277. RODRÍGUEZ HERRERA, E.: *Observaciones acerca del género de los nombres*. La Habana, 1947.
278. MENDIZÁBAL, Rufo: *Monografía histórico-morfológica del verbo latino*. Madrid, 1918.
279. ROSENBLAT, A.: *Morfología del género en español*. «R. F. E.». Anexo.
280. — *Vacilaciones y cambios del género motivados por el artículo*. «. I. C. C.», 1949. 21-32. — *Lengua y cultura de Hispanoamérica*. Caracas, 1962, 47 p.
281. SÁNCHEZ LÓPEZ, L. M.: *Diccionario del verbo y de la conjugación*. 2 vols. Medellín.
282. SAPIR, E.: *El lenguaje*. México, 1962. 2.ª ed.
283. ROBLES DEGANO, F.: *Filosofía del verbo*. 2.ª ed. Madrid, 1931.
284. SPITZER, L.: *La feminización del neutro*. «R. F. H.», 1941. 339-371.
285. YSAZA, E.: *Diccionario de la conjugación castellana*. Madrid, s. a.
286. STOLZ, F. y J. H. SACHALZ: *Lateinische Grammatik*. 4.ª ed. Munich, 1910.

154.—ALGUNAS OBRAS GENERALES DE LINGÜÍSTICA

287. BAILLY, Charles: *Linguistique général*. París, 1932.
288. — *El lenguaje y la vida*. Trad. de Amado Alonso. 2.ª ed. Buenos Aires, 1947.
289. — *Impresionismo y Gramática*. Trad. esp. Buenos Aires, 1932.
290. BERSON, H.: *Les donnés inmediates de la conscience*. 5.ª ed. París, 1906.
291. — *La pensée et le mouvant*. París, 1939.
292. BARTOLI, Mateo: *Introduzione alla neolinguistica. Principi, scopi, metodi*. Genève, 1925.

293. BENEVISTE, E.: *Nature du signe linguistique, en* «Acta Lingüística», I, 23, 1939.
294. BLOOMMFIELD, L.: *An introduction to the Study of Langage.* Nueva York, 1914.
295. BOURCIEZ, E.: *Eléments de linguistique romane.* París, 1946.
296. BRUNOT, F.: *Précis historique de la langue française des origines à nos jours.* París, desde 1905.
297. BÜHLER, K.: *Sprachteorie. Die Darstellungs der Sprache.* Jena, 1934. Versión española de J. Marías. Madrid, 1950.
298. CEÑAL LLORENTE, Ramón: *La teoría del lenguaje de Carlos Bühler.* Madrid, 1941.
299. CLEMENT, M.: *Essai sur la science du langage.* París, 1843.
300. DAUZAT, A.: *La philosophie du langage.* París, 1949. Trad. esp. Buenos Aires, 1947.
301. — *La vie du langage.* París, 1922.
302. GALICHET, G.: *Essai de Grammaire psychologique.* París, 1947.
303. GINNEKEN, Jack van: *Principes de linguistique psychologique.* París, 1907.
304. HOVELAQUE, A.: *La linguistique.* París, 1887.
305. HUSSERL, Edmund: *Investigaciones lógicas.* Madrid, 1929.
306. JESPERSEN, Otto: *Humanidad, nación, individuo, desde el punto de vista lingüístico.* Buenos Aires, 1947.
307. LLORENTE MALDONADO DE GUEVARA, Antonio: *Gramática general y lingüística.* Univ. de Granada, 1963.
308. MAROUZEAU, J.: *La linguistique.* París, 1944.
309. MARTINET, André: *Elements de linguistique générale.* París, 1960. Versión española de Julio Calonge. Madrid, 1965.
310. MEILLET, A.: *Linguistique historique et linguistique général.* II. París, 1936.
311. MIGLIORINI, B.: *Lingüística.* Florencia, 1946.
312. MOLL, F. de B.: *Gramática histórica catalana.* Madrid, 1952.
313. NENCIONI, G.: *Idealismo e realismo nella scienza del linguaggio.* Firenze, 1946.
314. PORZIG, Walter: *El mundo maravilloso del lenguaje.* Madrid, 1963. Trad. de la 2.ª ed. alemana *Das Wunder der Sprache...* Berna, 1957.
315. VENDRYES, J.: *Le langage.* París, 1950. La edición española traducida por M. Montoliú y J. Casas. Barcelona, 1943.
316. SAUSSURE, Ferdinand de: *Cours de Linguistique générale.* París, 1931. Versión de Amado Alonso. Buenos Aires, 1954.
317. VOSSLER, Karl: *Gesammelte aufsätze zur Sprachphilosophie.* Versión española por A. Alonso y R. Lida. Buenos Aires, 1943.
318. TAGLIAVINI C.: *Le origine delle lingue neolatine.* Bologna, 1952.
319. VIDOS, B. E.: *Manual de Lingüística románica.* Trad. de F. de B. Moll. Madrid, 1963.
320. WARTBURG, W. von: *Ein führung in die Problematik der Sprachwissenschaft.* Halle, 1943. Versión española. Madrid, 1951.
321. WUNDT, Wilh: *Volkerpsychologie Studen.* Jena, 1935.

155. BIBLIOGRAFÍA SOBRE EL DIALECTO SEFARDÍ

Observaciones: 1.ª *Judeo español* es el dialecto castellano hablado actualmente por muchos centenares de miles de personas. Entre los sefardíes recibe el nombre de *judezno* o *español;* el de *espaniolit* en el actual estado de Israel. En el lenguaje escrito se ha conservado la denominación de *ladino,* sinónimo de *español* en la forma dialectal hablada por los desterrados españoles y sus descendientes. El nombre más adecuado nos parece el de *dialecto sefardí (Sefarad,* XXIII, 1963). Interesa mucho el *ladino,* tipo de aljamía que ya se usaba en España por escritores rabínicos de los últimos tiempos medievales. La atención que se ha prestado a este dialecto es relativamente reciente. El tema sefardí es una conquista o un hallazgo del romanticismo europeo, en su afición a todo lo medieval, más que por reivindicación linguística por un afán de originalidad.

2.ª Se ocupó de este tema, en 1882, Salomón Reinach, en sus *Les écoles juives de Salomonique.* Son notables las contribuciones al estudio de este dialecto de Moriz Grünwald y M. Balschan, y el trabajo de Dobranich sobre los poetas del dialecto. Pero fue Mayer Kayserling el que impulsó de una manera definitiva estos estudios con obras como las siguientes: *Jüdisch-spaniche Gedichte* (1857), *Sephardim* (1859), *Ladino (Jüdisch-Spanisch oder Spaniolisch)* (1887), *Quelques proverbs judéo-spagnols* (1897) y *Judeo Spanisch languaje (ladino) and literature* (1904) Una vez señalado por Kayserling el camino de los estudios, se inicia la *Revue des Études Juives* (París, 1880) y se suceden otras muchas obras de modo vertiginoso. Foulché-Delbosc y Moïse Schwab llaman la atención sobre la transcripción del dialecto. El siglo XX, tan accidentado para el judaísmo y, sobre todo para los sefardíes de la zona mediterránea, supone, no obstante, una gran preocu, pación por la materia. Junto a la gran figura de Max Leopold Wagner, muestran sus quietudes por el tema Abraham Danon, Elie S. Arditt, Ángel Pulido Fernández, J. Subak, Moïse Schwab y Ramón Menéndez Pidal.

3.ª Más recientemente, entre los autores especializados en estos trabajos lingüístico-sefardíes, citamos a Grünwald, Luria, Yaari, Baruch, Cirot, Kurt Lévy, Michael Molho, Gonzalo Maeso, Crews, Besso, Samuel S. Lévy, Larrea y Denah Lévy.

4.ª En la bibliografía geográfica del judeo-español se distinguen por sus publicaciones orientadoras: 1) *Oriente, en general:* Max L. Wagner, San Carlos de Pedroso, Mercado, M. D. M., Fernández Alonso y Juan Pérez Guzmán. 2) *En Europa:* Leo Wiener, Subak y Cynthia Crews (los Balcanes); A. Walter (Servia); M. L. Wagner y Saul Mezán (Bulgaria); M. L. Wagner (Grecia); Leo Spitzer, Wagner, Larrea, Palacín y David Elnecavé (Turquía); M. Lévy, Kalmi Baruch (Bosnia) y Karl Kraus y Carlos Ramos Gil (Israel).

5.ª El Instituto Ibn Tibbón, de la Universidad de Granada, que dirige David Gonzalo Maeso ha iniciado la publicación de la *Biblioteca Universal Sefardí,* con la aparición del *Me'am Lo'ez,* obra cumbre de la literatura sefardí, curioso comentario de algunos de los libros que integran el Antiguo Testamento hebreo. El primer tomo del *Me'am Lo'ez,* redactado por *Jacob ben Meir Kullí,* apareció en Constantinopla en 1730.

6.ª En los países balcánicos, donde parece que el judeo-español vivía con más pureza y apego a la tradición, se va plegando a las nuevas patrias. Wagner distingue entre el judeo-español oriental (Adrianópolis, Constantinopla, Rodas, Esmirna) y el occidental (Bosnia, Rumania, Macedonia, y Salónica). El primero coincide con los rasgos lingüísticos de los dialectos del norte español; las condiciones del segundo nos recuerdan más a Castilla.

7.ª Llamamos la atención, por su interés lingüístico, sobre los artículos de Baruch (Kalmi): *El judeo-español en Bosnia,* en «R. F. E.», XVIII, 1930, pág. 113; Beni-Chou (Paul): *Observaciones sobre el judeo-español en Marruecos,* en «R. F. E.», VII, 1945, pág. 209, y Bonoliel (José): *Dialecto judeo-hispano-marroquí o hakitía,* en «B. R. A. E.», XIII, pág. 209. Léanse, además los trabajos de Max Luria,Michael Molho, J. A. Praag, M. Gaspar Ramiro, L. Spitzer, Max L. Wagner y A. Yahuda. Cfr. Martín Alonso: *Notas a la sintaxis judeo-española,* en *Evolución sintáctica del español,* 2.ª ed., 1964, pág. 461.

8.ª Don Ramón Menéndez Pidal, después de una visita a Israel en 1964 llega a las conclusiones siguientes: *a)* Urge que España ayude a los sefardíes a conservar su lengua española y su cultura hispánica. *b)* Uno de cada siete ciudadanos de Israel es hispanohablante. *c)* Aspiran a tener un instituto docente donde las enseñanzas se den en hebreo y en español. *d)* Muchos judíos sefarditas ocupan puestos relevantes en el Gobierno y en el Parlamento. El Gobierno se ocupa de los sefardíes, especialmente a través del Instituto «Ben Zwi», dedicado al gran *Diccionario del ladino.*

156. BIBLIOGRAFÍA SOBRE EL «ORDENADOR ELECTRONICO»

322. TECHNICAL EDUCATION AND MANAGEMENT, Inc. *Computer Basics*. Indianápolis: Howard W. Sams & Co., 1962. (A six-volume series.)
323. SIEGEL, Paul: *Understanding digital Computers*. Nueva York: John Wiley & Sons, 1961. 403 págs.
324. IRWIN, Wayne C.: *Digital Computer principles*. Princeston, N. J.: D. Van Nostad Co., 1961. 361 p. illustrated.
325. BARTEE, Thomas C.: *Digital Computer fundamentals*. Nueva York: Mac Graw-Hill Book Co., 1960. 342 p. illustrated.
326. BERKELEY, Edmund C.: *The Computer revolution*. Nueva York: Douday & Co., 1962. 248 p.
327. — and Wainwriht, Lawrence: *Computers: Their operation and Applications*. Nueva York: Reinhold Publishing Corp., 1956. 366 p. illustrated.
328. KOHN, Bernice: *Computers at your service*. Englewood Cliffs, N. J.: Prentice-Hall, 1962. 72 p.
329. LOCKE, W. N.: *Translation by Machine*, The Scientific American. January, 1956.
330. WISBEY, Roy A.: *Mechanization in Lexicography*, the Times Literary Supplement. Londres, 30 de Marzo de 1960.
331. TILTON Alice Mary: *Logic, Computing machines and Automation*. Washintong, D. C., 1963. 427 p.
332. YOUNG, Frederick H.: *Digital Computers and related mathematics*. Boston, 1961. 40 p. illustrated, paperbound.
333. GALIER, Bernard: *Language of Computers*. Nueva York, 1962. 220 p.
334. LEEDS, Herbert D., and Weinberg, Gerald, M.: *Computer programmaing fundamentals*. Nueva York, 1961. 368 p. illustrated.
335. BUCKINGHAM, Walter: Automation, its impact on business and people. Harper & Rou Publishers. New York, 1961.
336. CROWDER, Norman A.: *The arithmetic of Computers*. Garden City, 1960. 472 p.
377. EVANS, Luther, and Arnstein, George, editors: *Automation and the Chanllenge to education*. Washington, D. C.: National Education Association, 1962. 200 p.
338. ROSSI, Sergio: *Il Calcolatore Elettronico*. «Storia, caratteristiche, applicazioni della elaborazione del dati.» Milano, 1967. 304 p.
339. MANUAL DE INFORMACIÓN GENERAL. Introd. a los sistemas IBM. Trad. del francés: *Principes des Ordinateurs IBM*. 1965. Ed. por IBM (Francia). 95 págs.
340. MANUAL DE INFORMACIÓN IBM. Proceso de datos y fichas perforadas. (IBM International Business Machines, S. A. E.—Madrid. Serrano, 5.) 20 págs. Con vocabulario.
341. IBM. *Qué hacen los computadores y cómo lo hacen*. Impreso en la Argentina, 1967. 47 págs., con esquemas y fotos. *Ed. española*. Madrid, 1967.
342. SALLERON, Louis: *L'Automation*. Presses Universitaires de France. Paris, 1958.
343. *Deuxième Congres de l'Association Française de Calcul et de Traitement de l'Information*. Gauthier Villars et Cie. Editeur. Paris, 1962.
344. TOLLENAERE, F. de: *Die Automatisierung in der Lexicologie*. Beitrage zur Sprachkunde und Informations verarbeitung. Heft 1, 1963.

157. Algunas revistas y publicaciones sobre lenguaje

ACTA LINGÜÍSTICA. Copenhague. (Desde 1939.)
ANDALUS. 1933. Madrid.
AMERICAN JOURNAL OF PHILOLOGY. 1880. Baltimore.
ANTIQUITÉ CLASSIQUE. 1932. Louvain.
ARCHIVUM LINGUISTICUM (149). Glasgow.
BIBLIOTHECA CLASSICA ORIENTALIS. 1956. Berlín.
BIBLIOTECA HISPANA (Revista de información bibliográfica). Madrid.
BOLETÍN DE LA REAL ACADEMIA ESPAÑOLA. 1914. Madrid.
BOLETÍN DE LA ACADEMIA COLOMBIANA. Bogotá.
BOLETÍN DE LA ACADEMIA VENEZOLANA. 1934. Caracas.
BOLETÍN DEL INSTITUTO CARO CUERVO. Bogotá.
BOLETÍN DE FILOLOGÍA. Lisboa.
BULLETIN DE LA SOCIÉTÉ DE LINGUISTIQUE. París.
BULLETIN HISPANIQUE. Bordeaux.
BULLETIN DU CERCLE LINGUISTIQUE DE COPENHAGUE. 1934.
CAHIERS FERDINAND DE SAUSSURE. 1942. Ginebra.
CANADAN MODERN LENGUAGE REVIEW. 1944. Toronto.
EMÉRITA (Revista de Lingüística y Filología clásica). 1933. Madrid.
MODERN LANGUAGE NOTES. 1886. Baltimore.
THE MODERN LANGUAGUE REVIEW. 1906. Cambridge.
MODERN PHILOLOGY. 1903. Chicago.
REVISTA DE FILOLOGÍA ESPAÑOLA. Madrid.
REVISTA DE FILOLOGÍA HISPÁNICA. Buenos Aires. México.
HISPANIC REVIEW. 1933. Filadelfia.
REVUE DE LINGUISTIQUE ROMANE. 1925. Estrasburgo.
REVUE DES LANGUES VIVANTES. 1935. Bruselas.
REVUE ROUMAINE DE LINGUISTIQUE. 1956. Bucarest.
REVISTA DI STUDI CLASSICI. 1952. Turín.
SEFARD. 1940. Madrid.
STUDIA LINGUISTICA. 1947. Lund.
VOX ROMANICA. Zurich.
WORD JOURNAL OF THE LINGUISTIC CERCLE OF NEW YORK. Nueva York (desde 1943).
ZEITSCHRIFT FÜR VERGLEOCENDE SPRACHFORSCHUNG (Kuhn's Zeitschrift). Berlin (desde 1852).

INDICES AUXILIARES

I

ANALITICO DE MATERIAS

II

DE AUTORES CITADOS

III

DE LAMINAS NUMERADAS

NOTA.—Las citas corresponden a los números de los sumarios que aparecen en los capítulos del texto. N. dentro de un paréntesis se refiere a las notas del margen interior.

I

ÍNDICE ANALÍTICO DE MATERIAS

A

G

T

V

II

INDICE DE AUTORES CITADOS

A

B

C

CH

D

LL

M

N

III

ÍNDICE DE LÁMINAS NUMERADAS